Herders Lexikon der Heiligen

Herders
Lexikon der Heiligen

Redaktion: Bruno Steimer
unter Mitarbeit von Thomas Wetzstein

HERDER
FREIBURG · BASEL · WIEN

Gekürzte und geringfügig überarbeitete Taschenbuchausgabe des »Lexikon der Heiligen und Heiligenverehrung« (auf der Grundlage des Lexikon für Theologie und Kirche, 3. Auflage)

ISBN 978-3-451-06180-6

www.herder.de

Umschlagkonzeption: Agentur R·M·E Roland Eschlbeck
Umschlaggestaltung: Verlag Herder
Umschlagmotiv: © bpk/skala

Satz: SatzWeise, Föhren
Herstellung: fgb · freiburger graphische betriebe

Gedruckt auf umweltfreundlichem, chlorfrei gebleichtem Papier
Printed in Germany

ISBN 978-3-451-06180-6

Inhalt

Aus dem Vorwort der Erstausgabe

Heute scheint nur noch wenig daran zu erinnern, wie sehr die Verehrung der Heiligen während des gesamten Mittelalters alle Lebensbereiche der Menschen prägte. Das Nikolausfest, ein kommerzialisierter Valentinstag, diese oder jene Wetterregel wie zu Eisheiligen oder Siebenschläfer, die verschütteten Ursprünge vieler Vornamen – all das sind letzte Relikte einer Zeit, in der christliche Existenz ohne die Fürsprache der Heiligen kaum vorstellbar war. Reformation, Aufklärung, Säkularisierung und technischer Fortschritt haben diese Welt nach und nach in Vergessenheit geraten lassen.
Neben ihrer Vermittlung zwischen Gott und den Menschen waren und sind heilige Männer und Frauen stets auch Vorbilder gelebten Christentums, ihr Leben spornte und spornt zur Nachahmung an. Im Jahr 2001 überraschte eine unter 400 deutschen Topmanagern durchgeführte Umfrage mit dem Ergebnis, dass Mutter Teresa für sie die faszinierendste Persönlichkeit sei – Papst Johannes Paul II. hat sie am 19. Oktober 2003 seliggesprochen. Und wenn die charismatische Gestalt eines Franz von Assisi nach 800 Jahren nichts von ihrer Anziehungskraft verloren hat, so zeigt auch dies die Aktualität der Heiligen in unseren Tagen.
Das »Lexikon der Heiligen und der Heiligenverehrung« setzt die lose Reihe LThK kompakt mit Auszügen aus dem elfbändigen »Lexikon für Theologie und Kirche« (1993–2001) fort. Das Werk besteht aus zwei Abteilungen: Der prosopographische Teil behandelt Personen, welche die Kirche als Heilige oder Selige verehrt bzw. verehrte. Der sich daran anschließende Sachteil beleuchtet das Thema der Heiligenverehrung unter verschiedenen Aspekten. Nicht aufgenommen wurden als heilig verehrte Personen der alttestamentlichen Zeit sowie die Heiligen und ihre Verehrung in den Ostkirchen.
In einem Anhang werden alle Personen aufgelistet, die von Papst Johannes Paul II. und Papst Benedikt XVI. selig- bzw. heiliggesprochen worden sind. Die einzelnen Artikel geben darüber Aufschluss, ob die 2001 veröffentlichte Neuausgabe des »Martyrologium Romanum« die behandelte Person als selig oder heilig erwähnt und wann die Kirche sie kommemoriert. Die Papstliste und ein Verzeichnis der Ordensabkürzungen erlauben den zielgenauen Zugriff auf eine Fülle weiterer Informationen.

Ein besonderer Dank gilt Herrn Dr. Thomas Wetzstein, Frankfurt am Main, der mit wertvollen Hinweisen die Arbeit am Lexikon begleitet hat. Im Wesentlichen verdankt sich ihm die Konzeption des Sachteils, für den er Literatur ergänzt und häufig auch selbst zur Feder gegriffen hat.

Freiburg, im Jahr 2003

Die gute Aufnahme, die das Lexikon bei Lesern und in der Fachwelt gefunden hat, hat nunmehr zu dieser Taschenbuchausgabe geführt, für die der Stichwortbestand und die Literatur- und Quellenangaben deutlich gestrafft werden mussten. Die Artikel wurden durchgesehen, Fehler beseitigt und einige Aktualisierungen vorgenommen.

Freiburg, im Jahr 2011 Bruno Steimer

Hinweise zur Benutzung

Die Namensansetzung und die standardisierten Informationen über den Kommemorationstag, die Erwähnung der seligen bzw. heiligen Personen im Martyrologium Romanum (MartRom) von 2001 sowie ihr liturgisches Gedächtnis im Regionalkalender des deutschen Sprachgebietes machen es notwendig, einige formale Abkürzungen in den Personenartikeln zu erläutern:
Die alphabetische Namensansetzung folgt den im Deutschen üblichen Namensformen oder, wo es solche nicht gibt oder es aus anderen Gründen geboten erscheint, der lateinischen oder landesüblichen Namensform; die in der Landessprache übliche Schreibweise des Namens oder andere Namensvarianten sind in Klammern hinzugefügt. Wie bei Seligen und Heiligen üblich, sind sie im Lexikon unter ihrem Vornamen eingeordnet. Martyrergruppen findet man in der Regel unter »M« (Martyrer von …). Innerhalb einer Namensgruppe stehen die Personen aus dem Neuen Testament am Anfang (z. B. Petrus, Apostel), gefolgt von weiteren Namensträgern in der alphabetischen Reihenfolge der Herkunftsbezeichnung, des Zunamens oder (vor allem bei Päpsten und Herrschern) des Titels (Petrus von Alcántara, Petrus Canisius usf.). Daran schließen sich die Personengruppen an (Petrus, Andreas, Paulus und Dionysia); Doppelvornamen stehen am Schluss eines Namenseintrags (Petrus-Julian Eymard usf.).

Franz (Francesco) **von Assisi,** heilig (1228; GK G 4. Okt.), …

Das auf den Namen folgende Epitheton »selig« oder »heilig« entspricht der Klassifizierung im MartRom von 2001, wenn die Person darin erwähnt ist. Ist das Jahr der Kultapprobation, Selig- oder Heiligsprechung bekannt, wird es in der Klammer an erster Stelle mitgeteilt.
Kommemorationstage des MartRom sind in der Klammer gerade gesetzt, Tage, die davon abweichen, also nicht im MartRom aufgeführt sind, sind durch Kursive ausgezeichnet. Das liturgische Gedächtnis wird in der Klammer nach den Angaben des Regionalkalenders für das deutsche Sprachgebiet angezeigt: durch die Abkürzungen GK (Römischer Generalkalender) und RK (Eigenfeier des Regionalkalenders) sowie durch einen Hinweis auf den liturgischen Rang der Gedächtnisfeier (Hochfest [H], Fest [F], gebotener Gedenktag [G], nicht gebotener Gedenktag [g]).

Abkürzungsverzeichnis

Allgemeine Abkürzungen

aaO.	am angeführten Ort
Art.	Artikel
Bd., Bde.	Band, Bände
bzw.	beziehungsweise
c., cc.	Canon, Canones
d. h.	das heißt
ebd.	ebenda
F	Fest
f./ff.	die folgende/beiden folgenden Seite/n
FS	Festschrift
G	gebotener Gedenktag
g	nicht gebotener Gedenktag
GK	Römischer Generalkalender
H	Hochfest
h. e.	Historia ecclesiastica
Hg.	Herausgeber
hg. v.	herausgegeben von/vom
Jh.	Jahrhundert
Kap.	Kapitel
n., nn.	Nummer, Nummern
n C.	nach Christi Geburt
o. J.	ohne Jahr
RK	Regionalkalender
S.	San, Sanctus, Sant' …
s. o., s. u.	siehe oben, siehe unten
St(e).	Sankt, Saint(e), Sint
s. v.	sub voce
u. a.	und andere, unter anderem
u. ö.	und öfter
usw.	und so weiter
v. a.	vor allem
v C.	vor Christi Geburt
vgl.	vergleiche
z. B.	zum Beispiel
z. T.	zum Teil
zzt.	zurzeit

Handbücher, Quellenwerke, Lexika, Reihen

AAS	Acta Apostolicae Sedis 1 (1909) ff.
ACO	Acta Conciliorum Oecumenicorum, hg. v. E. Schwartz, Serie I: 4 Bde., 1914–84; Serie II, 1984 ff.
ActaSS	Acta Sanctorum, hg. v. den Bollandisten (S. Bolland u. a.), Originalausgabe, 70 Bde., 1643–1944; Neudruck Bd. 1–43 1734–70; Neudruck Bd. 1–60 1863–70; Nachdruck der Originalausgabe Bd. 1–60 1966–71.
ActaSS Belg	Acta Sanctorum Belgii selecta, hg. v. J. Ghesquière – C. Smetius, 6 Bde., 1783–94.
ActaSS OSB	Acta Sanctorum ordinis s. Benedicti in saeculorum classes distributa, hg. v. J. Mabillon – L. d'Achéry, 9 Bde., 1668–1701, ^{2}1733–40 (in 6 Bdn.), ^{3}1935 ff.
AFranc	Analecta Franciscana sive chronica aliaque varia documenta ad historiam Fratrum Minorum spectantia, 1885 ff.
Aigrain	R. Aigrain: L'hagiographie. Ses sources – ses méthodes – son histoire. Reproduction inchangée de l'édition régionale de 1953. Avec un complément bibliographique par R. Godding, 2000 (SHG 80).
Álvarez	P. Álvarez: Santos, Bienaventurados y Venerables de la Orden de los Predicadores, 4 Bde., 1920–25.
Amore	A. Amore: I Martiri di Roma, 1975.
AnBoll	Analecta Bollandiana 1 (1882) ff.
AncBD	Anchor Bible Dictionary, hg. v. D. N. Freedman u. a., 6 Bde., 1992.
Angenendt	A. Angenendt: Heilige und Reliquien. Die Geschichte ihres Kultes vom frühen Christentum bis zur Gegenwart, 1994, 2. überarbeitete Auflage 1997.
ANRW	Aufstieg und Niedergang der römischen Welt, hg. v. H. Temporini – W. Haase, 3 Teile und Register; Teil I: Von den Anfängen Roms bis zum Ausgang der Republik, Bd. 1 ff., 1972 ff.; Teil II: Principat, Bd. 1 ff., 1974 ff.; Teil III: Spätantike.
ASS	Acta Sanctae Sedis 6–41 (1870–1908) (bis 5 [1869]: Acta ex iis decerpta quae apud Sanctam Sedem geruntur in compendium opportune redacta et illustrata) (ab 1909: AAS).
Bardenhewer	O. Bardenhewer: Geschichte der altkirchlichen Literatur, 5 Bde., 1902 ff. Bd. 1 ^{2}1913, Bd. 2 ^{2}1914, Bd. 3 ^{2}1923, Bd. 4 $^{1-2}$1924, Bd. 5 1932, Nachdruck 1962, 1966.
BaSa	Bavaria sancta, hg. v. G. Schwaiger, 3 Bde., 1970–73.
Bauerreiss	R. Bauerreiss: Kirchengeschichte Bayerns, 7 Bde. Bd. 1–5 1949–55, Bd. 1 ^{2}1958, Bd. 1^{2}–5 1973–74, Bd. 6–7 1965–71; Nachdruck 1975–77.
BBKL	Biographisch-bibliographisches Kirchenlexikon, hg. v. F. W. Bautz, Bd. 1–14, 1975–99, Ergänzungs-Bd. 14 ff., 1999 ff.
Berschin	W. Berschin: Biographie und Epochenstil im lateinischen Mittelalter, Bd. 1 ff., 1986 ff.
BgF	Bibliographia Franciscana, Bd. 1 ff., 1929 ff. (Supplement zu den Collectanea Franciscana); Index 1931–70, hg. v. C. van de Laar, 1972.

BHG	Bibliotheca hagiographica graeca, hg. v. F. Halkin, 3 Bde., [3]1957.
BHG NAuct	Novum Auctarium Bibliothecae hagiographicae graecae, 1984.
BHL	Bibliotheca hagiographica latina antiquae et mediae aetatis, hg. v. den Socii Bollandiani, 2 Bde., 1898–1901.
BHL NSuppl	H. Fros: Novum Supplementum Bibliothecae hagiographicae latinae, 1986.
BHO	Bibliotheca hagiographica orientalis, hg. v. P. Peeters, 1910.
BiblMiss	Bibliotheca Missionum, begonnen von R. Streit, fortgeführt von J. Dindinger u. a., 30 Bde., 1916–74.
BiblSS	Bibliotheca Sanctorum, hg. v. Istituto Giovanni XXIII, 12 Bde. und Index-Bd., 1961–70; Appendix 1, 1987; Appendix 2, 2000.
BKV	Bibliothek der Kirchenväter, hg. v. F. X. Reithmayer, Fortsetzung von V. Thalhofer, 80 Bde., 1869–88.
BKV[2]	Bibliothek der Kirchenväter, hg. v. O. Bardenhewer u. a., 1. Reihe 62 Bde., 1911–31; 2. Reihe 20 Bde., 1932–38.
BNBelg	Biographie nationale. Publiée par l'Academie de Belgique, Bd. 1–28, 1866–1944, Bd. 29 ff. (Supplement-Bd. 1 ff.), 1957 ff.
Braun	J. Braun: Tracht und Attribute der Heiligen in der Deutschen Kunst, 1943, [4]1992 (unverändert).
Caspar	E. Caspar: Geschichte des Papsttums von den Anfängen bis zur Höhe der Weltherrschaft, 2 Bde., 1930–33.
Cath	Catholicisme. Hier – Aujourd'hui – Demain, hg. v. G. Jacquemet, 15 Bde., 1948–2000.
CBCR	Corpus Basilicarum Christianarum Romae, hg. v. R. Krautheimer. 5 Bde., 1937–80.
CCG	Corpus Christianorum. Ser. Graeca, 1974 ff.
CCL	Corpus Christianorum seu nova Patrum collectio ser. Latina, 1953 ff.
CCM	Corpus Christianorum. Continuatio Mediaevalis, 1966 ff.
CCMon	Corpus Consuetudinum monasticarum, 1963 ff.
CIL	Corpus Inscriptionum Latinarum, hg. v. der Berliner Akademie, 1863 ff.
CPG	Clavis Patrum Graecorum, hg. v. M. Geerard, 5 Bde., 1974–87, Supplement-Bd. 1998.
CPL	Clavis Patrum Latinorum, hg. v. E. Dekkers, 1951, [2]1961, [3]1995.
CSCO	Corpus scriptorum Christianorum orientalium, 1903 ff.:
CSCO.I	– Scriptores Iberici
CSCO.S	– Scriptores Syri
CSEL	Corpus scriptorum ecclesiasticorum latinorum, 1866 ff.
D'Alatri	M. D'Alatri: Santi e Santità nell'Ordine Cappuccino, 3 Bde., 1980–82.
DACist	Dictionnaire des auteurs Cisterciens, hg. v. E. Brouette u. a., 2 Bde., 1975–77 (durchgehend paginiert).
DACL	Dictionnaire d'archéologie chrétienne et de liturgie, hg. v. F. Cabrol – H. Leclercq, 15 Bde., 1907–51.
DBF	Dictionnaire de biographie française, 1929 ff.
DBI	Dizionario biografico degli Italiani, 1960 ff.

Delehaye H. Delehaye: Les origines du culte des martyrs, ^{2}1933, Nachdruck 1976.

DEMA A. Vauchez (Hg.): Dictionnaire Encyclopédique du moyen âge. 2 Bde., 1997.

DH H. Denzinger: Enchiridion symbolorum, definitionum et declarationum de rebus fidei et morum. Kompendium der Glaubensbekenntnisse und kirchlichen Lehrentscheidungen. Lateinisch-deutsch, übersetzt und hg. v. P. Hünermann, ^{37}1991 (vgl. DS).

DHEE Diccionario de historia eclesiástica de España, hg. v. Q. Aldea Vaquero u. a., 4 Bde., 1972–75, Supplement-Bd. 1987.

DHGE Dictionnaire d'histoire et de géographie ecclésiastiques, hg. v. A. Baudrillart u. a., Bd. 1 ff., 1912 ff.

DIP Dizionario degli Istituti di Perfezione, hg. v. G. Pelliccia – G. Rocca, 10 Bde., 1974 ff.

DivSan Diventare santo. Itinerari e riconoscimenti della santità tra libri, documenti e immagini, 1998 (Bimillenario di Cristo. I Santi nella Storia 1998–99).

DMoyA C. Gauvard u. a. (Hg.): Dictionnaire du Moyen Âge, 2002.

DNB The Dictionary of National Biography, hg. v. L. Stephen – S. Lee, 63 Bde., dazu 3 Supplement-Bde. und 1 Bd. Index and Epitome, 1885–1903; Neuausgabe in 22 Bdn., 1908–09; Fortsetzung: 1901–11 in 3 Bdn., 1912, Neuausgabe einbändig 1920; 1912–21: 1927; 1922–30: 1937; 1931–40: 1949; 1941–50: 1959; 1951–60: 1971; 1981–85: 1990; 1986–90: 1996.

DPAC Dizionario patristico e di antichità cristiane, hg. v. A. Di Berardino, 2 Bde. und Atlas (Bd. 3), 1983–88.

DS H. Denzinger – A. Schönmetzer: Enchiridion symbolorum, definitionum et declarationum de rebus fidei et morum, ^{36}1976 (vgl. DH).

DSp Dictionnaire de Spiritualité. Ascétique et Mystique; Doctrine et Histoire, hg. v. M. Viller, 16 Bde., Register-Bd. (Tables), 1932–95.

DThC Dictionnaire de théologie catholique, 15 Bde., 1903–1950; 3 Register-Bde., 1951–72.

Duchesne L. Duchesne: Fastes episcopaux de l'ancient Gaule, 3 Bde., 1894–99, ^{2}1907–15.

Dufourcq A. Dufourcq: Étude sur les gesta martyrum romains, 4 Bde., 1900–10, Nachdruck 5 Bde., 1988.

EC Enciclopedia Cattolica, 13 Bde., 1949–69.

EM Enzyklopädie des Märchens. Handwörterbuch zur historischen und vergleichenden Erzählforschung, hg. v. R. W. Brednich, Bd. 1 ff., 1977 ff.

Essen L. van der Essen: Étude critique et littéraire sur les Vitae des saints Mérovingiens de l'ancienne Belgique, 1906.

EWNT Exegetisches Wörterbuch zum Neuen Testament, hg. v. H. R. Balz – G. Schneider, 3 Bde., 1980–83, ^{2}1992.

FC Fontes Christiani. Zweisprachige Neuausgabe christlicher Quellentexte aus Altertum und Mittelalter, hg. v. N. Brox u. a., 1990 ff.

Flórez	H. Flórez: España Sagrada. Teatro geográfico-histórico de la Iglesia de la España, 51 Bde., 1754–1879.
FlorPatr	Florilegium Patristicum, hg. v. J. Zellinger – B. Geyer, 44 Hefte, 1904–41.
GCS	Die griechischen christlichen Schriftsteller der ersten drei Jahrhunderte, 1897 ff.
GermSac	Germania Sacra, AF, 1929 ff., NF, 1962 ff.
HelvSac	Helvetia Sacra, hg. v. A. Bruckner, Abteilung Iff., Bd. 1 ff., 1972 ff.
HistSaints	Histoire des Saints et de la sainteté chrétienne, hg. v. F. Chiovaro u. a., 10 Bde., 1986–88.
HWDA	Handwörterbuch des deutschen Aberglaubens, hg. v. H. Bächtold-Stäubli, 10 Bde., 1927–42.
ICUR	Inscriptiones Christianae urbis Romae. Septimo saeculo antiquiores, hg. v. G. B. de Rossi – A. Silvagni, 2 Bde., 1862–88; Supplement-Bd. 1915; Neue Serie Bd. 1 ff., 1922 ff.
ILCV	Inscriptiones latinae christianae veteres, hg. v. E. Diehl, 3 Bde., 1925–31; Neuausgabe, hg. v. H.-I. Marrou, 4 Bde., [2]1961–67.
LACL	Lexikon der antiken christlichen Literatur, [3]2002.
Lanzoni	F. Lanzoni: Le diocesi d'Italia dalle origini al principio del secolo VII (an. 604), 2 Bde., 1927, Neudruck 1963, 1980 (durchgehend paginiert).
LCI	Lexikon der christlichen Ikonographie, begründet von E. Kirschbaum, hg. v. W. Braunfels, 8 Bde., 1968–75, Nachdruck 1990.
LMA	Lexikon des Mittelalters, 8 Bde., 1980–98
LP	Liber pontificalis, hg. v. L. Duchesne, 2 Bde., 1886–92; Nachdruck 1955; Bd. 3 hg. v. C. Vogel, 1957.
LThK	Lexikon für Theologie und Kirche, hg. v. M. Buchberger, 10 Bde., [1]1930–38; hg. v. J. Höfer – K. Rahner, 10 Bde. und Register-Bd., [2]1957–67; hg. v. W. Kasper u. a., 10 Bde. und Nachtrags-/Register-Bd., [3]1993–2001.
Mansi	J. D. Mansi: Sacrorum conciliorum nova et amplissima collectio, 31 Bde., 1759–1798, Neudruck und Fortsetzung hg. v. L. Petit – J. B. Martin in 53 Bdn., 1901–27.
MarL	Marienlexikon, hg. v. L. Scheffczyk – R. Bäumer, 6 Bde., 1988–94.
MartFranc	A. DuMoustier: Martyrologium Franciscanum (1653), hg. v. I. Beschin – J. Palazzolo, 1939.
MartHieron	Commentarius in Martyrologium Hieronymianum, hg. v. H. Delehaye – H. Quentin (ActaSS nov. 2/2), 1931.
MartRom	Martyrologium romanum ... scholiis historicis instructum, hg. v. H. Delehaye u. a. (ActaSS, Propylaeum ad ActaSS dec.), 1941; – GregoriiXIII iussu editum Urbani VIII et Clementis X auctoritate recognitum ac deinde anno MDCCXLIX [1749] Benedicti XIV opera

ac studio emendatum et auctum. – 4. post typicum editionem iuxta primam a typica editione anno 1922, 1956;
– Ex decreto sacrosancti œcumenici concilii Vaticani II instauratum auctoritate Ioannis Pauli PP. II promulgatum. Editio typica, 2001.

MartSyr Martyrologium Syriacum, hg. v. B. Mariani, 1956.

MGH Monumenta Germaniae Historica inde ab a. C. 500 usque ad a. 1500; Indices von O. Holder-Egger – K. Zeumer, 1826 ff.

MGH.AA – Auctores antiquissimi. 1877–1919.

MGH.Cap – Capitularia regum Francorum. 1883–97 (vgl. MGH.L, sectio 2).

MGH.Conc – Concilia. 1893 ff. (vgl. MGH.L, sectio 3).

MGH.D – Diplomata. 1872 ff.

MGH.Ep – Epistolae. 1887 ff.

MGH.ES – Epistolae selectae. 1916 ff.

MGH.F – Fontes iuris Germanici antiqui. 1869 ff. NS 1933 ff.

MGH.LL – Libelli de lite imperatorum et pontificum saeculis XI et XII conscripti. 1891–97.

MGH. – Necrologia. 1888–1920.

MGH.PL – Poetae latinae medii aevi. 1880 ff.

MGH.SRG – Scriptores rerum Germanicarum in usum scholarum ex Monumentis Germaniae historicis recusi (sepa-ratim editi) (Oktav-Reihe). 1826–1913.

MGH.SRG NS – Scriptores rerum Germanicarum, Nova ser. (Oktav-Reihe). 1922 ff.

MGH.SRL – Scriptores rerum Langobardicarum et Italicarum s. VI–IX. 1878, Nachdr. 1964.

MGH.SRM – Scriptores rerum Merovingicarum. 1884–1920.

MGH.SS – Scriptores. 1826–1934.

MHS.L Monumenta Hispaniae sacra, Ser. litúrgica 1946 ff.

MOFPH Monumenta ordinis Fratrum Praedicatorum historica, hg. v. B. M. Reichert, 14 Bde., 1896–1904; Fortsetzung 1931 ff.

NCE New Catholic Encyclopedia, hg. v. W. J. McDonald u. a., 15 Bde., 1967; Supplement-Bde. 16–19, 1974–95; Nachdruck Bde. 1–17, 1981; Jubliäums-Bd. 2001.

NDB Neue Deutsche Biographie, hg. v. der Historischen Kommission bei der Bayerischen Akademie der Wissenschaften, 1953 ff.

PG Patrologia Graeca, hg. v. J. P. Migne, 167 Bde., 1857–66.

PL Patrologia Latina, hg. v. J. P. Migne, 217 Bde. und 4 Register-Bde., 1841–64 (vgl. PLS).

PLS Patrologia Latina, Supplement-Bde. 1–5, hg. v. A. Hamman, 1958–70.

PO Patrologia orientalis, hg. v. R. Graffin – F. Nau, 1907 ff.

Polgár L. Polgár: Bibliographie sur l'histoire de la Compagnie de Jésus 1901–80, Bd. 1 1981, Bd. 2/1 1983, Bd. 2/2 1986, Bd. 3/1–3/3 1990, Bd. 4 1995.

PRE Paulys Real-Encyklopädie der classischen Altertumswissenschaft, Neuausgabe, hg. v. G. Wissowa u. a., 50 Bde., 1894–1980.

Prinz F. Prinz: Frühes Mönchtum im Frankenreich, 1965, ^{2}1988.

QFIAB Quellen und Forschungen aus italienischen Archiven und Bibliotheken 1 (1897) ff.

Quentin H. Quentin: Les martyrologes historiques du Moyen-âge, 1908, Nachdruck 1969.

RAC Reallexikon für Antike und Christentum, hg. v. T. Klauser u. a., Bd. 1 ff., 1950 ff. Supplement-Bde. 1 ff. 1985 ff.

Réau L. Réau: Iconographie de l'art chrétienne, 3 Bde., 1955–59, Nachdruck 1983.

RFHMA Repertorium fontium historiae medii aevi, hg. v. Istituto storico Italiano per il medio evo, 1962 ff.

RPR Regesta Pontificum Romanorum:

RPR.GP – Germania Pontificia, hg. v. A. Brackmann, Bd. 1 ff., 1911 ff.

RPR.IP – Italia Pontificia, Bd. 1–8 hg. v. P. F. Kehr, 1906–35, Bd. 9 hg. v. W. Holtzmann, 1962, Bd. 10 hg. v. D. Girgensohn, 1975.

RPR(J) P. Jaffé: Regesta pontificum Romanorum ad a. p. Chr. n. MCXCVIII, 1851, hg. v. S. Löwenfeld u. a., 2 Bde. ^{2}1881–88, Nachdruck 1956.

SC Sources chrétiennes, hg. v. H. de Lubac – J. Daniélou, 1941 ff.

Series episc Series episcoporum ecclesiae apostolicae occidentalis, hg. v. O. Engels – S. Weinfurter, 1982 ff.

SHG Subsidia hagiographica, hg. v. der Société des Bollandistes,1886 ff.

SHLA P. Brown: Society and the Holy in Late Antiquity, 1982.

Sieger M. Sieger: Die Heiligsprechung. Geschichte und heutige Rechtslage, 1995.

SMHM J. Dubois – J.-L. Lemaitre: Sources et méthodes de l'hagiographie médiévale, 1993.

Sommervogel C. Sommervogel: Bibliothèque de la Compagnie de Jésus, Bd. 1–9., 1890–1900, Bd. 10 (Tables), 11 (Histoire), hg. v. P. Bliard, 1932, Bd. 12 (Nachträge), hg. v. E.-M. Rivière, 1911–30, 1–12, ^{3}1960.

SOPMA Scriptores Ordinis Praedicatorum Medii Aevi, hg. v. T. Käppeli (4. Bd. v. E. Panella): 4 Bde., 1970–93.

SynaxCP Synaxarium Ecclesiae Constantinopolitanae, hg. v. H. Delehaye (Propylaeum ad ActaSS nov.), 1902.

TCCG Topographie chrétienne des cités de la Gaule des origines à la fin du VIIe siècle, 1975 ff.

TU Texte und Untersuchungen zur Geschichte der altchristlichen Literatur, 1882 ff.

VerfLex^{2} Die deutsche Literatur des Mittelalters. Verfasserlexikon, hg. v. K. Ruh u. a., 11 Bde., ^{2}1978–2001.

VSB Vies des Saints et des Bienheureux selon l'ordre du calendrier avec l'histoire des fêtes, hg. v. J. Baudot u. a., 12 Bde. und Supplement-Bd., 1935–59.

Wattenbach-Levison W. Wattenbach: Deutschlands Geschichtsquellen im Mittelalter. Vorzeit und Karolinger, Heft 1–6 hg. v. W. Levison u. a.,

1952–90 (durchgehend paginiert); Beiheft: Die Rechtsquellen, hg. v. R. Buchner, 1953.

Wattenbach-Schmale W. Wattenbach: Deutschlands Geschichtsquellen im Mittelalter. Die Zeit der Sachsen und Salier, hg. v. R. Holtzmann; Neuausgabe, hg. v. F.-J. Schmale. Teil 1–2, 1938–43, Nachdruck 1967, Teil 3, 1971.

Zimmermann A. Zimmermann: Kalendarium Benedictinum, 4 Bde., 1933–38.

Ordensabkürzungen

Die Zusammenstellung basiert (mit Abweichungen) auf: H. Ooms: Repertorium universale siglorum Ordinum et Institutum religiosorum in Ecclesia catholica, 1959, sowie auf dem Annuario Pontificio. – Die Siglen bedeuten: C. = Congregatio; O. = Ordo; S. = Societas; hl. = heilig.

AA	C. Augustinianorum ab Assumptione – *Assumptionisten*
B	C. Clericorum Regularium Sancti Pauli, Barnabitarum – *Barnabiten*
CanA	Canonici Augustiniani – *Regulierte Augustiner-Chorherren* (↗CRSA)
CJM	C. Jesu et Mariae – *Kongregation von Jesus und Maria; Eudisten*
CM	C. Missionis – *Lazaristen; Vinzentiner*
CP	C. Passionis Jesu Christi – *Passionisten*
CPM	C. Presbyterorum a Misericordia – *Priester der Barmherzigkeit*
CRL	C. Sanctissimi Salvatoris Lateranensis; Canonici Regulares Congregationis Lateranensis – *Augustiner-Chorherren vom Lateran*
CRSA	O. Canonicorum Regularium Sancti Augustini – *Augustiner-Chorherren* (↗CanA)
CRV	C. Canonicorum Regularium Vindesemensis-Victorina – *Augustiner-Chorherren von Windesheim-St. Victor*
CSC	C. a Sancta Cruce – *Kongregation vom Hl. Kreuz*
CSF	C. a Sacra Familia – *Kongregation von der Hl. Familie (Bergamo)*
CSSp	C. Sancti Spiritus – *Kongregation vom Hl. Geist; Spiritaner*
CSsR	C. Sanctissimi Redemptoris – *Kongregation des Heiligsten Erlösers; Redemptoristen*
FdCC	C. Filiorum a Caritate; Figli della Carità Canossiani – *Söhne der Liebe; Canossianer*
FMA	Filiae Mariae Auxiliatricis – *Töchter Marias, der Hilfe der Christen; Mariahilfschwestern; Salesianerinnen Don Boscos*
FSC	Institutum Fratrum Scholarum Christianarum – *Brüder der christlichen Schulen*
MA	Sorores Mariae Auxiliatricis – *Mariahilfschwestern (Frankreich)*
MC	Missionaries of Charity – *Missionarinnen der Nächstenliebe; Schwestern von Mutter Teresa*
MCCJ	Missionarii Comboniani Cordis Jesu – *Comboni-Missionare (vom Herzen Jesu)*
MEP	S. Parisiensis Missionum ad Exteras Gentes; Missions Étrangères de Paris – *Gesellschaft für auswärtige Missionen von Paris*
MI	O. Clericorum Regularium Ministrantium Infirmis – *Regularkleriker zum Dienst an den Kranken; Kamillianer*
MIC	C. Clericorum Marianorum sub Titulo Immaculatae Conceptionis Beatissimae Virginis Mariae – *Marianische Kleriker von der Unbefleckten Empfängnis der seligsten Jungfrau Maria; Marianer*
OAR	O. Augustinianorum Recollectorum – *Augustiner-Rekollekten*
OCarm	O. Fratrum/Sororum Beatae Mariae Virginis de Monte Carmelo – *Karmeliten/Karmelitinnen*
OCart	O. Cartusiensis – *Kartäuser/Kartäuserinnen*
OCD	O. Fratrum Discalceatorum/Sororum Discalceatarum Beatae Mariae

Virginis de Monte Carmelo – *Unbeschuhte Karmeliten/Karmelitinnen; Theresianischer Karmel*

OCist O. Cisterciensis – *Zisterzienser/Zisterzienserinnen* (früher: Sacer OCist)

OCR O. Cisterciensium Reformatorum/Reformatarum seu Strictioris Observantiae – *Reformierte Zisterzienser/Zisterzienserinnen; Trappisten/Trappistinnen*

OdeM O. Beatae Mariae Virginis de Mercede – *Mercedarier*

OESA O. Fratrum Eremitarum Sancti Augustini – *Augustiner-Eremiten* (seit 1969: ↗OSA)

OFM O. Fratrum Minorum – *Franziskaner; Minderbrüder*

OFMCap O. Fratrum Minorum Capuccinorum (Capulatorum) – *Kapuziner*

OFMConv O. Fratrum Minorum Conventualium – *Konventualen; Minoriten; Schwarze Franziskaner*

OFMDisc O. Fratrum Minorum Discalceatorum (Excalceatorum/Alcantarinorum); O. Fratrum Minorum Strictioris (Strictissimae) Observantiae Discalceatorum; Fratres Capuccini de Observantia – *Franziskaner-Discalceaten; Alkantariner*

OFS O. Franciscanus Saecularis – *Weltlicher Dritter Franziskaner-Orden* (↗TOF)

OH O. Hospitalarius Sancti Joannis de Deo – *Barmherzige Brüder vom hl. Johannes von Gott*

OLM O. Libanensis Maronitarum – *Libanesische Maroniten; Baladiten*

OM O. Minimorum – *Minimen; Paulaner*

OMD O. Clericorum Regularium Matris Dei – *Regularkleriker der Mutter Gottes*

OMI C. Missionariorum Oblatorum Beatae Mariae Virginis Immaculatae – *Oblaten der Unbefleckten Jungfrau Maria*

OMin ↗OFM

OP O. Fratrum Praedicatorum – *Dominikaner*

OPraem O. Praemonstratensis – *Prämonstratenser*

Or Institutum Oratorii Sancti Philippi Nerii – *Oratorianer*

OSA O. Sancti Augustini – *Augustiner/Augustinerinnen* (bis 1969: ↗OESA)

OSB O. Sancti Benedicti – *Benediktiner/Benediktinerinnen*

OSCl O. Sanctae Clarae – *Klarissen*

OSClCap O. Sanctae Clarae Capuccinarum – *Klarissen-Kapuzinerinnen*

OSD O. Sancti Dominici – *Dominikanerinnen; Schwestern vom Dritten Orden des hl. Dominikus*

OSF O. Sancti Francisci – *Franziskanerinnen; Brüder/Schwestern vom Dritten Orden des hl. Franziskus*

OSST O. Sanctissimae Trinitatis – *Trinitarier*

OSU O. Sanctae Ursulae – *Ursulinen*

PIME Pontificium Institutum pro Missionibus Exteris – *Päpstliches Institut für auswärtige Missionen*

SC S. Religiosarum Sanctissimi Cordis Jesu – *Ordensfrauen vom Heiligsten Herzen Jesu; Sacré-Cœur-Schwestern*

SCC Sorores Christianae Caritatis – *Schwestern von der christlichen Liebe*

SDB S. S. Francisci Salesii; Società Salesiana di San Giovanni Bosco – *Salesianer des hl. Johannes Don Bosco*

SJ S. Jesu – *Gesellschaft Jesu; Jesuiten*
SM S. Mariae – *Gesellschaft Marias; Marianisten*
SM S. Mariae – *Gesellschaft Marias; Maristen*
SP O. Clericorum Regularium Pauperum Matris Dei Scholarum Piarum – *Arme Regularkleriker der Mutter Gottes von den frommen Schulen; Piaristen; Scolopi*
SSCC C. Sacrorum Cordium Jesu et Mariae necnon adorationis perpetuae Sanctissimi Sacramenti Altaris – *Genossenschaft von den Heiligsten Herzen Jesu und Marias und von der Ewigen Anbetung des Heiligsten Altarsakraments; Picpus-Patres; Arnsteiner Patres*
SSpS C. Missionalis Servarum Spiritus Sancti – *Missionsgenossenschaft der Dienerinnen des Hl. Geistes; Steyler Missionsschwestern*
SVD S. Verbi Divini – *Gesellschaft des Göttlichen Wortes; Steyler Missionare*
TOF Tertius O. Franciscanus ↗OFS
TOR Tertius O. Regularis Sancti Francisci – *Regulierter Dritter Orden des hl. Franziskus*

Personenteil

Achatius, Martyrer, heilig (8. Mai). Der heilige A. ist im Breviarium Syriacum (8. Mai) falsch nach Nikomedien verwiesen; er wurde in Wirklichkeit 303 oder 305 in Konstantinopel hingerichtet und am Ort, der »Staurius« genannt wird, begraben (BHG 13). In den Synaxarien wird er am 7. oder 8. Mai gefeiert, in den lateinischen Martyrologien am 8. Mai. Seine Passio entspricht den Kriterien einer wesentlichen Authentizität. Die Kirche, die über seinem Grab errichtet wurde, wird von Socrates, Sozomenus und Prokopius erwähnt. Eine andere befand sich in Heptaskalon, heute Koumkapou. In späteren lateinischen Quellen ist von einer wunderbaren Translation nach Kalabrien die Rede. A. wird unter den 14 ↗Nothelfern verehrt.

VICTOR SAXER

Literatur: ActaSS nov. 2/2, 239, n. 17; 245, n. 60; BiblSS 1, 138 ff.; SynaxCP 661, 663.

Adalbert (Vojtěch) **von Prag,** heilig (23. April), Martyrer, * um 956 auf Libice als Sohn des Fürsten Slavnik, † 23. 4. 997 wahrscheinlich bei Elbing. Erhielt bei der Firmung in Magdeburg von Erzbischof Adalbert seinen Namen. Bis 981 in der dortigen Domschule, 982 zum Bischof in Prag bestimmt, am 3. 6. 983 in Verona von Otto II. investiert, am 23. 7. von Willigis von Mainz geweiht. A. bekämpfte heidnische Sitten, den jüdischen Handel mit christlichen Sklaven, förderte die Vita communis und den Zölibat des Domklerus. 989 verzichtete er auf sein Amt und trat in das römische Benediktinerkloster St. Bonifatius und Alexius auf dem Aventin ein. 992 wieder in Prag; im Streit mit Adel und Herzog, verließ er Böhmen. Anfang 995 erneut in Rom, wo der Papst seine Missionspläne, die sich noch ungenau auf die ganze »Slavinia« richteten, genehmigte. Nach Reisen nach Mainz und Frankreich, vielleicht auch nach Ungarn (Kontakte zu ↗Stephan I.) wurden seine missionarischen Absichten von Prag abschlägig entschieden, im September 995 wurde er endgültig ausgeschaltet. Ende 996 erlaubte ihm der polnische Herzog Bolesław Chrobry, von Danzig aus die heidnischen Preußen zu missionieren, dabei erlitt er den Martertod. Bolesaw löste seinen Leichnam aus und setzte ihn in Gnesen bei; vor dem 2. 12. 999 von Silvester II. heiliggesprochen. Die Wallfahrt Ottos III. zu seinem Grab (1000) löste eine ständig wachsende Verehrung aus, die der Kaiser auf das Reich ausdehnte. 1039 überführte Břetislav von Böhmen die Gnesener Reliquien nach Prag. Der A.-Kult erhielt neben dem des heiligen ↗Wenzel eine politische Bedeutung; in Polen wird A. seit Ende des 11. Jh. als Landespatron verehrt (1127 die Inventio capitis).

ALEKSANDER GIEYSZTOR

Quellen: Vitae, hg. v. J. Karwasińska: Monumenta Poloniae Historica. Nova Series, Bd. 4/1 und 4/2, 1962–69.

Literatur: LMA 1, 101 f.; H. H. Henrix (Hg.): A. von Prag, 1997; P. Engelbert: A. von Prag zwischen Bischofsideal, Politik und Mönchtum: Römische Quartalschrift 92 (1997) 18–44.

Adelheid, Kaiserin, heilig (16. Dez.), * um 931, † 16./17. 12. 999 Selz am Oberrhein; Tochter König Rudolfs II. von Hochburgund, 947 vermählt mit König Lothar von Italien; 950 verwitwet, floh sie aus der Gefangenschaft König Berengars II.; 951 in Pavia Heirat mit Otto dem Großen, dem neuen König von Italien. Als »consors regni« und seit 962 als Kaiserin übte sie politischen Einfluss v. a. nach dem Tod ihres Gatten aus, und zwar bis 976/978, 984–988 (Regentschaft zusammen mit Theophanu für Otto III.), 991–994 (Regentschaft nach dem Tod Theophanus); engere Beziehungen zu den bayerischen Liudolfingern. Von 994 an hielt sich die mit Burgund verbundene und den Äbten Maiolus und ↗Odilo von Cluny nahe stehende A. vornehmlich in ihrer Lieblingsstiftung Selz (Oberrhein) auf. Mit seinem »Epitaphium« hat Odilo ihre von den Cluniazensern geförderte Verehrung grundgelegt, die auf Bitten des Straßburger Bischofs in der Kanonisation durch Urban II. ihr Ziel erreichte.

KARL SCHMID

Quellen und Literatur: Odilonis Cluniacensis abbatis Epitaphium domine Adelheide auguste, hg. v. H. PAULHART, 1962, 27–54; LMA 1, 145 f.; J. WOLLASCH: Das Grabkloster der Kaiserin A. in Selz am Rhein: Frühmittelalterliche Studien 2 (1968) 135–143; P. CORBET: Les saints ottoniens, 1986, 59–110; P. GOLINELLI: A. regina santa d'Europa, 2001; P. CORBET (Hg.): A. de Bourgogne, 2002.

Adelheid (Aleydis, Alice, Alix) **von Schaarbeek** (Schaerbeek, Scharbeke), heilig (11. Juni), OCist, Reklusin, *1215 in der Gegend von Brüssel, †11.6.1250 La Cambre; als Kind den Zisterzienserinnen von La Cambre anvertraut. Mit 22 Jahren wurde sie vom Aussatz befallen und lebte von da an bis zu ihrem Tod, von heftigen Schmerzen geplagt, als Reklusin am Rande des Klosters. A. gehört zur zisterziensischen Frauenbewegung des 13. Jh. Ihre Vita und ihre mystischen Erlebnisse wurden vom Spiritual des Klosters aufgezeichnet.

ALBERICH MARTIN ALTERMATT

Literatur: ACTASS iun. 2, 476–483; BIBLSS 1, 756 f.; M. CAWLEY: Lives of Ida of Nivelles, Lutgard and A. the Leper, 1987; R. DE GANCK: Towards Unification with God, 1991.

Adolph Kolping, selig (1991; RK g 4. Dez.), der »Gesellenvater«, Bahnbrecher des katholisch-sozialen Vereinswesens, *8.12.1813 Kerpen bei Köln, †4.12.1865 Köln (Grab in der Minoritenkirche). Als Sohn einer kinderreichen Tagelöhnerfamilie erlernte er das Schuhmacherhandwerk. Auf Wanderschaft lernte er die leibliche und seelische Not der damaligen Handwerksgesellen kennen. Besuch des Marzellen-Gymnasiums (1837–41) in Köln, Studium in München, Bonn und Köln, 1845 Priester. Als Kaplan in Elberfeld lernte er den von Johannes Gregor Breuer gegründeten katholischen Gesellenverein kennen und wurde dessen zweiter Präses. Als Domvikar gründete er am 6.5.1846 in Köln einen Gesellenverein. Durch seine Initiative und mit päpstlicher Anerkennung verbreiteten sich die Gesellenvereine (»Kolpingfamilie«) rasch in Europa und in den USA. 1862 Päpstlicher Geheimkämmerer und Rektor der Minoritenkirche. A. war kein Systematiker der Gesellschaftslehre, sondern ein praktischer, im Religiösen verankerter Volkserzieher, dem es um sittliche Erneuerung der Jugend und um die Rettung der christlichen Familie

Adolph Kolping

ging. Seine Ideen legte er nieder in: Der Gesellenverein, 1849, Neudruck 1852; Rheinische Volksblätter, 1854–65; Mitteilungen für die Präsides, 1863–65.

HEINRICH FESTING

Literatur: S. G. SCHÄFFER: A. K., der Gesellenvater, 1880; H. J. KRACHT: A. K., Priester, Pädagoge, Publizist im Dienst christlicher Sozialreform, 1993.

Aegidius von Assisi, selig (23. April), OFM, Analphabet und Bauer, †22.4. 1262 Monteripido; nach Bernhard von Quintavalle, dem reichen Kaufmann und Juristen, zweiter Jünger des heiligen ↗Franz von Assisi. Man teilt sein Leben ein in vier Etappen (»Geburten«): Elternhaus, Christsein, franziskanische Wanderexistenz (Mark Ancona, Santiago, Süditalien, Palästina, Mittelitalien, Algerien) und mystisches Leben (Cetona bei Chiusi, Monteripido bei Perugia). Wegen seiner mystischen Aphorismen berühmt (allein im niederdeutschen Sprachgebiet 54 Handschriften); Einfluss auf die Theorie der Mystik.

ANTON ROTZETTER

Literatur: A. ROTZETTER – E. HUG (Hg.): A. von A. Die Weisheit des Einfachen, 1980; Leben und ›Goldene Worte‹ des Bruders A., 1986.

Aegidius (Gilles) **von Saint-Gilles,** heilig (1. Sept.). Der ältesten (10. Jh.) Vita zufolge griechischer Abkunft, Eremit in der Provence (Attribut: Hirschkuh). Nach Entdeckung durch einen Gotenkönig Flavius Gründer und erster Abt von St-Gilles; befreit auf wunderbare Weise einen Frankenkönig Karl von einer Sündenstrafe. A. muss nach 586 gelebt haben, das angenommene Todesjahr 720 (1. Sept.) ist ohne Beweis. Die angeblich von ihm gegründete Abtei St-Gilles mit seinem mutmaßlichen Grab war im Mittelalter bedeutendes europäisches Wallfahrtsziel. Der Kult des A. (↗Nothelfer) breitete sich seit 11. Jh. bis nach Norddeutschland, Polen, Ungarn und Schweden aus.

ULRICH WINZER

Literatur: ACTASS sep. 1, 299–304; ANBOLL 8 (1889) 102–120, 9 (1890) 393–422; BHL 93–98; DHGE 20, 1352–56; MGH.SS 12, 316–323; La Vie de saint G. par Guillaume de Berneville, hg. v. G. PARIS – A. BOS, 1881, XLVI–LXXII; E.-C. JONES: St. G., 1914; U. WINZER: S. G., 1988, 15–40.

Ælred (Ailred, Alred, Alured, Ealred, Ethelred) **von Rievaulx,** OCist, heilig (1191; 12. Jan.), *1110 Hexham, Northumberland, †12. 1. 1167 Rievaulx, Yorkshire; 1124–34 Ausbildung und Verwalter am Hof des schottischen Königs David, 1134 Mönch in Rievaulx, 1143 Gründungsabt von Revesby in Lincolnshire, seit 1147 Abt in Rievaulx, das zu einem Zentrum des Zisterzienserordens in England wurde. A. wurde 1476 in England, 1871 allenorts in die Liturgie seines Ordens aufgenommen. Die monastische Theologie und affektiv bestimmte Spiritualität seiner Schriften sind geprägt durch Bibel, Benediktregel, die »Confessiones« des ↗Augustinus von Hippo und ↗Bernhard von Clairvaux. Mit der Ausgestaltung der Exerzitien im Sinn der Jesus-Meditation und der christlichen Rezeption des Freundschaftsideals hat A. auf die Folgezeit gewirkt.

GABRIELE LAUTENSCHLÄGER

Werke: PL 195, 209–796; Opera omnia: CCM 1 (1971); Sermones: CCM 2A (1989). – *Deutsche Übersetzung:* A. Spiegel der Liebe, 1989.

Literatur: BIBLSS 1, 276–279; DSP 1, 225–234; A. SQUIRE: A. of Rievaulx, 1969; K. RUH: Geschichte der abendländischen Mystik, Bd. 1 1990, 330–342; M. PFEIFER: Trois ›styles‹ des la mystique cistercienne: Bernard, Guillaume, A.: Collectanea Cisterciensia 65 (2003) 89–110.

Aemilianus Cucullatus, heilig (12. Nov.) als *San Millán de la Cogolla* (Gebirgszug im Rioja) einer der volkstümlichsten Heiligen Spaniens. Seine Vita schrieb Braulio von Saragossa (581–651). Danach war er Schäfer, dann Eremit, zuletzt Mönch und Abt; starb etwa 100-jährig (473–574). Reliquientranslation Anfang des 11. Jh. in die über seinem Grab errichtete und nach ihm benannte bedeutende Benediktinerabtei. Wunderzyklus von Fernandus Anfang des 13. Jh., Vita in Kastilisch von Gonzalo de Berceo um 1236.

MICHAELA PUZICHA

Literatur: CPL² 1231; E. CAZZANIGA: Bolletino del Comitato … 3 (1955) 7–43 (Vita S. Aemiliani); A. LINAGE CONDE: Ideal monástico de S. M. según su biógrafo Braulio: Studia Patristica 10 (1970) 374–378.

Afra von Augsburg, heilig (7. Aug.), Martyrin, zweite Stadt- und Bistumspatronin von Augsburg, † um 304. Ihre Existenz muss aus der kontinuierlichen Kultgeschichte erschlossen werden. Archäologische Untersuchungen bei und unter dem Münster St. Ulrich und Afra (Augsburg) führten zur Überzeugung, dass das ursprüngliche Grab A.s innerhalb eines spätrömischen Gräberfeldes, etwa 1 km außerhalb der Provinzhauptstadt Augusta Vindelicum, zu suchen ist. Die Häufung beigabenreicher merowingischer Gräber unter der ersten A.-Kirche deutet auf eine Bestattung »ad Sanctos« hin. Die A.-Memorie und das Grab selbst wurden bisher nicht gefunden. Könnte A. eine literarische Fiktion sein (Schimmelpfennig)? Der Name A. schließt eine mögliche Herkunft aus Afrika ein, wie der Name Suaba oder Bavaria im spätantiken Nordafrika Herkunftsbezeichnung ist. Wenn MartHieron aus einem Mailänder Kalendar des 5. Jh. schöpft, wäre dies das erste Zeugnis für A. Venantius Fortunatus bezeugt 565 die Verehrung der »heiligen Gebeine« A.s in Augsburg. Im 8. Jh. entstand eine Passio in zwei Fassungen und eine Conversio. Nach der kürzeren älteren Fassung war A. eine bekehrte Dirne, die zum Feuertod verurteilt wurde. Die Conversio schildert die Taufe A.s, ihrer Mutter Hilaria und ihrer Mägde durch Bischof Narcissus, der A.s Onkel Dionysius zum Bischof von Augsburg bestellte. Passio und Conversio sind historisch unglaubwürdig, beleuchten aber die Bedürfnisse der zahlreicher Wallfahrer. Der Verfasser der ursprünglichen Passio bezog den Namen einer antiochenischen Martyrin Venerea als Zuname auf A. (Venusdienerin) und schuf aus der Namensverbindung eine Erzählung, die das Motiv »bekehrte Dirne« breit ausgestaltete. Im 12./13. Jh. erscheint eine armenische Übersetzung, die durch die Kreuzzüge verbreitet wurde. Im Gegensatz zu Passio und Conversio wird A. in Augsburger Kalendarien von 1010, 1050 und 1100 Jungfrau genannt. Im 9. Jh. entstanden Antiphonen, Hymnen und Sequenzen zu Ehren A.s. 1804 wurde ein 1064 entdeckter römischer Sarkophag erneut geöffnet und als Grablege A.s bezeichnet. Heute ruhen die damals erhobenen Gebeine in der modernen Krypta unter St. Ulrich und A. Zahlreiche Kirchen, Kapellen und Altäre weit über das Bistum Augsburg hinaus sind A. geweiht. Eine spätbarocke Kapelle bei Friedberg markiert die Martyriumsstätte A.s (St. A. im Felde).

• **Afer,** ein weiterer Onkel der A., ist ein unhistorisches Konstrukt. Der im Proprium des Bistums Augsburg getilgte Gedenktag *(8. Aug.)* ging auf eine missverstandene Notiz der Handschriften Epternacensis und Wissenburgensis des MartHieron zurück. Entweder liegt ein Schreibfehler vor (Afri statt Afrae) oder eine Verwechslung mit dem Martyrer Afer aus Augusta am Euphrat

(Martyrologium des Notker Balbulus: *9. Aug.*).

WILHELM M. GESSEL

Quellen: MartHieron 5.–7. Aug.; Venantii Fortunati Vita s. Martini IV, 640–643; MGH.AA 4, 368; MGH.SRM 3, 41–54; 7, 192–204.

Literatur: BaSa 1, 51–58; A. Bigelmair: Die A.-Legende: Archiv für die Geschichte des Hochstifts Augsburg, Bd. 1, 1909–11; A. Schröder: Die ältesten Heiligenkalendarien des Bistums Augsburg: ebd. 241–331; F. Zoepfl: Die heilige A. in Geschichte, Kult und Legende: Jahrbuch des Vereins für Augsburger Bistumsgeschichte 1 (1967) 9–24; W. Berschin: Am Grab der heiligen A. Alter, Bedeutung und Wahrheit der Passio S. Afrae: Jahrbuch des Vereins für Augsburger Bistumsgeschichte 16 (1982) 108–121; G. Gottlieb (Hg.): Geschichte der Stadt Augsburg von der Römerzeit bis zur Gegenwart, 1984.

Agapitus und Felicissimus, heilig (GK g 7. Aug., zusammen mit Sixtus II.), Diakone ↗Sixtus' II. Nach dem Epigramm Damasus' I. erlitten sie 258 in Rom den Martyrertod. Ihr Grab findet sich in der Prätextatuskatakombe an der Via Appia (DACL 14, 1754–58). Auf Veranlassung Damasus' I. wurde den Tuffgräbern ein Ziborium mit einer Mensa vorgeblendet. Ihr Gedenktag ist im römischen Festkalender (4. Jh.) zusammen mit dem des Sixtus verzeichnet. Gregor IV. übereignete deren Gebeine Abt Gozbald von Niederaltaich.

WILHELM M. GESSEL

Literatur: Fragment der Translation: Neues Archiv der deutschen Gesellschaft für ältere deutsche Geschichtskunde … 12 (1887) 235; F. Tolotti: Ricerca dei luoghi venerati nella spelunca magna di Pretestato: Rivista di archeologia cristiana 53 (1977) 7–102.

Agathe (Agata) **von Catania,** heilige Martyrin (5. Febr., nach dem Martyrologium von Karthago und dem MartHieron ihr Todestag); ihr Todesjahr ist nicht mehr festzustellen, wahrscheinlich erlitt sie das Martyrium während der decischen Verfolgung. Nach der Legende wies A., eine Jungfrau aus vornehmer Familie, die Anträge des Stadtpräfekten Quintian zurück und wurde zur Strafe einer Kupplerin übergeben; sie bewahrte aber ihre Reinheit. Als sie ihrem christlichen Glauben trotz Folterungen treu blieb, wurden ihr die Brüste abgeschnitten; daraufhin erschien der heilige Petrus während der Nacht in ihrem Kerker und heilte sie. Am folgenden Tag erduldete sie weitere Grausamkeiten, an denen sie starb. Ihre Passion liegt in vielen lateinischen und griechischen Versionen vor, deren gegenseitige Abhängigkeit noch nicht geklärt ist. Die griechische Fassung ist wohl als älteste zu betrachten (Übersicht in RAC 1, 179 f.).

Seit dem 6. Jh. beansprucht Palermo, die Geburtsstadt A.s zu sein, doch deuten die Hinweise der älteren Legende auf Catania. Erst jüngere Berichte, denen kein Wert als historische Quelle zukommt, sprechen von der Translation ihrer Gebeine nach Catania.

Die frühe Verbreitung ihres Kults bezeugt die Aufnahme in den römischen Messkanon. Papst Symmachus (498–514) errichtete zu Ehren A.s eine Basilika an der Via Aurelia (LP 1, 267); ↗Gregor der Große weihte ihr die alte Kirche der Arianer (LP 1, 312).

A. ist die Stadtpatronin von Catania. Nach der Legende brach am Jahrestag ihres Todes der Ätna aus, man trug der sich ergießenden Lava den Schleier A.s entgegen, brachte damit die Lava zum Stillstand und rettete dadurch die Stadt. In Catania haben sich in den Volksbräuchen zu ihren Ehren Züge erhalten, die an heidnische Kulte erinnern. Doch ist

die Behauptung problematisch, im A.-Kult lebe die Isis- bzw. Kore-Verehrung weiter.
In Süddeutschland kennt man das A.-Brot, auch Kerzen und Obst werden auf ihren Namen geweiht und als Eulogien verwendet. Sie wird ebenfalls auf Zetteln mit einer brennenden Kerze und einer Bittformel dargestellt. An vielen Orten wurden die A.-Reliquien als Abwehr von Feuersgefahr verehrt. – Sie gilt als die Patronin der Erzgießer, der Hochofen- und Bergarbeiter und wird als Nothelferin bei Brustkrankheiten angerufen.

MARIA-BARBARA VON STRITZKY

Literatur: ActaSS feb. 2, 595–656; DHGE 1, 909 f.; RAC 1, 179–184; BiblSS 1, 320–330. – CBCR; V. L. Kennedy: The Saints of the Canon of the Mass, 1938, 169–173; M. C. Cartocci: Gli Atti del mar tirio di Sant'Agata: Studi sull'Oriente Cristiano 3 (1999) 13–28.

Agnes von Assisi, heilig (16. Nov.), jüngere Schwester der heiligen ↗Klara, †27. 8. 1253 San Damiano; seit 1212 in San Damiano bei Assisi. 1219/1221–1253 war sie Äbtissin im Kloster Monticelli bei Florenz. Kurz vor ihrem Tod kehrte sie nach Assisi zurück; Grab in S. Chiara in Assisi.

KARL SUSO FRANK

Literatur: AFranc 3, 173–182 (Leben und Briefe an die heilige Klara); C. L. Garzonio: Senza voltarsi indietro. Vita di S. A. d'Assisi, 1991.

Agnes von Böhmen (Anežka Česká), heilig (1989; 6. März), OSCl, *1205 (?) Prag als Tochter König Ottokars I. von Böhmen, †2. 3. 1282 ebd.; Nichte der ↗Hedwig von Schlesien und Kusine der ↗Elisabeth von Thüringen. Nach dem Tod ihres Vaters 1230 lehnte sie Heiratsanträge, u. a. Kaiser Friedrichs II., ab. 1232 stiftete sie in Prag ein Franziskus-Spital und ein Klarissenkloster. 1234 trat sie selbst dort ein und wurde Äbtissin. Die Bruderschaft der Kreuzherren, die am Spital tätig ist, wird 1237 als Orden bestätigt. Die heilige ↗Klara von Assisi schrieb ihr vier Briefe.

JUSTIN LANG

Literatur: ActaSS mar. 1, 501–531; J. Polc: A. von Böhmen, 1211–1282, 1989; P. Pitha: A. of Prague – A new Bohemian Saint: Franciscan Studies 72 (1990) 325–340; C. F. Felskau: ›Vita religiosa‹ und ›paupertas‹ der Přemyslidin A. von Prag: Collectanea Francisana 70 (2000) 413–484.

Agnes von Montepulciano, heilig (Kultapprobation 1726; 20. April), Dominikanerin, *1268 Gracciano Vecchio bei Montepulciano, †20. 4. 1317 Montepulciano; Tochter der reichen Familie Segni, trat mit neun Jahren gegen den Widerstand der Eltern in das Kloster del Sacco ein. Als 15-jährige wurde sie mit päpstlicher Dispens Vorsteherin des Klosters Proceno bei Viterbo, an dessen Gründung sie maßgeblich beteiligt war. 1306 kehrte sie auf Bitten der Einwohner Montepulcianos zurück und gründete dort ein neues Kloster, das sie als Priorin leitete. ↗Katharina von Siena nannte sie »glorreiche Mutter« wegen ihrer Lehre und Demut.

GÜNTER ESSER

Literatur: Vita von Raimund von Capua: ActSS apr. 2, 792–812 (italienisch, mit Einleitung von U. Boscaglia, [2]1983). – EC 1, 475 f.; A. Walz: Die heilige A. von Montepulciano, 1922; G. Festa: ›Ad similitudinem agni‹. Visioni e miracoli nella ›Leggenda S. A. de Montepolitiani‹: Sacra doctrina 42 (1997) 43–86.

Agnes von Rom, heilig (GK g 21. Jan.), Jungfrau und Martyrin; wurde in Rom bereits im 4. Jh. verehrt, ihr Kult breitete sich schnell in der westlichen wie in der östlichen Kirche aus. Die früheste Erwähnung ihres Festes findet sich in der

»Depositio martyrum« des Chronographen von 354 unter dem 21. Jan., das MartHieron kennt außerdem die Feier des Oktavtages am 28. Jan. A. wurde in den römischen Messkanon aufgenommen wie auch in die Synaxarien und die Liturgie der griechischen Kirche (SynaxCP 408 412 414 799 800 1024; Menologium Basilius' II.).

Über die Art und die Zeit ihres Martyriums sind keine gesicherten historischen Nachrichten erhalten, möglicherweise ist ihr eigentlicher Name unbekannt, ἁγνή, die Reine, kann eine christliche Chiffre sein (G. B. de Rossi: Roma sotterranea, Bd. 1 1864, 315). Die frühesten Berichte vom Ende des 4. und Anfang des 5. Jh. (Ambrosius, De virginibus I, 2 7; De officiis ministrorum I, 16, 203; Damasus, Epigramm, auf Marmor erhalten [A. Ferrua: Epigrammata Damasiana, 1942, 176]; Prudentius, Peristephanon 14) stellen den Verlauf ihres Martyriums unterschiedlich dar. Ambrosius und Damasus beziehen sich auf mündliche Überlieferungen, in die sicher Legendenbildung eingeflossen ist. Nach diesen Berichten stammte A. aus vornehmer Familie und erlitt in jugendlichem Alter das Martyrium, »duplex martyrium pudoris et religionis« (De virginibus II, 5); unsicher ist, ob sie durch Feuer oder Schwert hingerichtet wurde. Auch die Zeit der Verfolgung lässt sich aus der frühen Überlieferung nicht eindeutig erheben, in Betracht kommt die unter Diokletian (304) bzw. die unter Valerian (258/259). Im 6. Jh. war die Legende in griechischer und lateinischer Fassung (BHG 1, 13; BHL 1, 27) weiter ausgebildet, kann jedoch keinen Anspruch auf historische Realität erheben (ActaSS ian. 2, 351–354; Pseudo-Ambrosius: PL 17, 725–728; Franchi de'Cavalieri 71–92).

Über dem Grab der A. an der Via Nomentana ließ Konstantina, die Tochter Konstantins, die Basilika S. Agnese fuori le mura errichten, die unter Honorius I. (624–634) zu der Form erneuert wurde, die noch heute besteht. In dieser Basilika werden am A.-Fest jedes Jahr zwei Lämmer gesegnet, aus deren Wolle die Pallien für die Erzbischöfe hergestellt werden. Um die Grabstätte entwickelte sich vom 4. Jh. an eine größere Katakombe. Auf dem Stadion Domitians, der vermeintlichen Stelle ihres Martyriums, wurde im 8. Jh. eine zweite Kirche, S. Agnese in Agone (Piazza Navona), erbaut.

A. gilt als Patronin der Jungfrauen und Kinder, Verlobten, Gärtner und des Trinitarierordens.

MARIA-BARBARA VON STRITZKY

Literatur: BiblSS 1, 382–407; DHGE 1, 971 f.; RAC 1, 184; V. L. Kennedy: The Saints of the Canon of the Mass, 1938; F. Deichmann: Die frühchristlichen Kirchen in Rom, 1948.

Alban von England, heilig (22. Juni), Protomartyrer von England, 3. oder 4. Jh. (einer römischen Familie aus Verulam entstammend). Dem Kult begegnet 428/429 bereits Germanus von Auxerre, der ihn nach Gallien bringt (Constantius, Vita s. Germani 16). Vor 547 vermutet Gildas (De excidio Britanniae 10) für A. die Zeit Diokletians. ↗Beda (h. e. I, 7) gibt erstmals die Legende wieder, mit Tag und Wundern, erwähnt die Kirche. Um 793 gründet König Offa von Mercia bei ihr die Abtei St. Alban's (Hertfordshire). Galfred von Monmouth (Historia Britannica V, 5) macht den Lehrer A.s zum Beichtvater Amphibalus, regt damit die Ausgestaltung der Legende in St. Alban's an, besonders bei Matthaeus Parisiensis (Chronica Maiora I, 149–154 156 356 ff.; Vie de Saint Auban u. ö.); später auch, wie bei Alban von Mainz, mit Kephalophorie. In Deutschland (Köln) fördert Kaiserin Theophanu den Kult mit römischen Reliquien (daher A. von Rom), auf Wunsch von Erzbischof Willigis zur Unterscheidung von Alban von Mainz aber unter dem Namen *Albinus* (SHG 1, 196 ff.).

FRANZ STAAB

Literatur: BHL 206–217; BIBLSS 1, 656–659; LMA 1, 273; La Vie de Saint A., hg. v. A. R. HARDEN, 1968.

Albert Chmielowski (Taufname: Adam Hilarius), heilig (1989; 25. Dez.), Ordensgründer, *20. 8. 1845 Igołomija bei Krakau, †25. 12. 1916 Krakau. 1880 Eintritt in den Jesuitenorden, nach baldigem Austritt Franziskanertertiar; sozial-caritativ in Krakau tätig; dort 1888 Gründung der »Kongregation der Brüder und Schwestern im Dritten Orden des Heiligen Franziskus« (Albertiner).

BRUNO STEIMER

Literatur: W. KLUZ: Gdy ma się jedną dusze … brat A. Ch., 1989; A. OKOŃSKA: A. Ch., 1999.

Albert der Große (Albertus Magnus; auch A. de Lauing, A. Theutonicus, A. Coloniensis), heilig (1931; RK g 15. Nov.), 1931 Kirchenlehrer (Doctor universalis), OP (1223), * um 1200 Lauingen an der Donau aus schwäbischer Ministerialenfamilie, † 15. 11. 1280 Köln. In Padua Eintritt in den Dominikanerorden; theologische Ausbildung in Köln, 1245 Magister theologiae in Paris. Im gleichen Jahr kam auch ↗Thomas von Aquin nach Paris. 1248 ging A. nach Köln, um dort ein Studium generale seines Ordens zu gründen, an dem er bis 1254 lehrte (Schüler: Thomas von Aquin und Ulrich von Straßburg). 1254–57 war er Provinzial der deutschen Ordensprovinz. 1256 verteidigte er an der päpstlichen Kurie in Anagni die Mendikanten gegen die Angriffe Wilhelms von St-Amour und seiner Pariser Kollegen; A. disputierte dort auch öffentlich gegen die averroistische Lehre von der Einheit des Intellekts (um 1263 unter dem Titel *De unitate intellectus contra Averroistas* veröffentlicht). 1257–60 lehrte er wieder in Köln, bis Alexander IV. ihn gegen den ausdrücklichen Willen des Ordensgenerals zum Bischof von Regensburg berief (1260–62). Im Auftrag Urbans IV. predigte er 1263/64 in Deutschland und Böhmen den Kreuzzug. Von etwa 1270 bis zu seinem Tod lebte er in Köln, wo er 1271 erneut – wie schon 1252 und 1258 – zwischen Erzbischof und Stadt erfolgreich vermittelte. Es sind insgesamt 20 Friedensvermittlungen bzw. Schiedsverfahren überliefert, an denen A. mitwirkte. Bezeugt ist hingegen nicht, dass er 1277 nach Paris eilte, um die Lehre des Thomas zu verteidigen. – Seit 1622 öffentliche Verehrung A.s als Seliger. Seine Gebeine ruhen in St. Andreas zu Köln, die Hirnschale befindet sich in der Stadtpfarrkirche zu Lauingen. – 1941 zum Patron der Naturwissenschaftler erklärt.

GEORG WIELAND

LTHK³ 1, 337 ff. (ungekürzte Fassung, Literatur bis 1991).

Literatur: R. SCHIEFFER: A. Magnus, 1999; A. Magnus: Wort und Antwort 41 (2000) (Themenheft); W. SENNER: A. Magnus, 2001.

Albert von Trapani (de Abbatibus, degli Abati), heilig (7. Aug.), OCarm, †7. 8. 1307 (?) Messina; seit dem achten Lebensjahr im Kloster Trapani auf Sizilien, nur wenige Lebensdaten (1280, 1289, 1296) sicher überliefert; der früh einsetzende Kult des Predigers wurde 1457 von Calixt III. und 1476 von Sixtus IV. approbiert. Die Reliquien (weit verbreitet) werden bei der Segnung des Albertuswassers (Fiebermittel) verwendet. Ausgedehnte und exzellente Ikonographie (Taddeo di Bartolo, Filippo Lippi, Antonio Solario, Guercino, Gagini).

UWE NEDDERMEYER

Literatur: ACTASS aug. 2, 226–236; BHL 38; DBI 1, 740 f.

Alfons (Alonso) **von Orozco,** heilig (2002; 19. Sept.), OESA (1522), *17.10. 1500 Oropesa bei Toledo, †19.9.1591 Madrid; Hofprediger Karls V. und Philipps II., Freund von Luis de León; in der Observanz verwurzelter Mystiker, wichtig in den Klärungsprozessen der spanischen Mystik während der Mitte des 16. Jh. aufgetretenen Krise im Zusammenhang mit den Conversos, Alumbrados, Erasmianern, Lutheranern und Mystikern.

MELQUIADES ANDRÉS MARTÍN

Werke: Obras completas, 3 Bde, 1736; Opera, 3 Bde, 1736; T. CÁMARA: Vida y obras, 1882.

Literatur: I. MONASTERIO: Místicos agustinos, Bd. 1 1929, 142–176; D. GUTIÉRREZ: Ascéticos y místicos Agustinos: S. Augustinus vitae spiritualis magister, Bd. 2 1959, 173–180; Estudio Agustiniano 21 (1991) Faszikel 2 und 3; La Ciudad de Dios 204 (1991).

Alfons (Alfonso) **Rodríguez,** heilig (1888; 31. Okt.), SJ (1571), Laienbruder und Mystiker, *25.7.1533 Segovia, †31.10.1617 Palma de Mallorca. A. war bestrebt, »als ganzer Mensch in der Gegenwart Gottes zu wandeln« und mit ihm »wie ein Freund mit seinem Freunde zu verkehren«. Ergriffen von der erfahrungsbezogenen Exerzitienspiritualität eines ↗Ignatius von Loyola, war es Anliegen seiner geistlichen Schriften, »dem Reich Gottes in sich selbst auf der Spur zu bleiben«.

ELISABETH JAHRSTORFER

Werke: Memorial o Cuentos de Conciencia, 3 Bde, 1885–87.

Literatur: BBKL 8, 500 f.; Geist und Leben 30 (1957) 418–425.

Alfons Maria von (Alfonso M. de') **Liguori,** heilig (1839; GK G 1. Aug.), 1871 Kirchenlehrer; *27.9.1696 Marianella bei Neapel, †1.8.1787 Pagani bei Neapel. Erstgeborener eines erfolgreichen Admirals, der sich in A. selbst übertreffen wollte und ihm darum eine vielseitige Ausbildung garantierte; 1713, noch nicht 17-jährig, Doktor utriusque iuris, 1723, auf dem Höhepunkt seiner Laufbahn als Rechtsanwalt, verlor er infolge gemeiner Intrigen seinen ersten Prozess. Tief verletzt sagte er sich: »Welt, ich kenn dich!« Durch Gnade wurde aus dem Schock der Anruf: »Verlass die Welt, und schenk dich mir!« Es bedeutete nicht Rückzug aus der Härte des Lebens, wohl aber Abschied von der Welt der Bevorrechteten, die sich der Religion bedienten. Für den soliden Kern des jungen A. hatte schon vorher die Tatsache gesprochen, dass sich sein türkischer Sklave spontan zur Taufe meldete, mit der Begründung: »Ist A. so gut zu mir, wie gut muss dann sein Gott sein!«

A. wurde zunächst Diözesanpriester in Neapel. Seine dortige theologische Ausbildung nennt ein Biograph »Verbildung«. Ehrenwerte, aber jansenistisch angehauchte Gesetzesrigoristen oktroyierten ihm ein Angst erregendes Gottesbild auf. Die Folgen waren umso schlimmer, da ihm schon sein harter Vater das wahre Gottesbild verstellt hatte. Zum Glück hatte er eine gütige Mutter, die jedoch nicht frei war von Ängstlichkeit. Die Pastoral in Neapel war elitär und rigoristisch. Absolutionsverweigerung war gang und gäbe. Wie erklärt es sich, dass A. dennoch bald der gesuchteste und mildeste Beichtvater wurde? Es hat viel zu tun mit einem dreifachen Auszug (»distacco«) aus der »Welt« der einträglichen Religion der Privilegierten: er legt das Gelübde ab, in der Kirche weder Ehrentitel noch hohe Ämter anzunehmen; er stellt sich radikal in den Dienst der Enterbten; er macht sie zu Mitarbeitern im Werk der Glaubens- und Gebetsschulen. Sobald dieses kühne Unternehmen gesichert ist, verlässt er Neapel, um auf

dem Land inmitten der Ärmsten zu leben. So gelang ihm auch der »Auszug« aus dem ihm eingeimpften Gesetzesrigorismus und die Befreiung vom entsprechenden Gottesbild. Er entfaltete eine seltene Gabe, viele aus religiös bedingten Angstneurosen zu befreien. Hinter dem Wort seines berühmten Weihnachtsliedes »Wieviel hat es Dich gekostet!« steht auch die Erfahrung seines schmerzhaften Auszugs.
Durch seine geistlichen Schriften, seine Predigt und die etwa 50 geistlichen Lieder wollte er den Menschen die Freude an Gott und die Liebe ins Herz hineinsingen. – Patron der Beichtväter.

BERNHARD HÄRING

LThK³ 1, 387 ff. (ungekürzte Fassung).

Literatur: J. HEINZMANN: Unruhe der Liebe. A. Liguori, 1984; T. REY-MERMET: A. von Liguori: Der Heilige der Aufklärung, 1987; B. HÄRING: Moral für die Erlösten: Theologie der Gegenwart 25 (1982) 2–11; O. WEISS: A. von Liguori und seine Biographen. Ein Heiliger zwischen hagiographischer Verklärung und historischer Wirklichkeit: Studia et subsidia de vita et operibus S. Alfonsi de Liguori, 1990, 151–284.

Aloisius (Luigi, Louis) **Gonzaga,** heilig (1726; GK G 21. Juni), SJ (1585), *9.3. 1568 Castiglione delle Stiviere bei Mantua als ältester Sohn des Marchese Ferrante (Nebenlinie der Gonzaga von Mantua), †21.6.1591 Rom. Als Page am Hof von Florenz legte A. 1578 das Gelübde der Jungfräulichkeit ab. Hier und beim zweijährigen Aufenthalt am Hof König Philipps II. von Spanien (1581–83), wohin er mit zweien seiner Brüder die Kaiserinwitwe Maria begleitet hatte, zeichnete er sich durch Lebensernst, Frömmigkeit und lauterste Reinheit aus. 1583 entschloss er sich, in die Gesellschaft Jesu einzutreten; verzichtete nach langem Widerstreben des Vaters 1585 auf sein Erbe und trat am 25. Nov. in das römische Noviziat ein. Bußstrenge und tiefe Frömmigkeit, von den Zeitgenossen, u. a. von ↗Robert Bellarmin, der eine Zeitlang A.' Seelenführer war, übereinstimmend bezeugt, verbanden sich mit großer Begabung, besonders in praktischen Fragen. 1589–90 weilte A. auf Ansuchen seiner Familie in der Heimat zur Beilegung eines Streits zwischen seinem Vater und dem Herzog von Mantua um den Besitz von Solferino. In Rom war er bei einer Pestepidemie in der Krankenpflege tätig, wobei er selbst angesteckt wurde und nach drei Monaten der Krankheit erlag. Sein Leib ruht in Rom in S. Ignazio (Grabaltar von Andrea Pozzo mit Relief von Pierre le Gros), das Haupt in der A.-Basilika zu Castiglione. 1605 seliggesprochen, 1729 zum Patron der Jugend (besonders der studierenden) erklärt und 1926 bestätigt (AAS 18,258–267). – Meist dargestellt mit Kreuz, Totenkopf und Lilie. Seine Gestalt, oft verzeichnet, erweist sich besonders seit Herausgabe seiner Briefe und anderer Schriften (deutsch von J. Leufkens [München 1928]) als auch heute noch gültiges Vorbild.

BURKHART SCHNEIDER

Literatur: ACTASS iun. 4, 847–1169; EC 7, 1673 ff.; SOMMERVOGEL 3, 1575–1581; 9, 420 f. – V. CEPARI: A. G., 1606 u. ö., deutsch 1929; G. MENGE: Innerlichkeit und Weltverachtung des heiligen A., 1934; M. PAGANELLA: San L. G. Mailand 1991; A. SCURANI: L. G., un santo da riscoprire: Civiltà cattolica 142 (1991) 152–159.

Altmann von Passau, heilig (8. Aug.), * um 1010/20, wohl aus westfälischem Adel, †8.8.1091 Zeiselmauer bei Wien (bestattet in Göttweig); Domscholaster in Paderborn, Stiftspropst in Aachen, Hofkaplan Heinrichs III. und der Kaiserin Agnes. 1065 Bischof von Passau, gründete St. Nikola von Passau (um

1067) und Göttweig (um 1075) als Regularkanonikerstifte, reformierte St. Pölten und St. Florian sowie die Abtei Kremsmünster; an der Gründung von Rottenbuch beteiligt. Kämpfte für die Zölibatsgesetze Gregors VII. gegen den erbitterten Widerstand des Diözesanklerus. Der Investiturstreit hemmte den weiteren Fortschritt der Reform. A. musste 1078 vor Heinrich IV. aus Passau weichen, blieb seitdem auf den Ostteil seiner Diözese beschränkt. Als Legat Gregors VII. vertrat er die päpstliche Sache kompromisslos (Tribur 1076) und wurde dabei nach seinem Romaufenthalt 1079 von ↗Wilhelm von Hirsau unterstützt. In Forchheim gehörte er 1077 zu den Wählern des Gegenkönigs Rudolf von Rheinfelden. Die Legatenfunktion übte er, nun mit Bischof Gebhard von Konstanz, auch noch unter Urban II. aus, aber ohne größere Wirkmöglichkeit. Nach seiner Absetzung 1085 erhob Heinrich IV. in Passau Gegenbischöfe. Ohne Kanonisation im Bistum Linz, Passau St. Pölten, Wien als Heiliger verehrt.

EGON BOSHOF

Ausgabe: Vita (um 1140): MGH.SS 12, 226–243.

Literatur: NDB 1, 225 f.; Der heilige A.: FS zur 900-Jahr-Feier, 1965.

Amadeus (Amédée) **von Lausanne,** heilig (27. Aug.), OCist (1125), * um 1110 Schloss Chatte in der Dauphiné, † 27. 8. 1159 Lausanne; Sohn Amadeus' des Älteren von Clermont (von Hauterive[s]), Ausbildung im Zisterzienserkloster Bonnevaux, wo sein Vater 1119 eintrat, in Cluny und bei Konrad von Hohenstaufen. 1125 Mönch in Clairvaux, 1139 vom heiligen ↗Bernhard zum Abt von Hautecombe bestimmt. 1145 Bischof von Lausanne, setzte sich A. für die Freiheitsrechte des Bistums und der Stadt ein. Durch seine acht *Marienhomilien* leistete er einen wichtigen Beitrag zur mittelalterlichen Mariologie und Marienfrömmigkeit.

ALBERICH MARTIN ALTERMATT

Werke: PL 188,1299–1346; SC 72 (1960).

Literatur: BiblSS 1, 999 ff.; DACist 1, 41 f.; HelvSac 1/4, 112 ff.; MarL 1, 123; A. Dimier: A. de Lausanne, 1949.

Amandus von Flandern, heilig (6. Febr.), Apostel in Flandern, * um 600 (?) aus vornehmer aquitanischer Familie, † 6. 2. 676/684 (?); schloss sich nach 15-jährigem Aufenthalt als Rekluse in Bourges und einer Pilgerfahrt nach Rom (um 625) durch Vermittlung des Bischofs Acharius von Noyon dem Mönchtum von Luxeuil an. Seitdem Missionsbischof ohne festen Sitz in enger Bindung an Rom (Petrus-Verehrung), besonders im fränkisch-friesischen Grenzgebiet an Schelde und Scarpe, auch vereinzelte Missionsreisen zu den Basken und Slawen. Als Stützpunkte dienten ihm Klöster und Kirchengründungen wie Gent (630/639), Antwerpen und besonders Elno(ne) (St-Amand) (639?), sein Hauptkloster und seine Grablege. Stand in enger Verbindung zunächst zu Dagobert I., dann zu den Pippiniden, besonders Grimoald, unter dem er 648 das Bistum Tongern-Maastricht übernahm, dessen Leitung er schon 651 niederlegte. In diese Zeit fällt die Gründung der pippinidischen Klöster Nivelles (um 648/649) und Fosses (um 651). Wichtigste Zeugnisse sind sein sogenanntes *Testament* (675) und seine Ende 7./Anfang 8. Jh. verfasste Vita.

MATTHIAS WERNER

Literatur: LMA 1, 510 f.; W. H. Fritze: Universalis gentium confessio: Frühmittelalterliche Studien 3 (1969) 84 f. 119 f.

Ambrosius von Mailand, heilig (GK G 7. Dez.), 1298 Kirchenlehrer; * 339 Trier (wahrscheinlich) als jüngster Sohn einer vornehmen christlichen Familie,

†4.4.397 Mailand; nach dem Tod des Vaters (Praefectus praetorio Galliarum) in Rom aufgewachsen, dort umfassende, seiner Herkunft entsprechende Bildung, Beginn einer staatsmännischen Laufbahn in Sirmium, 370 Konsular von Aemilien und Ligurien. Nach dem Tod des Arianers Auxentius überraschend als Katechumene zum Bischof von Mailand gewählt. Obwohl Konsenskandidat, verhilft A. in den christologischen Kontroversen der nizänischen Richtung zum Durchbruch, zunächst gegen das Kaiserhaus bei der Wahl des Anemius in Sirmium, seit Ende der siebziger Jahre mit zunehmender Unterstützung Gratians, was die Verurteilung des illyrischen Arianismus in Aquileia ermöglicht.

A. gilt als bedeutender Kirchenpolitiker und Wegbereiter der abendländischen Kirchenfreiheit. Unter seinem Einfluss erhält Gratians Religionspolitik nicht nur gegenüber häretischen Gruppen schärfere Konturen: Der Kaiser legt den Titel Pontifex Maximus ab, lässt den Victoria-Altar aus der römischen Curia entfernen und streicht die staatlichen Subventionen und Privilegien für die altrömischen Kulte. Revisionsgesuche des römischen Senats werden abgewiesen, 384 nur aufgrund des Eingreifens des A., der auch eine literarische Entgegnung auf die »Relatio« des Symmachus nicht schuldig bleibt. Im Basilikenstreit 386 wehrt sich A. gegen den Versuch Valentinians II., den Arianismus in Mailand zu reetablieren. Obwohl A. Gewaltanwendung in Glaubensfragen ablehnt – er verurteilt die Hinrichtung Priscillians –, erscheint ihm die Forderung, der Bischof von Callinicum müsse die 388 zur Zeit der Mission des Prätorianerpräfekten Cynegius niedergebrannte Synagoge wieder aufbauen, als religionspolitischer Skandal, und er erzwingt die Rücknahme des Befehls. Bei alldem geht es ihm nicht um politische Macht, sondern darum, die Souveränität der Kirche in Fragen des Glaubens zu verteidigen und auf eine christliche Prägung des öffentlichen Lebens hinzuwirken.

Ein besonderer Schwerpunkt seiner Seelsorge ist die Initiation in den Glauben, was nicht nur an der Unterweisung von Taufbewerbern und Neophyten (mystagogische Katechesen in einer stenographischen und einer für die Publikation überarbeiteten Version) abzulesen ist, sondern auch in verschiedenen Predigtreihen als Hintergrund durchscheint. Die Gegenwart Gottes in Wort und Sakrament ist Mittelpunkt und Quelle seiner Spiritualität; so legt er Wert auf die tägliche Feier der Eucharistie und Meditation der Heiligen Schrift. A. ist kein Befürworter extremer Formen von Askese, betrachtet die Jungfräulichkeit jedoch als hohes Ideal. Mit Erfolg löst er die Martyrerverehrung aus der Verbindung mit dem paganen Totenkult, v.a. durch die Translation von Reliquien (Gervasius und Protasius). Die Themen der Korrespondenz umfassen das ganze Spektrum seiner Tätigkeit. In den Trostschriften wird das klassische literarische Genre sowohl inhaltlich als auch formal (biblische Exempla) umgestaltet. Zu seinen zivilen Aufgaben gehören die »audientia episcopalis« und politische Missionen. Die öffentliche Buße des Theodosius ist nicht als Triumph der Kirche zu werten, sondern als Zeugnis für A.' integre Wahrnehmung seiner bischöflichen Aufgaben.

A. zählt im Westen zu den vier großen Kirchenlehrern. Auf den christologischen Konzilien des 5. Jh. ist er auch im Osten anerkannte Autorität.

CHRISTOPH JACOB

LThK³ 1, 495 ff. (ungekürzte Fassung).

Ausgabe: CPL 123–168; PL 14–17; CSEL 32 62 64 73 78 79 82.

Literatur: LACL 19–28; E. DASSMANN: Die Frömmigkeit des Kirchenvaters A. von

Mailand, 1965; E. Dassmann: A. und die Märtyrer: Jahrbuch für Antike und Christentum 18 (1975) 49–68; A. episcopus, hg. v. G. Lazzati, 2 Bde., 1976; C. Jacob: ›Arkandisziplin‹, Allegorese, Mystagogie. Ein neuer Zugang zur Theologie des A. von Mailand, 1990; A. Bernet: Saint A., 1999; J. Moorhead: A., 1999.

Amphilochius von Iconium (von Kappadokien), heilig (23. Nov.), * um 340/345 als Glied der reichen, christlichen Oberschicht Kappadokiens, † vor 403; seit etwa 360 Schüler des Libanius in Antiochien, um 364/365 Rhetor in Konstantinopel, fasste er nach einer im Einzelnen unklaren Affäre um 370 den Entschluss zum monastischen Leben. Auf Veranlassung des ↗Basilius gegen seinen Willen 373 im Rahmen von dessen kirchenpolitischer Absicherung des Neunizänismus zum Bischof von Iconium (heute Konya) und Metropoliten der neuen Provinz Lykaonien geweiht, unterstützte er den theologischen und kirchenpolitischen Kurs seines Freundes. 376 leitete er in Ikonium eine Synode gegen die Pneumatomachen; seit der Konstantinopeler Synode von 381 und der kirchenpolitischen Wende unter Theodosius galt er als Garant und Norm der neunizänischen Orthodoxie (Codex Theodosianus XVI, 1, 3) und bediente sich bei ihrer Durchsetzung auch staatlicher Machtmittel. Literarisch und disziplinarisch (Synode von Side, nach 383) ging er gegen radikalasketische Gruppen (Apotaktiten, Enkratiten, Messalianer) vor; 394 ist seine Teilnahme an einer Synode in Konstantinopel bezeugt. Obwohl A. seit 381 als führender Vertreter der Orthodoxie galt, sind seine Abhandlung *De Spiritu Sancto* und die aus Basilius und ↗Gregor von Nazianz zu erschließenden Briefe verloren. Erhalten sind das theologische Lehrgedicht *Iambi ad Seleucum*, Homilien, die den kleinasiatischen Festkalender, besonders das Weihnachstfest, bezeugen, der Synodalbrief von 376, eine Schrift gegen die radikalasketischen Gruppen und ein Bekenntnis, unter Umständen aus dem Vorfeld der Synode von 381. Die überlieferten Fragmente sind z. T. umstritten, ebenso eine A. zugeschriebene Vita des Athanasius. Für die Zeitgenossen war er einer der wichtigsten kirchlichen Führer, nach seinem Tod in Ost und West als Heiliger verehrt.

HANNS CHRISTOF BRENNECKE

Werke: PG 39, 35–130; C. Datema: Amphilochii Iconensis opera, 1978; E. Oberg: Amphilochii Iambi ad Seleucum, 1969.

Literatur: H. R. Drobner: Bibliographia Amphilochiana: Theologie und Glaube 77 (1987) 14–35 179–196 – LACL 29 f.

Anastasius I., Papst (27. 11. [?]399–19. [?]12. 402), heilig (19. Dez.), Römer, Sohn des Maximus; nahm wiederholt gegen origenistische Irrtümer Stellung (ohne dass man in Rom genauere Kenntnis der östlichen Streitigkeiten hatte) und ermahnte die afrikanischen Bischöfe zum Einschreiten gegen die Donatisten. Seine Freunde ↗Hieronymus und ↗Paulinus von Nola sprechen mit hoher Achtung von ihm.

GEORG SCHWAIGER

Quellen: LP 1, 218 f.; 3, 83; RPR(J) ² 1, 42 f.; 2, 691 f.

Literatur: Dhge 2, 1471 ff.; LACL 32; Caspar 1, 285 ff. 291 f. 600 (Chronologie).

Anastasius der Perser (früherer Name: Magundat), heilig (22. Jan.), Sohn eines Magiers und Berittener im Heer Chosraus II. Das von den Persern erbeutete Kreuz Christi erweckte sein Interesse am Christentum. 620 in Jerusalem vom späteren Patriarchen Modestus getauft, wurde er Mönch im nahen Anastasiuskloster, um es nach sieben Jahren aufgrund einer Vision zu verlassen. In Caesarea gefangen und nach Persien gebracht, in Bethsaloe eingekerkert, wurde er gefoltert und am 22.1.628 mit etwa 70 christlichen Kriegsgefangenen gehängt. Sein Leib wurde in das nahe Sergiuskloster gebracht; nach jüngeren Legenden kamen die Reliquien nach Konstantinopel, laut ↗Beda Venerabilis nach Rom in die jetzige Kirche SS. Vincenzo ed Anastasio.

OTTO VOLK

Literatur: BHG 84–90; BHL 411d.

Anastasius (Ascherich, Astrik) **von Ungarn,** heilig (12. Nov.), Apostel von Ungarn, † 12.11. vor 1039; deutscher oder burgundisch-französischer Herkunft, Schüler ↗Adalberts von Prag, den er 992 nach Böhmen (Abt von Břevnov?) und 996/997 nach Polen (Abt von Meseritz) begleitete, bevor er nach Ungarn ging, wo er um 1001 Abt von Pécsvárad und 1006 Erzbischof von Gran wurde. Er nahm 1001 an der Synode von Ravenna teil, wo über die Krönung König ↗Stephans I. und die ungarische Kirchenorganisation beraten wurde; 1007 an der Synode von Frankfurt und 1012 an der Domweihe von Bamberg.

HEINZ WOLTER

Literatur: LMA 1, 573; NDB 1, 411 f.;
G. GYÖRFFY: Zu den Anfängen der ungarischen Kirchenorganisation: Archivum historiae pontificiae 7 (1969) 79–113.

Andreas, Apostel, heilig (GK F 30. Nov.). 1. *Neues Testament.* a) Im Neuen Testament begegnet nur ein Träger des griechischen Namens A. (ἀνδρεῖος, »mannhaft«): Mitglied des Zwölferkreises, Apostel. A. wird nur in den Evangelien und der Apostelgeschichte (13-mal) erwähnt, in alten markinischen (1,16: Berufung; 3,18: Zwölferkatalog; 1,29: Lokaltradition; 13,3: Rahmen der eschatologischen Rede) und johanneischen Traditionen (1,40. 44: Berufung; 6,8: Brotwunder; 12,22: mit ↗Philippus im Sondergut), im lukanischen Doppelwerk (Kataloge: Lk 6,14; Apg 1,13), im Matthäusevangelium (Liste: 10,2; in der matthäisch redigierten Berufungstradition: 4,18).

b) Bei Markus begegnet A. mit ↗Petrus als Erstberufener, in der Gruppe der (die Zebedaiden einschließenden) vier Vertrauten Jesu und an vierter Stelle im Zwölferkatalog. Matthäus hat nur zwei markinische Traditionen übernommen: Berufung und Zwölferliste (10,2 an 4,18 redaktionell angeglichen: A. an zweiter Stelle), Lukas nur die Liste (in Apg 1,13 aus anderer Überlieferung, die Kataloge sind redaktionell aufeinander und auf die Kontexte abgestimmt); in der Apostelgeschichte steht A. an vierter, in Lk 6,14 an zweiter Stelle, als Bruder »Simons, den er auch Petrus nannte«, eingeführt, da er (5,10) in der Berufungstradition entfiel, ebenso (wie bei Matthäus) bei der Konzentration des Heilungswunders Mk 1,29 ff. auf Jesus und Simons Schwiegermutter und im Rahmen der eschatologischen Rede (Mk 13,3). Aufgewertet ist A. bei Johannes: als Erstberufener (1,40, neben dem Lieblingsjünger), neben Philippus als Vermittler zu Proselyten (12,22) und in der Brotwundererzählung (6,8).

c) A. (und Simon) stammen aus dem hellenisierten Betsaida-Julias (Fischerort am Einfluss des Jordan in den See Tiberias); sie tragen griechische (bzw. aus Simeon gräzisierte) Namen; A. konnte (anders als Simon) gut griechisch sprechen und so als Vermittler zu hellenistischen Juden und Heiden dienen. Er war mit Simon, der dort verheiratet war, nach Kafarnaum übergesiedelt, arbeitete als Fischer. A. hat sich der Bußbewegung des Täufers angeschlossen, dort Jesus getroffen, zu dem er Petrus geführt hat (Joh 1,40 ff.). Mit ihm gehörte er zu den engen Vertrauten Jesu, seinen Jüngern, den Zwölfen und nach Ostern zu den Aposteln. Vielleicht waren A. und Petrus (vor und) nach Ostern ein missionarisches Botenpaar. Den urkirchlichen Rang spiegelt der (nach Petrus und den Zebedaiden) vierte Platz in den Listen (die zweite Position bei Matthäus/Lukas ist redaktionell; so auch die erste, wo er Petrus verdrängt, bei Papias nach Eusebius, h. e. III, 39, 4).

2. In *späteren Bezeugungen* erscheint A. als Missionar in Pontus, Bithynien, Gegenden südlich des Schwarzen Meers, in den unteren Donauländern mit Thrakien und in Griechenland, wo er nach Überlieferung aus dem 4. Jh. am 30. 11. 60 am schrägen Kreuz den Märtyrertod erlitt. Aus der zweiten Hälfte des 2. Jh. stammen die apokryphen A.-Akten, die nach Eusebius (aaO. III, 25, 6) zu den »von den Häretikern verbreiteten Büchern« gerechnet sind.

RUDOLF PESCH

Literatur: EWNT 1, 239 f.; P. M. PETERSON: Andrew, Brother of Simon Peter, 1958, Nachdruck 1963; R. PESCH: Simon Petrus, 1980; Neues Bibel-Lexikon, hg. v. M. GÖRG – B. LANG, Bd. 1 1991, 103 f. A. A. XAVIER: A. in the Fourth Gospel: Indian Theological Studies 33 (1996) 139–146.

3. *Verehrung*. Die Reliquien des Apostels A. befinden sich seit 357 in der Apostelkirche in Konstantinopel, wo es in Rivalität mit Roms Apostelfürsten eine besondere A.-Verehrung gab. Seit dem 5. Jh. kommen im Westen A.-Patrozinien (Ravenna, Rom) auf; im Messkanon und Embolismus steht A. unmittelbar nach Petrus und Paulus. 1208 wurden die Gebeine nach Amalfi (Translationsfest 9. Mai) übertragen; das Haupt kam 1462 nach Rom (1964 durch Paul VI. an Patras zurück). Teile der angeblichen A.-Kreuzreliquie, seit 1250 in der Abtei St-Victor, übergab Herzog Philipp der Gute von Burgund, der 1429 unter dem Patronat des A. den Orden vom Goldenen Vlies gestiftet hatte, 1438 der Brüsseler Palastkapelle. Die »Legenda Aurea« (um 1270) gibt eine Reihe von Wundergeschichten wohl nach dem »Liber de Miraculis Beati Andreae Apostoli« des Gregor von Tours wieder, der seinerseits aus den apokryphen nur in Bruchstücken überlieferten A.-Akten geschöpft haben dürfte. In der bildenden Kunst wird A. zumeist mit langem oder starkem Bart dargestellt; neben den generellen Attributen von Schriftrolle und Buch sind ihm Fisch, Fischernetz, Strick und das Diagonalkreuz (»crux decussata«) erst seit dem Spätmittelalter beigegeben. A. ist Schutzpatron Russlands, Griechenlands, Schottlands, Siziliens, Bergwerkspatron, Patron der Fischer, Metzger, Seiler; außerdem zuständig für Heirat, Kindersegen, Helfer bei Krämpfen, Rotlauf (A.-Krankheit), Gicht. Am A.-Tag (30. Nov.) Jahresanfangsbräuche, Heirats- und Liebesorakel mit abergläubischen und scherzhaften Praktiken.

ERICH WIMMER

Literatur: HWDA 1, 378–406; LMA 1, 600 611; F. DVORNIK: The Idea of Apostolicity in Byzantium and the Legend of the Apostle A., 1958; Wörterbuch der deutschen Volkskunde, hg. v. K. BEITL, [3]1974, 22 ff.

Andreas (Andrea) **Avellino,** heilig (1712; 10. Nov.), * 1521 Castronuovo bei Potenza, † 10. 11. 1608 Neapel; 1545 Priester, 1547 Rechtsstudium in Neapel; seine Teilnahme an den von Diego Laínez 1548 durchgeführten ignatianischen Exerzitien bedeutete für ihn einen Wendepunkt; Anwalt in geistlichen Belangen; 1556 Theatiner; Ordens- und Seelenführer in der Lombardei und in Neapel; 1624 seliggesprochen. – Patron gegen jähen Tod.

MICHAEL F. FELDKAMP

Werke: Lettere ed Opera, 7 Bde. Neapel 1731–34.

Literatur: ActaSS nov. 4, 609–623; DBI 3, 69–73; B. Mas: Regnum Dei. Collectanea theatina 14 (1958) 303–361.

Andreas-Hubert (André-Hubert) **Fournet,** heilig (1933; 13. Mai), *6. 12. 1752 St. Pierre de Maillé bei Vienne, †13. 5. 1834 Poitiers. Nach seiner Bekehrung 1776 Priester, 1781 Pfarrer in seinem Heimatort; wegen Verweigerung des Eides auf die Zivilkonstitution des Klerus während der Französischen Revolution 1792 Flucht nach Spanien. 1797 Rückkehr in seine Pfarrei und klandestine seelsorgliche Tätigkeit. Mit *(Jeanne) Elisabeth Bichier des Ages* (1773–1838, heilig [1947, 26. Aug.]) gründete er 1806/07 die Kongregation der »Töchter des heiligen Kreuzes« (»Filles de la Croix«, Andreasschwestern, 1867 approbiert), verfasste ihre Satzungen und war 1820–1832 in La Puye ihr geistlicher Leiter. Im dortigen Mutterhaus beigesetzt.

BRUNO STEIMER

Literatur: AAS 18 (1926) 216–220, 25 (1933) 288f.; Cath 1, 528; DIP 4, 1199f., I. Saubat: A.-H. F., 1925; C. Langlois: Le catholicisme au féminin, 1984.

Angela von Foligno, selig (1693; 4. Jan.), Mystikerin, *1248/49, †4. 1. 1309. Früh unter franziskanischem Einfluss stehend, erfuhr A. auf einer Pilgerfahrt nach Assisi, wohl 1285, die Bekehrung zu asketisch-caritativem Leben. 1291 trat sie dem franziskanischen Dritten Orden bei. Später sammelte sie einen Kreis von Schülern um sich (u. a. Ubertino von Casale). Ihr Beichtvater Fra Arnaldo schrieb ihre Mitteilungen im Memoriale auf, das mit 36 meist lehrhaften Texten (»Instructiones«) zu einem Buch vereint wurde.

ULRICH KÖPF

Werke: Il libro della Beata A. da Foligno, kritische Edition von L. Thier – A. Calufetti, 1985.

Literatur: C. Schmitt (Hg.): Vita e spiritualità della Beata A. da Foligno, 1987; K. Ruh: A. von Foligno: Deutsche Vierteljahresschrift für Literaturwissenschaft und Geistesgeschichte 61 (1987) 35–49; U. Köpf: A. von Foligno: P. Dinzelbacher – D. R. Bauer (Hg.): Religiöse Frauenbewegung und mystische Frömmigkeit im Mittelalter, 1988, 225–250; I. J. Peterson: A. of Foligno: Studies in Spirituality 10 (2000) 125–142; A. Rotzetter: ebd. 143–166.

Angela Merici, heilig (GK g 27. Jan.), Gründerin der Ursulinen, *1470/75 Desenzano am Gardasee, †27. 1. 1540 Brescia. A. schloss sich früh dem Dritten Orden des heiligen Franziskus an und lebte seit 1516 in Brescia, wo sie sich der Pflege kranker Frauen widmete. Dann entdeckte sie in der Erziehung und Bildung der weiblichen Jugend ihre Berufung. Dazu gründete sie 1535/36 die »Gesellschaft der heiligen Ursula« (OSU), deren erste Oberin sie wurde. Durch Diktat an ihren Sekretär verfasste sie drei Schriften: *Ricordi, Testamento* (kleine pädagogische Traktate für die Erzieherinnen) und die Regel für die Gesellschaft der heiligen Ursula. Ihre Spiritualität und ihr pädagogischer Einsatz machten sie zur hoch angesehenen Ratgeberin; sie zählt zu den großen kirchlichen Reformgestalten der vortridentinischen Zeit.

KARL SUSO FRANK

Literatur: T. Ledóchowska: A. M. et la Compagnie de Ste. Ursule, 2 Bde, 1968; A. Conrad: Mit Klugheit, Mut und Zuversicht. A. M., 1994; A. Margoni: A. M., 2000.

Angela Maria (MartRom: Maria Angela) **Astorch** (auch: A. von Barcelone), selig (1982; 2. Dez.), OSClCap, *1. 9. 1592 Barcelona, †2. 12. 1665 Murcia; ebd. Äbtissin; 1609 Profess in Barcelona im ersten Kapuzinerinnenkloster Spaniens, von wo aus sie Neugründungen (Saragossa,

Murcia) förderte. Das Brevier ist Hauptquelle ihrer Schriftkenntnis und Mystik. Ihre Schriften kreisen um die Kindheit Jesu, Passion, Herz Jesu und besonders um die Eucharistie; trat für tägliche Kommunion ein. Spaniens »Theresia vom Kinde Jesus«.

LEONHARD LEHMANN

Literatur: Mi camino interior. Relatos autobiográficos, 1985; L. IRIARTE: Beata A. M. A. clarissa cappuccina, 1982; G. ZAMORA: A. M. A. tra azione e contemplazione: Santi e Santità nell'Ordine Cappuccino, Bd. 3 1982, 451–465; L. LEHMANN: M. A. A.: Wissenschaft und Weisheit 63 (2000) 259–272.

Anna, Mutter Marias, heilig (GK G 26. Juli, zusammen mit ↗Joachim). Legende und Namen der Eltern Marias überliefert erstmals das im 2. Jh. in Syrien oder Ägypten verfasste Protoevangelium. In Nachbildung der alttestamentlichen Geschichte der unfruchtbaren Anna (Hanna), der Mutter Samuels (1 Sam 1–20), erzählt das Apokryphum von wunderbaren Ereignissen, die die Geburt Marias begleiten. Die Erzählung kam dem Interesse der Volksfrömmigkeit an der Herkunft der Gottesmutter entgegen und legte für sie eine königliche, davidische Abstammung fest. Auch dienten die Wunderelemente, Erscheinungen und Verheißungen des Engels dazu, Marias Auserwählung von Anfang an zu betonen (unbefleckte Empfängnis).

Im Osten angenommen mit nachweisbarem A.-Kult seit dem 6. Jh. (um 550 Bau der A.-Kirche durch Justinian), stieß die A.-Legende im Westen zunächst auf Ablehnung (↗Hieronymus, ↗Augustinus, sogenanntes Gelasianisches Dekret), zeigte doch später auch hier eine Weiterbildung in der bei Haimo von Halberstadt († 853) tradierten Erzählung des Trinubiums. Nach dieser noch im späten Mittelalter verbreiteten (Schedelsche Weltchronik, 1493) und in der Kirche umstrittenen Geschichte soll A. nach dem Tode ↗Joachims noch zweimal geheiratet und zwei weitere Töchter namens Maria geboren haben (Heilige Sippe).

Translationen zahlreicher A.-Reliquien infolge der Kreuzzüge begünstigten den Aufschwung des Kults, der bisher im Westen nur spärlich (Neapel, England) bezeugt war. Parallel zur Kultentwicklung entstanden ab dem 12. Jh. ausgedehnte A.-Zyklen in der abendländischen Kunst (Winchester-Psalter, Skulpturen der Kathedralen von Chartres und Paris, Fresken in Vieux-Pouzauges). Für die heilsgeschichtliche Rolle A.s fand die Kunst eine Formel im Andachtsbild der *A. Selbdritt* (italienisch »A. Metterza«), wobei die mütterliche Figur der A. oft den Zentralplatz zwischen der maßstäblich kleineren Maria und dem Jesuskind einnimmt. Die Würde ihrer Stellung betont die in der Hochkunst wie in der Volkskunst (Andachtsgraphik, Hinterglasmalerei) beliebte Szene der Unterweisung der zukünftigen Gottesmutter durch A. Nach einem Höhepunkt um 1500 ebbt die A.-Verehrung in nachreformatorischer Zeit ab, außer in Spanien und Italien.

Um Fürbitte angerufen wird A. als Patronin der Bretagne sowie u. a. der Witwen, Schwangeren, Schiffer, Bergleute, Handel- und Gewerbetreibenden.

A.-Wallfahrtsorte sind Düren, Annaberg in Sachsen, Annaberg in Schlesien, Apt, Ste-Anne-d'Auray, Plouneret, Beaupré in Kanada. Der Dienstag gilt als besonderer Verehrungstag der A. (Brauch der neun A.-Dienstage), da sie an diesem Wochentag gestorben sein soll.

GENOVEVA NITZ

Literatur: MARL 1, 157–162; B. KLEINSCHMIDT: Die heilige A., ihre Verehrung in Geschichte, Kunst und Volkstum, 1930; G. SCHILLER: Ikonographie der christlichen Kunst, Bd. 4/2 1980, 31–76 154–165; C. Janssen: Elisabeth und Hanna, 1998; J. Simon: Die Suche des Menschen nach glücklichem Leben. Die Legende der heiligen A. und Joachim als narrative Soterologie, 2001.

Anna (Hanna), **Prophetin,** heilig (3. Febr., zusammen mit ↗Simeon), Tocher Penuëls (Lk 2,36 ff.), blieb ihrem Gatten über das Grab hinaus treu (vgl. Jdt 8,4–8; 16,22–25; 1 Tim 5,9. 10). Sie war eine Prophetin (vgl. Apg 21,9) und lebte asketisch. Als sie Jesus im Tempel sah, pries sie Gott.

GEORG HENTSCHEL

Literatur: Neues Bibel-Lexikon, hg. v. M. Görg – B. Lang, Bd. 2 1995, 43.

Anna Michelotti (Ordensname: Johanna Franziska von der Heimsuchung [Giovanna Francesca della Visitazione]), selig (1975; 1. Febr.), Ordensgründerin, *29.8.1843 Annecy, †1.2.1888 Turin (dort in der Mutterhauskapelle begraben). Trotz eigener Armut widmete sie sich bereits in jungen Jahren dem Krankendienst an den Armen. 1875 gründete sie in Turin die Kongregation der »Piccole Serve del Sacro Cuore di Gesù per gli Ammalati Poveri«, der sie bis zu ihrer Erkrankung 1887 selbst vorstand.

HEINZ-MEINOLF STAMM

Werke: Scritti, 1944; Pensieri, [3]1959.

Literatur: AAS 68 (1976) 253–256; DIP 5, 1281 ff.; 6, 1619 f.; L. Cástano: A braccia spalancate, 1975.

Anna-Maria (Anne-Marie) **Javouhey,** selig (1950; 15. Juli), Gründerin der »Sœurs de St. Joseph de Cluny«, *10.11. 1779 Jallanges, Côte-d'Or, †15.7.1851 Paris; frühe missionarische Berufung (1803 erkannt und unterstützt von Augustin de Lestrange), gründete 1807 mit drei leiblichen Schwestern die Kongregation, seit 1812 Mutterhaus in Cluny (namengebend). 1814 Aussendung der ersten Missionsschwestern, arbeitete selbst 1822–24 in Senegal, später in Französisch-Guayana. Förderte einen einheimischen Klerus, trat für die Sklavenbefreiung ein. Die »erste Missionarin« (Pius XI.) hatte unter amtskirchlicher Verfolgung und Verdächtigungen zu leiden. Lebte aus einer durch ↗Bernhard von Clairvaux und ↗Theresia von Ávila geschulten Frömmigkeit, war der Herz-Jesu-Spiritualität ihrer Zeit verbunden.

KARL SUSO FRANK

Quellen: Briefsammlung, 5 Bde., 1908–17.

Literatur: BBKL 2, 1586 f.; BiblSS 7, 1017; DIP 5, 306 ff.; A. Merland: A. M. J. Audace et Genie, 1976; C. Langlois: Le catholicisme au féminin, 1984.

Anno (II.) von Köln, heilig (1183; 4. Dez., RK g *5. Dez.*), * um 1010 wohl (Alt-)Steußlingen, †4.12.1075 Köln (begraben in Siegburg); Schüler, dann Domscholaster in Bamberg, nach 1046 Hofkaplan Heinrichs III., 1054 Stiftspropst in Goslar. Gegen den Willen der Kölner 1056 erhoben, brachte er dem Erzbistum 1059 den Siegberg, 1063 Saalfeld mit Coburg ein. Gründete in Köln St. Mariengraden und St. Georg sowie die Klöster Siegburg, Grafschaft und Saalfeld. Sie und St. Pantaleon in Köln öffnete er der Reformbewegung von Fruttuaria. Erhielt 1065 vom König die Eigenherrschaft über Kornelimünster, Vilich und Malmédy, musste dieses aber 1071 aufgeben. Mit der 1075 erworbenen Propstei Rees bildeten die Bischofsklöster Ausgangspunkt einer ausgreifenden Territorialpolitik. Durch den Königsraub von Kaiserswerth im April 1062 bemächtigte er sich der Reichsgeschäfte und nutzte dies zur Beendigung des Papstschismas auf der Synode von Mantua 1064. Die Schwertleite Heinrichs IV. minderte 1065 seinen Einfluss, den er auch 1066 nach Verweisung Adalberts von Bremen vom Hof und durch Übernahme wichtiger Reichsaufgaben nicht zurückgewann. Anstoß erregten die Erhebungen naher Verwandter zu (Erz-)Bischöfen sowie 1074 die Willkür und Härte beim Aufstand der Kölner. Trotzdem sicherten ihm Lebensbeschreibungen, u. a. das A.-Lied, ein heiligmäßiges Andenken.

HUGO STEHKÄMPER

Literatur: SERIES EPISC 5/1, 25 ff.; F. W. OEDIGER: Regesten der Erzbischöfe von Köln, Bd. 1, 1954; Monumenta Annonis (Ausstellungskatalog), 1975.

Anselm von Canterbury (von Aosta), heilig (GK g 21. April), OSB, 1720 Kirchenlehrer; *1033 Aosta, Piemont, †1109 Canterbury. Biographische Hauptquelle ist A.s Schüler Eadmer († um 1121). A. wandert durch verschiedene Schulen Frankreichs (auch in Cluny) zur Klosterschule seines Landsmanns Lanfranc in der Benediktinerabtei Bec in der Normandie. 1060 wird er dort Mönch, 1063 Prior, 1079 Abt. 1093 ist A., als Nachfolger Lanfrancs, Erzbischof von Canterbury und als solcher Primas der Kirche von England. Der Widerstand gegen die fast vollständige Abhängigkeit der englischen Kirche vom König war für A. theologisch motiviert: Die Kirche ist »freie Braut« Christi, nicht »hörige Magd« der Könige (ep. 235,21–24). Von der Mehrheit der englischen Bischöfe im Stich gelassen, ging A. zweimal ins Exil, bis das Konkordat von London 1107 die Auseinandersetzung beendete.

Das wissenschaftliche Programm A.s: »Fides quaerens intellectum«: Der Mensch tritt in eine Welt, die bereits vielfach ausgelegt ist. Für A. und seine geistige Umwelt sind die auslegenden Konstituentien der christliche Glaube und die platonisch-augustinische philosophische Tradition. A.s Anliegen ist es, die göttliche »Wahrheit einigermaßen einzusehen – aliquatenus intelligere veritatem«, die das Herz »glaubt und liebt – credit et amat« (*Proslogion* c. 1). Weder geht es also um einen völlig voraussetzungslosen Wissenschaftsbeginn noch um das Ziel einer restlosen Auflösung von Glaubensmysterien in rein philosophische Einsicht mit Mitteln der natürlichen Vernunft. A. teilt zwar den auf die Glaubensinhalte gerichteten Vernunftoptimismus der Frühscholastik, das führt bei ihm aber nicht zu einem theologischen Rationalismus; der Glaube bleibt hinter der gewonnenen intellektuellen Einsicht dauernd notwendig. Ebenso gehört aber auch das fortwährende Streben nach Einsicht zum Wesen des Glaubens. Einsicht gewinnen heißt Begründungen (»rationes«) erkennen für das Geglaubte, Begründungen, die nicht selbst wiederum im Glauben akzeptiert werden, sondern zwingend (»necessariae«) sind für die methodisch vom Glauben getrennte Vernunft. A.s Argumente sind notwendig im Sinn logischer Stringenz, sie sind einsichtig und deshalb überzeugend. Sie machen die grundsätzliche glaubende Akzeptanz der Glaubensmysterien nicht überflüssig, hellen sie aber rational auf und machen sie angesichts der Vernunft verantwortbar. A. ist damit auf dem Weg zu jener für die Scholastik kennzeichnenden gegenseitigen Abgrenzung und Verwiesenheit von Theologie und Philosophie. Der Glaubende, der nach vernunftzugänglicher Einsicht sucht, kann sich zu diesem Zweck nicht wiederum auf die Offenbarung stützen. So muss die Frage »Cur Deus homo« so, »als ob man von Christus nichts wüsste – quasi nihil sciatur de Christo«, behandelt werden, indem man etwa zeigt (»monstratur«), »dass sich nach dem Maß der Sünde die Genugtuung richten muss und dass der Mensch sie nicht aus sich leisten kann – quod secundum mensuram peccati oporteat esse satisfactionem, nec homo eam per se facere possit« (*Cur Deus homo,* Praefatio et Capitula I. libri). In formal ähnlicher Weise werden von A. alle wichtigen Themen des Glaubens ihrem rationalen Verständnis entgegengeführt.

HELMUT MEINHARDT

LTHK³ 1, 711 f. (ungekürzte Fassung).

Werke: PL 158 und 159 (Nachdruck der Mauriner-Ausgabe von 1675); S. Anselmi Cantuarensis Archiepiscopi Opera omnia, rec. F. S. Schmitt, Bd. 1, 1938, Bd. 2–6, 1946–61; Nachdruck 1968 (kritische Ausgabe).

Quellen: EADMER: Vita sancti Anselmi archiepiscopi Cantuarensis ..., hg. v. R. W. SOUTHERN, 1972; EADMER: Historia Novorum in Anglia, hg. v. M. RULE, 1884, 81, 1–302.

Literatur: Sola ratione. A.-Studien für F. S. Schmitt zum 75. Geburtstag, hg. v. H. K. KOHLENBERGER, 1970; H. U. VON BALTHASAR: Herrlichkeit. Eine theologische Ästhetik, Bd. 2 1962, 217–263; V. COLOMAN (Hg.): Saint A. – a thinker for yesterday and today, 2002; A. R. EVANS: A., 2002.

Ansgar (Anskarius, Anscharius) **von Hamburg,** heilig (RK g 3. Febr.), OSB, * um 801 Nordostfrankreich, † 3. 2. 865 Bremen; vielleicht aus sächsischer Familie stammend, früh verwaist, im Kloster von Corbie erzogen, 823 als Leiter der Schule nach Corvey delegiert. Seine von ↗Rimbert verfasste Vita zeichnet ihn als Visionär, der sich von Kindheit an zum Missionar bestimmt wusste. Auf Vorschlag des Abtes Wala von Corbie wird er 826 von Ludwig dem Frommen im Zusammenhang mit der Taufe des Dänenkönigs Harald Klak mit der Mission in Skandinavien betraut. Nach ersten Erfolgen in Dänemark und Schweden 831 zum Erzbischof mit Sitz in Hamburg geweiht (kontroverse Beurteilung in der Literatur), 832 zusammen mit Erzbischof Ebo von Reims zum päpstlichen Legaten im Norden ernannt, erhält dabei das Pallium. Rückschläge erfolgen seit 843, als infolge der Reichsteilung die ihm als Ausstattung zugewiesene Zelle Turholt (Flandern) verloren geht und Hamburg 845 durch die Wikinger zerstört wird. Ludwig der Deutsche weist ihm als materielle Sicherung das vakante Bistum Bremen zu, womit die Grundlage für die Vereinigung der beiden Sprengel geschaffen war. Vom Kölner Erzbischof Gunthar (seit 850) heftig angefochten, wird sie 864 von Papst Nikolaus I. sanktioniert. A.s Mission im Norden (849 Dänemark; 852/853 Schweden) folgt den Handelswegen (Kirchengründung in Haithabu, Ripen, wohl auch Birka). Sie bringt wenig dauerhafte organisatorische Erfolge, bleibt aber als historische Erinnerung für die spätere Zeit wichtig. A. verfasst Aufzeichnungen über die Wunder seines Bremer Vorgängers ↗Willehad, aber keine Gebetssammlung (Pigmenta). Bald nach seinem Tod unter Förderung seines Nachfolgers Rimbert als Heiliger verehrt.

PETER JOHANEK

Quellen: Vita Rimberts: MGH.SRG (1917); Quellen des 9. und 11. Jh. zur Geschichte der Hamburgischen Kirche und des Reiches, hg. und übersetzt v. W. TRILLMICH, 1961, 1–333.

Ausgabe: Virtutes et miracula beati Willehadi: MGH.SS 2, 384–390.

Literatur: LMA 1, 311 f.; SERIES EPISC V/II, 12–16; WATTENBACH-LEVISON 6, 838–847; E. DE MOREAU: Un missionnaire en Scandinavie au IXᵉ siècle. Saint A., 1930; W. HAAS: Foris apostolus – intus monachus: Journal of Medieval History 11 (1985) 1–30; K. GRABENHORST – T. SADOWSKY: Die Vita des heiligen A.: Jahrbuch der Gesellschaft für Niedersächsische Kirchengeschichte 87 (1989) 7–21; Bremen – 1200 Jahre Mission, hg. v. D. HÄGERMANN, 1989; P. ENGELBERT: Mönchtum, Mission, Martyria. Anmerkungen zum Leben des heiligen A.: Studien und Mitteilungen zur Geschichte des Benediktinerordens 113 (2002) 81–104.

Antoninus von Florenz (bürgerlich: Antonio Pierozzi), heilig (1523; 2. Mai), Moraltheologe und Bischof, * März 1389 Florenz als Sohn eines Notars, † 2. 5. 1459 Montughi bei Florenz (Grab dort in S. Marco). Dominikaner der Observanz unter Einfluss des Johannes Dominici, 1405 Novize in Cortona, wirkte wechselnd in den Klöstern Fiesole (1406–07, 1421–24 Prior), Foligno (1409–10, 1418–21 Prior), Neapel (1424–25, 1428/29 Prior), Rom, S. Maria sopra Minerva (1430), Florenz, San Marco (1437, 1439–44 Prior); 1430 Auditor Rotae; 1432/35 bis 1446 Generalvikar der Dominikaner-Observanten »citra alpes« (südlich des Apennin). Eugen IV. ernannte ihn 1445 (Weihe 12. 3. 1446) zum Erzbischof von Florenz. Unter Hadrian VI. heiliggesprochen. Von kanonistischer Bildung, vom Humanismus aber kaum beeinflusst. A. wirkte maßgeblich für die Verbreitung der Observanz. Als Bischof war er vorbildlich administrativ, seelsorgerisch (Synoden, Visitationen, Predigt), caritativ und rechtsberatend (»Antonius consiliorum«) tätig. Vertraut mit den Verhältnissen der Kommune, ohne politisch abhängig zu sein, allseits hoch geschätzt, betrieb A., eng mit der Kurie verbunden, die Stärkung der bischöflichen Stellung. Sein schriftliches Werk wird von seelsorgerisch-praktischen Gesichtspunkten bestimmt. Neben drei vor 1440 entstandenen, weit verbreiteten Confessionalia (*Defecerunt* [lateinisch] sowie *Curam illius* und *Omnis mortalium cura* [beide italienisch], zusammen über 410 Handschriften, über 120 Drucke), Predigten, Consilia verfasste A. als Hauptwerk eine *Summa theologica moralis* in vier Teilen (entstanden 1440–54; über 83 Teilhandschriften, über 54 Gesamt- und Teildrucke), worin er ältere Traktate (*De excommunicationibus* usw.), Predigtmaterial und ein reiches Spektrum zeitgenössischer Wirtschafts- und Finanzpraktiken integrierte. Die bis 1459 reichende Weltchronik *(Chronicon)* schloss sich an. Bedeutender scholastischer Wirtschaftstheoretiker (Preis-Lohn-Theorie, Kredit und Wechsel). Die Summa gilt als wichtigste moraltheologische Brücke zwischen ↗Thomas von Aquin und ↗Alfons von Liguori.

JOHANNES HELMRATH

Werke: Summa theologica, 1740–42, Neudruck 1959.

Literatur: S. ORLANDI: Bibliographia Antoniniana, 1962. – ACTASS mai. 2, 310–358b; DBI 3, 524–532; SOPMA 1, 80–100; S. ORLANDI: S. A., 2 Bde., 1959–60; C. C. CALZOLAI: Frate A. Pierozzi, 1960; R. DE ROOVER: San Bernardino of Siena and Sant'A. Two Great Economic Thinkers, 1967; D. S. PETERSON: Archbishop A. of Florence and the Church, 1985; G. Agresti u. a.: S. A. e la sua epoca, 1990; M. P. PAOLI: Sant'A. ›vere pastor et bonus pastor‹: Storia e mito di un modello: Verso Savonarola, hg. v. G. C. CARFAGNINI U. A., 1999, 83–139.

Antonius, Abt, heilig (GK G 17. Jan.), auch »der Einsiedler« oder »der Große« genannt.

1. *Leben.* * um 251 in Mittelägypten (nach Sozomenus in Koma, dem heutigen Keman) als Sohn wohlhabender und christlicher Eltern; † 356 (nach Hieronymus' Chronik). Nach dem Tod der Eltern übernahm A. mit etwa 18 Jahren die Sorge für seine jüngere Schwester. Nachdem er beim Verlesen des Evangeliums in der Kirche die Worte Mt 19,21 und bald nachher Mt 6,34 gehört hatte, fasste er den radikalen Entschluss, sich ganz der Askese zu widmen. Seine Schwester vertraute er asketisch lebenden Frauen an. Selbst führte er ein Leben der Entsagung, zunächst in

der Nähe seines Heimatdorfes, wo schon mehrere Asketen lebten (obwohl oft als »Vater des Mönchtums« bezeichnet, war A. doch nicht der Erste), dann in einer Grabstätte; danach verschloss er sich 20 Jahre lang in einer verlassenen Verteidigungsanlage in der Wüste, wo er viele Kämpfe mit den Dämonen bestand, und schließlich an einem einsamen Berg (Kolzim, Der Mar Antonios), nicht weit vom Roten Meer, wo er zu immer größerer Vollkommenheit emporstieg. Nach der von ↗Athanasius geschriebenen Vita kam er während der Verfolgung des Maximinus Daja (um 311) nach Alexandrien, um die gefangenen und verurteilten Christen zu stärken. Dann zog er sich wieder in die Wüste zurück, wo ihn jedoch viele besuchten: Asketen und Geistliche, die den Rat des berühmten Einsiedlers einholten; Kranke, die von ihm Heilung erhofften. Um 337 soll er auf Bitten der Geistlichkeit wieder nach Alexandrien gekommen sein, um öffentlich gegen die Arianer aufzutreten. Die Vita erzählt ausführlich über Heilungen, Vorhersagungen und Visionen des A. Es war ein Zeichen seiner Heiligkeit, dass er seinen Schülern seinen nahen Tod voraussagte (später ein stereotyper Zug eines Heiligenlebens). Er befahl ihnen, ihn heimlich zu begraben.

2. *Verehrung* Im Jahr 561 soll sein Grab entdeckt worden sein. Seine Gebeine wurden nach Alexandrien überführt, von wo sie 635, nach der Eroberung Ägyptens durch die Muslime, nach Konstantinopel gelangten. Um 1000 kam der größere Teil der Reliquien nach Frankreich in die Prioratskirche St-Didier de la Motte in der Diözese Vienne und schließlich 1491 an ihre heutige Ruhestätte in der Pfarrkirche St-Julien in Arles.

Bald kam die Verehrung des A. auch ins Abendland. Im Mittelalter gab die Übertragung der Reliquien einen neuen Impuls. Es wurde der Antoniusorden (Antonianer) gestiftet, dem Ritter angehörten, die A. als ihren Standesgenossen verehrten (»A. wurde von angesehenen Eltern geboren«, sagt die Vita; er war Kämpfer gegen die Dämonen). Dem A. wurden Burgen, Kapellen und Vikarien gewidmet. Zahlreiche Bruderschaften stellten sich unter seinen Schutz (Armen- und Krankenpflege, aber auch Wehrdienst). Er galt als besonderer Patron gegen Pest und andere ansteckende Krankheiten (A.-Feuer) sowie als Patron der Haustiere (Segnung der Ställe am A.-Tag), besonders der Schweine (A.-Schwein), und hiervon abgeleitet auch der Schweinehirten, Metzger und Bürstenmacher. Vielerorts gehörte A. zu den 14 Nothelfern und den »Vier heiligen Marschällen«. Von den zahlreichen A.-Kirchen hatten manche die Bedeutung großer Wallfahrtsorte.

Bezüglich seiner Patronate sind besonders anzuführen: a) A.-Feuer, eine seuchenartige Krankheit, die mit feuriger, brennender Rötung der Extremitäten begann. Man schrieb A. die Macht zu, diese Seuche als Strafe zu verhängen sowie beschützend davor zu bewahren (in der Darstellung vielfach Flammenbüschel in seiner Hand). Im Zusammenhang damit schrieb man ihm auch Macht über wirkliche Feuersgefahr zu (Anbringung seines Bildes über der Haustür). – b) A.-Wasser, zu seinen Ehren geweihtes Wasser (oft auch Wein), das den von A.-Feuer Befallenen gereicht wurde (Weiheformel: A. Franz: Die kirchlichen Benediktionen im Mittelalter, 1909, Bd. 1, 214 f.). – c) A.-Schwein, beliebtestes Attribut, das fast auf keiner A.-Darstellung fehlt (»A. mit dem Schwein«). Das Schwein bezieht sich auf das Privileg der Antoniter, als Entgelt für ihre Armenpflege ihre Schweine frei weiden lassen zu dürfen. Oft wurde das A.-Schwein mit öffentlichen Mitteln gehalten, lief frei in der

Gemeinde herum und trug als Erkennungszeichen ein Glöckchen um den Hals. Am 23. Dezember (Jul-Eber) oder 17. Januar (A.-Tag) wurde es geschlachtet, in der Kirche gesegnet und an die Armen verteilt. – d) A.-Kreuz, auch ägyptisches Kreuz genannt, in Form eines T (griechisch: Tau, daher Taukreuz). Als Attribut des Heiligen erst seit der Gründung des A.-Ordens bekannt, der ein blaues Kreuz auf schwarzem Grund trug.

GERHARDUS J. M. BARTELINK

LThK³ 1, 786 ff. (ungekürzte Fassung).

Literatur: *Zu 1.:* Vita: PG 26, 837–976. – LACL 43 f.; L. BOUYER: La vie de S. A., 1950, ²1977; A. Magnus Eremita 356–1956, hg. v. B. STEIDLE, 1956; DSp 1, 702–708; S. RUBENSON: The Letters of St. A., 1990; L. BROTTIER: A. l'ermite à travers les sources anciennes: Revue des Études Augustiniennes 43 (1997) 15–39. – *Zu 2.:* BRAUN 86–96; RÉAU 3, 100–115; K. KÜNSTLE: Ikonographie der christlichen Kunst, Bd. 2 1926, 66–72.

Antonius von Padua, heilig (1232; GK G 13. Juni), 1946 Kirchenlehrer; * 1195 Lissabon, † 13.6.1231 Arcella bei Padua.

1. *Leben.* 1210 trat der Fernando getaufte Knabe im Kloster der Augustiner-Chorherren St. Vinzenz bei Lissabon ein, 1212 Übersiedlung ins Kloster S. Cruz in Coimbra; 1220 Übertritt zum Franziskanerorden in St. Antonius zu Livares bei Coimbra, wo er den Namen des Klosterpatrons annahm. A. wollte nach Afrika, um den Martyrertod zu erleiden. Durch Krankheit zur Umkehr gezwungen, gelangte er 1221 auf das Generalkapitel in Assisi. In Monte Paolo bei Forlì wurde man auf seine Predigtgabe aufmerksam und beauftragte ihn mit der Predigt gegen die Ketzer, so 1222–24 gegen die Katharer in Oberitalien und Südfrankreich. 1224 bestimmte ihn ↗Franz von Assisi zum ersten theologischen Lehrer des Ordens. Als solcher machte er den jungen Franziskanerorden mit dem Augustinismus bekannt. Seine Predigttätigkeit bewirkte Sinneswandel im religiösen und sozialen Leben. Zwei Predigtsammlungen sind erhalten. 1263 wird sein Leib erhoben und in die neue Basilika in Padua übertragen.

2. Zunächst ist die kirchlich-liturgische *Verehrung* des A. auf Padua und den Franziskanerorden beschränkt, aber vom 16. Jh. an in der ganzen Kirche verbreitet. Eine einzigartige Kultdynamik entwickelte A. in der Volksfrömmigkeit, wo er u. a. auch den Kult des Wüstenvaters ↗Antonius verdrängte. Seit dem 17. Jh. ist er einer der am meisten verehrten Heiligen der katholischen Kirche: Wiederbringer verlorener Dinge, Patron der Liebenden, der Ehe und der Entbindung, der Bergleute und der Sterbenden, Helfer gegen teuflische Mächte, gegen Fieber, Viehseuchen und Unfruchtbarkeit. Seine Attribute sind das Buch, das Herz, die Lilie und die Flamme. Seit dem 16. Jh. kommt auf dem Weg einer Wanderlegende das Jesuskind hinzu, oft in Kombination von Buch und Jesuskind (geschriebenes und Fleisch gewordenes Wort Gottes). Im 17. Jh. kommt als Erinnerung an den Begräbnistag des Heiligen der A.-Dienstag auf, der bis heute noch in Übung ist; ebenso das A.-Brot, das sich von Toulon aus nach 1890 in alle katholischen Länder verbreitete und gleicherweise den Heiligen ehren und den Armen helfen möchte. Das Responsorium »Si quaeris«, in der Volksfrömmigkeit die »Dreizehn Privilegien« (Hilfeleistungen) des A. genannt, ist schon um 1250 in einem Offizium nachgewiesen.

JUSTIN LANG

Literatur: *Zu 1.:* ACTASS iun. 2, 703 ff.; J. TOUSSAERT: A. von Padua, 1967; W. NIGG: A. von Padua, 1981; E. GRAU: A. von Padua: Lehrer des Evangeliums, 1980; P. SCANDALETTI: A. von Padua,

1983; A. Rotzetter: A. von Padua. Leben und Legenden, 1995; A. Rigon: Dal libro alla folla. A. di Padova e il francescanesimo medievale, 2002. – *Zu 2.:* R. Fischer: A. in Bild und Volkskunde: Fidelis 68 (1981) 99–109; B. Odermatt: Beten mit A. von Padua, 1985; B. Vedakkekara: Hagiographical image of St A. of Padua: Collectanea Franciscana 65 (1995) 511–551.

Antonius Friedrich (Antoine Frédéric) **Ozanam,** selig (1997; 9. Sept.), Gründer der Vinzenzkonferenzen, *23.4.1813 Mailand, †8.9.1853 Marseille; Studium der Rechte und der Literaturwissenschaft in Paris; 1837 Professor für Handelsrecht in Lyon; 1841 Titularprofessor für Vergleichende Literaturwissenschaft an der Sorbonne, 1844 ordentlicher Professor. 1833 regte A. die alljährlichen Conférences de Notre-Dame an und gründete die Vinzenzkonferenzen. Er entwickelte ein außergewöhnliches Verantwortungsbewusstsein gegenüber den Problemen des Industriezeitalters und trat für eine Allianz des Katholizismus mit der Demokratie ein.

VICTOR CONZEMIUS

Werke: Œuvres complètes, 8 Bde., 1855, 11 Bde., 91925; Lettres, 5 Bde., 1961–97.

Literatur: V. Conzemius: F. O., 1985; B. Cattaneo: F. O., 1997; F. O., intellectuel catholique, 1999.

Antonius Maria (Antonio María) **Claret y Clará,** heilig (1950; GK g 24. Okt.), Ordensgründer, *23.12.1807 Sallent, Spanien, †24.10.1870 Fontfroide, Frankreich; 1835 Priester in seiner Heimat; 1839 im Noviziat der Societas Jesu, das er aus gesundheitlichen Gründen verlassen musste. Dann Volksmissionar, Exerzitienleiter und reges Presseapostolat in Spanien und auf den Kanaren. 1850–57 Erzbischof von Santiago de Cuba. 1849 gründete er die Kongregation der »Söhne des Unbefleckten Herzens Mariä« (Claretiner) und 1855 das »Apostolische Institut der Lehrschwestern von Maria Immaculata« (Claretinerinnen). 1868 ging er mit Königin Isabella II., deren Beichtvater er seit 1857 war, ins Exil, nahm am Ersten Vaticanum teil und starb im damals wieder besiedelten Zisterzienserkloster Fontfroide. Seine Mystik des Apostolats war bestimmt von Christus- und Marienfrömmigkeit.

KARL SUSO FRANK

Quellen: Geistliche Schriften und Autobiographisches: Biblioteca de Autores Cristianos, 1959; umfangreiches unveröffentlichtes Schrifttum.

Literatur: BiblSS 1, 205–210; C. Fernández: El beato Padre C., 2 Bde, 1946; J. M. Lozano: Un místico de la acción, 1964; derselbe: San A. M. C., Constituciones y escritos sobre la Congregación de Misioneros, 1971.

Antonius Maria Zaccaria, heilig (GK g 5. Juli), Ordensgründer, *1502 Cremona, †5.7.1539 ebd. Seit 1524 als Arzt in seiner Heimatstadt tätig, wurde er 1528 Priester. Im Geist der vortridentinischen Kirchenreform gründete er mit einem Freundeskreis in Mailand die »Söhne des heiligen Paulus«; 1533 von Clemens VII. als Regularkleriker anerkannt (Barnabiten). Ein weiblicher Zweig entstand im Zusammenwirken mit Ludovica Torelli (Angeliken). Außerdem gründete er eine Art Dritten Orden (»Maridati di S. Paolo«). Gründungen und Apostolat waren bestimmt von der paulinischen Verkündigung des Gekreuzigten und der Verehrung des Altarsakraments (Vierzigstündiges Gebet; Freitagsläuten). A.s Arbeit blieb nicht ohne Widerspruch: 1534 und 1537 liefen Prozesse der Mailänder Inquisition gegen ihn. – Erhalten sind zwölf geistliche Briefe, einige Ansprachen und Entwürfe für Konstitutionen.

KARL SUSO FRANK

Literatur: G. Chastel: S. A. M. Z., 1930; G. Cagni – F. Ghilardotti: I sermoni di S. A. M. Z.: Archivio italiano per la storia della pietà, 1957, 231–284; A. Gentili: I Barnabiti. Manuale di storia e spiritualità, 1967, 39–97.

Arnold Janssen, heilig (2003; 15. Jan.), Priester und Ordensgründer, *5. 11. 1837 Goch am Niederrhein, †15. 1. 1909 Steyl; Lehrbefähigung für den Gymnasialunterricht in Mathematik und Naturwissenschaften; 1861 Priesterweihe; Schultätigkeit in Bocholt bis März 1873; Kaplan der Ursulinen zu Kempen am Niederrhein (1873/75); Einsatz für die Una Sancta; gründete den »Kleinen Herz-Jesu-Boten« (1874) für die nichtchristlichen Missionen. 1875 Gründung der »Gesellschaft des Göttlichen Wortes« (SVD) in niederländischen Steyl (»Steyler Missionare«), 1889 der »Genossenschaft der Missionsschwestern Dienerinnen des Heiligen Geistes« (SSpS) und 1896 der »Genossenschaft der Klausurschwestern Dienerinnen des Heiligen Geistes von der Ewigen Anbetung« (SSpS de adoratione perpetua). Seit 1879 Übernahme von Missionsgebieten in Asien, Afrika, Süd- und Nordamerika. Presseapostolat, besondere Verehrung der Trinität und des Heiligen Geistes. Beim Tod A.s zählte die SVD sechs Ausbildungshäuser, 430 Priester, 600 Brüder, 450 Missions- und Klausurschwestern sowie über 1000 Missionsschüler.

KARL JOSEF RIVINIUS

Literatur: BBKL 2, 1552; DSp 8, 150–153; NDB 10, 341 f.; Erinnerungen an P. A. J., hg. v. F. Bornemann, 1974; derselbe: A. J., ³1992; J. Alt: A. J., 1999.

Arsenius der Große, heilig (8. Mai), Einsiedler, *354, † um 430/445; eine der hervorragenden Gestalten des ägyptischen Wüstenmönchtums von vornehmer römischer Herkunft; ob A. in Konstantinopel auf Wunsch Kaiser Theodosius' des Großen ab 383 als Prinzenerzieher gewirkt hat, ist fraglich. Seit etwa 395 Anachoret an verschiedenen Orten in der Wüste: Sketis, Kanopus, Troe. Erlebte die Zerstörung der Sketis um 410. Biographische Hinweise, etwa auf das hohe Alter, finden sich in verschiedenen Apophthegmata. In der Apophthegmen-Literatur sind von ihm 44 Sprüche überliefert, die seine hohe Bildung, Weisheit und Menschenkenntnis bezeugen.

MICHAELA PUZICHA

Literatur: PG 65, 88–108; CPG 5545–54; DIP 5, 1695; LACL 64 f. – B. Miller: Weisung der Väter, ³1986.

Athanasius der Große, heilig (GKG 2. Mai), 1568 Kirchenlehrer, Erzbischof von Alexandrien (seit dem 8. 6. 328) und als solcher Primas der katholischen Kirche in Ägypten, Libyen und in der Pentapolis; * kurz nach 300, †2. 5. 373.
Die Laufbahn des A. mit einer Amtszeit von 45 Jahren war v. a. durch zwei frühere Ereignisse in der alexandrinischen Kirche vorbestimmt: das Meletianische Schisma und die Häresie des Arius. Zu beiden hatte die nizänische Synode energische Maßnahmen empfohlen, die der Vorgängerbischof jedoch nicht mehr durchsetzen konnte. Auch A. wandte sich einer anderen Aufgabe zu. Er unternahm pastorale Visitationen in den monastischen Siedlungen und in der Pentapolis, wodurch er sich als Primas der Treue der Einsiedler und Mönchsgemeinschaften versicherte. Als die bischöfliche Koalition aus dem Orient unter der Leitung des Hofbischofs Eusebius von Nikomedien im Jahr 335 eine staatliche Synode in Tyrus veranstaltete, um A. wegen unrechtmäßiger Weihe und Gewaltsamkeiten gegen die Meletianer aus dem Amt zu drängen, konnte A. in Begleitung vieler Ex-Meletianer sein Recht behaupten. Schließlich musste er nach Konstantinopel fliehen,

von wo ihn Kaiser Konstantin nach einigem Zögern nach Trier verbannte. Konstantins Nachfolger im Westen veröffentlichte einen Erlass, durch den A. am 23. 11. 337 im Triumph nach Alexandrien zurückkehren konnte.

Ostern 339 wurde die Lage in Alexandrien erneut unhaltbar. Es gelang A., nach Rom zu entkommen. Er wurde dort von Bischof Julius I. gut aufgenommen und von seiner lokalen Synode als rechtmäßiger Primas Ägyptens anerkannt. Eine Synode in Sardica führte zu keiner Vereinbarung der bischöflich-theologischen Parteien. Doch als Gregor von Kappadokien, den man inzwischen auf den alexandrinischen Bischofsstuhl erhoben hatte, starb, genehmigte Constantius II. die Rückkehr des A. Nach wiederholter kaiserlicher Bestätigung in seinem Amt zog er am 21. 10. 346 wieder einmal in seine Stadt ein.

Im Jahr 350 fiel der westliche Kaiser Constans I. dem Usurpator Magnentius zum Opfer, den schließlich Constantius II. 351 in der Schlacht von Mursa besiegte. Er begann im Westen sofort eine Unterschriftenkampagne gegen den Alexandriner, worauf die Bischöfe, in Arles (353) und in Mailand (355) versammelt, dem A. ihre Anerkennung versagten. In Alexandrien selbst waren die Zivilbehörden, die Polizei und militärische Kräfte dem Primas feindlich gesonnen, so dass es in der Nacht des 8. 2. 356 zum Sturm auf die Theonaskirche kam, wo A. zelebrierte. Der Bischof fand Zuflucht in der Wüste, heimlich von Mönchen beherbergt. Diese gefährliche dritte Verbannung dauerte bis zum Tod des Constantius am 3. 11. 361, also fast sechs Jahre lang.

Von Kaiser Julian wie alle anderen Bischöfe zurückgerufen, beeilte sich A., im Frühsommer 362 eine Synode in Alexandrien abzuhalten, um eine Verständigung unter den verschiedenen pronizänischen Fraktionen zu ermöglichen. Daraufhin wurde A. auch von Julian verbannt, jedoch nur für kurze Zeit, da der Kaiser am 26. 6. 363 ermordet wurde. Auch sein Nachfolger Valens, streng arianisch eingestellt, versuchte A. zu vertreiben (Winter 365). Die unpopuläre Maßnahme musste aber am 1. 2. 366 zurückgezogen werden. Die letzten Jahre seines Lebens verbrachte A. in Alexandrien.

A. verkörpert den Stand der Christenheit in der konstantinischen Epoche. Durch seine geistige Haltung und seine bischöfliche Laufbahn wurde er zu einem Helden in der katholischen Welt seiner Zeit (Basilius, ep. 66 67 69 80 82). Er verteidigte standhaft die Rechte seiner Kirche gegen Übergriffe der kaiserlichen Verwaltung und Angriffe von Seiten anderer Bischöfe, indem er mit unerschütterlichem Mut dem Glaubensbekenntnis von Nizäa treu blieb. Er verband diese Treue mit einem tiefen Sinn für die eigenen Traditionen der Kirche in Alexandrien. Als erster der Kirchenvorsteher erfasste er die historische Bedeutung der monastischen Bewegung. Es gelang ihm auch, die Grundsätze christlicher Theologie, von Origenes grundgelegt, in positiver Weise zu erneuern. Seine Konzentration auf das Geheimnis der göttlichen Menschwerdung gab dieser Theologie eine neue Basis. Die Schriftauslegung des A. war Grund und Ausdruck dieser theologischen Erneuerung. In seiner Dogmatik entwickelte A. die Lehre von Nizäa, er schilderte die wesentliche Einheit und Gleichheit von Vater und Sohn in einer volkstümlichen Sprache und zu pastoralen Zwecken. Zentraler Bezugspunkt seines Denkens war immer das konkrete Geschehnis der Inkarnation. A. hat auch die Grundlagen für die dogmatische Definition der Gottheit des Heiligen Geistes (Konstantinopel 381) vorbereitet.

CHARLES KANNENGIESSER

LThK[3] 1, 1126–30 (ungekürzte Fassung).

Ausgabe: PG 25–27; H. G. Opitz: A.' Werke 2/1, 1934–40; BKV[2] 31.

Übersetzung: Französisch: P. T. Camelot: SC 18 (Contra Gentes), [2]1977; C. Kannengiesser: SC 199 (De incarnatione), 1972. – Englisch: A. Robertson: Select library of (the) Nicene and post-Nicene fathers of the Christian church, hg. v. P. Schaff, 2. Serie, Bd. 4, Nachdruck 1974; C. R. B. Shapland (ep. ad Serapionem), 1951; R. C. Gregg: The classics of western spirituality (Vita Antonii), 1980; P. Bright: The sources of western spirituality, 1986.

Literatur: A. von Alexandrien, Bibliographie, 1995. – LACL 69–76; Bardenhewer 3, 47–79; B. Altaner – A. Stuiber: Patrologie, [9]1980, 230–239; G. Mueller: Lexicon Athanasianum, 1952; E. Schwartz: Zur Geschichte des A.: Gesammelte Schriften, Bd. 3, 1960; C. Kannengiesser: A. d'Alexandrie, évêque et écrivain: Une lecture des traités Contre les Ariens, 1983; N. Kwok-kit Ng: The spirituality of A., 2001.

Augustinus von England (von Canterbury), heilig (GK g 27. Mai), OSB, Apostel Englands, † 26. 5. um 604/609. Gregor der Große sandte 596 eine Gruppe von etwa 40 Mönchen unter Leitung des im Lauf der Missionsreise zum Abt erhobenen A. aus dem römischen Kloster St. Andreas zu den Angelsachsen in Britannien. Missionsfeld des A. wurde im Wesentlichen der Einflussbereich des Königs Ethelbert von Kent, dem damals eine Oberhoheit über andere südenglische Königreiche zukam. In Canterbury errichtete denn auch A. seinen Bischofssitz (597 in Gallien auf der Reise Bischofsweihe). Auf Anfragen des A. legte der Papst die Organisationsstruktur der von A. zu errichtenden gesamtangelsächsischen Kirche mit zwei Metropolitansitzen und je zwölf Suffraganen fest und übersandte 601 das Pallium. Die Metropole blieb für die südlichen Kirchenprovinzen mit Canterbury verbunden, obwohl in Orientierung an vergangene provinzialrömische Gegebenheiten London vorgesehen war. Außerdem unterstellte Gregor die britische Kirche – wohl in Unkenntnis der zwischen Angelsachsen und Briten herrschenden Feindseligkeit – der Oberhoheit des A., die aber nicht realisierbar war. Vor seinem Tod (um 604/609; beigesetzt in dem von ihm gegründeten Kloster St. Peter und Paul [später St. Augustin in Canterbury]) weihte A. seinen Gefährten Laurentius zum Nachfolger in Canterbury. Trotz seiner großen Bedeutung für die Christianisierung der Angelsachsen blieb A. ohne Vita, Quelle für sein Wirken ist ↗Beda Venerabilis, der v. a. Material aus Canterbury benutzte. In der Forschung wird A. meist als Kleingeist dargestellt, der durch sein hochmütiges Auftreten eine Einigung mit den Briten unnötig verspielt habe. Jedoch beruht diese aus Bedas Schilderung abgeleitete Charakteristik wohl auf einer Fehlinterpretation des legendenhafte Züge aufweisenden Berichts. Für Beda war A. der über jede Kritik erhabene, vom Papst gesandte Glaubensbote.

HANNA VOLLRATH

Quellen: Bede's Ecclesiastical History of the English People, hg. v. B. Colgrave – R. A. B. Mynors, [2]1991.

Literatur: LACL 98; W. H. Fritze: Universalis gentium confessio. Formeln, Träger und Wege universalmissionarischen Denkens im 7. Jh.: Frühmittelalterliche Studien 3 (1969) 78–130; H. Mayr-Harting: The Coming of Christianity to Anglo-Saxon England, [3]1991; E. Malaspina: Il cenobitismo missionario di A. di Canterbury e la peregrinatio dei monaci celtici: Augustinianum 39 (1999) 467–504.

Augustinus von Hippo (Aurelius A.), heilig (GKG 28. Aug.), 1295 Kirchenlehrer, größter der lateinischen Kirchenväter; * 13.11.354 Thagaste (Souk Arhas, Algerien), † 28.8.430 Hippo.

Der heidnische Vater Patricius bleibt ohne bestimmenden Einfluss, umso prägender wirkt auf A. seine christliche Mutter ↗Monika (331–387) (Confessiones IX, 11, 28) in ihrem Bemühen, den Sohn zum Christentum hinzuführen. Ihr Bild in den *Confessiones* ist so gezeichnet, dass an Nähe oder Ferne A.' zu seiner Mutter Nähe und Ferne zur Kirche abzulesen sind. A. glaubt seiner Mutter alles zu verdanken, was er ist (De beata vita 6). Neben seinem Bruder Navigius (ebd.) kennen wir noch seine Schwester Perpetua, die als Witwe eine religiöse Gemeinschaft leitete (Possidius, vita Augustini 26, 1). In Thagaste besucht A., der deutlich begabter als seine Geschwister ist, den Elementarunterricht, der in Madaura auf der Grammatikschule fortgesetzt wird. Mit 16 Jahren siedelt er nach Karthago über, um Rhetorik zu studieren (Confessiones III, 3, 6). Dort geht er auch mit einer ungenannten Frau ein Konkubinat ein (ebd. IV, 2, 2), aus dem sein Sohn Adeodatus entstammt.

Während seiner Studien liest er im Alter von 19 Jahren die bis auf wenige Fragmente verloren gegangene Werbeschrift Ciceros für die Philosophie, den »Hortensius«. Die Schrift löst in ihm eine tief gehende Erschütterung und Konversion aus. Binnen weniger Tage tritt er zum Manichäismus über, weil er in dieser Sekte die tiefere und radikalere Form des Christentums erblickt.

Etwa 375 kehrt A. nach Thagaste zurück und unterrichtet selbst Grammatik und Rhetorik. Doch nur ein Jahr später siedelt er wieder nach Karthago über, um ein angemesseneres Wirkungsfeld zu haben (Possidius, vita Augustini 1, 2; Confessiones IV, 4, 7). Am Ende der karthagischen Zeit steht die Enttäuschung über die Manichäer, deren Bischof Faustus von Milet A.' skeptische Fragen nach den Widersprüchen im manichäischen System nicht beantworten kann. Trotz der inneren Entfremdung vom Manichäismus nimmt A. auch nach seinem Umzug nach Rom (383) noch die Hilfe manichäischer Freunde in Anspruch. Deren Fürsprache sowie die Förderung durch den heidnischen Stadtpräfekten Symmachus verschaffen ihm die Stelle eines Magisters der Rhetorik in Mailand (Confessiones V, 13, 23). Mit A. ziehen die Freunde Alypius und Nebridius. Aus beruflichem Interesse hört er den wegen seiner Beredsamkeit berühmten Bischof ↗Ambrosius. Dessen Predigten bringen ihn dem Christentum näher, verschaffen ihm die Einsicht in die allegorische Schriftauslegung und beseitigen die manichäischen Anstöße am Alten Testament. Auch wenn A. zunächst noch in einer Phase des Skeptizismus verharrt (ebd. V, 14, 24 f.), so verdankt er dem »Mailänder Neuplatonismus« doch die Überzeugung von Gottes Dasein und Unveränderlichkeit, aber auch die biblisch begründete Auffassung von Christus als dem einzigen Heilsweg erscheint ihm damals schon sicher. Im Sommer 386 gewinnt er durch die Lektüre der »libri Platonicorum« letzte Sicherheit hinsichtlich der Unkörperlichkeit Gottes. Verschlossen bleibt ihm noch die Differenz zu den Platonikern, die Lehre von der in Demut auf den Menschen zukommenden Menschwerdung Christi und der damit verbundenen Vergebung der Sünden. Diese Lehre findet A. in den Briefen des Paulus, zu denen er jetzt greift. Die geistige Auseinandersetzung mit der Bekehrung und mit mönchisch asketischer Lebensform berühmter Männer – A. schildert im achten Buch der *Confessiones* u.a. die Bekehrung des Marius Victorinus und des ↗Antonius und stellt sich so selbst in ihre Reihe – verschärft die innere Krise. Im Garten des Hauses in Mailand (ebd. VIII, 8, 19) hören A. und Alypius aus dem benachbarten Haus (»ex domo vicina«, nicht: »ex domo divina«) eine Kinderstimme singen: »Tolle, lege« (ebd. VIII, 12, 29). Beide betrachten diese Stimme als göttliche Aufforderung, die Schrift aufzuschlagen. A. schlägt den Codex der Paulusbriefe auf und liest Röm 13,13f. Sofort strömt ein »Licht der Sicherheit« in sein Inneres, alle Zweifel sind verschwunden. Das Datum der Bekehrung ist ziemlich exakt festzustellen, es liegt um den 1.8.386.

Als Konsequenz seiner Bekehrung gibt A. sein Lehramt auf und zieht sich mit seinen Freunden auf ein Landgut namens Cassiciacum nördlich von Mailand zurück. Im Januar/Februar des folgenden Jahres verlässt er Cassiciacum, um sich in Mailand als Taufbewerber einschreiben zu lassen. Die Taufe empfängt er am 24./25. April, der Osternacht des Jahres 387. Bald danach erfolgt die Abreise nach Afrika, doch noch vor der Überfahrt stirbt Monika in Ostia. In Thagaste versucht er mit Freunden, das in Cassiciacum begonnene Leben in monastischer Form fortzusetzen. Auf seinen Reisen in dieser Zeit vermeidet A. tunlichst Orte mit vakantem Bischofssitz, um nicht zu einem kirchlichen Amt genötigt zu werden. Als er in Hippo Regius einen Besuch macht und am Gottesdienst teilnimmt, hört er die Predigt des Bischofs Valerius. Dieser äußert den Wunsch nach einem Presbyter, und das Kirchenvolk nötigt A., das Amt anzunehmen (Possidius, vita Augustini 4,1f.). Die Priesterweihe erfolgt Ende 390/Frühjahr 391. Da er sich den Anforderungen des Amtes noch nicht gewachsen fühlt, erbittet er einen kurzen Urlaub, um sich durch das Studium der Schrift besser auf seine neue Aufgabe vorbereiten zu können (ep. 21). Seine Haupttätigkeit als Presbyter besteht in der für die damalige afrikanische Kirche ungewöhnlichen Betätigung als Prediger, da dieses Amt normalerweise dem Bischof reserviert war (Possidius, vita Augustini 5,3f.). Nach dem Tod des Valerius wird er zwischen Mai 395 (ep. 29) und August 397 (Teilnahme als Bischof am Konzil von Karthago) zum Bischof geweiht. A. verlässt Hippo Regius jetzt nur noch, um an den Konzilien der afrikanischen Kirche teilzunehmen bzw. wenn seelsorgliche Aufgaben dies erfordern. Sein Wirken als Bischof ist vom Geschick der afrikanischen Kirche nicht zu trennen. Zusammen mit dem Primas Aurelius von Karthago wächst er immer mehr in eine führende Position in dieser Kirche hinein. Die Auseinandersetzung mit dem Manichäismus flaut jetzt merklich ab. An ihre Stelle tritt das theologisch wie kirchenpolitisch motivierte Anliegen, den Donatismus niederzuringen, der seit 398, dem Sturz des mächtigen Donatistenbischofs Optatus von Thamugadi, geschwächt ist. Auf dem Konzil von 411 fällt A. deshalb eine theologische Führerrolle zu. Unter dem Vorsitz des kaiserlichen Beauftragten Marcellinus wird der Donatismus definitiv verurteilt.

Nach der Eroberung Roms durch Alarichs Goten (24.8.410) sieht sich A. zu einer großen theologischen Diskussion mit dem Heidentum und der neuplatonischen Philosophie gezwungen. Er verfasst seine Apologie *De civitate Dei*, die weit über den ursprünglichen äußeren Anlass hinausgeht. Das Werk ist nicht allein eine Antwort auf den heidnischen Vorwurf, der Fall Roms sei durch das Verlassen der alten Götter provoziert, sondern eine grundsätzliche Abrechnung mit dem römischen Religionsbegriff (Marcus Terentius Varro). Gegen die Vielfalt des heidnischen Polytheismus betont A. die Einzigkeit des Heilsmittlers Christus.

Die schärfste und theologisch folgenschwerste Kontroverse führt A. nach 410 mit Pelagius und – in der zweiten Phase – mit Julian von Aeclanum. Gegen den asketischen Überschwang des Pelagius und gegen das Vertrauen in eine optimistisch gestimmte Anthropologie betont er, dass die Gnade nicht nur gegeben werde, damit man die Tugend leichter ausübe, sondern dass sie geschenkt werde, damit man Tugend überhaupt erlangen könne. Gegen Julian verankert er dann diese These in der Lehre von der allgemeinen Verderbtheit der menschlichen Natur durch die Erbsünde. Gegenüber der konservativeren Theologie der Pelagianer ist A. der Neuerer.

Im Sommer 430 belagern die Vandalen Hippo Regius. Während dieser ein Jahr andauernden Belagerung stirbt A. (Prosper von Aquitanien, Epitoma chronicorum I, p. 473, 1302 1304). Wahrscheinlich haben die um 500 unter dem Vandalenkönig Thrasamund nach Sardinien verbannten katholischen Bischöfe A.' Gebeine mitgenommen. Sie wurden im 8. Jh. vom Langobardenkönig Liutprand erworben und nach Pavia überführt. Dort sollen sie 1695 wieder entdeckt worden sein und werden seither in der Kirche S. Pietro in Ciel d'Oro verehrt.

WILHELM GEERLINGS

LThK³ 1, 1240–45 (ungekürzte Fassung).

Werke: PL 32–47; Übersicht der Einzelausgaben: Augustinus Lexikon, hg. v. C. Mayer, Bd. 1 1986, XXVI–XLI.

Literatur: Wilhelm Geerlings: Augustinus – Leben und Werk. Eine bibliographische Einführung, 2002. – Fortlaufende Bibliographie: Revue des Études Augustiniennes 1 (1954) ff. – LACL 78–98; F. Bolgiani: La conversione di S. A. e l'VIII libro delle ›Confessioni‹, 1956; E. van der Meer: A. der Seelsorger, 1951, ²1958; R. Crespin: Ministère et sainteté. Pastorale du clergé et solution de la crise donatiste dans la vie et la doctrine de St. A., 1965; U. Duchrow: Sprachverständnis und biblisches Hören bei A., 1965; P. Courcelle: Recherches sur les Confessions de St. A., 1950, ²1968; A. Mandouze: St. A., 1968; A. Zumkeller: Das Mönchtum des heiligen A., 1950, ²1968; E. Gilson: Der heilige A., 1930, ⁴1969; J. Burnaby: Amor in St. A.: The Philosophy an Theology of Anders Nygren, hg. v. C. W. Kegley, 1970, 174–186; W. Geerlings: Christus Exemplum, 1978; E. Dassmann: A., Heiliger und Kirchenlehrer, 1993; W. Geerlings: A., 1999; P. Brown: A. von Hippo, 2000; W. Geerlings: A. – Leben und Werk, 2002.

Barbara von Nikomedien, heilig (RK g 4. Dez.), Jungfrau und Martyrin. Zumeist werden Nikomedien und die Regierungszeit Kaiser Maximians (306) als Ort und Zeit ihres Martyriums genannt. Die Entstehung der Legende nimmt die unübersichtliche Forschungsliteratur noch für das 7. Jh. im byzantinischen Raum an. Nach dieser Überlieferung wurde B. von ihrem heidnischen Vater Dioskur wegen ihrer Schönheit in einen Turm gesperrt. Als Symbol der Trinität ließ sie ein drittes Fenster in das Mauerwerk brechen. Als Christin verfolgt, öffnet sich ihr auf der Flucht ein Felsen. Von einem Hirten verraten, wird sie gemartert und von ihrem Vater enthauptet; diesen erschlägt daraufhin ein Blitz. B. hatte vor ihrem Tod die Verheißung erhalten, dass keiner, der sie anruft, ohne Sakramentenempfang sterben werde.

Die zunächst in der Ostkirche verehrte Heilige wird im Westen zuerst im Mart-Rom um 700 genannt. Ihre Gebeine sollen um 1000 nach Venedig gekommen sein und von dort ins Kloster S. Giovanni Evangelista in Torcello. Die B.-Legende fehlt noch in den ältesten Fassungen der Legenda Aurea im 13. Jh. Besondere Kultlandschaften wurden seit dem

14. Jh. die Bergbauregion in Sachsen, Schlesien und Böhmen, während ihre Bergbaupatrozinien in den Alpen, mit Ausnahmen in Tirol, überwiegend aus dem gegenreformatorischen Barock des 17. und 18. Jh. stammen. B. gilt v. a. als Patronin der Sterbenden (gegen plötzlichen unversehenen Tod), der Bergleute und Artilleristen. Mit ↗Katharina und ↗Margareta bildet sie die Gruppe der »drei heiligen Madeln« unter den 14 Nothelfern und ergänzt mit Dorothea die Gruppe der »virgines capitales«. Für die Intensität der Verehrung der Heiligen zeugen mittelalterliche B.-Spiele, ebenso bildliche Darstellungen. Turm und Kelch sind ihre hauptsächlichen Attribute, daneben Hammer, Fackel, Schwert als Marterinstrumente; später erscheinen Bergmannswerkzeuge oder Kanonenrohre. Bis heute werden am B.-Tag (Obstbaum-)Zweige geschnitten, die bis Weihnachten aufblühen sollen. Der B.-Tag am Beginn des Kirchenjahrs war ein Termin für Zukunftsschau. Im Burgenland ist die Tellersaat des B.-Weizens als »winterliches Grün« bekannt. Nach dem Zweiten Vaticanum findet sich B. als historisch nicht nachgewiesene Heilige nicht mehr im römischen Heiligenkalender von 1969. Sie wurde jedoch wegen der bedeutenden Kulttradition 1972 in den Regionalkalender für das deutsche Sprachgebiet aufgenommen.

ERICH WIMMER

Literatur: BIBLSS 2, 760–767; EM 1, 1210 ff.; HWDA 1, 905–910; LMA 1, 432 f.; VERFLEX² 1,601 ff. 325–328; H. EBERHART: Heilige B., 1988; K. O'GRADY: The tower and the chalice: Feminist Theology 29 (2002) 40–60.

Barnabas, heilig (GK G 11. Juni), aus Zypern stammender Diasporajude namens Josef, Levit, der nach Jerusalem übersiedelte und eine führende Rolle in der Gemeinde von Antiochien am Orontes und in der Heidenmission spielte; 23-mal in der Apostelgeschichte erwähnt, dem Stephanus-Kreis und den Hellenisten nahe stehend, Mitinitiator der antiochenischen Kollekte für Jerusalem (Apg 11,19–30). Er verkaufte seinen Acker und schenkte den Erlös den Aposteln für die Gemeinde (Apg 4,36 f.). Apg 15,2–35 zufolge reisten Paulus und B. als Delegierte zum Apostelkonzil nach Jerusalem, wobei Gal 2,1–10 und Apg 15 divergieren. Der Streit zwischen Paulus und B. wegen Johannes Markus, eines Vetters des B., führt zur Trennung zwischen Paulus und B., der von da ab aus dem Gesichtsfeld der Apostelgeschichte verschwindet. Der aramäische Name B. bedeutet »Sohn der Prophetie«, wird von Lukas als »Sohn der Tröstung« gedeutet (Apg 4,36); nach 1 Kor 9,6; Apg 14,4. 14 wird B. als Apostel und Lehrer verstanden, in Apg 11,24 als »trefflicher Mann, erfüllt von Heiligen Geist und von Glaube« charakterisiert. Die nachneutestamentliche Tradition zählt B. zu den Lk 10,1 erwähnten 70 Jüngern Jesu, sieht ihn als Verfasser des Hebräerbriefs des B.-Briefs und des apokryphen B.-Evangeliums, als Missionar in Rom und von Juden in Salamis gesteinigt; sein Grab 485 wird auf Zypern lokalisiert; B. erscheint im römischen Messkanon I.

PAUL-GERHARD MÜLLER

Literatur: EWNT 1, 467 f.; Neues Bibel-Lexikon, hg. v. M. GÖRG – B. LANG, Bd. 1 1991, 244 f.; M. STAROWIEYSKI: San B. nella storia e nella leggenda: Analecta Cracoviensia 23 (1991) 391–414; R. BLACKHIRST: B. and the Gospels: Journal of Higher Criticism 7 (2000) 1–22.

Bartholomäus, Apostel, heilig (GK F 24. Aug.).

1. *Neues Testament.* B., der Träger des aramäischen patronymen Namens »bar talmaj« (Sohn des Tolmai, des Furchen-

ziehers; vgl. Num 13,22: Talmai, Sohn des Anak; 2 Sam 3,3: Name eines Königs von Geschur), Mitglied des Zwölferkreises Jesu und Apostel, begegnet nur in den Zwölfer- bzw. Zwölfapostelkatalogen in den Evangelien (Mk 3,18; Mt 10,3; Lk 6,14) und der Apostelgeschichte (1,13).

Seit dem 9. Jh. im Osten, seit dem 11. Jh. auch im Westen wurde B. mit Natanael gleichgesetzt, weil Natanael in Joh 1,45–49 zusammen mit ↗Philippus begegnet wie B. mit diesem in den Zwölferkatalogen. Die Gleichsetzung gehört zu den Versuchen, trotz der überschüssigen Namensüberlieferung an der Zwölfzahl der Apostel festzuhalten: Natanael, einen der Erstberufenen, dachte man sich auch im Zwölferkreis und brachte ihn dort durch die Gleichsetzung mit B. unter. Schon im 2. Jh. galt Natanael im Osten (z. B. Apostelbrief) als Apostel.

2. Zur *Biographie* des B. bietet das Neue Testament keine näheren Überlieferungsdaten. Hingegen ist die Legende über B. reich; nach Eusebius (h. e. V, 10, 3) hat dieser Apostel in Indien gepredigt und den Christen dort das hebräische Matthäusevangelium hinterlassen, das von Pantainus aus Alexandrien am Ende des 2. Jh. dort noch vorgefunden worden sein soll. Den Missionar beanspruchen neben Indien auch Mesopotamien und Parthien, Lykaonien und Großarmenien. In Apostelakten wird B. an die Seite anderer missionierender Apostel gerückt: in Andreasakten zu Andreas in den Küstenländern des Schwarzen Meers (die Matthäusakten beanspruchen dasselbe für Matthäus), nach den Philippusakten zu Philippus in Hierapolis und Lykaonien. Koptische, arabische und äthiopische Akten verlegen seine Wirksamkeit in die »Oasen« von Ägypten. Die Überlieferung über das Martyrium des B. schwankt zwischen Enthauptung und Kreuzigung wegen der Bekehrung des Königs Polymius auf Betreiben von dessen Bruder Astyagas in Albanopolis oder Urbanopolis (Eruantašat) in Armenien. Im persisch beherrschten Teil Syriens erhielt sich eine Tradition vom Grab des Bartholomäus.

RUDOLF PESCH

Literatur: EWNT 1, 475 f.; Neues Bibel-Lexikon, hg. v. M. GÖRG – B. LANG, Bd. 1 1991, 246.

3. *Verehrung.* Auf eine liturgisch-kultische Bedeutung weisen schon B.-Darstellungen in der altchristlichen und byzantinischen Kunst hin. Mit Rolle oder Buch erscheint B. in der Reihe der Apostel (noch im 6. Jh. in Ravenna, S. Vitale). Erste Zeugnisse über Reliquientranslationen gibt es in Mesopotamien (May ya fa raqin [Maipherkat, Martyropolis] durch Bischof Maruta [† vor 420]; Dara, um 507, durch Kaiser Anastasius I.). Zur gleichen Zeit bezeugt im Westen das MartHieron zwei Natale-Termine (13. Juni; 25. Aug.). Von einer mirakulösen Reliquienübertragung auf die Insel Lipari berichtet Gregor von Tours († 594). Papst Honorius I. († 638) wandelte Familienbesitz in Rom zu einem Andreas-und-B.-Kloster um. 838 kamen Reliquienteile nach Benevent, 983 durch Kaiser Otto II. auf die Tiberinsel in Rom. Seitdem breitete sich die B.-Verehrung in ganz Europa aus. 1238 kam die Hirnschale als Reliquie nach Frankfurt am Main – Eine Festfeier entwickelte sich seit dem 8. Jh. in Gallien, in Rom seit dem 9./10. Jh.

HANS J. LIMBURG

Literatur: LMA 1, 1491; P. JOUNEL: Le culte des Apôtres à Rome ...: Saints et Sainteté dans la liturgie, hg. v. A. M. TRIACCA U. A., 1987, 167–187.

Basilius von Caesarea (der Große), heilig (GKG 2. Jan.), 1568 Kirchenlehrer; * 329/330 Caesarea in Kappadokien, † 1. 1. 379 ebd.

Sein Vater Basilius – Sohn der heiligen Makrina der Älteren, einer begeisterten Schülerin des ersten großen Bischofs dieser Gegend, ↗Gregors des Wundertäters, welcher als Neubekehrter die Lehren und die Spiritualität des Origenes in Caesarea (Syrien) kennen gelernt hatte – war ein angesehener Rhetor, aus Neocaesarea im Pontus stammend. Die Mutter, Emmelia, war die Tochter eines Martyrers. Zwei seiner Brüder, ↗Gregor von Nyssa und Petrus von Sebaste, wurden Bischöfe. Seine älteste Schwester, die heilige Macrina die Jüngere, galt als Vorbild asketischen Lebens. Nach einer streng religiösen Erziehung im Elternhaus erhielt B. eine solide Ausbildung auf den Schulen in Caesarea, Konstantinopel und Athen. Dort schloss er Freundschaft mit ↗Gregor von Nazianz und traf gelegentlich den zukünftigen Kaiser Julian. Um 356 kehrte er als begabter Rhetor in seine Heimat zurück. Der berühmte Libanius scheute sich nicht, seine Talente öffentlich zu loben. Doch B. gab die verlockende Rhetorenlaufbahn auf. Er schloss sich dem asketischen Ideal des Eustathius von Sebaste an und wurde Mönch auf einem abgelegenen Landgut seiner an Grundbesitz reichen Familie.

Nach seiner Taufe durch Bischof Dianius von Caesarea bereiste B. während eines Jahres Ägypten, Palästina, Coelesyrien und Mesopotamien, um die berühmtesten Einsiedler und Mönchssiedlungen zu besuchen. Dann verteilte er seine persönlichen Güter an die Armen und zog sich in eine kleine Wüste am Irisfluss unweit Neocaesareas zurück, wo ihn Gregor von Nazianz und wohl auch andere Gesinnungsgenossen bald aufspürten. Von Gregor angeregt, fertigte er eine Auslese aus Origenes' Werken an, die von den beiden Freunden *Philokalia* betitelt wurde. Auch stellte er hier elementare Ordensregeln für das asketische Gemeinschaftsleben zusammen. Als Zuhörer auf der Synode von Konstantinopel 360 kam B. in Berührung mit den arianischen Streitigkeiten. Um sein Verständnis des nizänischen Homoousios zu bestimmen, hatte er den hoch angesehenen Lehrer und Exegeten Apollinarius von Laodicea um Hilfe gebeten.

362 folgte Eusebius auf Danius' Stuhl. Diesem gelang es, B. zum Empfang der Priesterweihe zu bewegen. Als Kaiser Valens mit arianischem Gefolge im Juli 365 Caesarea besuchte, beeindruckte ihn die starke Persönlichkeit des B. Während einer Hungersnot in Kappadokien 368 ergriff B. energische Maßnahmen. Als Eusebius Mitte 370 starb, wurde B. auf den Bischofsstuhl erhoben. Das Wirken des neuen Metropoliten der Provinz Kappadokien und Exarchen der politischen Diözese Pontus erstreckte sich über seinen eigenen Amtsbereich hinaus. Er bemühte sich, im Briefwechsel mit Athanasius von Alexandrien und Damasus von Rom die inneren Spaltungen der Kirche von Antiochien auszugleichen. Er widerstand Valens und seiner Verwaltung in Verantwortung bis zum Tod des Kaisers am 378. Doch hat B. den endgültigen Umschwung zugunsten des Nicaenums wohl kaum mehr erahnen können.

CHARLES KANNENGIESSER

LThK^{3} 2, 67–69 (ungekürzte Fassung).

Ausgaben (Auswahl): PG 28–31; Aux jeunes gens, hg. v. F. BOULENGER, 1935; Discorso ai giovani, hg. v. M. NALDINI, 1984; Ascetical Works, hg. v. M. WAGNER, 1950; Briefe, hg. v. R. DEFERRARI – M. MCGUIRE, 4 Bde, ^{2}1950–53; De Spiritu Sancto, hg. v. B. PRUCHE, 1968; Hexaemeron, hg. v. S. GIET, 1968; Il battesimo, hg. v. U. NERI, 1976; Contre Eunome, hg. v. B. SESBOÜÉ, 1982.

Literatur: LACL 114–120; Y. COURTONNE: Un témoin du IVe siècle oriental. Saint B. et son temps d'après sa correspondance, 1973; L. SCHUCAN: Das Nachleben von B. Magnus ›ad adolescentes‹. Ein Beitrag zur Geschichte des christlichen Humanismus, 1973; P. J. Fedwick: B. of Caesarea. Christian, Humanist, Ascetic, 1981; J. Gribomont: Saint-Basile. Évangile et Église, 1984; P. Rousseau: B. of Caesarea; E. Baudry (Hg.): B. tra Oriente e Occidente, 2001.

Beatrix von Silva Meneses (Menezes), heilig (1976; 16. Aug.), Ordensgründerin, * um 1426 Ceuta, † 16. 2. 1491 (oder 9. 8. 1492) Toledo (Grab in S. Francisco); aus portugiesischem Adel (Schwester von Amadeus da Silva) stammend, war sie Hofdame Königin Isabellas in Toledo. Dann lebte sie 30 Jahre zurückgezogen im Dominikanerinnenkloster zum heiligen Dominikus in Toledo. Mit Unterstützung des kastilischen Hofes gründete sie 1489 den Orden der »Konzeptionistinnen«.

KARL SUSO FRANK

Literatur: R. Conde: La b. B. de Silva, 1931; E. Gutiérrez: B. de Silva y origen de la Orden de la Purísima Concepción, 1967; J. F. Mendeiros: A franciscana alentejana Santa B. da Silva: Itinerarium 47 (2001) 501–521.

Beatus, Missionar der **Schweiz** (alamannisch: Sant Batt; Beat), heilig (9. Mai), legendärer erster Glaubensbote der Schweiz. Von Geburt ein Brite und Schüler des Apostels ↗Petrus, soll B. mit seinem Gefährten Achates in weiten Gebieten der Schweiz missioniert und Wunder gewirkt haben. Nach dem Sieg über einen Drachen habe er in den Grotten über dem rechten Ufer des Thuner Sees im Berner Oberland als Eremit gelebt und sei hochbetagt im Jahr 112 gestorben. Zu seinem Grab in den B.-Höhlen, vielleicht identisch mit dem Grab eines iroschottischen Anachoreten B. des 8./9. Jh., entstand seit dem 12. Jh. eine Wallfahrt (1230 erstmals erwähnt). Sie erlebte im 15. Jh. ihre Blüte, das »Battenloch« war besonders für Bernbiet und Innerschweiz ein wichtiges Wallfahrtsziel. 1511 verfasste im Auftrag der Chorherren von Interlaken der Basler Franziskaner Daniel Agricola aufgrund der Legende, die von der Vita des heiligen Eremiten Beatus von Vendôme (3. Jh.) stark beeinflusst war, die erste Lebensbeschreibung (lateinisch und deutsch, mit Holzschnitten von Urs Graf). Nach der Reformation konnte Bern die Wallfahrt erst nach langem Ringen mit den Obwaldnern unterbinden; nach angeblicher Bergung der Reliquien Wiederaufleben des Kultes in der Innerschweiz (1567 B.-Kapelle in Lungern). Auf Darstellungen erscheint B. als Einsiedler in einer Höhle mit Stock und Rosenkranz, einen Drachen zu Füßen.

ERNST TREMP

Literatur: BiblSS 2, 988 f.; H. Vogt u. a.: Beatenberg, 1980.

Beda Venerabilis, heilig (GK g 25. Mai), 1899 Kirchenlehrer; * 672/673 England, † 26. 5. 735 Jarrow. Die Kenntnis von B.s Leben beruht v. a. auf dem knappen Curriculum Vitae, das er seinem wohl 731, vier Jahre (im 59. Lebensjahr) vor seinem Tod vollendeten Hauptwerk, der *Historia ecclesiastica gentis Anglorum* anfügte (V, 24). Er hatte sein ganzes Leben im Kloster Wearmouth und Jarrow im angelsächsischen Königreich Nordhumbrien verbracht, wohin er als siebenjähriger Oblate gebracht worden war. Seine höchste Freude war es immer gewesen, »zu lernen, zu lehren und zu schreiben«. Die von ihm selbst zusammengestellte Liste seiner Werke umfasst Auszüge aus Schriften der Bibel mit erläuternden Anmerkungen, Lehrbriefe, Heiligenleben in Prosa und Versen, Martyrologien, Hymnen und Epigramme, Schriften über Orthographie und Metrik. Berühmt wurde B. durch seine historischen Werke und Abhandlungen über Zeitrechnung, die er aber selbst nicht hervorhebt. Deren thematische Orientierung ergibt sich aus seiner Situation als Mönch in Nordhumbrien, wo die Christianisierung durch konkurrierende Einflüsse der römischen Mission des Missionars ↗Augustinus und der von Irland ausgehenden iroschottischen Mission geprägt war. Die von B. verfasste Geschichte der Äbte seines Doppelklosters zeigt, dass B. besonders durch Benedikt Biscop, den ersten Abt des von diesem 674 (Wearmouth) bzw. 681 (Jarrow) gegründeten Klosters, und dessen Nachfolger Ceolfrith und deren Bemühungen um den Aufbau einer Klosterbibliothek Zugang zu den patristischen Schriften und überhaupt zu dem Werken der lateinisch-christlichen Tradition erhielt. In Benedikt Biscops wiederholten Romreisen spiegelt sich B.s eigene Überzeugung, in Papst und römischer Kirche die höchste kirchliche Autorität zu sehen und ihren Lehren und Gebräuchen oberste Verbindlichkeit zuzuschreiben. Seine unerschütterlich romverbundene Grundüberzeugung hinderte ihn aber nicht daran, Leben und Wirken der iroschottischen Wandermönche, denen die im irischen Exil erzogenen angelsächsischen Könige Oswald und Oswin seit 633 ihr Königreich Nordhumbrien zur Mission eröffnet hatten, höchste Anerkennung zu zollen. Deren Abweichungen von den römischen Traditionen, besonders bei der Osterfestberechnung, erwies er als Unterschiede in der »disciplina« und nahm sie gegen den von radikaleren Stimmen erhobenen Vorwurf der quartodecimanischen Ketzerei in Schutz. Mit den beiden grundlegenden Abhandlungen über die Zeitrechnung *De temporum ratione* und *De temporibus* wurde er zum »chronologischen Lehrer des Abendlands«, wobei es ihm auch gelang, den auf dem 84-jährigen Osterzyklus beruhenden irischen Festkalender zu verbessern; der seit Dionysius Exiguus bekannten, noch kaum verbreiteten Zählung der Inkarnationsjahre verhalf er mit seiner *h. e.* zum Durchbruch im lateinischen Europa, da sie über die angelsächsische Mission insbesondere des ↗Bonifatius auch auf dem Kontinent Verbreitung fand. Für England und dessen historisches Selbstverständnis wurde er der schlechthin prägende Geschichtsschreiber der Frühzeit: seine Anordnung, Datierung, Deutung und Verknüpfung der Einzelereignisse der Wanderungs- und Missionsgeschichte, der Königreiche der Heptarchie (gesamtangelsächsisches Imperium der sieben Könige, im 9. Jh. »Bretwalda« genannt) und nicht zuletzt der die einzelnen Königreiche umfassenden »ecclesia Anglorum« bestimmen das Bild der frühenglischen Geschichte bis heute. Sein wohl kurz vor seinem Tod verfasster Klagebrief an Erzbischof Egbert von York wird als Zeugnis für den Niedergang des kirchlichen Lebens im angelsächsischen England verstanden. Seit dem 9. Jh. wurde B. mit Beinamen »Venerabilis« als Heiliger verehrt.

HANNA VOLLRATH

Literatur: LACL 120–124; L. HOUWEN: B. Venerabilis, 1996.

Benedikt von Aniane (ursprünglich: Witiza, lateinisch: Euticius), heilig (12. Febr.) * um 750 als Sohn des westgotischen Grafen Maguelone, † 11. 2. 821 Kornelimünster. Am Hof Pippins III. und Karls des Großen erzogen, zog sich B. nach dem Tod seines Bruders (773/74) von der Welt zurück. Zunächst Mönch im Kloster St-Seine bei Dijon, lebte er bald danach mit ersten Jüngern auf seinem Erbgut zu Aniane als Anachoret. Von diesen ob seiner Strenge verlassen, wandte sich B. der coenobitischen Form monastischer Existenz zu, die er gemäß den Regeln der heiligen

↗Pachomius und ↗Basilius seinen Gefährten vor lebte. Die zweite Krise seiner Berufung überwand er durch kompromisslose Hinwendung zur Benediktregel (bisher von ihm als nur für Anfänger und Schwächlinge geeignet verworfen). Mit diesem Schritt selektierte er die bisher im Frankenreich wuchernde monastische Tradition (»regula mixta«) zugunsten einer einzigen klösterlichen Norm, niedergelegt in der *Regula Benedicti* und den ihr zugeordneten, aus der Tradition entwickelten *Consuetudines*. Seine Gemeinschaft wuchs jetzt zu einem Großkonvent an, 792 dem Schutz des fränkischen Herrschers unterstellt und damit Königsabtei. Von dort entsandte er Mönche in die Klöster von Grafen und Bischöfen Septimaniens und Aquitaniens sowie des aquitanischen Unterkönigs. Ihr Zusammenhalt wurde gewährleistet durch Visitationen B.s, die Schulung auswärtiger Mönche in Aniane und Gebetsgedenken, ohne dass ein hierarchisch strukturierter Klosterverband entstand. B. setzte sich gegen den Adoptianismus ein, adaptierte liturgische Bücher im Frankenreich, entfaltete eine schwer zu erfassende schriftstellerische Tätigkeit, eingebettet in ein der fränkischen Minuskel verpflichtetes Scriptorium.

814 berief Ludwig der Fromme B. an den Aachener Hof und stellte ihm die kaiserliche Neugründung Kornelimünster zur Verfügung, die als Sitz des Scriptoriums und Schulungsstätte für reformwillige Konventualen dienen sollte. B. dehnte seine Tätigkeit auftragsgemäß auf das ganze Frankenreich aus (nur punktuell nachweisbar). Ihn und seine klösterliche Erneuerung integrierte der Kaiser in sein Reformprogramm der auf der Einheit von »ecclesia« und »res publica« beruhenden »renovatio regni Francorum«. Die Beschlüsse der Reichssynoden von 816, 817 und 818/819, deren Spiritus Rector B. war, stellten Mönchs- und Nonnengemeinschaften vor die Wahl, ihre monastische Existenz allein nach der Benediktregel und den sie ergänzenden Consuetudines zu gestalten oder ihr Gemeinschaftsleben nach den gleichzeitig erarbeiteten kanonikalen Normen weiterzuführen. Die Folge war, dass die Mönche und Nonnen, die für die Vita monastica optierten, als Benediktiner auch dann angesprochen werden dürfen, wenn sie die seit 816/819 allgemein verbindliche Consuetudo nur partiell, modifizierend oder verspätet übernahmen. Die Regelobservanz sicherte der Herrscher durch seinen Schutz und das Wahlprivileg ab, das mit der karolingischen Immunität die Reformklöster an die Staatsspitze band, so dass sich der Aufbau eines Klosterverbands erübrigte. Der damit angedeutete Einfluss B.s auf die politische und verfassungsrechtliche Entwicklung des Frankenreichs bis 821 lässt sich nur schwer abschätzen. Der konkrete Erfolg ist am Fortschreiten der Privilegierung kaum abzulesen, sondern muss aus fragmentarischen Zeugnissen und Indizien erschlossen werden. Durch B. blieb im gesamten Okzident bis ins Hochmittelalter das Mönchtum nur in benediktinischer Ausprägung möglich.

JOSEF SEMMLER

Literatur: LMA 1, 1864–67; E. VON SEVERUS: Benedikt von Nursia – B. von Aniane. Gleicher Name – gleicher Geist?: Regulae Benedicti Studia 8/9 (1982) 83–90; J. SEMMLER: B. II: una regula – una consuetudo: Benedictine Culture 750–1050, hg. v. W. LOURDAUX – D. VERHELST, 1983, 1–49; R. GRÉGOIRE: B. di Aniane nella riforma monastica carolingia: Studi Medievali 26 (1985) 573–610; C. HEITZ: Saint B. d'Aniane, réformateur, bâtisseur: Études sur l'Hérault 5/6 (1989/90) 35–44; J. SEMMLER: Le monachisme occidental du VIIIe au Xe siècle: Revue bénédictine

103 (1993) 68–98; A. de Vogüé: Deux profils spirituels, Bénedict de Nursie et B. D'Aniane: Collectanea Cisterciensia 61 (1999) 159–166.

Benedikt von Nursia, heilig (GK F 11. Juli), Einsiedler und Abt der Spätantike, auf den sich das benediktinische Mönchtum zurückführt, Verfasser der bedeutendsten lateinischen Mönchsregel, * um 480 (eher: bei) Nursia (Norcia in den Abruzzen), † 21. 3. 547 Montecassino (Tag sicher, Jahr nur erschlossen).

1. *Leben.* Biographische Hauptquelle ist Gregor der Große (Dialoge II [ganz B. gewidmet]; III, 16; IV, 7–8). Doch will Gregor keine Biographie B.s schreiben, sondern am Beispiel B.s den mystischen Weg zu Gott aufzeigen. Eine radikale Interpretation könnte deshalb das historische Element bis zur Leugnung der Existenz B.s verflüchtigen. Doch ist solche Skepsis unangebracht. Die Wunderberichte zeigen zumindest, welches Ansehen B. als Vir Dei in Mittelitalien im 6. Jh. besaß.

B. kam sehr jung zum Studium der Artes liberales nach Rom. Nach einer »conversio« schloss er sich zunächst einer Asketengruppe in Effide (Affile) bei Subiaco an, lebte dann drei Jahre als Einsiedler in einer Grotte in Subiaco. Für kurze Zeit Abt eines Klosters jener Gegend (dass es Vicovaro gewesen sei, ist unbegründet). Nach Scheitern kehrte B. nach Subiaco zurück, wo er für die sich ihm anschließenden Schüler zwölf »Klöster« gründete. Nach Gregor veranlasst durch klerikale Opposition, doch eher wohl wegen eines neuen monastischen Konzepts, verlässt B. zwischen 520 und 530 mit einigen Mönchen Subiaco und gründet auf der Arx von Casinum ein neues Kloster (Montecassino). Einen dort vorhandenen Tempel baute er zu einer Martinskirche um; auf der Spitze des Berges errichtete er ein Johannesoratorium. Die Besitznahme der Akropolis konnte nur mit staatlicher (d. h. gotischer) Autorisierung geschehen, auch wenn Gregor nichts davon berichtet. Ebenfalls sind umfangreiche Landschenkungen anzunehmen: Grundstock der späteren »Terra S. Benedicti« des Klosters. Erst in Montecassino hat B. seine Regel geschrieben. Der Besuch des Gotenkönigs Totila in der zweiten Hälfte des Jahres 546 ist Anhaltspunkt für das Todesjahr B.s (die ältere Datierung auf 543 beruht auf dem Symbolismus der Zahl 14.). Versuche, das Todesjahr B.s 550 oder noch später anzusetzen, sind wegen der Äbtechronologie von Montecassino vor der Langobardenzerstörung 577 abzulehnen.

2. *Verehrung.* Nach der Tradition von Fleury (ältester Bericht aus dem 8. Jh.) Überführung der Gebeine B.s nach Fleury (seiner Schwester ↗ Scholastika nach Le Mans) in der Zeit zwischen 577 und der Wiederbesiedlung des Klosters 717. Bis Anfang des 11. Jh. war Fleury Zentrum der B.-Verehrung. Ausgrabungen unter dem Hochaltar von Montecassino 1950 haben die Skelette eines älteren Mannes und einer Frau zutage gefördert; das männliche Skelett war nicht Teil jenes von Fleury. Die Echtheitsfrage ist nicht mit Sicherheit zu entscheiden, doch spricht viel dafür, dass bei dem Reliquienraub durch Fleury nicht die wahren Gebeine B.s nach Gallien gebracht wurden. – 1964 proklamierte Paul VI. B. zum Patron Europas.

PIUS ENGELBERT

Quellen: A. de Vogüé: Grégoire le Grand, Dialogues: SC 251 260 265.

Literatur: BiblSS 2, 1104–84; DBI 8, 279–294; LACL 124 ff.; L. Salvatorelli: S. B. e l'Italia del suo tempo, 1929, deutsch 1937 (grundlegend); I. Herwegen: Der heilige B., ⁵1980 (geistliches Bild); M. Carpinello: B. da Norcia, 1991; F. de Cloedt: B., 1997; A. Grün: B. von Nursia, 2002.

Benedikt, Johannes, Isaak und Matthäus, heilige Einsiedler und Martyrer (12. Nov.) in Polen, OSB, †1003. Im Frühjahr 1001 entsandte Otto III. auf Bitten Bolesławs I. Chrobry italienische Eremiten nach Polen. B., Beneventaner Eremit bei Soracte, Montecassino und Pereum, Johannes aus Pereum und Barnabas aus Pereum gründeten Anfang 1002 eine Eremitage für die Missionierung der Liutizen, wahrscheinlich in Święty Wojciech bei Międzyrzecz (Meseritz) westlich von Posen. Da ↗Bruno von Querfurt mit der »licentia evangelizandi« ausblieb, eilte B. im Herbst 1002 nach Rom, kam aber nur bis Prag und musste Barnabas schicken. Am 10.11.1003 wurden fünf Eremiten von Räubern getötet (B. und Johannes, die zwei polnischen leiblichen Brüder Isaak und Matthäus sowie der polnische Koch *Christian*). Bischof Unger von Posen sah am 12. Nov. in den Getöteten Martyrer und erlangte mit Barnabas vom Papst die Heiligsprechung. Als Schutzheilige Polens anerkannt; Kopfreliquien nach Ascoli transferiert, die übrigen Reliquien 1038 von Břetislav von Böhmen aus Gnesen nach Prag überführt. Das Kloster Meseritz wurde bald verlassen; Kult in Kazimierz bei Konin von Kasimir I. erneuert. Kultzentren in Prag und Olmütz und bei den Kamaldulensern; im 16./17. Jh. in den Diözesen Posen, Gnesen, Płock und Krakau.

ALEKSANDER GIEYSZTOR

Quellen und Literatur: Brunonis Querfurtensis Vita quinque fratrum, hg. v. J. Karwasińska, 1973. – BHL NSuppl 136; Hagiografia polska, Bd. 2 1972, 234–250; J. Fried: Otto III. und Bolesław Chrobry, 1989, 95 ff.

Benedikt-Josef (Benoît-Joseph) **Labre,** heilig (1881; 16. April), *26.3.1748 Amettes, Pas-de-Calais, †16.4.1783 Rom; fand bei Kartäusern, Trappisten und Zisterziensern keine Aufnahme, lebte seit 1770 als Büßer und Pilger, der die Wallfahrtsorte in Frankreich, Italien, der Schweiz, Spanien und Deutschland aufsuchte, insbesondere Loreto und Rom. Seine Kraft schöpfte er aus der eucharistischen Anbetung und dem Immerwährenden Gebet. 1860 seliggesprochen. Seine Gebeine ruhen in S. Maria ai Monti in Rom.

HELMUT MOLL

Literatur: BiblSS 2, 1218 ff.; W. Nigg: Des Pilgers Wiederkehr, 1954, 83–125; J. Richard: Le vagabond de Dieu: S. B. L., ²1982.

Benno von Meißen, heilig (1523; RK g 16. Juni), Bischof von Meißen (1066–1105/07), aus sächsischem Grafengeschlecht, Hofkapellan Heinrichs IV. und Kanoniker des Stifts St. Simon und Judas in Goslar. 1075 von Heinrich IV. wegen Verweigerung der Heeresfolge gegen die Sachsen in Haft genommen, 1077 Anhänger Rudolfs von Rheinfelden, 1085 gebannt und formell abgesetzt, unterwarf sich B. nach dem Tod Gregors VII. (1085) Clemens III., wodurch seine Rückkehr nach Meißen möglich wurde. 1088 war B. erfolgreich um Frieden zwischen dem Kaiser und den oppositionellen sächsischen Bischöfen bemüht. Nach 1095 ist er nicht mehr bezeugt. In der jüngeren lokalen, unglaubwürdigen Geschichtsschreibung (Hieronymus Emser), die im Zeichen der um 1500 angestrebten Kanonisation steht, werden seine Verdienste um Slawenmission und Förderung der Landwirtschaft herausgestrichen. Erhebung seiner Gebeine am 16.6.1524, von Martin Luther kritisiert; seine Reliquien wurden 1576 nach München überführt (seit 1580 in der Frauenkirche); Patron Münchens, Altbayerns und des Bistums Meißen.

HERBERT ZIELINSKI

Literatur: NDB 2, 52 f.; LMA 1, 1916 f.; D. J. Collins: Bursfelders, humanists, and the rhetoric of sainthood. The medieval vitae of Saint B.: Revue bénédictine 111 (2001) 508–556.

Bernadette Soubirous (Ordensname: Marie-Bernarde, genannt Bernadette), heilig (1933; 16. April), *7.1.1844 Lourdes, †16.4.1879 Nevers; arm und ohne Schulbildung aufgewachsen. Vom 11.2. bis 16.7.1858 hatte sie 18 Erscheinungen einer Frau in der Grotte von Massabielle bei Lourdes, die sich am 25. März zu erkennen gab: »Ich bin die Unbefleckte Empfängnis.« Unbeirrt verteidigte die Seherin die Erscheinungen, die Bischof Bertrand-Sévère Laurence von Tarbes 1862 für echt erklärte. 1866 trat sie bei den »Sœurs de la Charité« in Nevers ein, wo sie zunächst als Krankenschwester, dann als Sakristarin arbeitete, dabei ständig von körperlichen Leiden heimgesucht. Seligsprechung 1925.

HELMUT MOLL

Werke: R. LAURENTIN: Lourdes. Documents authentiques, 7 Bde., 1957–61; A. RAVIER: Les Écrits de sainte B. et sa voie spirituelle, 1961; R LAURENTIN: Lourdes. Histoire authentique des apparitions, 7 Bde., 1961–64; DERSELBE – M.-T. BOURGEADE: Logia de B., 3 Bde., 1971.

Literatur: BBKL 10, 839–843; BIBLSS 8, 1036–41; E. GUYNOT: Sainte B. d'après ses contemporains, [4]1978; R. LAURENTIN: Das Leben der B., 1979; A. BERNET: B. S., la guerrière desarmée, 1995; D. LORMIER: B. S., 1999.

Bernhard (II.) von Baden, selig (1769; 15. Juli), * um 1428 als zweiter Sohn des Markgrafen Jakob I., †15.7.1458 Moncalieri bei Turin (Grab in S. Maria della Scala); 1453 Erbe des nördlichen Landesteils um die Residenz Pforzheim. B. übertrug 1457 seine Herrschaft auf zehn Jahre seinem älteren Bruder Karl. Als Rat und Richter des Hofgerichts stand er Kaiser Friedrich III. zur Verfügung. Zu diesem Dienst gehörte für ihn und seinen Bruder Karl wohl auch das Werben für einen vom Papst eifrig betriebenen Türkenkreuzzug. Persönlich bedürfnislos, ein Helfer und Fürsprecher der Armen, erwarb sich B. den Ruf außergewöhnlicher Frömmigkeit. Schon während seiner Beisetzung ereigneten sich Wunderheilungen. Die örtliche Verehrung führte 1480 zum bischöflichen Informativprozess. Formelle Eröffnung des Kanonisationsverfahrens am 11.3. 1758. – Patron des Landes Baden und des Erzbistums Freiburg. Jugendpatron nach dem Ersten Weltkrieg und im Kirchenkampf (Reinhold Schneider).

OTTO B. ROEGELE

Quellen und Literatur: A. M. RENNER: B. von Baden (Quellen zur Lebensgeschichte), 1958. – ACTASS iul. 4, 110–118; BIBLSS 1, 70f.; NDB 2, 109; A. M. RENNER: B. von Baden, 1953 (Ikonographie).

Bernhard von Clairvaux, heilig (1174; RK G 20. Aug.), 1830 Kirchenlehrer, Abt und Theologe; *1090 Fontaines-lès-Dijon aus burgundischem Adel, †20.8. 1153 Clairvaux.

1. *Leben.* B. hatte fünf Brüder und eine Schwester; sein Vater war Tescelin le Saur (der Rote), Herr von Fontaines, in Châtillon-sur-Seine begütert († um 1119 Clairvaux), seine Mutter Aleth (Adelheid) von Montbard († um 1104). Schule im Stift St-Vorles in Châtillon. Sammelte um 1111 etwa 30 Gefährten und trat mit diesen Ostern 1112 oder 1113 in Cîteaux ein. Der große Zustrom an Nachwuchs ermöglichte die Gründung von La Ferté (1113), Pontigny (1114), Morimond (1115) und Clairvaux, dessen Abt er wurde. Bis 1128 lebte er für gewöhnlich dort und förderte die Neugründungen (am Ende seines Lebens 68). Bald wirkte er mit Briefen über das Kloster hinaus, bemühte sich um eine Reform der Kirche, insbesondere

des Mönchtums. Die prägenden Daten seines Lebens: Verteidigung Papst Innozenz' II. gegen Anaklet nach dem Schisma von 1130; Reisen nach Lothringen, Italien, Aquitanien, Deutschland. 1135 auf dem Konzil von Pisa, 1137 Reise nach Italien; Interventionen bei Bischofsernennungen, insbesondere in Langres (1138) und York (1141); predigte in Aquitanien und im Languedoc gegen die Katharer; 1146 Kreuzzugsprediger in Deutschland (Zweiter Kreuzzug), 1140 Teilnahme an der Verurteilung Abaelards in Reims; 1148 auf dem Konzil von Reims, im Frühjahr 1153 in Lothringen. In seinen letzten Lebensjahren sorgte er für die Sammlung eines Teils seiner Briefe und Predigten.

2. B.s theologische *Lehre* steht in monastischer Tradition. Sie geht von der Bibel und von der religiösen Erfahrung des sündigen und Gott suchenden Menschen aus. Er behandelte die wichtigsten Themen der Dogmatik, der Askese (Bekehrung, Anthropologie, Gottes- und Nächstenliebe). In seinen Predigten über das Hohelied entwickelte er die Brautmystik.

3. *Wirkung.* Die gesamte Literatur des Zisterzienserordens ist vom Werk B.s. geprägt. Die unter seinem Namen laufenden unechten Schriften wirkten v. a. auf die Frömmigkeit ein. Seine authentischen Werke beeinflussten die Geistesgeschichte und die Theologie: im 13. Jh. Bonaventura und seine Schule, später Dante Alighieri, die Devotio moderna, Martin Luther und Jean Calvin sowie die französische Schule des 17. Jh. Im Bereich der Kunst übte er Einfluss auf den Gesang, die Architektur und die Ausgestaltung der Zisterzienserklöster. Die Ikonographie stellte ihn v. a. als Prediger oder Schriftsteller dar, der die Bibel und die Benediktregel kommentiert, sodann auch in verschiedenen legendenhaften Szenen (Umarmung Christi, B. mit Gottesmutter).

Bernhard von Clairvaux

Die vor 1163 angestrebte Kanonisation B.s von Clairvaux erfolgte am 18. 1. 1174; Erhebung der Gebeine am 13. 10. 1174, Translation 1790 in die Kirche von Villesous-la-Ferté, Haupt im Domschatz von Troyes aufbewahrt.

JEAN LECLERCQ

LThK³ 3, 268 ff. (ungekürzte Fassung).

Literatur: RFHMA 2, 500–505 (Werke, Quellen, Bibliographie). – B. von Clairvaux, Mönch und Mystiker, hg. v. J. LORTZ, 1955; J. LECLERCQ: Recueil d'études sur S. B., 5 Bde., 1962–92; A. ALTERMATT: Christus pro nobis: Analecta Cisterciensia 33 (1977) 1–176; U. KÖPF: Religiöse Erfahrungen in der Theologie B.s von Clairvaux, 1980; La dottrina della vita spirituale nelle opere di S. B.: Analecta Cisterciensia 46 (1990); C. BENKE: Unterscheidung der Geister bei B. von Clairvaux, 1991; M. DIERS: B. von Clairvaux. Elitäre Frömmigkeit und begnadetes Wirken, 1991; J. LECLERCQ: B. von Clairvaux.

Entschiedenheit in Demut, 1991; P. ARABEYRE (Hg.): Vies et légendes de Saint B. de Clairvaux, 1993; G. WENDELBORN: B. von Clairvaux, 1993; P. DINZELBACHER: B. von Clairvaux, 1998; G. R. EVANS: B. of Clairvaux, 2000; M.-M. DAVY: B. de Clairvaux, 2001; J. LECLERCQ: B. von Clairvaux: Ein Mönch prägt seine Zeit, 2005.

Bernhard Lichtenberg, selig (1996; 5. Nov.), Martyrer, *3.12.1875 Ohlau, †5.11.1943 Hof (Grab in der St.-Hedwigs-Kathedrale in Berlin); seit 1900 in Berlin als vorbildlich frommer Priester (1899) unermüdlich und unerschrocken in Seelsorge und Caritas tätig. 1931 Domkapitular, 1932 Dompfarrer, 1938 Dompropst. Besondere Bedeutung erlangte seine Hilfe für verfolgte »Nichtarier« (Margarete Sommer). Wegen öffentlichen Gebets für sie und Kritik an Juden- und »Euthanasie«-Morden wurde B. am 23.10.1941 verhaftet. Er starb nach zweijähriger Strafhaft schwer krank auf dem Transport in das Konzentrationslager Dachau.

GOTTHARD KLEIN

Literatur: AAS 86 (1994) 990 ff.; BBKL 5, 20–23; BIBLSS Appendix 1, 783 ff.; A. ERB: B. L., [5]1968; H.-G. MANN: Prozeß B. L.: Ein Leben in Dokumenten, 1977; O. OGIERMANN: Bis zum letzten Atemzug, 1985; C. FELDMANN: Wer glaubt, muss widerstehen: B. L. und Karl Leisner, [2]1996; E. KOCK: Er widerstand, 1996; G. KLEIN: Seliger B. L., 1997.

Bernhardin von Siena (Bernardino degli Albizzeschi), heilig (1450; GK g 20. Mai), OFM (1402), *8.9.1380 Massa Maritima, †20.5.1444 Aquila; nach dem Tod seiner Eltern 1391 in Siena, Studium des kanonischen Rechts; noch vor seiner Priesterweihe 1404 schloss er sich der Observantenbewegung an, die er zu neuer Geltung und Blüte führte. Volksprediger in Mittel- und Norditalien. 1415 an die Spitze der toskanischen und umbrischen Observanz gestellt, wurde er 1423 der Häresie angeklagt, 1427 freigesprochen, aber weiterhin Versuche, ihn wegen seiner besonderen Verehrung des Namens Jesu zu Fall zu bringen. 1438–42 Vikar der gesamten Observantenbewegung. Hohe Bildung und genaue Beobachtungsgabe kennzeichnen sein Wirken als Prediger und Schriftsteller. Dargestellt ist er mit einer rechteckigen Tafel oder mit einer runden Scheibe mit den Buchstaben IHS in der rechten und mit einem Buch in der linken Hand.

JUSTIN LANG

Werke: Opera omnia, 9 Bde, 1950–65; Le prediche volgari, hg. v. C. CANNAROZZI, 1934–40.

Literatur: DTHC 2, 787–791; BHL 1188–1201; F. J. HÜNERMANN: Die wirtschaftsethische Predigt des heiligen B. von Siena, 1939; P. BARGELLINI: B. da Siena, [7]1982; San B. Storia, cultura, spiritualità, 1982; I. ORIGO: Der Heilige der Toskana. Leben und Zeit des B. von Siena, 1989; C. L. POLECRITTI: Preaching peace in renaissance Italy, 2000.

Bernward von Hildesheim, heilig (1192; 20. Nov.), * um 960 aus sächsischem Hochadel (Großvater mütterlicherseits Pfalzgraf Adalbero; väterlicherseits verwandt mit den Immendingern), †20.11.1022 Hildesheim; seit 965 in der Hildesheimer Domschule unter Thangmar, wohl bereits von Otto II. in den Hofdienst gezogen (vielleicht identisch mit dem Kanzleinotar Hildibald A) und von Erzbischof Willigis von Mainz, der ihm die höheren Weihen erteilte, und von Kaiserin Theophanu gefördert; seit 987/988 als Hofkaplan und Erzieher Ottos III. bezeugt. Unter dem Einfluss des Hofes Bischof von Hildesheim (Weihe 999), typischer Vertreter des ottonischen Reichs episko pats. Neben der Tätigkeit im Reichsdienst für

GLAUBE LEBEN.
GLAUBE LESEN.

Neugierig.
Kritisch. Kompetent.

Otto III. und Heinrich II. (Italienzug 1000/01; Feldzug nach Flandern 1006/07; Beteiligung an der Sicherung der Slawengrenze) hat er sich v.a. um Ausgestaltung der bischöflichen Herrschaft und um den Ausbau des Bischofssitzes zur frühen Stadt bemüht (Bau der Grenzburgen Mundburg und Wahrenholz; Wahrung der Rechte auf Gandersheim gegen Mainz; Ummauerung der Domburg; Gründung des Klosters St. Michael). Bedeutend als Auftraggeber und Mitgestalter herausragender Kunstwerke (besonders Erzguss, Goldschmiedekunst und Holzschnitzerei: so mit B.s Namen gestempelte Ziegel, Domtüren, B.-Säule, B.-Kreuz, B.-Leuchter; Herstellung und Ausstattung von Handschriften). Am deutlichsten fassbar ist dieser Tätigkeitsbereich, durch intensive Beziehungen zu anderen wichtigen Kunstkreisen der Zeit (Lothringen, Regensburg, Corvey, Fulda) charakterisiert, in Gesamtkonzeption und Ausgestaltung der Klosterkirche St. Michael (hier beigesetzt; Translation 1194).

PETER JOHANEK

Quellen: Vita Bernwardi, hg. v. G. H. PERTZ: MGH.SS 4, 754–782; H. KALLFELZ: Ausgewählte Quellen zur deutschen Geschichte des Mittelalters, Bd. 22 [2]1986, 263–361; Historia canonizationis et translationis S. Bernwardi: ACTASS oct. 11, 1024–34.

Literatur: F. J. TSCHAN: St. B. of Hildesheim, 3 Bde., 1942–52; H. GOETTING: Die Hildesheimer Bischöfe von 815–1221 (1227), 1984, 166–230; M. BRANDT – A. EGGEBRECHT (Hg.): B. von Hildesheim und das Zeitalter der Ottonen. Ausstellungskatalog 1993, 2 Bde 1993.

Birgitta von Schweden, heilig (1391; GK g 23. Juli), Ordensstifterin, * 1303 aus einer adeligen schwedischen Familie (Gesetzessprecher) (Eltern: Birger Persson und Ingeborg Bengtsdotter), † 23. 7. 1373 Rom; mit 14 Jahren Ulf Gudmarsson in die Ehe gegeben, gebar acht Kinder und verwaltete das Gut Ulvåsa in der kirchlich hoch entwickelten Provinz Östergötland (Bistum Linköping). Als Erzieherin der Königin Blanche von Namur am Hof des jungen Königs Magnus Eriksson erwarb sie die Welterfahrung, die sich mit ihrer früh entwickelten religiösen Erlebniswelt verband. Nach einer Pilgerfahrt (1341/42 Santiago) zogen sich die Gatten zu den Zisterziensern von Alvastra zurück. Mit dem Tod Ulfs am 12. 2. 1344 (oder 1346) erfolgte ein Durchbruch von B.s religiösen und prophetischen Gaben in der Form von Botschaften, vom Magister Matthias von Linköping, später vom Prior Petrus Olavi ins Lateinische übersetzt und als Offenbarungen (»revelationes«) stilisiert. Universelle Botschaften mit dramatischen visionären Zügen, die eine christlichere Lebensführung der Geistlichen (»speculum episcoporum«) und Laien (»ordo equestris«) besonders in Schweden zum Ziel hatten, wechseln mit konkreten Weisungen und Belehrungen ab (Buch I–IV, VI). Buch V spiegelt eine tiefe Glaubens- und Vertrauenskrise B.s aus den Jahren 1346–1349, nach enttäuschenden Erfahrungen ihrer politischen Aktivität (Frieden im Krieg zwischen England und Frankreich, Kreuzzug Schwedens gegen Novgorod). Nach einer Ordensvisiom, die B. im Schloss Vadstena erfuhr, wurde das Schloss vom schwedischen Königspaar testamentarisch zur Errichtung des ersten Klosters ihrer Ordensgründung (Ordo Sancti Salvatoris) bestimmt (1370 bestätigt). B. verließ Schweden, um zum Heiligen Jahr 1350 nach Rom zu pilgern, wo sie den Rest ihres Lebens verbrachte, weiterhin Botschaften empfing, u.a. im Hinblick auf die Rückkehr des Papstes aus Avignon, und an alle bekannten Heiligenschreine (zwei Jahre von Neapel aus) und ins Heilige Land pilgerte (1372, Buch VII). Ein erschütterndes Ergriffensein von der Gerechtigkeit Gottes, von der immensen Kraft der Liebe, v. a. in der Fürsprache der Gottesmutter, und von der Heiligkeit der Kirche charakterisiert B., deren mystische Gotteserfahrung selten Ausdrucksformen wie etwa der Nonnenmystik annimmt. B.s politische Texte wurden nachträglich von Bischof Alfons von Jaén gesammelt (Buch VIII), der nach B.s Tod auch ihre Heiligsprechung betrieb.

TORE NYBERG

Quellen und Literatur: Sanctae Birgittae Revelaciones, hg. v. B. BERGH U. A., 1967 ff.; Sanctae Birgittae Reuelaciones Extrauagantes, hg. v. L. HOLLMAN, 1956. – Heliga B. – budskapet och förebilden, hg. v. A. HÄRDELIN – M. LINDGREN, 1993; E. N. NYLANDER (Hg.): Rosa rorans bonitatem. Exhibition Celebrating the Sixth Century of the Canonization of St B. of Sweden, 1991; K. STJERNA: Spiritual models of medieval mystics today. Rethinking the legacy of B. of Sweden: Studies in Spirituality 12 (2002) 126–140; C. L. SAHLIN: B. of Sweden and the voice of prophecy, 2001; G. SCHIWY: B. von Schweden, 2003.

Blasius von Sebaste, heilig (GK g 3. Febr.), Martyrer (unter Licinius 308–324?), Bischof seiner Heimatstadt Sebaste in Armenien. Nach der in mehreren Versionen überlieferten stark legendarischen Passio verbarg sich B. in der Verfolgung in einer Höhle, wo sich die Tiere des Waldes von ihm segnen und heilen ließen. Von Jägern des Stadtpräfekten Agrikolaos entdeckt, bewahrte er im Gefängnis bzw. auf dem Weg dorthin einen Knaben vor dem Ersticken an einer Fischgräte und verhieß Mensch und Tier Heilung durch die Anrufung seines Namens. Eine arme Frau, der ein Wolf das ihr geraubte Schwein auf Befehl des B. unversehrt zurückerstattet hatte, brachte ihm Kopf und Füße des Schweins mit Früchten und einer Kerze ins Gefängnis, die er segnete und womit er kommemoriert werden wollte. Er wurde mit sieben Frauen und zweien ihrer Söhne ausgepeitscht, mit eisernen Kämmen geschunden, in einen Teich geworfen und schließlich enthauptet.
Im Osten ab dem 6. Jh. Patron des Viehs, im Westen ab dem 9. Jh. u. a. der Ärzte und Wollweber, in Deutschland nach der Volksetymologie (»blasen«) auch der Windmüller, Nachtwächter und Blasmusikanten; ab dem 14. Jh. einer der 14 ↗Nothelfer u. a. gegen Halsleiden (B.-Segen), wilde Tiere und Stürme. Dargestellt im Osten als greiser Bischof mit Spitzbart, Lockenhaupt und Buch, in den kappadokischen Höhlenkirchen unter den großen Kirchenvätern; im Westen mit Mitra und Stab, Kasel oder (ab dem 15. Jh.) Pluviale, mit einer oder zwei gekreuzten bzw. (auch drei) verflochtenen Kerzen, Hechel, Schweinskopf, Knabe oder Horn. Ein Hirsch weist auf eine Stiftung St. Blasiens. Bildzyklen seiner Passio u. a. in der Unterkirche von S. Clemente in Rom (um 1100) und im Braunschweiger Dom (13. Jh.).

HUBERTUS R. DROBNER

Quellen: PG 116, 817–830; PL 117, 308; PL 202, 87; ACTASS feb. 1, 334–357; BHG 276–277k mit NAUCT; BHL 1370–80 mit NSUPPL; BHO 183; MARTHIERON 76 87; SYNAXCP 457 988 f.

Literatur: BIBLSS 3, 157–169; HWDA 1, 1360–64; RÉAU 1, 227–233; H. AURENHAMMER: Lexikon der christlichen Ikonographie, Bd. 1 1959–67, 384–90; Vita a martirio di s. B., 1889; H. LING ROTH: Bishop B., martyr and woolcombers' patron, 1915; St. B., unser Schutzpatron, 1946; G. GARITTE: La passion de s. Irénarque de Sébastée et la passion de S. B.: AnBoll 73 (1955) 18–54.

Bonaventura (Taufname: Johannes Fidanza), heilig (1482; GK G 15. Juli), 1588

Kirchenlehrer, OMin, Kardinalbischof; * um 1217 Bagnoreggio bei Viterbo, † 15.7.1274 in Lyon während des dort versammelten zweiten Konzils; Studium der Artes in Paris, wo er 1243 in den Orden eintritt und unter Alexander von Hales das Theologiestudium beginnt, um es 1254 mit dem Lizentiat zu beenden. Zusammen mit ↗Thomas von Aquin wird er 1257 Magister regens. Am 2.2.1257 erfolgte seine Wahl zum Ordensgeneral.

Als Philosoph und Theologe verbindet B. die augustinische mit der griechischen Tradition, wobei er den Aristotelismus behutsam einbaut. Sein *Sentenzenkommentar* gilt als der reichhaltigste und bedeutendste im ganzen Mittelalter. Eine Zusammenfassung dieses Kommentars ist das *Breviloquium*, dessen biblische Einleitung »das schönste hermeneutische Programm« genannt (Marie-Dominique Chenu) worden ist. Als Ordensgeneral beteiligte sich B. wirksam an der Verteidigung der Mendikantenorden im Armutsstreit und führte den Orden klug zwischen den Klippen des Laxismus der Kommunität und des von joachimitischen Ideen angesteckten Rigorismus der Spiritualen. Als Kurienkardinal nahm er aktiv an den Unionsverhandlungen mit den Griechen am zweiten Lyoner Konzil teil. Als Mystiker war B.s Nachwirken derart bedeutsam, dass Leo XIII. ihn »den Fürsten unter den Mystikern« nannte.

BERNARDINO DE ARMELLADA

LThK³ 2, 570 ff. (ungekürzte Fassung).

Literatur: DHGE 10, 741–788; G. Abate: La santità di S. B. secondo la storia: Doctor seraphicus 3 (1956) 45–51; J.-G. Bougerol (Hg.): S. B. 1274–1974, 5 Bde., 1973–74; San B. maestro di vita francescana e di sapienza cristiana, hg. v. A. Pompei, 1976; H. Heinz: Trinitarische Begegnungen bei B., 1985; J.-G. Bougerol: Introduction à s. B., 1988; K.-H. Hoefs: Erfahrung Gottes bei B., 1989; M. Schlosser: B. begegnen, 2000; I. Delio: Simply B. An introduction to his life, thought, and writings, 2001.

Bonifatius (Winfried), Apostel **von Deutschland,** heilig (RK G 5. Juni), OSB, * 672/675 Wessex wohl aus adelig-grundherrschaftlichem Geschlecht, † 5.6.754 bei Dokkum in Friesland; schon als Kind (Puer oblatus) im Kloster Exeter, später in Nursling bei Winchester Mönch und Priester; tätig als Lehrer, Verfasser einer Grammatik und einer (nur teilweise erhaltenen) Metrik, beeinflusst vom gekünstelten Latein Aldhelms von Sherborne; befasst mit kirchenorganisatorischen Fragen und befreundet mit Bischof Daniel von Winchester († 744). Mit gut 40 Jahren Entschluss zur »peregrinatio pro Christo«, um bei den Altsachsen zu missionieren; 716 in Friesland bei König Radbod, doch wegen der nach Pippins II. Tod ausgebrochenen Kämpfe Rückkehr und Wahl zum Abt in Nursling. 718 endgültiger Abschied, Pilgerfahrt nach Rom, dort von Gregor II. mit dem Namen B. belegt, als »comminister« zur Mission beauftragt und auf die römische (Tauf-)Liturgie verpflichtet (ep. 12). Nach kurzem Aufenthalt bei ↗Willibrord ab 721 Tätigkeit in Hessen und Gründung des (Klein-)Klosters Amöneburg. 722 erneut in Rom, am 30. Nov. zum Bischof geweiht mit römischem Amtseid und der Verpflichtung, unkanonisch lebende Bischöfe zu meiden und dem Papst Bericht zu erstatten (daher Rom-Korrespondenz). Mit einem Schutzbrief Karl Martells ausgestattet, ging er ins weitgehend heidnische Nordhessen, fällte die Donar-Eiche zu Geismar und gründete eine klösterliche Niederlassung in Fritzlar; seit 724/725 (wie zuvor schon Willibrord) in Thüringen (Ohrdruf, Sülzenbrücken) tätig. 732 übersandte Gregor III. das Pallium (ep. 28), aufgrund dessen B. mit seinen

Rechten auf Bischofsweihe und Synodenberufung zum Erzbischof wurde, d. h. zum päpstlicherseits bevorrechtigten »Erst bischof«. 737/738 zum dritten Mal in Rom, wurde B. Legat für Germanien; warb um Landsleute für die endlich erhoffte Sachsenmission (Lullus von Mainz, ↗Wunibald, wenig später ↗Willibald). In Bayern Reorganisierung der bereits 716 inaugurierten Bischofssitze Regensburg, Passau, Salzburg und Freising, später auch Eichstätt, freilich ohne Errichtung eines Erzbistums; später Auseinandersetzung mit dem Iren ↗Virgilius von Salzburg. Vielleicht noch im Todesjahr Karl Martells (741) Gründung der mitteldeutschen Bistümer Würzburg, Büraburg und Erfurt (Letztere später an Mainz). Als »Erzbischof und Gesandter des heiligen Petrus« verordnete er auf der von Karlmann an unbekanntem Ort anberaumten austrasischen Synode (Concilium Germanicum) bei Teilnahme von nur sechs Bischöfen: für die Bischöfe Einhaltung der hierarchisch-amtlichen Zuständigkeiten und der Amtspflichten (auch der für Gallien neuartigen Firm spendung), gräfliche Zwangsgewalt bei Gotteslästerung, Rückgabe der entfremdeten Kirchengüter und Empfehlung der Benediktregel; ähnlich die weiteren Synoden von Les Estinnes im Hennegau und Soissons (744): erstmals seit 533 wieder eine synodale Anmahnung der christlichen Eheführung, Verbot des Verkaufs christlicher Sklaven an Heiden, Errichtung von Erzbistümern (was scheiterte) und Verzicht auf volle Restitution der Kirchengüter. Im Kampf gegen den verderbten fränkischen Episkopat (Milo von Trier »und seinesgleichen«) Absetzung Bischof Gewilibs von Mainz (wegen Blutrache), dessen Sitz B. erhielt (statt Köln). 744 Gründung des Klosters Fulda (ep. 56: »inmitten der Völker meiner Predigt«), durch den ersten Abt ↗Sturmi benediktinisch eingerichtet und 751 durch päpstliches Privileg (wohl nur vermögensrechtlich) abgesichert; ferner Unterstützung der aus England gekommenen Nonnen (↗Lioba) wie auch der Frauenklöster Tauberbischofsheim, Kitzingen und Ochsenfurt, allerdings ohne Zulassung der für England typischen Doppelklöster. Die 747 erreichte Ergebenheitserklärung fränkischer Bischöfe an den Papst beendete die gesamtfränkische Wirksamkeit des B., gleichzeitig Abgang seines wichtigsten Förderers Karlmann ins Kloster. Pippin der Jüngere regelte als fränkischer Gesamtherrscher seine Verbindung mit Rom selbständig unter Beiziehung einheimischer Kirchenmänner (Chrodegang von Metz, Fulrad von St-Denis): so bei der Königserhebung 751 und 754 beim Besuch Stephans II. im Frankenreich und dessen Bündnis mit Pippin (obwohl B. dieses weltgeschichtlich folgenreiche Bündnis ideell und praktisch angebahnt hatte). Als Achtzigjähriger wieder in die Mission zurückgekehrt, wurde B. bei Dokkum während der Firmspendung erschlagen, in Fulda begraben. Als »Apostel Deutschlands« gefeiert, ist B. mehr noch an der »christlichen Grundlegung Europas« (Theodor Schieffer) beteiligt gewesen.

ARNOLD ANGENENDT

Quellen: Die Briefe des heiligen B. und Lullus, hg. v. M. Tangl: MGH.ES 1, ²1955; Vitae S. Bonifatii archiepiscopi Moguntini, hg. v. W. Levison: MGH.SS in usum scholarum 57, 1905; deutsche Übersetzung der Briefe und von Willibalds Vita Bonifatii von R. Rau, 1968.

Literatur: *Gesamtdarstellungen:* T. Schieffer: Winfrid-B. und die christliche Grundlegung Europas, ²1972; L. von Padberg: Wynfrith-B., 1989. – Einzelabhandlungen: E. Iserloh: Die Kontinuität des Christentums im Lichte der Glaubensverkündigung des heiligen B.: Trierer Theologische Zeitschrift 63 (1954) 193–205; A. An-

GENENDT: Pirmin und B. Ihr Verhältnis zu Mönchtum, Bischofsamt und Adel: Mönchtum, Episkopat und Adel zur Gründungszeit des Klosters Reichenau, hg. v. A. BORST, 1974, 251–304; Gestalten der Kirchengeschichte, hg. v. M. GRESCHAT, Bd. 3, 69–86; H. J. SCHÜSSLER: Die fränkische Reichsteilung von Vieux-Poitiers (742) und die Reform der Kirche: Francia 13 (1985) 47–112; L. E. VON PADBERG: Studien zur B.-Verehrung, 1996; J. SEMMLER: B., die Karolinger und ›die Franken‹: Mönchtum– Kirche– Herrschaft 750–1000. FS J. Semmler, 1998, 3–49.

Brigitte (Brigid, Brigida) **von Kildare** (die Ältere), heilig (1. Febr.), Patronin Irlands; historisch gesichert nur die ungefähre Lebenszeit: † 1. 2. um 524 im Alter von etwa 70 Jahren, und die Gründung des späteren Doppelklosters Kildare (»Cell-dara«, Eichenkirche). Von königlicher Abstammung weiß der Verfasser der ältesten Vita, Cogitosus (Mitte 7. Jh.), noch nichts. B.s Leben erscheint von früh an als von Wundern begleitet, insbesondere von solchen in ländlicher Umgebung sowie in Verbindung mit Tieren. In ihrer Gestalt mischen sich Züge einer (vermutlich namensverwandten oder -gleichen) keltischen Gottheit. Begraben in Kildare, angeblich im 9. Jh. vor den Dänen nach Downpatrick in Sicherheit gebracht und zusammen mit ↗ Patrick und Columba beigesetzt. Reliquien an verschiedenen Orten des Festlands. Verehrung sehr verbreitet, auch auf dem Kontinent von Skandinavien bis zu den Kanarischen Inseln. Dargestellt als Äbtissin (Stab und Buch), mit Tieren (Gänsen oder Kuh), mit Kerze oder Flamme über dem Haupt.

FRANZ BRUNHÖLZ

Literatur: Cogitosus: BHL 1455–62 mit NSUPPL 1975; LMA 2, 689; E. C. SELLNER: B. of Kildare: Cross Currents 39 (1989) 402–419; M. T. CONDREN: B., Seelenschmiedin für das neue Millennium: Concilium 36 (2000) 575–587.

Bruno der Kartäuser (von Köln), heilig (RK g 6. Okt.), * um 1030 Köln, † 6. 10. 1101 La Torre in Kalabrien.
Nach dem Studium in Reims bei Herimann wurde er dessen Nachfolger als Scholaster; zu seinen Schülern zählte Odo von Châtillon (als Papst Urban II.). Der durch Simonie auf den Stuhl von Reims gelangte Manasse von Gournay ernannte ihn um 1076 zum Kanzler, doch wurde er schon bald amtsenthoben, da er sich auf die Seite der Gregorianischen Reform schlug. Er musste zum normannischen Grafen Ebal von Roucy fliehen. Nach Absetzung Manasses durch Gregor VII. galt B. als Kandidat für dessen Nachfolge. Doch stand er nicht mehr zur Verfügung, da er sich durch ein Gelübde gebunden hatte – ganz im Zuge der damaligen Eremitenbewegung – »die Welt zu verlassen«, um als Mönch »nach dem Ewigen zu streben« (Brief B.s an Radolf). Um 1082 beginnt er mit zwei Gefährten eine Eremitensiedlung auf dem zur Abtei Molesme gehörenden Gelände von Sèche-Fontaine. Wenig später zieht er mit sechs neuen Gefährten zum (später heiligen) Bischof ↗ Hugo von Grenoble weiter, der ihm das Felsengebiet der Chartreuse, 24 km von Grenoble entfernt, zur Verfügung stellt. Dort entstehen um 1084 die ersten Eremitenzellen und eine kleine Kirche. Diese Eremitengemeinschaft verstand sich noch nicht als Orden; sie lebte nicht nach einer bestimmten Regel, sondern von jenen spirituellen Impulsen her, die sie von B. empfing. Dabei spielte das Evangelium selbst die entscheidende Rolle; auch wird man den Einfluss der im Mittelalter allgegenwärtigen Benediktregel nicht ausschließen dürfen (zu den Unterschieden vgl. Greshake 25 f.). 1090 rief Urban II. B. als Ratgeber nach Rom.

»Da er aber das Getriebe und den Lebenswandel der Kurie nicht ertragen konnte, verließ er sie in liebendem Verlangen nach der verlorenen Einsamkeit und Ruhe« (Acta Brunonis). Er zog sich wiederum mit einigen Gleichgesinnten nach La Torre, einer Einöde in Kalabrien, zurück, um dort seinem Lebensideal zu folgen. Dort starb er am 6.10.1101. Unsicher ist, ob die B. zugeschriebenen beiden Kommentare zu den Psalmen und Paulinen (PL 152, 637–1420; 153, 11–566) authentisch sind, zweifelsfrei ist die Zuschreibung von zwei Briefen und einem Glaubensbekenntnis. Die beiden Ersteren gestatten einen tiefen Einblick in die geistliche Gestalt B.s, der das eremitische Leben als eine »Vorschattung« der eschatologischen Vollendung erfährt und auslegt. B. dürfte kaum im engeren Sinn als Ordensgründer anzusehen sein, sondern eher als geistlicher Vater, aus dessen spiritueller Intuition, nach Art der frühen ägyptischen Mönche ein Eremitenleben zu führen, das durch Elemente von Gemeinschaftlichkeit modifiziert und spezifiziert ist, erst allmählich (etwa seit Guigo) der Kartäuserorden entsteht.

GISBERT GRESHAKE

Quellen: Acta S. Brunonis: PL 152, 10–632; Recueil des plus anciens actes de la Grande Chartreuse, hg. v. B. BLIGNY, 1958; Aux sources de la vie cartusienne, hg. v. M. LAPORTE, 8 Bde., 1960–71; FC 10.

Literatur: G. POSADA: Der heilige B., 1987; G. GRESHAKE: Einführung: FC 10; A. HELLY: B. von Köln, der Vater der Kartäuser, 1992; T. CERAVOLO: Vita di San B. di Colonia, 2001; DERSELBE (Hg.): Immagini di un santo, 2001.

Bruno (I.) von Köln, heilig (Kultapprobation 1870; 11. Okt.), * Mai 925 als jüngster Sohn König Heinrichs I. und Mathildes, †11.10.965 Reims (beigesetzt im Kloster St. Pantaleon, Köln); 929 Bischof Balderich von Utrecht zur Erziehung übergeben. Seit 939 am Königshof, Ausbildung durch den schottischen Bischof Israel und Rather von Verona, von 940 bis zum 25.9.953 Kanzler seines Bruders Otto I., 951 bis zu seinem Tod Erzkapellan. Zunehmender politischer Einfluss, Reform des Hofklerus, um Ausbreitung der Mönchsreform von St. Maximin bemüht, leitete selbst die Abtei Lorsch, vielleicht auch Kornelimünster. Auf Wunsch Ottos I. kurz nach 9.7.953 zum Erzbischof gewählt (11./20. Aug. Inthronisation, 25. Sept. Weihe). Vor dem 21.9.953 von Otto zum »dux« der Reichsinteressen im Westen bestimmt; der Auftrag umfasste die militärische und herrschaftliche Sicherung Lotharingiens sowie mehrfache Eingriffe in das Westfrankenreich, Besetzung von Bischofsstühlen mit seinen Schülern. B. handelte als Bruder des Kaisers, von Mai 961 bis Februar 965 war er Regent nördlich der Alpen für den abwesenden Otto, nicht Prototyp des »Reichskirchensystems«. Konzentrierte durch zahlreiche Einzelmaßnahmen Lotharingien und das westliche Vorfeld auf Köln. – Der Mönch Ruotger von St. Pantaleon verfasste 968/969 die Vita mit der Absicht, zu beweisen, dass ein Bischof trotz herrscherlicher Betätigung der Frömmigkeit eines Mönchs gerecht werden könne.

ODILO ENGELS

Quellen und Literatur: Ruotgeri vita Brunonis, hg. v. I. OTT: MGH.SRG NS 10, 1951. – SERIES EPISC 5/1, 19f.; F. PRINZ: Klerus und Krieg im frühen Mittelalter, 1971, 187–191; H. STEHKÄMPER: B. von Sachsen und das Mönchtum: FS Die Reichsabtei Lorsch, hg. v. F. KNÖPP, Bd. 1 1973, 301–315; L. VONES: Erzbischof B. von Köln und seine ›Schule‹: Köln, Stadt und Bistum in Kirche und Reich des Mittelalters, hg. v. H. VOLLRAT – S. WEINFURTER, 1993, 125–137.

Bruno von Querfurt, heilig (RK g 9. März), Martyrer, * um 974 aus dem Grafengeschlecht von Querfurt, † 9.3. 1009 (?) Ost-Preußen; Domschule in Magdeburg und Mitglied des dortigen Domkapitels, 996 Hofkapelle, 997 Romreise in Begleitung Ottos III., dort 998 Mönch des Alexiusklosters, 1001 Eremit in Pereum, 1002 »archiepiscopus gentium« (nur Ernennung), 1003 Missionar bei den Széklern, 1004 in Magdeburg Bischofsweihe, anschließend Mission bei Schwarzen Ungarn und Petschenegen, 1008 in Polen, 1009 Missionierung der Prussen. Verehrer ↗Adalberts von Prag und beeinflusst von den Kamaldulensern. Vertrat das Prinzip der friedlichen Überzeugungsmission, ohne den Missionskrieg rundweg abzulehnen. Kritisierte scharf den Krieg Heinrichs II. im Bündnis mit den heidnischen Liutizen gegen Polen, weil er dadurch seine Prussenmission gefährdet sah.

ODILO ENGELS

Werke und Quellen: Vita s. Adalberti (1004 längere Fassung in Querfurt, 1008 kurze Fassung in Polen), hg. v. J. KARWASIŃSKA: Monumenta Poloniae Historica, Neue Serie, Bd. 4/2 1969, 3–41 45–69. – Vita quinque fratrum eremitorum martyrum in Polonia (nach Ende 1003), hg. v. R. KADE: MGH.SS 15/2, 716–738; hg. v. J. KARWASIŃSKA: Monumenta Poloniae Historica, Neue Serie, Bd. 4/3 1973, 27–84. – Epistola ad Henricum regem (1008 in Polen), hg. v. J. KARWASIŃSKA: ebd. 97–106. – Vita et passio sancti B., hg. v. A. HOFMEISTER: MGH.SS 30/2, 1350–67; WATTENBACH-SCHMALE 1, 48–52; 3, 18*–21*.

Literatur: VERFLEX² 1, 1053–56; H. D. KAHL: Compellere intrare. Die Wendenpolitik B.s von Querfurt im Lichte hochmittelalterlichen Missions- und Völkerrechts: Zeitschrift für Ostforschung 4 (1955) 161–193 260–401; R. WENSKUS: Studien zur historisch-politischen Gedankenwelt B.s von Querfurt, 1956; J. SZYMANSKI: B. von Querfurt: Hagiografia polska, hg. v. O. R. GUSTAWA, Bd. 1 1971, 219–227; T. MATUS: Monachesimo ed inculturazione: Vita monastica 56 (2002) 29–47.

Bruno von Segni, heilig (1181 oder 1183; 18. Juli), * 1040/50 bei Asti, † 18.7. 1123; Mönch in S. Perpetua, einem Tochterkloster von Fruttuaria, nach 1073 Kanoniker in Siena, 1079/80 Bischof von Segni, verkörperte den Typ des Mönchsbischofs gregorianischer Prägung. Papst Victor III. ernannte ihn zum Bibliothekar der römischen Kirche; Urban II. und Paschalis II. setzten ihn als Kreuzzugsprediger und Legaten ein. B. zog sich dennoch 1102 nach Montecassino zurück, dort 1107 Abt, wandte sich 1111/12 gegen den Investiturkompromiss mit Heinrich V. und musste kurz darauf auf päpstliche Weisung in seine Diözese zurückkehren. Seine theologische Bedeutung beruht unter anderem auf seinem exegetischen und homiletischen Schrifttum; er ist aber auch als Hagiograph und Traktatautor (Problem der simonistischen Weihen) hervorgetreten.

JOHANNES LAUDAGE

Ausgabe: MGH.LL 2, 546–562; Spicilegium Casinense, hg. v. A. AMELLI, Bd. 3, 1897; DERSELBE: B. de Segni, 1903; S. Brunonis comment. in Is., hg. v. G. LUCCHESI, 1913; MGH.SS 34, 496 ff.

Literatur: ACTASS iul. 4, 478–488; DBI 19, 644–647; LMA 2, 791 ff.; RFHMA 2, 594 f.; WATTENBACH-SCHMALE 3, 874 ff.; B. GIGALSKI: B., Bischof von Segni, 1898; R. GRÉGOIRE: B. de Segni. Exégète médiéval et théologien monastique, 1965.

Burkhard von Würzburg, heilig (2. Febr.), † 753; Angelsachse, seit etwa 735 Mitarbeiter des ↗Bonifatius, von diesem vor dem 21.10.742 zum ersten Bischof von Würzburg geweiht; nahm

743 am Concilium Germanicum, 747 an der gesamtfränkischen Synode teil, deren Treueerklärung er 748 nach Rom brachte; 750/751 zusammen mit Fulrad von St-Denis zwecks päpstlicher Zustimmung zu Pippins Königserhebung abermals in Rom. Gründete das Andreaskloster als Sitz des Domklerus, am 8.7.752 erhob er die Gebeine ↗Kilians. B.s Abdankung (Vita II) ist legendär.

ALFRED WENDEHORST

Quellen: S. Bonifatii et Lulli epistolae: MGH.ES, Bd. 1; Vita I (9. Jh.): MGH.SS 15, 47ff.; Vita II (12. Jh.), hg. v. F. J. BENDEL, 1912.

Literatur: BASA 2, 22–31; GERMSAC Würzburg 1, 18–25; LMA 2, 951; T. SCHIEFFER: Winfried-Bonifatius und die christliche Grundlegung Europas, 1954, Nachdruck 1972.

Caecilia von Rom, heilig (GK G 22. Nov.). Obwohl ihre Legende und ihr Kult besonders in den romanischen Ländern verbreitet sind, ist die Historizität ihres Martyriums keineswegs gesichert. Weder der römische Festkalender von 354 noch Damasus, Ambrosius, Hieronymus, Prudentius oder Augustinus kennen ihren Namen, auch auf Goldgläsern ist ihre Darstellung nicht zu finden. Trotz aller Versuche einer Frühdatierung – man bemühte die Verfolgungen von Marc Aurel bis Julian Apostata – ist die Abhängigkeit ihrer Passio von Victor von Vita festzustellen, das spricht für eine Entstehung nach 486. Als Grundmotiv durchzieht das Lob der Jungfräulichkeit die Erzählung, nach der C. und ihr Verlobter Valerian auf die Ehe verzichteten und dafür von einem Engel Kränze aus Rosen und Lilien des Paradieses erhielten. Während einer Verfolgung wurde sie nach Verweigerung des Götteropfers mit Valerian und dessen Bruder Tiburtius enthauptet, nachdem man vergeblich versucht hatte, sie im Caldarium ihres Hauses zu ersticken. Ihre Verehrung setzt um die Mitte des 5. Jh. ein, seitdem lautet der Titel der Kirche in Trastevere »Caeciliae« bzw. »sanctae Caeciliae«, ab 545 wird ihr Gedächtnis dort am 22. Nov. gefeiert. Der Verfasser der Passio hat wohl die vermutete Stifterin der Kirche mit einer in S. Callisto ruhenden C. gleichgesetzt und sie auch in Verbindung mit den in der nahe gelegenen Prätextatuskatakombe bestatteten Valerianus und Tiburtius gebracht, so erhielt sie den Titel Jungfrau und Martyrin. Ihre früheste Darstellung begegnet in der Prozession der Jungfrauen in S. Apollinare Nuovo in Ravenna. Im 7. Jh. wurde ihr Grab an der Via Appia verehrt. 821 ließ Paschalis I. ihre Gebeine nach S. Cecilia in Trastevere übertragen. Bei der Öffnung des Sarges in der Titelkirche soll der Leichnam C.s unversehrt gefunden worden sein; nach der (nicht untersuchten) Lage des Körpers im Sarg gestaltete Maderna die berühmte Plastik C.s. Im 8. Jh. ging das »cantantibus organis C. virgo soli Domino decantabat« in die Festantiphon ein. So wurde C. seit dem Spätmittelalter Patronin der Kirchenmusik, der Musiker und Instrumentenbauer.

MARIA-BARBARA VON STRITZKY

Literatur: BHL 1495–1500; BHG 283; BIBLSS 3, 1064–81; DHGE 12, 36–40; MARTHIERON 612f.; SYNAXCP 243f.; A. DE VOGÜÉ: La passion de Sainte C.: Studia monastica 40 (1998) 7–10.

Calixtus I. (Kallistos), **Papst** (217?–222), heilig (GK g 14. Okt.); Hauptinformant ist sein Gegner Hippolyt (Refutatio omnium haeresium 9, 11f.; 10, 27). Der Herkunft nach ist C. Sklave. Seine Geschäfte mit Depositengeldern scheitern und münden in einen Konflikt mit einer Synagoge. Im anschließenden Prozess unter Fuscianus wird C. 188 zu Bergwerksarbeit nach Sardinien verbannt. Nach Begnadigung durch Kaiser Commodus setzt ihm Victor I. eine monatliche Pension aus und schickt ihn für etwa zehn Jahre nach Antium. Unter Zephyrinus wird C. wohl als Diakon Verwalter des Gemeindefriedhofs an der Via Appia (»San Callisto«). Als Bischof hebt er die unstandesgemäßen Verbindungen senatorischer Frauen aus der Unverbindlichkeit und erkennt sie als kirchliche Ehen an. Mehrmals Verheiratete lässt er als Amtsträger zu, duldet die Eheschließung Geweihter und lässt Milde bei der Aufnahme der Häretiker in die Kirche walten (keine Verbindung zum »Edictum peremptorium«: Tertullian, De pudicitia 1,6); schwer einzuordnen ist die Angabe, er habe eine zweite Taufe eingeführt. Obwohl er Sabellius exkommuniziert, beschuldigt ihn Hippolyt des Patripassianismus. Nach LP 17 führt C. drei Sabbate als Fasttage ein. C. stirbt vielleicht als Martyrer (Depositio martyrum von 354: Grab in Trastevere), die Passio (Bibliotheca hagiographica latina antiquae et mediae aetatis 1523 ff.) ist legendär, zwei Briefe in den Dekretalen Pseudo-Isidors sind unecht.

CLEMENS SCHOLTEN

Literatur: RGG⁴ 2, 13 f.; CASPAR 1, 22–28 37–40; H. J. VOGT: Die Trinitätslehre des Papstes K. I.: Theologische Quartalschrift 179 (1999) 195–209; S. GERBER: C. von Rom und der monarchianische Streit: Zeitschrift für antikes Christentum 5 (2001) 213–239.

Christoph(orus), Martyrer, heilig (25. Juli, RK g *24. Juli*). Um den sonst unbekannten Martyrer, dem laut Inschrift am 22. 9. 454 eine Kirche in Chalcedon geweiht wurde (H. Grégoire: Byzantion 4 [1929] 461–465) – daher Historizität des Martyriums –, bildeten sich verschiedene Legenden, die in das 5. Jh. zurückreichen und deren Überlieferung sich in einen östlichen und einen westlichen Zweig aufspaltete. Die östliche Passio (Handschrift des 8. Jh.) berichtet von einem Menschen fressenden Kynokephalen Reprobus, der in der Taufe den Namen Ch. und die menschliche Sprache erhält. Als Missionar zieht er nach Lykien, wo Gott ihn durch das Wunder des »grünenden Stabes« bestätigt. Nach zahlreichen Martern wird er enthauptet. Gott verheißt seinen Reliquien Wunderkraft und seinen Verehrern Schutz vor Unwettern und Dämonen. Die Herkunft der Legendenmotive (literarisch verselbständigte Nebengestalt der ägyptisch-gnostischen Bartholomäus-Akten [4./5. Jh.]; Fabelvorstellungen [Herodot, Historiae IV, 191]; verchristlichter Anubis) ist noch ungeklärt.

Parallel mit der Ausbreitung der Ch.-Verehrung nach Westen entlang der byzantinischen Pilgerstraßen (Ravenna, Süditalien, Sizilien, seit dem 7. Jh. Spanien) mildern die abendländischen Versionen den Untiercharakter ab, indem aus dem Menschen fressenden Hundsköpfigen ein menschlicher Riese wird; »genus canineorum« wird umgedeutet zu »Cananeus«, aus Kanaan (im 10. Jh. bei Walter von Speyer). Im 13. Jh. erweitert die Legenda Aurea die Passio entsprechend den ritterlichen Idealen und dem Verständnis von germanischem Vasallentum um das Christusträgermotiv. Ch. – lateinisch zu Christoferus umgebildet – wird zu Offerus, Christofferus, der dem mächtigsten Herrn dienen will. Nacheinander steht er im Dienst eines Königs, der jedoch den Kaiser als Herrn hat, dann im Dienst des Teufels, der einem Wegkreuz ausweicht und schließlich die Überlegenheit Christi zugeben muss. Auf den Rat eines Eremiten dient Ch. Gott mit seiner Kraft als Riese, indem er Pilger über einen reißenden Fluss trägt. Während dieser Tätigkeit begegnet ihm Christus in der Gestalt eines Kindes. Beim Hinübertragen offenbart er sich dem unter der Last fast zusammenbrechenden Ch. als Herr der

Welt und tauft ihn im Fluss. Die Offenbarung wird durch den »grünenden Stab« des Ch. bestätigt, worauf dieser auszieht, um als Missionar zu wirken. Auch diese Version der Legende, die im Südalpengebiet ihren Ursprung hat und sich von dort nach Norden ausbreitete, fügt der Namensetymologie fremde Motive wie den Fährdienst und die Begegnung eines Heiligen mit Christus hinzu.

Die Verehrung des Ch., der im Westen zu den Vierzehn ↗Nothelfern zählt, breitet sich in ganz Europa und seit dem 16. Jh. auch in Amerika aus. Wegen der Verheißung bei seinem Tod wurde er als Helfer bei Dürre, Unwetter und jeglicher Gefahr, im Osten bei Krankheit (Patron der Ärzte) angerufen. Vom 13.–16. Jh. galt der Anblick seines Bildes am Morgen als Schutz des Lebens bis zum Abend (Schutz vor einem unvorhergesehenen Tod); daher war sein Bild an Kircheneingängen, Toren und Türmen zu finden. Ch. sollte auch zu Wohlstand verhelfen, daher der Ausdruck christoffeln, einen Schatz beschwören, zaubern. Ferner galt er als Patron der Pilger und Reisenden, der Schiffer und Fuhrleute, der Bergleute, in Frankreich auch als Patron der Festungen, wegen des Stabwunders ist er der Schutzheilige der Gärtner, heute hat er erneut Bedeutung als Patron des Verkehrs.

MARIA-BARBARA VON STRITZKY

Literatur: ActaSS iul. 6, 125–149; BHL 266ff.; BHG 108ff.; BiblSS 4, 349–364; HWDA 2, 65–75; MartHieron 396; RAC 2, 1241–50; SynaxCP 667–670; H. F. Rosenfeld: Der heilige Ch., seine Verehrung und seine Legende, 1937; F. W. Niehl: Nur dem Größten will ich dienen. Die Legende von Ch., psychologisch ausgelegt: Katechetische Blätter 118 (1993) 498–501; G. Lange: Ch.-Typen als Impulsgeber für eine erzieherische Spiritualität: Vom Geist des Lehrens. FS A. Frenes, 1998, 21–28.

Clemens von Rom, heilig (GK g 23. Nov.). Den ältesten Zugang zur Persönlichkeit von C. bietet der ihm schon von Hegesipp und Irenäus zugeschriebene 1. Brief an die Korinther (Clemensbriefe). Hier erscheint er als friedensliebender, im Namen der römischen Kirche mit Autorität sprechender Christ. Irenäus zufolge hat er die Apostel Petrus und Paulus gekannt, mit ihnen verkehrt, ist ihnen als dritter Bischof von Rom gefolgt (Adversus haereses III, 3, 3). Origenes erblickt in ihm den in Eph 4,3 genannten C., was hypothetisch ist, obschon von Hieronymus u.a. wiederholt. Die sogenannten Clementinen bringen ihn sogar in die Verwandtschaft des Kaiserhauses, so dass er schließlich in der neueren Literatur manchmal fälschlich mit dem Konsul (Titus Flavius) Clemens identifiziert wird. Erst gegen Ende des 4. Jh. entsteht die Meinung, er sei als Martyrer gestorben, so Rufinus, Papst Zosimus und der sechste Kanon des Konzils von Vaison von 442. Infolgedessen steht er wahrscheinlich schon in der ersten Rezension des MartHieron, sicher im Calendarium Carthaginense, in den römischen Sakramentarien, im Marmorkalender von Neapel, im Liber ordinum mozarabicus und im Konstantinopler Synaxarium. Sein Jahrestag wird am 23. Nov. begangen. Im 4. Jh. ist in Rom auch ein »dominicum Clementis« bezeugt, das Hieronymus (De viris illustribus 15) 378 eine Kirche nennt. Eine nachphilokalianische, in S. Clemente gefundene und aufbewahrte Inschrift ist einem Martyrer geweiht, dessen fehlender Name von Giovanni Battista de Rossi mit C. ergänzt wurde. Am römischen Konzil von 499 sind zwei Priester des Titulus Clementis anwesend, der dann im Konzil von 595 Titulus sancti Clementis genannt wird. Der Titelpriester von S. Clemente, Mercurius, errichtet unter Papst Hormisdas (514–523) in der Kirche einen Altar, und als Papst Johannes II. (533–535) schmückt er sie mit den noch erhaltenen und mit seinem Monogramm versehenen Chorschrankenplatten aus. Ein Hagiograph aus dem 6. Jh. fasste verschiedene Kult- und literarische Elemente in der Legende BHL 1848 zusammen, zu der man Ansätze im LP und in anderen römischen Legenden findet. 867 wurden von den Slawenaposteln Cyrill und Method die Reliquien des Heiligen C. aus Cherson auf der Krim in die römische Kirche überführt. Das war der Anlass zur lateinischen Cyrill-und-Method-Legende (BHL 2073) und zu dem in der unteren Kirche erhaltenen und Cyrill gewidmeten Freskenzyklus. Cyrill, bald danach in Rom gestorben, wurde in der Kirche begraben, nicht dort, wo eine Kapelle sein Andenken verewigt, sondern vom Eingang aus rechts von der karolingischen Apsis. Die untere Kirche bestand bis ins 11. Jh. und wurde im folgenden durch die heute darüber stehende ersetzt und mit dem Mosaikbild in der Apsis versehen. Die im 19. Jh. von Joseph Mullooly OP durchgeführten Ausgrabungen sind heute von denen Federico Guidobaldis als überholt zu betrachten. Nach dem Stadtbrand von 64 n C. entstand dort im Erdgeschoss ein Industrie- oder Kommerzhaus, an das westlich eine zweistöckige Dienstwohnung angrenzte, deren unterirdisches Geschoss als Sommeraufenthalt diente und im 3. Jh. als Mithraeum eingerichtet wurde. Im selben Jahrhundert wurde im erste Stock des Industrie- bzw. Kommerzhauses ein viereckiger Langsaal, vielleicht z. T. unbedeckt, eingebaut, dessen Zweck wegen der kaum erhaltenen Wandteile und des ganz verschwundenen Fußbodens unbestimmt bleiben muss, so dass die Frage nach einer eventuellen »domus ecclesiae« unbeantwortbar ist. Sicher ist nur, dass der Saal um die Mitte des 4. Jh. für den christlichen Kult eingerichtet und im 5. Jh. auf der westlichen Schmalseite mit einer Apsis versehen wurde.

VICTOR SAXER

Literatur: DACL 3, 1872–1902; CATH 2, 1183 ff.; EC 3, 1809–15; VSB 11, 762 f.; DHGE 12, 1089–93; DPAC 1, 712 ff.; LACL 154 f.; H. DELEHAYE: Étude sur le Légendier romain, 1968, 96–116; K. LAKE: The Apostolic Fathers, 2 Bde., 1976–77; P. LAMPE: Die stadtrömischen Christen Roms in den ersten beiden Jahrhunderten, 1987; N. SPACCAPELO: ›Discepolo di Pietro e Paolo‹. Sull'identità di C. Romano: Pietro e Paolo, 2001, 169–179.

Clemens (Klemens) **Maria Hofbauer** (Taufname: Johannes), heilig (1909; RK g 15. März), CSsR (1784 Rom), *26. 12. 1751 Tasovice/Tasswitz in Südmähren, †15. 3. 1820 Wien; nach Bäckerlehre und Gymnasium Einsiedler in Mähren und bei Tivoli (seither Clemens), 1779–84 Studium in Wien, 1785 Priester, seit 1788 Generalvikar des Ordens für den Norden Europas, 1787–1808 im Kloster St. Benno in Warschau. Während die Gestaltung seiner Gottesdienste (»Immerwährende Mission«) entgegen den liturgischen Vorstellungen der Aufklärung von barocker Pracht geprägt war (Orchestermessen), entsprach sein pädagogisches Engagement (Schule, Waisenhaus) der Zeit. Reisen in die Schweiz und nach Süddeutschland führten zur Gründung von Ordensniederlassungen (Wollerau, Jestetten, Triberg, Babenhausen, Chur), die nur kurz bestanden. Seit 1808 entfaltete C. M. in Wien (ab 1813 als Kirchenrektor von St. Ursula) eine eifrige caritative Tätigkeit und intensive Individualseelsorge, v. a. unter Studenten und Professoren (Leseabende, Errichtung einer Leihbibliothek, Gründung der Zeitschrift »Ölzweige«) und wurde zum Mittelpunkt eines Romantikerkreises. Seine Bemühungen um die kaiserliche Genehmigung der Redemptoristen führten 1820 zum Erfolg. Auf den Spuren Nikolaus Joseph Albert von Dießbachs schuf er eine katholische Laienbewegung im Umkreis des Ordens. Wenn er sich in einem Gutachten überscharf gegen die Berufung Johann Michael Sailers auf einen Bischofsstuhl aussprach, so lag der Grund nicht nur im Gegensatz zweier »Katholizismen«, sondern auch im Argwohn C. M.s gegen die von Sailer geförderte »Allgäuer Erweckungsbewegung« – Stadtpatron von Wien.

OTTO WEISS

LThK³ 5, 196 (ungekürzte Fassung).

Quellen: Monumenta Hofbaueriana, 15 Bde., 1915–51.

Literatur: E. Hosp: Der heilige K. M. H., 1951; J. Heinzmann: Das Evangelium neu verkünden. K. M. H., 1986; K. Fleischmann: K. M. H., 1988; O. Weiss: C. M. H.: Zeitschrift für Bayerische Landesgeschichte 34 (1971) 211–237; derselbe: K. M. H. im Spiegel seiner Biographen: Ordensnachrichten 41 (2002) 42–70.

Colet(t)a von Corbie (Nicolette Boillet oder Bœllet), heilig (1807; 6. März), Ordensreformerin, *13.1.1381 Corbie, †6.3.1447 Gent. Von Kind an religiös hoch begabt, wurde C. 1402 Reklusin. 1406 Eintritt bei den Klarissen, zu deren Generaläbtissin sie durch Benedikt XIII. noch im gleichen Jahr ernannt wurde. In Zusammenarbeit mit dem seligen Heinrich von Baume OFM begann sie 1408 von Besançon aus ihr Reformwerk. Sie gründete über 20 neue Klöster, deren Mitglieder sich die »Armen Klarissen« bzw. »Colettinnen« nennen. Viele Klöster der sogenannten Urbanistinnen führte sie zur ursprünglichen Regeltreue zurück. 1434 wurden ihre Ordenskonstitutionen vom Generalminister des Franziskanerordens und vom päpstlichen Legaten bestätigt – trotz Differenzen mit dem Visitator ↗ Johannes von Capestrano OFM. Erfolgreich war sie v.a. in Burgund, Frankreich, Deutschland und Spanien. Auch einige Klöster der Franziskaner schlossen sich ihrer Reform an. Strenge Armut, Fasten und Visionen kennzeichnen ihre Frömmigkeit.

JUSTIN LANG

Quellen und Literatur: Vita sanctae Coletae, 1982. – L. Lehmann: Neue Studien zu C. von Corbie und ihrer Zeit: Collectanea Franciscana 65 (1995) 643–663. – ActaSS mar. 1,531–626, BHL 281 f.; J. Cambell: Santa C. da Corbie: Frate Francescane 45 (1978) 132–143; M. Francis: Geborgen im Licht, 1982; P. de Vaux: Vie de sœur C., 1994.

Columba(n) von Hy (Iona) (auch der Ältere; genannt Colum Cille = Taube der Kirche), heilig (9. Juni), Abt und Klostergründer, *521/522 Irland, †9.6. 597 Iona; stammte aus der irischen Königsfamilie Ui Neill, wurde nach guter Ausbildung Kleriker und Mönch und gründete das Kloster Derry in Ulster, später Durrow. 563 ging er »um Christi willen als Fremder« (»peregrinatio propter Christum«) nach Schottland. Unmittelbarer Anlass kann die Distanz zur Politk seiner Familie gewesen sein; er blieb mit seiner irischen Heimat verbunden und stand auch in enger Verbindung mit dem Königshaus Dál Riad, was ihm von seinem Kloster Iona (Hy) aus missionarische und monastische Aktivitäten unter den Pikten ermöglichte. Die neu gegründeten Klöster bildeten mit den irischen einen Klosterverband (»paruchia«), der das irische und frühe englische Mönchtum nachhaltig beeinflusste. – Die C. zugeschriebene gelehrte Arbeit ist nicht genau zu bestimmen. Vielleicht ist der irisch-lateinische Abecedarius *Altus Prosator* (eine christliche Kosmogonie) authentisch.

KARL SUSO FRANK

Quellen: Altirisches Lobgedicht (Amra) auf C. (um 600); Adomnan (Adamnan): Vita Columbae (um 690); Beda Venerabilis: Historia ecclesiastica.

Literatur: LACL 160 f.; H. Löwe (Hg.): Die Iren und Europa im frühenMittelalter, 1982; M. Herbert: Iona, Kells and Derry. A History and Hagiography of the monastic Familia of C., 1988. S. P. Carbone: Il monachesimo irlandese e san C.: Vita consacrata 35 (1999) 128–148.

Columba(n) von Luxeuil (auch der Jüngere), heilig (RK g 23. Nov.), Abt von Luxeuil und Bobbio, *543 im irischen Königreich Leinster, †616 Bobbio; als Erwachsener Mönch in Bangor, 590/591 Peregrinatio mit zwölf Gefährten nach Gallien, Gründung der Klöster Luxeuil, Annegray und Fontaine in den Vogesen. Nach 20-jähriger Tätigkeit Ausweisung durch König Theuderich nach Irland, gelangte über Metz, Zürichsee und Bregenz nach Norditalien, dort Gründung des Klosters Bobbio. C. verfasste sechs Briefe, 13 Sermones, fünf Gedichte, zwei Klosterregeln und ein Bußbuch. Seine *Regula coenobialis* wird auf dem Kontinent mit der Benediktregel kombiniert; die columbanische Mönchsbewegung löste im Frankenreich das von den Zentren Tours und Lérins ausgehende altgallische Mönchtum ab. Sein Bußbuch vertritt die irische Tarifbuße und vollzieht einen Bruch mit den antiken Bußtraditionen. Ausführlichste Quelle über ihn ist die von seinem Schüler Jonas um 642 verfasste Vita.

HUBERTUS LUTTERBACH

Quellen: Ionae vitae sanctorum Columbani, Vedastis, Iohannis, hg. v. B. Krusch: MGH.SRG 37 (1905); K. S. Frank: Frühes Mönchtum im Abendland, Bd. 2 1975, 169–230 (deutsche Übersetzung); S. Co lumbani opera, hg. v. G. S. M. Walker, 1957 (lateinisch-englisch).

Literatur: LMA 3, 65 ff.; LACL 161; K. Schäferdiek: C.s Wirken im Frankenreich (591–612): Die Iren und Europa, Bd. 1 1982, 171–201; A. de Vogüé: S. C., Règles et pénitentiels monastiques, 1989; M. Grazia: La ›Regula‹ di C: Annali di storia dell'esegesi 17 (2000) 583–623; R. Zanuzzi: San C. d'Irlanda, 2000; L. Valle u. a. (Hg.): San C. e l'Europa, 2001.

Cornelius, Papst (März 251–Juni 253), heilig (GK G 16. Sept., zusammen mit ↗Cyprian von Karthago), Römer, Sohn des Castinus; Papst Fabian starb am 20. 1. 250 als Martyrer der Verfolgung des Kaisers Decius. Nach Abklingen der Verfolgung in Rom wählte die Mehrheit den römischen Presbyter C. zum Nachfolger (Cyprian, ep. 55). Gegen den rechtschaffenen, in der Bußpraxis die mildere Richtung vertretenden C. erhob die strengere Minderheit des römischen Klerus den begabten Novatian, der in der langen Sedisvakanz großen Einfluss ausgeübt hatte, zum Gegenbischof; doch konnte sich C., unterstützt von Cyprian von Karthago und ↗Dionysius von Alexandrien, auch in der Gesamtkirche durchsetzen. Im Herbst 251 wies eine von 60 Bischöfen besuchte römische Synode die Beschuldigung der Novatianer zurück, C. sei Libellaticus oder halte Gemeinschaft mit Libellatici (Eusebius von Caesarea, h. e. VI, 43); seine mildere Bußdisziplin, die den in der Verfolgung Abgefallenen nach Bußleistung Verzeihung gewährte, wurde von der Synode gebilligt, Novatian mit Anhang ausgeschlossen. C. sandte verschiedene, meist das römische Schisma betreffende Briefe nach Alexandrien, Antiochien in Syrien und Karthago; nur zwei Briefe an Cyprian sind erhalten (in dessen Briefsammlung ep. 49 und 50), dazu ein Brieffragment an Fabius von Antiochien (Eusebius VI, 43, 11), in dem die Gliederung des römischen Klerus erwähnt wird: 46 Presbyter, sieben Diakone, sieben Subdiakone, 42 Akolythen, 52 Lektoren, Exorzisten und Ostiarier, dazu 1500 Witwen und Hilfsbedürftige, woraus sich auf etwa 30000 Gemeindemitglieder insgesamt schließen lässt. Als Kaiser Gallus die Verfolgung wieder aufnahm, wurde C. nach Centumcellae (Civitavecchia) verbannt, wo er bald »cum gloria« (wohl nicht als Martyrer) starb; Cyprian qualifizierte ihn als Martyrer. C. wurde in der Lucinagruft der Calixtuskatakombe beigesetzt; bis zur Aufklärung besonders im Rheinland als einer der heiligen Marschälle viel verehrt (Mittelpunkte: Saint-Corneille-de-Compiègne, Kornelimünster, Sankt Severin zu Köln).

GEORG SCHWAIGER

Quellen: LP 1, CCVIIIf., 4–6, 150 ff.; RPR(J) 1, 17 ff.; 2, 690; Quellen zur Geschichte des Papsttums und des römischen Katholizismus, begründet von C. Mirbt, hg. v. K. Aland, Bd. 1 [6]1967, 62–72.

Literatur: Dhge 13, 891–894; Dizionario patristico e di antichità cristiane, hg. v. A. di Berardino, Bd. 1., 1983, 786; LMA 3, 242 f.; LACL 165; Caspar 1, 66–70; P. Franchi de'Cavalieri: La persecuzione di Gallo a Roma: Studi e Testi 33 (1920) 181–210.

Cosmas (Kosmas) **und Damian,** heilig (GK g 26. Sept.); sichere Nachrichten fehlen. Die östliche Überlieferung kennt drei Brüderpaare dieses Namens, die zu den Anargyroi (sie übten ihre Tätigkeit unentgeltlich aus) gehören: a) Die von Konstantinopel ausgehende Tradition der Söhne der Christin Theodote, die kostenlos als Ärzte praktizierten und nach einem friedlichen Tod vom Grab in Phereman (bei Cyrus in Syrien?) aus Heilungswunder wirkten (»Passio asiatica«: BHG 372 385–392; *1. Nov.*). – b) Die zur Zeit des Kaisers Carinus (283–285), den sie in Rom bekehrten, aus Neid gesteinigten Ärzte aus dem genannten Ort, deren Geburtsstadt später mit Rom angegeben wird (»Passio romana«: BHG 376; *1. Juli*); hiermit in Zusammenhang steht die syrische Legende (BHO 210), welche die handschriftlich insgesamt ältesten Zeugen bietet (5. oder 6. Jh.), das Ärztepaar ebenfalls Carinus bekehren, aber eines natürlichen Todes sterben lässt, jedoch weder Geburts-, Wirkungs- noch Kultort nennt. – c) Die aus Arabien stammenden und zur Zeit der diokletianischen Verfolgung zusammen mit drei anderen Brüdern gemarterten Ärzte (»Passio arabica«: BHG 378 f.; *17. Okt.*). Auf dieser Tradition, welche C. und D. zu Martyrern macht, fußt die westliche Verehrung.

Die Genealogie der Legenden ist bis heute ungeklärt. Die Wunderberichte sind medizinhistorisch bedeutsame Quellen. – Die möglicherweise älteste Darstellung findet sich in der Kuppel von Hagios Georgios in Thessalonike (Ende 4. Jh. oder Anfang 6. Jh.), die möglicherweise älteste Quelle zu ihrer Verehrung ist die Vita Rabbulas von Edessa, der sich um 400 in der C. und D. geweihten Basilika von Cyrus bekehrte. Proclus von Konstantinopel (433–446) errichtet eine C.-und-D.-Kirche in Konstantinopel, seitdem dort hoch verehrt. Theodoret von Cyrus erwähnt um 432 ihren Kult als Martyrer in seiner Heimatstadt, Papst Symmachus (498–514) erbaut ein Oratorium zu ihren Ehren, Felix IV. (526–530) stiftet das Mosaik in der nach ihnen benannten Kirche am Forum Romanum (Baumaßnahmen des 4. Jh. sagen freilich noch nichts über das Patrozinium aus). Beide Heilige erscheinen ab dem 6. Jh. im Kanon der römischen Messfeier (Eucharistisches Hochgebet I). Gregor von Tours besitzt Reliquien. Die Kopfreliquie C.' in Prüm (seit 855) stammt wahrscheinlich aus dem Aachener Reliquienschatz Karls des Großen. Altfrid von Hildesheim erwirbt Reliquien für das Essener Münster (daher Stadtpatrone von Essen) und den Hildesheimer Dom, wodurch in Westfalen und Niedersachsen Schwerpunkte der Verehrung entstehen. Darstellung auf der ungarischen Königskrone (11. Jh.). – Als Krankenpatrone, Patrone der Ärzte, Barbiere, Bader sowie Apotheker bis in die Neuzeit verehrt. Darstellung mit Salbgefäß, Salbspatel und anderen medizinischen Instrumenten.

HANS REINHARD SEELIGER

LThK[3] 6, 395 f. (ungekürzte Fassung).

Quellen: L. Deubner: K. und D. Texte und Einleitung, 1907, Nachdruck 1980; E. Rupprecht: Cosmae et Damianae sanctorum medicorum vita, 1935 (Passio asiatica BHG 372).

Literatur: BBKL 4, 539 f.; BiblSS 4, 223–237; LMA 5, 1456 f.; E. Hosp: Die Heiligen im Canon Missae, 1926, 238–254; H. Skrobucha: K. und D., 1965; R. Budriesi: La Basilica dei SS. C. e D. a Roma, 1968; P. Julien – F. Ledermann: Die Heiligen K. und D. Kult und Ikonographie, 1985; M. J. Harstad: Saints, Drugs, and Surgery: Pharmacy in History 28 (1986) 175–180; H. Kloft: Reliquien und Volksfrömmigkeit. Betrachtungen zur Verehrung der Heiligen C. und D.: Hospitium Ecclesiae 19 (1993) 7–61.

Cyprian (Caecilius Cyprianus) **von Karthago,** heilig (GK G 16. Sept., zusammen mit Papst ↗Cornelius), †14. 9. 258 Karthago. Über C.s Familie ist wenig bekannt. Grundbesitz in Karthago, zu dem bekannte Parkanlagen in der Vorstadt gehörten, legt die Vermutung nahe, dass er einer alteingesessenen, wohlhabenden Familie entstammte. Alle Quellen deuten darauf hin, dass C. vor seiner Taufe Rhetor war, der sich weniger mit juristischen Angelegenheiten beschäftigte, sondern damit, Nachwuchskräfte in der hoch entwickelten und stilvollen Kunst der öffentlichen Rede zu unterrichten. Diese Tätigkeit bereitete ihn auf seine späteren beruflichen Aufgaben als Prediger vor. Um 245 fühlte sich C. unter dem Einfluss seines Freundes, des betagten karthagischen Presbyters Caecilianus, zum Christentum hingezogen. Er bekehrte sich, wurde getauft, gab seine weltlichen Besitztümer auf und begann eine Laufbahn als Kleriker, was die Aufgabe seines weltlichen Berufs voraussetzte. Ostern 249 – vielleicht schon früher – war er zum Bischof von Karthago geweiht worden. Einige ältere Kleriker hatten sich der Ernennung des Neubekehrten widersetzt; trotz versöhnlicher Gesten des neuen Bischofs gegenüber den Unterlegenen schwelte die Feindseligkeit weiter. Doch offensichtlich war C. ein außergewöhnlich wertvoller und qualifizierter Konvertit für die Kirche Karthagos. Er war zu kompetent und angesehen, als dass man ihn bei der Neubesetzung der vakanten Kathedra Karthagos hätte übergehen können.

Noch vor dem Jahr 250 hatte er in seinem kraftvollen Stil bereits den apologetischen Essay *Ad Donatum* verfasst, eine – nach rhetorischen Maßstäben übertriebene – Beschreibung der überwältigenden Auswirkungen der göttlichen Gnade auf seine eigene Bekehrung und Wiedergeburt in der Taufe. Mit hoher Wahrscheinlichkeit hatte er vorher bereits den Traktat *De habitu virginum* (Über die Kleidung der Jungfrauen) geschrieben, in dem er diejenigen, die ihre Jungfräulichkeit Christus geweiht haben, vor der heidnischen Welt mit ihren Eitelkeiten und ihrem Sittenverfall warnte. Als Kaiser Decius 249 oder Anfang 250 den Befehl erteilte, dass alle Bewohner des Imperiums den Göttern opfern sollten, zog sich C. aus der Öffentlichkeit zurück. Dieses Verhalten, das viele als Feigheit auslegten, erregte heftige und beharrliche Kritik;

es gab C. jedoch die Möglichkeit, sich von seinem Zufluchtsort aus brieflich mit Mitgliedern seiner Gemeinde (Klerikern, Bekennern und Laien) auszutauschen. Ebenso schrieb er während seiner über zwölf Monate dauernden Abwesenheit von Karthago mehrfach nach Rom. Aus dieser Zeit stammt fast die Hälfte seiner erhalten gebliebenen umfangreichen Korrespondenz (ep. 5 bis 43). In der Zeit nach der Verfolgung wurde C.s Gemeinde durch Konflikte und Schismen bedroht. Sie entzündeten sich an der Frage, wie man sich gegenüber denjenigen verhalten solle, die in der Verfolgung von der Kirche abgefallen waren (dies betraf vermutlich über die Hälfte der Gemeindemitglieder Karthagos). In seinem Traktat *De lapsis* erörtert C. diesen Streitfall und ringt um eine annehmbare Sühne für die Sünde der Götzenverehrung, die traditionell als unverzeihlich angesehen wurde. Der Streit verschärfte sich zum Schisma, als sich Parteien, die eine leichte Bestrafung befürworteten, und solche, die eine rigorose Zucht in der Buße forderten (sogenannte »Novatianer«), bildeten: 252 musste sich C. in Karthago mit zwei Gegenbischöfen dieser unvereinbaren Splittergruppen auseinandersetzen. Seine einflussreiche Abhandlung *De ecclesiae catholicae unitate* ebenso wie wahrscheinlich *De dominica oratione* wurde vor dem Hintergrund dieser Zerwürfnisse und Streitigkeiten verfasst. Zu diesem Zeitpunkt hatte darüber hinaus eine ansteckende Seuche die Stadt befallen, die der Anlass für drei weitere Traktate gewesen zu sein scheint: *Ad Demetrianum* (in dem die Christen gegen den Vorwurf verteidigt werden, für Naturkatastrophen wie Seuchen, Hungersnöte oder Dürren verantwortlich zu sein), *De mortalitate* und *De opere et eleemosynis*. Die Konflikte dauerten jedoch an. Auseinandersetzungen über die rechtliche Stellung der schismatischen Kirchen und die Gültigkeit der novatianischen Taufe brachen zunächst in den Gemeinden Nordafrikas und später auch in anderen Gegenden aus. C. hielt entschieden an der überkommenen Sichtweise fest, dass die Kirche ein abgeschlossener Garten sei, außerhalb dessen es keine Erlösung gebe. Dieser heftig angefochtene Streitpunkt löste eine Flut von Pamphleten aus. Die Traktate *De bono patientiae* und wahrscheinlich auch *De zelo et livore* sowie eine revidierte Fassung von *De ecclesiae catholicae unitate*, in der die Vorrangstellung Roms weniger positiv behandelt wird, sind typische Produkte dieser Periode. Offenkundig standen die Beziehungen zwischen Rom und vielen Gemeinden im Osten sowie in Afrika wegen dieser Streitfrage unmittelbar vor dem Zusammenbruch, als unter Kaiser Valerian eine neue Verfolgungswelle ausbrach. C. wurde im August 257 in die nahe gelegene Ortschaft Curubis verbannt. Als sich die Verfolgungen im Sommer 258 verschärften (ep. 80), wurde er nach Karthago zurückbefohlen. Ihm wurde der Prozess gemacht und er starb den Martyrertod.

GRAEME W. CLARKE

LThK³ 2, 1364 ff. (ungekürzte Fassung).

Literatur: RAC 3, 463–466; LACL 169–174, 472 (s. v. Märtyrerakten, n. 12).; J. Patout Burns: C. the bishop, 2002; A. Brent: C.s reconstruction of the martyr tradition: Journal of Ecclesiastical History 53 (2002) 241–268.

Cyriacus von Rom, heilig (8. Aug.), Martyrer.

1. *Geschichte.* Die erste Nachricht über ihn und fünf Gefährten *(Largus, Crescentianus, Memmia, Juliana* und *Smaragdus)* findet sich zum 8. Aug. in der römischen Depositio martyrum des »Chronographen vom Jahre 354«, von wo sie ins MartHieron gelangt ist. Die Gräber der Martyrer lagen am siebten

Meilenstein der Via Ostiense im Ort Ballistaria. Dort fand sie Bosio 1607 sowie eine von Honorius (625–638) einzig C. geweihte Kirche, die den Itinerarien zwar nicht bekannt war, jedoch von Leo III. (795–816) und Benedikt III. (855–858) restauriert worden war. Sie wurde zum zweiten Mal 1915 wiederentdeckt. In der Stadt selbst befand sich im Viertel der Diokletian-Thermen an der Stelle des heutigen Finanzministeriums ein Titulus Cyriaci, dessen Stifter zum 14. April im MartHieron genannt ist. In der aus dem 6. Jh. stammenden Passio Marcelli (BHL 5234), in den Handschriften auch Passio Cyriaci genannt, wird der Martyrer mit dem Stifter des Titulus identifiziert. Mit 21 Gefährten sei er nach vielen Abenteuern hingerichtet, an der Via Salaria ein erstes Mal und, von Papst Marcellus mit fünf Gefährten zur Via Ostiense übertragen, dort am 8. Aug. endgültig begraben worden. Die Passio ist jedoch nur ein Konstrukt aus orts- und zeitverschiedenen Kultdaten. Die sechs Martyrer fanden auch Eingang in die Passio Afrae (BHL 111), wahrscheinlich wegen ihrer zeitlichen Nachbarschaft im MartHieron. Das Fest vom 8. Aug. steht in allen römischen Liturgiebüchern (Sakramentarien, Lektionarien, Antiphonarien). Die Reliquien der sechs Martyrer wurden mit anderen, wahrscheinlich im 8. Jh., in die Stadt überführt. Ihre Namen liest man in den Translationslisten von S. Silvestro in Capite unter Paul I. (757–767), S. Prassede unter Paschalis I. (817–824), S. Martino ai Monti unter Sergius II. (844–847); Largus und Smaragdus werden auf einer Bleischeibe in S. Marcello al Corso erwähnt, wohin sie vielleicht unter Johannes VIII. (872–882) überführt wurden. Eine andere Translation soll unter Otto I. und Agapet II. (954/955) stattgefunden haben (BHL 2064).

VICTOR SAXER

Literatur: ActaSS aug. 2, 327–340; BiblSS 3, 1299 1301 ff.; Cath 3, 405 ff.; CBCR 1, 115 ff.; DHGE 12, 1165; LP 1, 324 ff. 507; 2, 11 60; MartHieron 189 f.; VSB 8, 138 ff.; Amore 214–219; Dufourcq 1, 132 f.

2. *Verehrung.* Sein Gedächtnis in Rom ist seit 354 bezeugt, ein weiteres Kultzentrum in Italien ist Ancona. In Deutschland begann die Verehrung in Neuhausen bei Worms, wohin schon 874 Reliquien kamen; sie verbreitete sich von dort zuerst nach Speyer und Lorsch und seit dem 10./11. Jh. über weite Gebiete Mitteldeutschlands, Westfalens und am Oberrhein. Otto I. brachte Reliquien nach Bamberg, andere kamen 1049 in die Abtei Altdorf im Elsass. In Franken mag sich der Kult, ausgehend von Würzburg seit der Schlacht bei Sulzfeld am Main am C.-Tag 1266, verstärkt haben. C. fand hier auch zuerst Aufnahme unter die 14 ↗Nothelfer. Er wird angerufen bei Besessenheit, gegen Anfechtungen des Teufels, bei schweren knechtlichen Arbeiten und als Beistand in der Sterbestunde. Dargestellt wird er als Diakon mit einem gefesselten Drachen oder Teufel zu Füßen.

ERICH WIMMER

Literatur: EM 3, 200 ff.; HWDA 2, 112 ff.; LMA 3, 405.

Cyrill von Alexandrien, heilig (GK g 27. Juni), 1882 Kirchenlehrer; †27.7. 444. Über den jungen C., seit 412 Bischof von Alexandrien als Nachfolger seines Onkels Theophilus, weiß man gesichert nur, dass er diesen 403 zur Eichensynode begleitet hatte, auf der ↗Johannes Chrysostomus abgesetzt worden war. C. scheint sich theologisch hauptsächlich an ↗Athanasius gebildet zu haben; in seiner Frühzeit hat er in dessen Stil die Arianer bekämpft, außerdem ausführliche allegorische Erklärungen zu alttestamentlichen Büchern und zum Johannesevangelium geschrieben. Wenn er auch die Bekämpfung des Apollinarismus nicht wahrgenommen zu haben scheint, spricht er doch unpolemisch von der vernunftbegabten menschlichen Seele Christi. Schon sein Osterfestbrief von 421 verrät besondere christologische Aufmerksamkeit; so dürfte sein Befremden über die Predigten des Nestorius echt ewesen sein: er warf ihm 429 vor, weltweites Ärgernis durch die Bestreitung des Theotokos-Titels für Maria verursacht zu haben. Während Nestorius in Christus zwischen dem Menschlichen und dem Göttlichen so sehr unterschied, dass er das Leiden nicht dem Gottessohn selbst zuschreiben wollte, erklärt C. (ähnlich wie schon Athanasius), der Gottlogos selbst habe sich bei unveränderter Bewahrung seiner göttlichen Natur (φύσις) das Menschliche im Heilsgeschehen (οἰκονομία) so zu eigen gemacht, dass es nun ihm gehört und auch von ihm selbst ausgesagt werden muss (zweiter Brief an Nestorius); so ist der Titel »Gottesgebärerin« für Maria die Echtheitsprobe für die Christologie. Die Einheit des Christus wahrt C. durch sein wiederholtes »ein und derselbe«; um theologische Fachbegriffe bemüht er sich nicht; die Einheit des Christus kann er als »auf der Ebene der Hypostase«, als »auf der Ebene der Physis« oder einfach als »physisch« bezeichnen (dritter Brief an Nestorius); er meint damit immer eine seinshafte Einheit im Gegensatz zur nur moralischen Einheit des Christus, die er bei Nestorius fand. C. wandte sich ebenso wie Nestorius nach Rom; Papst Coelestin I. fällte 430 eine Entscheidung gegen Nestorius und übertrug dem C. deren Ausführung. C. hielt selbst eine Synode ab, die seinem dritten Brief an Nestorius und den angehängten zwölf Anathematismen (Kapitel) zustimmte. Nestorius veranlasste den Kaiser Theodosius II., für Pfingsten 431 ein Konzil nach Ephesus einzuberufen, dessen Leitung aber C. übernahm. C.s zweiter Brief an Nestorius wurde vom Konzil angenommen und stellt dessen Lehrentscheidung dar. Mit der antiochenischen Partei, die das Konzil zunächst abgelehnt, ja ein Gegenkonzil gehalten hatte, einigte er sich 433 auf der Grundlage einer antiochenischen Formel, welche den Theotokos-Titel für Maria anerkannte und die doppelte Wesensgleichheit des Christus mit Gott dem Vater und mit den Menschen betonte. C.s Brief an Johannes von Antiochien, der diese Formel enthält, wurde in Chalcedon 451 zusammen mit den Glaubensbekenntnissen von Nizäa und Konstantinopel, mit C.s zweitem Brief an Nestorius und dem Brief Papst Leos an Flavian (Tomus Leonis) als Basisdokument anerkannt. Die Lehrentscheidung von Chalcedon stellt u. a. durch Betonung des »ein und derselbe« z. T. eine Überarbeitung der Unionsformel von 433 im Sinne C.s dar (de Halleux). Kein anderer Kirchenvater ist mit seinen Formulierungen so für Konzilsaussagen maßgeblich geworden wie C. (Wickham). Im Osten wurde er aber wegen Verdachts des Apollinarismus z. T. abgelehnt, was zur Entstehung der nestorianischen Kirche führte, weil er in der das Konzil von Ephesus begleitenden Polemik die Formel des Apollinarius »die eine menschgewordene Natur des Logos« verwendete, die er für athanasianisch hielt. Die Formel führte schließlich zur Entstehung der monophysitischen Kirche, C. selber hat sie rechtgläubig verstanden. Trotz Betonung der Inkarnation sieht C. in ihr nicht das einzige Heilsereignis; auch Tod und Auferstehung Christi sind für ihn heilswirksam, ja das Heil der Menschen vollendet sich erst in der Erhöhung des Auferstandenen (Münch-Labacher). Nach 435 bekämpfte er die Werke Theodors von Mopsuestia, die von den Anhängern des Nestorius nun eifrig verbreitet wurden, enthielten sie doch dieselbe Christologie wie die in Ephesus verurteilte.

HERMANN JOSEF VOGT

LThK³ 2, 1368 ff. (ungekürzte Fassung).

Werke: J. Aubert, 6 Bde., 1638 (PG 68–77); P. Pusey, 7 Bde., 1968–77; E. Schwartz: ACO 1 (antinestorianische Schriften); J.-B. Chabot: CSCO 70 (1912) (Lukas-Kommentar, syrisch), übersetzt von R. M. Tonneau: ebd. 140 (1953); Deux dialogues christologiques, hg. v. G. M. de Durand: SC 97 (1964); Dialogues sur la Trinité, hg. v. demselben: SC 231 (1976), 237 (1977), 246 (1978); Contre Julien I et II: SC 322 (1985); Lettres festales I–IV: SC 372 (1991); Select Letters, hg. und übersetzt von L. R. Wickham, 1983.

Literatur: LACL 174–178; H. du Manoir: Dogme et spiritualité chez Saint C. d'Alexandrie, 1944; A. Grillmeier: Jesus der Christus im Glauben der Kirche, Bd. 1 ³1990, 673–686; Gestalten der Kirchengeschichte, hg. v. M. Greschat, Bd. 2 1984, 227–238; N. Russell: C. of Alexandria, 2000; C. Münch-Labacher: Naturhaftes und geschichtliches Denken bei C. von Alexandrien, 1993; T. G. Weinandy u. a. (Hg.): The theology of C. of Alexandria, 2003.

Cyrill von Jerusalem, heilig (GK g 18. März), Kirchenlehrer 1883, * um 313, Bischof von Jerusalem (348 oder 350–386 oder 387). Vom arianisch gesinnten Metropoliten Acacius von Caesarea als Nachfolger des nizänischen Maximus inthronisiert, wurde er doch dreimal auf Drängen der Arianer verbannt: 357 (bis 359) und 360 (von Acacius verurteilt, bis 362) und 367–378 unter Kaiser Valens. Brief über eine Kreuzerscheinung vom 7.5.351 an Kaiser Constantius II.; Streit mit Acacius über den Ehrenrang Jerusalems (Nizäa, c. 7). C. widersetzt sich dem Versuch Kaiser Julians im Jahr 362, den jüdischen Tempel wiederzuerrichten. Obwohl ehemals der homöischen Partei zuzurechnen, vertritt C. auf dem Konzil von Konstantinopel (381) die Orthodoxie; er predigt antisabellianisch (gegen Marcellus von Ancyra) und antiarianisch (ohne von ὁμοούσιος oder οὐσία zu reden und mit subordinatianischen Formulierungen). Über den Heiligen Geist und seine Gottheit hat er mehr zu sagen als andere seiner Zeit. Wahrscheinlich hat er die auf die konstantinische Grabeskirche zugeschnittene Liturgie geprägt, die aufgrund der Wallfahrten für die gesamte Kirche zum Vorbild wurde. Besonders Egerias Pilgerbericht und das armenische Lektionar enthalten hierüber wertvolle Hinweise. Hoch entwickelt ist C.s Auffassung der Eucharistie als Opfer. Er bezeugt ein Hochgebet nach Art der sogenannten Jakobusanaphora. Seine Schriften belegen die überragende Stellung der Initiationssakramente. Authentisch sind eine Prokatechese und 18 Katechesen – die letzten 13 zum Jerusalemer Glaubensbekenntnis –, 348 oder 350 in der Fastenzeit an Taufkandidaten meist in der Grabeskirche gehalten. Die fünf mystagogischen Katechesen, in der Osterwoche an Neugetaufte gerichtet, handeln über die Initiationsriten und stammen in der vorliegenden Form eventuell von Johannes II. von Jerusalem († 417), C.s Förderer und Nachfolger, zumindest aus der Spätzeit Cyrills.

STEFAN HEID

LThK³ 2, 1370 (ungekürzte Fassung).

Literatur: ActaSS mar. 2,625–633; BiblSS 3, 1318–20; BBKL 1, 1186 f.; DPAC 1, 696 f.; LACL 178 ff.; E. Yarnold: C. of Jerusalem, 2000; A. J. Doval: C. of Jerusalem, 2001.

Cyrill und Method, heilig (GK F 14. Febr.), »Lehrer und Erleuchter der Slawen«, Übersetzer der östlichen Liturgie in die altslawische Sprache mittels des von ihnen dazu geschaffenen Alphabets, von Johannes Paul II. am 31.12.1980 zu Mitpatronen Europas (neben ↗Benedikt von Nursia) ernannt.

1. *Cyrill* (Kirill; Taufname: Konstantin, Beiname: der Philosoph), *826/827 Thessalonike als Sohn eines hohen militärischen Verwaltungsbeamten, †14.2. 869 Rom; ging zum Studium der Philosophie nach Byzanz und blieb dort als Lehrer. Ein Klostereintritt dort ist umstritten. Kaiser Michael III. entsandte ihn (mit Photius) zum Kalifen nach Samarra und 860 mit M. als Leiter einer Gesandtschaft zu den Chasaren auf die Krim (Bericht über die theologische Diskussion in der nur slawisch tradierten Vita [6]). 863 ging er mit M. im Auftrag des Kaisers nach (Groß-)Mähren, da Fürst Rastislav um slawisch sprechende Priester gebeten hatte. C. und M. beherrschten den in der Umgebung ihrer Heimatstadt verbreiteten südslawischen Dialekt, den sie normierten und für den sie ein Alphabet (»Glagolica«) schufen, das sie für Übersetzungen biblischer und liturgischer Texte benutzten. Die Schaffung erster einheimischer kirchlicher Strukturen führte zu Spannungen mit fränkischen Missionaren im Wirkungsgebiet, auch wegen der Frage nach der erlaubten Liturgiesprache. 866 Verlegung des Tätigkeitsgebiets nach Pannonien. Der genaue geographische Umfang ihrer Mission ist strittig. 867 ging C. über Venedig (dort erneute Auseinandersetzungen wegen der Kirchensprache) nach Rom, wo Hadrian II. ihre Tätigkeit billigte und unterstützte. Hier wurde er wohl Mönch und erhielt den Namen C. Kurz darauf verstarb er und wurde in der Kirche S. Clemente beigesetzt.

2. *Method* (Taufname: Michael; leiblicher Bruder des C.), * um 815 Thessalonike, †6.4.885 Mähren; wurde 840 Mönch, nachdem er zuvor im Staatsdienst tätig gewesen war. Als Hegumen des Klosters Polychronion begleitete er C. zu den Chasaren und auf weitere Missionsreisen. Nach C.s Tod 869 in Rom Erzbischof von Pannonien und Mähren (mit dem Titel von Sirmium) sowie Legat des Papstes bei den Slawen, Rückkehr nach Pannonien. 870 wurde er nach der Niederlage Rastislavs gegen Ludwig den Deutschen und weiteren Konflikten mit dem lateinischen Klerus verbannt (Ellwangen?, Reichenau?), da Erzbischof Adalwin von Salzburg das Gebiet beanspruchte und in Regensburg ein Urteil gegen M. erwirkt hatte. 873 erreichte Johannes VIII. seine Freilassung und Rückkehr nach Mähren, allerdings unter Verzicht auf die slawische Liturgie. In den nächsten Jahren Auseinandersetzungen um die ihm erteilten Privilegien. Der Versuch, in Mähren eine von Rom abhängige, zur fränkischen Reichskirche parallele Kirchenorganisation mit lateinischer und slawischer Liturgie zu schaffen, scheiterte letztlich. 881/882 Reise nach Konstantinopel, in den letzten Lebensjahren Arbeit an weiteren Übersetzungen in die von ihm und C. normierte kirchenslawische Sprache. Nach der Bestimmung von Gorazd zu seinem Nachfolger stirbt M. Sein Begräbnisort ist umstritten (Uherské Hradiště [heutiges Ostmähren]?).

Nach dem Tod des M. gingen seine Anhänger und Schüler nach Bulgarien, wo sie sich unter Fürst Boris entfalten konnten. Von hier aus hat sich bei den Ostslawen und den orthodoxen Südslawen die nach C. benannte kyrillische Schrift (»Kyrillica«), eine für das slawische Lautsystem überarbeitete und erweiterte Form der griechischen Schrift, verbreitet. Im eigentlichen Wirkungsgebiet der Brüder hat sich der westliche Ritus in lateinischer Sprache aufgrund politischen Drucks durchgesetzt.

3. *Verehrung.* Im 19. Jh. entstand v.a. in den slawischen Ländern ein Kult der

beiden Heiligen, der auch im Zusammenhang mit den nationalen Bestrebungen zu sehen ist. Das gilt besonders für Mähren und Kroatien. Durch die verschiedenen 1000-Jahr-Feiern der Heiligen im 19. Jh. wurde diese Entwicklung noch verstärkt. Durch die Enzyklika Grande munus von 1880 gebietet Leo XIII. Verehrung und Fest der Brüder in der Westkirche.

THOMAS BREMER

LThK^3 6, 556 f. (ungekürzte Fassung).

Quellen: F. Grivec – F. Tomšić: Constantinus et Methodius Thessalonicenses. Fontes, 1960; Magnae Moraviae Fontes Historici, Bd. 1–5, 1966–76; J. Bujnoch: Zwischen Rom und Byzanz, ^{2}1972; V. Peri: C. e M. Le biografie paleoslave, 1981.

Literatur: LMA 5, 1383 ff.; F. Grivec: Konstantin und M., Lehrer der Slaven, 1960; A. Salajka (Hg.): Konstantin-K. aus Thessalonike, 1969; C. Hannick: Die byzantinischen Missionen: Die Kirche des frühen Mittelalters, hg. v. K. Schäferdiek, 1978, 279–359; K. Trost u. a. (Hg.): Symposium Methodianum, 1988; E. Konstantinou (Hg.): Leben und Werk der byzantinischen Slavenapostel M. und K., 1991; A. E. Tachiaos: C. and M. of Thessalonica, 2001.

Damasus I., Papst (1. 10. 366–11. 12. 384), heilig (GK g 11. Dez.), * um 305, spanische Herkunft (LP 39) ist zweifelhaft. Epigramme (Ferrua 57 10 11) bezeugen Abstammung aus einer römischer Familie (Vater Antonius Diakon [und Bischof?], Mutter Laurentia und Schwester Irene). Als Diakon des exilierten Bischofs Liberius schwenkte D. zu dem vom Kaiser eingesetzten Felix um. Obwohl Liberius allen verzieh, wählte eine unversöhnliche Minderheit Ursinus, bevor die Mehrheit D. erhob. Nach blutigen Zusammenstößen, zuletzt in der Basilika Sicinini (Liberii?) mit mehr als hundert Toten, musste Ursinus unter staatlichem Zwang weichen. Seine Partei machte D. noch jahrelang zu schaffen (u. a. der Kapitalprozess durch den Juden Isaak). Kaiser Gratian sprach 378 dem römischen Bischof grundsätzlich höchste Gerichtsbarkeit über die Metropoliten im Westen zu. Klug suchte D. nichts zu erzwingen und teilte den Einfluss mit ↗Ambrosius; er ignorierte die Appellation des spanischen Schwärmers Priscillian; an die gallischen Bischöfe schrieb er jedoch schon im Stil späterer Dekretalen. Auch wenn seine Politik (in Antiochien Anerkennung des Paulinus und Ablehnung des Meletius) Ärger hervorrief und sein Glaubensbekenntnis als nicht klar genug empfunden wurde, führten doch seine wiederholt mit römischen Synoden formulierten Glaubensbekenntnisse und Anathematismen (zuletzt im *Tomus Damasi* 378) zu seiner sachlichen Annäherung an die Kirchen des unter Valens († 378) tief gespaltenen Ostreichs und zur theologischen Übereinstimmung (Synode von Antiochien 379, Edikt *Cunctos Populos* des Theodosius 380). Als Theodosius I. die Ostkirche ihre Angelegenheiten selbst regeln ließ (Synode des Meletius in Antiochien 379, Konzil von Konstantinopel 381), Ambrosius die Reste des Arianismus im Westen mit dem Konzil von Aquileia 381 überwand und ein ökumenisches Konzil in Rom nicht zustande kam, erinnerte D. nachdrücklich an die apostolisch-petrinische Qualifikation der römischen Kirche (Synode 382, erhalten im Decretum Gelasianum). – D. förderte die biblischen Studien des ↗Hieronymus und ermunterte ihn zur Revision der lateinischen Bibelübersetzung (Vulgata). – Unter D. begann eine rege kirchliche Bautätigkeit in Rom (u. a. drei Titelkirchen, viele Gedenkstätten der Martyrer und 59 von ihm verfasste metrische Inschriften in »Damasianischen Lettern« von Furius Dionysius Philocalus).

JAKOB SPEIGL

Quellen: CPL 1632–36.

Literatur: DACL 4, 145–197; DHGE 14, 48–53; EC 4, 1136–39; LACL 183 ff.; CASPAR 1, 196–256; Saecularia Damasiana. Atti del convegno internazionale per il XVI centenario della morte di papa D. I 1984, hg. v. Pontificio Istituto di Archeologia Cristiana, 1986; U. REUTTER: D., Bischof von Rom (366–384), 1999.

Damian de Veuster (Taufname: Jozef), heilig (2009; 11. Okt.), SSCC (1859), Aussätzigen-Missionar, *3.1.1840 Tremelo, Belgien, †15.4.1889 auf Molokai nordwestlich von Hawaii; wirkte seit 1864 auf den Hawaii-Inseln, seit 1873 bei den Aussätzigen auf Molokai, in deren Dienst er sein ganzes Leben stellte, bis er schließlich selbst aussätzig wurde und an Lepra starb. Sein Leichnam wurde 1936 nach Löwen in Belgien überführt.

MICHAEL HAKENES

Quellen: D. de V.: Beten Sie für uns Aussätzige. Die Briefe der letzten Jahre (1885–1889), hg. v. E. Brion, 1990.

Literatur: G. Daws: D. de V., ^{2}1994; H. Eynikel: D., 1997; R. Stewart: Leper Priest of Moloka'i, 2000; E. Brion: Le Père D., entre l'histoire et le mythe: Neue Zeitschrift für Missionswissenschaft 56 (2000) 149–154.

Daniel (Daniele) **Comboni,** heilig (2003; 10. Okt.), Missionar, Bischof, *15.3. 1831 Limone am Gardasee, †10.10.1881 Khartum im Sudan; ausgebildet in einem Missionsinstitut in Verona. 1854 Priester, kam er 1857 in den Sudan. 1867 gründete er in Verona ein Institut für missionarische Aufgaben in Zentralafrika (»Söhne des heiligen Herzens Jesu« [MCCJ]), 1876 die Schwesternkongregation »Pie Madri della Nigrizia«, mit der erstmals Missionsschwestern nach Afrika kamen. 1877 Apostolischer Vikar für Zentralafrika. C. stellte sein Missionsprogramm vor (*Piano per la rigenerazione dell'Africa*, 1864; *Postulatum pro Nigris Africae Centralis* [für das Erste Vaticanum] u.a.): gezielte Missionsmethode durch sogenannte Christendörfer, Förderung des einheimischen Klerus und Reduktion des europäischen Personals.

KARL SUSO FRANK

Literatur: Archivio Comboniano, 1961 ff.; C. FUSERO: D. C., ^{3}1961; J. MAUZAIZE: Un apôtre de l'Afrique au XIXe siècle, 1980; E. SORIO: D. C., 1983; G. ROMANATO: D. C., 1998.

Dionysius von Alexandrien, heilig (8. April), genannt »der Große«, einer der bedeutendsten Bischöfe seiner Zeit, * Ende des 2. Jh. aus angesehener nichtchristlicher Familie, †264/265 in hohem Alter; philosophisch und rhetorisch hoch gebildet, von Origenes unterwiesen und wohl von Demetrius getauft. 231/232 übernahm er von Heraclas den kirchlichen Unterricht und folgte ihm später als Bischof (247/248).

Seine Amtszeit begann mit dem Ausbruch der Pest und lokalen Wirren in Alexandrien. Es folgte die Verfolgung unter Decius (249–251), die D. zur Flucht veranlasste. Wie ↗Cyprian von Karthago (†258) musste er sich vor seiner Gemeinde rechtfertigen. Im Streit um die Wiederaufnahme der in der Verfolgung »Gestrauchelten« (»Lapsi«) entschied sich D. für die Möglichkeit der Buße und kämpfte gegen den Rigorismus Novatians um die Einheit der Kirche. Im Streit um die Anerkennung der Häretikertaufe versuchte er, zwischen Rom und Karthago zu vermitteln, indem er zwar grundsätzlich die Häretikertaufe verwarf, im Einzelfall jedoch dem Bischof die Entscheidung überlassen wollte. In Ägypten bekämpfte er den Chiliasmus und wies in seiner Schrift *Über die Verheißungen* u.a. nach, dass die Offbarung und die übrigen johanneischen Schriften im Neuen Testament nicht vom selben Verfasser stammen können. In der seinem Sohn Timotheus gewidmeten Schrift *Über die Natur* (Eusebius, Praeparatio evangelica XIV, 23–27) bekämpfte er als erster christlicher Autor den materialistischen Atomismus der Epikureer. In der Verfolgung unter Valerian (257–260) wurde D. verbannt, überlebte jedoch. In einem Konflikt mit libyschen »Sabellianern« ordnete er den Sohn Gottes dem Vater so sehr unter, dass er später als Vorläufer des Arianismus galt. Gegenüber seinem römischen Namensvetter Dionyisus verteidigte er seine Rechtgläubigkeit. Dabei betonte D. die göttliche Trias (Trinität), erkannte aber auch die Homousie des Sohnes mit dem Vater als orthodox an. Von den Werken des D. sind nur Fragmente (v. a. bei Eusebius, Athanasius und Basilius) erhalten. Von den zahlreichen Briefen (enger Kontakt mit Rom) sind nur zwei vollständig überliefert. Die Tradition der Osterfestbriefe wurde wohl von ihm begründet.

WOLFGANG A. BIENERT

Quellen: CPG 1, 1550–1612.

Übersetzung: C. L. FELTOE, 1918 (englisch); W. A. BIENERT: Bibliothek der grieschischen Literatur, Bd. 2, 1972 (deutsch).

Literatur: DHGE 14, 248–253; LACL 201 ff.; BARDENHEWER 2, 203–227; L. ABRAMOWSKI: Dionys von Rom († 268) und D. († 264/265) in den arianischen Streitigkeiten des 4. Jh.: Zeitschrift für Kirchengeschichte 93 (1982) 240–272; H. PIETRAS: L'unità di Dio in D. di Alessandria: Gregorianum 72 (1991) 459–490; A. JAKAB: D. d'Alexandrie, réexamen des données biographiques: Recherches Augustiniennes 32 (2001) 3–37.

Dionysius von Paris, heilig (GK g 9. Okt.), Bischof und Martyrer. Als erster Bischof von Paris, der im Vicus Catulacensis am sechsten Meilenstein vor der Stadt das Martyrium erlitt und begraben wurde, ist D. um 520 erstmals bezeugt (MGH.SRM 3, 221). Die älteste Passio (BHL 2171) erzählt, er sei von ↗Clemens, dem Nachfolger des Petrus, mit zwei (nach Gregor von Tours mit sechs) Gefährten zur Heidenmission ausgesandt worden (MGH.D, Urkunden der Merovinger 1, n. 93) und nach Paris gekommen. Entsprechend der gallischen Überarbeitung des MartHieron fanden mit ihm *Rusticus* und der Archidiakon *Eleutherius* den Tod (BHL 2171). Gregor von Tours fixierte ihr Martyrium auf die Zeit des Kaisers »Decius (um 250). Wie Venantius Fortunatus (Carmina: MGH.AA 4, 1, 13 f., n. 11) benennt auch er die Todesart durch Enthauptung (Historia Francorum I, 30: MGH.SRM 1/12, 22 f.). Die zweite Passio (um 800 [?]) fügt hinzu, D. habe auf dem Hinrichtungsplatz, einem Hügel außerhalb der Stadt (nach BHL 2175 Mons Mercurii, Mons Martyrum), sein abgeschlagenes Haupt aufgenommen und bis zu seiner späteren Grablege getragen (BHL 2178). – Über dem Grab des D. erhob sich bereits gegen Ende des 5. Jh. eine Coemeterialbasilika (Vita Genovefae: BHL 3335), die um 500/510 ausgebaut wurde, so dass sie die Gräber von Angehörigen des merowingischen Königshauses aufnehmen konnte und zu einem der wichtigsten Heiligtümer des Frankenreiches wurde (St-Denis). Seit 1124 galt D. als Identifikationsfigur des in der Heldentradition Karls des Großen verankerten französischen Königtums.

Die zweite Passio (um 800 [?]) identifizierte D. mit dem in Apg 17,34 genannten Mitglied des Athener Areopags (heilig, 3. Okt.). Nach Eusebius (h. e. III, 4, 10 und IV, 23, 3) war er erster Bischof von Athen war. Diese Nachricht greift Abt Hilduin I. von St-Denis (814–um 840) auf (MGH.Ep 5, 327–333, n. 20) und nimmt überdies die Gleichsetzung

mit jenem theologischen Schriftsteller der Zeit um 500 vor, der sich selbst als *Dionysius Areopagita* ausgibt. Im Lichte dieser Kombinationen schrieb Hilduin in einem »opus geminatum« die Vita des Pariser Gründerbischofs neu (BHL 2175; Sigebert von Gembloux, Catalogus de viris illustribus, hg. v. R. Witte, 1974, 76).
Um die Mitte des 11. Jh. behauptete das Regensburger Kloster St. Emmeram, das ganze Corpus des Areopagiten von Paris-Athen zu besitzen, worauf man in St-Denis heftig reagierte (BHL 2198). Anlässlich eines Westfeldzuges Kaiser Arnulfs sollen die Gebeine des D. in raffinierter Bergungsaktion in St-Denis gestohlen und in Regensburg versteckt worden sein (BHL 2195), bis man sie 1049 – inschriftlich beglaubigt – wiederfand (BHL 2194).
Nahm seit dem 6. Jh. der Kult des D. v. a. im westfränkischen Reich von St-Denis seinen Ausgang, so tritt seit der Mitte des 11. Jh. St. Emmeram in Regensburg als neues Kultzentrum für den süddeutschen und ostmitteleuropäischen Raum auf.

JOSEF SEMMLER

Quellen: BHL 2171 2175 2178; BHL 2194 2195 2198 2203.

Literatur: BIBLSS 4, 650–661; DGHE 14, 263 ff.; LMA 3, 1076–1079; VSB 10, 270–288; M. ZENDER: Die Verehrung des heiligen D. von Paris in Kirche und Volk: FS F. Petri, 1970, 528–551; J. VAN DER MEULEN – A. SPEER: Die fränkische Königsabtei St-Denis, 1988, 121–200; J. EHLERS: Politik und Heiligenverehrung in Frankreich: Politik und Heiligenverehrung im Hochmittelalter, hg. v. J. PETERSOHN, 1994, 141–176.

Dominikus de Guzmán, **Ordensgründer,** heilig (1234; GK G 8. Aug.), Gründer des OP, * um 1170 Caleruega, Kastilien, † 6. 8. 1221 Bologna (Grab in der Dominikanerkirche); Studium in Palencia, um 1196 Kanoniker unter Bischof Didacus von Azevedo am Domstift Osma. 1206 in Rom von Innozenz III. für das zur Bekehrung von Waldensern und Katharern in Südfrankreich tätige päpstliche Verkündigungswerk gewonnen, entwickeln beide das Konzept der apostolischen Predigt in evangelischer Armut, das Innozenz III. im November 1206 bestätigt. In Prouille bei Toulouse 1207 Gründung einer mit einem Kloster für bekehrte Frauen verbundenen Missionsstation. Nach dem Tod des Didacus (1207) und während der Albigenserkriege setzt D. die Seelsorgstätigkeit allein fort. Erste Gefährten binden sich 1215 durch Profess an ihn; Bischof Fulko von Toulouse bestätigt im Sommer 1215 die von D. geleitete Gemeinschaft als Diözesanprediger. Mit Zuweisung der Kirche St-Roman in Toulouse ist die rechtliche Basis für die Entwicklung der Kanonikergemeinschaft zum überregionalen Orden (Ordo praedicatorum, OP; Predigerorden) gelegt. (15. 8.) 1217 Aussendung von Fratres zur Gründung neuer Konvente, für deren Festigung D. unermüdlich tätig ist. In Rom 1221 im päpstlichen Auftrag Gründung des Frauenklosters S. Sisto. – Neben hagiographischen Berichten sind für die Biographie als Quellen wichtig von D. veranlasste Schenkungsurkunden für Prouille und päpstliche Mandate zugunsten des entstehenden Ordens, die das Konzept der evangelischen Predigt beschreiben und des D. umsichtige Planmäßigkeit im Vorgehen aufzeigen. Die persönliche Formung im Domstift Osma als Reformkanoniker ist hoch zu veranschlagen. Demütige Liebenswürdigkeit, Sorge um das Seelenheil der Menschen zeichnen den Beter und Prediger aus, der die kanonikale Lebensweise mit der apostolischen verband und ihr im Dominikanerorden neue Gestalt gab: D. gehört zu den großen Gestaltern der im Ordensleben institutionalisierten Nachfolge Jesu. – Dargestellt wird D. im weißen Habit mit schwarzem Mantel; häufigstes Attribut: Hund mit brennender Fackel im Maul.

ISNARD WILHELM FRANK

Quellen: MOFPH 16 (1935), 25 (1966); wichtigste Quelle: Jordanus von Sachsen: Libellus de principiis OP: MOFPH 15, 25–88, deutsch 1949. Quellenauszug: V. J. Koudelka (Hg.): D., 1981; M.-H. Vicaire: Saint D. d'après les documents du XIIIe siècle, 1955.

Literatur: DSp 3, 1519–32; DHGE 14, 592–608; DIP 3, 948–961; LMA 3, 1221 ff.; BiblSS 4, 693–734; M.-H. Vicaire: Geschichte des heiligen D., 2 Bde., 1962; M.-H. Vicaire: Dominique et ses Prêcheurs, ^{2}1977; G. Bedouelle: Von der Kraft des Wortes, 1984; P. Lippini: San D. visto dai suoi contemporanei, ^{3}1998; R. Spiazzi: San D. di Guzman, 1999.

Dominikus (Domingo) **von Silos,** heilig (20. Dez.), OSB (um 1030), Abt, * 1000 (?) Canas in Navarra, † 20. 12. 1073 Silos; Prior in San Millán de la Cogolla in Navarra, 1041 Abt von San Sebastián in Silos in Kastilien (seit etwa 1110 S. Domingo de Silos), das er zu disziplinärer und kultureller Blüte führte. Populärer spanischer Heiliger (altspanische Versvita des Gonzalo de Berceo).

PLACIDUS HEIDER

Quellen: Vita des Grimald von Silos: V. Valcarcel: La ›Vita Dominici Siliensis‹ de Grimaldo, 1982.

Literatur: BiblSS 4, 736 f.; DHGE 14, 623–627; LMA 3, 1185; Flórez 27, 210–235; Zimmermann 3, 460–463; A. Gutiérrez Bernardo: S. D. de Silos, 1973; M. Palacios: El monasterio de S. D. de Silos, 1973; T. Moral: Santo D. de Silos a través de la imagen, 2001.

Drei Könige (DK). 1. *Neutestamentlicher Befund.* Nach Mt 2 kamen Magier (μάγοι) von Osten nach Jerusalem, um dem jüngst geborenen König der Juden zu huldigen, dessen Stern sie hatten aufgehen sehen. Von Herodes wurden sie nach Betlehem als dem schriftgemäßen Geburtsort des Messias (Mi 5,1–3) gesandt. Nun ging ihnen der Stern voraus zum Kind, dem sie Gold, Weihrauch und Myrrhe schenkten. Die Historizität der Magiergeschichte wird heute kaum noch behauptet. Damit entfallen die Versuche, die Magier historisch als babylonische Astrologen, persische Priester oder arabische Händler zu erklären. Auch die Rekonstruktion des Sterns als Supernova, Komet oder Jupiter-Saturn-Konjunktion berücksichtigt nicht die einem jüdischen Midrasch ähnliche literarische Gattung. Dass der Hintergrund der Erzählung aus der frühjüdischen Mose-Haggada gespeist wird, ist exegetisch allgemein anerkannt. Näher als die älteren religionsgeschichtlichen Ableitungen der Magier im Zusammenhang hellenistisch-synkretistischen Denkens aus dem Mithras- oder Dusareskult liegen jüdische Parallelen. Im Griechischen bezeichnet μάγοι im engeren Sinn Angehörige der medisch-persischen Priesterkaste. Im weiteren Sinn sind damit Personen mit übernatürlichem Wissen und Können bezeichnet, z. B. Seher, Traum- und Orakeldeuter, Astrologen. Philon bezeichnet den alttestamentlichen Seher Bileam als μάγος. Philons über Num 22–24 hinausgehende Skizze Bileams (De vita Mosis I, 264–300), die, wie Iosephus (Antiquitates Iudaicae IV, 104–130) zeigt, auf frühjüdischer Haggada basiert, berührt sich in markanten Details mit den matthäischen Magiern. Da Mt 2,2 im Munde der Magier auf Bileams Weissagung des Messias (Num 24,17) anspielt, dürften sie als dem Typus Bileams entsprechend aufgefasst sein, der, selbst Heide, als Erster in der Chronologie des Alten Testaments noch vor den Propheten Israels den jüdischen

Messias geweissagt hat. Die matthäischen Magier repräsentieren demnach die Heidenvölker, die noch vor Israel zum Glauben an den Messias Jesus gelangt sind. Ihre Huldigung und Geschenke nehmen die endzeitliche Völkerwallfahrt vorweg (Ps 72,10f.; Jes 60,5f.).

THOMAS KAUT

Literatur: A. VÖGTLE: Messias und Gottessohn, 1971; M. HENGEL – H. MERKEL: Die Magier aus dem Osten und die Flucht nach Ägypten (Mt 2) im Rahmen der antiken Religionsgeschichte und der Theologie des Matthäus: Orientierung an Jesus. FS J. Schmid, 1973, 139–169; E. CUVILLIER: La visite des Mages dans L'Évangile de Matthieu: Foi et vie 98 (1999) 75–85; M. A. POWELL: The Magi as wise men. Re-examining a basic supposition: New Testament Studies 46 (2000) 1–20.

2. *Verehrung.* a) *Überlieferung und Legende:* In den Rang von Königen gelangten die Magier aus dem Morgenland erst bei Caesarius von Arles, Maximus von Turin, Isidor von Sevilla. Doch schon Tertullian verwies auf Jes 60,3 und Ps 72,10: »Könige von Tarschisch, Saba und Scheba bringen Geschenke.« Ihre Dreizahl nennt Origenes wegen der drei Gaben Gold, Weihrauch und Myrrhe. Die Namen Caspar, Melchior und Balthasar erhielten sie spät (9. Jh., z.B. Agnellus: LP; PL 106, 620), einer davon galt als Mohr (12. Jh.). Der Stern war königliches Zeichen im Judentum (Num 24,17 u.ö.) und in der Antike (Münzfund mit dem Stern über dem Kopf des Augustus).

Das liturgische Jahr kennt kein Fest »Dreikönig«, außer in Köln, woher darum die im Volk geläufige Bezeichnung für den 6. Jan. stammt. Seit sich im 4. Jh. von Konstantinopel her ein eigenes Fest durchgesetzt hatte (Epiphanie), galt es mehreren Erscheinungen Gottes in der Welt: Geburt Jesu, Huldigung der Magier, Taufe Jesu, Hochzeit zu Kana, Speisung der 5000. Der Westen hat es übernommen, doch die Inhalte wurden in den Provinzen modifiziert. Ambrosius spricht im Hymnus »Illuminans altissimus« auf das Epiphaniefest von »tria miracula«. Die Väterliteratur und die davon beeinflussten mittelalterlichen mönchischen Prediger sahen die Huldigung der Magier zusammen mit dem Lobgesang der Engel und Hirten: Gregor von Nazianz der Jüngere (PG 35, 1057/B), Basilius (PG 31, 1472/C), Augustinus (PL 38, 1026), Odilo von Cluny (PL 142, 995).

Über den Lebensweg der DK nach ihrem Besuch in Betlehem erzählen Apokryphen. Das Thomasevangelium (6. Jh.) weiß von ihrer Taufe. In der Legenda Aurea (1273) sind alle bis dahin auffindbaren Spuren in eine realitätstranszendierende Geschichte verwoben: Der Stern wie bei Mt 2,1ff. Zeichen für Gottes Führung, zugleich das vielfach Göttliche selbst. Ebenso wirksam war die »Historia Trium Regum« des Johannes von Hildesheim (1364). Sie endet mit einem Gedicht auf Köln. In kompositioneller Dreiteilung spricht sie von drei Gaben von drei Königen aus drei Ländern, deren Gebeine dreimal transloziert wurden: durch Helena nach Konstantinopel, durch Bischof Eustorgius I. nach Mailand, durch Rainald von Dassel nach Köln.

b) *Reliquien:* Nach der Vita Eustorgii Confessoris (Ende 12. Jh.) wurden die Reliquien der DK in Mailand gefunden. Dort bezeugt ein spätantiker Sarkophag den Kult, noch eine Inschrift aus dem 18. Jh. die Verehrung. Historisch ist die feierliche Translation 1164 nach Köln (Translationsfest in der Erzdiözese 23. Juli). Der Frage nach der Echtheit der Gebeine ging man im 19. Jh. ausgiebig nach. Im Mittelalter stellte sie sich nicht; das Faktum der Verehrung zählte.

Friedrich Barbarossa hatte sich nach der Zerstörung Mailands 1162 der Reliquien der Stadt bemächtigt und diejenigen der DK seinem Kanzler Rainald von Dassel überlassen. In Köln fiel ihr Segen auf Stadt und Erzbistum. Die »Realpräsenz« von Königsreliquien von Heiligen des Reiches (Zender) verlieh ihr Macht und Ansehen. Im Dreikönigsschrein des Doms, dem größten erhaltenen Reliquienschrein des Mittelalters, 1180/1215 gefertigt, verziert mit kostbaren Steinen wahrscheinlich aus Konstantinopel, ruhen sie bis heute. Im Jahr 1200 trennte man die Häupter ohne Unterkiefer von den Gebeinen ab, krönte sie und stellte sie auf das sogenannte Häupterbrett. Einzelne Reliquien der DK finden sich noch am Niederrhein, in Belgien, Frankreich und der Schweiz.

c) *Frömmigkeit und Brauch:* Anbetung des Gotteskindes und Darbringung der Gaben sind das Charakteristikum der DK in Bild und Wort. Damit begann im frühen Christentum ihr Kult in öffentlichen Sakralräumen, Engeln, Heiligen und Martyrern gleichgestellt (S. Apollinare Nuovo in Ravenna; S. Maria Maggiore in Rom). Mit der Kenntnis ihrer Namen war die Anrufung als Fürbitter möglich und waren ihre Symbole Stern und Kronen zu handhaben. In der Zeit zwischen Weihnachten und »Dreikönig«, den Zwölf Heiligen Nächten, schwingt, historisch und regional unterschiedlich, Jahresendbrauch mit, der vom kirchlichen Kult abweicht: Rauhnächte, Perchtenumzüge, Sternsingen als Heischegang, letzter Tag vor dem 6. Jan. als Obersttag, letzte Nacht die Dreimahlsnacht mit dreimaligem Mahl. Köln war jedoch seit dem 13. Jh. das eigentliche »Kraftzentrum«, zumal die Wallfahrt dorthin das ganze Jahr über möglich war. Pilgerzeichen und Medaillen mit dem Wappen der Stadt (u. a. mit den drei Kronen) zeigen die Ausstrahlung (Weiler), auch Dreikönigsprozessionen, Patronate, Bruderschaften, Filialkirchen und Kapellen verbreiteten sich von Köln nach Norden, Osten und Süden. Dreikönigszettel, getragen am Hals oder aufbewahrt im Haus, schützen vor Diebstahl, Überfall, auf Reisen, vor Kopfweh, Fallsucht, Fieber, Todesgefahr. In Bayern entstanden zwischen dem 15. und 19. Jh. bäuerliche Dreikönigskapellen. Das Sternsingen ist eine alpenländische Innovation seit der Mitte des 16. Jh. durch erwerbslose Handwerkerburschen, Soldaten, später auch arme Kinder, mit Bettelsack auf dem Rücken, kenntlich gemacht als Könige mit drehbarem Stern. Orte mit Frühbelegen sind solche einstiger Dreikönigsspiele. In den letzten Jahrzehnten hat sich der Brauchinhalt gewandelt: Kinder-Sternsinger, offiziell von katholischen Gemeinden ausgesandt, erbitten nach Weihnachten in den Wohnungen Spenden für die Dritte Welt. Beim Umgang der Sternsinger soll dabei mit den Anfangsbuchstaben C+M+B, der Jahreszahl und dem Stern auf den Türen der Segen Gottes vermittelt werden: »Christus Mansionem Benedicat«. Als Feiertag ist der 6. Jan. in den meisten deutschen Bundesländern (außer Bayern und Baden-Württemberg) abgeschafft.

ANNEMARIE BRÜCKNER

Literatur: EM 3, 868–879; VERFLEX² 4, 638–647; K. MEISEN: Die heiligen DK, 1949; Die Heiligen DK. Ausstellungskatalog des Wallraf-Richartz-Museums, 1982; M. MERRAS: The origins of the celebration of the Christian feast of Epiphany: Saint Vladimir's Theological Quarterly 41 (1997) 219–233.

Dunstan von Canterbury, heilig (19. Mai), OSB, Erzbischof von Canterbury, * um 909 Glastonbury in Somerset, † 19. 5. 988 Canterbury; verwandt mit dem englischen König Æthelstan, Neffe des Erzbischofs von Canterbury

Edith Stein

Æthelm; Ausbildung als Kleriker in Glastonbury; Aufenthalt am Königshof; hervorstechende künstlerische Fähigkeiten und literarische Bildung; Mönchsgelübde in Winchester; vom König in Glastonbury eingesetzt (940/943), wo er die Benediktregel einführte und die Abtei zu einem Reformzentrum des angelsächsischen Mönchtums machte. Seine einflussreiche Stellung als königlicher Ratgeber wurde beim Thronwechsel unterbrochen. Von König Eadwig verbannt, ging er 956–957 ins Reformkloster St. Peter ↗Gerhards von Brogne bei Gent. Von König Edgar zurückgerufen, 957/958 zum Bischof von Worcester, 959 zum Bischof von London und 959 zum Erzbischof von Canterbury erhoben. In Worcester folgte ihm 960 ↗Oswald von York, Professmönch von Fleury, während in Winchester 961/963 sein Schüler Ethelwold Bischof wurde. Gemeinsam wirkten sie für Ausbreitung und Reform des benediktinischen Mönchtums, deren Regelwerk in der »Regularis Concordia« festgelegt wurde, auf die D. wohl Einfluss nahm, ohne sie allerdings selbst zu formulieren. Von den mehr als 30 bis zu seinem Tod reformierten oder neu errichteten Männer- und Frauenklöstern – darunter auch die Ablösung von Kleriker- oder Kathedralkanonikergemeinschaften durch Mönche – wurden einige auch von D. selbst gegründet. Sechs Viten beschreiben sein Leben.

NEITHARD BULST

Quellen: Memorials of St. D., hg. v. W. STUBBS, 1874.

Literatur: BBKL 1, 1428 f.; BIBLSS 4, 869 ff.; DHGE 14, 1063–1068; DIP 3, 994 f.; DSP 3, 1818–21; LMA 3, 1463 f.; E. S. DUCKETT: St. D. of Canterbury, 1955; N. BROOKS: The Early History of the Church of Canterbury, 1984.

Edith Stein (Ordensname: Teresia Benedicta a Cruce), heilig (1998; 9. Aug.), OCD (1933), phänomenologische Philosophin, Pädagogin, * 12. 10. 1891 Breslau, † 9. 8. 1942 Konzentrationslager Auschwitz; 1906 Abkehr von ihrem jüdisch-traditionellen Kinderglauben, bezeichnete sich selbst als Atheistin; 1911–15 Studium der Psychologie, Philosophie, Germanistik und Geschichte in Breslau und Göttingen (bei den Phänomenologen Adolf Reinach, Max Scheler, Edmund Husserl), 1915 freiwilliger Lazarettdienst im Ersten Weltkrieg, 1916 Promotion summa cum laude (Zum Problem der Einfühlung, 1917), 1916–18 Privatassistentin bei Husserl in Freiburg, 1918–22 auf eigenen Wunsch freie wissenschaftliche Arbeit, intellektuelle Annäherung ans Christentum nach verzweifelter Suchphase; 1. 1. 1922 katholische Taufe, 1923–31 Lehrerin in St. Magdalena in Speyer; 1932–33 Dozentin am Deutschen Institut für wissenschaftliche Pädagogik, Münster; am 14. 10. 1933 Eintritt in den Karmel in Köln; in der Nachfolge Jesu Entwicklung eines neuen Bewusstseins für ihre jüdischen Wurzeln; am 31.12.1938 Übersiedlung nach Echt in den Niederlanden; 1939 Testament über ihre Hingabe an das Kreuz Christi, das sie in Form jeglicher Todesart zu tragen bereit sei für die Kirche und den Karmel, das jüdische Volk und Deutschland »und alle, die Gott mir gegeben«; am 2.8.1942 Verhaftung, am 9.8.1942 vermutlich Tod in der Gaskammer zusammen mit ihrer Schwester Rosa.

BEATE BECKMANN

Werke: E. S. Werke, 1950 ff.; E. S. Gesamtausgabe, 2000 ff.

Literatur: BBKL15, 1318–40; P. SECRETAN: Erkenntnis und Aufstieg. Einführung in die Philosophie von E. S., 1992; W. HERBSTRITH: E. S. Jüdin und Christin,1995; H.-B. GERL: Unerbittliches Licht. E. S. Philosophie – Mystik – Leben, 1998; A. NEYER – A. U. MÜLLER: E. S. Leben einer ungewöhnlichen Frau, 1998; A. U. MÜLLER: E. S., 2002.

Eisheilige, Benennung der Heiligen vom 11. bis 13. Mai: Mamertus (11.), ↗Pancratius (12.), ↗Servatius (13.), bisweilen auch Bonifatius (14.) und Sophia (15., »kalte Sophie«), wegen des periodisch um diese Zeit in Mitteleuropa eintretenden Kälterückfalls mit Nachtfrösten. Beginn der gemeinsamen Verehrung als E. ist nicht feststellbar, hängt aber wohl mit den Legenden zusammen, wonach Mamertus die Bittprozessionen vor Christi Himmelfahrt eingeführt haben soll und bei Servatius kein Schnee auf dem Grab liegen blieb.

KRISTIANE SCHMALFELDT

Literatur: ACTASS mai. 2, 629 f.; 3, 17 f. 209 f. 279 f.; HWDA 2, 41; LMA 3, 1575 f.; H. SCHAUERTE: Die volkstümliche Heiligenverehrung, 1948.

Eligius (Éloi) **von Noyon,** heilig (1. Dez.), Bischof von Noyon (641–660), * um 590 Chaptelat bei Limoges, † 1.12.660 Noyon; Goldschmied, Münzmeister, Minister unter Chlothar II. und Dagobert I.; Einfluss auf das Münzwesen im 7. Jh.: sein Name findet sich auf in Paris, Marseille, Arles geschlagenen Münzen. Bedeutend auch seine zum religiösen Gebrauch geschaffenen Kunstwerke (Heiligengräber, Kelch von Chelles, Kreuz von St-Denis). Als Laie verwirklichte er christliche soziale Einstellung durch Freilassungen, Schenkungen, monastische Gründungen (Solignac im Limousin, St-Martial von Paris, St-Loup von Noyon). Nach dem Tod Dagoberts 639/640 zusammen mit seinem Freund Aldowin Kleriker; am 13.5.641 gemeinsame Bischofsweihe. Als Bischofs entdeckte er die Gräber der Martyrer Quintinus (in Vermand) und Piatus (Seclin); Gründung des Frauenklosters St-Godeberte, Noyon. Wenig erfolgreiche Mission unter Flamen und Friesen. – Kultausbreitung in ganz Europa, besonders in Nordfrankreich und Belgien; Patron metallverarbeitender Gewerbe, auch bei Pferdekrankheiten angerufen.

MARTIN HEINZELMANN

Quellen: Vita, von Audoin von Rouen verfasst, liegt nur in überarbeiteter (und erweiterter) Fassung des 8. Jh. vor (BHL 2474–2476b); im 9. Jh. metrische Vita (BHL 2478). 1183 Inventionsbericht (BHL 2480) wegen Streit um Echtheit der Reliquien. Unedierte französische Vita des Spätmittelalters (Handschrift Lyon Bibliothèque municipale 772). Die E. zugeschriebenen Predigten PL 87 sind unecht, authentisch nur MGH.SRM 4, 751–761. Hymnen: U. CHEVALIER: Repertorium hymnologicum, 1892–1920, nn. 5340–45 26058.

Literatur: BIBLSS 4, 1064–1073; LMA 3, 1829 f.; VSB 12, 31–48; O. GUYOTJEANNIN: Les reliques des saint E. à Noyon: Revue Mabillon 1 (1990) 57–110.

Elisabeth, Mutter Johannes' des Täufers, heilig (23. Sept., zusammen mit ihrem Ehemann *Zacharias*), in Lk 1 Nachfahrin Aarons, Frau des Priesters Zacharias, Verwandte ↗Marias, der Mutter Jesu, Mutter ↗Johannes' des Täufers, den sie trotz Unfruchtbarkeit und hohen Alters aufgrund göttlicher Gnade gebar. Die Lk 1 zugrunde liegende täuferische Quelle deutet den Sohn der E. als Elias redivivus (Mal 3,23), der Gottes endzeitliches Volk zurüstet (Lk 1,17. 76). In dieser Personallegende verkörpern E. und Zacharias das der Predigt des Täufers folgende endzeitliche Israel. In der christlichen Bearbeitung wird E. mit ihrem prophetischen Gruß an Maria und deren Leibesfrucht (Lk 1,42), der im Ave Maria aufgenommen ist, sowie mit ihrer Seligpreisung der glaubenden Mutter des Herrn (Lk 1,45) zur Repräsentantin des an Jesus Christus glaubenden Israel.

THOMAS KAUT

Literatur: T. KAUT: Befreier und befreites Volk, 1990.

Elisabeth (Isabel) **von Portugal** (von Aragon), heilig (1625; GK g 4. Juli), Königin von Portugal, * 1269/70 Saragossa oder Barcelona, als Tochter Peters III. von Aragón und Konstanzes von Navarra, † 4. 7. 1336 Estremoz (beigesetzt in S. Clara-a-Velha in Coimbra); Großnichte der ↗Elisabeth von Thüringen, Gattin König Dionysius von Portugal, mit dem sie einen Sohn Alfons (IV.) und eine Tochter Konstanze (verheiratet mit Ferdinand IV. von Kastilien) hatte. Ihre politische Stellung festigte sie v. a. als Friedensstifterin, die im Hintergrund wirkte und wesentlichen Anteil am Vertrag von Alcanices (1297) hatte, wo sie um Ausgleich zwischen ihrem aufrührerischen Sohn Alfons und ihrem Gatten bemüht war. Aufgrund eines Ehevertrags bestens mit Gütern ausgestattet, konnte sie Klöster, Kirchen und Armenspitäler gründen und fördern, ehe wegen ihrer politischen Haltung ihre Güter konfisziert wurden und man sie zeitweise nach Alenquer verbannte. Nach dem Tod ihres Gatten in Coimbra in engem Kontakt mit dem Konvent von S. Clara, unternahm sie nur noch zwei Wallfahrten nach Santiago de Compostela.

LUDWIG VONES

Literatur: ACTASS iul. 2, 169–213; BIBLSS 4, 1096–99; DHGE 15, 217 ff.; LMA 5, 671 f.; A Pobreza e a Assistência aos Pobres na Península Ibérica durante a Idade Média, Bd. 2 1973, 527–545.

Elisabeth von Thüringen, heilig (1235; 17. Nov., RK G *19. Nov.*), * 1207 Ungarn als Tochter König Andreas' II. und Gertruds von Andechs-Meranien, † 16./17. 11. 1231 Marburg an der Lahn; 1211 im Rahmen einer Fürstenkoalition gegen Otto IV. mit Ludwig IV. von Thüringen, Sohn des Landgrafen Hermann I., verlobt; Heirat 1221; Kinder: Hermann (1222–41, 1238 Landgraf von Thüringen), Sophie von Brabant (1224–1275), Gertrud von Altenberg (1227–97). Wandte sich bereits zu Lebzeiten ihres Gemahls der Bewegung der Beginen und dem Franziskanerorden zu, dessen Eisenacher Niederlassung sie förderte. 1226 bestimmte sie Konrad von Marburg zu ihrem Seelenführer. Nach dem Kreuzfahrertod Ludwigs IV. 1227 vom landgräflichen Hof vertrieben, gründete sie 1228 ein Hospital (erstes Franziskus-Patrozinium nördlich der Alpen) in Marburg, um hier als »Schwester in der Welt« ihr Ziel vollkommener Christusnachfolge in äußerster Armut und aufopfernder Hingabe an die Armen, Kranken und Aussätzigen zu verwirklichen. Stand schon zu Lebzeiten im Ruf der Heiligkeit, wurde unter dem Eindruck ihrer sich sofort nach ihrem Tod ausbreitenden Verehrung im Zusammenwirken Konrads von Marburg, der Land grafen, des Deutschen Ordens, Kaiser Friedrichs II. und der Kurie am 27. 5. 1235 von Gregor IX. kanonisiert. Zentrum ihres Kults war Marburg, wo der Deutsche Orden eine große neue Wallfahrts- und Ordenskirche errichtete und die hessischen Landgrafen als unmittelbare Nachkommen der heiligen E. sie zur Stammmutter ihrer Dynastie und im 15. Jh. zur Patronin der Landgrafschaft und des Landes Hessen erhoben. Ihre Verehrung, die aufgrund der königlich-fürstlichen Abkunft E.s dem neuen, von der religiösen Armutsbewegung geprägten Heiligkeitsideal besonders entsprach, wurde auch von den Bettel orden und den ihnen nahe stehenden Frauenkreisen rasch europaweit mit Schwerpunkten in Belgien, Nordfrankreich, Italien, Ungarn (hier auch dynastisch bedingt) aufgenommen. Als eine der beliebtesten weiblichen Heiligen des Spätmittelalters erlangte E. im 14./15. Jh. zusätzliche Bedeutung als Hospitalheilige, der zahlreiche Ordens- und städtische Hospitäler geweiht wurden. Die Reformation und die Entfernung ihrer Gebeine 1539 aus ihrer Marburger Grabeskirche brachten einen tiefen Einschnitt. Neuen Aufschwung erlebte ihre Verehrung seit dem frühen 19. Jh. mit der romantischen Umgestaltung beliebter Motive der mittelalterlichen E.-Hagiographie (insbesondere des aus der franziskanischen Tradition des 13. Jh. stammenden Rosenwunders). Bis in die Gegenwart tragen besonders zahlreiche kirchliche caritative Institutionen Patrozinium und Namen der heiligen Elisabeth.

MATTHIAS WERNER

Literatur: BHL 1, 373–377, mit NSuppl. 103–106; EM 3, 1356–61; TRE 9, 513–520; LMA 3, 1838–42; Sankt E., Fürstin, Dienerin, Heilige, 1981; Ausstellungskatalog ›700 Jahre E.-Kirche in Marburg‹, 1981; A. Schütz: E., Landgräfin von Thüringen; Ausstellungskatalog ›Herzöge und Heilige‹, hg. v. J. Kirmeier – E. Brockhoff, 1993, 131–144; M. Ohst: E. von Thüringen in ihrem kirchengeschichtlichen Kontext: Zeitschrift für Theologie und Kirche 91 (1994) 424–444; M. Werner: Die heilige E. in Thüringen, [2]2000.

Engel. 1. *Erzengel.* Die Verehrung der E. hat ihren Ursprung in der Verehrung des Erz-E. *Michael*, die im Orient im 4. Jh. aufkam und seit dem 5. Jh. auch im Okzident verbreitet ist. Hier ging der Michaelskult von einem Heiligtum aus, das aufgrund einer Erscheinung des Erzengels am 8. 5. 492 auf den Höhen des Garganogebirges (Monte S. Angelo) errichtet wurde. Bis 1960 wurde in der römischen Liturgie am 8. Mai das Fest »Apparitio S. Michaelis arch angeli« begangen. Nach Dan 10,13 gilt Michael als Beschützer des Volkes Israel, als Schutzpatron übernahm ihn die römische Kirche und später das Heilige Römische Reich Deutscher Nation. Das Hauptfest am 29. Sept. ist das Weihedatum der römischen Michaels kirche. Als Patron wurde der Erzengel als himmlischer Waffengefährte der irdischen Schlachten um Beistand und Fürbitte angefleht, welches Motiv noch in Friedrich Spees »Michaelslied« (1621) aufklingt. Eine Anrufung Michaels als »Fürst der himmlischen Herrscher« um Schutz und Abwehr Satans »und der anderen bösen Geister« gehörte seit 1886 zu den von Leo XIII. vorgeschriebenen Gebeten nach der heiligen Messe. Im Westen war ursprünglich ebenfalls das Fest des Erz-E. Michael verbunden mit dem Gedächtnis aller anderen E. 1921 wurden dem römischen Kalendarium die Feste der Erz-E. *Gabriel (24. März)* und *Raphael (24. Okt.)* zugefügt; beide E.-Feste reichen regional bis zur Jahrtausendwende zurück. In der Neuordnung von 1969 ist der 29. Sept. Termin des gemeinsamen Festes der Erz-E. Michael, Gabriel und Raphael.

2. Ein Fest der heiligen *Schutzengel* kannte das Mittelalter nicht; erste Spuren gibt es seit dem 16. Jh. in Spanien und Frankreich. 1608 erlaubte Paul V. die Feier des Schutzengelfestes, 1667 wurde es von Clemens IX. auf den ersten Septembersonntag gelegt, Pius X. fixierte es auf den 2. Okt. Dieses Datum wurde im GK als gebotener Gedenktag (G) beibehalten.

MICHAEL KUNZLER

LThK³ 3, 650 f. (ungekürzte Fassung).

Literatur: B. Neunheuser: Die E. im Zeugnis der Liturgie: Archiv für Liturgiewissenschaft 6/2 (1960) 4–27; E. Sauser: Heilige und E. im Kirchenjahr, 1979; P. Faure: L'émergence de l'Ange gardien en Occident (XI.–XII. siècles): Connaissance des religions 45/46 (1996) 16–33; A. Felle: Culte et pèlerinages à Saint Michel en Occident: Vetera christianorum 38 (2001) 185–192.

Ephräm (Afrem) **der Syrer,** heilig (GK g 9. Juni), 1920 Kirchenlehrer; * um 306 in oder bei Nisibis; †9.6.373 Edessa. Aus christlicher Familie stammend, müht sich E. unter Einfluss des Asketen und Bischofs Jakob von Nisibis um selbständige Glaubenseinsicht. Er schätzt besonders Bischof Vologeses, der Askese und Bildung zu verbinden wusste. Den Bischöfen Abraham, Barses von Edessa und Vitus von Harran steht er als Freund und Berater nahe. E. führt das syrische vormonastisch-asketische Leben der »Bundessöhne«, wirkt als Diakon (*Hymni contra haereses* 56, 10 f.; Sozomenus, h. e. 3,16; Hieronymus, De viris illustribus 115; Palladius, Historia Lausiaca 40) und Lehrer an der Schule von Nisibis. Nach dessen Abtretung durch Jovian an die Sassaniden kommt er 363 nach Edessa, wo er seine Tätigkeit im Interesse der Orthodoxie (»Schule der Perser«) fortsetzt und u. a. durch soziales Wirken beeindruckt.

E. gilt als »der größte Dichter der Väterzeit, der vielleicht der einzige Dichtertheologe neben Dante ist« und die syrische Literatur in Form und Inhalt geprägt hat. Grundlage seiner von den zeitgenössischen griechischen Theologen weitestgehend unbeeinflussten Lehre ist seine gute Kenntnis der ganzen Bibel, die er meditierend einbringt. Theologie und philosophische Begriffe wie Person, Wesen, Natur bleiben unbestimmt und stammen aus der frühsyrischen Kirche. Charakteristisch ist seine reiche Bild- und Symbolsprache, die er der Bibel und der Natur als zweiter Offenbarungsquelle entnimmt. Die politische Lage sowie das unduldsame Nebeneinander von heidnischen Kulten, Judentum und Christen verschiedener Bekenntnisse im römisch-persischen Grenzgebiet fordern ihn heraus, die eigene Position zu vertiefen, zu erläutern und zu verteidigen. Immer wieder besingt er das »Geheimnis« der erlösenden, syrisch: »Leben wirkenden« Zuwendung Gottes zu allen Menschen, fordert in ganzheitlicher Sicht des Menschen die Bildung von Geist und Leib und mahnt zur konsequenten Umsetzung von philosophisch-theologischer Einsicht in christliche Lebensgestaltung, da ihm ein ausschließlich »grübelndes Untersuchen« der Größe Gottes unangemessen erscheint. Seine Darlegungen gehen oft unmittelbar in staunendes Gebet über. – Zu Einzelthemen vgl. die Literatur. E.s Wirkungsgeschichte ist kaum erforscht.

Die wissenschaftliche Erschließung der Werke E.s ist noch nicht beendet. – a) *Prosaschriften:* Die Kommentare zu Genesis und Exodus und der Kommentar zum Diatessaron zeigen eine von antiochenischer Nüchternheit bestimmte Exegese; die *Refutationen* bilden die wichtigste Quelle für die Kenntnis der kirchlichen Situation und philosophisch-theologischen Argumentation im syrischen Raum. Die *Rede über unseren Herrn* verbindet traditionelle und eigene Vorstellungen v. Inkarnation und Erlösung. – b) *Metrische Reden* (mēmrē: Zeilen aus 2x7 Silben ohne Strophengliederung): Die *Reden über den Glauben* behandeln die arianische Kontroverse. Fragmente bzw. nur armenisch erhalten sind *Reden über Nikomedien.* – c) *Didaktische Hymnen* (madrāšē: poetische Form, nach Zeilenzahl und Zahl ihrer Silben variierende Strophen mit Refrain): Die *Hymnen über das Paradies* verarbeiteten jüdische Traditionen. In den *Hymnen gegen die Häresien* argumentiert E. v. a. gegen Astrologie, Marcion, Bardaisan und Mani. In den *Hymnen über den Glauben* entwickelt er seine Christologie und Trinitätslehre gegen die Arianer. Die Hymnensammlungen über die Kirche, das Geburtsfest des Herrn und die Epiphanie, das Fasten, das Pascha, die Jungfräulichkeit und eine armenische Hymnensammlung behandeln Feste und Festzeiten, ferner die ganze Breite christlichen Lebens und Denkens. Als zeitgeschichtliche Quellen sind die *Nisibenischen Hymnen* wichtig, die neben theologischer, v. a. eschatologischer Thematik die politischen und kirchlichen Ereignisse in Nisibis, Edessa und Harran nennen, sowie die *Hymnen gegen Kaiser Julian.*

WINFRID CRAMER

LThK³ 3, 708 ff. (ungekürzte Fassung, Ausgaben).

Literatur: Bibliographie: M. R. RONCAGLIA – S. KHALIL: Parole d'Orient 4 (1973) 343–391. – DSp 4, 788–822; LACL 221–224; RAC 5, 520–531; A. BAUMSTARK: Geschichte der syrischen Literatur mit Ausschluß der christlich-palästinensischen Texte, 1968, 31–52; G. GRAF: Geschichte der christlichen arabischen Literatur, Bd. 1 1944, 421–433; I. ORTIZ DE URBINA: Patrologia Syriaca, 1958, 31–52; E. BECK: Glaube und Gebet bei E.: Oriens Christianus 66 (1982) 15–50; P. YOUSIF: L'eucharistie chez s. Éphrem de Nisibe, 1983; G. A. M. ROUWHORST: Les Hymnes Pascales d'E. de Nisibe, 1989.

Erasmus (Herasmus, Ras[i]mus, Ermo, Elmo) **von Antiochien,** heilig (2. Juni), Martyrer; laut Legende Bischof von Antio chien, dort unter Diokletian und später als Missonar in Sirmium (Sremska Mitrovica) unter Maximian gemartert. Abermals von einem Engel befreit, starb er um 310 in Formia in der Provinz Caserta. Obwohl im MartHieron (um 450) genannt, ist seine Authentizität fraglich. Translation seiner Gebeine nach Gaëta im 9. Jh.; Reliquien in Rom, Gubbio und Neapel. Ältere Vita aus dem 9. Jh. (längere Fassung), jüngere aus dem 11. Jh. (kürzere Fassung); aus beiden die von Johannes von Gaëta (als Papst Gelasius II.) in Montecassino verfasste Vita. – Seit Anfang des 14. Jh. als ↗Nothelfer verehrt. In Italien, Frankreich und auf der Iberischen Halbinsel ist er Patron der Seeleute. Sein Attribut (Darmwinde, womit ihm Eingeweide aus dem Leib gerissen worden sein sollen) wohl umgedeutet als Ankerwinde mit aufgewickelten Tauen; deshalb auch Patron der Drechsler, Weber und Bergleute; angerufen gegen Unterleibsleiden.

ODILO ENGELS

Quellen: BHG mit NAUCT 602; BHL mit NSUPPL 2578–2585; ACTA SS iun. 1, 206–214; MGH.PL 5, 80–94; O. ENGELS: Römische Quartalschrift 51 (1956) 19–33.

Literatur: BIBLSS 4, 1288; LMA 3, 2094 f.; BRAUN 224–230; DELEHAYE 302 307; LANZONI 77 164; O. ENGELS: Historisches Jahrbuch 76 (1957) 125–130; G. DESANTIS: Il culto di s. E. fra Oriente e Occidente: Vetera christianorum 29 (1992) 269–304.

Erich von Schweden, heilig (18. Mai, RK g *10. Juli*), um 1150 schwedischer König (Erik IX. Jedvardsson) mit Machtbasis in Västergötland, †18.5.1160 Uppsala (ermordet); Missionsfeldzug nach Finnland zusammen mit Heinrich, Bischof von Finnland. Stifter des benediktinischen Domkapitels von Uppsala. Nach seinem Tod von Erzbischof Stefan von Uppsala und E.s eigenem Sohn Knut (1167–93) zur Ehre der Altäre erhoben, im 13. Jh. (Translation 1273) Patron des Erzbistums und ganz Schwedens (Reliquien in Uppsala).

TORE NYBERG

Literatur: LMA 3, 2143; E. den helige, hg. v. B. THORDEMAN, 1954; J.-M. MAILLEFER: St. E. de Suède: Razo, Cahiers du Centre d'études médiévales de Nice 8 (1988) 87–101; A. JÖRNSSON: St. E. of Sweden – the drunken saint?: AnBoll 109 (1991) 331–346; T. NYBERG: Les royautés scandinaves entre sainteté et sacralité: La royauté sacrée dans le monde chrétien, hg. v. A. BOUREAU – C.-S. INGERFLOM, 1992, 63–69;.

Eugen von (Charles-Joseph-Eugène de) **Mazenod,** heilig (1995; 21. Mai), Ordensgründer, *1.8.1782 Aix-en-Provence, †21.5.1861 Marseille; während der Französischen Revolution mit seiner aristokratischen Familie in Italien, 1802 Rückkehr in die Heimat. Am Karfreitag 1807 persönliches Bekehrungserlebnis. Nach Studium in St-Sulpice 1811 Priester. Seelsorge in seiner Heimat. 1822 (nach Wiedererrichtung der Diözese) Generalvikar in Marseille. 1837 Bischof von Marseille (Nachfolger seines Onkels Fortuné de M.). Pastoraler Aufbau der Diözese; Pfarrei- und Seminargründungen, Berufung von Ordensgemeinschaften. Begann den Neubau der Kathedrale und der Wallfahrtskirche Notre-Dame-de-la-Garde in Marseille. In Liturgie und Theologie an Rom orientiert, trug er die Überwindung jansenistischen und gallikanischen Tendenzen mit. Verteidiger kirchlicher Freiheit, besonders der Schule und Presse. 1856 Senator des französischen Kaiserreichs (als Dekan des Episkopats). 1859 Erhebung zum Kardinal vorgesehen, Ernennung unterblieb aus politischen Gründen. – Schon 1816 begann E. in Aix eine Priestergemeinschaft (»Missionnaires de la Provence«) für volksmissionarisches Apostolat zu errichten. 1826 erfolgte die päpstliche Anerkennung und Umbenennung in »Oblaten der Unbefleckten Maria.« E. blieb dieser Gründung zeitlebens eng verbunden und ihr Generaloberer bis zu seinem Tod; verfasste ihre Konstitutionen, weitete ihre Aufgaben und Tätigkeitsbereiche aus (u.a. 1841 Kanada, 1847 Sri Lanka und USA, 1852 Südafrika, 1856 Mexiko). Rege Korrespondenz mit den Oblaten in aller Welt.

KARL SUSO FRANK

Literatur: J. PIELORZ: La vie spirituelle de Mgr de M., 1955; J. LEFLON: E. de M., 3 Bde., 1957–65, englisch 1961–70; M. QUÉRÉ: Mgr de M. et les missions étrangères, 1960; V. ANZALONE: Il Fondatore degli oblati, 1961; Vie oblate, Actes du congrès sur le charisme du Fondateur aujourd'hui, 1976; R. BOUDENS: E. von M. Leben für eine missionarische Kirche, 1995; M. ZAGO: Guardando a E. de M.: Vita consacrata 32 (1996) 204–219; A. V. DE WEDON-JONES: E. de M., 2001.

Eusebius von Vercelli, heilig (GK g 2. Aug.), erster Bischof von Vercelli (345–371); führte als erster Bischof im Westen für seinen Klerus die Vita communis ein. Auf Wunsch des Papstes Liberius bewog er Kaiser Constantius II. zur Einberufung der Synode von Mailand (355), die ihn verbannte (Palästina, Kappadokien, Thebais), da er die Verurteilung des ↗Athanasius ablehnte. Nach Rückkehr in seine Diözese bemühte er sich seit 363 zusammen mit ↗Hilarius von Poitiers um die Überwindung des Arianismus.

MICHAEL FIEDROWICZ

Werke: CCL 9, 103–109.

Literatur: DHGE 15, 1477–83; LACL 249; E. Crovella: S. E. di Vercelli, 1961; L. Dattrino: S. E. di Vercelli, Vescovo ›martire‹? Vescovo ›monaco‹?: Augustinianum 24 (1984) 167–187; E. Dal Covolo: E. di Vercelli e il suo tempo: Ricerche teologiche 8 (1997) 371–383; M. Subocz: Zur Geschichte der Gründung der Klerusgemeinschaft von E. von Vercelli: Glaube und Gemeinschaft. FS P.-W. Scheele, 2000, 375–383.

Eustachius (Εὐστάθιος, Eustasius), **Martyrer** (20. Sept.). Als römischer Heerführer soll er durch eine Erscheinung auf der Jagd (Kreuz zwischen Hirschgeweih) zum Christentum bekehrt worden sein und seinen Namen Placidus in E. geändert haben. Nach unglückseliger Trennung aller Familienmitglieder (Anklänge an Ijob) und wunderbarer Zusammenführung starben sie unter Kaiser Hadrian den Martertod. Aus dem Orient über Griechenland und Süditalien kommende Wandererzählung; in Rom im 8. Jh., in Westeuropa im frühen 11. Jh. bekannt, dann auch auf den heiligen ↗Hubert übertragen, der seine Verehrung im Spätmittelalter in Mitteleuropa verdrängte, obwohl E. zu den 14 ↗Nothelfern zählte. – Patron der Jäger und Förster.

ODILO ENGELS

Quellen: ActaSS sep. 6, 123–135; AnBoll 3 (1884) 66 ff. (beide Viten griechisch); BHG mit NAuct 641 ff. – Lateinisch: Bibliotheca Casinensis III, 1877, Florilegium 351–354; W. Meyer: Nachrichten der Göttinger Gelehrten Gesellschaft (1915) 272 ff. (1916) 793 ff.; O. Engels: QFIAB 35 (1955) 16–27; BHL NSuppl 2760–71.

Literatur: Bibl SS 5, 281–291; DHGE 16, 6 f.; Braun 240–243; O. Engels: Historisches Jahrbuch 76 (1957) 119–125.

Euthymius der Große, heilig (20. Jan.), *376 Melitene in Armenien, †20.1.473 Wüste Juda. E. wurde 396 Priester und Visitator der Klöster seiner Heimat, zog 405 nach Palästina und ließ sich bald in der Laura des Chariton bei Pharan nieder. 411 gründete er mit Theoktistus Hegumenus eine neue Laura im Wadi Dabor zwischen Jerusalem und Jericho, später zwei weitere in Mardes und Aristoboulias. Dann lebte er als Einsiedler und geistlicher Lehrer in der Nähe der von Theoktistus geleiteten Gemeinschaft. Dort entstand eine neue, nach E. benannte Laura (Weihe der Kirche 428). Zahlreiche seiner Schüler wurden später ihrerseits Bischöfe, Klostergründer und geistliche Lehrer (↗Sabas). Nach seinem Tod wurde die Laura zu einem Coenobium umgeformt. Das Sabas zugeschriebene Typikon dürfte von den monastischen und liturgischen Gebräuchen der Laura des E. beeinflusst sein. E. hatte einigen Anteil an der Christianisierung der arabischen Nomaden und der Gründung ihres eigenen Bistums, der Parembolai (Castra Saracenorum), 425. Erster Bischof wurde der von ihm getaufte Petrus Aspebet (427–vor 449). In den Auseinandersetzungen um Ephesus (431) und Chalcedon (451) verteidigte E. energisch die Orthodoxie (einzelne christologische Formulierungen in der Vita dürften ihm aber erst von Cyrill von Skythopolis zugeschrieben worden sein). Als der Monophysit Theodosius 451 Patriarch von Jerusalem wurde, sammelte sich um E. die Opposition. Eudokia-Athenais, die Gattin Theodosius' II., die seit 444 in Jerusalem lebte, revidierte 456 ihre Ablehnung des Konzils von Chalcedon offensichtlich in Rücksprache mit E. und förderte von da an die Laura.

ELISABETH GRÜNBECK

Quellen: BHG 647–650; Cyrill von Skythopolis: Vita Euthymii: E. Schwartz: Texte und Untersuchungen zur Geschichte der altchristlichen Literatur 49,2 (1939) 3–85; italienisch: R. Baldelli – L. Mortari, 1990; englisch: R. M. Price, 1991.

Literatur: BiblSS 5, 329–333; DSp 4, 1720 ff.; D. J. Chitty: The desert a city, 1966, 82–100; J. Noret: A propos des vies de s. E., Abbé († 473): AnBoll 104 (1986) 453 ff.; Y. Hirschfeld: E. and his monastery in the Judean dessert: Liber annuus 43 (1993) 339–372.

Ewald, Brüder, heilig (3. Okt.), angelsächsische Priester, Missionare und Martyrer, schon bei ↗Beda Venerabilis (h. e. V, 10) nach der Haarfarbe der weiße und der schwarze E. genannt. Wohl im Gefolge des ↗Willibrord um 690 aufs Festland gekommen, wurden sie am 3. Okt. wohl im Jahre 691, 692 oder 693 bei der Sachsenmission ermordet. Pippin der Mittlere überführte die Gebeine nach St. Kunibert in Köln; nach ihrer Erhebung durch Erzbischof ↗Anno II. am 3. 10. 1074 Verstärkung des Kultes, der heute seine Schwerpunkte an Rhein, Ruhr, Emscher und Lippe hat.

TONI DIEDERICH

Literatur: F. Schneider: Die heiligen E.e im Schatten von St. Kunibert: Colonia Romanica, Bd. 7 1992, 15–20.

Fabian, Papst (10. 1. 236–20. 1. 250), heilig (GK g 20. Jan.), Römer; Sohn des Fabius. Nach den Wirren und der kurzen, harten Christenverfolgung durch Kaiser Maximinus Thrax gelangen ihm Festigung und organisatorischer Ausbau der römischen Kirche in der Friedenszeit vor der Verfolgung des Decius. F. teilte Rom in sieben kirchliche Verwaltungsbezirke, die sieben Diakonen unterstellt wurden (MGH.AA 9/1, 75), und wandte den Coemeterien besondere Fürsorge zu. Den Eindruck seiner Persönlichkeit bezeugen u. a. Cyprian von Karthago (ep. 9,1), Novatian (Cyprian, ep. 30,5) und rühmende Legenden (Macarius Magnes, Apocriticus III, 24; Eusebius von Caesarea, h. e. VI, 29). An F. richtete Origenes ein Rechtfertigungsschreiben (Hieronymus, ep. 84, 10). F. starb als eines der ersten Opfer der Decischen Verfolgung und wurde in der Calixtuskatakombe beigesetzt (Sarkophag 1915 aufgefunden).

GEORG SCHWAIGER

Quellen: LP 1, 4 148 f.; 3, 74 285; RPR(J) 1, 15 ff.

Literatur: BiblSS 5, 426–429; Dacl5, 1058–64; Dhge 16, 317 f.; Dizionario patristico e di antichità cristiane, hg. v. A. Di Berardino, Bd. 1 1983, 1326; Caspar 1, 621 f.; F. Grossi-Gondi: San F., 1916.

Familie, Heilige Familie (HF). Die Verehrung der HF setzte verstärkt im 17. Jh. ein und nahm im 19. Jh., v. a. von Kanada aus, einen weltweiten Aufschwung. Dies zeigt sich u. a. in der Gründung einer »Bruderschaft von der HF« (1844) in Lüttich und des »Vereins der christlichen Familie« (1861), der durch Leo XIII. besonders gefördert und weltweit ausgedehnt wurde. Man sah in dem 30 Jahre währenden Leben Jesu in der HF ein bedeutungstiefes Mysterium und ein hilfreiches Vorbild für das vielfach gefährdete Familienleben.

Ein Fest der HF durfte seit 1893 auf Antrag von Diözesen und Orden am dritten Sonntag nach Epiphanie begangen werden. Unter Pius X. wurde diese Regelung 1911 ausgesetzt. Benedikt XV. führte 1920 das Fest der HF für die ganze lateinische Kirche ein (Sonntag nach Epiphanie). Der Römische Kalender von 1969 legte es auf den Sonntag in der Weihnachtsoktav bzw., falls kein Sonntag in die Oktav fällt, auf den *30. Dez.* (F). Das Tagesgebet nennt die HF ein leuchtendes Vorbild in Frömmigkeit, Eintracht und verbindender Liebe.

ADOLF ADAM

Literatur: LThK[1] 3, 949; H. Erlemann: Die HF, 1993; J. F. Chorpenning: The Holy

Family in art and devotion, 1998; R. GAUTHIER: Bibliographie sur St. Joseph et la Ste. Famille, 1999; A. KOSCHORKE: Die HF und ihre Folgen, 2000.

Fidelis von Sigmaringen (Geburtsname: Markus Roy), heilig (1746; RK g 24. April), OFMCap (1612), Gegenreformator, Martyrer, * September/Oktober 1578 Sigmaringen, †24.4.1622 Seewis (erschlagen nach einer Predigt); nach Studium in Sigmaringen und Freiburg 1611 Doktor beider Rechte; 1604–10 Bildungsreise mit jungen Adeligen. 1611–12 Advokat in Ensisheim. 1612 Priester und Ordenseintritt in Freiburg; 1613 Profess und Testament (Roysches Stipendium). Volksprediger und Guardian, besonders in Feldkirch, von wo aus F. österreichische Truppen in Graubünden (1621) betreute und die rätische Mission begann. Durch z.T. erfolg reiche Rekonversion politischer Führer hoffte F., das Volk zum katholischen Glauben zurückzuführen. Um einen drohenden Volksaufstand einzudämmen, verfasste er das sogenannte *Religions-Strafmandat* (19.4.1622). Verfasser der überwiegend kompilatorischen Exercitia spiritualia.

OKTAVIAN SCHMUCKI

Literatur: DHGE 16, 1415 ff.; DSP 5, 303 ff.; HELVSAC V/2, 1, 312 f.; MARL 2, 469; R. SCHELL: F. von Sigmaringen, 1977; O. SCHMUCKI: F. als Gegenreformator: Helvetia Franciscana 22 (1993) 106 ff.; K. SCHATKE (Hg.): Der hl. F. von Sigmaringen, 1996; M. ILG: Der Kult des Kapuzinermärtyrers F. von Sigmaringen: Helvetia Franciscana 30 (2001) 34–62.

Florian aus dem Noricum, heilig (RK g 4. Mai), Martyrer, †4.5.304 bei Lauriacum (Lorch an der Enns); Vorstand der Kanzlei des Statthalters der Provinz Ufernoricum, Opfer der diokletianischen Christenverfolgung. F. befand sich schon im Ruhestand (Exil?) in Cetium (St. Pölten). Als er in Lorch festgenommenen Christen offenbar beistehen wollte, wurde er selbst vom Statthalter Aquilinus verurteilt und in der Enns ertränkt. Seine »40 Gefährten« (Martyrer von Lorch) kamen im Kerker um. Die überlieferte Passio (Handschriften des 9. und 10. Jh.) hält im ersten Teil der historischen Kritik im Wesentlichen stand, ist aber im zweiten Teil legendenhaft erweitert. Zusätzliche Nachrichten im MartHieron (Handschriften des 8. Jh.). Über der angeblich ersten Grablege F.s erhebt sich das Chorherrenstift St. Florian bei Linz. Die Echtheit der in Krakau verehrten Reliquien ist ungewiss. – Patron in Feuer- und Wassergefahr, Diözesanpatron von Linz (seit 1971). Vielfach dargestellt in der Kunst. Attribute: Banner, brennendes Haus, Löscheimer.

RUDOLF ZINNHOBLER

Quellen: ACTASS mai. 1, 466–472; Neues Archiv der Gesellschaft für Ältere Deutsche Geschichtskunde ... 28 (1903) 386–392; Mitteilungen des Oberösterreichischen Landesarchivs 10 (1971) 25–35; MARTHIERON 230.

Literatur: W. NEUMÜLLER: Sie gaben Zeugnis, 1968; DERSELBE: Der heilige F. und seine ›Passio‹: Mitteilungen des Oberösterreichischen Landesarchivs 10 (1971) 1–35; K. REHBERGER: Der heilige F. – Ein Literaturbericht: Lorch in der Geschichte, hg. v. R. ZINNHOBLER, 1981, 98–116; H. WOLFF: Die Anfänge des Christentums in Ostraetien, Ufernoricum und Nordwestpannonien: Ostbairische Grenzmarken 31 (1989) 27–45; K. ROKOSCHOSKI: Der Schutzpatron Sankt F., [8]1996; M. VOLPERT: Hl. F.: Ihr Freunde Gottes allzugleich, hg. v. P. PFISTER, 2003, 68–71.

Franz (Francesco) **von Assisi,** heilig (1228; GK G 4. Okt.), der »seraphische Heilige«, Gründer des OFM, OSCl und TOR, Patron der Katholischen Aktion

Franz von Assisi
(Darstellung um 1320/25)

(1916), Italiens (1939) und des Umweltschutzes (1979); * 1181/82 Assisi, † 3. 10. 1226 Portiuncula bei Assisi.

1. *Leben.* Sohn des Tuchhändlers Pietro Bernadone und seiner Gattin Giovanna (Pica); auf den Namen Giovanni getauft, wird er vom Vater Francesco genannt. An der Pfarrschule von S. Giorgio lernt er lesen, schreiben und rechnen als Voraussetzung für die Ausübung des Fernhandels. Er ist intelligent, lebenslustig und beliebt. In der Schlacht bei Collestrada gerät er im November 1202 in die Gefangenschaft Perugias; danach Krankheit und Lebenskrise. 1205 Aufbruch nach Apulien im Heer des Walter von Brienne; doch schon in Spoleto Umkehr aufgrund eines Traumgesichts. Wichtige Etappen seiner weiteren Bekehrungsgeschichte sind das Gebet vor dem Kruzifix von S. Damiano, die Begegnung mit den Aussätzigen, der Verzicht auf das väterliche Erbe (1206) und die letzte Klärung seiner Berufung beim Anhören der Tagesperikope Mt 10,5 ff. (1209). Im Frühjahr 1210 zieht er mit seinen ersten Brüdern nach Rom, um sich von Papst Innozenz III. die Erlaubnis einzuholen, in Armut zu leben und die kleine Laienpredigt zu halten. 1212 schließt sich ihm ↗Klara von Assisi an. 1219 bricht er nach Ägypten auf, um auf friedliche Weise in das Kreuzzugsgeschehen einzugreifen. Im September 1219 kommt es zur Begegnung mit Sultan Melek el-Kamil bei Damiette. Von Malaria und einer Augenkrankheit befallen, kehrt er nach Italien zurück und verzichtet 1221 auf die direkte Leitung des Ordens. Als Höhepunkt seiner Nachfolge des leidenden Christus erlebt er im September 1224 auf dem La Verna die Stigmatisation. In den letzten Monaten seines Lebens dichtet er seinen Sonnengesang.

2. *Ordensgründung und Regel.* Die Ordensbildung um F. von Assisi geht rasant und unwiderstehlich vor sich. Sie geht die Wege des Enthusiasmus und der Sehnsucht nach evangelischer Armut. Der »Protoregula« von 1209 folgen auf Drängen der Päpste die »Regula non bullata« von 1221 und die »Regula bullata«, die am 29. 11. 1223 ihre Bestätigung erhält. Dazwischen sorgen regelmäßige »Mattenkapitel« und die Autorität des Heiligen für eine Formung der Brüderschaft, die 1217 in Provinzen aufgeteilt wird und 1220 die Einrichtung des Noviziats erhält. Als Wanderprediger und Missionare überschreiten die Fratres minores bald die Grenzen Italiens und sind 1221 schon in ganz Europa, in Nordafrika und in Palästina zu finden. Die Schwestern, die sich um Klara von Assisi scharen, bilden den Zweiten, und die verheirateten Christen, die sich den Idealen des Poverello verpflichtet fühlen, führen zum Dritten Orden (Terziaren). Auch für sie entstehen Lebensformen, die eng an die Regel des Ersten Ordens angeglichen sind. Obwohl kein Organisator, ist F. von Assisi nicht blind

für die Gefahren der Institutionalisierung und Klerikalisierung auf der einen und der Häresie und des Vagantentums auf der anderen Seite. Er und seine Brüder und Schwestern wollen jederzeit »den Füßen der römischen Kirche unterworfen« sein. In der Deutung dieser Zielsetzungen kommt es zu den Kontroversen der »franziskanischen Frage«.

3. *Spiritualität.* Ist auch F. von Assisi der »unvergleichliche Heilige« (Joseph Lortz), so steht er doch in einer Tradition der »imitatio vitae pauperis Christi«, die schon im 11. Jh. anhebt. Ebenso gibt es unübersehbare Verbindungslinien zu den Themen der Kreuzzugsfrömmigkeit: Menschwerdung und Leiden Christi. Neu ist bei F. von Assisi der Zug in die kosmische Weite und heilsgeschichtliche Universalität, aus der die geschwisterliche Verbundenheit mit aller Kreatur und die franziskanische Freude erwachsen. Gott gehört alles, und deshalb muss auch alles ihm zurückgegeben werden. Im Gegensatz zum Dualismus der Katharer ist die ganze Schöpfung gut. Und im Gegensatz zu den Waldensern ist die Hierarchie der Kirche gottgewollt, heilig und Ausdruck der Inkarnation Gottes. Ist schon die ganze Schöpfung Offenbarung der göttlichen Liebe, so sind es das Wort der Heiligen Schrift und das Wort, das Fleisch geworden ist, noch viel mehr. Alles wird zum Sakrament, das auf unser Woher und Wohin deutet. Gottes vermittelte Unmittelbarkeit kennt keine Grenzen. Eschatologische Verheißung und vorläufige Pilgerschaft verbinden sich zu einer Weltsicht von großer Sensibilität für die Forderungen des jeweiligen Augenblicks.

4. *Wirkungsgeschichte.* Dadurch, dass es F. von Assisi gelang, die hochmittelalterliche Armutsbewegung in die Kirche zu integrieren, verhinderte er die Entfremdung zwischen Hierarchie und Volk und förderte die Schaffung einer neuen religiösen Kultur mit mehr Erlebniswert, größerer Herzlichkeit und persönlicherem Ausdruck. Als »Christussymbol des Mittelalters« (Walter Nigg) gab er dem christlichen Streben wieder neuen Sinn und neue Richtung. Mit seinen Schriften, unter denen der sogenannte *Sonnengesang* hervorragt, ist er bis heute der glaubwürdige Zeuge einer Christusnachfolge geblieben, die menschlich weit und kirchlich fruchtbar ist. Durch seine Ordensgemeinschaften blieb er durch all die Jahrhunderte den Menschen als Einladung zu einem alternativen Lebensstil zugänglich. Auch über das Christentum hinaus wird die Prophetie seines Lebens und seiner Sendung als Inbegriff des christlichen Geistes verstanden. Vor allem seine Haltung allem Geschaffenen gegenüber hat in unserer ökologisch neu sensibilisierten Welt ein vernehmbares Echo gefunden. Alle großen Themen der franziskanischen Theologie haben sich an der Gestalt und an dem Lebensbeispiel des Ordensvaters entzündet. Darüber hinaus gibt es wenige Gebiete des gesellschaftlichen und des kulturellen Lebens, die nicht Impulse empfangen hätten aus dem Reichtum des Heiligen, der eben auch Dichter, Friedensstifter und Prototyp des neuen Menschen war.

JUSTIN LANG

LThK[3] 4, 44–47 (ungekürzte Fassung).

Quellen: Actus B. Francisci et sociorum eius: P. SABATIER (Hg.): Collection d'Études et de Documents sur l'histoire religieuse et littéraire du Moyen Age, Bd. 4, 1902; Der Bund des heiligen F. mit der Herrin Armut, 1966; Die Dreigefährtenlegende des heiligen F., 1972; Die Blümlein des heiligen F. von Assisi, aus dem Italienischen übersetzt von R. G. BINDING, 1973; Compilatio Assisiensis, introduzione e note M. BIGARONI, 1975; Die Schriften des heiligen F. von Assisi, [7]1982; Die Opuscula des heiligen F. von Assisi, hg. v. K. ESSER

²1989; THOMAS VON CELANO: Leben und Wunder des heiligen F., ³1980; Der Bericht über das Leben des heiligen F. von Assisi, oder: Der Spiegel der Vollkommenheit, 1981. – Französisch: SC 285 (1981). – Englisch: M. A. HABIG (Hg.): St. F. of Assisi. Writings and early Biographies, 1973. – Italienisch: Fonti francescane, ³1980, Nachdruck 1988. – Weitere Ausgaben, Übersetzungen und Studien: BGF.

Literatur: *Zu 1. und 2.:* E. GRAU: Die ersten Brüder des heiligen F.: Franziskanische Studien 40 (1958) 132–144; K. ESSER: Anfänge und ursprüngliche Zielsetzungen des Ordens der Minderen Brüder, 1966; D. FLOOD: Die Regula non bullata der Minderbrüder, 1968; R. MANSELLI: Nos qui cum eo fuimus, 1980; G. WENDELBORN: F. von Assisi, ²1982; I. W. FRANK: F. von Assisi. Frage auf eine Antwort, 1982; R. MANSELLI: F. Der solidarische Bruder, ²1989; H. FELD: F. von Assisi und seine Bewegung, 1994; M. HOFER: F.: Der Mann des Jahrtausends, 2000; H. FELD: F. von Assisi, 2001; R. DONI: F. d'Assisi, 2001; R. MANSELLI: San F. d'Assisi, 2002. – *Zu 3.:* H. FELDER: Die Ideale des heiligen F., 1924; K. ESSER – E. GRAU: Antwort der Liebe, 1958; R. KOPER: Das Weltverständnis des heiligen F. von Assisi, 1959; S. VERHEY: Der Mensch unter der Herrschaft Gottes, 1960; O. SCHMUCKI: Das Leiden Christi im Leben des heiligen F. von Assisi, 1960; D. V. LAPSANSKI: Perfectio evangelica, 1974; W. EGGER: F. von Assisi. Das Evangelium als Alternative, 1981; L. LEHMANN: Tiefe und Weite. Der universale Grundzug in den Gebeten des F. von Assisi, 1984;; S. WYSS: Der hl. F. von Assisi. Vom Durchschauen der Dinge, 2000; N. W. KUSTER: F. von Assisi, 2002. – *Zu 4.:* H. GRUNDMANN: Religiöse Bewegungen des Mittelalters, 1932, ²1961; H. R. ROGGEN: Geschichte der franziskanischen Laienbewegung, 1971; A. ROTZETTER: Die Funktion der franziskanischen Bewegung in der Kirche, 1977; Ausstellungskatalog ›800 Jahre F. von Assisi‹, 1982; A. ROTZETTER U. A.: F. von Assisi. Ein Anfang und was davon bleibt, 1982.

Franz von Borja (Borgia), heilig (1671; 30. Sept.), SJ (1546), dritter Ordensgeneral der Societas Jesu, *28. 10. 1510 Gandía, †1. 10. 1572 Rom; Urenkel Alexanders VI. und König Ferdinands des Katholischen; 1539–43 Vizekönig von Katalonien, 1543–51 Herzog von Gandía. Nach dem Tod seiner Gemahlin 1546 schloss er sich im Geheimen der Gesellschaft Jesu an; 1551 verzichtete er auf seine Würden. 1554–61 Generalkommissar der Jesuiten für Spanien, dann in Rom zeitweise Generalvikar des Ordens, 1564 Assistent des Generals, 1565 zum General gewählt. Die Ausdehnung der SJ suchte er zu steuern durch straffere zentrale Leitung, Festlegung der Regeln für Leben, Ämter und Ausbildung sowie Festsetzung der Gebetszeit (über den Wortlaut der Konstitutionen hinaus). 1571 Begleiter des Kardinallegaten Bonelli nach Spanien, Portugal und Frankreich. Ausgezeichnet durch Gebetsgeist und Bußstrenge.

GÜNTER SWITEK

Werke: Opera omnia, 1675; Monumenta Borgiae, 5 Bde., 1894–1911; El Evangelio meditado, 1912; Meditaciones sobre los Evangelios de las fiestas de los santos, 1925; Tratados espirituales, hg. v. C. DE DALMASES, 1964.

Literatur: BBKL 2, 101 f.; BIBLSS 5, 1190–97; DSP 5, 1019–32; POLGÁR 3/1, 316–325; SOMMERVOGEL 1, 1808–18; 8, 1875 f.; 12, 373 f. 967 f.; O. KARRER: Der heilige F. von Borja, 1921; C. DE DALMASES: El Padre F. de Borja, 1983.

Franz von Paula, heilig (1519; GK g 2. April), Ordensgründer, *27. 3. 1436 Paola bei Cosenza, †2. 4. 1507 Tours.

Von seinen Eltern ↗Franz von Assisi geweiht, hielt er sich in seiner Jugend in einem Kloster von Franziskaner-Konventualen auf und lebte dann als Eremit. Aus der Gefährtenschaft entstand eine Eremitenkongregation (Minimen, OM). Als Wundertäter bekannt, schickte ihn Sixtus IV. 1483 nach Frankreich, wo er dem sterbenden König Ludwig XI. und dessen Sohn Karl VIII. beistand. F. blieb in Frankreich; bei Hof hoch angesehen, wirkte er friedensstiftend und gründete Klöster seines Ordens. Die Kanonisation, 1512 eingeleitet, kam erst nach Abschluss des französischen Konkordats von 1517 zustande.

KARL SUSO FRANK

Literatur: BiblSS 5, 1163–82; DIP4, 527–530; DSp 5, 1040–51; F. Russo: Bibliografia di S. F. di Paula, 1957, 1967; A. M. Galuzzi: Origini dell'Ordine dei Minimi, 1967; P. Giuliana: Sulle trace di F. da Paola, 2002.

Franz von Sales (François de Sales, Salesius), heilig (1665; GKG 24. Jan.), Bischof, 1877 Kirchenlehrer, Patron der Journalisten (1923) und der Gehörlosen, Ordensgründer, bedeutender spiritueller Schriftsteller; *21.8.1567 Schloss Sales in Thorens in Savoyen; †28.12. 1622 Lyon.

1. *Leben.* 1578–88 Studium der Philosophie und Theologie in Paris. 1586 spirituelle Krise: er meinte von Gott verworfen zu sein; in einem Akt der Selbsthingabe an Gott und der Weihe an Maria konnte er die Verzweiflung überwinden. 1589–91 Fortsetzung des Studiums der Theologie und der Rechtswissenschaften in Padua; 1591 Doktor beider Rechte, 1593 Priester, gleichzeitig Ernennung zum Propst des Kathedralkapitels St-Pierre in Genf (mit Residenz in Annecy). 1594 (bis 1597) Bemühung um Rekatholisierung der 52 Pfarreien des Chablais (1536 durch Bern erobert, 1593 wieder an Savoyen). 1597 auf Wunsch Clemens' VIII. dreimaliges Zusammentreffen mit Théodore de Bèze in Genf. Aus dem Einsatz im Chablais erwuchs auch die Schrift *Défense de l'Estendart de la sainte Croix* (1600). F. wird Koadjutor des Bischofs Claude de Granier von Genf-Annecy. 1602 Reise nach Paris, um die Seelsorge in dem Frankreich zugeschlagenen, aber diözesan zu Genf gehörigen Gebiet von Gex sicherzustellen. In Paris Predigten und spirituelle Begleitung; bedeutsame Kontakte mit dem Kreis um Madame Acarie (Maria Guyart). Auf der Rückreise erfuhr F. in Lyon vom Tod seines Bischofs. Am 8.12.1602 Bischofsweihe in Thorens. Als Bischof suchte F. seine Diözese im Sinn der Bestimmungen des Tridentinums zu leiten: Firmungs- und Visitationsreisen, Bemühungen um Predigt und Katechese. Geistliche Begleitung vieler (auch durch Briefe). Bei Fastenpredigten in Dijon 1604 Begegnung mit ↗Johanna-Franziska Chantal, einer jungen Witwe mit vier Kindern. Allmählich wuchs in dieser Beziehung das Konzept einer Gemeinschaft für Frauen, die, nicht in strenger Klausur lebend, den Kranken und Armen in Annecy beistehen sollten. Diese neue Schwesterngemeinschaft begann 1610 mit Frau von Chantal und zwei weiteren Mitgliedern. Im Zug der Gründung eines weiteren Hauses der »Heimsuchung« in Lyon 1613 wurden kirchenrechtliche Bedenken gegen das Konzept des »offenen Klosters« laut. F. fügte sich schließlich; 1618 wurde durch ein päpstliches Breve die »Heimsuchung« als Orden mit Klausur errichtet. Nach F.' Tod wurden die *Entretiens*, seine Gespräche und geistlichen Vorträge vor den Heimsuchungsschwestern authentisch durch Frau von Chantal veröffentlicht (1629). 1618 unternahm F. eine weitere Reise nach Paris. Neben den Staatsgeschäften im Auftrag des Herzogs von Savoyen Begegnungen mit Pierre de Bérulle, ↗Vin-

zenz von Paul und Angélique Arnauld, der Äbtissin von Port-Royal. Wegen seiner angegriffenen Gesundheit erhält F. 1620 seinen Bruder Jean-François als Koadjutor. Auf einer Reise nach Avignon, wohin er seinen Herzog zu begleiten hatte, starb Franz von Sales.

2. *Spirituelle Schriften.* Große Wirkung übten die *Introduction à la vie dévote* (genannt *Philothea*), entstanden aus spirituellen Weisungen für seine Cousine Louise de Charmoisy (erste Fassung 1608, erweitert 1609, letzte Fassung 1619), und der *Traité de l'Amour de Dieu* (genannt *Theotimus;* 1616) aus. Als Pendant plante F. einen Traktat über die Nächstenliebe, der aber nicht mehr verwirklicht werden konnte. Die umfangreiche Korrespondenz vermittelt einen lebendigen Eindruck von Wirken F.' als geistlicher Begleiter.

3. *Schwerpunkte der Spiritualität.* Die *Philothea* ist geprägt vom Grundgedanken, dass die Frömmigkeit (»dévotion«) als Lebendigkeit wahrer Gottesliebe in jedem Stand und Beruf zu verwirklichen ist. F. vermittelt eine gelebte Theologie des Herzens und der Liebe, denn Gott ist Güte und Erbarmen. Vertrauen, Freude, weltoffene Menschlichkeit sollen den Christen prägen.

JOSEF WEISMAYER

Werke: Œuvres complètes, 27 Bde., 1892–1932 (Register 1964); Werke, 12 Bde., 1957–83; Geistlicher Briefwechsel mit Johanna Franziska von Chantal, 1967; Œuvres, 1969; Correspondance. Lettres d'amitié spirituelle, 1980.

Literatur: DSp 5, 1057–97; Praktisches Lexikon der Spiritualität, hg. v. C. Schütz, 1988, 394 ff.; H. Waach: F. von Sales, 1955, ³1986; E. J. Lajeunie: F. de Sales, 2 Bde., 1966, deutsch 1975, ²1980; A. Ravier: Un sage et un saint. F. de Sales, 1985; A. Ravier: Woran F. von Sales glaubte, 1992 (französisch 1976); D. Koster: F. von Sales, 2002.

Franz Xaver (Francisco de Jassú y Javier), heilig (1622; GKG 3. Dez.), SJ (1534), Apostel Indiens und Japans, *7.4.1506 Schloss Javier in Navarra aus baskischem Adelsgeschlecht, †3.12. 1552 Insel Sanqian bei Kanton; studierte seit 1525 in Paris und gehörte dort 1534 zu den ersten sieben Gefährten, die in den »Montmartre-Gelübden« die Keimzelle des neuen Jesuitenordens bildeten. Seit 1542 als päpstlicher Legat und im Auftrag des portugiesischen Königs in der Mission tätig, zunächst in Goa (Ankunft am 6.5.1542), von da aus in Südindien, wo er (1542–44) unter den 1536/37 oberflächlich christianisierten Paravas an der Fischerküste wirkte und 20000–30000 Nichtchristen taufte. Von Goa fuhr er 1545 nach Malakka, missionierte von dort 1546 auf den Molukken (Amboina und Ternate), kehrte dann nach Malakka und Goa zurück. 1549 gründete er mit zwei Mitbrüdern und drei getauften Japanern die Mission in Japan, wo er sich ein Jahr in Kagoshima (Kyushu) aufhielt, dann an verschiedenen anderen Orten (Hirado, Kyoto, Yamaguchi, zuletzt Bungo). Ein positiver Anknüpfungspunkt in Japan war, dass er und seine Begleiter aus dem sagenhaften »Tenjiku« (Indien), der Heimat Buddhas, kamen. Hier erkannte er die Notwendigkeit einer intensiven Anpassung an die Landeskultur und die Priorität der Gewinnung der Intelligenz und der führenden Schichten (besonders durch Diskussionen mit den buddhistischen Bonzen). 1552 nach Goa zurückgekehrt, wurde er von ↗Ignatius zum Provinzial der neuen indischen Provinz ernannt. F. starb bei dem vergeblichen Versuch, nach China zu gelangen. Ihn zeichneten nicht nur Wagemut, Organisationsgabe, gesunder Optimismus und zähe Ausdauer aus, sondern auch ein erstaunliches Talent zur Anpassung. Wenngleich Letztere bei ihm selbst notwendig rudimentär blieb, wurde sein

Impuls doch wegweisend für die gründlichere Akkommodation vieler Jesuitenmissionare. Sein Leib befindet sich in Goa, sein rechter Unterarm (»Taufarm«) in Rom (Il Gesù).

KLAUS SCHATZ

Quellen: Monumenta Xaveriana: Monumenta Historica Societatis Iesu 16 (1900) und 43 (1912); Briefe: ebd. 67/68 (1944/1945); Documenta Indica, Bd. 1 und 2: ebd. 70 (1948) und 72 (1950); Documenta Malucensia, Bd. 1: ebd. 109 (1974); Monumenta Japonica, Bd. 2: ebd. 137 (1990).

Literatur: J. BRODRICK: F. X., 1952, deutsch 1954; G. SCHURHAMMER: F. X. Sein Leben und seine Zeit, 4 Teil-Bde., 1955–73; R. HAUB: F. X., 2002; DIESELBE: F. X. – Patron der Missionen. FS zum 450. Todestag, 2002.

Franziska (Francesca Saveria) **Cabrini,** heilig (1946; 22. Dez.), Ordensgründerin, *15. 7. 1850 San Angelo Lodigiano, †22. 12. 1917 Chicago. Zur Lehrerin ausgebildet, trat sie 1874 in die Gemeinschaft der Vorsehungsschwestern von Codogno ein. Nach deren Auflösung 1880 gründete sie die Kongregation der »Missionarinnen vom heiligen Herzen Jesu« mit apostolisch-missionarischen Aufgaben und leitete sie als Generaloberin bis zu ihrem Tod. Seit 1888 in den USA tätig, besonders unter italienischen Emigranten. F. hinterließ ein reiches geistliches Schrifttum. – Von Pius XII. zur »Patronin der Emigranten« erklärt.

KARL SUSO FRANK

Literatur: BBKL 1, 838 f.; BIBLSS 5, 1028–45; DIP 4, 173 ff.; 5, 1612 ff.; G. DALL'ONGARO: F. C., 1982; T. MACGOWAN: F. X. C.: Dialogue and Alliance 12 (1998) 90–104.

Franziska von Rom (Francesca Romana), heilig (1608; GK g 9. März), Olivetaner-Oblatin (1436), Visionärin, *1384 Rom aus dem Adelsgeschlecht Bussa de'Leoni, †9. 3. 1440 (Grab in S. Maria Nova [Trastevere]); verheiratet mit Lorenzo de'Ponziani. Werke der Wohltätigkeit, Pflege der Pestkranken im eigenen Haus (1417–18), Gründung der »Oblatinnen in Tor de'Specchi« (1425), wo sie als Witwe eintrat und starb. – Patronin u. a. der Autofahrer.

GERDA VON BROCKHUSEN

Literatur: DIP 4, 169 ff.; DBI 49, 594–599; A. DONATELLA: S. F. Romana, 1981; M. L. VALNETI RONCO: F. Romana, la ›Poverella di Trastevere‹, 1985.

Franziska Schervier (von Aachen), selig (1974; 14. Dez.), Ordensgründerin, *3. 1. 1819 Aachen, †14. 12. 1876 ebd.; Kind wohlhabender Eltern. Aus der Spannung zwischen ihrer vornehmen Herkunft und ihrer Berufung, dem Elend der Arbeiterschaft zu begegnen, stiftete sie 1845 die »Genossenschaft der Armen Schwestern vom heiligen Franziskus«. Mit ihren Schwestern betreute sie Frauen in Zuchthäusern und Büßerinnen und in den Kriegen von 1866 und 1870–71 die Verwundeten. Rasche Verbreitung der Kongregation in Europa und Amerika.

JUSTIN LANG

Literatur: BBKL 9, 170 f.; E. KOCH: F. Sch., Zeugin einer dienenden Kirche, 1976; P. FIETZEK: Worte allein vermögen nichts. Das Leben der F. Sch., 1997; T. MERLETTI: F. Sch. – vita e fondazione: Wissenschaft und Weisheit 63 (2000) 324–338.

Fridolin von Säckingen, heilig (RK g 6. März), fränkischer Missionar des 7. Jh., Gründer des Klosters Säckingen. Einzige Informationsquelle ist die von Bischof Balderich von Speyer verfasste Vita (Ende 10. Jh.). Entgegen ihren Angaben lebte F. nicht zur Zeit Clodwigs I. Sein germanischer Name spricht gegen eine irische Herkunft. F. soll zunächst in

Poitiers als Abt des Hilariusklosters gewirkt haben, später als Wanderprediger an der Mosel, im Elsass, in Burgund und zuletzt in Rätien. In Eller an der Mosel, Straßburg, Dillersmünster in den Vogesen und in Chur soll er Hilariuskirchen gegründet haben, womit er den Kult des in Poitiers begrabenen Heiligen wesentlich förderte. In Säckingen beigesetzt.

PETER SCHIFFER

Quellen: Vita Fridolini auctore Balthero: MGH.SRM 3, 350–369, deutsch: Text, Übersetzung, Kommentar von M. Pörnbacher, 1997.

Literatur: M. Pörnbacher: St. F. von Säckingen, Glaubensbote am Hochrhein, 2001.

Gallus, Eremit, heilig (RK g 16. Okt.), Begleiter des ↗Columban, Missionar im südalamannisch-rätischen Grenzgebiet; † um 650 Arbon, Grab in St. Gallen. Die Vita ist in drei Fassungen (die erste nur bruchstückhaft) überliefert. Die älteste Version ist wohl aus dem späten 7. Jh., die zweite eine Bearbeitung durch den Reichenauer Lehrer Wetti, die dritte ist eine Überarbeitung durch dessen sprachgewandten Schüler Walahfrid Strabo von 833/834. Die Überarbeitungen zeichnen sich hauptsächlich durch sprachliche Verbesserungen, weniger durch Änderungen des Inhalts aus. In der letzten Version gelangte die Vita zu größerer Verbreitung. G., dessen Herkunft strittig bleibt, gehörte zum engeren Kreis um Columban und gelangte mit ihm zusammen in den Raum Bregenz zwecks Missionierung. Nach Schwierigkeiten mit dem alamannischen Herzog Gunzo in Überlingen wurden die Missionare vertrieben. Da G. nun – angeblich einer Krankheit, in Wirklichkeit wohl eines Zerwürfnisses wegen – mit Columban nicht weiterziehen wollte, soll dieser ihn mit einem Messverbot auf Lebenszeit (einer Art »Suspension«) gestraft haben. G. zog sich daraufhin als Eremit an die obere Steinach zurück. Später sei ihm, nachdem er dieTochter Herzog Gunzos von einer Besessenheit geheilt hatte, aus Dankbarkeit der Bischofsstuhl von Konstanz angeboten worden. Diesen habe er ebenso wie den Abbatiat von Luxeuil abgelehnt und das Eremitendasein fortgeführt. Anlässlich einer Begegnung kurz vor seinem Tode mit Columban sei die »Suspension« aufgehoben worden. An seinem Grab – das Kloster wurde allerdings erst im 8. Jh. von ↗Otmar errichtet – bildete sich eine lokale Wallfahrt; rasche Verbreitung der Verehrung in der deutschsprachigen Schweiz, Süddeutschland und im Elsass. G. mit dem Bär als Attribut wird als Patron von Fieberkranken angerufen.

GEORG JENAL

Quellen: Vita Galli confessoris triplex: MGH.SRM 4, 229–337.

Literatur: HelvSac III, 1/2, 1180–88; LMA 4, 1098; NDB 6, 54; Wattenbach-Levison 1, 140 ff.; K.-U. Jäschke: Kolumban von Luxeuil und sein Wirken im alemannischen Raum: Mönchtum, Episkopat und Adel zur Gründungszeit des Klosters Reichenau, hg. v. A. Borst, 1974, 77–130; W. Berschin: G. abbas vindicatus: Historisches Jahrbuch 95 (1975) 257–277; A. Borst: Mönche am Bodensee 610–1525, 1991.

Gelasius I., Papst (1.3.492–19.11.496), heilig (21. Nov.), * Rom; als Schreiber und Berater kirchenpolitisch bereits unter seinen Vorgängern Simplicius und Felix III. als schriftführender Archidiakon aktiv, unterhielt nach dem Herrschaftsantritt König Theoderichs I. (493) intensive Beziehungen zum ostgotischen Hof. Er stellte durch seine harte, unnachgiebige Haltung im Acacianischen Schisma seine Standhaftigkeit gegenüber den caesaropapistischen Tendenzen der oströmischen Kaiser un-

ter Beweis, indem er auf die Streichung des Acacius aus den konstantinopolitanischen Diptychen bestand und so die Spaltung aufrechterhielt (bis 519). Zur Stützung seiner Position entwickelte er die zunächst in ep. 12 an Kaiser Anastasius I. formulierte und im vierten Traktat vollendete Lehre über »beiderlei Gewalten« (»utraque potestas«), in der er den gleichermaßen göttlichen Ursprung von Königtum (»regnum«) und Priestertum (»sacerdotium«) betont und eine Abgrenzung ihrer Aufgaben vornimmt: die Zuständigkeit des »regnum« für den weltlichen Bereich erkennt G. an, betont jedoch seine Unterordnung im Hinblick auf die Verantwortung vor Gott unter das »sacerdotium«, dem die »res divinae« anvertraut sind. Die gelasianische Zweigewaltenlehre wurde in der Form der Zweischwertertheorie für die Bestimmung des Verhältnisses zwischen Kirche und Staat im Mittelalter maßgeblich.
G. verfasste sechs theologische *Traktate,* einen gegen den Pelagianismus *(Dicta adversus Pelagianam haeresim),* einen gegen die heidnischen Lupercalien und vier gegen den Monophysitismus. Unter seinem Namen sind auch zahlreiche Briefe bzw. Dekretalien überliefert (über hundert vollständige oder fragmentarische Texte). Als Falsa sind das sogenannte »Decretum Gelasianum de recipiendis et non recipiendis libris« sowie das sogenannte »Sacramentarium Gelasianum« (so Walahfrid Strabo) entlarvt.

MARIO SPINELLI

Quellen: CPL 1667–75; PL 59, 9–190; PLS 3, 739–787; A. THIEL (Hg.): Epistulae Romanorum Pontificum Genuinae, Bd. 1, 1867, Nachdruck 1974, 285–613; E. SCHWARTZ: Publizistische Sammlung zum Akazianischen Schisma, 1934 (ep. 3 8–10 12 27 45; tractatus II–IV); SC 65, 1960.

Literatur: DHGE 20, 283–294; LACL 280 f.; LMA 4, 1197; W. ULLMANN: G. I. (492–496), 1979, deutsch 1981.

Genovefa (Geneviève) **von Paris,** heilig (3. Jan.), * um 420 Nanterre bei Paris, † um 502 Paris. Nach der um 520 verfassten Vita wurde die den fränkischen Namen tragende G. durch Bischof Germanus von Auxerre 429 zu einer religiösen Lebensführung verpflichtet, was die spätere Jungfrauenweihe bestätigt. Vor 451 siedelte sie nach Paris über, wo sie eine sozial überragende Rolle spielte: u. a. Einfluss auf die Bürgerschaft beim Hunneneinfall von 451 (die Rettung von Paris wird später auf ihr Gebet zurückgeführt), auf den Klerus beim von ihr geleiteten Bau der ersten Dionysiusbasilika (↗ Dionysius von Paris), auf die fränkischen Könige Childerich und Chlodwig I. Bemerkenswert ist ihre Rolle bei der Versorgung von Paris, als sie mit Schiffen Getreide aus der Gegend von Troyes besorgte. Über ihrem Grab baute Chlodwig die Apostelkirche (auch St. Petrus, seit dem 9. Jh. Ste-G.); der Bau wurde von Königin Chrodechild beendet, die wohl auch die erste Vita der Heiligen in Auftrag gab.
Zeugnisse für ihren Kult seit dem 6. Jh. bei Gregor von Tours (Liber in gloria confessorum 89); Mitte des 7. Jh. Messe im Lektionar von Luxeuil. Rettung ihrer Reliquien vor den Normannen 857/858 und 853–862 östlich von Paris; 885/886 Rolle bei Verteidigung der Stadt. 1130 »miraculum ardentium« bei einer von erkranktem Getreide ausgelösten Epidemie und 1131 Festlegung einer Feier des Wunders (26. Nov.) durch Innozenz II. Eine feierliche Prüfung der Reliquien (»revelatio capitis«) wurde 1162 auf Veranlassung Ludwigs VII. durchgeführt und am 10. Jan. gefeiert; Entwicklung zur Heiligen der französischen Nation und der Stadt Paris. Die 1180–1190 ausgebaute Stiftskirche sollte in der zweiten Hälfte des 18. Jh. von einem

der Nationalheiligen geweihten Bau abgelöst werden (1790 fertiggestellt), der schließlich jedoch zum Panthéon wurde; den Kult G.s übernahm die angrenzende Kirche St-Étienne-du-Mont.

MARTIN HEINZELMANN

Quellen: Vita A (BHL 3335), verfasst um 520; Vita C (BHL 3336 f.), um 700/750; Viten B, D, E (BHL 3334; ohne n.; 3338), verfasst um 835/875; Wunderberichte, 9. Jh. (BHL3341 ff.); Wunder von 1130 (BHL3344 f.); Revelatio capitis 1162 (BHL 3346).

Literatur: DHGE 20, 455–464; LMA 4, 1237; J. Dubois – L. Beaumont-Maillet: Ste. G. de Paris, 1982; M. Sluhovsky: Patroness of Paris, 1998; G. Muschiol: Vorbild und Konkurrenz: Rottenburger Jahrbuch für Kirchengeschichte 18 (1999) 77–88.

Georg, Martyrer, heilig (GK g 23. April). Die G.-Legende gehört zu einem Typus spätantiker Martyrerromane, deren Helden und Heldinnen (z. B. ↗Katharina, Quiricus und Julitta) man wegen der darin hyperbolisch gefeierten und in Handlung umgesetzten christlichen Unsterblichkeitshoffnung als »Martyrer vom unzerstörbaren Leben« bezeichnet hat. Der heilige G. ist darin ein aus Kappadokien gebürtiger Truppenführer, der vor dem Christenverfolger und Perserkönig Datian sein Christentum bekennt. Nach einer Reihe unglaublicher Foltern erleidet er drei Tode, wird aber stets von Gott zum Leben erweckt. Er vollbringt zahlreiche Erweckungswunder, bekehrt Magier, Funktionäre des Königs, die Königin, einige auferweckte und zahllose lebende Heiden, um schließlich durch das Schwert hingerichtet zu werden, nachdem er von Gott das Privileg erlangte, allen helfen zu dürfen, die seinen Namen anrufen und seine Reliquien verehren. Ob diese wohl gegen Ende des 4. Jh. entstandene Legende einen historischen Kern besaß, ist schwer zu sagen. Eine mythologische Deutung oder die Entschlüsselung als Umsetzung der Lebens- und Leidensgeschichte des 361 erschlagenen semiarianischen Bischofs *Georg von Alexandrien* sind freilich unhaltbar.

Der frühe Kult G.s im Ostreich zeigt ab dem 4. Jh. Schwerpunkte in den Provinzen Arabia und Palästina, wo die seit 520/530 bezeugte berühmteste G.-Kirche in Lydda/Diospolis sich im Besitz seines Leibes glaubte, sowie in Syrien. Frühe G.-Kirchen finden sich auch in Ägypten, Byzanz und im östlichen Kleinasien. Eine Version der Legende legt die Heimat G.s nach Melitene am oberen Eufrat, an die Militärgrenze Roms gegen Persien. Der byzantinische Kult enthält schon alle Hauptmotive: Verehrung des Großmartyrers (μεγαλομάρτυς), Nothelferprivileg und die aus seiner Standesqualität als Comes resultierende, seit 524/525 bezeugte Funktion als Adels- und Militärheiliger (neben Theodor von Euchaïta, Demetrius von Thessalonike, Mercurius, Longinus), die auch seine ikonographische Erscheinung bestimmt und ihm den Titel τροπαιοφόρος (»Bannerträger«) einbrachte. In Byzanz wurde die alte Legende den Bedürfnissen der Hochkirche angepasst, der unhistorische Datian durch den bekannten Christenverfolger Diokletian ersetzt und höfisch rhetorisiert; der Patriarch Nicephorus I. verbot 812 die alte Legende, die v. da an nur noch als »Volksbuch« variantenreich tradiert wurde. Unter zahlreichen Mirakeln findet sich seit dem 11. Jh. auch das bekannte Drachenwunder (im Westen zuerst im 12. Jh.).

Die alte griechische Legende ist früh in zahlreiche Sprachen übersetzt worden, im Mittelalter in die wichtigsten Volkssprachen des Abendlandes. Wohl im 5. Jh. wurde die Legende zweimal unabhängig voneinander ins Lateinische übersetzt. Beide Versionen treten für das Kultdatum des 24. April ein. Seit dem 8. Jh. erscheint in Rom eine dritte Version (Kultdatum: 23. April). Noch im merowingischen Gallien entstand eine die anstößigen Motive beseitigende Redaktion als erfolgreichste aller westlichen Versionen. Auch die muslimische Welt hat G. rezipiert.

Der Kult muss im Westen noch in der Spät- und Subantike begonnen haben, wie zahlreiche, früh bezeugte G.-Kirchen in Civitates (z.B. Soissons, Metz) und Kastellen (z.B. Regensburg, Alzey, Mainz-Kastel) bezeugen. Ab dem 6. Jh. nahmen das merowingische Königtum (z.B. Baralle, Chelles, St-Georges bei Le Mans, St-Germain-des-Prés) und der Adel (z.B. Weltenburg in Bayern, Amay an der Maas, rätische Kirchenkastelle) den Kult auf. Eine zweite Kultwelle begann im späten 9. Jh. mit dem althochdeutschen G.-Lied und der Übertragung einer römischen Kopfreliquie durch Erzbischof Hatto von Mainz nach Reichenau-Oberzell im Jahr 896. Im Kreis des ottonischen Adels der Konradiner (z.B. Limburg an der Lahn), der Přemysliden in Prag und der Hunfridinger (z.B. Hohentwiel, später Stein am Rhein) wurden dem »neuen« Heiligen Kirchen und Klöster geweiht; er stieg bald in die Reihe der Königsheiligen der Laudes regiae auf; Heinrich II. weihte ihm den Bamberger Ostchor, den Chor der Domstiftskanoniker (1014 Fratres S. Georgii, bereits 1097 Drachentöter ikonographie im Stiftssiegel) und die Kirche des um 1008 erbauten Königshofes Kaufungen. Die hier vorbereitete Militarisierung und Feudalisierung des G.-Kultes vollendete sich im Kontakt mit Byzanz während der Kreuzzüge. Schon 1099 verhalf der byzantinische Militärheilige im Verein mit Mercurius und Demetrius den Kreuzfahrern bei Antiochien auf weißem Pferd zum Sieg über die Muslime. Der Schlachtenhelfer war nun endgültig als Adels- und Ritterpatron etabliert; Adelsfamilien, Herrscherhäuser, Ritterorden nahmen ihn als Schutzheiligen an: z.B. Graf Robert von Flandern mit dem Beinamen »filius sancti Georgii«, ein führender Teilnehmer des ersten Kreuzzugs (anno 1100 Gründung des Hausklosters St. Georg in Anchin, Armreliquie des Heiligen aus Byzanz, Festsequenz, Korpus der G.-Legenden samt lateinischer Übersetzung der griechischen Version des Nicetas Paphlagon); der englische König und Kreuzfahrer Richard Löwenherz unterstellte 1222 Haus und Land dem Heiligen, der bayerische Herzog Otto von Wittelsbach veranlasste 1231/56 ein Epos über den Hausheiligen durch Reinbot von Durne im Stil des höfischen Ritterromans; Kaiser Maximilian I. (1486–1519) ließ G. unter seine Haus- und Sippenheiligen aufnehmen.

Der G.-Kult des späten Mittelalters und der frühen Neuzeit ist in Einzelheiten noch nicht ausreichend erforscht. Jedoch gewann die aus der Legende entwickelte ↗Nothelfer-Funktion an Boden und verhalf der Verehrung des Heiligen in breiteren, auch ländlichen Volksschichten zum Durchbruch (zahlreiche G.-Zyklen in gotischen Landkirchen). Das besonders im Norden deutliche Patronat städtischer Spitäler rührt daher. Seine bereits in der »Legenda Aurea« (darin auch die verbreitetste Version des Drachenkampfmotivs) aufgenommene Namensdeutung (»Landmann«) und die Generalisierung des Ritterpatronats ließ ihn zum Schutzheiligen für Pferde (G.-Umritte) und Vieh, ja der Bauern allgemein werden. Der Militärheilige wiederum wurde Patron der Landsknechte, Büchsenmacher, Harnischmacher und schließlich Pfadfinder.

WOLFGANG HAUBRICHS

Literatur: BHG mit NAuct 669–691; BHL mit NSuppl 3360–3406; BHO 309–322; SynaxCP 623–626; Synaxarium Alexandrinum II: CSCO 90, 85–88; MartHie-

RON 205 209. – BIBLSS 6, 512–531; DACL 6, 1021–29; DHGE 20, 633–641; EC 6, 442–445; HWDA 3, 647–657; LMA 4, 1273 ff.; T. BAUMEISTER: Jenseitsvorstellungen in der alten G.-Legende: Jenseitsvorstellungen in Antike und Christentum, 1982, 175–187; Y. GUILCHER: Deux versions de la vie de Saint G., 2001.

Gerald von Braga, heilig (5. Dez.), OSB, * Mitte 11. Jh. Haut-Quercy in der Diözese Cahors aus bedeutender Familie, † 5. 12. 1108 Bornes (begraben in der Kathedrale von Braga); in Moissac erzogen, dort Primicerius und Custos armarii; von Erzbischof Bernhard von Toledo nach Spanien geholt, dort 1096/97 Bischof vonBraga (1100 durch Erhebung zum Metropolitansitz, Zuweisung der Suffragane 1. 4. 1103). G. leitete in seinem Bistum umfassende Reform- und Rekuperationsmaßnahmen ein, sorgte für Durchsetzung des römischen Ritus zusammen mit einer Kultus- und Kirchenreform, starb auf einer Visitationsreise. Kult schon im 12. Jahrhundert.

LUDWIG VONES

Literatur: BHL 3415; BIBL SS 4, 172; DHGE 20, 835 f.; J. MATTOSO: Le monachisme ibérique et Cluny, 1968; A. DE J. DA COSTA: A vacância da Sé de Braga e o episcopado de S. G. (1092–1108), 1991.

Gerhard von Brogne, heilig (1131; 3. Okt.), OSB, † 3. 10. 959. Aus adeligem Geschlecht in der Grafschaft Lomme stammend, gründete er 919 auf eigenem Besitz in Brogne bei Namur eine Klerikergemeinschaft; Umformung in ein Benediktinerkloster wohl 923, zugleich Abbatiat G.s, der Eigenklosterherr blieb. Seine monastische Formung erhielt er in St-Denis, dort 927 Priesterweihe. Im Zusammenhang der monastischen Reformen des 10. Jh. hat neben Gorze und Cluny das Werk G.s eigenständige Wirkung für Lothringen und Flandern. Das monastische Prinzip war die Rückkehr zur Benediktregel als Norm. Sein Reformwerk ist seit 931/932 eng verbunden mit Herzog Giselbert von Loth rin gen (St-Ghislain), seit 941 mit Graf Arnulf I. von Flandern. Reform der Genter Klöster St-Bavo (als Abt) und St-Pierre; wirkte erfolgreich in St-Amand, St-Bertin, St-Wandrille/Fontenelle, Mont-St-Michel u. a. Reformkreis von etwa 15 Klöstern, aber ohne rechtliche Einheit. Nach dem Tod G.s zerfiel sein Werk, das ganz von seiner Persönlichkeit getragen war. Es wurde erst durch ↗Richard von St-Vanne weitergeführt. Vita von 1074/75.

MICHAELA PUZICHA

Quellen: Vita S. Gerardi: MGH.SS 15/2, 654–673.

Literatur: DHGE 20, 724–740; LMA 2, 708 f.; 4, 1316 f.; Millénaire G. de Brogne: Revue bénédictine 70 (1960) passim; W. MOHR: Studien zur Klosterreform des Grafen Arnulf I. von Flandern, 1992; D. MISONNE: Réformes monastiques …, 2001; DERSELBE: G. de Brogne, moine et réformateur: Revue bénédictine 111 (2001) 25–49.

Gertrud von Helfta, »die Große«, heilig (16. Nov., RK g *17. Nov.*), * 6. 1. 1256 Thüringen (von unbekannter Herkunft), † 17. 11. 1301/02 Helfta. Mit fünf Jahren wurde sie als Waise der Obhut des Zisterzienserinnenklosters Helfta übergeben. Dort erhielt sie unter der Äbtissin Gertrud von Hackeborn († 1292) und ihrer Lehrerin ↗Mechtild von Hackeborn als hoch begabte Klosterschülerin eine umfassende wissenschaftliche und geistliche Ausbildung, zu jener Zeit, als Mechtild von Magdeburg, gut sechzig jährig, in Helfta eintrat. Die Schriften dieser drei Klosterfrauen begründen den Ruhm Helftas als Höhepunkt deutscher Frauenbildung und -mystik. In ihren begeisterten Studien, den Artes liberales, erlebte G. eine Krise durch eine

Christusvision am 27.1.1281. »Sie wurde von einer Grammatikerin zu einer Theologin« (Legatus I, 1). G. wandte sich nun ausschließlich der Heiligen Schrift und den Schriften der Kirchenväter zu. Auf göttliche Weisung hin schrieb sie ihre z.T. mit körperlichen Leiden verbundenen geistlichen Erfahrungen nieder. Ihre Werke, der aus fünf Büchern bestehende *Legatus divinae pietatis* (Der Gesandte der göttlichen Liebe) und die *Exercitia spiritualia*, sind in ihren meditativ-ekstatischen Begegnungen mit Christus eine verdichtete Brautmystik mit besonderer Verehrung des Herzens Jesu. Ausgangspunkt ihres Gnadenlebens ist die intensive Hingabe an Gott in der Feier der Liturgie des Kirchenjahres. G. will die Menschenliebe Gottes, deren höchstes Symbol das Herz Christi ist, in ihrer irdischen Zuwendung verdeutlichen. Eine noch größere Gabe als die Liebeserfahrung erkennt sie wie Mechtild von Magdeburg im freiwilligen Leiden als der wahren Nachfolge Christi. Zeichen der Gnade sind so die ihrem Herzen eingeprägten Wundmale Christi, der sein Herz gegen das ihrige austauscht (Legatus II, 23). Auf dem Weg dieser Nachfolge stellt Christus selbst G. seine Mutter als Vorbild vor Augen. G.s intensivste Aussagen über Maria stehen unter dem Bilde der Rosa mystica. Vermutlich zu Beginn des 15. Jh. (älteste Handschrift von 1448) ist der Legatus unter dem Titel *botte der götlichen miltekeit* ins Deutsche übersetzt worden. Zusammen mit Mechtilds von Hackeborn Schrift »Liber specialis gratiae« übten G.s Herz-Jesu-Frömmigkeit und Gebete einen jahrhundertelangen Einfluss auf die katholische Frömmigkeit aus, wie es u.a. die Tradierung über ↗ Petrus Canisius und den Kapuziner Martin von Cochem bezeugen. Die Preces Gertrudianae wurden ab 1670 (Köln) bis heute immer wieder gedruckt.

MARGOT SCHMIDT

Ausgabe: Legatus divinae pietatis: Revelationes Gertrudianae et Mechthildianae, Bd. 1, 1885; Exercitia spiritualia, lateinisch-deutsch, hg. v. S. Ringler, 2001; P. Doyère: G. d'Helfta: Œuvre Spirituelle, 4 Bde., 1968–86.

Übersetzung: O. Wieland: G. von Helfta, Ein botte der götlichen miltekeit, 1973; J. Weissbrodt: Der heiligen G. der Großen Gesandter der göttlichen Liebe, ^{14}1963, 2001; J. Lanczkowski: G. die Große, Gesandter der göttlichen Liebe, ungekürzte Übersetzung, 1989.

Literatur: MarL 2, 629; 4, 567; VerfLex^2 3, 7–10; 6, 251–260 629; G. J. Lewis: Bibliographie zur deutschen Frauenmystik des Mittelalters, 1989, 196–223; S. B. Spitzlei: Erfahrungsraum Herz. Zur Mystik des Zisterzienserinnen-Klosters Helfta im 13. Jh., 1991; M. Bangert: Demut in Freiheit, 1995; Sr. Marie-Pascal: Initiation à Sainte G., 1995; M. Ankermann: G. die Große von Helfta, 1997; J. Schwalbe: G. von Helfta: Lebendiges Zeugnis 55 (2000) 271–285.

Gertrud von Nivelles, heilig (RK g 17. März) *625/626 als Tochter des austrasischen Hausmeiers Pippins des Älteren, † 17.3.659 Nivelles. Erste Äbtissin des von ihrer Mutter Iduberga in engem Zusammenwirken mit dem heiligen Amandus als Witwensitz gegründeten Klosters Nivelles, das unter ihr, ihrem Bruder Hausmeier Grimoald und dessen Tochter Wulfetrude zum wichtigsten pippinidischen Hauskloster aufstieg. Enge Verbindungen G.s zum irisch-columbanischen Mönchtum, Bischof Chlodulf von Metz und Modesta von Trier. Ihr rasch einsetzender, von den frühen Karolingern propagierter Kult als heilige Ahnfrau des karolingischen Hauses, erlebte im 8./9. Jh. und nochmals im 11./12. Jh. rasche Ausbreitung; nach Aufstieg in der Volksfrömmigkeit wurde sie zur Patronin von Spitälern und Fremdenfriedhöfen sowie zur Nothelferin gegen die Mäuseplage, nach erneuter Ausbreitung im 14./15. Jh. in Nordostdeutschland und in Skandinavien bis weit in die Neuzeit hinein einer der beliebtesten weiblichen Heiligenkulte.

MATTHIAS WERNER

Quellen: Vita S. Geretrudis, Virtutes S. Geretrudis: MGH.SRM 2, 453–471 (zeitgenössisch).

Literatur: LMA 4, 1356 f.; E. PETRASCHKA: Fränkischer Adel und irische Peregrini im 7. Jh. Die Vita der hl. G. von Nivelles, 1999.

Gervasius und Protasius, heilig (19. Juni), werden seit 386 als Martyrer verehrt; historische Nachrichten über sie existieren nicht. Im Zusammenhang der Reformen des Martyrerkults im späten 4. Jh. wurden ihre Gebeine von ↗Ambrosius als Erste kirchlich offiziell erhoben. Damit verbunden war auch die erste Reliquienübertragung des Westens (in die Grabkirche des Ambrosius). Schnelle Verbreitung ihres Kultes mittels Berührungsreliquien: durch Victricius von Rouen und ↗Martin von Tours in Gallien, ↗Paulinus von Nola in Kampanien, ↗Augustinus in Nordafrika, ↗Severin in Noricum, Gaudentius von Brescia und Vigilius von Trient in Oberitalien. Frühe Darstellungen in Neapel (Katakombe S. Severo) und Ravenna (S. Vitale). Die Pseudo-Ambrosianische Überlieferung macht sie um 600 als Zwillingssöhne der heiligen Vitalis und Valeria (Vitalis und Agricola) zu Asketen, die mittelalterliche Legende verlegt ihr Martyrium in die Zeit Neros. Die Gräber in S. Ambrogio wurden 1864 untersucht; die Reliquien im Münster zu Breisach sind problematisch.

HANS REINHARD SEELIGER

Literatur: ACTASS iun. 4, 680–704; BHL 3513–22; BIBLSS 6, 297–304; DHGE 20, 1073–76; EC 6, 218; LMA 4, 1361 f.; MARTHIERON 325 f.; RAC 14, 132 f.; SYNAXCP 135 f.; RÉAU 3/2, 588 ff.; U. ZANETTI: Les passions des SS. Nazaire, G., P. et Celse: AnBoll 97 (1979) 69–88; J. DOIGNON: Perspectives ambrosiennes: SS. G. et P., génies de Milan: Revue des Études Augustiniennes 2 (1965) 313–334; E. DASSMANN: Ambrosius und die Märtyrer: Jahrbuch für Antike und Christentum 18 (1974) 49–68; U. ZANGARA: L'invento dei corpi dei martiri G. e P.: Augustinianum 21 (1981) 119–133; P. BROWN: Die Heiligenverehrung, 1991, 33 ff.

Godehard (Gothahardus, Gotardus, Godehardus, Gotthard) **von Hildesheim,** heilig (1131; RK g 5. Mai), OSB (990), 14. Bischof von Hildesheim, *960 oder Anfang 961 aus einer bei Niederaltaich ansässigen, im Stiftsdienst aufgestiegenen, nichtadligen Familie, †5. 5. 1038 Hildesheim, Mauritiusstift (bestattet ebd. im Dom).

Gefördert durch Erzbischof Friedrich von Salzburg, wurde G. bereits drei Jahre nach seiner Priesterweihe (963) zum Nachfolger des vom bayerischen Herzog als Reformer Altaichs eingesetzten Abtes Erkanbert bestellt (996–1022; 1001–02 auch Abt von Tegernsee). Von führenden Persönlichkeiten der bayerischen Kirchenreform (Erkanbert, Ramwold und ↗Wolfgang von Regensburg) geprägt, übernahm G. das Konzept einer kirchlichen Erneuerung, die sich am lothringischen, asketisch ausgerichteten Ideal von Gorze orientierte und auf eine Kooperation mit der kirchlichen und weltlichen Obrigkeit setzte. Unter G.s Leitung wurde Altaich eines der wichtigsten reformerischen Zentren im Reich, das durch G.s Schülerkreis weit über den bayerischen Raum nach Osten (Kremsmünster, Ossiach, Břevnov, Ostrov) und nach Italien (Wiedereinführung der Benediktregel durch G.s Schüler Richer in Montecassino) ausstrahlte. Historisch am bedeutsamsten erwies sich die Förderung G.s durch den bayerischen Herzog und deutschen König Heinrich II., mit dessen Zustimmung er als Abt von Hersfeld (1005–12) die Reform im hessisch-sächsischen Raum (Hersfeld, Johannisberg, Göllingen, Memleben) betrieb. Auf ausdrücklichen Wunsch des Königs, der auf eine engere Verbindung des bayerischen Südens mit dem sächsischen Nordosten hoffte, wurde G. am 2. 12. 1022 als Nachfolger ↗Bernwards in der Pfalzkapelle zu Grona zum Bischof von Hildesheim geweiht. G., der sich nicht nur als Förderer der Hildesheimer Schulen, der Buchkunst und der Architektur (30 Kirchenbauten sollen von ihm initiiert sein), sondern auch als engagierter Verfechter Hildesheimer Diözesanrechte erwies, entsprach nur bedingt dem Typus eines »ottonisch-salischen Reichsbischofs«, da sich nach dem baldigen Tod Heinrichs II. (1024) die Beziehungen zu Konrad II. aufgrund des sogenannten Gandersheimer Bistumsstreits rasch verschlechterten.

HANS-HENNING KORTÜM

Quellen: Wolfhere: Vita Godehardi prior et posterior: MGH.SS 11, 167 ff.; Continuatio Vitae Bernwardi episcopi: MGH.SS 11, 165 ff.; Annales Hildesheimenses: MGH.SRG, editio altera, hg. v. G. Waitz, 1878, 18–116; Chronicon Hildesheimense: MGH.SS 7, 853; Annales Altahenses maiores: MGH.SRG, editio altera, hg. v. E. Oefele, 1891, 15 ff.; Translatio et Miracula: MGH.SS 12, 639 ff.

Literatur: LMA 4, 1531 f.; NDB 6, 495 ff.; K. Algermissen u. a. (Hg.): Bernward und G. von Hildesheim, 1960; H. Goetting: Die Hildesheimer Bischöfe von 815 bis 1221 (1227), 1984, 230–256; F. Fischer: Die Lebensgeschichte des heiligen G., 1997; derselbe: Die Verehrung des heiligen G., 1999.

Gregor von Nazianz der Jüngere, heilig (GKG 2. Jan.), genannt »der Theologe«, Bischof von Sasima, Bischof von Konstantinopel (380–381); †390. Bei seinem Tod war G. nach byzantinischer Tradition 90 Jahre alt, seine Geburt wird deshalb um 300 angenommen; die moderne Historiographie dagegen sieht in ihm einen Zeitgenossen des ↗Basilius von Caesarea und setzt das Geburtsdatum auf 325–330 herauf. Als Sohn Gregors des Älteren, Bischof von Nazianz, und der Nonna wurde G. christlich erzogen und studierte in Caesarea in Kappadokien, in Caesarea in Palästina und in Alexandrien. In Jerusalem hörte er 348/349 die Predigten des ↗Cyrill; der Kirchenhistoriker Socrates bezeichnete ihn als einen Schüler des Libanius in Antiochien. Zum Abschluss seiner Studien begab sich G. nach Athen; seine Mitschüler waren Basilius von Caesarea und der spätere Kaiser Julian. Er selbst lehrte Rhetorik in dieser Stadt. Von den asketisch-monastischen Idealen des Basilius angezogen, verließ er Griechenland zwischen 354 und 363, um nach Kappadokien zurückzukehren. Hier verfasste er seine ersten Reden, die beiden Invektiven gegen Julian (*Orationes* 4 und 5, um 364), die die von diesem betriebene Rückkehr zum Heidentum brandmarkten, und anlässlich seiner Priesterweihe einen Traktat über das Priestertum (*Orationes* 2). In den folgenden Jahren unterstützte G. seinen Vater bei der Leitung der Kirche von Nazianz, wo er als Priester und Mitglied der bischöflichen Kurie im Zentrum des städtischen Lebens stand. Er bemühte sich, die wegen unterschiedlicher Lehrmeinungen seinem Vater feindlich gesinnten monastischen Kreise zu beruhigen und eine Antwort auf die Fragen zu finden, die den Klerus zwischen Nizänern und Arianern spalteten; er vermittelte u. a. in Steuerangelegenheiten zwischen der Bevölkerung und den Vertretern der Staatsgewalt. Er unterstützte seinen Vater dabei, die Wahl des Basilius zum Bischof von Caesarea durchzusetzen (370). Die Teilung Kappadokiens in zwei Provinzen führte zur Errichtung eines Bistums in Tyana unter dem Arianer Anthimus; Basilius reagierte darauf, indem er G. zum Bischof des kleinen Ortes Sasima ernannte (372). G. weigerte sich jedoch, dort seinen Sitz zu nehmen, und blieb bis zum Tod seines Vaters (374) in Nazianz (*Orationes* 18), bevor er sich nach Seleucia in Pisidien zurückzog.

379 berief die kleine nizänische Gemeinde in Konstantinopel angesichts der Übermacht des arianischen Klerus G. in die Hauptstadt. Er organisierte Gottesdienste im Privathaus einer Anastasia (dem Ort der späteren Kirche der heiligen Martyrin Anastasia). Unter Theodosius I. wurde G. auf Wunsch von Klerus und Volk am 24.11.380 in der Hagia Sophia als Bischof von Konstantinopel inthronisiert. 381 erkannte ihn das erste Konzil von Konstantinopel als rechtmäßigen Bischof an. Nach seiner Wahl zum Konzilsvorsitzenden geriet er in interne Zwistigkeiten um den Primat Konstantinopels. Zudem war seine Ernennung zum Bischof der Hauptstadt umstritten, da die Kanones die Wahl auf zwei Bischofssitze nicht gestatteten. G. trat vom Vorsitz des Konzils zurück (*Orationes* 42), resignierte als Bischof von Konstantinopel und zog sich nach Nazianz zurück, wo er das seit dem Tod seines Vaters verwaiste Bischofsamt verwaltete (bis 383) und sich literarischen Studien widmete. Als er 390 starb, wurde er auf seinem Familiensitz in Arianz bei Nazianz begraben. Sein Leichnam wurde 956 in die Hagia Sophia nach Konstantinopel gebracht, 1206 transferierten ihn die Lateiner nach Rom, zunächst in die Kirche S. Maria in Campo Marzio und S. Gregorio, nach 1580 in den Petersdom im Vatikan.

G. hinterließ ein bedeutendes Gesamtwerk, das jedoch nur eine vom Verfasser selbst vorgenommene Auswahl seiner Schriften darstellt: ein Corpus von 47 Reden, wozu drei theologische Briefe (ep. 101, 102, 202) zu zählen sind, eine Sammlung von mehr als 240 Briefen, eine Gedichtsammlung und ein Testament, ein seltenes Schriftstück von großem historischem Interesse. Umstritten ist, ob er auch der Verfasser des im Stil von Euripides geschriebenen Dramas »Der leidende Christus« (Christus patiens) und anderer unter seinem Namen veröffentlichter Schriften ist: der »Anaphora«, einer im Koptischen und Arabischen bekannten alexandrinischen Liturgie, sowie zweier kurzer Kommentare zu Ezechiel und dem Buch der Weisheit. Die Werke G.s, besonders seine Reden, übten gerade wegen ihrer außergewöhnlichen Verbreitung großen Einfluss auf die Geschichte des christlichen Denkens aus und verbanden in kultureller Hinsicht die verschiedenen Kirchen des christlichen Orients.

BERNARD COULIE

LThK³ 4, 1004–07 (ungekürzte Fassung).

Literatur: LACL 295–299; RAC 12, 793–863; J. Bernardi: La prédication des Pères Cappadociens, 1968; N. B. MacLynn: A self-made holy man: Journal of Early Christian Studies 6 (1998) 463–483; J. A. McGuckin: St. G. of Nazianzus, 2001.

Gregor von Nyssa, heilig (10. Jan.), Kirchenlehrer, * um 338/339, † nach 394; zweitjüngster Bruder des ↗Basilius von Caesarea, u. a. durch diesen philosophisch-theologisch hervorragend gebildet; zunächst Lektor, dann Rhetor (verheiratet, mit Theosebia?). 371 machte ihn Basilius zum Bischof in Nyssa in der Provinz Cappadocia II, wurde aber durch G.s kirchenpolitisches Ungeschick – z. B. Kontakte zu Schülern des Marcellus von Ancyra – enttäuscht. Im

Zusammenhang mit der homöischen Unterdrückungspolitik wurde er Ende 374 abgesetzt und verhaftet, flüchtete aber und lebte bis 378 versteckt. Nach Basilius' Tod übernahm er dessen Rolle als theologischer Führer der Neonizäner, v.a. auf den Synoden in Antiochien 379, Konstantinopel 381, 382 und 383, als einer der von Theodosius I. eingesetzten Normbischöfe, v.a. aber durch Schriften zur orthodoxen Trinitätslehre gegen Eunomius und Pneumatomachen sowie gegen die Christologie des Apollinarius. Neben theologischen Beiträgen zur Spiritualität des Mönchtums stand seine Bemühung um Integration der Messalianer. Sein Ruf als Redner und guter Kontakt zum Kaiser zeigten sich u.a. in den Trauerreden für die Prinzessin Pulcheria und Kaiserin Flacilla 385/386. Noch 394 nahm er an einer Synode in Konstantinopel teil.

Gotteslehre, Anthropologie und Theorie des geistlichen Lebens bilden das Zentrum seiner Theologie. Die frühen Schriften bis 381 knüpfen z.T. an Basilius' Werk an: z.B. *Über die Jungfräulichkeit, Über die Erschaffung des Menschen* und *Über das Hexaëmeron, An Eustathius über die heilige Trinität* und *Über den heiligen Geist gegen die Makedonianer.* Eine originelle Umformung von Platons »Phaidon« (Unsterblichkeit der Seele) ist der Dialog mit Macrina der Jüngeren *Über die Seele und die Auferstehung.* In den drei Büchern *Gegen Eunomius* hat G. 381–383 eine christliche Metaphysik konzipiert: Gegen die Definition von Gottes Wesen als Ungewordensein (d.h. absoluter Unbedingtheit), aus der eine ontologische Abstufung in der Trinität folgt, bestimmt er von der christlichen Schöpfungslehre her Gottes Wesen (»Usia«) als Unbegrenztheit und Unendlichkeit im Sinne absoluter Vollkommenheit (Fülle des Guten), die für die ganze Trinität gilt. Da er daraus die Unerkennbarkeit von Gottes Wesen ableitet, versteht er geistliches Leben als endlosen Aufstieg der Seele zu Gott. Diese Konzeption hat er v.a. nach 391 entfaltet in allegorischen Schriftauslegungen mit meditativ-mystischer Orientierung: *Über das Leben des Mose* und *Auslegung des Hohenlieds.* Eine Zusammenfassung der Erlösungslehre bietet die *Große katechetische Rede* (nach 383). G.s Theologie ist eine selbständige Umwandlung von antiker Philosophie in christliche Systematik. Die platonischen Gedanken der Teilhabe und der Angleichung des Menschen an das Göttliche formte er von der biblischen Schöpfungslehre und Anthropologie her um: Nach dem Verlust der Gottähnlichkeit durch den Sündenfall muss der Mensch diese Vollkommenheit durch fortschreitende Wesensveränderung in Gotteserkenntnis und Tugendleben wieder erlangen; das wird ermöglicht durch die vollständige Menschwerdung Gottes des Sohnes, die zur Nachfolge Christi führt, sowie durch die mitwirkende Hilfe Gottes des Geistes, die zur Entweltlichung befähigt. G.s Trinitätslehre impliziert eine Offenbarungs- und Gnaden lehre: Da Gottes Wesen unerkennbar ist, erschließt er sich nur in seinen Wirkungen vermittels der Heiligen Schrift durch Christus als Ebenbild und in der Erleuchtung durch den Geist. In der Inkarnation erniedrigt sich Gott durch Vereinigung mit der menschlichen Natur, um deren Bestimmtheit durch Sünde und Tod zu überwinden. Durch Christus als Logos, der den Kosmos wie die Seele prägt, steigt der glaubende Mensch auf endlosem Stufenweg zum Wahren und Guten empor im Verlangen nach der Schau Gottes. Es gibt aber nur eine eschatologische Erfüllung durch Rückkehr alles Seienden in Gott.

WOLF-DIETER HAUSCHILD

LThK³ 4, 1007 f. (ungekürzte Fassung).

Literatur: M. ALTENBURGER – F. MANN: Bibliographie zu G. von Nyssa, 1988. –

DSp 6, 971–1011; LACL 299–304; RAC 12, 863–895; J. Daniélou: Platonisme et théologie mystique, 1944, [2]1954; W. Völker: G. von Nyssa als Mystiker, 1955; D. Balás: Metousia theou, 1966; M. Harl (Hg.): Écriture et culture philosophique dans la pensée de G. de Nysse, 1971; F. Dünzl: Braut und Bräutigam. Die Auslegung des Canticum durch G. von Nyssa, 1993; S. Coakley: Re-thinking G. of Nyssa, 2003.

Gregor I., Papst (590–12. 3. 604), »der Große«, heilig (GK G 3. Sept.), 1295 Kirchenlehrer; * 540 Rom, † 12. 3. 604.

1. Historische Gestalt · 2. Leben · 3. Pontifikat · 4. Missionstätigkeit · 5. Theologisches Werk.

1. *Historische Gestalt.* Der »Konsul Gottes« wurde in einer sehr begüterten Familie geboren, die schon zwei Päpste gestellt hatte: Felix III. und Agapet I. G. war, bildlich gesprochen, janusköpfig: Er blickte in die Spätantike zurück und zugleich in das Frühmittelalter voraus. Er ist der »letzte Römer« und der erste mittelalterliche Papst. Die ehemalige Ausrichtung des lateinischen Westens nach Ostrom fristete im ravennatischen Exarchat nur noch ein kärgliches Dasein. Das Frankenreich war seit Chlodwig zur Großmacht Westeuropas und damit zum Orientierungsfaktor aufgestiegen. Im Spiel der Mächte zwischen Byzanz, Langobarden, Franken und Goten verblasste politisch das spätantike Rom. Mit dem römischen Erbe im Rücken bereitete G. eine von Byzanz unabhängige Position des Westens mit vor. G. hat in der Geschichte der christlichen Kultur eine Wende herbeigeführt, indem er aus der klassischen Vergangenheit beibehalten wollte, was den Gläubigen nützte, und gleichzeitig adaptierte, was die christliche lateinische Kultur bis dahin an Gutem hervorgebracht hatte. Den älteren G. bedrängte ein gewisser Pessimismus, der ihn häufig von der »vergreisenden Welt« (»mundus senescens«) sprechen ließ. Besonders deutlich wird dieser Unterton in seiner *Leichenpredigt* auf Rom im Jahr 592, als die Stadt erneut von Langobarden belagert wurde.

2. *Leben.* Der jugendliche G. empfing eine gründliche Bildung in Grammatik, Rhetorik und Verwaltungsrecht. 572/573 wurde er Praefectus Urbi, höchster Beamter der Zivilregierung Roms. Die Folge war enge Vertrautheit mit den Problemen der Lebensmittelversorgung (»Annona«) der Stadt, der öffentlichen Ordnung, des Bauwesens und der Instandhaltung der Stadtmauern. Sein dabei geschultes Organisationstalent befruchtete seinen gesamten späteren Pontifikat. Trotz seines Erfolgs als Verwaltungsbeamter zog er sich bald in den Familienpalast am Clivus Scauri zurück. Er gründete dort eine dem heiligen Andreas geweihte Klostergemeinschaft. Ob G. Abt war oder nicht, lässt sich nicht entscheiden. Papst Benedikt I. oder Pelagius II. weihte ihn 578/579 zum Diakon und entsandte ihn danach als Apokrisiar (Nuntius) an den Konstantinopler Kaiserhof. Dort konnte er wichtige politische Verbindungen knüpfen. 585/586 kehrte G. in das Andreaskloster zurück. Als Papst Pelagius II. im Katastrophenjahr 590 (Pest, Tiberüberschwemmungen) starb, wurde er zum römischen Bischof gewählt. Sein Zögern vor Empfang der Weihe – in einigen Briefen niedergelegt – erinnert an den üblichen Demutstopos der Rhetorik.

3. *Pontifikat.* Energisch ging G., der emphatisch seine häufigen Krankheiten beklagt, an die Arbeit. Das Langobardenproblem löste der pastorale Pragmatiker durch Zahlung einer hohen Goldsumme aus dem Patrimonium Petri. Der von Agilulf erkaufte Friede brachte ihm heftigen Tadel des oströmischen Kaisers Mauricius ein, der ihm auch im Dreikapitelstreit seine Hilfe

versagte. Durch die Synode von 595 reorganisierte er die päpstliche Kurie. Sein Mitarbeiterstab durfte nur aus Klerikern und Mönchen bestehen. Eine besondere Stellung wies er dem Vicedominus zu, der das Episkopium seines Patriarchats zu organisieren und zu kontrollieren hatte. In seinem unmittelbaren Einflussbereich wünschte G. den verantwortungsbewussten christlichen Bischof. Nur Persönlichkeiten, deren Bild er in der *Regula Pastoralis* entworfen hatte, wurden von ihm zu Bischöfen bestimmt, auch gegen die bisherige Praxis der alten Kirche. Jeder simonistische Versuch wurde radikal unterbunden. Den reichen Landbesitz der römischen Kirche verwaltete G. selbst mit einigen Mitarbeitern: Bischof Januarius, Diakon Petrus und Subdiakon Antemius. Bis ins Einzelne wurden die kirchlichen Güter in Unteritalien, Sizilien, Sardinien, Gallien, Dalmatien und Nordafrika durchorganisiert. Den Pächtern wurden Kredite und erträgliche Pachtzinsen eingeräumt. Den Rektoren der einzelnen Regionen, meist Subdiakonen, gab G. Listen mit abgestuften Bestechungsgeldern für die korrupte Beamtenschaft des ravennatischen Exarchats zur Hand. Die so gewonnenen Einkünfte aus den Domänen des Patrimoniums wurden hauptsächlich für caritative Zwecke wie die Bewältigung des Asylantenproblems in Rom eingesetzt. Seine Hilfsbereitschaft bezog sich auch auf die Juden, wie sein Eingreifen in Cagliari zeigte. Aus pastoraler Verantwortung predigte G. gern und viel. Wenn ihm die Stimme versagte, ließ er die ausgearbeitete Predigt von einem Notar vortragen. G.s scharfe Opposition gegen die Titulatur des Konstantinopler Stuhls πατριάρχα οἰκουμενικός beruhte auf einem Missverständnis. Sein »servus servorum Dei«, das alle Nachfolger übernahmen, entsprang seinem biblischen Ideal (Mk 10,44).

4. *Missionstätigkeit.* G.s klug zurückhaltende Beziehungen zu Spanien liefen über Bischof Leander von Sevilla, der eine tief greifende Verbesserung der Beziehungen zwischen dem Episkopat und dem westgotischen Königtum nach der Konversion Rekkareds zum Katholizismus erreicht hatte. Über Königin Theodelinde bahnte G. den Übertritt der Langobarden zur katholischen Kirche an. Liebenswürdiger Takt charakterisierte G.s Umgang mit den fränkischen Bischöfen. Bei Königin Brunhilde, der er Reformen vorschlug, ohne auf ihre blutigen Familienfehden einzugehen, gelang ihm die Schaffung einer Basis für die Angelsachsenmission. Seine Briefe an hoch gestellte Persönlichkeiten begleiteten stets noble Geschenke aus seinen Reliquienschätzen. Der Mönch ↗Augustinus aus dem Andreaskloster wurde mit genauen Instruktionen nach England gesandt. Die Missionare wurden angewiesen, an bestehende vorchristliche Bräuche anzuknüpfen, Heiligtümer in Kirchen umzuwidmen, nicht zu zerstören. Lokale Kultfeiern sollten in Martyrerfeste umgestaltet werden. Denn: »Wer einen Gipfel erklimmen will, tut dies langsam, schrittweise, nicht in Sprüngen« (ep. 56a: MGH.Ep 2, 331). In Nordafrika scheiterte G.s Einflussnahme am Widerstand der örtlichen kirchlichen Verwaltungen. Die Ablehnung päpstlicher Eingriffe deutete G. als Wiederaufleben des Donatismus.

5. *Theologisches Werk.* Die Bibel ist das Kriterium seiner gesamten Theologie. G.s Schriftauslegung verlangt das Herausarbeiten des offenen (historischen) und des verborgenen Schriftsinns. Der innere Textsinn ergibt sich aus der allegorischen Betrachtung und der moralischen Deutung. Dieses Schema des zweifachen Schriftsinns liegt dem breiten *Ijob-Kommentar* zugrunde, der um 595 in 35 Büchern vollendet wurde. Weil

die moraltheologischen Erörterungen, die seine außergewöhnliche Menschenkenntnis zeigen, überwiegen, wird das Werk als Handbuch der Moraltheologie eingeordnet. G.s *Homiliensammlung* vereinigt vierzig Homilien zu Evangelienperikopen vom Jahr 590/591 und 22 fortlaufende *Erklärungen zu Ezechiel* von 593. Die vier Bücher *Dialogi de vita et miraculis patrum Italicorum* (um 594) berichten von Wundertaten, von Prophezeiungen und Visionen, die die Wundersucht des Mittelalters gefördert haben. Buch 4, 55 bot die Grundlage der sogenannten »gregorianischen Messen«. G. dürfte einige tausend Briefe (847 sind erhalten) geschrieben haben, die eine bedeutende historische Quelle auch hinsichtlich der Steuer- und Wirtschaftsgeschichte darstellen.

WILHELM M. GESSEL

Werke: CPL 375–381.

Quellen: LP 1 312 ff.; Vita auctore anonymo Anglo, hg. v. F. A. Gasquet, 1904; PL74, 41–59; H. Grisar: Die G.-Biographie des Paulus Diaconus: Zeitschrift für Katholische Theologie 11 (1887) 158–173; The earliest life of Pope G. the Great by an anonymous monk of Whitby, hg. v. B. Colgrave, 1985.

Literatur: R. Godding: Bibliografia di G. Magno (1890–1989), 1990. – LACL 292–295; LMA 4, 1063–66; RAC 12, 930–951; S. Frank: Actio und Contemplatio bei G. dem Großen: Trierer Theologische Zeitschrift 78 (1969) 283–295; C. Dagens: Saint G. le Grand, 1977; J. Richards: G. der Große. Sein Leben – seine Zeit, 1983; M. Fiedrowicz: Das Kirchenverständnis G.s des Großen, 1995; S. C. Kessler: G. der Grosse als Exeget, 1995; P. Riché: G. der Grosse, 1996; V. Recchia: G. Magno – papa ed esegeta biblico, 1996; R. A. Markus: G. the Great and his world, 1997; E. Gandolfo: G. Magno servo dei servi di Dio, 1998; M. Schambeck: Contemplatio als Missio. Zu einem Schlüsselphänomen bei G. dem Großen, 1999; J. C. Cavadini: G. the Great, 2001.

Gregor VII., Papst (22.4.1073–25.5.1085), heilig (1606; GK g 25. Mai), vorher: Hildebrand; * um 1015 (laut anthropologischer Untersuchung der Gebeine) in der Toskana (Soana?), wohl aus nichtadliger Familie; früh in Rom, Mönch im cluniazensisch beeinflussten Marienkloster auf dem Aventin und ausgebildet im Lateran, u. a. durch Erzbischof Laurentius von Amalfi. Er ging 1047 als Kapellan mit Gregor VI. ins Exil nach Deutschland (Köln?), kehrte aber bereits Anfang 1049 mit Leo IX. nach Rom zurück und wurde 1050 mit der Leitung von San Paolo fuori le mura betraut. 1054 und 1056 trat er in Frankreich, 1054 und 1057/58 am deutschen Hof als päpstlicher Legat auf, erscheint als Datar in Urkunden Victors II. und wurde wohl 1058 Archidiakon der römischen Kirche, mit erheblichem Einfluss auf den Kurs des Reformpapsttums unter Nikolaus II. und Alexander II. An dessen Beisetzungstag wurde er von den Römern in tumultuarischem, von den Kardinälen anerkanntem Verfahren zum Nachfolger erhoben und benannte sich nach dem Mönchspapst ↗Gregor I.; die Bischofsweihe empfing G. am 30. Juni. Wie das erhaltene Briefregister (mit 360 Einträgen) und etwa 60 weitere überlieferte Briefe zeigen, begriff G. seine Wahl als besonderen Auftrag Gottes, die Überwindung unkanonischer Missstände mit der Durchsetzung der päpstlichen Autorität in der gesamten Kirche zu verbinden; er respektierte dabei die weltliche Gewalt, soweit sie sich in Dienst nehmen ließ. Dahinter stand weniger ein systematisches Konzept als vielmehr elementare religiöse Intuition, wie sie sich in den scharf gemeißelten Sätzen des *Dictatus papae* von 1075 ausdrückt. Gehorsam gegenüber dem heiligen Petrus und seinem Nachfolger wurde zum ausschlaggebenden Maßstab, der notfalls die hierarchische Ordnung der Kirche sprengte und auch eine Neubewertung der weltlichen Gebieter beförderte. G. suchte – schon um ihnen seine Reformforderungen einzuschärfen – als erster mittelalterlicher Papst Kontakt zu allen Herrschern seiner Zeit und machte dabei terminologisch keinen Unterschied mehr zwischen dem König in Deutschland und den übrigen; gegenüber Dänemark, Ungarn, Dalmatien, den süditalischen Normannen, Spanien und selbst England beanspruchte er eine Lehnshoheit, die ihm finanziellen und militärischen Rückhalt verschaffen sollte. Mit der Idee einer »militia sancti Petri« ist G. ein Wegbereiter der Kreuzzugsbewegung geworden.

Der schicksalhafte Konflikt mit König Heinrich IV. (Investiturstreit) löste eine zunächst schär fere Konfrontation mit König Philipp I. von Frankreich ab und entsprang der Enttäuschung darüber, dass der Salier sich einem Zusammenwirken gegen den deutschen Episkopat bei der päpstlichen Kirchenreform versagte und seine Kirchenhoheit in Italien sogar intensivierte. Als Heinrich ihm mit der Mehrzahl der deutschen Bischöfe am 24. 1. 1076 in Worms die Anerkennung entzog, brachte G. die Kraft auf, aus der papalistischen Doktrin die denkbar radikalsten Folgerungen zu ziehen und auf der römischen Fastensynode von 1076 den König nicht bloß zu exkommunizieren, sondern – wie kein Papst vor ihm – auch abzusetzen, indem er alle Untertanen von ihren Treueiden entband. Die ungeheure Resonanz dieses Schritts stürzte das salische Königtum in eine tiefe Krise und nötigte Heinrich, dem zur Neuwahl eines Königs nach Deutschland reisenden Papst bußfertig bis zur Burg Canossa entgegenzueilen, wo ihm G. am 28. 1. 1077 widerstrebend die Absolution erteilte. Dem prinzipiellen Sieg der geistlichen Strafgewalt stand der politisch-taktische Vorteil Heinrichs gegenüber, seiner deutschen Opposition so viel Legitimation genommen zu haben, dass die Wahl des Gegenkönigs Rudolf im Beisein päpstlicher Legaten (15. 3. 1077) ohne durchschlagenden Erfolg blieb. G., der spätestens 1078 die Konsequenz eines grundsätzlichen Investiturverbots zog, schwankte zwischen dem Anspruch auf ein Schiedsgericht über beide Rivalen und der Hoffnung auf eine Einigung mit dem Salier, bis er auf der Fastensynode von 1080 den endgültigen Bruch vollzog. Auf die Anerkennung Rudolfs als König und die eigene erneute Absetzung reagierte Heinrich in Brixen (25. 6. 1080) mit der Nomination des Erzbischofs Wibert von Ravenna zum Gegenpapst (Clemens III.) und, nach dem militärischen Scheitern des Gegenkönigs, seit 1081 mit dem Vormarsch auf Rom, wo G. ohne zuverlässige Bundesgenossen nur hinhaltenden Widerstand leisten konnte. Unbeugsam in der Sache und vom Großteil auch der Kardinäle verlassen, musste G. von der Engelsburg aus am 21. 3. 1084 den Einzug Heinrichs in Rom und am 31. März dessen Kaiserkrönung durch den Gegenpapst in St. Peter erleben. Ende Mai durch den Normannenherzog Robert Guiscard befreit, verbrachte G. noch ein Lebensjahr als Flüchtling in Salerno, von wo aus er einen letzten Hilferuf an alle Getreuen aussandte. Grab im Dom von Salerno.

Obgleich persönlich gescheitert, war G. einer der bedeutendsten Päpste der Geschichte, weil er der Kirchenreform des 11. Jh. zum endgültigen Durchbruch verhalf und dem Gedanken der hierokratischen Autonomie eine gesamtabendländische Dimension gab. Dies geschah nicht so sehr durch seine schriftlichen Äußerungen, die nur bemerkenswert geringen Niederschlag in der kanonistischen Tradition fanden, sondern durch sein resolutes Handeln, das überkommene Werte wie Sakralkönigtum und Eigenkirchenwesen entscheidend erschütterte und einer neuartigen »Freiheit der Kirche« (»libertas ecclesiae«) unter Leitung des Papsttums den Weg ebnete.

RUDOLF SCHIEFFER

Quellen: GregoriiVII Vitae: J. B. WATTERICH: Pontificum Romanorum qui fuerunt inde ab exeunte saeculo IX usque ad finem saeculi XIII vitae ab aequalibus conscriptae etc., Bd. 1 1862, 293–546; RPR(J) [2] 1, 594–649; 2, 712 f. 751; Das Register G.s VII., hg. v. E. CASPAR (MGH.ES 2), 1920–23, 1978; L. SANTIFALLER: Quellen und Forschungen zum Urkunden- und Kanzleiweisen Papst G.s VII., Bd. 1, 1957; The Epistolae Vagantes of Pope G. VII, hg. v. H. E. J. COWDREY, 1972.

Literatur: DHGE 21, 1424–33; LMA 4, 1669 ff.; TRE 14, 145–152; E. CASPAR: G. VII. in seinen Briefen: Historische Zeitschrift 130 (1924) 1–30; W. GOEZ: Zur Persönlichkeit G.s VII.: Römische Quartalschrift 73 (1978) 193–216; R. SCHIEFFER: G. VII., ein Versuch über die historische Größe: Historisches Jahrbuch 97/98 (1978) 87–107; I. S. ROBINSON: Pope G. VII: Journal of Ecclesiastical History 36 (1985) 439–483; G. TELLENBACH: Die westliche Kirche vom 10. bis zum frühen 12. Jh.: Die Kirche in ihrer Geschichte, hg. v. B. MÖLLER, Bd. 2/1 1988, 152–200; H. E. J. COWDREY: Pope G. VII, 1998; U. R. BLUMENTHAL: G. VII. Papst zwischen Canossa und Kirchenreform, 2001; D. TESSORE: G. VII. Il monaco, l'uomo politico, il santo, 2003.

Gregor der Wundertäter (griechisch: Thaumaturgus), ursprünglich Theodor, heilig (17. Nov.), Bischof von Neocaesarea in Pontus, * um 213 Neocaesarea aus heidnischer Familie, † 270/275. Die sicherste Quelle über sein Leben bildet neben Eusebius' »Historia ecclesiastica« seine eigene Dankrede an Origenes; bekehrte sich mit 14 Jahren zum Christentum. Studierte mit seinem Bruder Athenodorus Rhetorik, Latein und Rechtswissenschaft. In Caesarea trafen sie Origenes und studierten fünf Jahre Naturwissenschaften, Philosophie und Schriftexegese. In erster Linie war ihnen aber Origenes geistiger Führer, der sie durch Tugendübungen und Gebet schulte. Am Anfang ertrug G. diese Leitung schwer, aber bald verband ihn tiefe Freundschaft und Bewunderung mit seinem Lehrer. Beim Abschied aus Caesarea dankte G. Origenes durch eine lange Rede. Nach der Rückkehr der Brüder in die Heimat sandte Origenes noch einen Brief an G. Bald weihte Phaedimus, Bischof von Amasia, die zwei Brüder zu Bischöfen, wobei dem G. seine Geburtsstadt, die fast heidnisch war, anvertraut wurde. G.s Wunder, die ihm seinen Beinamen eintrugen, kennen wir durch seine Werke, einige Texte des ↗Basilius und die Biographie ↗Gregors von Nyssa (Quelle der späteren Biographien; leider enthält sie manche Legenden und Irrtümer). Um ein Gegengewicht zu den heidnischen Feiern zu schaffen, richtete G. Martyrerfeste ein. Er nahm an der ersten Synode von Antiochien (264) teil, die über Paulus von Samosata richtete.

G. verfasste a) die *Dankrede an Origenes;* b) die *Glaubensdarlegung*, ein kurzes trinitarisches Glaubensbekenntnis; c) die *Kanonische Epistel*, löst Gewissensfragen eines Bischofs, die durch die Haltung von Christen während eines Einbruchs der Goten (254) veranlasst wurden: Gefangene fürchten, den Götzen geopfertes Fleisch gegessen zu haben; Frauen haben Vergewaltigung erlitten; einige Christen haben gestohlen oder an den Plünderungen der Barbaren teilgenommen; der letzte Kanon, dessen Echtheit umstritten ist, unterscheidet vier Grade in der öffentlichen Buße; d) die *Erklärung über Kohelet* ist eine Paraphrase dieses Buches; e) syrisch erhaltener *Dialog* mit einem gewissen Theopompus über die Frage, ob Gott leidensfähig sei.

HENRI CROUZEL

LThK³ 4, 1027 ff. (ungekürzte Fassung).
Literatur: LACL 307 ff.; RAC 12, 779–793; Bardenhewer 2, 315–332; M. Slusser: St. G. Thaumaturgus, 1998.

Gunther (Günt[h]er) **von Niederaltaich,** heilig (9. Okt.), Eremit und Glaubensbote, * um 955, † 9.10.1045 Gutwasser/Dobrá Voda in Südböhmen; aus dem thüringischem Grafengeschlecht von Schwarzburg, zog sich um 1005 aus dem weltlichen Leben zurück, Laienbruder im Kloster Hersfeld, dem er zugunsten des Filialklosters Göllingen sein gesamtes Erbgut vermachte. Abt ↗Godehard entsandte den Novizen in sein Stammkloster Niederalt aich; seit 1008 aber Einsiedler und Missionar im Nordwald zwischen Bayern undBöhmen. Hauptstützpunkte wurden die 1011 gegründete Zelle Rinchnach, ab 1040 das böhmische Gutwasser. Von hier aus entfaltete G. eine fruchtbare religiöse Tätigkeit, trieb zugleich die Landeserschließung voran. Mehrfach von König ↗Stephan nach Ungarn gerufen; 1017 missionierte er mit wenig Erfolg bei den slawischen Liutizen. G. griff auch ins politische Leben ein, indem er wiederholt (1034 und 1040) in den Böhmenkriegen der Salier vermittelte. Herzog Břetislav von Böhmen ließ ihn im Kloster Břevnov in Prag bestatten. Das Grab wurde von den Hussiten zerstört; es war zusammen mit Rinchnach Mittelpunkt seiner immer lokalen, kirchlich nie anerkannten, aber bis heute lebendigen Verehrung.

ALOIS SCHMID

Quellen: Vita Guntheri eremitae: MGH.SS 11, 276–279.
Literatur: BaSa 2, 98–112; LMA 4, 1793; NDB 7, 324 f.; G. Lang: G., der Eremit, in Geschichte, Sage und Kult: Studien und Mitteilungen zur Geschichte des Benediktinerordens 59 (1941/42) 3–83; E. Heufelder (Hg.): 1000 Jahre St. G., 1955; G. Voss: Symposion zum 950. - Todestag des hl. Einsiedlers G.: Una Sancta 50 (1995) 325–330.

Hedwig (Jadwiga) **von Andechs** (von Polen, von Schlesien), Herzogin von Schlesien, heilig (1267; RK g 16. Okt.), * 1174/78 Andechs, † 14.10.1243 Trzebnica/Trebnitz. Tochter Herzog Bertholds VI. von Andechs-Meranien und der Wettinerin Agnes von Groitzsch. Seit dem fünften Lebensjahr von Benediktinerinnen in Kitzingen am Main erzogen. Um 1188 vermählt mit Herzog Heinrich I. von Schlesien, sieben Kinder. Gründete zusammen mit ihm 1202 das Zisterzienserkloster Trebnitz. Wirkte an politischen Entscheidungen ihres Mannes mit, so auch an der deutschen Besiedlung Schlesiens. Erwarb wie ↗Elisabeth von Thüringen den Ruf einer Landesmutter mit caritativer Tätigkeit. H. führte ein tiefes Gebetsleben und eine strenge Aszese. – Heute verehrt als »Brückenheilige« zwischen Deutschland und Polen. Ihr Grab in Trzebnica ist Ziel zahlreicher Wallfahrten.

WERNER MARSCHALL

Literatur: LMA 4, 1985 f.; J. Gottschalk: H.-Verehrung durch 700 Jahre: Archiv für schlesische Kirchengeschichte 24 (1966) 100–126; derselbe: H. von Andechs – Herzogin von Schlesien, 1982; A. Schütz: H. von Andechs, eine deutsch-polnische Heilige, 1992; H. B. Gerl-Falkowitz: H. von Schlesien: Internationale katholische Zeitschrift Communio 23 (1994) 155–164.

Heinrich (II.), Kaiser (1002–24), heilig (1146; RK g 13. Juli), *6.5.973 (978?) Bayern (oder Hildesheim), †13.7.1024 Pfalz Grone bei Göttingen, bestattet im Bamberger Dom; Urenkel König Heinrichs I., Sohn Herzog Heinrichs des Zänkers von Bayern und Giselas (Tochter König Konrads von Burgund), Bruder Bischof Bruns von Augsburg und Königin Giselas von Ungarn, Halbbruder Erzbischof Arnolds von Ravenna; 995/1000 verheiratet mit ↗Kunigunde aus dem Grafenhaus von Luxemburg, ohne Kinder. Erzogen von Bischof Abraham von Freising, an der Hildesheimer Domschule und von Bischof ↗Wolfgang von Regensburg, vielleicht auch von Bischof Reginold von Eichstätt, zeitweise (wohl um 980 während Utrechter Haft seines Vaters) für die geistliche Laufbahn bestimmt, mit guter Bildung versehen, 995 (als H. IV.) Herzog von Bayern. 1002, nach dem Tod seines Vetters Otto III., beanspruchte er den Königsthron als letzter Vertreter des Königshauses in männlicher Linie und setzte sich gegen seine Rivalen (v. a. Herzog Hermann II. von Schwaben) mit rasch vollzogener Salbung (durch Erzbischof Willigis) am 7.6.1002 in Mainz durch. Der anschließende Umritt brachte die weitgehende Anerkennung seines Königtums (u. a. am 25.7.1002 in Merseburg durch die Sachsen). Seine Herrschaft war geprägt von gesteigertem Einsatz der Kirche und der Reichsbischöfe, von einer strengeren Beachtung und Umsetzung kirchlich-kanonischer (u. a. Zölibat, Nahehe-Verbot) sowie monastischer Regeln und Normen, einer Intensivierung der Königsautorität im gesamten Reich und vom Bestreben, adlige und fürstliche Machtkonzentration zu verhindern bzw. aufzulösen. Dies führte zu zahlreichen Fehden im Reich (u. a. Markgraf Heinrich von Schweinfurt, Luxemburger, Ezzonen, Grafen von Flandern). Die 1003 beginnenden jahrelangen Kriege mit dem Polenherzog Bolesław Chrobry wurden Anfang 1018 mit dem Frieden von Bautzen durch den Vasalleneid Bolesławs und die Belehnung mit der Lausitz und dem Milzener Land beendet. Durch lehn- und erbrechtliche Verträge (1006, 1016 und 1018) bereitete er den Anschluss des Königreichs Burgund an das Reich vor. Seinen Herrschaftsanspruch in Italien musste er mit Krönung und Salbung am 14.5.1004 in Pavia gegen Arduin von Ivrea, der sich erst 1014 zurückzog, dokumentieren. Am 14.2.1014 zusammen mit Kuni gunde in St. Peter in Rom Kaiserkrönung durch Benedikt VIII. Ein Hilferuf des Papstes führte zum Kriegszug 1021/22 nach Süditalien, wo eine nachhaltige Erneuerung der Reichshoheit freilich nicht gelang. Das von H. 1007 gegründete Bistum Bamberg hat nach seinem Tod seine Verehrung gepflegt und seine Heiligsprechung erwirkt.

STEFAN WEINFURTER

Quellen: Vita: MGH.SS 4, 683–695; Nederlandse Historische Bronnen 3 (1983) 7–95.

Literatur: R. KLAUSER: Der H.- und Kunigundenkult im mittelalterlichen Bamberg, 1957; K. GUTH: Die Heiligen H. und Kunigunde, 1986; M. HÖFER: H. II., 2002.; S. WEINFURTER: H. II., Herrscher am Ende der Zeiten, ^{3}2002; K. GUTH: Kaiser H. II. und Kaiserin Kunigunde – das heilige Herrscherpaar, 2002; J. KIRMEIER (Hg.): Kaiser H. II. Begleitband zur Bayerischen Landesausstellung, 2002.

Heinrich Seuse (Suso, H. von Berg), selig (Kultapprobation 1831; 25. Jan., RK g *23. Jan.*), OP, bedeutender deutscher Mystiker; *21.3.1293/1303 Konstanz, †25.1.1366 Ulm.

Dreizehnjährig trat H. in das Konstanzer Inselkloster ein, begann ein intensives religiöses Leben aber erst fünf Jahre später aufgrund eines Bekehrungserlebnisses, des »geswinden ker«. 16 Jahre härtester Kasteiungen in der Nachfolge Christi und der Wüstenväter (u. a. Nagelkreuz, Stachelhandschuhe, Durstaskese) sollen, verbunden mit Passionsmeditationen, zum »Durchbruch« durch das Leiden der Menschheit des Erlösers zu seiner Gottheit führen. H. berichtet zahlreiche Gnadenerlebnisse (Visionen, Erscheinungen, Erleuchtungen). 1322/27 studiert er in Köln u. a. bei Meister Eckehart; danach Lesemeister in Konstanz. Seelsorgereisen, besonders zu Frauenklöstern, führen H. bis in die Niederlande. Vom Häresievorwurf entlastet, übernimmt er 1343/44 das Priorat seines Konvents in Dießenhofen, wohin die Konstanzer Dominikaner bis 1346 wegen des Interdikts umzogen. 1347 aufgrund unbewiesener Anschuldigung nach Ulm versetzt, gehört H. dem dortigen Predigerkonvent bis zu seinem Tod an; bald einsetzende Verehrung.

Unter H.s Werken ragen hervor: *Leben*, detailreiche Autobiographie, in deren erstem Teil H. seine religiöse Entwicklung exemplarisch als Aufstieg eines »geistlichen Ritters« im Dienste der Himmlischen Weisheit stilisiert und im zweiten Teil Elsbeth Stagel OP unterweist, die an der Überlieferung wesentlich beteiligt war. Integraler Bestandteil sind von H. entworfene Illuminationen. Das dialogische *Büchlein der Wahrheit* (1327), nach Denifle und Bihlmeyer die dunkelste Schrift der Deutschen Mystik, handelt über theologisches Wissen (u. a. Wesen Gottes) und praktisches Verhalten (besonders rechte Gelassenheit). 1327/34 entsteht in höfischer Sprache das *Büchlein der Ewigen Weisheit* bzw. *Horologium Sapientiae* (veränderte und erweiterte lateinische Fassung, nach den 24 Stunden des Tages strukturiert). Vor einem Grundstock von hundert H. unter dem Kruzifix eingegebenen Betrachtungen gruppieren sich weitere Meditationen, Erleuchtungen und Anweisungen für ein innerliches Leben. Erhalten sind auch zwei Predigten und 27 geistliche Lehrbriefe; die Echtheit des Minnebüchleins ist fraglich. Die deutschen Hauptwerke sind in der von H. selbst in Ulm besorgten Redaktion, dem »Exemplar«, überliefert.

H.s Mystik wird oft zu sehr von Eckehart her gesehen, er ist jedoch genauso praktischer wie spekulativer Mystiker. Zentral sind ihm Passions- und Liebesmystik, zu der Elemente der Wesensmystik und negativen Theologie hinzutreten (konzentriert nur im *Büchlein der Wahrheit*). Der Dialog mit der Ewigen Weisheit (eine zwischen männlich und weiblich oszillierende Hypostase Christi) vermittelt nicht nur Erkenntnis, sondern ist zugleich »minnekosen«. Die große Bedeutung der Leidensfrömmigkeit, die Devotion zum Namen und Herzen Jesu, zur Eucharistie, ebenso die Marienverehrung führen weg von Eckehart, den H. gleichwohl hoch verehrte. H.s Spiritualität steht der gleichzeitigen Frauenmystik näher als die der anderen Vertreter der rheinischen Mystik.

PETER DINZELBACHER

LThK³ 4, 1397 f. (ungekürzte Fassung).

Ausgabe: Deutsche Schriften, hg. v. K. Bihlmeyer, 1907, 1961; H. Seuses Horologium Sapientiae, hg. v. P. Künzle, 1977.

Literatur: BiblSS 12, 81–88; DSp 7, 234–257; DThC 14, 2859–64; U. Joeressen: Die Terminologie der Innerlichkeit in den deutschen Werken H. S.s, 1983; A. M. Diethelm: ›Durch sin selbs unerstorben vichlichkeit hin zuo grosser loblichen heilikeit.‹ Körperlichkeit in der Vita H. S.s, 1988; M. Enders: Das mystische Wissen bei H. S., 1992; A. M. Haas: Kunst rechter Gelassenheit, 1996; J. Kaffanke: H. S. – Diener der Ewigen Weisheit, 1998; T. Heimerl: Frauenmystik? Männermystik?, 2002.

Helena (Hélène) **Chappotin** (Ordensname: Maria von der Passion), selig (2002; *15. Nov.*), *21.5.1839 Nantes, †15.11.1904 San Remo; seit 1864 bei den »Dames Réparatrices« in Toulouse, nach dem Noviziat kam sie in die Mission nach Indien (Tutikorin), wurde sehr bald Oberin des Missionsgebietes. Erfuhr viele Schwierigkeiten, auch Verleumdungen, trennte sich mit 20 Schwestern von der Kongregation und gründete die »Genossenschaft der Franziskanerinnen-Missionarinnen Mariens«, bestätigt 1896. Für ihre Schwestern schrieb sie *Méditations liturgiques et franciscaines* (1896–1898) und *Le journal d'une Mère à ses Filles* (1896–1904).

WILHELM FORSTER

Literatur: DIP 2, 868 ff.; G. GOYAU: Mère Marie de la Passion et les Franciscaines Missionnaires de Marie, 1935; M. C. URBANO DELGADO: Una mística hecha misión: Verdad y vida 54 (1996) 433–492; DIESELBE: Una mujer que vivió su nombre: Maria de la Pasión: ebd. 59 (2001) 141–158.

Helena (Helene) **Kafka,** (Ordensname: Maria Restituta), selig (1998; 30. Okt.), Mitglied der Kongregation der Schwestern des Dritten Ordens des heiligen Franziskus (Hartmannschwestern), Operationsschwester, *1.5.1894 Brünn-Husovice, †30.3.1943 Wien; wegen ihrer Kirchlichkeit und aus politischen Gründen als einzige katholische Ordensfrau von den Nationalsozialisten zum Tod verurteilt und hingerichtet.

MICHAELA KRONTHALER

Literatur: B. M. KEMPNER: Nonnen unter dem Hakenkreuz, 1979, 47–62; Sr. Maria Restituta Kafka, Märtyrerin aus dem Widerstand, 1998.

Helena (Helene), **Kaiserin,** heilig (18. Aug.), *248/249 Drepanon in Bithynien, †328/329; von niederer Herkunft (Wirtin), Konkubinat mit Constantius Chlorus, aus dem Konstantin der Große hervorging. H. unterstützt ihn seit 306 am Trierer Kaiserhof, erhält 324 zusammen mit Konstantins Gattin Fausta den Kaiserinnentitel (Diademrecht, Goldmünzen), wird Christin, hat nach Faustas Verurteilung 326 eine herausragende Stellung inne und kontrolliert die kaiserlichen Schätze. Bautätigkeit in Rom (wahrscheinlich SS. Marcellino e Pietro, F. W. Deichmann: Rom, Ravenna, Konstantinopel, Naher Osten, 1982, 337 f.; Kirche zum Heiligen Kreuz in H.s römischer Residenz, dem Sessorianischen Palast), Betlehem (Geburtskirche) und auf dem Ölberg (Himmelfahrtskirche). Die politisch bedeutsame Reise durch die Ostprovinzen (326/327) macht H. zum Urbild aller Heiliges-Land-Pilger und führt wahrscheinlich im Umfeld der Jerusalemer Grabeskirche um 350/360 zur H.-Legende mit der Kreuz auf fin dung (Jahrbuch für Antike und Christentum 32 [1989] 41–71). H. wurde wohl zunächst im Mausoleum an der Via Labicana in Rom beigesetzt und dann nach Konstantinopel (Eusebius, De vita Constantini 3, 47, 1: »Kaiserstadt«) ins Mausoleum an der Apostelkirche überführt (DOP 16 [1962] 39 f.). Im 9. Jh. spricht man von Reliquien in Konstantinopel. Die älteste hagiographische Darstellung des Lebens Konstantins und H.s in Griechisch dürfte im 5./6. Jh. entstanden sein (Texte und Untersuchungen zur Geschichte der altchristlichen Literatur 133 [1987] 623–638). In der byzantinischen Ikonographie erscheint H. zusammen mit Konstantin, an dessen Fest man auch H.s Gedenktag begeht *(21. März)*. Die berühmteste Translation brachte die Reliquien 841/842 (aus Rom?) in die gallische Abtei Hautvillers (ActaSS aug. 3, 599–654), von wo sich der Kult nach Trier und ins Rheinland verbreitete. H. gilt als Ideal einer christlichen Herrscherin. Die Legende schreibt H. die

Gründung Trierer Kirchen und der Thebäerkirchen in Bonn (Münster), Köln (St. Gereon) und Xanten (St. Viktor) sowie die Überführung der Reliquien des heiligen ↗Matthias, des Heiligen Rockes und der Kreuznägel nach Trier zu. Im 12. Jh. beansprucht S. Maria in Ara Coeli in Rom, Reliquien aufzubewahren. Die seit dem 15. Jh. wachsende Zahl der Darstellungen (mit Krone, Kirchenmodell, Kreuz und Nägeln) in Deutschland belegt die zunehmende Verehrung.

STEFAN HEID

Quellen: EUSEBIUS: De vita Constantini 3, 41–47; AMBROSIUS: De obitu Theodosii 40–51.

Literatur: ACTASS aug. 3, 548–599; BIBLSS 4, 988–995; LMA 3, 2117 f.; RAC 3, 367–374; 14, 355–375; J. HOFMANN: Kaiserin H., 1995; H. A. POHLSANDER: H., empress and saint, 1995; U. LEMKE: Das Kreuz als Lebensmotiv, 2000.

Hemma von Gurk, heilig (1938; 29. Juni, RK g *27. Juni*), Klosterstifterin, Schutzpatronin Kärntens, * um 995/1000 aus der Sippe der bayrischen Luitpoldinger, † nach 1043 Gurk in Kärnten; Verwandte Kaiser ↗Heinrichs II., Witwe (1036) des Markgrafen Wilhelm II. von Sanntal, stiftete mit ihren Besitzungen das Nonnenkloster Gurk und die Abtei Admont (gegründet erst 1074). In Gurk, das Erzbischof Balduin 1043 weihte, beigesetzt und erst durch die Fälschungen des Gurker Kaplans Conrad zur heiligen Stifterin hochstilisiert. Vor 1174 Translation in die Krypta des Gurker Doms, seit der Exhumierung 1287 als Selige verehrt, um die sich Legenden und Wunder ranken. Der 1458 eingeleitete Kanonisationsprozess führte mit slowenischer Unterstützung erst 1938 zur Heiligsprechung.

HEINZ DOPSCH

Quellen: Monumenta historica ducatus Carinthiae, Bd. 1, hg. v. A. VON JAKSCH, 1896.

Literatur: Ausstellungskatalog ›H. von Gurk‹, 1988; J. TILL: H.s Welt, 1999.

Hermann Joseph, heilig (1960; 7. April, RK g *21. Mai*), OPraem, Mystiker und Dichter, * um 1160 Köln, † nach 1225 (traditionell 7.4.1241) Hoven; frühe Oblation an das Kloster Steinfeld, später Studium in Mariengaarde, Priesterweihe und Rückkehr nach Steinfeld; dort verschiedene Tätigkeiten, u. a. Seelsorge in Frauenklöstern. Eine affekt orientierte Frömmigkeit (Braut- und Passionsmystik) fließt in seine Dichtung ein. Hymnen auf Christus, Maria und die heilige Ursula; weitere Werke, darunter ein Kommentar zum Hohenlied, sind verloren. Inhaltliche Nähe zu ↗Bernhard von Clairvaux und zu Elisabeth von Schönau. Die Vita berichtet eine auffällige Eucharistie- und »humanitas Christi«-Devotion sowie eine besondere Marienverehrung, daher der Beiname »Joseph«. Im Barock große H.-Joseph-Verehrung (Gemälde von Antonis van Dyck, 1630, Wien). In der Moderne z. T. Verzeichnung zum Kinderheiligen durch die Akzentuierung legendarischer Stoffe.

MICHAEL BANGERT

Werke: J. VAN SPILBEECK (Hg.): Beati Hermanni Joseph opuscula, 1899 (lateinisch-deutsche Ausgabe von J. BROSCH, 1950).

Literatur: ACTASS apr. 1, 686–714; H. J. KUGLER: H. Joseph von Steinfeld im Kontext christlicher Mystik, 1992.

Hieronymus Aemiliani (Gerolamo Miani), heilig (1757; GK g 8. Febr.), Ordensgründer, * 1486 Venedig, † 8. 2. 1537 Somasca bei Bergamo. Aus adeliger Familie, Militärlaufbahn; die Begegnung mit oberitalienischen Reformkreisen (z. B. ↗Kajetan von Thiene) führte zur Bekehrung. Sozial-caritatives Apostolat, besonders Sorge um Waisenkinder (seit 1527). Gefördert von den oberitalienischen Bischöfen, Städten und Adel, breitete sich sein Sozialwerk aus. Zentrale seit 1534 in Somasca; als Träger seiner Institute gründete er die »Gesellschaft der Diener der Armen«, aus der der Orden der »Somasker« entstand. H. blieb Laie und bis zu seinem Tod durch die Pestbei seiner Option für die Waisen, Armen und Kranken, getragen von einer christozentrischen Frömmigkeit. – Pius XI. erklärte ihn 1928 zum »universalen Patron der Waisen und der verlassenen Jugend«.

KARL SUSO FRANK

Literatur: BiblSS 6, 143–148; DIP 4, 1108–11; DSp 8, 929–935; C. Pellegrini: S. G. Miani. Profilo, 1962; J. R. de la Torre: ›Da a los pobres y sigueme‹. Teologia y espiritualidad de S. J. Emiliani, 1995.

Hieronymus (Sophronius Eusebius H.) **von Stridon**, heilig (GKG 30. Sept.), 1295 Kirchenlehrer; * um 347 Stridon (zwischen Aquileia und Emona, nicht identifiziert) in Dalmatien, † 419 oder (so Prosper von Aquitanien, Epitoma chronicorum 1274) 30. 9. 420.

Sohn christlicher Eltern, ging H. zu grammatisch-rhetorischen Studien (u. a. bei Aelius Donatus) nach Rom, wo er sich mit Rufinus und Pammachius anfreundete und die Taufe empfing. Auf einer Gallienreise begegnete H. in Trier dem Mönchtum und entschied sich für das monastische Leben. Er schloss sich in Aquileia dem Kreis um Chromatius an, in dem Kleriker und Laien wie Eusebius, Rufinus und Bonosus asketische Ideale verwirklichten. 373 reiste H. nach Antiochien, wo er Griechisch lernte, Apollinaris von Laodicea hörte und auf Origenes' Werke stieß, bevor er sich in der nordsyrischen Wüste Chalcis (nahe Aleppo) strenger Askese, literarisch-exegetischer Betätigung und dem Studium des Hebräischen widmete. In einem Traumerlebnis schwor er damals der klassisch-heidnischen Literatur ab, die gleichwohl seine Werke nachhaltig beeinflusst hat. Mit den umwohnenden Mönchen über trinitätstheologische Fragen (antiochenisches Schisma) zerstritten, kehrte H. nach Antiochien zurück und ließ sich um 379 von ↗Paulinus zum Presbyter (ohne Amtspflichten) weihen. 380/381 knüpfte H. in Konstantinopel u. a. Kontakte zu ↗Gregor von Nazianz. 382 reiste er mit Paulinus und Epiphanius von Salamis zur von Damasus I. einberufenen Synode nach Rom, wo H. zum theologischen Berater und Sekretär des Papstes avancierte, der ihn mit der Revision der lateinischen Bibelübersetzung nach dem Urtext beauftragte. In Rom wurde H. zum geistigen Führer asketisch interessierter adliger Damen, besonders der Witwen Marcella, Paula und von Paulas Töchtern Blesilla und Julia Eustochium. Als nach dem Tod des Damasus 384 entgegen H.' Erwartungen nicht er, sondern Siricius zu dessen Nachfolger gewählt wurde und sich u. a. wegen H.' Angriffen gegen den verweltlichten römischen Klerus eine scharfe Opposition gegen ihn regte, verließ er 385 Rom. H. besuchte mit Paula und Eustochium Palästina und Ägypten, bevor sie sich 386 in Betlehem niederließen. Dort gründete und leitete H. mehrere Klöster und widmete sich fortan ganz exegetisch-theologischen Studien. Der Streit mit Bischof Johannes von Jerusalem trieb den einstigen Origenes-Verehrer H. seit 393 ins Lager der Antiorigenisten und führte auch zum Bruch mit Rufinus.

H. hat zahlreiche Werke verfasst: *Bibelübersetzungen.* H. begann die Revision der lateinischen Übersetzung der Evangelien nach dem griechischen Text. Es folgten die Emendation der Psalmen sowie die von Ijob, Sprichwörter, Hohemlied, Kohelet, Chronik nach dem hexaplarischen Text der Septuaginta und eine Übersetzung des Alten Testaments (ohne Weisheit, Sirach, Baruch, Makkabäer) »iuxta Hebraeos«. – *Exegetische Werke* wie der *Liber interpretationis hebraicorum nominum, der Liber quaestionum hebraicarum in Genesim* begleiteten H.' Arbeit am Bibeltext. Daneben verfasste er fortlaufende Kommentare zu den Psalmen, den Propheten, zu Kohelet, Matthäus, dem Galater-, Epheser-, Titus-, Philipper-Brief und zur Offbarung. – Von den *Predigten*, gehalten vor Mönchen in Betlehem, sind 73 zu den Psalmen, zehn zu Markus und zehn zu verschiedenen Schriftstellen nebst zwei Sermones zu Epiphanie und Fastenzeit erhalten. – *Historische Werke.* Zur Verherrlichung des asketischen Ideals verfasste H. die Viten des ↗Paulus von Theben, des Hilarion von Gaza und des Malchus, die ältesten lateinischen Mönchslegenden. Die in Konstantinopel entstandene *Chronik* ist eine Übersetzung und Bearbeitung des zweiten Teils von der Chronik des Eusebius mit Fortführung bis 378. Der oft als »erste Patrologie« bezeichnete Schriftstellerkatalog *De viris inlustribus* behandelt 135 christliche Autoren von Petrus bis H. selbst. Die in Aussicht genommene Abfassung einer Kirchengeschichte hat der als Historiker wenig begabte H. nicht ausgeführt. – *Dogmatisch-polemische Werke.* Im Dialog *Altercatio Luciferiani et orthodoxi* tritt H. u.a. gegen den römischen Diakon Hilarius für die Gültigkeit der arianischen Taufen und Weihen ein. In *Adversus Helvidium* und *Contra Iovinianum* verteidigt er Marias immer währende Jungfrauschaft und den Vorrang der Jungfräulichkeit vor der Ehe. Mönchsideal, Reliquien- und Heiligenverehrung nimmt H. in *Contra Vigilantium* in Schutz. Dem Streit um Origenes gehören *Contra Ioannem Hierosolymitanum* und die *Apologia adversus libros Rufini libri duo* an. Mit den drei Büchern *Dialogi contra Pelagianos* griff H. in den pelagianischen Streit ein. – Die Briefe des H. umfassen etwa 120 von 154 Nummern des Briefcorpus; hinzu kommt die *ep. ad Praesidium* (Pseudo-H. ep. 18). Die mit literarischer Sorgfalt verfassten und für die Veröffentlichung bestimmten Briefe sind mit persönlichem Kolorit durchsetzt und enthalten (auto-)biographische und historische Notizen. – *Lateinische Übersetzungen griechischer Autoren.* Von Origenes hat H. neun Homilien zu Jesaja, je 14 zu Jeremia und Ezechiel, zwei zum Hohenlied und 39 zu Lukas übersetzt. Ferner übersetzte H. Briefe von Epiphanius und Theophil von Alexandrien, das »Onomastikon« des Eusebius, »De spiritu sancto« des Didymus von Alexandrien (der Blinde) sowie asketische Schriften von Pachomius, Theodor von Tabennese und Horsiese. – *Unechtes.* Martyrologium Hieronymianum.

H. war eine faszinierende, aber wegen seiner Überempfindlichkeit, Reizbarkeit und sarkastischen Polemik auch schwierige Persönlichkeit. In ihm verband sich treue Kirchlichkeit mit asketischen Idealen, unermüdlichem Arbeitseifer sowie literarischer und exegetisch-theologischer Bildung. Der philologisch orientierte H. hat die Bedeutung des Urtexts für die Exegese erkannt, bei der er den Literalsinn bevorzugte, ohne den geistigen preiszugeben. Seine Hauptleistung sind die Bibelübersetzungen, die großenteils in die Vulgata eingegangen sind. Bereits von den Zeitgenossen als Gelehrter bewundert, steht sein Einfluss in Mittelalter und früher Neuzeit demjenigen des Augustinus kaum nach.

MICHAEL DURST

LThK³ 5, 91–93 (ungekürzte Fassung).

Werke: PL 22–30 und PLS 2, 17–328. – Vulgata, 17 Bde., 1926–87; Vulgata, hg. v. R. Weber – B. Fischer, ³1983. – CCL72–78; Vetus Latina, Beiheft 23 (in Jes); CSEL59 (in Jer); SC 323 (in Jon); SC 242 und 259 (in Mt). – Vita Pauli: R. Degorski, 1987; Vita Hilarionis: Vite dei Santi, hg. v. C. Mohrmann, Bd. 4

1993, 72–142; Vita Malchi: C. C. Mierow: Classical Essays presented to J. A. Kleist, 1946, 31–60; Chronicon: GCS 47; De viris illustribus: TU 14, 1; G. Herding, 1924; A. Ceresa-Gastaldo, 1988. – Adversus Rufinum: CCL79; SC 303; Adversus Pelagium CCL80. – CSEL54–56; J. Labourt, 8 Bde., 1949–63; Briefwechsel H. – Augustinus: FlorPatr 22; Augustinus, ep. 27*: CSEL 88, 130–133; Bibliothèque Augustinienne 46B, 394–401; ep. ad Praesidium: G. Morin: Bulletin d'ancienne littérature et d'archéologie chrétiennes 3 (1913) 52–60. – Deutsche Übersetzungen (Auswahl): BKV16 und 26; BKV² 15; II, 16 und 18; Schriften der Kirchenväter, Bd. 2, 1983.

Literatur: Bibliographie in den Patrologien sowie in CCL 72, IX–LIV. – BBKL 2, 818–821; DSp 8, 902–918; DThC 8, 894–983; LACL 323–330; RAC 15, 117–139; J. Steinmann: H. Ausleger der Bibel. Weg und Werk eines Kirchenvaters, 1961; Y. Bodin: St. J. et l'Église, 1966; M. Testard: St. J., l'apôtre savant et pauvre du patriciat romain, 1969; J. N. D. Kelly: J. His Life, Writings and Controversies, 1975; Gestalten der Kirchengeschichte, hg. v. M. Greschat, Bd. 2 1984, 147–165; S. Rebenich: H. und sein Kreis, 1992; A. Fürst: H., Askese und Wissenschaft in der Spätantike, 2003.

Hilarius von Poitiers, heilig (GK g 13. Jan.), 1851 Kirchenlehrer; * um 315; † 367 Poitiers.

H. stammte aus vornehmer Familie in Poitiers, war verheiratet, hatte eine Tochter. Den philosophisch-rhetorisch gebildeten H. führte die Suche nach Wahrheit und Erkenntnis zur Heiligen Schrift und zum christlichen Glauben. Als Erwachsener getauft, wurde er um 350 der wahrscheinlich erste Bischof von Poitiers. Um 355 lernte H. das Nicaenum kennen, dessen Vorkämpfer er werden sollte. In den arianischen Streit hineingezogen, wurde H. 356 unter falscher Anklage vor eine Synode in Béziers gestellt, abgesetzt und nach Phrygien relegiert. Dort lernte H., der mit dem gallischen Episkopat in brieflichem Austausch stand, die Strömungen der östlichen Theologie kennen. 359 nahm er an der Synode von Seleucia auf Seiten der homöusianischen Fraktion teil und reiste mit deren Legaten nach Konstantinopel, wo er sich vergeblich um eine Audienz beim Kaiser bemühte. 360/361 kehrte er nach Poitiers zurück. 364/365 misslang H. und ↗Eusebius von Vercelli der Versuch, in Mailand den homöischen Bischof Auxentius I. abzusetzen.

H. hinterließ eine Reihe von Werken. Der *Matthäus-Kommentar* ist eine den tieferen Sinn aufspürende fortlaufende Auslegung des Evangeliums. – Der *Liber adversus Valentem et Ursacium* sollte die Machenschaften der Arianer aufdecken. – In seinem dogmatischen Hauptwerk *De trinitate* setzt sich H. mit arianischer Theologie und Exegese auseinander und legt die kirchliche Lehre von Christi Gottheit dar. – Die Bitte gallischer und britannischer Bischöfe um Information beantwortete H. mit der an sie adressierten *ep. de synodis*, in der er sich auch an östliche Bischöfe wendet. Der erste Teil enthält östliche Synodenbeschlüsse in lateinischer Übersetzung mit Kommentar. Im zweiten Teil bemüht sich H. um Vermittlung zwischen lateinischen Nizänern und griechischen Homöusianern und wirbt für das recht verstandene »homousios«. Gegen die Kritik des Lucifer von Calaris verteidigte sich H. mit erläuternden Randbemerkungen (»Apologetica responsa«). – Mit der Bittschrift *(Liber II) Ad Constantium* ersuchte H. den Kaiser Constantius II. um eine Audienz in Sachen seines Falles und der Glaubensfrage. – Als diese verweigert wurde, verfasste er das Pamphlet *Contra*

Constantium (erst nach dessen Tod veröffentlicht), in dem er die proarianische Politik des als »Antichrist« geschmähten Kaisers scharf attackiert. – In *Contra Auxentium*, einem Brief an die westlichen Bischöfe, informiert H. über die Mailänder Aktion von 364/365 und warnt vor dem »Antichrist« Auxentius. – Die vielleicht auf Predigten zurückgehenden *Tractatus super psalmos* bieten unter Beachtung des Literalsinns eine u.a. von Origenes beeinflusste typologisch-allegorische Auslegung von 58 (ursprünglich allen?) Psalmen. – Die unvollständig erhaltenen *Tractatus mysteriorum* deuten alttestamentliche Gestalten als Vorausbilder Christi und seiner Kirche. – Ferner existieren Fragmente eines *Ijob-Kommentars* und anderer nicht sicher identifizierbarer Werke. – Aus einem *Liber hymnorum* des H. sind drei echte Hymnen unvollständig erhalten; diese ältesten lateinischen christlichen Hymnen knüpfen an die lateinische poetische Tradition an und fanden nach griechischem Vorbild in der Liturgie Verwendung.

H. hat die theologische Fragestellung des griechischen Ostens dem lateinischen Westen vermittelt und den späteren Zusammenschluss von Homousianern und Homöusianern vorbereitet. Gallien und der lateinische Westen blieben nicht zuletzt dank seines Engagements nizänisch.

MICHAEL DURST

LThK[3] 5, 100 ff. (ungekürzte Fassung).

Werke: PL 9–10; PLS 1, 241–286; SC 254 und 258 (in Mt); CSEL 22 (in Pss); SC 344 und 347 (in Ps 118); Revue bénédictine 43 (1931) 277–283 (in Ps 150); SC 192 (Tractatus mysteriorum); CCL 62 und 62A (De trinitate); CSEL 65 (Tractatus mysteriorum, Collectanea antiariana Parisina, Ad Constantium, Liber hymnorum, Fragmenta mirora); SC 334 (Contra Constantium); Bijdragen 39 (1978) 234–243 (Apologetica responsa I b und V b); deutsche Übersetzung: BKV 56 (De trinitate); BKV[2] 2, 5–6 (De trinitate).

Literatur: Spezielle und ältere Literatur (vor 1965) in Handbuch der lateinischen Literatur der Antike, hg. v. R. Herzog – P. L. Schmidt, Bd. 5 1989, 447–480. – BBKL 2, 835–840; DSp 7, 466–499; LACL 333–336; MarL 6, 187–190; RAC 15, 139–167; C. F. A. Borchardt: H. of Poitiers' Role in the Arian Struggle, 1966; H. de Poitiers, évêque et docteur, hg. v. E. R. Labande, 1968; H. et son temps, hg. v. demselben, 1968; E. P. Meijering: H. of Poitiers on the Trinity, 1982; M. Figura: Das Kirchenverständnis des H. von Poitiers, 1984; Gestalten der Kirchengeschichte, hg. v. M. Greschat, Bd. 1 1984, 250–266; H. C. Brennecke: H. von Poitiers und die Bischofsopposition gegen Konstantius II., 1984.

Hildegard von Bingen, heilig (RK g 17. Sept.), OSB, * 1098 Bermersheim bei Alzey in Rheinhessen, † 17.9.1179 Rupertsberg bei Bingen; H. wurde als zehntes Kind des Edelfreien Hildebert von Bermersheim und seiner Frau Mechthild geboren. Achtjährig wurde sie der Inkluse Jutta von Disibodenberg zur geistlichen Erziehung am Benediktinerkloster Disibodenberg anvertraut, nach Juttas Tod zur Magistra des aus der Klause entstandenen Konvents gewählt. 1151 bezog H. nach Überwindung von Widerständen ihr selbsterbautes Frauenkloster Rupertsberg beiBingen, zu dem sie 1165 das leer stehende Augustinerkloster Eibingen als Tochterkloster hinzuerwarb.

Nach eigenen Worten besaß H. »vom Mutterschoße an« die Gabe der visionären Schau, die sie zunächst verborgen hielt. Erst ab 1141 schrieb sie das, was sie schaute, unter Assistenz des Mönchs Volmar, des Magisters ihrer klösterlichen Ausbildung, nieder. Die kirchliche Anerkennung ihrer Sehergabe erhielt sie durch Papst Eugen III. auf der Synode von Trier 1146/47 unter ausdrücklicher Empfehlung ↗Bernhards von Clairvaux, wo Teile ihres *Scivias* verlesen wurden. Aufgrund ihrer Werke wurde H. eine viel konsultierte Ratgeberin. Außerdem predigte sie auf vier größeren Reisen öffentlich vor Klerus und Volk. Während ihres langen Wirkens auf dem Rupertsberg schrieb sie trotz mehrerer schwerer Krankheiten und schwächlicher Konstitution ihre Visionsschriften und umfangreiche Korrespondenz. Der im 13. Jh. eingeleitete Prozess ihrer Heiligsprechung unter Gregor IX. und Innozenz IV. kam zu keinem Abschluss. Seit Beginn des 15. Jh. steht sie als Heilige in den kirchlichen Kalendarien und Martyrologien.

Die sicher datierten Hauptwerke sind: *Scivias* (Sciv) 1141/51, der *Liber vitae meritorum* (LVM) 1158/63, der *Liber divinorum operum* (LDO) 1163–73/74. Ihre übrigen Schriften, 77 *Carmina*, kleinere theologische und hagiographische Schriften, die natur- und heilkundlichen Arbeiten *Liber compositae medicinae* (LCM = *Causae et curae* [CaCu]) und *Liber simplicis medicinae* (= *Physica*), das Singspiel *Ordo virtutum* (OV) sind über Jahrzehnte bis hin zu ihrem Tode abgefasst worden. Die Vita entstand als erstes Buch 1174/75 und wurde 1180/90 vollendet. Die *Lingua ignota* und *Litterae ignotae* harren noch der Entschlüsselung.

H.s Trilogie (Sciv, LVM, LDO) entwirft eine Glaubenslehre mit den Schwerpunkten: Trinität, Schöpfung, Christologie mit der Lehre der absoluten Menschwerdung, Sakramente, Tugendlehre, Ekklesiologie, Eschatologie. Schlüsselbegriffe wie »rationalitas«, »viriditas«, »virginitas« zeigen in ihrer Bedeutungsfülle den weit gespannten Horizont ihres selbständigen Denkens, ebenso ihr theologischer Ansatz von göttlicher »praescientia« und »operatio«, so dass die »imago Dei« im gottähnlichen Erkennen und Handeln liegt. Damit betont H. das Gleichgewicht von »contemplatio« und »actio«. Ihr ganzheitliches Denken erhellt die Anthropologie, nach der H. keine Aufspaltung der Kräfte kennt. Ihre Lehre von den fünf geistlichen Sinnen, die sie auch in den kosmischen Zusammenhang stellt, spricht vom Einbruch der Gnade im Menschen und damit von ihrer Mystik. Die Musik ist für H. eine besondere Gottesgabe auf dem Heilsweg des Menschen. Die universalen Proportionen des Kosmos und deren Verhältnis zum Menschen spiegeln die Kompositionen ihrer selbstverfassten Lieder wider. Das Prinzip des Ordo, der Symmetrie zeigt sich im »Goldenen Schnitt« ihrer musikalischen Struktur als Ausdruck des ordnenden Schöpfergottes, ferner erhellt die »kompositorische Meisterschaft« der Antiphon das Verhältnis des Einen zum Vielen, des Unveränderlichen zum Veränderlichen als Wunder der Schöpfung, so dass ihre Vertonungen als Lobpreis sogar Eingang in die Liturgie fanden. H.s Entwurf von Welt und Mensch fasziniert noch heute in seiner universalen kosmologischen Schau.

MARGOT SCHMIDT

LThK³ 5, 105 ff. (ungekürzte Fassung).
Ausgabe: Opera omnia S. Hildegardis: PL 197; Novae S. Hildegardis Opera, hg. v. J. B. Pitra, 1882; CaCu, hg. v. P. Kaiser, 1903, Nachdruck 1980; Lieder, hg. v. P. Barth u. a., 1969 (lateinisch-deutsch); OV, hg. v. P. Dronke: Poetic Individuality in the Middle Age, 1970, 180–192; Sciv, hg. v. A. Führkötter – A. Carlevaris: CCM 43/43A; LVM, hg. v. A. Carlevaris: CCM 90; Epistolae, hg. v. A. Delorez: CCM 66/66A; Epistolae, hg. v. L. von Acker: CCM 91/91A; Vita, hg. v. M. Klaes: CCM 125; Symphonia – Gedichte und Gesänge, hg. v. W. Berschin – H. Schipperges, 1995

(lateinisch-deutsch); LDO, hg. v. A. Derolez – P. Dronke: CCM 92.
Literatur: DSp 7, 505–521; NDB 9, 131 ff.; VerfLex[2] 3, 1257–80; B. Newman: H. von Bingen. Schwester der Weisheit, 1995; C. Feldmann: H. von Bingen. Nonne und Genie, [2]1996; B. Beuys: Denn ich bin krank vor Liebe, 2001.

Hippolyt von Rom, heilig (GK g 13. Aug., zusammen mit ↗Pontianus), letzter griechischer Kirchenschriftsteller im Westen. Die Biographie wird seit Ignaz von Döllinger vornehmlich aus den Angaben der anonym überlieferten Refutatio und Traditionen des 4./5. Jh. über den Martyrer H. erschlossen. H. stammt vielleicht aus dem Osten und ist Schüler des ↗Irenäus (vermutlich im Sinn der antihäretischen Tätigkeit gemeint). Unter dem römischen Bischof Zephyrinus (und vielleicht schon Victor) wohl Presbyter, tritt er anscheinend als Gegenbischof zu ↗Calixtus I. (217–222) auf. Dieser bezichtigt ihn im monarchianischen Streit des Ditheismus, während H. Calixtus für einen Patripassianer hält und ihm eine laxe Handhabung der kirchlichen Disziplin v. a. in Fragen der Buße, Ehe und Ämtervergabe vorwirft. Dem Chronographen vom Jahre 354 zufolge werden Bischof Pontianus und der Presbtyer H. durch Kaiser Maximinus Thrax 235 nach Sardinien verbannt; auch weiß man von der Beisetzung H.s im Friedhof an der Via Tiburtina, der später nach H. benannt wird. Bischof ↗Damasus hält rückblickend H. für einen Novatianer; Prudentius nennt dazu das Martyrium H.s durch wilde Pferde wie im paganen H.-Mythos; daher rührt die Verehrung H.s als Pferdepatron. Für die späteren Passiones ist H. der Gefangenenwärter des Diakons ↗Laurentius. Die Verehrung eines Hippolyt in Porto/Ostia ist die Lokalfeier des römischen H. Mit anderen Heiligen namens Hippolyt ist H. von Rom schwerlich zu identifizieren.

H.s *Schriften* verzeichnen Eusebius (h. e. VI, 22) und die Liste der H.-Statue im Vatikan (gemeinsam nur die Schrift über das Pascha). Texte unter dem Namen H.s sind vielfach fragmentarisch und in orientalischen Sprachen tradiert. Die Echtheit ist häufig, besonders bei den Fragmenten, aus unterschiedlichen Gründen umstritten. Nach Überzeugung einer Mehrheit gelten zurzeit als echt (die folgende sachliche Aufteilung ist vorläufig): Exegetische Werke: *Hohelied-Kommentar, De Christo et Antichristo* (antichr.), *Daniel-Kommentar* (mit dem Hohelied-Kommentar ältesterhaltener christlicher Bibelkommentar, wendet sich u. a. gegen eine akute Naherwartung der Parusie), *Benedictio Isaac et Jacob, Benedictio Moysis, De David et Goliath;* Fragmente zu Oktateuch, 1. und 2. Buch der Könige, Psalmen, Sprichwörtern, Kohelet, Jesaja, Ezechiel, Matthäus und Johannes. – H. hat wohl als Erster versucht, fortlaufend das Alte Testament auszulegen; mit seiner typologischen Exegese führt er Justin, Meliton und Irenäus fort. – Chronographische Werke: *Demonstratio temporum Paschatis* (daraus der Paschakanon der H.-Statue), *»Chronik«*, dreimalige Berechnung der Weltzeit von Adam bis 234 zwecks Bekämpfung von Naherwartung. – Häresiologische Werke: sogenanntes *Syntagma contra omnes haereses; Refutatio omnium haeresium* (führt die Häresie auf heidnische Philosophien und Mysterien zurück), *Capita contra Gaium* (verteidigt die Offenbarung). – Ob *Contra Noetum* (Noet.) echt oder ein Text des 4. Jh. ist, ist umstritten. – Apologetische Werke: *De universo* (fragmentarisch), *De resurrectione ad Mammaem* (fragmentarisch) und *De resurrectione et incorruptibilitate* (fragmentarisch; vielleicht zum vorigen gehörend). – Die Eschatologie (Vorstellung vom Hades als Zwischenreich) gleicht Autoren wie Tertullian oder Novatian. – Ob H. die »Traditio apostolica«, ein wichtiges kirchenrechtlich-liturgisches Dokument, verfasst hat, ist nicht definitiv zu beantworten; etliche Gründe, besonders die Textüberlieferung, sprechen dafür.

CLEMENS SCHOLTEN

LThK³ 5, 147 ff. (ungekürzte Fassung).

Werke: Texttraditionen, Editionen, Übersetzungen: CPG 1870–1925.

Literatur: DHGE 24, 627–635; LACL 336–339; RAC 15, 492–551; A. Brent: H. and the Roman Church in the Third Century, 1995; J. A. Cerrato: H. between East and West, 2002.

Hrabanus (Rhabanus, Rabanus) **Maurus,** heilig (RK g 4. Febr.), OSB, * um 780 Mainz (Jahr umstritten) aus fränkischem Adel (Eltern: Waluram und Waltrat), †4.2.856 Winkel im Rheingau. Spätestens 791 Puer oblatus in Fulda, dann dort Mönch, Lehrer, 822–842 Abt, 847 Erzbischof von Mainz. 801 Diakon, kurz am Hof Karls des Großen und in Tours bei Alkuin (von ihm der Beiname Maurus nach dem Lieblingsschüler des heiligen Benedikt). Vor seiner Priesterweihe (Dezember 814) verfasste er das Erstlingswerk *De laudibus sanctae crucis* (28 Figurengedichte in Hexametern und Prosa mit künstlerisch hochwertiger Ausstattung). Als Lehrer wurde er unter Abt Eigil (818–822) bekannt. Von weither kamen Schüler, u. a. Walahfrid Strabo (Reichenau), Otfrid von Weißenburg und Lupus von Ferrières. Er verfasste Erklärungen fast aller biblischen Bücher, die wohl in erster Linie der geistlichen Unterweisung seiner Mönche und Schüler dienten, aber auch fast alle wie die meisten seiner anderen Werke als Geschenk oder auf Bitten an Päpste und hoch gestellte Franken geschickt wurden. Weitere schriftliche Zeugnisse seines Wirkens als Abt des großen Konvents (825 etwa 600 Mönche, mit Außenstationen etwa 800) sind die seit 824 regelmäßigen Eintragungen in die Totenannalen, eine neu angelegte Liste aller Mönche (825), die topographisch geordneten Cartulare der Fuldaer Urkunden (um 828), ein gescheiterter Versuch, die päpstliche Bestätigung einer gefälschten Fassung des Zacharias-Privilegs von 751 zu erlangen sowie ein Bibliothekskatalog (um 835–840). Insbesonders durch seine Gedichte (viele als Inschriften) sind seine Bemühungen um Kirchen- und Kapellenbau sowie Reliquienerwerb bezeugt.

Als Abt trat er 841/842 zurück (weil Anhänger Kaiser Lothars I. im Kampf um die Reichseinheit nach dessen Niederlage bei Fontenoy) und lebte in der Außenstation auf dem Petersberg bei Fulda als geistlicher Schriftsteller, bis er nach der Aussöhnung mit König Ludwig dem Deutschen Erzbischof von Mainz wurde (Juni 847). Unter ihm fanden 847, 848 und 852 Synoden in Mainz statt. H. forderte hier 848 hartherzig die Verurteilung Gottschalks des Sachsen; gegen Hinkmar ergriff er Partei für Erzbischof Ebo von Reims und die von diesem geweihten Kleriker und sprach sich grundsätzlich für die Möglichkeit aus, in schwere Schuld gefallene Priester in ihr kirchliches Amt wieder einzusetzen.

Sein außerordentlich umfangreiches literarisches Werk umfasst außer den Bibelerklärungen Schriften für den Unterricht (besonders *De institutione clericorum*, 819), die kirchliche Praxis (Zeitrechnung, Martyrologien, Predigten, Hymnen, u. a. wahrscheinlich *Veni Creator Spiritus*, Bußbücher), Stellungnahmen zu kirchlichen Streitfragen (Oblation der Kinder an ein Kloster, Stellung der Chorbischöfe, göttliche Vorherbestimmung und menschliche Willensfreiheit – gegen Gottschalk –, Verwandtschaft als Ehehindernis), belehrende Schriften (besonders *De rerum naturis* bzw. *De universo*) und viele Carmina. Entscheidend war für ihn die Autorität der Bibel, auch in Rechtsfragen. Seine wichtigsten Quellen waren die Werke der Kirchenväter, besonders Augustinus'. Er zitierte aus ihnen wörtlich mit Namensnennung am Rand; er wählte diese Texte überlegt aus, um seine Meinung zu stützen – gelegentlich gegen die Meinung einer bekannten Autorität –, und war keineswegs ein »öder Kompilator«.

RAYMUND KOTTJE

LThK³ 5, 292 f. (ungekürzte Fassung).

Werke und Quellen: PL 107–112 (überwiegend Abdruck der Gesamtausgabe von G. COLVENER, 3 Bde., 1626/27); MGH.Ep 5, 379–531; MGH.PL 2, 154–258; Analecta hymnica medii aevi, hg. v. G. DREVES – C. BLUME, Bd. 50, Nachdruck 1961, 180–209; RUDOLF VON FULDA: Miracula sanctorum in Fuldenses ecclesias translatorum: MGH.SS 15/1, 329–341.

Literatur: H. SPELSBERG: H.-Bibliographie: H. und seine Schule, hg. v. W. BÖHNE, 1980, 210–228. – DSp 12, 1–10; LMA 5, 144 ff.; VERFLEX² 4, 166–196; H. – Lehrer, Abt und Bischof, hg. v. R. KOTTJE – H. ZIMMERMANN, 1982.

Hubert (Hubertus, Hucbert) **von Tongern-Maastricht,** heilig (30. Mai, RK g *3. Nov.*), * um 655, †30. 5. 727 Tervueren bei Brüssel. H. wirkte als Glaubensbote in Südbrabant und den Ardennen. Nach späterer Legende war er zunächst verheiratet, Vater von *Floribert* (heilig, 25. April), seines Nachfolgers auf dem Bischofsstuhl von Lüttich. Nach dem Tod seiner Frau Einsiedlerleben 695–702 in den Ardennen, anschließend Pilgerfahrt nach Rom. Vor 708 Bischof von Tongern-Maastricht, 717/718 Verlegung des Bischofssitzes nach Lüttich, wohin H. auch die Reliquien ↗Lamberts übertragen ließ. Elevation am 3. 11. 743; Translation nach dem Kloster Andagium (heute Saint-H.) 30. 9. 825; Reliquien seit der Reformation verschollen. Die Verehrung breitete sich seit dem 10. Jh. aus (Belgien, Holland, Luxemburg, Rheinland und Nordfrankreich) und verstärkte sich durch die im 15. Jh. erfolgte Stiftung mehrerer als H.-Orden bekannter Rittervereinigungen. Im 11. Jh. wurde die ursprünglich von dem Martyrer ↗Eustachius überlieferte Legende von seiner Bekehrung durch einen Hirsch, der ihm während einer Jagd mit einem Kreuz im Geweih erschien, auf H. übertragen; sie kam von Belgien nach Frankreich (14. Jh.) und Deutschland. – Patron der Stadt Lüttich, der Jäger, Forstleute und Schützengilden sowie gegen Hundetollwut. – Dargestellt als Bischof oder Jäger mit Hirsch oder Hund bzw. Stola oder Schlüssel. – Gegen wütende Hunde trug man H.-Riemchen im Knopfloch, bei Krämpfen, Mondsucht, Viehkrankheit H.-Schlüssel, gegen Fieber Hörnchen (Cornet de St-H.), gegen Kopfschmerzen wurde der H.-Ring getragen oder an die Stirn gedrückt. Ringe, Fähnchen und Medaillen, mit der Stola des H. berührt, waren Wallfahrtsandenken und wurden auch am Kopf der Pferde angebracht. Gegen Ratten half geweihtes H.-Wasser und H.-Brot.

WILLIBRORD LAMPEN

Literatur: ACTASS nov. 1, 759–930; DHGE 25, 21–26; H. CARTON DE WIART: St. H., 1942; T. LEPIQUE: Der Volksheilige H. in Kult, Legende und Brauch, 1952.

Hugo (I.) von Cluny, heilig (1120; 29. April), OSB (um 1038), * 1024 Semur-en-Brionnais, †29. 4. 1109 Cluny. Das burgundische Adelsgeschlecht von Semur, dem H. entstammt (Vater Dalmatius, Mutter Aremburgis), gehörte schon im 10. Jh. zu den Förderern der Abtei Cluny. Wichtig für seine kirchliche Laufbahn war H.s Großonkel, der Graf und Bischof Hugo von Auxerre. Eintritt in

Cluny um 1038, Profess 1039. Das Datum der Priesterweihe ist nicht bezeugt. Vor 1048 wurde H. Großprior unter ↗Odilo, dem er am 20.2.1049 als sechster Abt von Cluny im Amt nachfolgte. Der 60-jährige Abbatiat H.s hatte große Bedeutung nicht nur für die Cluniacensis ecclesia, sondern weithin für Kirche und Welt im Zeitalter der Kirchenreform. Zwei Fassungen der Consuetudines zwischen 1078 und 1083 (Wollasch) dokumentieren die für viele Klöster vorbildliche Lebensweise in Cluny unter Abt H. Der cluniazensische Klosterverband erreichte unter H. geographisch und zahlenmäßig seine größte Ausdehnung. 1088 ließ H. den Neubau der Basilika Cluny III beginnen, »der sichtbarste Ausdruck für das Selbstbewußtsein des Cluniazensertums unter Abt H.« (Kohnle 63). H.s Wirkung außerhalb Clunys zeigte sich im engen Verhältnis zu Päpsten und Herrschern seiner Zeit, häufigen Legationen und Konzilsbesuchen: Als päpstlicher Legat stiftete er z. B. 1051 Frieden zwischen Kaiser Heinrich III. und König Andreas I. von Ungarn. Als Taufpate Kaiser Heinrichs IV. vermittelte er im Konflikt zwischen Kaiser und Papst Gregor VII., u. a. auch in Canossa. In den letzten Amtsjahren bevorzugter Aufenthalt in Berzé-la-Ville. Mit der *Imprecatio beati Hugonis abbatis* verfasste H. kurz vor seinem Tod einen Rückblick auf sein klösterliches Wirken. In Cluny III begraben, wurde H. bereits am 6.1.1120 in Cluny durch Papst Calixtus II. heilig gesprochen.

JÖRG OBERSTE

Quellen: Briefe, ›Imprecatio‹ sowie die Viten Gilos und des Mönchs Hugo: H. E. J. Cowdrey: Two Studies in Clunianic History: Studi gregoriani per la storia della Libertas Ecclesiae 11 (1978) 13–298; Hildebert von Lavardin: Vita S. Hugonis: PL 159, 965–986; Raynald von Vézelay: Vita S. Hugonis abbatis, hg. v. R. B. C. Huygens: Sacris erudiri 23 (1978/79) 519–551.

Literatur: DHGE 25, 208 ff.; LMA 5, 165 f.; MarL 3, 258; J. Wollasch: Mönchtum des Mittelalters zwischen Kirche und Welt, 1973; Le gouvernement d'H. de Semur à Cluny. Actes du Colloque scientifique international, 1990; A. Kohnle: Abt H. von Cluny, 1993.

Hugo (Hugues) **von Grenoble,** heilig (1134; 1. April), Bischof von Grenoble (1080), *1053 Châteauneuf d'Isère, †1.4.1132; gregorianischer Reformer, restaurierte sein Bistum geistlich und materiell, förderte Regularkanoniker, Benediktinermönche, auch ↗Bruno von Köln und die Kartäuser in seiner Diözese; Mitarbeiter Hugos von Die und Kreuzzugslegat Urbans II. in Genua (1096).

ALFONS BECKER

Werke: J. Marion: Cartulaires de l'église cathedrale de Grenoble dits Cartulaires de St. H., 1869.

Quellen: Guigo von Kastell: Vita sancti H., hg. v. C. Bellet, 1889; Analecta Cartusiana, Bd. 112, 3 (hg. v. M.-A. Chomel).

Literatur: B. Bligny: L'Église et les ordres religieux dans le royaume de Bourgogne, 1960; A. Murray: The temptation of St. H. of Grenoble: Intellectual Life in the Middle Ages, hg. v. L. Smith – B. Ward, 1992, 81–101.

Hyazintha (Giacinta) **Marescotti,** heilig (1807; 30. Jan.), TOR (1605), *1585 Vignanello in Latium aus adliger Familie, †30.1.1640 Viterbo; trat bei den klausurierten Terziarinnen des heiligen Franziskus (1939 Umwandlung in Klarissen) im Kloster zum heiligen Bernhardin in Viterbo ein. Nach anfänglichem adelig-luxuriösen Ordensleben durch eine Krankheit bekehrt, tat sie strenge Buße und gründete die Bruderschaften der »Oblati di Maria« und der »Sacconi« für den Krankendienst. Sie ist die erste Heilige des franziskanischen Dritten Ordens. Ihre Gebeine ruhen in der nun ihr geweihten Klosterkirche.

HEINZ-MEINOLF STAMM

Literatur: S. DEL CIUCO: Una Santa moderna, 1991.

Ignatius von Antiochien, heilig (GK G 17. Okt.), Martyrer, Verfasser von Briefen. Die Kritik der Briefe, die mit I. firmieren, bestimmt die Antwort auf die Frage, wer I. war. Sein Ansehen und Sammlungen seines literarischen Nachlasses bezeugt zuerst ↗Polykarp von Smyrna (ep. 13). Eusebius von Caesarea (h. e. III, 36, 3–15) zählt sieben Briefe, die I., den er als ἐπίσκοπος von Antiochien kennt, zur Zeit Kaiser Trajans (Anfang 2. Jh.) an zwei Stationen seiner Gefangenschaftsreise nach Rom in Erwartung seines Martyriums (ep. ad Romanos 4, 5, 2) diktierte: in Smyrna entstanden die Briefe an die Epheser (Eph.), Magnesier (Magn.), Trallianer (Trall.) und Römer (Rom.), in Troas die an die Philadelphier (Philad.), Smyrnäer (Smyrn.) und an Polykarp (Polyc.).

Überlieferung und Echtheit der Briefe: Die von Polykarp erwähnten Briefsammlungen liegen in der von ihm beschriebenen Weise nicht mehr vor, doch reichen auch die drei auf uns gekommenen Sammlungen (Langversion, Kurzversion und mittlere [gemischte] Sammlung) ins 4. Jh. zurück. Die verwickelte Textgeschichte, Selbstdarstellung des Verfassers, Situierung (spezielle Gegnerprofile [Irrlehrer] sowie Ämtertrias [ἐπίσκοπος, Bischof, πρεσβύτεροι, Priester, διάκονοι, Diakone] und ihre theologische Begründung), Planmäßigkeit der Abfassung, der ganze Charakter der Briefe und das eigene Profil des Rom. nähren diese Skepsis bis heute (Weijenborg, Rius-Camps, Joly).

Rechtes Verständnis Jesu Christi, nahes und ersehntes Martyrium (Rom.) sowie die kirchliche Einheit (ἕνωσις) sind die Themen, unter denen Leben und Glaube der Gemeinden, speziell ihre Bedrohung durch Irrlehren, sowie ihre Organisation unter einer hierarchischen Ämtertrias zur Sprache kommen. Im funktionalen Konnex mit diesen Sachfragen gewinnt die Christologie ihr Profil. Sie ist zentral und prägend für I.' Theologie, und zwar stets in soteriologischer Hinsicht. Die Heilsbedeutung Christi, dessen Gottheit (Eph. 7, 2; 19, 3; 20, 2), doch auch Verschiedenheit von Gott dem Vater (und Unterordnung unter ihn) I. bekennt (Eph. 3, 2; Magn. 2; 13, 2; Trall. 3, 1; Philad. 7, 2; Smyrn. 8, 1), gründet in seinem Menschsein. Heilsbedeutsam ist das Christusereignis als Ganzes. Passionssoteriologisch akzentuiert, ist es für I. Interpretament seines Martyriums. Wider das soteriologische Manko doketischer Christologien betont I. die Inkarnation; gegen judaistische Tendenzen, die auf Rang und Heilsbedeutung von Schrift (Philad. 8; Magn. 8) und Tradition insistieren und so Christus als Kern des Glaubens und christlichen Lebens tilgen, bekennt er die Heilsbedeutung von Geburt, Leiden und Auferstehung Christi. Beide Fronten bedrohen die Einheit im Glauben und verschmelzen daher in I.' Polemik; deshalb gelingt auch kaum ihre Identifizierung mit sonst bekämpften Theologien. Die auf Einheit der Gemeinde in Glaube, Gottesdienst und Handeln unter Führung des monarchischen ἐπίσκοπος angelegte, durch den Vergleich mit Gott, Jesus Christus und dem Apostelkolleg begründete hierarchische Ämtertrias mit signifikanten Kompetenzen und Funktionen erscheint als bestehende, doch nicht unumstrittene Einrichtung. Ihre Genese sowie ihre Partizipations- und Sukzessionsmodi kommen nicht zur Sprache. Diese auf den einen ἐπίσκοπος zentrierte Verfassung mag, theologisch und situativ motiviert, pointiert auf eine erst einsetzende kirchengeschichtliche Entwicklung vorausgreifen.

FERDINAND RUPERT PROSTMEIER

LThK³ 5, 407 ff. (ungekürzte Fassung).

Ausgaben: J. A. Fischer (Hg.): Die Apostolischen Väter, 1956, 109–225; P.-T. Camelot (SC 10), ²1969; J. B. Lightfoot: The Apostolic Fathers, Bd. 2/1–3, ²1889, Nachdruck 1973; A. Lindemann – H. Paulsen: Die Apostolischen Väter, 1992, 176–241. – Falsa: F. X. Funk – F. Diekamp: Die apostolischen Väter, ²1906, 83–268. – Weitere Falsa: CPG 1028–30 1035.

Literatur: BBKL 2, 1251–55; LACL 346 ff.; R. Weijenborg: Les lettres d'I. d'Antioche, 1969; H. Paulsen: Studien zur Theologie des I. von Antiochien, 1978; R. Joly: Le dossier d'I. d'Antioche, 1979; J. Rius-Camps: The four authentic letters of I., the martyr, 1979; L. Wehr: Arznei der Unsterblichkeit, 1987; W. R. Schoedel: Die Briefe des I. von Antiochien, 1990; A. O. Mellink: Death and eschaton. A study of I. of Antioch's desire for death, 2000.

Ignatius von Loyola (Iñigo López de Loyola), heilig (1622; GK G 31. Juli), Ordensstifter, * 1491 Schloss Loyola bei Azpeitia in der baskischen Provinz Guipúzcoa, † 31. 7. 1556 Rom.

1506 (?) –17 höfische Erziehung in Arévalo; 1517 im Dienst des Vizekönigs von Navarra; bei der Verteidigung Pamplonas am 20. 5. 1521 schwer verwundet. Bekehrung auf dem Krankenlager in Loyola bei der Lesung des »Lebens Christi« des Ludolf von Sachsen und einer Heiligenlegende (Legenda aurea) des Jakob von Vorazze. Ende Februar 1522 begab sich I. zum Kloster Montserrat, wo er eine Lebensbeichte ablegte und wahrscheinlich das »Ejercitatorio« des García Jiménez de Cisneros kennen lernte. Von März 1522 bis Februar 1523 im nahe gelegenen Manresa Bußleben, innere Krise und mystische Erleuchtungen; diese Erfahrungen bilden die Grundlage seiner Exerzitien. Nach einer Pilgerreise ins Heilige Land (Juni 1523 bis Januar 1524) Rückkehr nach Spanien und Studium, um »den Seelen zu helfen«. In Barcelona studierte I. Latein (1524–26), in Alcalá und Salamanca Philosophie (1526–27); durch seine seelsorglichen Versuche geriet er in den Verdacht, ein Alumbrado zu sein. 1528–35 studierte er in Paris Philosophie (Magister) und Theologie; hier nannte er sich zum ersten Mal Ignatius. Am 15. 8. 1534 legte I. mit sechs Gefährten auf dem Montmartre bei Paris die Gelübde der Armut und Keuschheit ab sowie der Missionsarbeit im Heiligen Land bzw., falls dies unmöglich, sich dem Papst zur Verfügung zu stellen. Die Reise ins Heilige Land erwies sich als unmöglich. Am 24. 6. 1537 in Venedig zum Priester geweiht, begab sich I. im November 1537 nach Rom. Der Papst nahm das Angebot der Gefährten im November 1538 an. 1539 Entschluss, einen Orden zu gründen, den Paul III. am 27. 9. 1540 mit der Bulle *Regimini militantis Ecclesiae* bestätigte (»Societas Jesu«, »Gesellschaft Jesu«, »Jesuiten«). I. wurde 1541 zum ersten Generaloberen gewählt. Seine Haupttätigkeit bestand von nun an in der Leitung des Ordens, der Ausarbeitung der Konstitutionen und der Führung einer umfangreichen Korrespondenz. Seligsprechung am 3. 12. 1609 durch Paul V., Heiligsprechung durch Gregor XV.

Obwohl kein eigentlicher Schriftsteller, hat I. viele Schriften mit praktischer Ausrichtung hinterlassen, v. a. die *Exerzitien*, die *Konstitutionen*, Reste des *Geistlichen Tagebuches*, autobiographische Texte (sogenannter *Pilgerbericht*), Korrespondenz (über 6800 Briefe). – Erst seit Veröffentlichung aller Quellentexte konnte das I.-Bild von der Übermalung durch die barocke Hagiographie und von psychologischen Missverständnissen befreit werden. Weltsicht und Gebetsziel des I. (»Gott finden in allen Dingen«) sind von seiner Trinitätsmystik her zu verstehen; die Christusmystik bewegt ihn zur Nachfolge des für uns arm gewordenen Jesus und zum Dienst in der Kirche. Um in der existentiellen Entscheidung der »Wahl« den Willen Gottes zu finden, ist »Unterscheidung der Geister« nötig. Geist und Kirche gehören aber für I. immer zusammen. Kennzeichnend für I. ist die unaufhebbare Dialektik von Mystik und Aszese, Kontemplation und Aktion, Gehorsam und Freiheit. Durch die Exerzitien und seinen Orden übte er großen Einfluss auf die Katholische Reform aus.

GÜNTER SWITEK

Werke: Monumenta Ignatiana, 26 Bde., 1903–77; Geistliche Übungen und erläuternde Texte, übersetzt von P. KNAUER, [3]1988; Der Bericht des Pilgers, übersetzt von B. SCHNEIDER, [7]1991; Briefe und Unterweisungen, übersetzt von P. KNAUER, 1993.

Literatur: DSP 7, 1266–1318; POLGÁR 1, 101–234; F. WULF (Hg.): I. von Loyola. Seine geistliche Gestalt und sein Vermächtnis, 1956; H. RAHNER: I. von Loyola als Mensch und Theologe, 1964; A. RAVIER: I. von Loyola gründet die Gesellschaft Jesu, 1982; C. DE DALMASES: I. von Loyola, 1989; M. SIEVERNICH – G. SWITEK (Hg.): Ignatianisch. Eigenart und Methode der Gesellschaft Jesu, 1990; I. TELLECHEA: I. von Loyola. ›Allein und zu Fuß‹, 1991, 1998; R. GARCÍA MATEO: I. de Loyola, su espiritualidad y su mundo, 2000; M.-F. SCHMIDT: I. de Loyola, 2000; G. MARON: I. von Loyola, 2001; S. KIECHLE: I. von Loyola: Meister der Spiritualität, 2001.

Irenäus (Eirenaios) **von Lyon,** heilig (GK G 28. Juni), * erste Hälfte des 2. Jh.; kleinasiatischer Herkunft (eventuell

Ignatius von Loyola

Smyrnäer: vgl. die Berufung auf Bischof ↗ Polykarp von Smyrna in *Adversus haereses* (III, 3, 4) und einem Brieffragment des I. bei Eusebius (h. e. V, 20, 4–8), historisch greifbar 177 n C. als Presbyter der griechischsprachigen Gemeinde von Lyon (Lugdunum) in Gallien: Während einer Verfolgung senden ihn inhaftierte Christen aus Vienne und Lyon mit einem Empfehlungsschreiben und einer vermittelnden Stellungnahme zum Montanismus nach Rom zu Bischof Eleutherus (vgl. Eusebius V,3,4–4,2). Von dort zurückgekehrt, wird I. als Nachfolger des Martyrers Pothinus Bischof in Lyon. Sein theologisches Hauptwerk *Adversus haereses* verfasst er in den achtziger Jahren des 2. Jh. (erschließbar aus III,3,3). Den letzten chronologischen Anhaltspunkt seines Lebens gibt der Brief an Bischof Victor von Rom (um 189–199 n C.) wegen des Osterfeststreits, worin I. (gegen Victor) für Frieden zwischen den Teilkirchen eintritt (Fragment bei Eusebius V, 24, 12–17). Die Stilisierung des I. als Martyrer (erstmals beiläufig bei Hieronymus, in Isaiam 17, 64, 4 f.) hat keinen historischen Rückhalt.

Von seinen Werke sind erhalten: die »Entlarvung und Widerlegung der fälschlich so genannten Gnosis« (*Adversus haereses;* haer.) in fünf Büchern (vollständig nur in einer lateinischen Übersetzung des 4. Jh., daneben umfangreiche griechische Exzerpte – besonders aus Buch I – bei späteren Kirchenvätern sowie Teile einer armenischen und syrischen Übersetzung); unter dem Begriff »Gnosis« wird darin eine Vielzahl von »Häresien« (neben Valentinianern u. a. auch Markioniten, Enkratiten, Ebioniten) bekämpft. Buch I bietet v. a. eine kritische Darstellung gnostischer Lehren und Schulen (Informationswert über die Nag-Hammadi-Texte hinaus besitzen besonders Kapitel 1–8 und 13–21). Buch II argumentiert mit Vernunftgründen gegen die Gnosis (und verrät wie Buch I allgemeine Kenntnisse außerchristlicher Literatur). Buch III legt das Fundament für den Schriftbeweis, der im Folgenden (III–V) breit entfaltet wird. – 1904 wurde in armenischer Übersetzung die kurze Schrift »Aufweis der apostolischen Verkündigung« (*Epideixis* bzw. *Demonstratio praedicationis apostolicae;* dem.) wieder entdeckt, die in katechetischem Stil das kirchliche Kerygma darlegt und es v. a. durch christologische Deutung alttestamentlicher Texte absichert; sie setzt haer. voraus (s. dem. 99). Eusebius überliefert Titel und Fragmente verlorener Schriften des I. (vgl. V, 20, 1 2 4–8; 24, 12–18; 26). Weitere (z. T. unechte) griechische sowie syrische und armenische Fragmente sind verstreut tradiert.

Das (erhaltene) Werk des I. verfolgt polemisch-apologetische Tendenz: Das zeigt sich in der Kontrastierung von Kirche und Häresie (Ursprünglichkeit, Universalität und Einmütigkeit hier – sekundäre Abweichung, Zersplitterung und Widersprüche dort), in der Warnung vor theologischer Hybris, im Insistieren auf der ungebrochenen apostolischen Tradition, die I. u. a. durch die Sukzession der Bischöfe gewährleistet sieht (in haer. III, 3, 2 f. am Beispiel der römischen Bischofsliste demonstriert), am Interesse an Abgrenzung und Integrität normativer Schriften (Altes und Neues Testament; vgl. besonders haer. III, 11, 7–9 zur Vierzahl der Evangelien und zu den Evangeliensymbolen) und an ersten Ansätzen einer exegetisch-hermeneutischen Methodenreflexion. Maßstab aller Theologie ist der »Kanon der Wahrheit« (im Sinn des christlichen anstelle des gnostischen Paradigmas; vgl. z. B. haer. I, 22, 1; dem. 6). Wesentliche Unterschiede zur Gnosis markieren der Glaube an den einzigen (alttestamentlichen) Gott und Schöpfer, die Bejahung der Welt, der Bedingungen des Menschseins, der biblischen Ethik und Eschatologie sowie die Ablehnung der christologischen Äonenspekulation und des Doketismus. Das Geschichtsbild ist dynamisch und zielgerichtet: Der Mensch, von Gottes »Händen« (Sohn und Geist: s. haer. IV, Praefatio 4 u. ö.) gebildet, wird dem Heilsplan Gottes zufolge allmählich vollendet; der Ungehorsam Adams ist durch die Inkarnation Christi positiv »rekapituliert« (Anakephalaiosis); durch die Geistsendung wird der Mensch an Gott »gewöhnt«; sein Ziel ist die Auferstehung mit Leib, Seele und Pneuma (dem Anteil am lebendig machenden Geist Gottes: s. haer. II, 33, 5). Auf die Herkunft des I. verweisen sein Chiliasmus (haer. V, 32–36) und die Berufung auf kleinasiatische Autoritäten (Polykarp, ↗ Papias, »Apostelschüler«); Einfluss des Theophilus von Antiochien ist anzunehmen; auch der 1. Clemensbrief, Ignatius' Brief an die Römer und »Der Hirt« des Hermas (die beiden Letzteren anonym) sowie Justin sind bezeugt. Die Wahlheimat Lyon bedingt die Orientierung des I. nach Rom und sein erkennbares Interesse an den »Barbaren« (vgl. haer. I, Praefatio 3; 10, 2; III, 4, 2).

FRANZ DÜNZL

Werke: Haer.: PG 7 (auch Fragmente); W. W. HARVEY, 2 Bde. (auch Fragmente), 1857, Nachdruck 1965; BKV² 3 f.; SC 263 f. 293 f. 210 f. 100/1–2 152 f.; FC 8/1–5. – Dem.: TU 31/1; BKV² 4; PO 12/5; FC 8/1; SC 406.

Literatur: LACL 351–355; N. BROX: Offenbarung, Gnosis und gnostischer Mythos bei I. von Lyon, 1966; Gestalten der Kirchengeschichte, hg. v. M. GRESCHAT, Bd. 1 1984, 82–96; J. FANTINO: La théologie d'I., 1994; R. M. GRANT: I. of Lyons, 1997; B. SESBOÜÉ: Tout recapituler dans le Christ, 2000; E. OSBORN: I. of Lyons, 2001.

Isidor (Isidro) **von Madrid,** heilig (1622; 15. Mai), † um 1130. Alle Nachrichten über ihn stammen aus einer Vita des 13. Jh. Von Beruf Bauer, war er verheiratet und hatte einen Sohn; schon zu Lebzeiten wundertätig. Sein unversehrt erhaltener Leib ruht noch heute in der Kathedrale von Madrid, die seinen Namen trägt. – Stadtpatron von Madrid.

RAMÓN GONZÁLVEZ

Quellen und Literatur: Vita et miracula auctore Johanne diacono: BHL 4494; ACTASS mai. 3, 509–546; BIBLSS 7, 954–957; Z. GARCÍA VILLADA: San I. Labrador en la historia y en la literatura: Razón y Fe 62 (1922) 36–46 167–176 323–335 454 ff., 63 (1922) 37–53; S. JEGLITSCH: Zur ikonographischen Darstellung der Heiligen I. und Notburga ..., 1989.

Isidor (Isidro) **von Sevilla,** heilig (GK g 4. April), 1722 Kirchenlehrer; * um 560, † 636; aus einer spanisch-römischen, aus der Provinz Carthaginiensis Nova (Cartagena) stammenden Familie, die wahrscheinlich aufgrund der Besetzung durch die Byzantiner nach Sevilla umzog. I. war das jüngste von vier Geschwistern. Florentina war Klosterfrau, ↗Leander Erzbischof von Sevilla und Fulgentius Bischof von Écija (Andalusien). Unter der Leitung seines Bruders Leander erzogen, besuchte I. wahrscheinlich die bischöfliche Schule von Sevilla. I. folgte Leander 600/601 als Erzbischof und führte den Vorsitz auf der zweiten Synode von Sevilla (619) und der vierten Synode von Toledo (633).

Im Vergleich mit anderen Schriftstellern seiner Zeit entfaltet I. eine umfangreiche literarische Tätigkeit. Sein Einfluss auf die mittelalterliche Kultur war sehr entscheidend. Einige seiner Werke sind weltlichen Inhalts, wie die *Differentiae* und die *Synonyma* bzw. der *Liber lamentationum;* das erste Werk ist ein Synonymenwörterbuch und enthält eine Erklärung theologischer Begriffe; das zweite ist ein Dialog zwischen den Menschen und der Vernunft. Die Abhandlung *De natura rerum* ist eher ein Auszug aus kosmologischen Werken der Antike, dem I. einen allegorisierenden und biblischen Sinn hinzufügt. I. verfasste auch Schriften historischen Inhalts wie das *Chronicon* (chron.), eine Weltgeschichte, die die vorhergehenden des Eusebius und des ↗Hieronymus bis 615 ergänzt. Die *Historia Gothorum* lässt I.s Sympathie für die Westgoten erkennen; dieses Werk hat zwei kurze Anhänge über die Vandalen und die Sueben. Geschichtlichen Charakter besitzt auch *De viris illustribus* (vir. ill.), das die Werke des Hieronymus und Gennadius von Marseille vervollständigt, mit besonderer Beachtung spanischer Schriftsteller. Sein Hauptwerk sind die *Etymologiae* bzw. *Origines* (orig.). Diese König Sisebut gewidmete Schrift wurde erst von I.s Freund Braulio, Bischof von Saragossa, vollendet; sie bietet eine ausgezeichnete Zusammenschau der klassischen und christlichen Kultur in 20

Büchern und umfasst nicht nur die Sieben Freien Künste (Grammatik, Rhetorik, Dialektik, Arithmetik, Geometrie, Musik und Astronomie), sondern auch Medizin, Recht, Geschichte, Theologie, Anthropologie, Erdkunde, Architektur, Schifffahrtskunde, Kriegskunde usw. Diese Enzyklopädie wird »Etymologiae« genannt wegen der von I. verwandten etymologischen Methodik; die genaue Bestimmung der Quellen ist ein immer noch nicht gelöstes Problem, weil die Schrift auf heute verlorenen Werken aufbaut. Unter den dogmatischen Schriften sind die *Sententiae* (sent.) die wichtigste; sie folgen einer Theologie augustinischer Ausrichtung, nicht nur im theoretischen, sondern auch im moralischen Bereich. Einen polemischen Inhalt hat das Werk *Contra Iudaeos ad Florentinam sororem*. Die seinem Bruder Fulgentius gewidmete Abhandlung *De origine officiorum ecclesiasticorum* (off. e.) beschreibt die Ämter – »officia« – der kirchlichen Priesterschaft und der Liturgie. Die kirchenrechtliche Sammlung *Hispana* übte großen Einfluss auf das mittelalterliche kanonische Recht aus. Die *Regula monachorum* enthält Regelungen für die von I. gegründeten Klöster. Weitere theologische Werke sind *Proemia, Allegoriae, Quaestiones in Vetus Testamentum, De ortu et obitu patrum*.

DOMINGO RAMOS-LISSÓN

Werke: PL 81–84; PLS 4, 1801–66; MGH.AA 11, 2; Etymologiae, hg. v. W. M. Lindsay, 2 Bde., 1911; hg. v. J. André, 1981; De natura rerum, hg. v. J. Fontaine, 1960; De viris illustribus, hg. v. C. Codoñer Merino, 1964; De origine Gothorum, hg. v. C. Rodríguez Alonso, 1975; De origine ecclesiasticorum officiorum, hg. v. C. Lawson, 1982 (= CCL 113); De ortu et obitu patrum, hg. v. C. Chaparro Gómez, 1982; De differentiis verborum, hg. v. C. Codoñer Merino, 1992; Chronica, hg. v. J. C. Martín, 2003 (= CCL 112).

Literatur: DHGE 26, 214–218; DPAC 2, 1835–40; LACL 361 ff.; RAC 15, 675–680; P. J. Mullins: The spiritual life according to saint I. of Sevilla, 1940; H. J. Diesner: I. von Sevilla und das westgotische Spanien, 1977; J. Fontaine: Traditions et actualité chez I. de Séville, 1988; H. Drobner: Patrologie, 1994, 428 ff.

Ivo (Yves) **von Chartres,** heilig (23. Dez.), * um 1040, † 23. 12. 1115/1116; nach Studium in Paris und Le Bec (Schüler Lanfrancs und Mitschüler ↗Anselms von Canterbury) Kanoniker, 1078 Propst der regulierten Chorherren von St-Quentin zu Beauvais, 1090 Bischof von Chartres. Vertreter der gregorianischen Reform, Förderer der regulierten Chorherren, war I. einer der bedeutendsten und angesehensten Bischöfe seiner Zeit, Wegbereiter der klassischen Scholastik und Kanonistik, v. a. mit seinen viel verbreiteten und benützten Kanonessammlungen: *Collectio Tripartita, Decretum* (mit methodisch wichtigem Prolog), *Panormia*, die für Gratians »Decretum« grundlegend wurden. I.s auf theologischen und juristischen Distinktionen begründete Stellungnahmen im Investiturstreit prägten wesentlich die Regelung der Investiturfrage u. a. im Wormser Konkordat. Seine Briefe (reiche historische Quelle) zeigen I. als Theologen, Kanonisten, Seelsorger, Reformer, Kirchenpolitiker.

ALFONS BECKER

Werke: PL161, 47–1344; 162, 11–610; J. Leclercq: Y. de Chartres, Correspondance, Bd. 1: 1090–98, 1949.

Literatur: LMA 5, 839 f.; R. Sprandel: I. von Chartres und seine Stellung in der Kirchengeschichte, 1962; L. K. Barker: History, Reform and Law in the Work of I. of Chartres, 1988.

Ivo (Yves) **Hélory,** heilig (1347; 19. Mai), bretonischer Priester, * um 1248 Kermatin bei Tréguier in der Bretagne, † 19. 5. 1303 ebd.; Theologie- und Jurastudium; 1280–1297/1300 Offizial (in Rennes, seit 1284 in Tréguier), zugleich Pfarrer. Wirkte durch Rechtsschutz für die Armen, Seelsorge und Predigt. – Patron der Juristen (Ivo-Bruderschaften) und zahlreicher Universitäten, neben Anna zweiter Landespatron der Bretagne.

KLAUS VAN EICKELS

Literatur: HistSaints 8, 262–268; J. le Mappian: Saint Y., 1997; A. Rieck: Der heilige I. von Hélory, 1998.

Jacobus der Ältere, Apostel, heilig (GK F 25. Juli).

1. *Neues Testament und spätere Bezeugung.* J., Sohn des Zebedäus, zählt nach Mk 1,19 f. (par. Mt 4,21 f.) zusammen mit seinem Bruder ↗Johannes zu den erstberufenen Jüngern und zum Kreis der Zwölf (Mk 3,17 parr.; Apg 1,13). Der Beiname »Boanerges« (Mk 3,17 übersetzt mit »Donnersöhne«) ist nicht mit persönlichen Eigenschaften zu erklären, auch nicht mit dem Brüderpaar zugeschriebenen Aktivitäten (Mk 10,35–45: die Bitte um das Sitzen zur Rechten und Linken Jesu in der Gottesherrschaft; Lk 9,53 ff.: der Wunsch eines Strafgerichts über ein ungastliches samaritanisches Dorf); möglich ist ein Zusammenhang mit der Erwählung zusammen mit Simon (mit dem Beinamen »Petrus«) aus dem Jüngerkreis bei besonderen Anlässen (Mk 5,37: Erweckung der Tochter des Jairus; 9,2: Verklärung; 14,33: Getsemani). Während sein Bruder Johannes auch in der Jerusalemer Gemeinde zu den führenden Personen zählt (vgl. Gal 2,9) und in der Apostelgeschichte zusammen mit Petrus als Zeuge für das Evangelium auftritt (3,1. 11; 4,13. 19; 8,14), wird von J., vorgestellt als »Bruder des Johannes«, nur noch die Hinrichtung durch Herodes Agrippa I. (43/44) erwähnt, verbunden mit der Verfolgung anderer Christen (Apg 12,1 f.). Clemens von Alexandrien (Hypotyposen VII) verknüpft die Hinrichtung mit einer Bekehrungsgeschichte (zitiert bei Eusebius, h. e. II, 9, 2 f.).

LORENZ OBERLINNER

Literatur: M. Oberweis: Das Martyrium der Zebedaiden in Mk 10,35–40 und Offb 11,3–13: New Testament Studies 44 (1998) 74–92.

2. *Verehrung.* Nach der Entdeckung des Apostelgrabes in der ersten Hälfte des 9. Jh. in Galicien bildete sich ein Grabkult, der von den asturischen Königen als Legitimationshilfe in der Nachfolge des 711 untergegangenen Westgotenreichs intensiv gefördert wurde. Der anfänglich lokale bzw. regionale J.-Kult gelangte rasch zu europäischer Bedeutung und zog schon im 10. Jh. Pilger von jenseits der Pyrenäen an. Im 11. Jh. wurden die Strukturen für den Nationalkult und die zeitweise größte europäische Pilgerfahrt gelegt. Im 12. Jh. erlebten J.-Verehrung und -Pilgerfahrt ihren ersten Höhepunkt. Die »spanischen Traditionen« (Mission, Grab und Translation) wurden fixiert, Pilgerführer und Mirakelsammlungen entstanden (»Liber Sancti Jacobi«). Frühe Patrozinien sind im Rahmen der allgemeinen Apostelpatrozinien seit dem 7. Jh. bekannt. – J. wurde Patron der Reformorden, der Ritter als »miles Christi« (Maurentöter), dann der Pilger und der Wege sowie im Spätmittelalter zum Volkspatron mit zahlreichen Sonderpatrozinien. – J.-Bruderschaften förderten seit Ende des 14. Jh. J.-Verehrung und J.-Pilgerfahrt. Nach einer Zeit des qualitativen Niedergangs der Pilgerfahrt ab der zweiten Hälfte des 16. Jh. und des Verschwindens der caritativen Strukturen des Weges im 19. Jh. ist heute eine erstaunliche Wiederbelebung der J.-Pilgerfahrt zu beobachten.

ROBERT PLÖTZ

Literatur: P. Caucci von Saucken (Hg.): Santiago de Compostela. Pilgerwege, 1993; K. Herbers – R. Plötz (Hg.): J.-Studien, Bd. 1–7, 1988–95; R. Plötz: J. Maior, 1995.

Jacobus der Jüngere, Apostel (GK F 3. Mai, zusammen mit ↗Philippus): J., Sohn des Alphäus, Mitglied des Zwölferkreises (Mk 3,18 parr.; Apg 1,13), wird sonst im Neuen Testament nicht mehr erwähnt. Der aufgrund des gemeinsamen Patronyms Alphäus in einigen Handschriften vorgenommene Ersatz des Namens des von Jesus in die Nachfolge berufenen Zöllners »Levi« (Mk 2,14) durch »J.« (u. a. D Θ f^{13} it Tatian) ist Ergebnis einer späteren Harmonisierungstendenz. Ohne Anhalt in der biblischen Tradition ist auch die seit Hieronymus bezeugte und für die Bezeichnung des J. als »des Jüngeren« verantwortliche Identifizierung mit dem Mk 15,40 genannten J. mit dem Beinamen ὁ μικρός (»der Kleine« oder »der Jüngere«).

LORENZ OBERLINNER

Literatur: BBKL 2, 1518 f.; LACL 366 ff.; M. Brossard-Dandré: La passion de J. le Mineur selon le Pseudo-Abdias et ses sources: Apocryphité. FS P. Geoltrain, 2002, 229–242.

Jacobus, Herrenbruder, heilig *(11. Mai).* Der in der Aufzählung der Brüder Jesu (Mk 6,3; Mt 13,55) an erster Stelle genannte J. wird von Paulus bei seinem ersten Jerusalembesuch (Mitte der dreißiger Jahre) als Mitglied der Gemeinde (»Apostel«) angetroffen (Gal 1, 18 f.). Beim sogenannten Apostelkonzil (um 48/49) ist J. zusammen mit Kephas und dem Zebedäussohn Johannes, von Paulus als die »Säulen« bezeichnet, Vertreter der judenchristlichen Richtung der Jerusalemer Gemeinde; von ihnen wird in der Frage nach der Verpflichtung der Heidenchristen auf das jüdische Gesetz nach dem Zeugnis des Paulus sein Weg des gesetzesfreien Evangeliums vorbehaltlos befürwortet (Gal 2,6; vgl. dagegen Apg 15,13–21 mit den sogenannten »J.-Klauseln«). J. ermöglicht (nach Apg 21,18–26) dem Paulus die Übergabe der bei Heidenchristen gesammelten Kollekte an die judenchristliche Gemeinde in Jerusalem. Die sowohl durch die verwandtschaftliche Beziehung zu Jesus als insbesondere durch eine Christophanie (1 Kor 15,7) begründete Autorität des J. in der Gemeinde in Jerusalem (vgl. Apg 12,17) wird von einigen Judenchristen, die die Beachtung jüdischer Reinheitsvorschriften fordern, gegen die Tischgemeinschaft des Petrus mit Heidenchristen in Antiochien eingesetzt (Gal 2,12).

Eine Bestätigung der einflussreichen Stellung des J. gibt die Nachricht über seinen Tod bei Josephus (Antiquitates Iudaicae XX, 9, 1 [200]): der Hohepriester Ananos ließ (62 n C.) zusammen mit einigen anderen »den Bruder Jesu, des sogenannten Christus, J. mit Namen«, wegen Gesetzesübertretung durch das Synedrium verurteilen und steinigen (zitiert bei Eusebius, h. e. II, 23, 22; zur »Geschichte des J.«, einschließlich der legendarischen Ausgestaltung des Martyriums bei Hegesipp, Eusebius, h. e. II, 23, 1–25; vgl. auch Pseudo-Clemens,Recognitiones I, 66–70; 2. Apokalypse des J. 61–63).

Das Ansehen des Herrenbruders J. gegen Ende des 1. Jh. zeigen die pseudepigraphischen Absenderangaben »J., Gottes und des Herrn Jesus Christus Knecht« (Jak 1,1), und »Judas, Knecht Jesu Christi, Bruder des J.« (Jud 1), wie die Zuschreibung des außerkanonischen Protoevangeliums des J. (25,1). Bereits in der frühchristlichen Überlieferung erhält J. den Beinamen »der Gerechte« (Eusebius, h. e. II, 1, 2–5; 23, 4; IV, 22, 4 [Hegesipp]), ebenso in apokryphen Schriften (Thomasevangelium 12;

Hebräer-Evangelium 7 [zitiert bei Hieronymus, De viris illustribus 2]); er ist Erscheinungsempfänger und (v. a. in gnostisch beeinflussten Texten) Offenbarungsmittler (apokrypher J.-Brief; 1. Apokalypse des J. 32, 2 f.; 2. Apokalypse des J. 44, 14; 61, 14). Nach Eusebius (h. e. II, 1, 2) ist J. der erste Bischof von Jerusalem; in den Pseudo-Clementinen (Recognitiones I68,2) wird er als ἐπίσκοπος ἐπισκόπων bezeichnet.

LORENZ OBERLINNER

Literatur: Neutestamentliche Apokryphen in deutscher Übersetzung, hg. v. W. Schneemelcher, Bd. 1 [6]1990, 375–379. – LACL 366 ff.; M. Hengel: J. der Herrenbruder – der erste ›Papst‹?: Glaube und Eschatologie. FS W. G. Kümmel, 1985, 71–104; W. Pratscher: Der Herrenbruder J. und die J.-Tradition, 1987; P.-A. Bernheim: J., frère de Jésus, 1996, englisch 1997; B. Chilton: J. the Just and christian origin, 1999; J. Painter: Just J., the brother of Jesus in history and tradition, 1999.

Januarius (Gennaro) **von Neapel,** heilig (GK g 19. Sept.), der frühen liturgischen Tradition (MartHieron, Kalender von Karthago) und ältesten Passio (6./7. Jh.) zufolge Bischof von Benevent, am 19. 9. 305 zusammen mit *Sosso, Festus, Desiderius, Procolus, Eutichus* und *Acuzius* bei Pozzuoli enthauptet. Nach Uranius ist J. 431 dem sterbenden ↗Paulinus von Nola erschienen. Bischof Johannes I. von Neapel († 432) holte seine Reliquien nach Neapel, wohin sie nach verschiedenen Translationen (831 Benevent, 1154 Montevergine) 1497 zurückkehrten. Seit dem 13./14. Jh. sind stark folkloristische Prozessionen zu den J.-Festen (Todestag 19. Sept., Translation Samstag vor dem ersten Maisonntag, Patrozinium *16. Dez.*) und am Palmsonntag bezeugt. Für das 1389 erstmals belegte Blutwunder (Verflüssigung des in zwei Glasampullen aufbewahrten Blutes), das sich regelmäßig an den beiden erstgenannten Festen, seltener am *16. Dez.* und zu besonderen Anlässen ereignet, gibt es keine anerkannte Erklärung. – Patron von Neapel.

ANDREAS MERKT

Literatur: BHL 4115–40; BiblSS 6, 135–151; MartHieron 517; C. Rea: San G., 2001; M. Niola: Il corpo mirabile, [3]2002.

Joachim, Vater Marias, heilig (GK G 26. Juli, zusammen mit ↗Anna), wird im Zusammenhang einer Marienerzählung erstmals gegen 200 im Protoevangelium des Jakobus (später im 5. und 6. Jh. auch in dessen lateinischen Bearbeitungen Pseudo-Matthäus und Evangelium de nativitate Mariae) erwähnt. Hier wird J. als reicher, frommer und freigebiger Greis geschildert, der mit seiner Frau Anna in Jerusalem wohnt (nach ↗Johannes von Damaskus am Schaftor). Wegen Kinderlosigkeit lehnt die Priesterschaft seine Opfergaben ab, worauf sich J. in die Wüste zurückzieht. Dort erscheint ihm ein Engel und verheißt ihm (Pseudo-Matthäus: nach nunmehr zwanzig jähriger Ehe) Nachkommenschaft. Darauf kehrt er nach Jerusalem zurück, wo ihm Anna eine Tochter gebiert. Sophronius und Johannes von Damaskus berichten später von einer besonderen Tradition des Geburtshauses Marias in Jerusalem; dagegen nennt das Evangelium de nativitate Mariae als Geburtsort Nazaret. Als das Kind drei Jahre alt ist, bringen es die Eltern in Erfüllung eines Gelübdes in den Tempel. Epiphanius Monachus (De vita beatae virginis 4) erwähnt den Tod J.s im Alter von 80 Jahren kurz nach dem Tempelgang Marias.

Unterschiedliche Zeugnisse liegen zur Herkunft und zur gesellschaftlichen Stellung J.s vor; meist wird er als reicher Herdenbesitzer, gelegentlich als Priester aus dem Stamm Levi oder als Nachkomme Davids aus dem Stamm Juda bezeichnet. Die griechische Kirche, in der bereits Epiphanius von Salamis den apokryphen Erzählstoff rezipierte, kennt eine ständige Überlieferung der J.-Legende seit dem 7./8. Jh. Im Abendland wurde sie von ↗Augustinus und ↗Hieronymus sowie im Decretum Gelasianum abgelehnt. Dennoch setzte sie sich auch hier durch; zunächst v. a. durch Hrotsvith von Gandersheim und Fulbert von Chartres, dann um die Mitte des 13. Jh. besonders durch Vinzenz von Beauvais und Jakob von Varazze (Legenda Aurea). Dennoch bleibt J. ein »literarischer« Name (J. B. Bauer in MarL).

ADALBERT KELLER

LThK³ 5, 851 f. (ungekürzte Fassung).

Literatur: MarL 3, 378–382; J. Simon: Die Suche des Menschen nach glücklichem Leben. Die Legende der heiligen Anna und J. als narrative Soteriologie, 2001.

Joachima Vedruna, heilig (1959; 28. Aug.), Ordensgründerin, * 16. 4. 1783 Barcelona, † 28. 8. 1854 ebd.; zog sich nach dem Tod ihres Gatten (1816, seitdem de Mas) auf ihr Gut in Manso Escorial zurück; zum Zweck der Krankenpflege und der Erziehung der weiblichen Jugend gründete sie 1826 die »Hermanas Carmelitas de la Caridad« (»Karmelitinnen von der Liebe«). 1880 päpstliche Bestätigung (DIP 2, 405 f.).

MATTHÄUS HÖSLER

Werke: Epistolario, 1969; Palabra Viva, 1981.

Literatur: BiblSS 6, 463 ff.; DIP 4, 1186–1189; L. Martín Bendicho: J. de Mas, ²1983.

Jodok (Judocus, Joos, Jo[b]st, Josse, Joyce), **Einsiedler,** heilig (13. Dez., Translation 9. Jan.), 7. Jh.; Sohn des Bretonenfürsten Juthaël. Er zog die Askese der Thronfolge vor, wurde Priester in der Grafschaft Ponthieu, gründete, gefördert von Graf Heimo, Einsiedeleien in Brahic, Runiac und das spätere St-Josse-sur-Mer bei Étaples, für das er aus Rom Reliquien mitbrachte. Sein Kult ging von der Benediktinerabtei St-Josse-sur-Mer aus, verbreitete sich über Prüm und St. Maximin bei Trier seit dem 9. Jh. über ganz Deutschland. Reliquien kamen um 902 ins New Minster bei Winchester, das zum englischen Kultzentrum wurde. Andere wurden angeblich vor den Normannen versteckt und 977 wieder nach St-Josse-sur-Mer zurückgebracht; weitere Reliquien in der St.-J.-Kirche in Landshut. Wallfahrt noch heute in St-Josse-sur-Mer und St. Jost in der Eifel. – Vor allem Kranken- und Wetterpatron, dargestellt mit gekröntem Pilgerstab.

FRANZ STAAB

Literatur: ActaSS OSB 2, 565–571; BHL mit NSuppl 4504–15; BiblSS 6, 1159–63; VSB 12, 417–422; J. Trier: Der heilige J., 1924, Nachdruck 1977.

Johanna (Jeanne) **Delanoue** (Ordensname: Jeanne de la Croix), heilig (1982; 17. Aug.), Ordensgründerin, * 18. 6. 1666 Saumur, † 17. 8. 1736 ebd.; als zwölftes Kind kleiner Kaufleute bei der Wallfahrtskirche Notre-Dame-des-Ardilliers aufgewachsen, gründete dort 1704 die Kongregation der »Schwestern der heiligen Anna von der Vorsehung«, heute »Sœurs de J. D.« (bischöfliche Approbation 1709, päpstliche 1968) für pädagogische und sozial-caritative Aufgaben.

BARBARA HENZE

Literatur: Cath 12, 147; DBF 11, 694 f.; DIP 1, 591 f.; 3, 419 f.; J. de Viguerie: N.-D. des Ardilliers à Saumur, 1986.

Johanna von Orléans (»Jeanne la Pucelle«, Jeanne d'Arc), heilig (1920; 30. Mai), * 6. 1. 1412 Domrémy, † 30. 5. 1431 Rouen; Eltern: Jacques d'Arc und Isabelle Romée (bäuerliche Familie). Wie andere Visionäre (↗Katharina von Siena, Catherine von La Rochelle) versuchte auch J., aktiv in das politische Geschehen einzugreifen. Sie berief sich dabei auf Stimmen, in deren Auftrag sie Orléans befreien und den Dauphin nach Reims zur Krönung führen sollte, um so eine Entscheidung im Thronstreit zwischen Karl VII. von Frankreich und Heinrich VI. von England herbeizuführen. Nach intensiver Prüfung ihrer Integrität und Rechtgläubigkeit befolgte Karl ihren Rat und ließ sich nach erfolgreichem Feldzug gegen Orléans, an dem J. teilnahm, in Reims krönen (17.7.1429). Als ein Zug gegen Paris scheiterte, setzte der König den Krieg entgegen ihrem Rat nicht fort, erhob aber sie und ihre Familie in den Adelsstand (Dezember 1429). Beim Versuch, eine Gegen offensive Herzog Philipps von Burgund abzuwehren, wurde sie bei Compiègne von Johann von Luxemburg gefangen genommen (24.5.1430) und gegen Zahlung den Engländern übergeben, die sich beeilten, J. Ende November entsprechend der Forderung der Pariser Universität dem Inquisitionstribunal des Bischofs Petrus Cauchon von Beauvais in Rouen zu überstellen. Nach streng kanonischem Verfahren (Befragung vom 20.2.–15.3.1431; Gutachten der Pariser Fakultät zur Anklageschrift, Verurteilung als Ketzerin) wurde J., die zunächst widerrufen hatte, als Rückfällige auf dem Marktplatz von Rouen öffentlich verbrannt. Im Rehabilitationsverfahren (1450–56) wurde der Prozess schließlich wegen Formfehlern für ungültig erklärt. Ein Heiligsprechungsverfahren wurde erst im 19. Jh. im Sinn des politischen Katholizismus eingeleitet. – Patronin von Frankreich.

URSULA VONES-LIEBENSTEIN

Quellen: P. Tisset: Procès de condamnation de J. d'Arc, 3 Bde., 1960–71; P. Duparc: Procès en nullité de la condamnation de J. d'Arc, 2 Bde., 1977–79; Der Prozeß der J. d'Arc. Akten und Protokolle. 1431, 1456, übersetzt und hg. v. R. Schirmer-Imhoff, [5]2001.

Literatur: N. Margolis: J. of Arc in History, Literature and Film: A selected annotated Bibliography, 1990. – DHGE 27, 915–922; LMA 5, 342 f.; G. Krumeich: J. d'Arc in der Geschichte. Historiographie, Politik, Kultur, 1989; S. Tanz: J. d'Arc. Spätmittelalterliche Mentalität im Spiegel eines Weltbildes, 1991; A. Vauchez: Gottes vergessenes Volk. Laien im Mittelalter, 1993, 231–243; G. H. Tavard: The spiritual way of St. J. d'Arc, 1998; H. Thomas: J. d'Arc, 2000.

Johanna (Jeanne) **von Valois** (von Frankreich), heilig (4. Febr.), Ordensgründerin, *23.4.1464 Nogent-le-Roi, †4.2.1505 Bourges; Tochter Ludwigs XI., körperlich missgestaltet, wurde aus politischen Gründen 1473 mit ihrem Vetter Ludwig von Orléans verheiratet. Nachdem dieser 1498 als Ludwig XII. König geworden war, wurde die Ehe annulliert. J. erhielt die Einkünfte des Herzogtums Berry, Residenz in Bourges. Mit Unterstützung von Gilbert Nicolai gründete sie die »Annunziatinnen« und legte 1504 als Schwester Gabriela Maria Profess ab.

KARL SUSO FRANK

Literatur: BBKL 3, 193 f.; BiblSS 6, 560–565; DIP 4, 1193 ff.; DSp 6, 17–25; LMA 5, 521; M. Joulin: Petite vie de J. de France, 1992; F. Bouchard: Sainte J. de France, 1999; G. A. Treffer: J. von Valois begegnen, 2000.

Johanna-Antida (Jeanne-Antide) **Thouret,** heilig (1934; 24. Aug.), Ordensgründerin, *27.11.1765 Sancey-le-Long bei Besançon, †24.8.1826 Neapel; 1787 in Paris Vinzentinerin. Die Französische Revolution zwang sie zum Verlassen des Ordens; Aufenthalt in der Schweiz und in Österreich, dann in ihrer Heimat. J.-A. war in Krankenpflege, Religionsunterricht und pastoralen Diensten tätig. Gründete 1799 in Besançon die »Sœurs de la Charité sous la protection de S. Vincent de Paul« mit sozial-caritativem Apostolat. 1810 nach Neapel gerufen, seither v. a. in Italien tätig, zumal 1821 die französischen Klöster durch den Bischof von Besançon zu einer eigenen Kongregation wurden. Lebte ganz ihrem Apostolat der Nächstenliebe und dem Aufbau ihrer Kongregation.

KARL SUSO FRANK

Literatur: BBKL 11, 1493 f.; BibLSS 6, 565–568; DIP 2, 352 ff.; 4, 1195–1198; DSp 8, 856–859; HelvSacr VIII/2, 453–495; H. Blüml: J. A. Th., 1995; T. Rey-Mermet: Nous avons entendu la voix des pauvres. Sainte J.-A. Th., 1998, italienisch 1999, englisch 2001.

Johanna-Franziska (Jeanne-Françoise Frémy[i]ot de) **Chantal,** heilig (1767; 12. Aug., GK g *12. Dez.*), Ordensstifterin, *23. 1. 1572 Dijon, †13. 12. 1641 Moulins; 1592 Heirat mit Christophe de Rabutin, Baron von Chantal (†1601), Mutter von sechs Kindern, von denen zwei kurz nach der Geburt starben. Als Witwe lernte sie 1604 ↗Franz von Sales kennen, dem sie bis zu seinem Tod verbunden blieb. Sie gründeten 1610 den Frauenorden »von der Heimsuchung Mariens« (Salesianerinnen, Visitantinnen), der rasch anwuchs (13 Häuser bei Franz', über 80 bei J.-F.s Tod). Dies war nicht zuletzt ihr Werk. Die umfangreiche Korrespondenz (u. a. mit ↗Vinzenz von Paul und Angélique Arnauld) harrt noch der Auswertung. – Mit J.-F.s Betonung der individuellen affektiven Nachfolge Christi und der inneren Askese gegenüber äußeren Übungen lässt sie sich der salesianischen Form der französischen Spiritualität zuordnen, wobei der persönliche Anteil J.-F.s an deren Herausbildung noch ungeklärt ist.

BARBARA HENZE

Werke: Correspondance, Bd. 1–5 (1605–1640), hg. v. M.-P. Burns, 1986–93.

Literatur: BBKL 1, 980 f.; DBF 18, 611 f.; DIP 4, 1200–09; DSp 8, 859–869; H. Bordes: La Mère de Chantal, ›Maîtresse d'oraison‹: XVIIe Siècle 144 (1984) 210–220; W. M. Wright: J. de Ch.'s Guidance of Women: The Community of the Visitation and Womanly Values: Modern Christian Spirituality, hg. v. B. C. Hanson, 1990, 113–138; A. Ravier: J. F. ... von Ch., 1992; F. Kermina: J. de Ch., 2000; E. Du Jeu: Le témoignage de J. de Ch., 2001.

Johannes, Apostel, heilig (GK F 27. Dez).

1. Johannesfrage · 2. Apostel · 3. Evangelist · 4. In der Liturgie · 5. Verehrung.

1. *Johannesfrage.* Die bis in die jüngere Vergangenheit maßgebende traditionelle Auffassung, dass der Zebedäussohn J. zugleich der Verfasser des J.-Evangeliums, der J.-Briefe und der J.-Offenbarung sei, ist zunehmend ins Wanken gekommen. Das J.-Evangelium selbst trug seine Überschrift wohl nicht von Anfang an, ebenso wie der erste J.-Brief. Die beiden kleinen J.-Briefe (2/3Joh) nennen einen »Alten« als Verfasser, und nur die Offenbarung führt sich auf einen Seher »J.« zurück (1,1. 4. 9; 22,8). Der Schluss des J.-Evangeliums (21,24) setzt nur den »Jünger, den Jesus liebte«, als Augenzeugen des leidenden und auferstandenen Jesus mit dem Verfasser des Evangeliums gleich, ohne seine Identität preiszugeben. Mit dem »anderen Jünger« von Joh 1,35. 37; 18,15 f. sollte man ihn nicht vorschnell identifizieren. ↗Papias von Hierapolis (Eusebius, h. e. 3, 39, 3 f.) unterscheidet zwischen dem Apostel und einem Presbyter Johannes. Hengel sieht im Letzteren den Verfasser oder Inspirator von J.-Evangelium und J.-Briefen. ↗Irenäus von Lyon schreibt sowohl das J.-Evangelium (Adversus haereses 2, 22, 5; 3, 1,

4 u. ö.) als auch ersten (und zweiten) J.-Brief (ebd. 3, 16, 5. 8) dem »Jünger Jesu J.« zu, der bis in die Zeit Trajans in Ephesus lebte. Auf diesen gehe auch die J.-Offenbarung zurück (vgl. ebd. 4, 30, 4; 5, 26, 1 u. ö.), wohl zur Zeit Domitians (ebd. 5, 30, 3f.).

2. *Apostel.* Ein Jünger Jesu namens J. gehört nach den synoptischen Evangelien (Mk 1,19 parr.) zusammen mit seinem Bruder ↗Jakobus zur Gruppe der vier Erstberufenen. Beide sind, wie ihr Vater Zebedäus, Fischer (vgl. Joh 21,2). Vermutlich wegen ihres stürmischen Temperaments (vgl. Lk 9,54) werden sie von Jesus »Boanerges«, d. h. »Donnersöhne«, genannt (vgl. Mk 3,17). Sie gehören in den Apostellisten zusammen mit ↗Petrus und ↗Andreas stets zu den vier Erstgenannten (Mk 3,14–19 parr.; Apg 1,13f.). Alle vier Jünger sind Zeugen des Wunders Jesu im Haus des Petrus (Mk 1,29) und vernehmen seine Rede über das kommende Ende (Mk 13,3 par.). Ohne Andreas, der v. a. im J.-Evangelium eine wichtige Rolle spielt, bilden Petrus, Jakobus und J. in der Markustradition einen inneren Kreis um Jesus, insbesondere auf seinem Weg zu Passion und Auferstehung. Jesus nimmt sie mit sich bei der Auferweckung der Tochter des Jairus von den Toten (Mk 5,37 par.) sowie bei seiner Verklärung auf dem Berg (Mk 9,2 parr.), aber auch bei seinem Ölbergsleiden (Mk 14,33 par.). Da sie von sich aus für Jesu Weg kein Verständnis haben (Mk 9,38 J.; 10,35. 41 beide Zebedäussöhne, in Analogie zu Petrus, Mk 8,32), müssen sie von Jesus in ihn eingewiesen werden. Sie werden seinen Kelch trinken und mit seiner Taufe getauft werden (Mk 10,39 par.). Die Apostelgeschichte weiß denn auch vom Martyrium des Jakobus (12,2), ohne einen Martyrertod des J. zu erwähnen. Dort erscheint J. mehrfach an der Seite des Petrus in der Gründungsphase der Kirche in Jerusalem (Apg 3,1. 3f. 11; 4,13. 19) und in Samarien (Apg 8,14), ohne ein selbständiges Profil zu gewinnen. Paulus zählt (Gal 2,9) J. zusammen mit Petrus und dem Herrenbruder ↗Jakobus zu den »Angesehenen« der Jerusalemer Urgemeinde, mit denen er um die Anerkennung seiner Heidenmission ringt. Den Titel des »Apostels« erhält J. aufgrund der Gleichsetzung der von Jesus berufenen Zwölf mit den Aposteln bei Lukas (6,13; vgl. Mk 3,14 v. l.). Zum »Evangelisten« wird er nur durch die Gleichsetzung mit dem Verfasser des J.-Evangeliums (vgl. Joh 21,24), den die Tradition spätestens seit Irenäus mit dem Zebedäiden J., mit dem Verfasser der J.-Briefe und demjenigen der J.-Offenbarung identifiziert und in Ephesus lokalisiert.

3. *Evangelist.* Die christliche Tradition kennt den Apostel und Evangelisten J., der an der Brust Jesu lag und dem die Kirche das J.-Evangelium, die J.-Briefe und die J.-Offenbarung verdankt. Diese Gleichsetzung lässt sich heute nicht mehr halten. Festzuhalten ist, dass das Vierte Evangelium von einem nicht näher bestimmten Kreis auf einen Augenzeugen zumindest der Passion und Auferstehung Jesu zurückgeführt wird (Joh 21,24). Dieser begegnet als der »Jünger, den Jesus liebte«, beim letzten Mahl Jesu an dessen Seite (13,23. 25). Er steht mit der Mutter Jesu unter dem Kreuz und wird ihr anvertraut wie diese ihm (19,25ff.). Glaubwürdig kann er den Austritt von Blut und Wasser aus der geöffneten Seite Jesu bezeugen (19,35). Als Erster der Jünger, noch vor Petrus, erfasst er im leeren Grab die Auferstehung Jesu (20,2f. 8). Ebenso erkennt er vor Petrus den Auferstandenen am Ufer des Sees (21,7). Die Gemeinde kennt ein Wort Jesu, nach dem der geliebte Jünger bleiben werde, bis er komme, und schließt daraus vorschnell, dass er nicht sterben werde (21,20–23). Das J.-Evangelium scheint dann jedoch erst nach

dem Verscheiden des geliebten Jüngers zum Abschluss gekommen zu sein.

Da das J.-Evangelium an keiner Stelle den geliebten Jünger mit dem Zebedäiden J. identifiziert, sollte man dies auch nicht leichtfertig tun. Besser begründet ist die Annahme, dass hinter dem Vierten Evangelium eine geschichtliche Gestalt steht, die den Bericht v.a. von Leiden, Tod und Auferstehung Jesu verbürgt. Freilich gibt es auch die Meinung (Kragerud), die den geliebten Jünger nur für eine ideale Gestalt hält. Der Name J. könnte auf frühes Bemühen zurückgehen, auch für das Vierte Evangelium eine apostolische Autorität in Anspruch nehmen zu können. Ansatzpunkt für den Namen könnte der »J.« sein, der sich in der J.-Offenbarung als Verfasser nennt (Offb 1,1. 4. 9; 22,8). Hengel ist zuzustimmen, wenn er für die Namenszuteilung beim J.-Evangelium einen frühen Zeitpunkt annimmt, nämlich den Augenblick, in dem das Evangelium zuerst den Raum seiner Herkunftsgemeinde verlässt. Das »Wir« des Kreises, der in Joh 20,24 hervortritt, ist ein deutlicher Hinweis auf einen Schülerkreis des Evangelisten, dem die johanneischen Schriften insgesamt entstammen könnten. Es ist wohl zu unterscheiden vom »Wir« der Gemeinde im J.-Prolog (Joh 1,14. 16) und in den J.-Briefen.

JOHANNES BEUTLER

Literatur: A. KRAGERUD: Der Lieblingsjünger im J.-Evangelium, 1959; O. CULLMANN: Der johanneische Kreis, 1975; R. A. CULPEPPER: The Johannine School, 1975; R. SCHNACKENBURG: Das J.-Evangelium, Bd. 3 1975, 449–464; M. HENGEL: Die johanneische Frage, 1993; M. RESE: Das Selbstzeugnis des J.-Evangeliums über seinen Verfasser: Ephemerides theologicae Lovanienses 72 (1996) 75–111; P. DREYFUS: Saint J., 1998; J. F. HAMBURGER: St. J. the Divine. The deified evangelist in medieval art and theology, 2002; Atti del VIII Simposio di Efeso su S. G. Apostolo, 2001.

4. *In der Liturgie.* Für den christlichen Osten bezeugt 379 ↗Gregor von Nyssa in der Weihnachtswoche eine J.-Feier. Ein altsyrischer Kalendar des 4. Jh. nennt am 27. Dez. den Gedenktag des J. zusammen mit Jakobus, das armenische Lektionar der Kirche von Jerusalem (5. Jh.) am *29. Dez.* Die ambrosianische Liturgie feiert J. vom 5. Jh. an am 27., Jakobus am *29. Dez.* Im ältesten römischen Sanctorale (336) findet sich J. noch nicht, wohl aber im Sacramentarium Veronese (5./6. Jh.) nach Weihnachten. Die liturgische Verehrung in Rom ist aber älter, wie die Nennung im römischen Kanon belegt, dessen Apostelliste ursprünglich nur Petrus, Paulus, Andreas, J. und eventuell Jakobus umfasste. Nach dem MartHieron (5. Jh.) und dem Missale Gothicum (8. Jh.) wurden am 27. Dez. J. und Jakobus noch zusammen gefeiert, das Sacramentarium Gregorianum Hadrianum (8. Jh.) nennt an diesem Tag nur J. Um 780 wird in Rom am *6. Mai* erstmals das Weihegedächtnis einer J.-Kirche vor der Porta Latina erwähnt (im Kalender bis 1960). Nach dem römischen Generalkalender von 1969 wird J. am 27. Dez. als Fest gefeiert, ebenfalls nach der lutherischen Ordnung, bei den Armeniern zusammen mit Jakobus am *29. Dez.*, den Kopten am *30. Dez.*, den Syrern und Byzantinern am *8. Mai;* die Byzantiner feiern zusätzlich am *26. Sept.* den Heimgang (Metastasis) des Johannes.

WALTER VON ARX

Literatur: LThK² 5, 1004 f.; J. PASCHER: Das liturgische Jahr, 1963, 507 f.; P. JOUNEL: Le culte des Apôtres à Rome …: Saints et sainteté dans la liturgie, hg. v. A. M. TRIACCA U. A., 1987, 167–187; H. AUF DER MAUR: Feste und Gedenktage der Heiligen, 1994, 65–357.

5. *Verehrung.* Das älteste Zeugnis einer J.-Verehrung bildet um 200 die J.-Kirche

über seinem Grab in Ephesus. Justinian I. († 565) errichtete an deren Stelle eine J.-Basilika. Nach dem Konzil von Ephesus drang die Verehrung des J. auch in den Westen vor. In Rom dürfte J. der Erste gewesen sein, der nach Petrus, Paulus und Andreas eine eigene kultische Verehrung genoss; Papst Hilarus († 468) weihte ihm im Baptisterium des Laterans ein Oratorium. Mit ↗Johannes dem Täufer wurde J. im 6. Jh. Patron der Lateranbasilika. Lange Zeit wurde unter dem Papstaltar die Tunika des J. verehrt. Papst Hadrian I. († 795) weihte vor der Porta Latina eine J.-Kirche. Im deutschen Sprachraum bürgerte sich die Verehrung nur zögernd ein. Zu seiner Verehrung trugen u. a. zwei Legenden bei: J. habe, ohne Schaden zu nehmen, einen Becher mit vergiftetem Wein getrunken, um einen heidnischen Priester zu bekehren; J. sei vor der Porta Latina in Rom in einen Kessel mit siedendem Öl geworfen worden, ohne dass es ihm geschadet hätte. Die über 20 Patronate hängen mit diesen Legenden und mit J. als Theologe zusammen. Im Brauchtum spielt J., von der J.-Minne abgesehen, praktisch keine Rolle.

WALTER VON ARX

Literatur: HWDA 4, 703 f.; LMA 5, 527 ff.; O. WIMMER: Lexikon der Namen und Heiligen, 1984, 423 ff.

Johannes der Täufer, heilig (GK H 24. Juni).

1. Leben und Botschaft · 2. Der Vorläufer im Neuen Testament · 3. Verehrung · 4. In der Liturgie.

1. *Leben und Botschaft.* Die Informationen über J. stammen aus neutestamentlichen (Evangelien, Apostelgeschichte) und jüdischen (Josephus Flavius, Antiquitates Iudaicae XVIII, 5, 2) Traditionen. Die Quellen bieten aufgrund ihrer besonderen Eigenarten nur mit Einschränkung objektive Geschichtsinformationen.

a) *Die Anfänge: Kindheit und Jugend:* Die Kindheitserzählung des Lukas nennt die Namen der Eltern: Zacharias und Elisabet, kennzeichnet diese als Priester aus der Klasse des Abija (Neh 12,4; 1 Chr 24,10) bzw. als eine der »Töchter Aarons«, gibt als zeitlichen Rahmen die Regierung Herodes des Großen (37–4 vC.) an, erwähnt allgemein den Herkunftsort: eine Stadt Judas (Lk 1,39) und hebt durch die außergewöhnlichen Umstände der Verleihung (Lk 1,13. 60. 63) den Namen J. als bedeutsam hervor. Die Notiz vom Wüstenaufenthalt des Kindes (Lk 1,80) erklärt sich am besten als Vorgriff auf den Lebensraum des Propheten (vgl. Lk 3,2). Spekulationen über einen Qumranaufenthalt des Kindes lassen sich trotz der Angaben des Josephus über eine entsprechende Praxis der Essener (Bellum Iudaicum II, 8,2) historisch nicht verifizieren.

b) *Das Ende: Gefangenschaft und Tod:* Die Umstände des Todes sind in den Evangelien und bei Josephus mit je eigener Tendenz dargestellt. Mt 14,6–11/ Mk 6,17–29 erzählen in der farbig gemalten Legende von der Kritik J.' an den Beziehungen des Herodes Antipas zu seiner Schwägerin Herodias, von der Gefangennahme, den Nachstellungen der rachsüchtigen Frau und von der Enthauptung bei einem Festgelage, veranlasst durch das unbedachte Versprechen gegenüber der tanzenden Herodias-Tochter. Für Josephus ist die Tötung J.' auf der Bergfeste Machärus nur eine Glosse am Rande des Berichtes über die Niederlage des Herodes in der militärischen Auseinandersetzung mit Aretas IV., dem Vater der verstoßenen Frau. Beim kritischen Abwägen ergeben sich als glaubwürdige Fakten: die Hinrichtung durch Herodes, die Festung Machärus als Ort der Gefangenschaft, die Beteiligung der Herodias, vielleicht das Gelage als Hintergrund und die Bestattung des Leichnams durch die Jünger des J. Umstritten ist die genauere Zuordnung zur Jesuschronologie: Während nach dem johanneischen Entwurf die Inhaftierung und das Lebensende J.' wegen Joh 3,22–26 relativ spät anzusetzen sind, legen die synoptischen Evangelien aufgrund des Ablöseschemas von Mt 4,12. 17/Mk 1,14; vgl. Lk 3,20. 21 eine frühe Hinrichtung in der Zeit zwischen 30–32 nahe. Weitere Unstimmigkeiten können sich allerdings aus dem von Josephus hergestellten Zusammenhang mit der erst 36 n C. anzusetzenden Niederlage des Herodes im Krieg gegen Aretas IV. ergeben. Der Zeitpunkt des Todes bleibt ungeklärt.

c) *Das öffentliche Wirken: Wüstenpredigt, Jordantaufe, Askese:* Die öffentliche Tätigkeit begann nach Lk 3,1 im 15. Regierungsjahr des Tiberius (zwischen 27 und 29) in der Wüste von Judäa (Mt 3,1) bzw. am Jordan (Mk 1,9/Mt 3,13; vgl. Lk 3,3). Das Johannesevangelium nennt abweichend von der synoptischen Überlieferung Betanien jenseits des Jordans (Joh 1,28) und Änon bei Salim (Joh 3,23). Die divergierenden Traditionsstränge müssen sich nicht ausschließen, wenn man einen von Lukas angedeuteten weiteren lokalen Rahmen mit den Räumen unteres Jordantal und die angrenzenden Wüstengebiete, möglicherweise auch bestimmte feste Orte »jenseits des Jordan«, d. h. in Peräa, berücksichtigt. Wie die historischen Abläufe genau waren, kann kaum noch exakt rekonstruiert werden.

Die Gerichtspredigt wendet sich an das ganze Volk ohne Ausnahme. Die angebotene Wassertaufe stellt bildhaft das Löschen des Vernichtungsfeuers im Gericht und den dereinstigen Empfang der Geisttaufe in Aussicht (Mt 3,11/Lk 3,16). Sie ist kein Akt, der aus sich Heil vermittelt und den Heiligen Geist spendet. Als eschatologisches Zeichen ratifiziert sie die Umkehr und garantiert die Rettung im Gericht.

Das besondere Selbstverständnis des J. findet in den asketischen Lebensformen einen weiteren Ausdruck; sie finden im Mantel aus Kamelhaaren mit dem ledernen Gürtel und in der Nahrung aus Heuschrecken und wildem Honig (Mt 3,4/Mk 1,6) ihren Ausdruck.

2. *Der Vorläufer im Neuen Testament.* Der Name »Vorläufer« (πρόδρομος) wird im Neuen Testament für J. nicht verwendet, aber das Thema ist durchgehend präsent. Die Evangelien haben auf das Motiv des Boten, der für den kommenden Gott den Weg bereitet (Mal 3,1 f.), zurückgegriffen. Das ursprüngliche Gerichtsthema ist gezielt auf Jesus ausgerichtet und christologisch gedeutet. In der umgekehrten Perspektive spricht der Vorläufer J. selbst von dem Kommenden oder dem nach ihm Kommenden, der stärker bzw. früher als er ist (Mt 3,11/Mk 1,7/Lk 3,16; vgl. Joh 1,15). Die lukanische Kindheitserzählung hat die Beziehungen zwischen J. und Jesus nach dem Prinzip der überbietenden Parallelität dargestellt und mit einer durchreflektierten Kompositionstechnik die wunderbare Lebensentstehung des Zachariassohnes als Vorausdarstellung des noch größeren Wunders der Geistzeugung Jesu gedeutet. Der Vorläufer im zeitlichen Sinn (die sechs Monate nach Lk 1,26. 36) ist mit zunehmender Tendenz zum geringsten Sklaven, der nicht wert ist, die Schuhriemen des Stärkeren oder des nach ihm Kommenden zu lösen (Mk 1,7; Lk 3,16 vgl. Joh 1,27) bzw. ihm die Schuhe nachzutragen (Mt 3,11), geworden. Das Thema klingt bei der Darstellung der Taufe Jesu nach Matthäus in der Zurückweisung der Taufbitte Jesu mit den Worten: »Ich müsste von dir getauft werden, und du kommst zu mir?« (Mt 3,14) noch einmal an.

JOSEF ERNST

LThK³ 5, 871–874 (ungekürzte Fassung).
Literatur: *Zu 1.:* EWNT 2, 518–521; RGG³

3, 804–808; E. Lupieri: G. Battista fra storia e leggenda, 1988; J. Ernst: J. der Täufer. Interpretation – Geschichte –Wirkungsgeschichte, 1989; R. L. Webb: J. the Baptizer and Prophet, 1991; J. Ernst: J. der Täufer – Der Lehrer Jesu?, 1994; M. Tilly: J. der Täufer und die Biographie des Propheten, 1994. – *Zu 2.:* A. Ottilinger: Vorläufer, Vorbild oder Zeuge?, 1991; G. Häfner: Der verheißene Vorläufer, 1994; C. G. Müller: Mehr als ein Prophet, 2001; M. Hartmann: Der Tod J.' des Täufers, 2001; U. B. Müller: J. der Täufer, 2002.

3. *Verehrung.* Die Wurzeln der Verehrung des J. liegen in seiner Berufung als »Wegbereiter des Herrn« und im Lob, das ihm Jesus als dem »größten Menschen« (Mt 11,11) spendet. Wo immer in Ost und West die christliche Botschaft verkündet wurde, legte man damit auch den Grund für die Verehrung des Täufers. Von einer konkreten Form der Verehrung im Osten, einem Jahresgedächtnis am 5. Jan., wird erstmals im ägyptischen Papyrus von Faijum aus der Mitte des 4. Jh. in Verbindung mit Epiphanie, das im Osten die Taufe Jesu zum Inhalt hat, berichtet. Diesen Termin haben die meisten östlichen Kirchen bis heute bewahrt, in der ursprünglichsten Form wohl die ostsyrische Kirche, die am Freitag (Todestag Jesu) nach Epiphanie die Enthauptung des Täufers feiert, wobei die Taufsymbolik als Untergang den Bezug zum Martyrium herstellt. Für Gallien wird ein J.-Fest nach Epiphanie im Kalender des Perpetuus von Tours († 491) erwähnt (Gregor von Tours, Historia Francorum X, 31). Im Westen entwickelte sich als Folge der zur Wintersonnenwende angesetzten Feier von Weihnachten am 24. Juni gemäß Lk 1,36 das Geburtsfest J.' des Täufers (VIII Kalendas Ianuarii = *25. Dez.;* VIII Kalendas Iulii = 24. Juni). Dieser Termin ist erstmals durch einen anonymen afrikanischen Traktat »De solstitiis« am Ende des 4. Jh. und durch Augustinus (elf Homilien) bezeugt und symbolisch mit der abnehmenden Sonne (vgl. Joh 3,30) in Verbindung gebracht worden. Für Gallien ist im 5. Jh. eine Passio S. Ioannis als Tauftermin angeführt (Gregor von Tours, Historia Francorum X, 31 und VIII, 9), ob am 24. Juni oder 29. Aug. ist unklar. Im Mittelalter wurde das Fest zu einem »Sommerweihnachten« ausgestaltet mit zusätzlicher Messe um Mitternacht und am Morgen und der Ausbildung einer Vorbereitungszeit. Durch die Reduzierung der Feiertage in der Aufklärungszeit verlor es in vielen Ländern den Rang eines gebotenen Feiertages. Die byzantinische und koptische Kirche übernahmen dieses Fest und bildeten dazu ein Fest der Empfängnis am *23. (24.) Sept.* aus, das im Westen im Mittelalter nur in manchen Gebieten (u. a. im süddeutschen Raum) übernommen, nach dem Tridentinum aber überall eliminiert wurde. Das Fest der Enthauptung (Decollatio, Passio) J.' am 29. Aug. hat im Osten seinen Ursprung und wurde bereits im 7. Jh. in Gallien übernommen und von der römischen Liturgie rezipiert. Den weiteren Festen der wiederholten Auffindung des Hauptes (byzantinische und koptische Liturgie) und der Übertragung der Reliquien nach Armenien (armenische Liturgie) liegen z. T. historisch unkritische Berichte zugrunde. Seit dem 4. Jh. wurden viele Kirchen (besonders Taufkirchen und Taufkapellen) J. geweiht (z. B. die Lateranbasilika, die ursprünglich »Erlöserkirche« war). Er ist Patron von Orden (Johanniter), Bistümern und Orten, der Schneider, Hirten u. a. Vorübergehend war er auch Patron der Kirchenmusik. Er wird auch zusammen mit dem Evangelisten Johannes verehrt (z. B. in den beiden Johanneskapellen der Laterankirche). Das Brauchtum

zum Johannistag ist weniger vom Heiligen als von der Sonnenwende (Johannisfeuer) bestimmt.

4. *In der Liturgie.* In der römisch-katholischen und anglikanischen Liturgie wird am 24. Juni die Geburt und am 29. Aug. die Enthauptung J.' gefeiert. In der römischen Liturgie wird der Geburtstag als Hochfest mit Vigilmesse am Vorabend gefeiert. Seine Berufung, »das Volk des Alten Bundes Christus, seinem Erlöser, entgegenzuführen« (Tagesgebet), wird in den Lesungen mit der Berufung der Propheten Jesaja und Jeremia verglichen. Der Hymnus des Stundengebetes wird Paulus Diaconus zugeschrieben. Außer den beiden Festtagen ist seine Stellung in der Liturgie von Bedeutung: der Lobgesang des Zacharias (Lk 1,68–79) ist täglich der Höhepunkt der Laudes; im Hochgebet I führen Maria und J. die Heiligenlisten (eine Art »Deesis« in der Liturgie) an. Von seiner Gestalt ist der Advent geprägt (Evangelium am zweiten und dritten Adventssonntag, viele Texte an den Wochentagen und an den sieben Tagen vor Weihnachten).

HANS HOLLERWEGER

LTHK³ 5, 875 f. (ungekürzte Fassung).

Literatur: LTHK² 5, 1086; Wörterbuch der deutschen Volkskunde, hg. v. K. BEITL, ³1974, 410–416; M. L. DENICOLÒ: Le erbe di S. G., 1995; M. H. JOHNSTON: A day for his precursor: Liturgical ministra 5 (1996) 151–170.

Johannes von Ávila, heilig (1970; 10. Mai), spanischer Theologe und Aszet, * 6. 1. 1499 Almodóvar del Campo in Neukastilien, † 10. 5. 1569 Montilla in Andalusien; Studium in Salamanca und Alcalá (1513–26), 1526 Priester. Zunächst in Sevilla tätig, organisierte dann Volksmissionen im Süden Spaniens. Der »Apostel von Andalusien« war geistlicher Begleiter vieler bekannter Männer und Frauen, er sorgte sich um eine qualifizierte Priesterausbildung.

ELISABETH JAHRSTORFER

Werke: Obras Completas, 6 Bde., 1970–71.

Literatur: DSP 8, 269–283; H. JEDIN: J. de Ávila als Kirchenreformer: Zeitschrift für Aszese und Mystik 11 (1936) 124–38; F. MARTÍN HERÁNDEZ: San J. de Ávila, erasmista, 1998; El maestro Ávila, 2002.

Johannes Berchmans, heilig (1888; 13. Aug.), SJ (1616), * 13. 3. 1599 Diest in Brabant, † 13. 8. 1621 Rom. 1608–16 besuchte er die Schule in Diest und Mecheln. 1618–21 Studium der Philosophie in Rom. Bald nach dem Abschluss erkrankte er am 6. Aug. unheilbar. Sein Leib ruht in S. Ignazio in Rom, sein Herz in der Kirche des Jesuitenkollegs in Löwen. Seine persönlichen Aufzeichnungen und die Berichte der Mitbrüder bezeugen eine tiefe Frömmigkeit, eine gewissenhafte Erfüllung der Ordensregeln und eine große Liebenswürdigkeit. Viele nannten ihn einen zweiten ↗Aloisius. Die Regeltreue, die gerade damals als sicheres Mittel auf dem Weg zur Heiligkeit angesehen wurde, die große Bewunderung für die SJ, für ↗Ignatius, ↗Franz Xaver und Aloisius und die Liebe besonders zum leidenden Christus sowie die Marienverehrung kennzeichnen seine Spiritualität, die als vorbildlich und wünschenswert besonders für die Jugend angesehen und oft übertrieben dargestellt wurde. – 1888 mit dem heiligen Aloisius zum Patron der studierenden Jugend ernannt.

JOHANNES WRBA

Werke: T. SÉVERIN: Dernières notes spirituelles de s. J. B., 1921; DERSELBE: J. Bassandus. Ses écrits, 1931.

Literatur: DHGE 8, 345 f.; DSP 8, 286 ff.; POLGÁR 3, nn. 1760–1934; SOMMERVOGEL 1, 3122 f.; 8, 1819; 10, 1623 ff.; S. NACHBAUR: Der heilige J. B., 1921; M. KREUZER: Der Kranz der zwölf Tugenden Mariens. Zum 400. Geburtstag von J. B.: Ethik der Tugenden. FS J. Piegsa, 2000, 229–243.

Johannes Bonus (Giovanni Bono), selig (1483; 23. Okt.), * um 1168 Mantua, † 23. 10. 1249 ebd.; der Laie J. gründete um 1209 in Budriolo bei Cesena eine Eremitengemeinschaft (»Johannboniten«), die eremitische Weltabgeschiedenheit mit strenger Askese, radikaler Armut und Glaubenspredigt zu verbinden suchte. Der in seinen Intentionen weitgehend mit ↗Franz von Assisi übereinstimmende Ordensgründer wurde zeitweilig der Häresie verdächtigt, was dazu führte, dass die 1251 einsetzenden Bemühungen um seine Kanonisation zunächst scheiterten. Die Johannboniten passten sich gegen den Willen des Gründers an die Organisation und Lebensweise der Bettelorden an. 1256 wurden sie mit anderen italienischen Eremitengemeinschaften in der Magna Unio Augustiniana zum Augustiner-Eremitenorden zusammengeschlossen.

KASPAR ELM

Literatur: K. ELM: Italienische Eremitengemeinschaften des 12. und 13. Jh.: DERSELBE: Vitasfratrum, 1994, 3–54; A. MORETTI: Vita di S. G. Bono, 1993.

Johannes (Giovanni Melchiorre) **Bosco,** »Don Bosco«, heilig (1934; GKG 31. Jan.), bedeutender italienischer Jugendseelsorger, Erzieher und Ordensgründer des 19. Jh., * 16. 8. 1815 Becchi bei Castelnuovo d'Asti in Piemont, † 31. 1. 1888 Turin. In ärmlichen Verhältnissen aufgewachsen, tritt J. 1835 ins Priesterseminar von Chieri ein. Nach der Priesterweihe 1841 besucht er zur pastoralen Weiterbildung das Convitto Ecclesiastico in Turin, wo er sich von der im Seminar gelehrten rigoristisch ausgerichteten Theologie (Probabiliorismus) abwendet und über seinen Lehrer Giuseppe Cafasso eine mehr probabilistische, an ↗Alfons-Maria von Liguori ausgerichtete Theologie annimmt. Diese »mildere« Moraltheologie und die am Convitto vorherrschende ultramontane Ekklesiologie der »Amicizia Cattolica« prägen seine pastorale Praxis: seit 1841 Engagement für die arme Jugend Turins; ab 1846 Gründung von »Oratorien« (Orte zur Katechese und Freizeitgestaltung), Heimen, Abend- und Berufsschulen und Gymnasien; nach 1848 verstärkte Förderung von Priesterberufen, Beginn des Presseapostolats, Gründung der Laienvereinigung Salesianische Mitarbeiter, Aussendung von Missionaren und politische Vermittlungstätigkeit; 1859 Gründung der »Gesellschaft des heiligen Franz von Sales«, seit 1869 kirchlich anerkannte Kongregation (»Salesianer Don Boscos«, SDB), Ordensregel 1874 endgültig approbiert; 1872 zusammen mit ↗Maria Dominika Mazzarello Gründung der Schwesternkongregation »Töchter Mariens der Hilfe der Christen« (Don-Bosco-Schwestern, FMA). J. gilt als bedeutender Vertreter des pädagogischen »Präventivsystems«, das auf »Vernunft, Liebe und Religion« basiert, Gewalt aber ausschließt. Nach diesem »System« arbeiten heute fast 18000 Salesianer (Stand 2003) weltweit für die ärmere Jugend.

KARL BOPP

Ausgabe: Opere edite, hg. v. Centro Studi Don B., 38 Bde., 1976–77, 1987; Memorie dell'Oratorio di S. Francesco di Sales, hg. v. A. DA SILVA FERREIRA, 1991; Epistolario di San G. B., hg. v. E. CERIA, 4 Bde., 1955–59 (kritische Ausgabe hg. v. F. MOTTO, Bd. 1, 1991); Don B. educatore. Scritti e testimonianze, hg. v. P. BRAIDO, [2]1992.

Literatur: Bibliografia generale di Don B., 2 Bde. 1995–97. – G. B. LEMOYNE U. A. (Hg.): Memorie biografiche di San G. B., 20 Bde., 1898–1948; P. STELLA: Don B. nella storia della religiosità cattolica,

3 Bde., [2]1979, [2]1981, 1988; R. Weinschenk: Grundlagen der Pädagogik Don B.s., [2]1987; M. Midali (Hg.): Don B. nella storia, 1990; K. Bopp: Kirchenbild und pastorale Praxis bei Don B., 1992; A. Birklbauer: Don B., 1998; P. Stella: Don B., Leben und Werk, 2000.

Johannes von Capestrano (J. Kapistran), heilig (1690; RK g 23. Okt), OMin, * 24. 6. 1386 Capestrano in der Provinz Aquila als Sohn eines vom Grafen von Celano mit der Herrschaft über Capestrano belehnten Adeligen möglicherweise deutscher Herkunft, † 23. 10. 1456 Ilok/Ujlak an der Donau; trat nach dem Studium der Rechte und Tätigkeit in neapolitanischen Diensten 1416 in den Peruginer Konvent der Franziskaner-Observanten ein. Nach Priesterweihe (1417) und zeitweiliger Tätigkeit als Vikar der abruzzischen Observanten intensive, durch Visitationsreisen und Einsatz für Verbreitung und Organisation der Franziskanerobservanz unterbrochene Predigt-, Vermittler- und Inquisitionstätigkeit im Dienst der Verkündigung und Verteidigung des Glaubens sowie der Stärkung des durch Schisma und Konziliarismus geschwächten Papsttums. Höhepunkt dieser zeitweilig zusammen mit ↗Bernhardin von Siena ausgeübten Tätigkeit waren die 1451–54 unternommenen Predigtreisen diesseits der Alpen, die u. a. der Bekämpfung der Hussiten dienten, und die Beteiligung an den Türkenkriegen (1454–56). Hinterließ neben seinen in Ab- und Mitschriften überlieferten Predigten zahlreiche, bisher nur z. T. edierte Briefe, Gutachten und theologische Traktate.

KASPAR ELM

Werke: RFHMA 5, 134–137.

Literatur: J. Hofer: J. Kapistran, 2 Bde., [2]1964–65; D. Nimmo: Reform and Division in the Franciscan Order, 1987; E. und L. Pasztor (Hg.): S. G. da Capestrano nella Chiesa e nella società del suo tempo, 1990; P. Petrecca: San G. da Caprestrano, 1992; S. Andrić: The miracles of St. J. Capistran, 2000.

Johannes Cassianus, heilig (23. Juli), Kirchenschriftsteller, * 360/365 Dobrudscha oder Provence, † 432/435. Aus wohlhabender, christlicher Familie; nach dem Studium lateinischer und griechischer Literatur 380/385 Eintritt in ein Kloster in Betlehem, dann sieben bis zehn Jahre Aufenthalt in verschiedenen Mönchssiedlungen in Ägypten. 399 wird J. in Konstantinopel von ↗Johannes Chrysostomus zum Diakon geweiht, zu dessen Verteidigung er 404/405 in Rom weilt. Im Dunkeln bleibt die Zeit bis 415/416, wo er in Marseille je ein Männer- und ein Frauenkloster gründet.

419/429 schreibt J. seine in Ägypten gesammelten Erfahrungen nieder, um sie für das aufkeimende südgallische Mönchsleben – in Apt, Fréjus, Arles und auf den Inseln Lérins und Hyères – fruchtbar zu machen: *De institutis coenobiorum et de octo principalium vitiorum remediis* behandelt Einzelfragen des monastischen Lebens und die acht Hauptlaster, Evagrius Ponticus folgend. – Dessen Einfluss zeigt sich auch in *Conlationes (collationes) patrum:* In Form 24 fiktiver Unterredungen mit ägyptischen Einsiedlern stellt J. die monastische Lehre dar. Die Kritik in Buch 13 an der Gnadenlehre des ↗Augustinus und Prosper von Aquitanien entfachte die sogenannten semipelagianischen Streitigkeiten in Südgallien bis zum Konzil von Orange (529). – *De incarnatione Domini contra Nestorium* versucht auf Bitten des späteren Papstes Leo I., die Lehre des Nestorius zu widerlegen.

J. tradiert die von Evagrius Ponticus und Origenes beeinflusste asketisch-spirituelle Lehre des ägyptischen Mönchtums, indem er sie auf die Bedingungen Galliens hin transformiert. Ziel seiner Lehre: Vollkommenheit der Liebe, nicht Perfektion der Askese. Alle asketischen Übungen dienen diesem Ziel, ebenso wie die psychologisch einfühlsam formulierten Anleitungen zur Wahrnehmung und Bekämpfung der Laster. Es geht um den geistlichen Fortschritt des Mönchs, sei er Coenobit oder Anachoret (Conlationes XVIII, 6). Vollkommene Liebe wird theoretisch von ihrem Ursprung im Ideal der Urgemeinde wie von der intensiv betonten sozialen Komponente her von jedem Christen (ebd. XVIII, 5) verlangt, praktisch verwirklicht sie sich allerdings bevorzugt im Rahmen der monastischen Lebensordnung, für die J. bis heute eine Autorität ist.

ROSEMARIE NÜRNBERG

LThK[3] 5, 888f. (ungekürzte Fassung).

Ausgabe: J. Cassiani opera, hg. v. M. Petschenig, 2 Bde., 1886–88. – Ausgabe und Übersetzung: Collationes, hg. v. E. Pichery, 3 Bde. (SC 42 54 64), 1955–59; De Institutis, hg. v. J.-C. Guy (SC 109), 1965; K. S. Frank: Frühes Mönchtum im Abendland, Bd. 1, 1975 (De institutis 1–4).

Literatur: DSp 2, 214–253; LACL 376ff.; RAC 18; Prinz; O. Chadwick: J. Cassian, [2]1968; P. Rousseau: Ascetics, Authority and the Church in the Age of Jerome and Cassian, 1978; R. Nürnberg: Askese als sozialer Impuls, 1988; C. M. Kasper: Theologie und Askese, 1989; A. de Vogüé: Histoire littéraire du mouvement monastique dans l'antiquité, 1991; F. Holze: Erfahrung und Theologie im frühen Mönchtum, 1992; C. Stewart: Cassian the monk, 1999; Sr. Marie-Ancilla: Saint J. Cassien. Sa doctrine spirituelle, 2002.

Johannes Chrysostomus, heilig (GKG 13. Sept.), 1568 Kirchenlehrer, Patriarch von Konstantinopel; *349/350 Antiochien, †14.9.407. Der gefeierte Prediger, hellenistisch ausgebildet, lernt, wahrscheinlich auch bei Libanius, stoische Schultradition sowie die Kunst der Diatribe. In den Wirren des antiochenischen Schismas hält J., sicher auch unter Einfluss seiner um christliche Erziehung bemühten Mutter Anthusa, Distanz zu den arianischen wie radikal nizänischen Kreisen und empfängt in der Gemeinde des Bischofs Meletius 367/368 die Taufe. In Flavian und Diodorus, dessen christlicher Asketenschule er sich anschließt, findet J. seine theologischen und geistlichen Lehrer. Fasziniert vom mönchischen Vollkommenheitsideal, zieht sich J. 372, obwohl zum Lektor für den kirchlichen Dienst beauftragt, für vier Jahre als Coenobit zurück. Zwei weitere Jahre, in denen er »die Testamente Christi ganz auswendig lernte« (PG 47,18), lebt er als Anachoret. Seine durch Abtötung ruinierte Gesundheit zwingt ihn 378 zur Aufgabe des Eremitenlebens. Im selben Jahr (nach dem Tod Kaiser Valens') kehrt auch Bischof Meletius aus dem Exil zurück und weiht J. 380/381 zum Diakon. Durch dessen Nachfolger, Bischof Flavian, 386 zum Presbyter geweiht, erwirbt sich J. bald den reichsweiten Ruf des begnadeten Predigers, was Kaiser Arcadius bewegt, J. entführen und in Konstantinopel 397 zum Nachfolger des Bischofs Nectarius weihen zu lassen – durch Theophilus von Alexandrien, J.' ärgsten Rivalen.

Als Bischof drängt J. auf innere Reform: Kleriker, Mönche, Jungfrauen und Witwen ruft er zu untadeliger Lebensführung und alle Gläubigen zu maßvollem Lebensstil auf. Für Arme, Fremde und Kranke richtet er Hospize ein, für die Söldner holt J. gotische Seelsorger in die Hauptstadt. 400/401 erwirkt er die Ablösung von sechs simonistischen Bischöfen. Den Mächtigen, besonders Kaiserin Eudokia, wird J. zunehmend ein unerträglicher Mahner. J.' Eintreten für des Origenismus verdächtigte ägyptische Mönche dient Theophilus zum Vorwand, J. auf der sogenannten Eichensynode 403 in Abwesenheit verurteilen und absetzen zu lassen. Zwar wird die erste Verbannung aufgehoben, doch zwingt ihn der Kaiser 404 endgültig nach Kukusus (Kleinasien) ins Exil. J. bleibt in seinem apostolischen Eifer ungebrochen, so dass schließlich seine Deportation nach Pityus am Schwarzen Meer verfügt wird. Auf dem Weg dorthin stirbt J. Die letzten Worte drücken die Lebenshaltung und den Grundton seiner Verkündigung aus: »Gott sei verherrlicht für alles. Amen.«

J. ist ein Mann des Wortes: des geschriebenen, mehr noch des gesprochenen. Sein noch nicht in allen Fragen der Authentizität abgeklärtes Gesamtwerk, von den Vätern im Umfang nur von ↗Augustinus übertroffen, umfasst 16 Abhandlungen, mehr als 700 sicher authentische Predigten, drei Schriftkommentare und 240 Briefe. – *Abhandlungen.* In der ersten Schaffensperiode 378–386 wendet sich J. mit vorwiegend asketischen Schriften an die verschiedenen geistlichen Stände, zunächst an einzelne Mönche *(An den gefallenen Theodor)* wie allgemein *Gegen die Feinde des Mönchtums.* Die Traktate *Gegen das Syneisaktentum* sind wahrscheinlich noch vor der Diakonenweihe 381 geschrieben, ebenso die bereits 392 von ↗Hieronymus gerühmte Reformschrift *Über das Priestertum,* in der J. in jugendlicher Begeisterung ein Idealbild zeichnet, das über Jahrhunderte hinweg die spirituelle Profilierung des priesterlichen Amtes beeinflusst hat. Als Diakon schreibt er begeisternd *Über die Jungfräulichkeit* und verfasst eine Trostschrift *An eine junge Witwe.* Die pädagogische Schrift *Über Hoffart und Kindererziehung* hat J. als Presbyter, ursprünglich im Rahmen seiner Homilien zu Epheserbrief, verfasst. – *Predigten.* Die im Gottesdienst gehaltenen, von Tachygraphen mitgeschriebenen Homilien und thematischen Predigten, Kernstück der Verkündigung des J., haben die Gemeinde oft zu spontanem Beifall hingerissen und begeistern noch heute durch ihre Fülle an Beispielen, Bildern und konkreten Anspielungen. In den 18 Jahren zwischen Priesterweihe und Verbannung (386–404) legt J. systematisch – ohne inhaltliche Entwicklung und Brüche, was eine gesicherte Chronologie unmöglich macht – Teile des Alten Testaments sowie fast den ganzen ihm bekannten neutestamentlichen Kanon aus. In die antiochenische Zeit fallen Homilien zu Matthäus (90), Johannes (88) und der größere Teil der Predigten zum Corpus Paulinum, besonders hervorragend jene zum Römerbrief (32). Die Predigten zur Apostelgeschichte (55) sind in das Jahr 401 zu setzen.

Berühmt sind unter den *Gelegenheitsreden* – an den großen Herren- oder Heiligenfesten, aber auch zu aktuellen theologischen und politischen Anlässen – die in der Zeit des antiochenischen Aufstands (387) gehaltenen sogenannten Säulenhomilien, in denen sich J., rhetorisch brillant, mit seiner Katechese auf die Furcht vor drohender Vergeltung des Kaisers einstellt. In den *Taufkatechesen* mahnt J. die Taufbewerber bzw. Neugetauften, ein ihrer neuen Würde angemessenes Leben zu führen. – Die 386 gehaltenen Predigten *Gegen die Juden,* in denen J. judaisierenden Tendenzen innerhalb der christlichen Gemeinde scharf entgegentritt, in späterer Zeit für antisemitische Polemik benutzt, stellen für den christlich-jüdischen Dialog bis heute eine schwere Hypothek dar. – *Briefe.* Mit Ausnahme eines Appells an Papst Innozenz I. während der zweiten Verbannung 404–407 geschrieben, spiegeln sie äußerliche Strapazen wie innere Kämpfe J.' wider und geben

Zeugnis von Einsamkeit, aber auch ungebrochenem missionarischem Eifer. Die 17 Trostbriefe *An Olympias*, die leidgeprüfte, in Konstantinopel verbliebene Diakonisse, sind ein einzigartiges Dokument der menschlichen Größe J.' und seiner psychologisch-pädagogisch geschickten Seelenführung.

J.' Lehrverkündigung findet in der theologisch beruhigten Phase des ausgehenden 4. Jh. statt: die große trinitätstheologische Kontroverse ist im Abklingen (Konzil von Konstantinopel 381), die christologische (Konzil von Ephesus 431 und von Chalcedon 451) deutet sich erst an. Entsprechend seiner pastoralen Zielsetzung liegt J., durchaus auf der Höhe des theologischen Denkens seiner Zeit, weniger an spekulativer Durchdringung der Glaubensgeheimnisse als deren existentieller Aneignung im je eigenen Leben. Seine ganz an der Schrift orientierte Predigt, weit entfernt von bloßem Moralismus, versteht sich als »Lebens-Hilfe«. Im Zeichen einer soteriologisch motivierten Ethik ist für J., den sozialsten Prediger der griechischen Kirche, die Diakonia entscheidendes Mittel und glaubwürdigstes Zeichen der Koinonia. So zeigt J. die faszinierende Vision einer Kirche, die, erneuert nach dem Modell der monastischen Kommunitäten, das Leben der Urgemeinde in ihren sozialen Bezügen widerspiegelt und so ein anziehendes Heilszeichen für die Welt wird.

PETER KLASVOGT

LThK³ 5, 890 ff. (ungekürzte Fassung).

Ausgabe: PG 47–64; BKV¹ 10 Bde.; BKV² 1. Reihe Bd. 23 25–27 39 42 45, 2. Reihe Bd. 15; FC 6/1 und 2 (Catéchèses baptismales).

Übersetzungen: Französisch: J. Daniélou u. a.: SC 28bis (De incomprehensibilitate Dei), 1970; J. Dumortier: SC 117 (Ad Theodorum), 1966; SC 304 (Homiliae in Isaiam), 1983; SC 277 (In illud: Vidi dominum), 1981; B. Grillet – G. H. Ettlinger: SC 138 (Ad viduam iuniorem), 1983; A.-M. Malingrey: SC 103 (Quod nemo laeditur nisi a se ipso), 1964; SC 13bis (ep. ad Olympiadem), 1968; SC 79 (Ad eos qui scandalizati sunt ob adversitates), 1962; SC 188 (De inani gloria), 1972; SC 272 (De sacerdotio), 1980; H. Masurillo – B. Grillet: SC 125 (De virginitate), 1966; A. Piédagnel: SC 300 (De laudibus Pauli), 1982; A. Piédagnel – L. Doutreleau: SC 366 (Catecheses ad illuminandos: CPG 4460 ff.), 1990; H. Sorlin: SC 346 und 348 (Homiliae in Job), 1988; M. Schatkin u. a.: SC 362 (De Babyla), 1990; A. Wenger: SC 50bis (Catecheses ad illuminandos: CPG 4465–72), ²1970.

Literatur: LACL 378–385; Bardenhewer 3, 324–365; J. Quasten: Patrology, Bd. 3 1960, 424–582; C. Baur: J. Chrysostomus und seine Zeit, 2 Bde., 1929–30; I. Auf der Maur: Mönchtum und Glaubensverkündigung, 1959; P. Stockmeier: Theologie und Kult des Kreuzes bei J. Chrysostomus, 1966; R. Kaczynski: Das Wort Gottes in Liturgie und Alltag der Gemeinden des J. Chrysostomus, 1974; A. Stötzel: ›Kirche als neue Gesellschaft‹. Die humanisierende Wirkung des Christentums nach den Schriften und Homilien des J. Chrysostomus, 1984; P. Klasvogt: Leben zur Verherrlichung Gottes. Botschaft des J. Chrysostomus, 1992; R. Brändle: J. Chrysostomus, 1999; W. Mayer: J. Chrysostom, 2000; C. Tiersch: J. Chrysostomus in Konstantinopel, 2002.

Johannes Climacus (J. Climax, auch J. Scholasticus bzw. J. Sinaites), heilig (30. März), Abt und geistlicher Schriftsteller, * um 575, † um 650; Herkunft unbekannt, sechzehnjährig Mönch auf dem Sinai; 40 Jahre Eremit, dann Abt des Sinai-Klosters. Auf Bitten des Johannes von Raithu schrieb er sein Hauptwerk *Paradieses-Leiter* (Κλῖμαξ τοῦ παραδείσου, »Scala paradisi«, vgl. Beiname). In 30 nach dem (antiken) System der »parallelen Opposition« (Couilleau) geordneten Stufen schildert es den geistlichen Aufstieg des Mönchs. J. ist trotz marginaler Polemik zutiefst Evagrius Ponticus verpflichtet, daneben besonders Barsanuphius und Dorotheus von Gaza. In der Lehre vom monologischen Gebet hat ihn deutlich Diadochus beeinflusst. Erstmalig ist die Erwähnung der Atemtechnik in Verbindung mit dem Jesusgebet, wodurch J. bereits den Hesychasmus des Gregorius Sinaites andeutet. Nachhaltige Wirkung v. a. im byzantinisch-slawischen Osten, aber auch im Westen. Das Werk ist eingerahmt durch eine Vita von Daniel von Raithu und einen Briefwechsel zwischen J. und Johannes von Raithu sowie einen Hirtenbrief des Johannes.

CHRISTOPH JOEST

Ausgabe (unkritisch): PG 88, 631–1164; P. TREVISAN, 2 Bde., 1941 (griechisch-italienisch); Die Leiter zum Paradiese, 1834, Nachdruck 1987; Klimax oder Die Himmelsleiter, 2000.

Literatur: DSP 8, 369–389; LACL 385 f.; W. VÖLKER: Scala Paradisi, 1968; H.-G. BECK: Kirche und theologische Literatur im byzantinischen Reich, ²1977, 353–356 451 f.; M. VILLER – K. RAHNER: Aszese und Mystik in der Väterzeit, Nachdruck 1989, 155–164 301 f.

Johannes Colombini, heilig (Kultapprobation 1583; 31. Juli), Ordensgründer, * 1304 Siena, † 31. 7. 1367 San Salvatore al Monte Amiato; reicher Handelsherr aus patrizischer Familie, am Stadtregiment beteiligt. Die Erfahrung der Pest (1348) und politischer Umwälzungen in Siena (1355) führten zur Lebensänderung: Auflösung der Ehe, Leben in Armut und Buße, Werke der Caritas. Beeinflusst vom religiösen Milieu Sienas (↗Katharina von Siena), franziskanischer Tradition und geprägt von Pietro Petroni OCart, formte er aus seinem Freundeskreis den Orden der »Jesuaten«. Grab zunächst in der Benediktinernonnenabtei S. Bonda bei Siena; Reliquien jetzt in der Karmelitenkirche von Siena. Schrieb die Vita seines geistlichen Lehrers Pietro Petroni (lateinische Fassung: ActaSS mai. 7, 188–231); zahlreiche Briefe (letzte Edition: P. Cherubelli, 1957). Dichtete wohl auch einige der den Jesuaten eigenen Lauden.

KARL SUSO FRANK

Literatur: BBKL 3, 328 f.; DSP 8, 392–404; G. DUFNER: Geschichte der Jesuaten, 1975.

Johannes von Damaskus (J. Damascenus), heilig (GK g 4. Dez.), 1890 Kirchenlehrer; * um 650 Damaskus, † vor 754 Kloster Mār Saba bei Jerusalem. Nur wenige Einzelheiten seines Lebens können als gesichert gelten. J. ist ein Spross der vornehmen melkitischen, wohl syrischstämmigen Damaszener Familie Manṣūr, die traditionell Ämter v. a. im staatlichen Finanzwesen bekleidete. Sein im Ruf der Illoyalität gegen den byzantinischen Kaiser stehender Großvater war Stadtpräfekt und übergab 635 das monatelang belagerte Damaskus den Arabern. Sein Vater Sarǧun ibn Manṣūr war Finanzminister unter dem Kalifen Mu'awija I. (660–680). Nach gediegener Ausbildung als Schriftsteller und Dichter tätig, scheint er wie sein Vater dem unter Abd el Malek (685–705) einsetzenden antichristlichen Kurs mehr oder minder unfreiwillig gewichen zu sein. Ein Satz in den Akten des zweiten Konzils von Nizäa vergleicht seine Berufung mit der des Zöllners Matthäus (Mt 9,9). Mit seinem Adoptivbruder Cosmas (von Jerusalem) zog er sich, eventuell noch vor 700, nach Mār Saba zurück, wohin ihm sein Ruf als Gelehrter und Dichter bereits vorausgeeilt war (BHG 884). Legende ist in diesem Zusammenhang die Episode von der ihm auf Befehl des Kalifen wegen Landesverrats abgehauenen und durch die Gottesmutter wieder angefügten Hand, die in die Ikonographie eingedrungen ist (Gottesmutter mit den drei Händen, τριχειροῦσα). Patriarch Johannes V. von Jerusalem (706–735), von dem er nach einem der seltenen Selbstzeugnisse die theologische Ausbildung erhielt (*De hymno trisagio* 26,13 ff.), weihte ihn gegen seinen Willen zum Priester und zog ihn wiederholt zu wichtigen Aufgaben heran, besonders im Bilderstreit. Auch andere Bischöfe begehrten seine Dienste, und ein guter Teil seiner Werke verdankt sein Entstehen ihren Wünschen. In Jerusalem trat J. verschiedentlich als Prediger auf. Gegen Ende seines Lebens soll er seine Schriften revidiert haben, was die handschriftliche Überlieferung seines Hauptwerks *Quelle der Erkenntnis* (Πηγὴ γνώσεως) zu bestätigen scheint. Bis ins hohe Alter von angeblich 104 Jahren (BHG 885 f.) schaffend, beschloss er an einem 4. Dez. unbekannten Jahres sein Leben (749 ist unhaltbar, vgl. Garitte 341) und wurde in Mār Saba beigesetzt. Die Ikonoklastensynode von Hiereia (754) bezeichnet ihn als verstorben und anathematisierte ihn; Kaiser Konstantin V. verballhornte dabei J.' Familiennamen zum Schimpfwort Μάνζηρος (hebräisch Bastard). – Bereits vom zweiten Nicaenum (787) wurde J. als verehrungswürdig rehabilitiert, obwohl dort seine Werke zur Verteidigung der Bilder scheinbar noch nicht zur Argumentation herangezogen sind. Theophanes überliefert den J. ehrenden Beinamen Χρυσορρόας (der Gold Verströmende). Genannt wird J. schon in den ältesten Synaxarien am *29. Nov.* bzw. 4. Dez., im MartRom am *27. März* und *6. Mai.* Sein Grab wurde noch Ende des 12. Jh. in Mār Saba gezeigt, dann scheinen seine Reliquien nach Konstantinopel (Kecharitomene-Kloster) übertragen worden zu sein. Dargestellt wird J. wegen seiner orientalischen Herkunft oft mit Turban. – In der östlichen Tradition stets als Kirchenvater betrachtet, wurde J. den Theologiestudenten der Ostkirchen sowie deren römischem Kolleg als Patron gegeben.

Die uns erhaltenen Schriften, die sicher aus der Feder des J. stammen, umfassen den ganzen Bereich der damaligen Theologie. a) Dogmatisches Hauptwerk ist die sogenannte *Quelle der Erkenntnis:* 1) In den *Philosophischen Kapiteln* (auch *Dialektik*) will er das Beste der heidnischen Philosophie darlegen und bietet im Wesentlichen einen patristisch gefilterten Auszug aus der »Eisagoge« des Neuplatonikers Porphyrius. 2) Im *Buch über die Irrlehren* stellt er 100 bis auf seine Zeit wirkende Häresien zusammen. 3) *Die genaue Auslegung des rechten Glaubens* gibt in 100 Kapiteln die kirchliche Lehre wieder: Gott und die Schöpfung, Anthropologie, Christologie, Mariologie, Heiligen- und Bilderkult, Soteriologie und Eschatologie; auch Einzelfragen. Ferner existieren einige kleinere dogmatisch-polemische Schriften. Zum klassischen Theologen der Bilderverehrung machten J. die berühmten drei *Reden an die Schmäher der heiligen Ikonen.* – b) Zur Moral und Askese gehört die Schrift *Über das Fasten,* v. a. aber das dritte Buch jenes großen Florilegiums, das unter dem Namen *Sacra Parallela* bekannt ist. – c) Sein exegetisches Werk beschränkt sich auf eine Kommentierung der Paulusbriefe. – d) Einen bedeutenden Platz in J.' Werk nimmt die Hagiographie ein. Außer den Enkomien auf die heiligen ↗ Barbara und ↗ Johannes Chrysostomus sowie der Passio des heiligen Artemius muss hier der weit verbreitete Mönchsroman *Barlaam und Joasaph* genannt werden, in den ein großer Teil der Apologie des Aristides eingebaut ist. – e) Auf dem Gebiet der Predigten authentisch sind *Auf die Geburt Christi* mit dem eingebauten Religionsgespräch am Sassanidenhof, *Auf den verdorrten Feigenbaum und das Gleichnis vom Weinberg, Auf den Karsamstag* und *Auf die Verklärung des Herrn*, die Trilogie *Auf die Entschlafung der Gottesmutter*.

J. zeigt sich in allen Werken als treuer und wachsamer Hüter der Tradition, der das Depositum Fidei nicht verstandesmäßig ergründen, sondern bekennen, rein erhalten und verteidigen will. Als Richtschnur gelten ihm die Väter ebenso wie die Schrift, und obwohl er dabei aus der Vielfalt nachchalcedonischer Entwicklungen und Meinungen zu wählen hat, weiß er doch mit erstaunlicher Sicherheit die orthodoxe Mitte zu finden, so dass er wohl als klarster Vertreter der konsequent entfalteten chalcedonischen Christologie gelten darf. Auch dem lateinischen Westen sind seine Argumentationen bekannt geworden. Zunächst begegnete man J. und der Einführung der griechischen-Terminologie mit Misstrauen, das mit der Billigung der Trinitätslehre des Petrus Lombardus auf dem Lateranum IV (1215) schwand. In der Folgezeit gewann J.' *Expositio fidei* laufend an Einfluss. In Anlehnung an die »Sententiae« des Petrus Lombardus gliederte man sie in der Mitte des 13. Jh. in vier Bücher und nannte sie vielfach *Sententiae Damasceni*. Seit 1507 erschienen häufig lateinische Übersetzungen von ihr im Druck. In Byzanz und den Ostkirchen ist J.' Werk Grundlage des theologischen Denkens für die nachfolgenden, wenig schöpferischen Generationen. Groß war sein Einfluss als Theologe, Dichter und Prediger auf den süd- und ost slawischen Raum bis weit in die Neuzeit hinein. Die Urteile über Rang und Bedeutung des J. gehen weit auseinander; den einen gilt er als »Aquinate des Ostens«, den anderen nur als zwar fleißiger und belesener, doch letztlich unschöpferischer Epigone und Kompilator. Beide Ansichten gehen von einseitigen und unzutreffenden Voraussetzungen aus. Zunächst hat auch J. das Recht, an seiner eigenen Zielsetzung gemessen zu werden. Sein angestrebtes Ideal hat er mit hoher Vollkommenheit verwirklicht. Was aber die objektive Geltung dieses Ideals angeht, so hängt das Urteil darüber weitgehend davon ab, ob man die westliche Auffassung der Theologie als die einzig richtige und gültige betrachtet oder nicht.

ROBERT VOLK

LThK[3] 5, 895–899 (ungekürzte Fassung).

Ausgabe: M. Lequien, 1712 (= PG 94–96); Neuausgabe durch das Byzantinische Institut der Abtei Scheyern (auf 8–9 Bde. konzipiert), bisher erschienen:: Die Schriften des J. von Damaskos, hg. v. B. Kotter, Bd. 1–6, 1969–2009 (dazu: B. Kotter: L'edizione delle opere di S. G. Damasceno: Rivista di storia e letteratura religiosa 8 [1972] 435 ff.). – CPG 8040–8127.

Literatur: BBKL 3, 331–336; BHG 394–395 884–885m; DSp 8,452–466; EM 7, 586–591; LACL 387 ff.; LMA 5, 566 ff.; MarL 3, 392; B. Altaner – A. Stuiber: Patrologie. Leben, Schriften und Lehre der Kirchenväter, [9]1980, 526–532; Gestalten der Kirchengeschichte, hg. v. M. Greschat, Bd. 2 1984, 289–300; J. Nasrallah: St. J. de Damas, 1950; F. R. Gahbauer: Die Anthropologie des J. von Damaskus: Theologie und Philosophie 69 (1994) 1–21; A. Louth: Saint J. Damascene, 2002.

Johannes Duns Scotus, selig (Kultapprobation 1991/93; 8. Nov.), OFM (1280), bedeutendster Theologe und Philosoph des Franziskanerordens im lateinischen Mittelalter; * um 1265/66 wahrscheinlich Duns in Schottland, †8. 11. 1308 Köln.

J. empfing am 17. 3. 1291 die Priesterweihe in Northampton, anschließend

Studium, wahrscheinlich in Paris, möglicherweise auch in Cambridge, sicher aber in Oxford, wo sein Aufenthalt für das Jahr 1300 belegt ist. Dort kommentiert er ebenso wie 1302/03 in Paris als Baccalar der Theologie die Sentenzen des Petrus Lombardus; nach Ausweisung aus Frankreich wegen Nichtunterzeichnung des Appells an ein Konzil, den Philipp der Schöne gegen Bonifatius VIII. gerichtet hatte, möglicherweise 1303/04 Aufenthalt in Oxford. 1304–06 Lehrtätigkeit in Paris, seit 1305 wohl als Magister regens. 1307 als Lektor an das Generalstudium des Franziskanerordens in Köln entsandt.

Zur zweiten Generation der Theologen des lateinischen Westens gehörend, die sich mit dem wieder entdeckten Gesamtwerk des Aristoteles und seinen arabischen Kommentierungen und Systematisierungen auseinanderzusetzen hatten, sieht J., dass die Theologie den nach der ersten Rezeptionswelle verbleibenden Herausforderungen (Verurteilungen von 1270/77) nur entsprechen kann, wenn sie ihr Selbstverständnis und ihren Anspruch im Horizont der aristotelischen Wissenschaftslehre und mit den Mitteln der Metaphysik zur Geltung bringt, zugleich jedoch die aristotelisch-arabische Metaphysik einer Kritik mit ihren eigenen Mitteln unterzieht, die es erlaubt, die christliche Heilsgeschichte mit ihrer Betonung der göttlichen und menschlichen Freiheit – der von ↗Franz von Assisi eröffneten Perspektive entsprechend – angemessen zu begreifen. »Theologie in sich«, d.h. als Wissenschaft eines unbegrenzten Verstandes, hat zwar »Gott unter der Bestimmtheit seiner Wesenheit« zum Gegenstand, doch vermag die »Theologie in uns« unter unseren begrenzten Erkenntnisbedingungen ihren Gegenstand nur insoweit zu erkennen, als er sich – differenziert nach der Theologie der notwendigen und der kontingenten Wahrheiten – mit Hilfe von Vernunft und Offenbarung zu erkennen gibt, wobei Letztere nur so viel erkennen lässt, wie zur Erreichung des Zieles des Menschen, d.h. der Erfüllung in der Liebe Gottes, notwendig ist. Insofern dieses Ziel in Praxis besteht, muss Theologie »praktische Wissenschaft« sein. Da sie über keinen ihr eigentümlichen Begriff ihres Gegenstandes verfügt, muss ihr durch die Metaphysik der Begriff des »unendlichen Seienden« vorgegeben werden, auf den sie die Aussagen der Offenbarung zu beziehen vermag. Theologie ist auch für J. eine Synthese, die innerhalb ihrer selbst eine von sich her eigenständige und – soweit notwendig – eigens zu entwickelnde Philosophie und Metaphysik voraussetzt.

Durch die begrifflich-methodischen Vorgaben seiner Philosophie vermag J. in der Theologie den ihn bewegenden franziskanischen Intentionen in neuer Weise Raum zu geben: In der Gottes- und Trinitätslehre kann J. die göttlichen Personen als positive Bestimmungen begreifen und den göttlichen Attributen eine eidetische Eigenständigkeit zuordnen, die der Einheit Gottes nicht widerspricht. In der Schöpfungslehre kann er die Möglichkeit des Schaffbaren als eine notwendige, in ihrem formalen »aus sich« (ex se) dem göttlichen Erkennen vorgängige Bestimmtheit fassen und zugleich das aktuell existierende Geschöpf als Resultat des in Bezug auf das Endliche kontingenten göttlichen Willens begreifen und damit mögliche und faktische Welt unterscheiden. In der Christologie vermag er den Gott-Menschen als eine Einheit zu begreifen, in der sich die menschliche Natur mit dem absoluten Personsein Gottes so verbindet, dass die Vollständigkeit des Menschseins erhalten bleibt und der Einheit ein ontologischer Primat zukommt, der die Inkarnation als Ziel der Schöpfung, nicht als deren Korrektur erscheinen lässt (absolute Prädestination Christi). In der Mariologie vertritt J. die unbefleckte Empfängnis. In der Rechtfertigungslehre geht er davon aus, dass nur Gottes Wesen, aber nichts Endliches Gott zu nötigen vermag.

J. verfasste folgende theologische Werke: a) Kommentierungen der Sentenzenbücher, erhalten in Form der *Lectura* (zu den ersten drei Büchern der Sententiae) und der überarbeiteten, ergänzten, aber nicht fertiggestellten *Ordinatio* (in früheren Ausgaben: *Opus Oxoniense*) sowie mehrerer Schülernachschriften, den *Reportationes;* b) Disputationen in Form der umfangreichen Sammlung Quodlibetum und mehrerer *Collationes;* c) Kommentare zu aristotelischen Schriften in Form von *Quaestiones;* d) Einzeltraktate in Form des *Tractatus de primo principio,* der umfangreichsten Ausarbeitung eines Gottesbeweises im Mittelalter, und der *Theoremata.*

LUDGER HONNEFELDER

LThK³ 3, 403–406 (ungekürzte Fassung).

Ausgabe: Opera Omnia, hg. v. L. Wadding, 1891–95; Opera Omnia, hg. v. der Commissio Scotistica, 1950 ff.; Quaestiones Quodlibetales, hg. v. F. Alluntis, 1968; De Primo Principio, hg. v. W. Kluxen, 1974; Duns Scotus on the Will and Morality, hg. v. A. B. Wolter, 1986.

Literatur: E. Gilson: J. Duns Scotus. Einführung in die Grundgedanken seiner Lehre, 1959; W. Hoeres: Der Wille als reine Vollkommenheit nach J. Duns Scotus, 1962; L. Walter: Das Glaubensverständnis bei J. Duns Scotus, 1968; R. Cross: Duns Scotus, 1999, H. Schneider: J. Duns Scotus, seine Spiritualität und Ethik, 2000; T. Williams: The Oxford companion to Duns Scotus, 2003.

Johannes (Jean) **Eudes,** heilig (1925; GK g 19. Aug.), Ordensgründer, * 14. 11. 1601 Ri in der Normandie, † 19. 8. 1680 Caen; als Mitglied des Oratoriums 1625 Priester. Geprägt von der Spiritualität Pierre de Bérulles, wirkte er als Volksmissionar und religiöser Schriftsteller. In pastoralen und liturgischen Aktivitäten förderte er die Herz-Jesu- und Herz-Mariä-Verehrung (Verfasser der Offiziumstexte). 1643 verließ er das Oratorium und gründete die »Kongregation von Jesus und Maria« (Eudisten) für Priester, die er bis zu seinem Tod leitete. Schon zuvor hatte er die Schwesternkongregation »Notre Dame de Charité (de Refuge)« gegründet (DIP 6, 364 ff.).

KARL SUSO FRANK

Werke: Œuvres complètes, 12 Bde., 1905–11.

Literatur: BiblSS 6, 994 ff.; DIP 4, 1271 ff.; DSp 8, 488–501; P. Milcent: Un artisan du renouveau chrétien au XVIIIe siècle: Saint J. E., 1985; P. Milcent: Saint J. E., 1992; J.-M. Amouriaux: Saint J. E. par ses écrits, 2001.

Johannes (John) **Fisher,** heilig (1935; GK g 22. Juni, zusammen mit ↗ Thomas Morus), Martyrer, * 1469 Beverley in Yorkshire, † 22. 6. 1535 London; 1483 Eintritt in das College Michaelhouse in Cambridge, 1488 Baccalaureus, 1491 Magister artium und Priester, 1501 Doctor theologiae und Vizekanzler, 1502 Professor für Theologie, 1504 Kanzler der Universität Cambridge (1514 Wiederwahl auf Lebenszeit), für deren Ausbau er sich sehr einsetzte. Als Beichtvater Lady Margaret Beauforts, der Mutter König Heinrichs VIII., überzeugte er diese, einen theologischen Lehrstuhl zu stiften sowie Christ's College (1505) und St. John's College (1511) zu gründen. Als Kenner der theologischen Tradition war F. für die geistigen Strömungen seiner Zeit aufgeschlossen und fühlte sich besonders dem Anliegen des christlichen Humanismus verpflichtet. Er stand in Verbindung mit Johannes Reuchlin und sorgte maßgeblich für den Cambridge-Aufenthalt von

Erasmus (1511–14), mit dem J. befreundet war und dessen Werk ihn inspirierte. Von 1516 an förderte er am St. John's College das Studium der biblischen Sprachen. Seit 1504 war J. zudem Bischof der Diözese Rochester in Kent, die er mit hohem persönlichen Einsatz und vorbildlich verwaltete. Große Aufmerksamkeit widmete er dabei der Reform der Predigt und des Klerus. Das Aufkommen der Reformation zwang F. zur Stellungnahme: Er wurde einer der schärfsten literarischen Gegner Martin Luthers und verfasste mehrere antireformatorische Schriften (u.a. *Assertionis Lutheranae Confutatio*, 1523; *Sacri Sacerdotii Defensio*, 1525; *De Veritate Corporis et Sanguinis Christi in Eucharistia*, 1527). Die in Stil und Inhalt überragenden und stark schriftbezogenen Werke wurden auf dem Tridentinum ausgiebig benutzt. In der Auseinandersetzung um die geplante Ehescheidung Heinrichs VIII., gegen die J. entschieden Stellung nahm, zog er sich die Ungnade des Königs zu. Im April 1534 wurde F. verhaftet, da er sich geweigert hatte, den Eid auf die Ungültigkeitserklärung der Ehe des Königs mit Katharina von Aragón zu leisten. Ebenfalls lehnte er die 1534 vom Parlament verabschiedete Suprematsakte ab, die den König zum Oberhaupt der englischen Kirche machte. Als Papst Paul III. ihn am 20.5.1535 zum Kardinal erhob, spitzte sich J.s persönliche Lage zu: Am 17. Juni wurde er angeklagt, wegen Hochverrats verurteilt und enthauptet.

MICHAEL BECHT

Werke: Opera, quae hactenus inveniri potuerunt omnia, 1597; The English Works of J. F., hg. v. J. E. B. Mayor, 1876, ^{2}1935; Katholische Kontroverstheologen und Reformer des 16. Jh., hg. v. W. Klaiber, 1978, 109 ff. (Werkeverzeichnis).

Literatur: B. Bradshaw – E. Duffy (Hg.): Humanism, Reform and the Reformation: The career of bishop J. F., 1989; R. Rex: The Theology of J. F., 1991; M. Dowling: Fisher of men. A life of J. F., 1999; M. Davies: Der Kardinal auf dem Schafott. Der englische Märtyrer J. F., 2002.

Johannes von Gott (João de Deus, Juan de Dios), heilig (GK g 8. März), Gründer der »Barmherzigen Brüder«, *1495 Montemar-o-Novo in Portugal, †8.3. 1550 Granada in Spanien. Nach bewegtem Leben als Hirte, Soldat in den Truppen Karls V. (1532 vor Wien), Handlanger in Nordafrika, fliegender Buchhändler in Gibraltar kam er mit 43 Jahren nach Granada. 1539 Bekehrung durch ↗Johannes von Ávila. Als vermeintlich Geisteskranker im königlichen Hospital von Gra nada festgehalten, begann er 1540 mit selbstloser Kranken- und Armenpflege. Gründung eines eigenen Hospitals; bemühte sich um angemessene Pflegemethoden, außerdem um Resozialisierung von Straßenkindern, Prostituierten, Arbeitslosen u.a. Die Aufsehen erregende Arbeit fand Anerkennung und Unterstützung. Trotz der religiösen Motivierung (Selbstbezeichnung: »de Dios«) war an eine Ordensgründung zunächst nicht gedacht. Mit den ersten Gefährten, darunter Antòn Martin (bekannt aus Lope de Vegas »Juan de Dios y Antòn Martın«), war jedoch der Grund für den späteren Orden der Barmherzigen Brüder gelegt. J., der als »Schöpfer des modernen Krankenhauses« gilt, verdient mit seiner späten Bekehrung religionspsychologische Beachtung. Seine Spiritualität ist geprägt von der Katholischen Reform Spaniens seiner Zeit. – Patron der Kranken, Sterbenden, des Pflegepersonals und der Krankenhäuser.

KARL SUSO FRANK

Literatur: Bibl SS 7, 740–745; DIP 4, 1266–71; DSp 8, 468 ff.; J. Cruset: Der heilige Abenteurer J. von Gott, 1967; G. Rus-

SOTTO: S. G. di Dio e il suo ordine ospedaliero, 2 Bde., 1969; 500 Jahre J. von Gott, hg. v. Provinzialat der Österreichischen Provinz der Barmherzigen Brüder, 1995; R. JARDÍM DE CASTRO: São J. de Deus, um herói português do século XVI, 1995; J. CORREIA: S. J. de Deus, pai dos pobres, 1997.

Johannes Gualbertus, heilig (1093; 12. Juli), OSB, Gründer der »Vallombrosaner«, * um 1000 Petrojo bei Florenz, † 12. 7. 1073 Kloster Passignano; Mönch in S. Miniato in Florenz, das er 1035 wegen simonistischer Abtseinsetzung verließ. Kurz in Camaldoli, seit 1036 in Vallombrosa. Nach anfänglichem Suchen ab 1037 klare coenobitische Ausrichtung, vielleicht auf Druck Kaiser Konrads II. 1038 Weihe der ersten Klosterkirche durch Bischof Ruodo (Rudolf) von Paderborn, 1039 Schenkung von Vallombrosa durch die Äbtissin Itta von S. Ellero. Unter J. als Praepositus bzw. Abbas strenge Befolgung der Regula Benedicti. Consuetudines von Cluny und lothringischer Mischobservanz beeinflusst. Neu war Aufnahme von Laienbrüdern als Hilfe für die Mönche. Seit 1040 Gründung von abhängigen Klöstern in der Toskana. Zusammen mit der von ihm unterstützten Mailänder Pataria stand J. an vorderster Front im Kampf gegen Simonie, besonders gegen Erzbischof Pietro Mezzabarba von Florenz.

PIUS ENGELBERT

Quellen: Vier hochmittelalterliche Viten, hg. v. F. BAETHGEN: MGH.SS 30/2, 1076–1110; CCMON 7/1, 295 ff.; 7/2, 309–371.

Literatur: DIP 4, 1273–76; W. GOEZ: Gestalten des Hochmittelalters, 1983, 87–99 394; G. SPINELLI – G. ROSSI: Alle origini di Vallombrosa, 1984; V. LUCARELLI: San G. Gualberto, 1996; A. PADOA RIZZO: Iconografia di San G. Gualberto, 2002.

Johannes von Krakau (J. Cantius, de Kęty), heilig (1767; GK g 23. Dez.), Theologe, * 23. 6. 1390 Kęty, † 24. 12. 1473 Krakau; studierte seit 1413 in Krakau (1418 Magister artium); 1421–29 Rektor der Schule der Grabesritter in Miechów; lehrte seit 1429 an der Artistenfakultät Krakau (1432/33, 1437/38 Dekan); 1443 Magister theologiae und Professor an der theologischen Fakultät ebd.; J. pilgerte nach Rom und möglicherweise nach Jerusalem; handschriftlicher Nachlass in der Universitätsbibliothek Krakau und in der Vatikanischen Bibliothek; Grab in der Universitätskirche St. Anna in Krakau; bald einsetzende lokale Verehrung.

PETER WALTER

Literatur: C. H. LOHR: Medieval Latin Aristotle Commentaries: Traditio 27 (1971) 252; Słownik Polskich Teologów Katolickich, Bd. 2 1982, 134 ff.

Johannes vom Kreuz (Juan de la Cruz), heilig (1726; GK G 14. Dez.), 1926 Kirchenlehrer, OCarm (1563), Klassiker der spanischen Literatur und Mystik, Initiator der Reform des Karmel; * 1542 Fontiveros bei Ávila, † 14. 12. 1591 Úbeda.

1. *Leben.* Nach dem frühen Tod des Vaters arbeitete J. in Medina del Campo als Krankenpfleger. Aufgrund seiner Begabung wurde es ihm erlaubt, im örtlichen Jesuitenkolleg am Unterricht teilzunehmen. Als Juan de Santo Matía trat er 1563 bei den Karmeliten ein, die ihn zum Studium nach Salamanca schickten (1564–68). Nach einer Begegnung mit ↗Theresia von Ávila (1567) richtete er sein Leben ganz am Dienst ihrer Ordensreform aus, die er, unter entschiedenem Widerstand seitens der Ordens oberen, auf die Männerklöster ausweitete. So gründete J. unter dem Namen Juan de la Cruz 1568 das erste Männerkloster der unbeschuhten Karmeliten in Duruelo, Ávila. Es folgten Gründungen in Mancera, Pastrana, Alcalá und Ávila.

Streitigkeiten zwischen beschuhten und unbeschuhten Karmeliten brachten J. in schwierige Situationen, deren Höhepunkt eine neunmonatige Kerkerhaft im Karmel vom Toledo (1577–78) bildete, während der J., psychisch und physisch gequält, den Durchbruch zur mystischen Erfahrung und Dichtung erlebte. Die gut vorbereitete Flucht beweist, dass er keine passive Unterwerfung akzeptieren, sondern alles seinen Reformplänen unterordnen wollte. Hiernach widmete er sich der Leitung und spirituellen Führung des Ordens, ohne dabei seine schriftstellerische Tätigkeit zu vernachlässigen. Nach der Leitung der Klöster von Baeza (1579–81), Granada (1581–88) und Segovia (1588) wurde J. aufgrund ordensinterner Intrigen seiner Ämter enthoben und nach Úbeda verbannt, wo er nach unwürdiger Behandlung durch den ihm feindlich gesinnten Prior des Klosters starb.

2. *Werke.* J.' Werk besteht in der Hauptsache aus vier Büchern; es umfasst zwei klar zu unterscheidende Gattungen: Gedichte und deren Erklärungen: a) *Subida al Monte Carmelo* (Aufstieg zum Berg Karmel), ein Gedicht mit unvollendetem Kommentar, beschreibt den menschlichen Anteil am Prozess der Reinigung (»purificación«) durch die drei theologischen Tugenden. b) *Noche oscura* (Dunkle Nacht) ist ein gleichfalls unvollendeter Kommentar des vorherigen Gedichts von einem ergänzenden Gesichtspunkt aus. Bei beiden handelt es sich um zwei vorwiegend in Granada zwischen 1582 und 1585 verfasste Teile einer entweder unvollendet gebliebenen oder infolge ordensinterner Auseinandersetzungen verstümmelten Schrift. c) *Cántico espiritual* (Geistlicher Gesang). Im Wechselgesang zwischen Braut und Bräutigam, der in vielem an das Hohelied erinnert, spiegeln sich allegorisch die drei Stufen des Weges der Seele zur mystischen Vereinigung mit Gott. Eine erste während des Gefängnisaufenthalts in Toledo begonnene, in Granada 1584 vollendete, nur 39 Strophen enthaltende Fassung (A) kann als die authentische Fassung dieses Werkes gelten. In den Jahren 1586/87 entstand eine ergänzte und korrigierte Fassung (A'). Nach J.' Tod erschien eine dritte Fassung (B), deren Authentizität zweifelhaft ist. d) Von *Llama de amor viva* (Flamme lebendiger Liebe), einer von Feuersymbolik beherrschten Schilderung der ihm zuteil gewordenen Gottesbegegnungen auf der letzten mystischen Stufe, gibt es eine erste, 1585 verfasste Version, die 1591 ergänzt wurde.

Aus Vorsicht gegenüber der Inquisition hat J. keines seiner Werke veröffentlicht. Die erste, etwas entstellte Edition erschien 1618 in Alcalá. Erst im 20. Jh. wurden kritische Editionen seiner Werke publiziert. Wegen der Unmöglichkeit, seine Erfahrungen in Form eines rationalen Diskurses wiederzugeben, benutzte J. die poetische Form. Bevor sie theologisch bewertet werden, dürfen und können die Gedichte J.' als Ausdruck höchster dichterischer Vollkommenheit angesehen werden. Die Ambiguität des poetischen Inhalts hat bereits dem Autor selbst begleitende Erklärungen aufgezwungen. Dennoch erlaubt sein Werk verschiedene Lesarten. So sind auch die v. a. in den letzten Jahrzehnten in Philologie, Philosophie und Theologie entstandenen Interpretationen vielfältig. Sie reichen von restloser Übereinstimmung J.' mit der scholastischen Lehre der Zeit bis zu seiner Bezeichnung als »friedlicher Rebell« (Nieto).

3. *Lehre.* J. ist ein unvergleichliches Beispiel für die Konvergenz von Treue zur Heiligen Schrift und mystischer Tradition. Im lyrischen Ausdruck werden biblische Bilder auf die eigene Erfahrung bezogen. Die Heilige Schrift wird als Poesie erfasst und sowohl für die Be-

schreibung einer singulären Erfahrung wie als Entwurf für die Interpretation anderer Wege und Erfahrungen nutzbar gemacht. J.' mystische Lehre gründet in der Verneinung der geschaffenen Dinge, die keinen Vergleich mit der Absolutheit Gottes zulassen; daher ist der Bereich der Sinne und der Vernunft kein Ort der Begegnung mit der Gottheit. So gesehen sind die Dinge nichts (»nada«). Die Seele auf dem Weg zu Gott muss auf alles Geschaffene und somit auch auf sich selbst verzichten. Durch dieses Freiwerden der Seelenkräfte begibt sich der Mensch in die Nacht der Sinne und des Geistes. In der Verneinung jedes irdischen Begehrens gelangt er in einen Prozess äußerster Vertiefung. Er bricht alle inneren und äußeren Bindungen ab, um sich leer und empfänglich zu machen für das Licht, das auf diese Nacht notwendig folgt. Für diesen Weg ist die menschliche Aktivität ungenügend, weil sie die geforderte völlige Loslösung nicht erreichen kann. Gott wird dem Menschen beistehen und ihn in einen Zustand bringen, den J. passive Nacht (»noche pasiva del espíritu«) nennt. In der restlosen Reinigung der Seele von allem Geschaffenen wird Gott ihr einziger Herr. Diese Auffassung rechtfertigt zwar die kritische Frage nach dem Wert der Schöpfung (der Dinge, der Menschen und nicht zuletzt der Menschwerdung Christi) im geistigen Aufstieg. Jedoch bedeutet Nacht bei J. nicht Verneinung der Welt, Entwertung der Natur oder gar asketische Härte, sondern einzig und allein tiefere Erfahrung der Welt als Gottes Schöpfung. Die Welt und das Ich sind ein Bild der »Umnachtung« des Glaubens. J. spricht in *Subida* und *Noche* von Transzendenz und Vereinigung in einer Art, die die Menschwerdung, das Evangelium und die Auferstehung Jesu in den Hintergrund treten lässt. Die Menschheit Christi scheint nur für die Meditation der Anfänger Bedeutung zu haben. Die Unio mystica selbst wird v.a. als eine Vereinigung mit der göttlichen Wesenheit erörtert. *Cántico* und *Llama* zeigen sie aber in der Perspektive einer Vereinigung mit Christus, dem Bräutigam der Seele. Der mystische Weg bedeutet zuerst den Eingang in die Dunkelheit des Glaubens, dann den Verzicht auf alle menschlichen Formen des Erkennens und verlangt zuletzt ein Festhalten an einem Sein, das jeder Sprache, jedem Begriff und jeder Sinneswahrnehmung entzogen ist. Auch wenn dem Glauben eine zentrale Rolle zugestanden wird, so wird doch die Liebe als Anfang und Vollendung des mystischen Weges begriffen. Um diese Liebe zur Sprache zu bringen, spricht J. von Verlobung und Ehe und beschreibt in gewagten erotischen Bildern die Verbindung der Seele mit der Menschheit Christi. In diesem Sinne ist der *Cántico* eine großartige Synthese des mystischen Weges innerhalb der christlichen Literatur.

FERNANDO DOMÍNGUEZ

Werke: SILVERIO DE SANTA TERESA (Hg.): Obras de S. J. de la Cruz, Doctor de la Iglesia, 5 Bde., 1929–31; J. V. RODRÍGUEZ – F. RUIZ SALVADOR (Hg.): S. J. de la Cruz: Obras Completas, ³1988; E. PACHO (Hg.): S. J. de la Cruz: Obras Completas, ²1990. – Deutsche Übersetzung: G. SCHWAB (Hg.): Die sämtlichen Schriften des Heiligen J. vom Kreuz, 2 Bde., 1830; ALOYSIUS AB IMMAC. CONCEPTIONE – AMBROSIUS A S. THERESA (Hg.): Des Heiligen J. vom Kreuz sämtliche Werke, 5 Bde., 1952–56; J. vom Kreuz. Sämtliche Werke, übersetzt von O. SCHNEIDER U. A., 4 Bde., 1961–78.

Literatur: DSP 8, 408–447; J. BARUZI: St. J. de la Croix et le problème de l'expérience mystique, ²1931; E. STEIN: Kreuzeswissenschaft. Studien über J. vom Kreuz, ²1954; I. BEHN: Spanische Mystik, 1957; G. MOREL: Le sens de l'existence selon St. J. de la Croix, 3 Bde.,

1961; H. U. von Balthasar: Herrlichkeit. Eine theologische Ästhetik, Bd. 2 1962, 465–531; Giovanna della Croce: Christus in der Mystik des J. vom Kreuz: Jahrbuch für mystische Theologie 10 (1964) 9–123; R. Mosis: Der Mensch und die Dinge nach J. vom Kreuz, 1964; F. Ruiz Salvador: Introducción a S. J. de la Cruz, 1968; L. Guillet: Introduction à St. J. de la Croix, 2 Bde., 1969–71; F. Pepin: Noces de feu, 1972; C. P. Thompson: The Poet and the Mystic, 1977; J. C. Nieto: Mystic, Rebel, Saint: A Study of St. J. of the Cross, 1979; R. Körner: Mystik – Quell der Vernunft, 1990; S. Ros u. a.: Introducción a la lectura de S. J. de la Cruz, 1991; O. Steggink (Hg.): J. de la Cruz, Espíritu de llama, 1991; U. Dobhan – R. Körner (Hg.): J. vom Kreuz. Lehrer des ›Neuen Denkens‹, 1991; Efrén de la Madre de Dios – O. Steggink: Tiempo y vida de S. J. de la Cruz, 1992; M. Delgado: Mystik in harten Zeiten: Zeitschrift für Kirchengeschichte 111 (2000) 56–69; G. Brenan: San J. de la Cruz, 2001; C. Zorzin: G. della Croce, 2001.

Johannes (Giovanni) **Leonardi,** heilig (1938; GK g 9. Okt.), Gründer der »Regularkleriker der Muttergottes« (OMD) (1614 kirchlich anerkannt), bedeutender Vertreter der Gegenreformation, * 1541/43 Diecimo bei Luc ca, † 9. 10. 1609 Rom; verfasste pädagogische Lehrbücher zur Bekämpfung protestantischer Sekten mit Hilfe von Priestergruppen (1574), den späteren Regularklerikern der Muttergottes. Ab 1584 in Rom und ab 1592 in Neapel pastorale Tätigkeit im Auftrag des Papstes und 1593 in Verbindung mit der Reform der benediktinischen Kongregation von Montevergine, 1602 für die Propaganda fide.

GERDA VON BROCKHUSEN

Hauptwerk: Dottrina cristiana, 1574 (mehrere Neudrucke).

Literatur: BiblSS 6, 1033–39; DIP 4, 1276–79; DSp 8, 607–614; V. Pascucci: S. G. L. Un protagonista della spiritualità del XVI secolo, 1963.

Johannes (Jan) **von Nepomuk** (eigentlich J. Welflin von Pomuk), heilig (1729; 20. März, RK g *16. Mai*), * um 1345 Nepomuk in Südwestböhmen, † 20. 3. 1393 Prag; 1369 kaiserlicher Notar des Erzbistums Prag, 1380 Altarist am Dom und Pfarrer von St. Gallus in der Prager Altstadt; Studium an der Universität Prag, 1381 Baccalaureus iuris, danach in Padua, 1386 Rektor der Ultramontanen, 1387 Doctor iuris canonici, schon zuvor Kanoniker des Prager Stiftskapitel St. Aegidius; 1389 Generalvikar des Erzbischofs Johannes von Jenz(en)stein; tauschte 1390 die Pfarrei St. Gallus gegen das Archidiakonat Saaz/Žatec und das Kanonikat bei St. Aegidius gegen ein Kanonikat des Kapitels von Vyšehrad in Prag. Im Konflikt zwischen Erzbischof und König Wenzel ging es um die Libertas Ecclesiae. Als der Erzbischof den königlichen Plan einer westböhmischen Bistumsgründung aus den Gütern des Klosters Kladrau/Kladruby durch die Neuwahl des Abtes durchkreuzte und J. im erzbischöflichen Auftrag als Generalvikar die Wahl bestätigte, ließ der König den Erzbischof, J. und drei weitere erzbischöfliche Beamte verhaften. Während der Erzbischof fliehen konnte, wurde J. beim Verhör des Königs gefoltert und danach halbtot von der Karlsbrücke in die Moldau geworfen. Seit seiner Überführung in den Veitsdom um 1400 wurde das Grab zum Zentrum der bald einsetzenden Verehrung. Schon die Vita Johannes' von Jenz(en)stein von Petrus Clarificator bezeichnet Anfang des 15. Jh. J. als Martyrer. Die Legende stilisierte ihn zunehmend zum Gegenbild des tyrannischen Herrschers Wenzel, so auch Thomas Ebendorfer in seiner Kaiserchronik (um

1450), der als erster J.' Tod mit dessen Weigerung begründete, das Beichtgeheimnis der Königin zu brechen; ebenso der Prager Magister Pavel Žídek in seinem Fürstenspiegel (Spravovna, 1471). Zur Verbreitung der Legende trugen im 16. Jh. bes. die Chronisten Václav Hájek von Libočany und Johannes Dubravius bei, aber auch der Prager Generalvikar Georg Barthold von Breitenberg (Pontanus), der J. in seinen Werken um 1600 unter die böhmischen Heiligen und Patrone einreihte. Die Vita Bohuslav Balbíns (1670) gab v.a. den Impuls für die patriotische Stilisierung J.' als böhmischen Heiligen und für die Verbreitung des Kults in den habsburgischen Ländern und Deutschland, zumal seit der Selig- und Heiligsprechung (1721, 1729). Die nationaltschechische Bewegung des 19./20. Jh. hat ihn als Symbol des habsburgischen Katholizismus und Gegenbild zu Jan Hus abgelehnt. – J. wurde zum Patron der Brücken und des Beichtgeheimnisses.

WINFRIED EBERHARD

Literatur: LMA 5, 595; NDB 10, 562 f.; J. V. POLC: Svat J. Nepomuck, [2]1993; J. von Nepomuk 1393–1993, hg. v. R. BAUMSTARK U.A., 1993; K. DRHOVSKY: J. von Nepomuk, 2002.

Johannes XXIII., Papst (28.10.1958–3.6.1963), selig (2000; 3. Juni), bürgerlich: Angelo Giuseppe Roncalli, *25.11.1881 Sotto il Monte in der Provinz Bergamo aus bescheidenen Verhältnissen; Studium am römischen Seminar; dort Zusammentreffen mit dem Redemptoristen Francesco Pitocchi, der ihn zu einer radikalen Schlussfolgerung führt: »Gott ist alles, ich bin nichts« (*Giornale dell'anima* vom 16.12.1902). 1904 Priesterweihe in Rom, bis 1919 Sekretär Bischof Giacomo Radini Tedeschis von Bergamo. Bei ihm erfährt J. »großzügiges Denken« sowie pastorale Sensibilität und lernt die liturgische, ökumenische und soziale Problematik kennen. 1918 Militärdienst, zunächst als Sanitätssoldat, später als Militärgeistlicher; 1919–21 Spiritual am Seminar in Bergamo. Anfang 1921–25 Beauftragter des Päpstlichen Werkes der Glaubensverbreitung für Italien. Am 19.3.1925 zum Bischof geweiht, wird er von Pius XI. zunächst als Apostolischer Visitator, dann als Apostolischer Delegat in das orthodoxe Bulgarien entsandt. 1935–44 Apostolischer Delegat für Griechenland und die Türkei in Istanbul. In diesen Jahren kam es zu Spannungen wegen seiner von Rom abweichenden Haltung gegenüber den Christen anderer Konfession und der faschistischen Regierung in Italien. Die Nähe zu den orthodoxen Christen verstärkte in ihm das Bedürfnis nach Einheit der Kirche, während er in der Türkei die Erfahrung des radikalen Laizismus machte und die Grenzen des Eurozentrismus, der auch in kirchlichen Kreisen vertreten wurde, wahrnahm. Bis 1937 in Istanbul, danach in Athen; während des Krieges leistete er der griechischen Bevölkerung in der Zeit der deutschen Besatzung Hilfe und konnte Deportationen griechischer Juden verhindern. Seit dem 1.1.1945 Nuntius in Paris anstelle von Valerio Valeri, dessen Abberufung wegen Kollaboration mit der Vichy-Regierung von Charles de Gaulle gefordert worden war. Die Jahre in Frankreich brachten J. weitere Erfahrungen: Kontakte zu Marxisten, französischer Kolonialismus, Algerienkrieg. Die allgemeine Entchristlichung machte eine pastorale Erneuerung notwendig. 1953 wurde er zum Patriarchen von Venedig ernannt. Nach dem Tod Pius' XII., dessen Pontifikat in den letzten Jahren vom Kalten Krieg und der Starrheit kirchlicher Strukturen geprägt war, wurde J. nach dreitägigem Konklave (25.–28.10.1958) zum Papst gewählt. Als Übergangspapst gedacht, entwickelte er jedoch von Anfang an eigene Vorstellungen betreffs seines Pontifikats. Er übte ihn in dem ihm eigenen Stil aus und nahm den seit 1415 (Absetzung Johannes' XXIII. durch das Konstanzer Konzil) nicht mehr gewählten Namen J. an. In der Krönungsansprache am 4.11. 1958 stellte sich J. mit den Worten des Sohnes Jakobs an seine Brüder vor: »Ich bin Josef, euer Bruder.« Er suchte das Leben der Kurie zu normalisieren: Besetzung des seit 1944 vakanten Postens des Staatssekretärs mit Domenico Tardini; Wiedereinführung der regelmäßigen Audienzen für die Verantwortlichen der verschiedenen Bereiche der Kurie; Ernennung neuer Kardinäle zur Verjüngung und Erneuerung des Kardinalskollegiums. Seine Bedeutung als Bischof von Rom unterstrich er durch die feierliche Inbesitznahme der Lateranbasilika, durch Besuche in Gefängnissen und Krankenhäusern sowie der römischen Pfarreien. J. ebnete der Loslösung der Kirche und des Papsttums aus der Verstrickung in die italienische Politik den Weg. Er wollte eine Kirche, »die den Menschen an sich dient, nicht nur insofern sie katholisch sind« (25.7. 1962) – mit dem Ziel, das Evangelium über alle »Anschauungen und Parteiungen, die die Gesellschaft bewegen und zerrütten« (13.8.1961), zu erheben; Aufsehen erregte der Besuch des Schwiegersohns und der Tochter Nikita Chruščëvs bei J. am 5.3.1963. Die päpstliche Ostpolitik kündigte sich an.

Am 25.1.1959 verkündete J. die Einberufung eines neuen ökumenischen Konzils, zugleich einer Diözesansynode für Rom, und die Revision des »Codex iuris canonici«. Am Vorabend der Eröffnung des Konzils, am 11.9.1962, betonte er in einer Radiobotschaft, dass »die Kirche aus allen und besonders den Armen besteht«. Das wohl wichtigste Ereignis des Pontifikats J.' war die Eröffnungsansprache des Zweiten Vatikanischen Konzils, die vom »aggiornamento«, von der Bereitschaft zur Barmherzigkeit statt zur Verurteilung und von der Ablehnung der »Unglückspropheten« getragen war. J. bewahrte hinsichtlich der Arbeiten des Konzils Zurückhaltung, verfolgte sie gleichwohl. In zwei Fällen schaltete er sich ein: Mitte Oktober 1962 stimmte er zu, die Wahl der Mitglieder der Konzilskommissionen aufzuschieben, um den Konzilsvätern etwas mehr Zeit zum Meinungsaustausch einzuräumen; nach der Abstimmung vom 21.11.1962 unterstützte er die Mehrheit, die den vorliegenden Vorschlag zur Bestimmung des Verhältnisses von Schrift und Tradition ablehnte. Seit September 1962 war die Tatkraft des Papstes durch ein Krebsleiden stark eingeschränkt. Am 11.4.1963 veröffentlichte J. die letzte und wichtigste seiner insgesamt acht Enzykliken: *Pacem in terris*, die nicht nur an die Katholiken, sondern an alle Menschen guten Willens adressiert ist. Eine weitere Enzyklika von besonderer Bedeutung stellt *Mater et Magistra* dar (5.5.1961), die die induktive Methode zur Erarbeitung der Sozialdoktrin der Kirche hoffähig gemacht hat. *Pacem in terris* proklamiert zwei fundamentale Prinzipien: die Unmöglichkeit, »im Atomzeitalter den Krieg als Mittel der Gerechtigkeit zu benutzen«, und die Ablehnung eines gerechten Krieges überhaupt. Hinsichtlich der Zusammenarbeit von Christen und Nichtchristen gestand er zu, dass die Zeit nun reif sei für »Annäherungen und Treffen praktischer Art, die gestern noch nicht opportun und fruchtbringend gewesen wären«, wobei er zwischen Irrtum und Irrendem sowie zwischen falschen philosophischen Lehren und von ihnen hervorgebrachten historischen, ökonomischen und politischen Bewegungen unterschied. J. hat die konstantinische Epoche der Kirche abgeschlossen und der Kirche einen neuen Frühling beschert.

GIUSEPPE ALBERIGO

Werke: Gli atti della visita apostolica di San Carlo Borromeo a Bergamo, 5 Bde., 1936–57; Il cardinale Cesare Baronio, 1961; Monsignore Giacomo Maria Radini Tedeschi, vescovo di Bergamo, 1963; Souvenirs d'un nonce. Cahiers de France (1944–53), 1963; Discorsi, messaggi, colloqui, 6 Bde., 1960–67; Il giornale dell'anima, hg. v. L. CAPOVILLA, [10]1990, deutsch [11]1966, eine vollständigere Ausgabe hg. v. A. MELLONI, 1989; Lettere ai familiari 1901–62, hg. v. L. CAPOVILLA, 2 Bde., 1968, deutsch 2 Bde., 1969–70; Lettere 1958–63, hg. v. DEMSELBEN, 1978.

Literatur: G. LERCARO: J. XXIII. Entwurf eines neuen Bildes, 1967; L. ALGISI: G. XXIII, [4]1981; Angelo Giuseppe Roncalli dal patriarcato di Venezia alla cattedra di San Pietro, hg. v. G. DE ROSA, 1984; P. HEBBLETHWAITE: J. XXIII pope of the Council, 1984; V. CONZEMIUS: Mythes et contre-mythes autour de J. XXIII.: Cristianesimo nella storia 10 (1989) 553–578; L. KAUFMANN – L. KLEIN: Prophetie im Vermächtnis, 1990; Ein Blick zurück – nach vorn: J. XXIII. Spiritualität – Theologie – Wirken, hg. v. G. ALBERIGO – K. WITTSTADT, 1992; S. GAETA: G. XXIII, 2000; V. DE LUCA: Papa G., 2000; G. ALBERIGO: J. XXIII., 2000; C. FELDMANN: J. XXIII., [2]2001; T. CAHILL: Pope J. XXIII, 2002.

Johannes (Jan) **van Ruusbroec** (Ruysbroe[c]k), selig (2. Dez.), regulierter Chorherr, größter flämischer Mystiker, genannt »der Wunderbare«, * um 1293 bei Brüssel, † 2. 12. 1381 Groenendael. Seit 1317 Priester, wurde J. Chorvikar und Kaplan der Stiftskirche St. Gudula zu Brüssel. 1343 zog er sich zusammen mit den Freunden Hincaert und Vranke van Coudenberg in die Einsamkeit von Groenendael (südöstlich von Brüssel) zurück, um in einer geistlichen Gemeinschaft inniger mit Gott leben zu können. Seit 1350 stellte diese eine Regularkanonikergemeinschaft dar, deren Prior J. bis zu seinem Tod blieb. J. verfasste elf (als authentisch gesicherte) mystische Schriften und sieben Briefe in mittelniederländischer Sprache, die relativ früh – zuletzt von Laurentius Surius (1552) – ins Lateinische übersetzt wurden, und somit in ganz Europa Verbreitung (bis in den Pietismus) fanden: 1) *Dat rijcke der ghelieven* (um 1330), 2) *Die chierheit van der gheestelijkker brulocht,* 3) *Vandeen blinkenden steen,* 4) *Vanden vier becoringhen,* 5) *Vandeen kerstenen ghelove,* 6) *Vanden geesteliken tabernakel,* 7) *Vandeen seven sloten,* 8) *Een spieghel der eeuwiger salicheit,* 9) *Van seven trapen,* 10) *Boecsken der verclaringhe,* 11) *Vandeen XII beghinen. Die Zierde der geistliche Hochzeit* – 1330 geschrieben – gilt als J.s Hauptwerk. Drei »Leben« werden als Stufen des Zugangs zu Gott unterschieden und im Blick auf die Vierteilung des Bibelverses Mt 25,6: »Siet,/ de brudegom comt; / gaet ute/ hem te ontmote«, wobei Christus als Bräutigam und die menschliche Natur als Braut verstanden werden. Über moralische Verwesentlichung im aktiven Leben (erste Stufe) führt der Weg zum inwendigen Gott begehrenden Leben (zweite Stufe), das eine sowohl vermittelte als auch unmittelbare Begegnung mit Gott gestattet. Das »godschouwende leven« (dritte Stufe) besteht in einer wesensmäßigen Vereinigung mit Gott. Die Schrift wendet sich teilweise auch gegen eine »natürliche« und häretische Mystik, insbesondere gegen Margareta Porète. – Die übrigen Werke behandeln entweder mystische Themen (1, 8, 9, 10), Fragen des rechten Glaubens (4, 5, 11) oder bieten allegorische Schriftauslegungen (6). Dass J. in der Seelsorge engagiert war, belegen seine Briefe und die zahlreichen – auch kirchenkritischen – Bezugnahmen auf Zeitumstände. J.s Spiritualität – genährt aus Dionysius Areopagita, ↗Augustinus, ↗Gregor den Großen, ↗Bernhard von Clairvaux, verschiedenen Kartäusern und Franziskanern – betrifft die ganze Spannbreite der Gott-Mensch-Beziehung.

ALOIS M. HAAS

Werke: Werken, 4 Bde., ²1944–48; Opera omnia (CCM 101 ff.), 1981 ff.

Quellen: H. POMERIUS: De origine monasterii Viridisvallis una cum vitis B. J. Rusbroec: AnBoll 4 (1885) 257–335.

Literatur: DSp 8, 659–697; B. FRALING: Der Mensch vor dem Geheimnis Gottes. Untersuchungen zur geistlichen Lehre des J. van Ruusbroec, 1967; DERSELBE: Mystik und Geschichte. Das ›ghemeyne leven‹ in der Lehre des J. van Ruusbroec, 1974; P. MOMMAERS – N. DE PAEPE: J. van Ruusbroec. The sources, content and sequals of his mysticism, 1984; P. VERDEYEN: Ruusbroec, ²1996; C.-H. ROCQUET: Ruusbroec l'admirable, 1998, niederländisch 2000.

Johannes-Baptist (Jean-Baptiste) **de La Salle,** heilig (1900; GK G 7. April), Gründer der »Christlichen Schulbrüder« (FSC), *30.4.1651 Reims, †7.4.1719 Rouen; 1678 Priester, 1680 Doctor theologiae; angeregt durch Nicolas Roland, Adrian Nyel und Nicolas Barré, gründete J.-B. Freischulen für Jungen u.a. in Reims 1679, Paris 1688 (Sulpizianer). Sich Bedürfnissen der Unter- und Mittelschicht anpassend, konzipierte J.-B. 1683 eine vom Geist des ↗Franz von Sales und Pierre de Bérulle geprägte Laienkongregation zur praktischen und geistigen Lehrerausbildung, deren bahnbrechende, 1724/25 von König und Papst bestätigte Statuten ihre weltweite Verbreitung ermöglichten. – Seit 1950 ist J.-B. Schutzpatron der Lehrer.

VIVIANE MELLINGHOFF-BOURGERIE

Werke und Quellen: Gesammelte Werke, hg. v. den Cahiers Lasalliens (CL), 1959 ff. (insbesondere CL 12–15, 17–25, 28–31); Lettres, hg. v. F. FÉLIX-PAUL, 1954. – Deutsche Übersetzung der Hauptwerke: Regel der Brüder der christlichen Schulen, 1903; Regeln des Wohlverhaltens und der christlichen Höflichkeit, 1910; Leitung christlicher Schulen, 1911. – Biographie 1721–40: CL 4–6, 8; veröffentlichte Archivalien: CL 26–42.

Literatur: DSp 8, 802–821; Y. POUTET: L., 1992; L. SALM: ›Und führte mich auf unmerkliche Weise‹. Das Leben des hl. J. von L., 1993; R. L. GUIDI: J.-B. de L., 2000; M. SAUVAGE: J.-B. de L. et la fondation de son institut, 2001; M. FIÉVET: Les enfants pauvres à l'école. La révolution scolaire de J.-B. de L., 2001.

Johannes-Baptist (Giovanni Battista) **Scalabrini,** selig (1997; 1. Juni), Bischof von Piacenza (1876), *8.7.1839 Fino Mornasco in der Diözese Como, †1.6. 1905 Piacenza; 1863 Priester; 1870 Pfarrer in Como; von Pius IX. wegen seines katechetisch-pastoralen Eifers als »Apostel des Katechismus« bezeichnet. Aufgrund seines vielseitigen Einsatzes und seines prophetischen Weitblicks besonders in Auswandererfragen wurde J.-B. zum »Vater der Migranten«.
Scalabrini-Missionare, -Missionarinnen: Das Erbe J.-B.s ist lebendig in zwei von ihm gegründeten Kongregationen (1887 und 1895) und einem Säkularinstitut (1961).

CHRISTIANE LUBOS

Literatur: BBKL 8, 1487 ff.; M. FRANCESCONI: G. B. S., 1985; Scalabrinian Missionaries (Hg.): A Living Voice, 1987; M. FRANCESCONI: G. B. S. Spiritualità d'Incarnazione, 1989; S. TOMASI – G. ROSOLI (Hg.): S. e le migrazioni moderne, 1997; M. ALBUS: Gott geht alle Wege. S., 1985.

Johannes Maria (Jean-Baptiste-Marie) **Vianney,** heilig (1925; GK G 4. Aug.), Pfarrer von Ars, Ain, *8.5.1786 Dardilly bei Lyon, †4.8.1859 Ars. Aus einer katholischen Bauernfamilie stammend, absolvierte J.-M. mit geringem Erfolg eine theologische Ausbildung, wurde 1815 Priester, kam 1818 nach Ars, wo er als Beichtvater und Prediger bis zu seinem Tod im Ruf der Heiligkeit segensreich wirkte. 1905 Seligsprechung. – 1929 zum Patron der Pfarrer ernannt.

HELMUT MOLL

Quellen: M.-A. DELAROCHE: Sermons du S. Curé d'Ars, 4 Bde., 1925; J. ALZIN: Les Catechismes du Saint curé d'Ars, 1958; Ausgewählte Schriften, hg. v. G. ROSSÉ, übersetzt von H. BEYRINK, 1999.

Literatur: BBKL 12, 1325–28; F. TROCHU: Le curé d'Ars, 1927, deutsch 2001; B. NODET: J.-M. V. curé d'Ars. Sa pensée – son cœur, 1958; W. HÜNERMANN: Der Pfarrer von Ars. J. V., 1988; W. NIGG: Der Pfarrer von Ars, 1992; A. BONET: Le saint curé d'Ars, 1998.

Josafat (Taufname: Joan) **Kuncevyč,** heilig (1867; GK G 12. Nov.), Martyrer, *1580 Vladimir Volynskyj, aus orthodoxer Familie, †12.11.1623 Vitebsk. Als Kaufmann trat er zum Katholizismus über. 1604 Basilianermönch mit dem Namen Josafat. Mit Iosif Ruc'kyj (später Metropolit von Kiev) reorganisierte er das monastische Leben. 1617 Bischof von Vitebsk und 1618 Erzbischof von Polock. Starker Befürworter der Union mit Rom und der Klerus- und Pastoralreform. Bei der Zuspitzung des Konflikts zwischen Katholiken und Orthodoxen (letztere unter der Führung des Bischofs von Polock, Meletyj Smotryc'kyj) wurde J. während einer Pastoralvisitation von Unionsgegnern in Vitebsk erschlagen. 1867 von Pius IX. als Martyrer der Einheit heiliggesprochen. Seine Reliquien ruhen im Petersdom (seit 1949).

JOSEP CASANOVA I MARTORELL

Literatur: J. SUSZA: Cursus vitae et certamen B. Josaphat Kuncevicii, 1665; Analecta Ordinis Sancti Basilii Magni, Bd. 6, 1967.

Josef von Nazaret, heilig (GK H 19. März).

1. *Neues Testament.* Von J. ist im Neuen Testament v.a. in Familiengeschichten die Rede. Er steht im Hintergrund und dient in seiner persönlichen Zurückhaltung dem Plan Gottes. Matthäus und Lukas erwähnen seinen Namen im Stammbaum Jesu: Mt 1,16. 19 als den Mann Marias; Lk 3,23 wird Jesus, mit der einschränkenden Bemerkung »wie man sagte«, der Sohn des J. genannt (vgl. Lk 4,22; Joh 1,45; 6,42). Mt 13,55 führt Jesus als den Sohn des Zimmermanns ein und gibt damit auch den handwerklichen Beruf J.s an. – Für Matthäus ist J. ein Gerechter (1,19), weil er schon vor der Information über die Hintergründe der Schwangerschaft der Verlobten Maria beschloss, die Angelegenheit diskret zu behandeln, und den göttlichen Eingriff respektierte. Der Engel redete ihn im Traum als Sohn Davids an (1,20) und forderte ihn auf, dem geistgezeugten Kind den Namen Jesus zu geben. Der Deutespruch »denn er wird sein Volk von seinen Sünden erlösen« (1,21) weist dem J. indirekt eine aktive Beteiligung am Heils- und Erlösungsgeschehen zu. In der Geburtserzählung des Matthäus und in der Geschichte vom Magierbesuch in Betlehem (1,18–25) bleibt J. unerwähnt; bei der Flucht nach Ägypten erscheint er erneut als der auf Weisung des Engels Handelnde. J. macht sich mit dem Kind und der Mutter auf den Weg und bleibt in Ägypten bis zum Tod des Herodes (2,13 ff.). Noch einmal tritt er bei der Rückkehr in Erscheinung: Auf Befehl des Engels begibt er sich mit dem Kind und der Mutter in das Land Israel, näherhin nach Nazaret in Galiläa. Betle-

hem in Judäa ist ihm wegen des Herodessohnes Archelaus zu unsicher (2,19–23).

Das Lukasevangelium erwähnt J. aus dem Hause des David als den Verlobten der Jungfrau Maria (1,27). In der Geburtserzählung (2,1–7) fügt er sich dem Befehl der römischen Besatzungsmacht und reist zum Zwecke der Steuereinschreibung von Nazaret nach Betlehem. Als schweigender Begleiter macht er in Betlehem Quartier und umsorgt die Mutter und das Kind in der Krippe (2,7. 16). In den Erzählungen von der Darstellung im Tempel (2,21–40) und der Wallfahrt des Zwölfjährigen (2,41–52) taucht der Name J. nicht mehr auf; unter der Bezeichnung »die Eltern« (2,27. 41. 43) und »der Vater« (2,33. 48) verliert sich das persönliche Profil. Das familiäre Milieu kennzeichnet einen charakteristischen Aspekt seiner Rolle. Im Hauptteil des Evangeliums ist von ihm nur anfänglich und nebenbei die Rede. Der Grund ist kaum der frühe Tod. J. hat seine Rolle gespielt, nun kann er abtreten. – Charakteristische Persönlichkeitsmerkmale J.s sind Gehorsam (Mt 2,14. 21), Gerechtigkeit (Mt 1,19) und Friedfertigkeit (Lk 2,4 f.). Seine heilsgeschichtliche Bedeutung ergibt sich aus der Herkunft und der gesetzlichen Vaterschaft, die dem Kind Marias die Davidsabstammung und den Messiasnamen sichert.

JOSEF ERNST

Literatur: EWNT 2, 528 f.; NBL 386 f.; X. LÉON-DUFOUR: L'annonce à J., 1957; M. KRÄMER: Die Menschwerdung Jesu Christi nach Mt: Biblica 45 (1964) 1–50; C. SPICQ: J., son Mari, étant juste (Mt 1,19): Revue biblique 71 (1964) 206–214; A. G. VAN AARDE: The carpenter's son (Mt 13: 55): Neotestamentica 34 (2000) 173–190.

2. *Verehrung.* Das Bild, das die Apokryphen von J. zeichnen (Protoevangelium, Geschichte Josefs, Kindheitsevangelium des Thomas), ist ohne historischen Wert, hat jedoch seine Darstellung in der christlichen Kunst als durchweg älterer Mann nachhaltig beeinflusst. Im Osten ist seine Verehrung früher als im Westen nachweisbar. Das Martyrologium von der Reichenau (um 850) erwähnt ihn erstmals. ↗Bernhard von Clairvaux, die Mystik und die Theologie des ausgehenden Mittelalters beginnen sich mit seiner Stellung in der Heilsgeschichte zu beschäftigen. Sein Fest erscheint unter im römische Brevier von 1489, seit 1621 gebotener Feiertag am 19. März. 1847 Patron der Arbeit, 1870 Patron der ganzen Kirche. Patron für einen guten Tod. Seit 1955 gedenkt die Kirche liturgisch »J. dem Arbeiter« (GK g 1. Mai). Johannes Paul II. fasst die kirchliche Lehre über J. im Apostolischen Schreiben *Redemptoris custos* (1989) zusammen.

BRUNO STEIMER

Literatur: R. GAUTHIER: Bibliographie sur St. J. et la Ste. Famille, 1999; Saint J., un aperçu des études internationales, 2001. – Zeitschrift: Estudios josfinos 1 (1947) ff. – LMA 5, 1151–55; Neutestamentliche Apokryphen, hg. v. W. Schneemelcher, Bd. 1 ⁶1990, 383 f.; T. STRAMARE: San G. nella sacra scrittura, nella teologia e nel culto, 1983; A. DORDONI: Per la storia della devozione a san G.: Annali di scienze religiose 1 (1996) 321–342; DIESELBE: ›In illa hora tremenda‹. La devozione a san G. patrono della buona morte nei secoli XVI–XX: ebd. 3 (1998) 279–304, 4 (1999) 381–402; J. LIENHARD: St. J. in early christianity, 1999.

Josef von Calasanza (José de Calasanz), heilig (1767; GK g 25. Aug.), Ordensgründer, * 31. 7. 1557 (eher als 11. 9. 1556) Peralta de la Sal in Spanien, † 25. 8. 1648 Rom. Aus adeliger Familie stammend, studierte er in Lérida und Valencia, 1583 Priester. Zunächst in kirchlicher Verwaltung und Seelsorge in seiner Heimat tätig, kam er 1592 nach Rom (kirchliche Karriere), dort in der Umgebung von Kardinal Marcantonio IV. Colonna. Fand Anschluss an italienisch-römische Reformkreise; Mitglied verschiedener Bruderschaften, auch einer Christenlehrbruderschaft. Begann 1597, Unterricht in der Sakristei von S. Dorotea in Trastevere zu halten: Katechismus und Elementarunterweisung, unentgeltlich angeboten. Zur Betreuung der Schule, die schnell großen Zulauf fand, gründete er die »Regulierten Kleriker der frommen Schulen« (Piaristen, Scolopini, SP); seit 1605 bei S. Pantaleo (Piazza de'Massimi). Als Generaloberer arbeitete er für den Ausbau seiner Gemeinschaft, verfasste die Konstitutionen und andere Schriften für die Gemeinschaft, dazu pädagogische Werke. 1637 zählten die Piaristen 362 Mitglieder in sechs Provinzen mit 27 Häusern. Innere Schwierigkeiten führten 1646 zu seiner Absetzung als Generaloberer und zu einer Strafaktion gegen seinen Orden (erst ab 1659 wieder zurückgenommen). Selig- (1748) und Heiligsprechung dürfen als späte Rehabilitation angesehen werden. – Pius XII. erklärte den Heiligen 1948 zum Patron der Volksschulen.

KARL SUSO FRANK

Werke: Constitutiones (mehrere Ausgaben, zuletzt 1940). – Briefe, hg. v. L. Picanyol, 9 Bde., 1950–56. – G. Santha: S. J. de Calasanz. Su obra, 1956.

Literatur: C. Bau: Biografía crítica de S. J., 1949. – Ephemerides calasanctiana 1 (1883) ff.; Analecta calasanctiana 1 (1959) ff. (mit Ergänzung: Revista calasancia). – BiblSS 6, 1321–30; DIP 4, 1343–51; DSp 8, 1331–1337; A. García-Durán: Itinerario espiritual de S. J. de Calasanz, 1967; C. Cremona: G. Calasanzio, 2000; M. Spinelli: G. Calasanzio, 2001.

Josef (Giuseppe) **Moscati,** heiliger Armenarzt (1987; 12. April, Translation 16. Nov.), *25.7.1880 Benevent, †12.4.1927 Neapel; 1903 Doktor der Medizin in Neapel, 1911 Privatdozent für physiologische, 1922 für klinische Chemie, Arzt im Ospedale degli Incurabili in Neapel. Sein berufliches Wirken war geprägt von einer großzügigen Verfügbarkeit für die Armen, die ihn äußerst populär machte. Darüber hinaus war er mit mystischen Gaben ausgestattet. Seit 1930 bestattet in der Chiesa del Gesù Nuovo in Neapel.

UGO DOVERE

Literatur: A. Marranzini: G. M., modello del laico cristiano di oggi, 1989; A. Tripodoro: G. M., il medico santo di Napoli, [2]1999; S. Manganelli: Un santo medico nella Napoli contemporanea: Cristianesimo nella storia 18 (1997) 637–657.

Josef Benedikt (Giuseppe Benedetto) **Cottolengo,** heilig (30. April), Gründer mehrerer Kongregationen, *3.5.1786 Bra bei Cuneo, †30.4.1842 Chieri bei Turin; 1811 Priester, 1818 Kanoniker in Turin. J. B. entfaltete ein reges caritatives Apostolat in Turin, dessen Zentrum die »Piccola casa della Divina Provvidenza« war (»Il C.«) und gründete mehrere Gemeinschaften, so die später sich bezeichnende »Gesellschaft der Priester des heiligen G. B. C.« (Gemeinschaft des Apostolischen Lebens; DIP 8, 1679 f.), die später so genannten »Brüder vom heiligen G. B. C.« (Cottolenghini; DIP 4, 718 f.) und die »Eremiten vom heiligen Romuald«, die über die Gründungsphase jedoch nicht hinauskamen (DIP 3, 1220), sowie sechs weibliche Kongregationen; teils sozial-caritatives Apostolat, teils kontemplativ lebend. Nach dem Tod des Gründers erfolgten weitere Gründungen in seinem Geist; 1959 zu einer einheitlichen Kongregation päpstlichen Rechts vereinigt (»Suore Cottolenghine«, etwa 3000 Schwestern, Generalmutterhaus: Turin; DIP 8, 517 ff.).

KARL SUSO FRANK

Literatur: BBKL 1, 1140 f.; BIBLSS 6, 1310–17; DIP 4, 1340–1343; L. PIANO: San G. B. C., 1996.

Josef-Maria (Josemaría) **Escrivá de Balaguer y Albás,** heilig (2002; 26. Juni), Gründer des Opus Dei (1928), *9.1.1902 Barbastro in Spanien, †26.6.1975 Rom; 1925 Priester. Die Spiritualität seiner Botschaft – die Arbeit heiligen, die Gesellschaft christianisieren – wurzelt im Integralismus.

PETER HERTEL

Hauptwerk: Camino, 1939 (ursprünglich Consideraciones Espirituales, 1934).

Literatur: H. U. VON BALTHASAR: Integralismus: Wort und Wahrheit 18 (1963) 737–744; P. BERGLAR: Opus Dei. Leben und Werk des Gründers J. E., [3]1992; A. ROTZETTER: Opus-Dei-Mentalität oder christliche Spiritualität: Opus-Dei – Stoßtrupp Gottes oder ›Heilige Mafia‹?, hg. v. der Paulus-Akademie, [2]1992, 153–192; A. TORNIELLI: E. fondatore dell'Opus Dei, [2]2002; C. ORTIZ (Hg.): J. E. Profile einer Gründergestalt, 2002; J. YNFANTE: El santo fundador de Opus dei, 2002.

Judas Thaddäus, heilig (GK F 28. Okt., zusammen mit ↗ Simon).

1. *Neues Testament.* Im Zwölferkatalog Lk 6,14 bzw. Apg 1,13 ist ein J. durch »(Sohn des) Jakobus«, in Joh 14,22 ausdrücklich (»nicht der Iskariot«) vom Verräter Jesu unterschieden; für Johannes auch nicht zu den 7,5 genannten Brüdern Jesu gehörig. In Mk 3,18 bzw. Mt 10,3 ist ein Thaddäus (in D: Lebbäus) an zehnter (statt elfter) Stelle vor (statt wie in Lukas/Apostelgeschichte nach) Simon dem Zeloten aufgeführt: J. Jacobi fehlt. Die alte Kirche (seit Origenes, Praefatio in Romomos) sieht J. Jacobi und Thaddäus als eine Person. War Thaddäus griechischer, Lebbäus aramäischer Beiname (so Jeremias)? J. ist nicht der Herrenbruder von Mk 6,3 par.

RUDOLF PESCH

Literatur: EWNT 2, 484; Evangelisch-katholischer Kommentar zum Neuen Testament, Bd. 5/1 1986, 78 ff.; Neues Bibel-Lexikon, hg. v. M. GÖRG – B. LANG, Bd. 2 1995, 399.

2. *Verehrung.* Das heutige Fest kam aus Gallien in den Römischen Kalender, den 28. Okt. als Festtag nennt auch schon das MartHieron. – In der Volksfrömmigkeit setzt die Verehrung des Apostels erst relativ spät ein; seit dem beginnenden 19. Jh. wird er vor allem in besonders schweren Anliegen angerufen. Kirchenpatrozinien sind selten.

BRUNO STEIMER

Literatur: BBKL 3, 768 ff.; R. A. ORSI: Thank you St. J. Women's devotion to the patron saint of hopeless causes, 1996.

Julia (Marie-Rose-Julie) **Billiart,** heilig (1969; 8. April), Ordensgründerin, *12.7.1751 Cuvilly in der Picardie, †8.4.1816 Namur in Belgien; fast 30 Jahre gelähmt; geheilt, gründete sie 1803 mit einigen Gefährtinnen die Kongregation der »Schwestern Unserer Lieben Frau« für Unterricht und Erziehung. 1809 musste sie das Mutterhaus nach Namur verlegen, von wo aus sie den weiteren Ausbau der Kongregation leitete.

KARL SUSO FRANK

Literatur: BIBL SS 3, 190; P. HAIMON: Mère J. B., 1969.

Juliana (Giuliana) **de'Falconieri,** heilig (1737; 19. Juni), *um 1270 Florenz, †19.6.1341 ebd.; eine der ersten und bedeutendsten Regularterziarinnen (Mantellate) des Servitenordens. Gilt als »Gründerin« der Servitinnen. Ihr Tod ist ausgezeichnet durch den wunderbaren Empfang der heiligen Eucharistie. Seit

1676 ruht ihr Leib in der Kirche SS. Annunziata in Florenz.

HEINZ-MEINOLF STAMM

Literatur: BiblSS 6, 1184–1188; DIP 4, 1321 ff.; D. M. Montagna – S. M. Danieli: Santa G. da Firenze, 1986.

Juliana von Lüttich (von Cornillon), heilig (Kultapprobation 1869; 5. April) *1193 Retinne bei Lüttich, †5.4.1258 Fosses; 1207 Eintritt in Mont-Cornillon, einem Leprosenhospital vor Lüttich, das von Religiosen beiderlei Geschlechts versorgt wurde, 1222 Leiterin des weiblichen Teils, der nach der Augustinusregel lebte, seit 1248, wegen zu großer Strenge vertrieben, zwischen Zisterzienserklöstern unterwegs. Auf J. geht das Fronleichnamsfest zurück. Nach ihrer zwischen 1261 und 1264 verfassten Vita bemühte sie sich nach Visionen (ab etwa 1208) um die kirchliche Einführung eines Festes, das der Verehrung der Eucharistie diente, einer Frömmigkeitsform, die für ihre Umgebung typisch war.

BARBARA HENZE

Quellen: ActaSS apr. 1, 435–475; The Life of J. of Mont-Cornillon, übersetzt von B. Newman, 1990.

Literatur: J. Cottiaux: Sainte J. de Cornillon, promotrice de la Fête-Dieu, 1991; J.-P. Delville: J. de Cornillon à la lumière de son biographie: Fête Dieu, Bd. 1 1999, 27–53.

Justinus, Martyrer, heilig (GK G 1. Juni), * Flavia Neapolis in Samarien, †165 Rom. Ausgebildet in der religiös orientierten mittelplatonischen Schule (Lehrthemen: Gottes Transzendenz, Schöpfung und Materie, Vorsehung und freier Wille, Unsterblichkeit der Seele), konvertierte er aufgrund des Alten Testaments und der christlichen Martyrien, genoss eine christliche Ausbildung und trat eventuell in Kleinasien, dann v. a. in Rom als Lehrer der christlichen Philosophie auf (Autobiographie: *Dialogus cum Tryphone Iudaeo* 2–8). Tatian lernte bei J. Sein Unterricht spiegelt sich wider in diversen Schriften (Eusebius, h. e. IV, 18, 2–7), von denen die *Apologie* (überl. als 1. und 2. Apologie [1/2 apol.]) und der *Dialog mit dem Juden Tryphon* (dial.) erhalten sind. Die Apologie, eine privatrechtliche Petition an die kaiserliche Kanzlei, gibt sich in der Linie des Mittelplatonismus staatsloyal (1 apol. 11 f.), beansprucht aber die moralisch-religiöse Autorität der Christen. Der Dialogus (um 155/160) vertritt den christlichen Wahrheitsanspruch gegenüber den Juden: Wenn Juden wie Christen ihre philosophische Erkenntnisquelle im Alten Testament haben, wieso interpretieren jene es dann abweichend? J. stand in öffentlichem Lehrstreit mit heidnischen, gnostischen und jüdischen Schulen, debattierte mit dem Kyniker Crescens. Gegen den letztlich willkürlichen Schriftfundamentalismus Marcions führt J. den bereits traditionellen alttestamentlichen Schriftbeweis (geschichtliche Erfüllung der Prophetien in Christus), der antiker Wissenschaft und ihrem Rekurs auf autoritative Texte (z. B. Plato) vollauf gerecht wurde. Im Philosophenmantel auftretend, war J. einer der profiliertesten und literarisch produktivsten christlichen Denker des 2. Jh. mit einem klaren Blick für das Proprium christianum, zugleich Anknüpfungspunkte in der zeitgenössischen Wissenschaft suchend. Als erster christlicher Theologe bringt er Gen 1 mit Platons »Timaios« (30Aff.) zusammen. So fand er bei Dichtern und Philosophen Samenkörner der Wahrheit (»logos spermatikos«; 1 apol. 46; 2 apol. 10), aber die bis auf Mose zurückreichende und damit älteste, einzig vollständige und definitiv gültige Wahrheitserkenntnis bietet die Offenbarung des Logos-Christus (dial. 8, 1), wie ihn die Kirche in Lehre und Gottesdienst (Eucharistie; 1 apol. 65–67) verkündet

(Alters- und Entlehnungsgedanke bzw. Diebstahl der Hellenen). Ihr dient J. mit wissenschaftlichem Niveau und Pathos, gegen Marcion und die Gnosis für die Orthodoxie eintretend. Seine positive Bewertung stoischer Ethik (2 apol. 8, 1) und kritische Auseinandersetzung mit dem Platonismus werden für die Folgezeit maßgebend. Seine subordinatianische Engelchristologie wird durch die Arianismuskrise überholt, wo erst eine endgültige Distanzierung von der philonisch-platonischen Logosspekulation gelingt. Mit J. dürfte das Christentum erstmals von der paganen Bildungselite beachtet worden sein, wenn wirklich Celsus gegen ihn in seinem Ἀληθὴς λόγος replizierte. Es wäre anachronistisch, J.' denkerische Leistung wegen mangelnder Originalität geringzuschätzen; es entsprach antiker Schule, zumal in der konservativen Kaiserzeit, sich Tradition anzueignen. Bereits der jüdischen Apologetik und Religionsphilosophie (Philo) war eine Annäherung an paganen Lehrstoff gelungen, worauf die christliche Philosophie schon vor J. aufbaute und zu schneller Blüte gelangen konnte. J. steht ganz in dieser jüdisch-christlichen Tradition; die Originalität des Lehrers tritt hinter dem in die erste Hälfte des 2. Jh. zurückreichenden Traditionsgut zurück.

STEFAN HEID

Ausgabe: E. J. Goodspeed (Hg.): Die ältesten Apologeten, 1914, 26–265; deutsche Übersetzung: BKV² Justin (dial.), BKV² Frühchristliche Apologeten 1, 55–155 (1/2 apol.).

Literatur: CPG 1078–89 (verlorene, unechte oder zweifelhafte Schriften J.'). – LACL 411–414; RAC Bd. 18; G. A. Bisbee (Hg.): The Acts of J. Martyr: The Second Century 3 (1983) 129–157; A. Rudolph: ›Denn wir sind jenes Volk …‹, 1999.

Kajetan von Thiene (Gaetano da Tiene), heilig (1671; GK g 7. Aug.), Ordensgründer, * 1480 Vicenza, † 7. 8. 1547 Neapel (Grab in S. Paolo Maggiore); nach Rechtsstudien an der päpstlichen Kurie unter Julius II. tätig. 1516 Priester. Unter dem Einfluss oberitalienischer Reformkreise gründete er 1524 mit drei Gefährten (darunter Giampietro Carafa, später Papst Paul IV.) den ältesten Orden von Regularklerikern (»Theatiner«) als Träger der kirchlichen Reformarbeit. K. wirkte in Rom, Venedig und Neapel.
1622 wurden die Theatiner nach München berufen (Theatinerkirche, St. K.); zum Dank für die Geburt des Erbprinzen Max Emanuel wurde K. Patron des Hauses Kurbayern.

KARL SUSO FRANK

Literatur: Regnum Dei. Collectanea theatina, 1945 ff. – BiblSS 5, 1345–49; G. Llompart: G. da Thiene, 1969; K. Obermeier: Der heilige K. von Thiene, 2000.

Kamillus (Camillo) **von Lellis,** heilig (1746; GK g 14. Juli), * 25. 5. 1550 Bucchianico in der Diözese Chieti in den Abruzzen, † 14. 7. 1614 Rom. Ohne jede systematische Erziehung und Ausbildung wurde er Landsknecht und verfiel sinnloser Spielleidenschaft. Mit 25 Jahren erfolgte seine Bekehrung, in der er seine Berufung zum Dienst an den Kranken und Sterbenden erkannte; Tätigkeit im St.-Jakobus- und Heilig-Geist Hospital in Rom. Als Pfleger und Priester (seit 1584) hatte er eine ganzheitliche Sicht des Kranken in seiner Leib-Seele-Einheit. Aus einer Gruppe Gleichgesinnter wuchs unter der Anleitung von K. der »Orden der Diener der Kranken« (MI) (Kamillianer [OSC]). Mystische Begegnung mit dem Gekreuzigten wurde zur Prägekraft seiner Spiritualität. Im Kranken sah K. Christus, wobei der Kranke selber direktes Ziel seiner Liebe bleibt. Er verlangte die Ablegung eines besonderen Gelübdes: Krankendienst, auch unter Lebensgefahr. – 1886 zusammen mit ↗Johannes von Gott Patron der Kranken und Krankenhäuser und 1930 aller, die im Dienst der Krankenpflege stehen.

CHRISTIAN FRINGS

Quellen und Literatur: S. Cicatelli: Vita del p. C. de Lellis, 1615 (kritische Ausgabe: P. Sannazaro, 1980); deutsche Übersetzung: M. Fellner – F. Neidl: Leben des C. von Lellis, 1983. – M. Vanti: S. C. de Lellis, [3]1964; L. Bartholomäus: K. von Lellis, 1988; C. Colafranceschi: S. C. De Lellis, 2001.

Karl Borromäus (Carlo Borromeo), heilig (1610; GK G 4. Nov.), *2.10.1538 Arona, †3.11.1584 Mailand. Von Kind an zur kirchlichen Laufbahn bestimmt, vervollständigte er seine Studien an der Universität Pavia (1559 Doktor beider Rechte). Am 25.12.1559 wurde Kardinal Gian Angelo Medici, sein Onkel mütterlicherseits, als Pius IV. zum Papst gewählt. Er berief sogleich seinen Neffen zu sich, erhob ihn am 21.1.1560 zum Kardinal, setzte ihn am 7.2.1560 als Administrator der Diözese Mailand ein und machte ihn zu seinem engsten Mitarbeiter. In seinem Amt als Kardinalnepot hatte K. die Korrespondenz mit den päpstlichen Vertretern im Ausland, den Außenorganen der päpstlichen Verwaltung sowie 1561–63 mit den Kardinallegaten auf dem Tridentinum zu erledigen. Dadurch hatte er Gelegenheit, mit den politischen und religiösen Problemen seiner Zeit vertraut zu werden, auch wenn es begründete Zweifel gibt, ob er tatsächlich Einfluss auf die päpstlichen Beschlüsse ausübte, die mitzuteilen seine Aufgabe war.
Die durch den frühzeitigen Tod seines Bruders Federico (1562) hervorgerufene geistliche Krise gab K.s Leben eine Wende: Da er nur Diakon war, ließ er sich am 17.7.1563 zum Priester weihen und strebte eine asketische Lebensweise an, verbesserte sein theologisches Wissen, übte sich im Predigen, verwendete mehr Zeit für Gebet und Meditation. Entscheidend für seine Hinwendung zur Seelsorge waren die Gespräche mit dem Erzbischof von Braga, Bartholomäus Fernandez, im Herbst 1563 in Rom, der ihm das unveröffentlichte Manuskript seines »Stimulus pastorum« schenkte. Auf diese Begegnung ist wahrscheinlich sein Entschluss zurückzuführen, sich am 7.12.1563 zum Bischof weihen zu lassen.
Im April 1566, nach dem Tod seines Onkels und der anschließenden Wahl Pius' V. (dessen Kandidatur er entscheidend unterstützte), übersiedelte K. endgültig nach Mailand. Hier begann er eine intensive pastorale Tätigkeit, die sich auf die systematische Durchführung der Tridentiner Dekrete konzentrierte. Während seiner fast zwanzigjährigen Tätigkeit als Bischof besuchte er persönlich alle etwa 800 Pfarreien seiner großen Diözese, einige sogar mehrmals. Er sorgte für die Ausbildung des Klerus, errichtete das Collegio Borromeo in Pavia, das Priesterseminar und das Schweizer Kolleg (für die Seminaristen aus der Schweiz). Außerdem wirkte er an der Gründung des Jesuitenkollegs der Brera mit. Er hielt sechs Provinzial- und elf Diözesansynoden ab, bemühte sich um die Verbesserung der religiösen Erziehung des Volkes durch Predigt und Unterweisung in der christlichen Lehre. Während das Reformwerk voranschritt, kam es aufgrund seines wachsenden Ansehens zu Spannungen mit den spanischen Gouverneuren, von denen einer, Luis de Requeséns, 1573 exkommuniziert wurde. Die Spannungen wurden aber beigelegt, als K. einen eigenen Vertreter nach Spanien sandte, der Philipp II. von den redlichen Absichten des Erzbischofs zu überzeugen wusste.
Erschöpft von den ständigen Anstrengungen und Entsagungen, starb K. 1584 im Ruf der Heiligkeit, der sich beson-

ders seit einem 1569 von einigen widerspenstigen Mitgliedern des aufgehobenen Humiliaten-Ordens verübten Attentat auf ihn verbreitet hatte und sich noch verstärkte, als er sich während der Pestepidemie 1576–77 hingebungsvoll durch materielle und geistliche Hilfe für die Kranken einsetzte.
K. wurde von den Zeitgenossen als Muster eines tridentinischen Bischofs angesehen, wofür die große Verbreitung aller während seiner Amtszeit gesammelten Akten spricht, die 1582 unter dem Titel *Acta Ecclesiae Mediolanensis* veröffentlicht wurden. Wenn die Bedeutung der durch sein Reformwerk erzielten Ergebnisse ausschließlich seiner Charakterfestigkeit und seinem unermüdlichen Einsatz zu danken ist, dann haben die jüngsten Studien auch deutlich gemacht, wie sehr seine Aufgabe, im Unterschied zu anderen Bischöfen, durch die privilegierten Beziehungen erleichtert wurde, die er als ehemaliger Kardinalnepot während seiner ganzen Amtszeit mit der römischen Kurie und den Päpsten selbst aufrechterhalten konnte.

AGOSTINO BORROMEO

Literatur: S. C. B. Catholic Reform and Ecclesiastical Politics in the Second Half of the Sixteenth Century, hg. v. J. M. HEADLEY – J. B. TOMARO, 1988; G. ALBERIGO: K. B., 1995; F. A. ROSSI: C. B., [4]2000.

Karl der Große, heilig *(28. Jan.)*, fränkischer König und erster Kaiser des lateinischen Mittelalters, *2.4.747 (748?), †28.1.814 Aachen. K. wurde nach seinem Vater Pippin dem Jüngeren 768 mit seinem Bruder Karlmann fränkischer König und regierte seit 771 nach Karlmanns Tod allein. Er vergrößerte das fränkische Reich durch Einnahme der Lombardei, Bayerns und Sachsens. Dem Papst bestätigte er den Kirchenstaat. Seine Bemühungen, auch in der Kirche für Ordnung und Frieden zu sorgen, führten zu einem Staatskirchentum, das auch vor Eingriffen in Glaubenssachen nicht zurückschreckte. Zur Förderung von Bildung und Sittlichkeit unterstützte er die Gründung und Erhaltung von kirchlichen Schulen sowie alle Zweige der Seelsorge. Die wirtschaftliche Sicherung des Pfarrklerus erfolgte durch Einführung des Pfarrzehnten. 800 krönte ihn Papst Leo III. zum Kaiser. Die naturhafte Sinnlichkeit der jüngeren Jahre K.s wurde später durch seine Frömmigkeit und seine echte christliche Gesinnung zurückgedrängt. Bestattet im Aachener Münster; 1215 in den Karlsschrein umgebettet.
Auf Veranlassung Kaiser Friedrich Barbarossas nahm der Kölner Erzbischof Rainald von Dassel mit Zustimmung des Gegenpapstes Paschalis III. 1165 die Heiligsprechung K.s vor, die indes Rom unter Alexander III. nicht anerkannte. Doch wurde seine Verehrung später für Aachen und Osnabrück gestattet. – Patron der Lehrer, Handelsmakler, Zinngießer.

JAKOB TORSY

Literatur: M. KERNER: K. der Große, Entschleierung eines Mythos, [2]2001; M. BECHER: K. der Große, [3]2002; D. HÄGERMANN: K. der Große, 2003; D. WYNANDS: Die Neubelebung des K.-Kults im 19. Jh.: Zeitschrift des Aachener Geschichtsvereins 104/105 (2002/03) 213–229; A. SIEGER: Probleme um die Kanonisierung K.s des Großen: ebd. 607–672.

Karl Leisner, selig (1996; 12. Aug.), *28.2.1915 Rees am Niederrhein, †12.8.1945 Planegg bei München; geriet als Jugendführer und Theologiestudent in Münster und Freiburg in Konflikt mit den Nationalsozialisten. 1939 Verhaftung, Gefängnis (Freiburg, Mannheim), Konzentrationslager (Sachsenhausen, Dachau). 1944 in Dachau heimliche Priesterweihe durch Bischof Gabriel Piguet († 1952) von Clermont-Ferrand. 1945 Befreiung durch amerikanische Truppen; Tod im Lungensanatorium Planegg.

CHRISTIAN FELDMANN

Quellen: K. L.: Mit Christus leben. Gedanken für jeden Tag, ausgewählt und hg. v. W. HAAS, 1979.

Literatur: R. LEJEUNE: Wie Gold geläutert im Feuer, 1991; J. HECKENS: Rote Rosen und Stacheldraht. Der selige Märtyrer K. L., 1996; C. FELDMANN: Wer glaubt, muss widerstehen: Bernhard Lichtenberg und K. L., ²1996; H. GEBERT: Geschichte einer Berufung, 2001.

Karl (Charles) **Lwanga und Gefährten,** heilig (1964; GKG 3. Juni, zusammen mit zwölf Gefährten), zentrale Gestalt der »Martyrer von Uganda«, * um 1865 Bulimu, † 3. 6. 1886 Namugongo; unter Kabaka Mwanga Aufseher der Pagen in der königlichen Empfangshalle; getauft am 15. 11. 1885, wurde K. Katechet und Betreuer aller jungen katholischen Christen am Hof. Als die Verfolgung ausbrach, bestärkte K. sie im Glauben. Er starb mit 31 von ihnen den Feuertod in Namugongo. Mit 21 Gefährten 1920 selig-, 1964 heiliggesprochen (an verschiedenen Tagen kommemoriert). – 1934 zum Patron der Katholischen Aktion und der Jugend Afrikas ernannt.

JOHN BAUR

Literatur: AAS 12 (1920) 272–281, 26 (1934) 582 f., 53 (1961) 112 f., 57 (1965) 693–702, 78 (1986) 1060 ff.; BIBLMISS 20, 810; J. F. FAUPEL: African Holocaust. The Story of the Uganda Martyrs, 1962; A. HASTINGS: The Church in Africa, 1994, 377–381.

Karolina Gerhardinger (Ordensname: Maria Theresia von Jesus), selig (1985; 9. Mai), Gründerin der »Armen Schulschwestern U. L. F.«, * 20. 6. 1797 Stadtamhof bei Regensburg, † 9. 5. 1879 München. Bereits mit 15 Jahren Lehrerin, gefördert von Michael Wittmann, der die durch die Säkularisation unterbrochene Schultätigkeit der Augustiner-Chorfrauen U. L. F. wieder aufnehmen wollte. 1833 begann sie als Schwester Theresia von Jesus mit zwei Lehrerinnen in Neunburg vorm Wald das klösterliche Leben. Für ihre Kongregation schrieb sie eine eigene Regel und überwand den Widerstand gegen eine zentralistische Kongregation mit einer Generaloberin. Unter ihrer Leitung breitete sich die Kongregation rasch aus; seit 1847 auch in USA. Eine exemplarische Vertreterin der Generaloberin im 19. Jh. Grab im Kloster am Anger in München.

KARL SUSO FRANK

Werke: Auswahl aus mehr als 6000 Briefen, hg. v. bayerischen Provinzialat; M. T. GERHARDINGER: Vertrauen und Wagen. Worte in den Tag, 1985.

Literatur: A. JÖRGENS: Für Christus im Brennpunkt. Leben und Werk der Ordensgründerin M. Th. von Jesus G., 1985.

Kasimir (Kazimierz) **von Polen,** heilig (1602; GK g 4. März), * 3. 10. 1458 Krakau als zweiter Sohn König Kasimirs IV. und Elisabeths von Österreich, † 4. 3. 1484 Grodno; 1471 zum König von Ungarn gegen Matthias Corvinus gewählt, konnte sich dort nicht durchsetzen. 1481–83 vom Vater zum Statthalter in Polen ernannt, übte K. sein Amt geschickt und gewissenhaft aus. Gute humanistische Ausbildung, verbunden mit frommer Gesinnung und Sittenreinheit; starb vorzeitig »in odore sanctitatis«, besonders in den Augen des litauischen Volkes. Die Kanonisation hat wahrscheinlich nicht 1521 (Leo X.), sondern erst 1602 (Clemens VIII.) stattgefunden. – Patron Polens und Litauens.

JERZY STRZELCZYK

Literatur: BiblSS 3, 895–906; Polski słownik biograficzny, Bd. 12 1966–67, 286 ff.; Hagiografia polska, Bd. 1 1971, 738–757; Analecta Cracoviensia 16 (1984) 9–273 (mehrere Beiträge zu K.).

Katharina von Alexandrien (griechisch Αἰκατερίνα, von daher lateinisch Aecaterina oder Ecaterina, irrigerweise oft von καθαρός, rein, abgeleitet), heilig (RK g 25. Nov.), Martyrin, ist eine viel verehrte Heilige aus dem Kreis der 14 ↗Nothelfer, die aber als historische Persönlichkeit nicht belegbar ist. Die Verehrung ist erst im 8. Jh. quellenmäßig fassbar. Eine der beiden mittelalterlichen Darstellungen K.s in S. Lorenzo fuori le mura in Rom datiert, von einem Mönch gestiftet, bereits um 730/740. 800–830/840 erwähnt das Register eines gallischen oder rheinischen Passionals eine »Passio Ecaterine virginis«, was aber keinen Kult nördlich der Alpen bezeugt, denn der Text wird im Folgenden ausgelassen. Die schriftliche Tradition liegt in zwei Strängen vor: a) Die Notiz im Menologion Basileios' II. Bulgaroktonos (Ende 10. Jh.), der zufolge das Martyrium in Alexandrien unter Maximinus (Daja) stattfand; die Translation von Gebeinen ins Sinai-Kloster wird nicht erwähnt. Mit dieser Version steht die lateinische Passio BHL 1662 aus Montecassino (11. Jh.) im Zusammenhang. Ihre griechische Urfassung ist unbekannt. b) Die voneinander abhängigen, wohl in das 9. Jh. zu datierenden Passionen BHG 30–31, welche das Martyrium in einer für Alexandrien anachronistischen Weise mit Maxentius verkoppeln und von einer Translation auf den Sinai wissen. Im 7./8. Jh. sind dort jedoch Reliquien noch unbekannt. Der Autor der Passio BHG 30, Athanasius (oder Anastasius), bezeichnet sich selbst als »Vorsteher der Sklaven der heiligen K.«, ist somit wohl Mönch eines K.-Klosters. Sein Text ist zusammen mit der lateinischen Passio BHL 1657 abhängig von einem verlorenen griechischen Original. Simeon Metaphrastes (BHG 32) benutzt Mitte 10. Jh. BHG 31. Erster benennbarer Zeuge einer besonderen Verehrung im Osten ist Paulus von Latrus (†955). Alle Traditionen sind in der uns bekannten Form vollkommen legendarisch. Aller Wahrscheinlichkeit nach wurde, gefördert vom Mönchtum, Ausgangspunkt der K.-Verehrung die romanhafte Passio, die auch eine reiche literarische und darstellende Produktion anregte. Ihre vielfältige Motivik wurde Ausgangspunkt zahlreicher populärer K.-Patrozinien: K., aus königlichem oder kaiserlichem Hause, war eine Frau (Patronin der [Dienst-]Mädchen, Arbeiterinnen, Schneiderinnen), die eine umfangreiche philosophische Bildung genossen hatte (Patronin der Philosophen und Universitäten, z.B. Katholische Universität Eichstätt). Sie stellt den Kaiser, als er allgemeine Götteropfer befiehlt, zur Rede. Dieser bietet gegen sie 50 Rhetoren auf, mit denen K. disputiert (Patronin der Redner, Schüler und bei Zungenleiden), die sich im Anschluss daran aber taufen lassen und dafür verbrannt werden. K. wird ins Gefängnis geworfen und soll mit einem messerbewehrten Rad gefoltert werden (Patronin der Wagner, Müller, Scherenschleifer, Barbiere), wovor sie jedoch ein Engel rettet. Daraufhin wird sie enthauptet (Patronin bei Kopfweh); aus ihren Wunden fließt Milch statt Blut (Patronin der Ammen). Engel tragen den Leichnam auf den Sinai, wo Öl aus ihrem Sarkophag rinnt (K.-Öl gegen Angina, Würmer usw.). Im Spätmittelalter wird K. aufgrund ihres gelehrten Wissens zum Vorbild kontemplativen Lebens und zur mystischen Christusbraut. Sie galt als größte der heiligen Jungfrauen.

HANS REINHARD SEELIGER

LThK³ 5, 1330 f. (ungekürzte Fassung).

Quellen: BHG 30–32b; BHL mit NAuct 1657–1700; BHO 26; CCM 109–109A; J. Viteau: Passions des saints É. et Pierre d'Alexandrie, Barbara et Anysia, 1897.

Literatur: BBKL 3, 1213–17; BiblSS 3, 953–978; HWDA 4, 1074–84; LMA 5, 1068 f.; A. Schröder – L. Küppers: K., 1965, dazu AnBoll 86 (1968) 218 f.; G. Giamberardini: S. C. di Alessandria, 1978, dazu AnBoll 97 (1979) 446 f.; J. Jenkins (Hg.): St K. of Alexandria. Texts and contexts in Western medieval Europe, 2003 (mehrere Beiträge zu K.).

Katharina Kasper (Ordensname: Maria), selig (1978; 2. Febr.), Gründerin der »Armen Dienstmägde Jesu Christi«, *26.5.1820 Dernbach bei Montabaur im Bistum Limburg, †2.2.1898 ebd. (Grab in der Mutterhauskirche). Aus spontanem Einsatz für Werke der Caritas in ihrem Heimatdorf wurde 1846 eine fromme Vereinigung und schließlich die Kongregation der »Armen Dienstmägde« von K. als Generaloberin bis zu ihrem Tode geleitet. Von Bischof Peter Josef Blum gefördert und unterstützt, erlebte sie die päpstliche Anerkennung ihrer Gründung (1870) und deren weite Ausbreitung (1725 Schwestern bei ihrem Tod). Ausgezeichnet durch tiefe Gläubigkeit, persönliche Frömmigkeit und praktischen Sinn, die sich in der Führung ihrer Schwestern (auch als Novizenmeisterin, dazu in Briefen und geistlichen Konferenzen) zeigten.

KARL SUSO FRANK

Literatur: BBKL 3, 1203–1206; BiblSS 7, 1039; MarL 3, 521; I. Lamp: Die Kongregation der Armen Dienstmägde Jesu Christi: Archiv für mittelrheinische Kirchengeschichte 41 (1989) 319–346.

Katharina von Siena (Caterina Benincasa da Siena), heilig (1461; GKG 29. April), OSD, 1970 Kirchenlehrerin; *1347 Siena, †29.4.1380 Rom.

K. entstammt der kinderreichen Familie des Färbers Jacopo di Benincasa und seiner Frau Lapa di Puccio di Piagente. Prägende religiöse Erfahrungen drängen K. zwischen 1362 und 1364 dazu, sich dem Laienorden des Dominikanerordens, den sogenannten Mantellaten, anzuschließen. In den folgenden Jahren äußerster Zurückgezogenheit lernt K. unter der Anleitung verschiedener Dominikaner sowie anderer Ordensangehöriger das Brevier und Heiligenviten zu lesen. Fasziniert von K.s radikaler Gottsuche, schließt sich ihr ein Kreis von Männern und Frauen, Laien und Religiosen an. Mit ihrer Anhängerschaft zieht K. umher im Bestreben, auf eine umfassende Reform der Kirche hinzuarbeiten. Ihr öffentliches Auftreten, bei dem sie mit kirchenkritischen Worten nicht zurückhält, sowie ihre unkonventionelle Lebensform mögen dazu geführt haben, dass sich K. 1374 vor dem Generalkapitel der Dominikaner in Florenz zu verantworten hat. Nachdem dieses für K. einen günstigen Verlauf genommen hat, wird der Dominikaner ↗Raimund von Capua (der später ihr erster Biograph werden sollte) ihr als geistlicher Mentor zur Seite gestellt. K.s Reformeifer, der Antrieb für ihre politische Tätigkeit ist, wird, nachdem K. die Pflege von Pestkranken in ihrer Heimatstadt Siena übernommen hatte, erneut angestachelt: Die Auseinandersetzung zwischen den italienischen Republiken und dem in Avignon residierenden Papst lässt K. zusammen mit ihrer Anhängerschaft nach Avignon reisen, um zwischen den beiden Parteien zu vermitteln. Ihren Friedensbemühungen ist jedoch wenig Erfolg beschieden, auch wenn K. möglicherweise mit daran beteiligt war, dass Gregor XI. noch im selben Jahr von Avignon nach Rom zurückkehrt. Auch nach der Gründung eines Reformklosters für Frauen und der Entstehung ihres umfassenden Werkes *Libro della divina dottrina* oder *Dialogo della divina provvidenza* setzt K. ihre kirchenpolitischen Aktivitäten fort: Beim Ausbruch des Abendländischen Schismas 1378 stellt sie sich entschieden auf die Seite Urbans VI. und wirbt für ihn als Reformpapst. Dazu führt sie mit politischen und geistlichen Würdenträgern einen regen Briefwechsel, und auf Geheiß Urbans begibt sie sich Ende 1378 selber nach Rom, um an Ort und Stelle für die Sache ihres Hoffnungspapstes einzutreten. Dass dieses Unternehmen gänzlich fehlgeschlagen ist und K. die Ausweglosigkeit in ihrer kirchenpolitischen Mission erkannt hat, geht aus den Briefen und Gebeten ihres letzten Lebensjahres hervor: Bestimmend darin sind das Gefühl der Ohnmacht und die Verzweiflung angesichts der gespaltenen Kirche, begleitet von einer zaghaften Hoffnung, dass einzig Gottes Barmherzigkeit die Kirche zu reformieren vermag.

K.s literarisches Werk lässt sich in drei Gruppen einteilen: a) die etwa 380 von K. zwischen 1370 und 1380 diktierten Briefe, die an eine breite gesellschaftliche Schicht gerichtet sind; b) der in 19 Handschriften überlieferte *Libro della divina dottrina*, den K. zwischen 1377 und 1378 diktiert hat und der in der Gestalt eines Dialogs zwischen K. und Gott konzipiert ist; c) die 26 überlieferten Gebete, die von K.s Schülern niedergeschrieben und den ältesten Briefsammlungen beigegeben worden sind.

Kennzeichen von K.s Schrifttum ist die sogenannte Brautmystik. Erscheint die ständige Rede vom Blute Christi weitgehend befremdlich, so zeigt sich, wenn der Vermittlungsgrad durchschaut und die Begriffs- und Bilderwelt K.s entschlüsselt sind, dass all diese Aussagen um das göttliche Erlösungswerk kreisen. Von K. in die Anschaulichkeit von (Visions-)Bildern überführt, erfährt ihre Vorstellung vom blutigen Opfertod Christi eine besondere Drastik. Wie ein roter Faden zieht sich die Deutung des Todes Jesu als Preis der erlösenden Liebe Gottes durch K.s Schriften und verleiht diesen eine soteriologisch ausgerichtete Grundstruktur. Blut ist für K. die Chiffre für das Heilsgeschehen, für die Versöhnung zwischen Gott und den Menschen. Im Sühneblut Christi, das von der Kirche verwaltet werden soll, erschließt sich K. das Geheimnis menschlicher Erlösung.

BÉATRICE ACKLIN ZIMMERMANN

Werke: Le lettere di s. C. da Siena con note di Niccolò Tommaseo, hg. v. P. MISCIATTELLI, 6 Bde., 1970; Il Dialogo, hg. v. G. CAVALLINI, 1968; Le Orazioni, hg. v. DEMSELBEN, 1978; C. von Siena, hg., eingeleitet und übersetzt von L. GNÄDINGER, 1980; Gespräch von Gottes Vorsehung, eingeleitet von E. SOMMER VON SECKENDORFF – H. U. VON BALTHASAR, 1964.

Quellen: RAIMUND VON CAPUA: Vita s. Catherinae Senensis (= Legenda maior): ACTASS apr. 3, 862–967; TOMMASO DA SIENA: S. Catharinae senensis Legenda minor, hg. v. E. FRANCESCHINI, 1942; Das Leben der heiligen K. von Siena (Legenda maior des Raimund von Capua), hg., eingeleitet und übersetzt von A. SCHENKER, 1965.

Literatur: J. JUNGMAYR: C. von Siena. Mystische Erkenntnis und politischer Auftrag in den Traditionen der mittelalterlichen Laienbewegung: Eine Höhe, über die nichts geht. Spezielle Glaubenserfahrung in der Frauenmystik?, hg. v. M. SCHMIDT – D. R. BAUER, 1986, 163–215; M. LOHRUM: K. von Siena, 1994; H. HELBIG: K. von Siena, 2000.

Kilian von Würzburg, heilig (RK g 8. Juli), irischer Wanderbischof und Martyrer, † um 689 Würzburg. Über Leben, Wirken und Tod der Frankenapostel K., *Kolonat* und *Totnan* berichtet eine (752?, um 840? verfasste) ältere Überlieferungen verarbeitende Passio minor (BHL4660). Danach versuchte K. während seines wohl nur einige Jahre dauernden Aufenthaltes in Würzburg, bei der dort ansässigen Herzogsfamilie, welche, obwohl die Passio sie als heidnisch bezeichnet, zweifellos getauft war, die eherechtlichen Normen des Verbotes der Schwägerinnenehe durchzusetzen. Gailana, die betroffene Frau Herzog Gozberts, ließ deshalb K. zusammen mit seinen Gefährten ermorden. Dass die Passio ein seit dem Einschreiten Johannes' des Täufers gegen die Verbindung des Herodes Antipas mit seiner Schwägerin Herodias (Mk 6,14–28; Mt 14,1–12) verwendetes literarisches Motiv aufnimmt, muss nicht gegen ihre Glaubwürdigkeit sprechen. Der Bericht über K.s Reise nach Rom zur Annahme eines Missionsauftrags ist wohl unhistorisch und als Rückprojektion bonifatianischer Normen anzusehen. Bischof ↗Burkhard von Würzburg erhob die Gebeine der Frankenapostel am 8.7.752 und ließ sie in die Kirche auf dem Marienberg bringen, von wo sie Bischof Berowelf 788 in Gegenwart ↗Karls des Großen in den inzwischen über der Stätte des Martyriums erbauten Salvatordom überführte. Der bereits von den Karolingern geförderte Kult entfaltete im Bistum Würzburg eine starke patrozinienbildende Kraft und wurde auch von jenen Kirchen rezipiert, die mit Würzburg in engerer Beziehung standen (Paderborn, Bamberg, Lambach). Die K.-Legende wurde in der wohl in den sechziger Jahren des 10. Jh. entstandenen jüngeren Passio maior (BHL 4661) und auch später noch weiter ausgestaltet. Heute noch finden beliebte Wallfahrten während der Kilianiwoche zu seinem Grab in der Neumünsterkirche statt. – Patron des Bistums Würzburg.

ALFRED WENDEHORST

Literatur: L. K. Walter: St. K. – Schrifttumsverzeichnis: Würzburger Diözesangeschichtsblätter 51, Ergänzungs-Bd. 1989. – LMA 5, 1136 f.; K. Wittstadt: St. K. Leben, Martyrium, Wirkung, 1984; K., Mönch aus Irland, aller Franken Patron, 2 Bde., 1989.

Klara (Chiara) **von Assisi,** heilig (1255; GK G 11. Aug.), Mitgründerin des Klarissenordens, * 1193/94 Assisi als Tochter des Adligen Favarone von Offreduccio und Ortolanas, † 11.8.1253 S. Damiano; floh nach Begegnungen mit ↗Franziskus am 18./19.3.1212 aus dem Elternhaus, wurde in Portiunkula »eingekleidet« und trotz Pressionen ihrer Familie in S. Damiano inklausuriert, wo sich eine rasch wachsende Gemeinschaft entwickelte. Gemäß einer von Franziskus fixierten Formula vitae strebte K., seit 1215 Äbtissin, in der Nachfolge Christi nach höchster Armut und enger Bindung an den Minoritenorden. Dieser Formula entsprach K. existentiell auch nach Erhalt eines Privilegium paupertatis (1215/16) sowie weiterer päpstlicher Verfügungen zur Ordensbildung von Hugolin von Ostia (1218) bis Innozenz IV. (Regel 1247). Um die eigene Ordensregel, von K. um 1247 entworfen, kämpfte sie lebenslang; kurz vor ihrem Tod erhielt K. am 9.8.1253 die Regelapprobation durch Innozenz IV.

DIETER BERG

Quellen: E. Menestó – S. Brufani: Fontes Francescani, 1995, 2261–2324; deutsch: Franziskanische Quellenschriften, Bd. 2, [6]1988.

Literatur: I. de Villapadierna – P. Maranesi: Bibliografia di s. Ch. d'Assisi, 1994. – DHGE 12, 1032–36; DIP 11, 885–892; LMA 2, 2122 ff.; E. Grau: Movimento religioso femminile e francescanesimo nel sec. XIII, 1980, 195–238; Ch. d'Assisi, 1993; A. Rotzetter: K. von Assisi, 1993; M. Bartoli: K. von Assisi, 1993; G. Miligi: Francescanesimo al femminile, 1994.

Knut (Knud, Canutus) **von Dänemark** (»der Heilige«), heilig (RK g 10. Juli), dänischer König (1080–1086), * um 1040, † 10. 7. 1086 Odense. Schon sein Vater Sven Estridsson (1047–74) suchte in der Thronfolge die Primogenitur einzuführen, musste sich aber dem von den drei Thinggemeinschaften vertretenen Wahlprinzip beugen. Trotz Steigerung der Königsgewalt (nunmehr Gesetzesinitiative des Königtums, Wahrung des Landfriedens, Verwaltung des Königsgutes, Privilegierung der Kirche, Anbindung an karolingische Abstammung durch Heirat mit der flandrischen Grafentochter Adela) scheiterte auch K. an dieser Absicht und wurde am 10. 7. 1086 in Odense Opfer eines Aufstandes. Sein Bruder, König Erich Ejegod (1095–1103), besorgte nach Erhebung der Gebeine im März/April 1095 und Abfassung einer »Passio s. Kanuti« von Urban II. die Billigung des Martyrerkults mit der Begründung »pro iustitiae factis occisus«. Da man die Gebeine einer Feuerprobe unterwarf, lagen Zweifel an der Heiligkeit vor; allen offenkundig, brauchte Erich nach angelsächsischem und norwegischem (↗Olaf) Vorbild einen heiligmäßigen Stammvater für seine ersehnte »stirps regia«. Dennoch blieb der Kult auf Odense im Schatten des späteren Knut Lavard beschränkt.

ODILO ENGELS

Quellen: Vitae sanctorum Danorum, hg. v. M. C. GERTZ, 1908–12, 62–71 76–136; Scriptores minores Historiae Danicae medii aevi, Bd. 1, hg. v. DEMSELBEN, 1917, 375–426.

Literatur: E. HOFFMANN: Die heiligen Könige bei den Angelsachsen und den skandinavischen Völkern, 1975, 89–139.

Konrad von Konstanz, heilig (1123; RK g 26. Nov.), * um 900, † 26. 11. 975 Konstanz; Nachfahr der Welfen. Durch Vermittlung ↗Ulrichs von Augsburg 934 Bischof von Konstanz (K. I.), stand K. dem ottonischen Königshof nahe, von dem die Bischofskirche materielle Förderung erfuhr, v. a. aber hat er die geistlichen Aufgaben seines Amtes wahrgenommen. Er bemühte sich um Verbesserung der Seelsorge, gründete ein Spital und stattete es mit Kreuzreliquien aus, die er von einer seiner drei Pilgerfahrten nach Jerusalem mitgebracht hatte. In Konstanz vergegenwärtigte er die vornehmste Stätte der Christenheit, indem er die Stiftskirche St. Mauritius in Gestalt des Heiligen Grabes erbauen ließ. Während die Verehrung von Mauritius und Laurentius, den beiden »Reichspatronen«, die Verbundenheit K.s mit Otto I. deutlich macht, weist die sakraltopographische Prägung des Bischofssitzes auf das Vorbild Rom: Bei K.s Tod waren die Patrozinien von vier stadtrömischen Patriarchalkirchen vertreten, zu denen wenig später mit Petershausen die Petrusverehrung hinzutrat. – Seit dem 12. Jh. wurde K. neben Maria und Pelagius als Patron von Bischofskirche und Bistum Konstanz (später der Erzdiözese Freiburg) verehrt.

THOMAS ZOTZ

Literatur: HELVSAC I/2, 1, 255 f.; Der heilige K. – Bischof von Konstanz, 1975.

Konrad von Parzham (bürgerlich: Johann Evangelist Birndorfer), heilig (1934; RK g 21. April), OFMCap (1849), * 22. 12. 1818 Parzham bei Griesbach, † 21. 4. 1894 Altötting; nach Tätigkeit als Bauer Noviziat und 1852 Profess in Laufen. 41 Jahre vorbildlicher Klosterpförtner im St.-Anna-Kloster von Altötting (heute nach ihm benannt). Tätige Nächstenliebe an Pilgern, besondern an Armen, Kindern und Handwerksburschen. K.s mystisch geprägte Frömmigkeit richtete sich besonders auf Christus (Eucharistie bzw. Herz Jesu) und Maria.

Sein Grab befindet sich in der St.-K.s-Kirche in Altötting.

OKTAVIAN SCHMUCKI

Literatur: BGF Index (1931–1970) 149b; BGF 13, 5493–5501; 14, 6485–93; 15, 5953–62; 18, 3003–3008. – DHGE 13, 495 f.; MARL 3, 616; G. BERGMANN: K. von Parzham, 1974; G. WALSER: Der heilige Bruder K., 1984; P. H. SCHMIDT: Bruder K. von Parzham, 1994.

Korbinian (Corbinianus) **von Freising,** heilig (8. Sept.), * vor 700 bei Melun, Seine-et-Marne, † um 728/730 Freising; Eltern: Waltekis und Corbiniana; offensichtlich vornehmer Herkunft; aufgrund namenkundlicher Indizien wurde jüngst bretonische Herkunft erwogen. Einzige Quelle ist die von Bischof Arbeo von Freising um 770 verfasste Vita, die z. T. Widersprüche enthält. Von der Mutter erzogen, dann angesehener Einsiedler mit Ausstrahlungskraft bis zu Pippin dem Mittleren. K. unternahm zwei Romreisen, bei der ersten (vor 714) erhielt er Priester- und Bischofswürde sowie Predigterlaubnis. Die zweite Reise (um 715/717) führte ihn über Alamannien nach Bayern, wo er den Bayernherzog Theodo in Regensburg und den Teilherzog Grimoald in Freising aufsuchte; Letzterer versuchte, ihn mit allen Mitteln zu halten. K. reiste – offenbar mit großer Begleitung – über Trient und Pavia nach Rom. Auf der Rückreise besuchte er das Heiltum des heiligen Valentin in Kains bei Mais (Meran), das er später zu einer Art Kanonikerstift ausbaute. Hier wurde er von bayrischen Grenzwächtern gedrängt, zur Herzogspfalz Freising zu reisen, wo er die Funktion eines Hofbischofs erhalten sollte. Dort schuf K. als Vir Dei ab etwa 719/720 Vorformen des Klosters Weihenstephan. Das Verhältnis K.s zu Herzog Grimoald war zunächst reibungslos, bis K. die Auflösung der kirchenrechtlich verbotenen Ehe mit Pilitrud forderte. K. floh vor dem Herzogspaar nach Kuens (um 724/725), zu einer Zeit, in der sich der Konflikt des Herzogs mit Karl Martell und mit dem (Teil-?) Herzog Hucbert anbahnte. Nach dem Tod Grimoalds wurde er von dessen Gegner Herzog Hucbert nach Freising zurückgerufen, starb aber bald darauf und wurde in Kains bestattet, während sein Mitarbeiter Ermbert in Freising blieb; erst etwa 40 Jahre später nach Freising überführt, wo seit 739 Ermbert erster Diözesanbischof war.

Die Wallfahrt zum Grab des heiligen K. begann wohl bald nach dessen Überführung in den Freisinger Dom (um 765). Aus dem 10. Jh. stammt eine Predigt zum K.-Fest mit Hinweis auf Wunder, aus dem 12. Jh. ein erster überlieferter Wunderbericht. Berührung des Heiligengrabes als Kultübung bis zum 16. Jh. praktiziert. Im 19. Jh. Neubelebung der K.-Wallfahrt, seit 1941 traditionelle Wallfahrt der Diözesanjugend.

WILHELM STÖRMER

Quellen und Literatur: Arbeonis Vitae SS. Haimrhammi et Corbiniani: MGH.SRG 13, 100–234. – BBKL 1, 1124 f.; LMA 5, 1443; L. VOGEL: Vom Werden eines Heiligen. Eine Untersuchung der Vita Corbiniani des Bischofs Arbeo von Freising, 2000; S. BAUM: K., 2002

Kunigunde, Kaiserin, heilig (1200; 3. März, RK g *13. Juli*), * um 975/980 als Tochter Graf Siegfrieds von Luxemburg, † 3. 3. 1033 Kaufungen. Nach ihrer Vermählung 998/1000 mit Herzog Heinrich von Bayern und dessen Königserhebung (am 7. 6. 1002) am 10. 8. 1002 in Paderborn von Erzbischof Willigis von Mainz zur Königin geweiht, hat sie lebenslang (vgl. ihre Urkundeninterventionen) die Politik ↗Heinrichs II. sichtbar beeinflusst und mehrmals als dessen Vertreterin fungiert; neben ihm am 14. 2. 1014 in Rom zur Kaiserin gekrönt. Die Errichtung und Ausstattung des Bistums Bamberg mit ihren Mitgiftgütern wurde angesichts der Kinderlosigkeit ihrer Ehe von ihr mitgetragen. Die Auflehnung ihrer Brüder in der Moselfehde (1008–16) gegen Heinrich hat ihre Treue zu diesem nicht geschmälert. Als Witwe bewirkte sie den reibungslosen Übergang der Herrschaft auf Konrad II. Seit dem 13.7.1025, dem Jahrestag des Todes ihres Gatten, lebte sie im 1017 von ihr gegründeten Kloster Kaufungen als Nonne; neben Heinrich II. im Bamberger Dom bestattet. Ihre Vita, für ihre Kanonisation (29.3.1200) verfasst, ist legendär und betont besonders eine nur aus ihrer Kinderlosigkeit gefolgerte »Josefsehe« und Mirakel an ihrem Grab. Am 9.9.1201 Erhebung und Translation ihrer Gebeine. Ab 1300 überstrahlte ihr marianisch verklärter Kult sogar den ihres 1146 heiliggesprochenen Gemahls.

EDUARD HLAWITSCHKA

Literatur: K. GUTH: Die heiligen Heinrich und K., 1986; E. HLAWITSCHKA: Kaiserin K.: K. SCHNITH: Frauen des Mittelalters, 1997; K. GUTH: Kaiser Heinrich II. und Kaiserin K. – das heilige Herrscherpaar, 2002.

Ladislaus (László) **von Ungarn,** heilig (1192; 30. Juni), König von Ungarn, * um 1040, † 29.7.1095 bei Neutra; Sohn König Bélas I. (1060–1063). L. stürzte 1074 zusammen mit seinem Bruder Géza (König 1074–77) den König Salomon (Neffe Bélas I. und verheiratet mit Judith, der Schwester Kaiser Heinrichs IV.) und folgte 1077 auf dem Thron. Wehrte 1068 einen Kumaneneinfall ab, verfolgte 1071 die Petschenegen, besetzte 1089 Slawonien, gründete 1090 das Bistum Zagreb und unterwarf 1091 Kroatien. Als Gegner König Salomons unterstützte er Gregor VII., deshalb auch den deutschen König Rudolf von Rheinfelden, dessen Tochter er in zweiter Ehe heiratete. Dies alles erklärt, warum er laut Legende als christlicher Ritterkönig zum Anführer des ersten Kreuzzugs gewählt, durch seinen Tod an der Durchführung aber gehindert worden sein soll. Seine größere Bedeutung liegt im beginnenden Verstaatlichungsprozess der ungarischen Monarchie. Um das Senioratsprinzip in der Thronfolge zugunsten der Primogenitur zurückzudrängen, beugte er sich dem Wunsch nach Unteilbarkeit Ungarns und betrieb 1083 die Kanonisation von fünf ungarischen Heiligen, darunter ↗Stephan I. und dessen Sohn Emerich, als himmlischen Garanten der Arpaden-Dynastie. Wegen der die Unabhängigkeit Kroatiens favorisierenden Politik des Papsttums söhnte sich L. 1089 mit Heinrich IV. aus und erkannte vorübergehend den Gegenpapst Clemens III. an. In seine Gesetzessammlung nahm er Kanones der von ihm geleiteten Synode zu Szabolcs (1092) auf, die am östlich orientierten und von der Gregorianischen Reform unerwünschten Verhältnissen festhielten. So erklärt sich auch sein in den »Gesta Ungarorum« geschilderter Kampf um die Befreiung der von einem Kumanen geraubten Bischofstochter (beliebte Freskodarstellung im 14. Jh.). 1192 auf Betreiben König Bélas III. kanonisiert, Zentrum des Kultes im Mittelalter das Grab in der Kathedrale von Großwardein (Oradea, heute Rumänien).

GÁBOR KLANICZAY

Quellen: Legenda S. L. regis: Scriptores rerum Hungaricarum, tempore ducum regumque stirpis Arpadianae gestarum, Bd. 2 1938, 507 f.

Literatur: R. FOLZ: Les saints rois du Moyen-Âge en Occident, 1984, 101 f.; E. MAROSI: Der heilige L. als ungarischer Nationalheiliger: Acta Historiae Artium Hungariae 33 (1987) 211 f.

Lambert (Landibertus) **von Tongern-Maastricht,** heilig (17. Sept., RK g *18. Sept.,* Translation *31. Mai*), † 17.9.

spätestens 705 Lüttich; als Nachfolger seines Erziehers Bischof Theodards von Tongern (nach 669) von König Childerich II. bestätigt, musste L. 675 nach der Ermordung des Königs im Kloster Stablo ins Exil; konnte durch König Pippin II. nach Ermordung des Hausmeiers Ebroin (682) wieder auf seinen Sitz zurückkehren. Erwarb sich Verdienste bei der Christianisierung des Tongerner Landes (Nord-Brabant). Im Verlauf einer Blutrache in Lüttich vom Domesticus Pippins II., Dodo, erschlagen; da L. sich nicht wehrte, galt er schon sehr früh als Martyrer. Vor 714 wurde ihm in Lüttich eine Basilika geweiht. Sein Nachfolger ↗Hubert begründete den Aufstieg Lüttichs mit der Verlegung des Bischofssitzes von Maastricht nach Lüttich durch die Translation L.s; frühe und weite Verbreitung seines Kults (Erzbistum Köln); Fest in allen Martyrologien enthalten. Die erste Vita (8. Jh.) wurde mehrfach aktualisiert (9.–13. Jh.). Reliquien in Lüttich 1794 zerstört. – 1190 Translation der Kopfreliquie nach Freiburg (Stadtpatron).

GEORG GRESSER

Quellen: MGH.SS rer. Merov. 6, 299–429; MGH.SS 7, 192–198; MGH.PL 4, 141–157; MGH.SS 25, 38–42.

Literatur: BHL 4677–94 mit NSUPPL 4677–90; BIBLSS 7, 1079 f.; DHGE 21, 420 f.; EC 7, 838; LMA 5, 1627 f.; ZIMMERMANN 3, 71–74; M. ZENDER: Räume und Schichten mittelalterlicher Heiligenverehrung, 1959, 27–60; J.-L. KUPPER: S. L. de l'histoire à la légende: Revue d'histoire ecclésiastique 79 (1984) 5–41.

Laurentius von Brindisi (bürgerlich: Giulio Cesare Rossi), heilig (1881; RK g 21. Juli), OFMCap (1575), 1959 Kirchenlehrer (»Doctor apostolicus«); * 22. 7. 1559 Brindisi, † 22. 7. 1619 Lissabon.

L. wohnt 1573–74 bei seinem Onkel in Venedig, begegnet dort den Kapuzinern. Beim Ordensstudium in Padua lernt er die Heilige Schrift in Griechisch und Hebräisch auswendig, kann ferner Deutsch, Französisch, Spanisch und Tschechisch. Mit 22 Jahren Lektor in Venedig, 1583 Priester. Durch Predigten in Vicenza, Padua, Pavia und Venedig berühmt, heißt ihn Clemens VIII., den Juden in Rom predigen, was er später auch in München und Prag tut. 1590 Provinzial der toskanischen, 1593 der venezianischen Provinz, wird er 1596 Generaldefinitor, 1602–05 Generalminister in Rom; visitiert zu Fuß die Klöster in Italien, Frankreich, Spanien und der Schweiz; gründet 1599–1602 Klöster in Wien, Prag, Graz und Bruck an der Mur, zieht als Feldpater 1601 den kaiserlichen Truppen voran und verhilft zum Sieg von Stuhlweißenburg gegen die Türken; predigt 1611 in Bayern, der Pfalz und Sachsen. Am 10. 9. 1608 in Madrid, um Spanien für die Liga der katholischen Fürsten Deutschlands zu gewinnen, die durch seine Bemühungen zustande kommt. Dank seiner Freundschaft mit dem Kurfürsten Maximilian (Briefe) kann L. einen Zwist zwischen diesem und dem Erzbischof von Salzburg schlichten. Gleiches gelingt ihm ein letztes Mal 1618, als er gichtgeplagt zum spanischen König reist und die Absetzung des Vizekönigs erreicht, der Neapel tyrannisiert. L. steht mitten in der großen Politik als Friedensvermittler und in der religiösen Zerrissenheit Europas als unermüdlicher Prediger. Die meisten seiner Werke sind lateinische Predigten (Mariale, Quadragesimale I–IV, Adventus, Dominicalia, Sanctorale), die sich durch Reichtum und Gediegenheit der Lehre in engstem Anschluss an die Heilige Schrift auszeichnen. Gute Kenntnis der biblischen Sprachen, der jüdischen und christlichen Exegese und das Mühen um den genauen Wortsinn machen die *Explanatio in Genesim* zu einer herausragenden Erklärung der biblischen

Kosmogonie. Einige Schriften sind polemisch, so die vom sächsischen Hofprediger Polycarp Leyser dem Älteren provozierte, wegen dessen Tod (1610) nicht mehr veröffentlichte *Lutheranismi Hypotyposis,* in der L. eine Geschichte des Luthertums bietet und die lutherische Theologie und Kirchenlehre mit biblischen Beweisgründen zu widerlegen versucht.

LEONHARD LEHMANN

Werke: Opera omnia, 15 Bde., 1928–56 (auch auf Datenträger).

Literatur: Felix a Mareto: Bibliographia Laurentiana 1611–1961, 1962. – BBKL 4, 1246 ff.; BiblSS 8, 161–180; DSp 9, 388–392; MarL 4, 32 f.; E. Lindner: Die Heiligen des Kapuzinerordens, 1978, 154–218; B. de Armellada: La figura e l'opera di S. Lorenzo da Brindisi: Laurentianum 41 (2000) 3–21 (und weitere Beiträge zu L. in dieser Zeitschrift).

Laurentius von Rom, heilig (GK F 10. Aug.), Diakon und Martyrer in Rom; Fest und Bestattung an der Via Tiburtina in der Depositio martyrum und im MartHieron erwähnt; Letzteres bezeichnet L. als Erzdiakon. Prudentius widmet ihm das zweite Gedicht über die Martyrerkronen (Peristephanon 2) und gibt vermutlich in »Peristephanon« (11) eine Schilderung der prächtigen Umgangsbasilika, die Konstantin der Große neben dem Grab des L. über der Katakombe errichtet hat. Nach den bereits im 4. Jh. vorliegenden Legenden war L. Diakon unter dem römischen Bischof Sixtus II. (257–258), verteilte die Güter der Kirche an die Armen und erlitt das Martyrium auf dem Rost; die Gespräche des L. mit Sixtus, dem Richter und dem Henker sind zu dieser Zeit in verschiedenen Quellen belegt. Vermutlich starb L. nicht durch das Feuer, sondern durch das Schwert. Weitere Umstände des Martyriums schildert die Passio Polycronii, die mehrere Redaktionen zwischen dem Ende des 5. Jh. und dem Anfang des 7. Jh. erfahren hat. Das Grab des L. gehörte zu den meistbesuchten Stätten Roms; die Basilika Konstantins war durch eine Treppe mit dem Grab verbunden. Damasus I. (366–384) widmete L. eine Gedenkinschrift. Pelagius II. (579–590) errichtete über dem Grab des Heiligen eine der ersten Emporenbasiliken Roms, an die Honorius III. (1216–27) einen Erweiterungsbau anfügte. S. Lorenzo fuori le mura gehört zu den sieben Pilger- und zu den fünf Hauptkirchen Roms. Von Rom aus verbreitete sich die Verehrung des L. im ganzen Westen; seine Passio wurde auch ins Griechische übersetzt. Feilspäne des Rostes galten bis in das hohe Mittelalters als beliebte Eulogie. – L. ist Patron der Armen, der Bibliothekare, der Köhler, Bäcker, Köche und Glasbläser; er wird angerufen bei Verbrennungen und Hexenschuss. – L. wird jugendlich, mit und ohne Bart, auch mit Tonsur dargestellt. Das besondere Attribut des L. ist der Rost; wie andere Heilige trägt auch er Buch und Kreuzstab. Die früheste sichere Darstellung des L. im Mausoleum der Galla Placidia in Ravenna stammt aus der ersten Hälfte des 5. Jh.; weitere frühe Bilder auf der Apsisstirn in S. Lorenzo (579–590) und in S. Senatore in Albano. Darstellungen auch in der Kleinkunst auf Goldgläsern. Ältester erhaltener Zyklus aus z. T. zerstörten Fresken des 12. Jh. ebenfalls in S. Lorenzo im Portikus. Bedeutend ist der L.-Zyklus von Fra Angelico in der Privatkapelle Nikolaus' V. (1447–55) im Vatikanischen Palast.

ALBRECHT WEILAND

Literatur: ActaSS aug. 2, 485–532; BHL mit NSuppl 4752–89; BHG mit NAuct 976–978b; BiblSS 8, 108–129; DACL 8, 1917–61; DPAC 2, 2027 ff.; LMA 5, 1757 ff.; Amore 95; A. Benvenuti: Diacono L. tra storia e leggenda, 1998; C. Conybeare: The ambiguous laughter of Saint L: Journal of Early Christian Studies 10 (2002) 175–202.

Lazarus von Bethanien, heilig (29. Juli, zusammen mit ↗ Maria von Bethanien).

1. *Neues Testament.* Der Name L. (hebräisch לַעְזָר [la'zār], Abkürzung von אֶלְעָזָר ['el'āzār], Gott hilft) findet sich in der Form Eleasar Ex 6,23; 1 Makk 8,17; Mt 1,15; ebenso außerhalb der Bibel.

a) Joh 11,1–43 heißt so der Bruder von ↗ Maria und ↗ Martha in Bethanien (diff. Lk 10,38–42). Seine Auferweckung ist Höhepunkt der »Zeichen« Jesu, Anlass zum Todesbeschluss (11,47–53) und zur feierlichen Einholung nach Jerusalem (12,1–18). Die Schilderung ist tiefsinnig hingeordnet auf Jesu »Verherrlichung« (VV. 4. 8. 16. 40). Im Zentrum steht Jesu Selbstoffenbarung als »Auferstehung und Leben« (VV. 25 f.), der gegenüber das Herausrufen des L. aus dem Grab (VV. 43 f.; vgl. 5,28) nur untergeordnete Funktion als Ausblick auf die zukünftige Auferweckung hat. Die Erzählung zeigt kein Interesse an der individuellen Person. L. steht für alle, die Christus »liebt« (VV. 3. 5. 36; vgl. V. 8), selbst wenn sie noch Krankheit und irdischem Tod preisgegeben sind. – Der Evangelist kann wohl auf eine vorgegebene Überlieferung zurückgreifen, die im Einzelnen nicht mehr erschlossen werden kann. Die vereinzelt vertretene Auffassung, L. sei mit dem »geliebten« Jünger identisch, wird in der Fachwelt abgelehnt.

b) L. ist Lk 16,19–31 der Name des Armen, der nach seinem Tod in den Schoß Abrahams aufgenommen wird. Zum einzigen Mal in einem Gleichnis Jesu wird eine handelnde Person namentlich genannt. Möglicherweise wurde der Name nachträglich in die zweiteilige Lehrerzählung (VV. 19–26. 27–31) eingefügt, vielleicht sogar unter Bezug auf eine ähnliche Überlieferung, wie sie Joh 11 zugrunde liegt. Parallele Gegenüberstellungen von Arm und Reich (etwa in einem ägyptischen Märchen) lassen vermuten, dass die Urkirche oder Jesus selbst eine solche Vorlage durch Ausmalung des unterschiedlichen Geschicks nach jüdischen Vorstellungen ausgestaltet hat, um Geldgierige zu warnen.

JACOB KREMER

Literatur: AncBD 4, 265 ff.; J. Kremer: Der arme L. – L. der Freund Jesu: À cause de l'Évangile. FS J. Dupont, 1985, 571–584; derselbe: Die Zukunft der Toten, 1988, besonders 57–149; A. Marchadour: L., 1988.

2. *Wirkungsgeschichte.* Außer Joh 11 f. wird im Neuen Testament, in den alten Apokryphen und bei den apostolischen Vätern über einen auferweckten L. nichts berichtet. Meliton von Sardes spielt in der Passah-Homilie nur kurz auf ihn an. Irenäeus, Tertullian u. a. verweisen auf L. zur Verteidigung der leiblichen Auferstehung. In Jerusalem wird seit Anfang des 4. Jh. ein L.-Grab bei Bethanien kultisch verehrt. In den römischen Katakomben ist die Auferweckung des L. das häufigste Motiv. Clemens von Alexandrien, Origenes, Ambrosius, Augustinus und die ihnen folgende Tradition sehen in »bindet ihn los« einen Hinweis auf die Bußpraxis. Eine Variante dieser allegorischen Deutung liegt dem Fragment zugrunde, das nach Clemens aus dem Markusevangelium, in Wirklichkeit aber aus gnostischen Kreisen stammt. Im Nikodemusevangelium (4./5. Jh.) wird die Auferweckung des L. mit dem Höllenabstieg Christi als Anfang der Besiegung des Todes beschrieben. Am ostkirchlichen Fest der Auferweckung des L. am Samstag vor dem Palmsonntag wird diese in vielen Homilien und Hymnen gepriesen. Vereinzelt gilt schon in der Frühzeit das Weinen Jesu als Betrübnis über die Rückkehr des Toten in diese Welt. Im Mittelalter malen L.-Spiele das

Sterben und die Auferweckung des L. aus, indem sie ihn u.a. seine Empfindungen äußern und beim Gastmahl seine Erlebnisse im Totenreich erzählen lassen (»visiones Lazari«). In der Zeit der Reformation und Gegenreformation mehrt sich das Interesse am exakten Hergang des Geschilderten. Hingegen führt die neuzeitliche Kritik an einer naiven Interpretation vielfach zur radikalen Bestreitung des Wunders und dessen verbreiteter allegorischer Auslegung. Ein Reflex Letzterer findet sich noch im Roman »Schuld und Sühne« von Fedor Dostoevskij, wo Sonja dem Mörder Raskolnikov die L.-Geschichte vorliest und seine »Auferstehung« erfleht (ähnlich im Roman »Das unauslöschliche Siegel« von Elisabeth Langgässer). In neueren Dichtungen überwiegt hingegen der Gedanke, dass ein durch Jesus ins Leben Zurückgerufener nur zu bedauern sei.

Nach einer schon Eusebius von Caesarea bekannten Überlieferung war L. bei seiner Erweckung 30 Jahre alt, lebte nachher noch 30 Jahre und starb als Bischof von Kition auf Zypern, wo in Larnaka der steinerne Sarkophag gezeigt wird, in dem er das zweite Mal begraben wurde. Seine Gebeine wurden nach ostkirchlicher Tradition Ende des 9. Jh. nach Konstantinopel überführt. Nach anderen Überlieferungen soll L. in Alexandrien bzw. Ephesus gestorben sein. Nach der »Legenda aurea« wurde L. zusammen mit seinen Geschwistern auf wunderbare Weise nach Marseille geführt (Saintes-Maries-de-la Mer), wo er als Bischof wirkte und starb. Seine Gebeine werden in Autun, Avallon, Andlau und Aix-en-Provence verehrt. Seit dem 11./12. Jh. feierte man im Abendland sein Gedächtnis am *17. Dez.* – Mit dem armen L. des Gleichnisses identifiziert, galt »der heilige Lazarus« später als Patron der Aussätzigen; Leprosenheime wurden daher »Lazarette« genannt.

JACOB KREMER

Literatur: J. KREMER: L. Die Geschichte einer Auferstehung, 1984.

Leander (Leandro) **von Sevilla,** heilig (13. März), Erzbischof von Sevilla, Kirchenvater, * um 540 Cartagena, † 600 Sevilla. L. war der ältere Bruder der heiligen Florentina, des heiligen Fulgentius von Écija und des heiligen ↗ Isidor von Sevilla. Wegen der byzantinischen Invasion emigrierte seine Familie nach Sevilla. Der frühe Tod seines Vaters ließ L. die Verantwortung für die Familie übernehmen; er widmete sich der Erziehung seines jüngsten Bruders Isidor. Danach wurde er Mönch. L. hat auf die Konversion des Hermenegild, Sohn des Königs Leovigild, einen direkten Einfluss ausgeübt. Danach ging er nach Konstantinopel, wo er Bekanntschaft mit ↗ Gregor dem Großen machte. Nach Spanien zurückgekehrt, griff er bei der Konversion des Prinzen Rekkared ein. Bei der Organisation des dritten Konzils von Toledo (589) wirkte L. entscheidend mit und war Vorsitzender bei der Disziplinarsynode in Sevilla (590). L. verfasste *De institutione virginum,* die Homilie *In laudem Ecclesiae,* Briefe, eine Regula für Ordensfrauen und den *Liber Psalmographus.*

DOMINGO RAMOS-LISSÓN

Quellen: CPL 1183 f.; PL 72, 873–898; 84, 360 ff.; PLS 4, 1421–49 (Regula); De la instrucción de las vírgenes y desprecio del mundo, hg. v. I. VELÁZQUEZ, 1979.

Literatur: DSp 9, 444 ff.; MarL 4, 48; J. MADOZ: S. L. de Sevilla: Estudios eclesiásticos 56 (1981) 415–455; L. NAVARRA: L. di Sevilla, 1987.

Leo I., Papst, (29.9.440 [Weihe] – 10.11.461), »der Große«, heilig (GK G 10. Nov.), 1754 Kirchenlehrer.

1. Leben · 2. Pontifikat · 3. Werke · 4. Bedeutung.

1. *Leben.* L. stammt aus einer toskanischen Familie. Meist wird er mit dem

von Augustinus (ep. 191,1) 418 erwähnten Akolythen identifiziert. In der nestorianischen Streitfrage veranlasst er, nun Archidiakon, 430 Johannes Cassianus zu der Schrift »De incarnatione Domini contra Nestorium libri VII«. 431 versichert sich Cyrill von Alexandrien seiner Unterstützung gegen Bemühungen Juvenalis' um den Patriarchenrang für Jerusalem. Entscheidender Einfluss wird L. auf die antipelagianische Haltung Roms unter seinen Vorgängern zugeschrieben. Beim Tod Sixtus' III. am 18.8.440 mit politischer Legation in Gallien und in Abwesenheit zum Nachfolger gewählt, empfängt er am 29.9. 440 in Rom die Bischofsweihe.

2. *Pontifikat.* Der Jahrestag der Bischofsweihe wird zu einem der beiden Termine der römischen Provinzialsynode; der andere liegt im Frühjahr. Für Ende Februar 450 ist dazu der Besuch der Kaiserfamilie in der vatikanischen Basilika belegt. L.s Sorge gilt der Unverfälschtheit des Glaubens (gegen Pelagianer, Arianer und, auch mit staatlicher Hilfe, gegen 443 in Rom entdeckte Manichäer, 447 gegen spanische Priscillianisten) und der Ordnung der kirchlichen Verhältnisse (Mauretanien, Arles und Vienne in Gallien, Sizilien). Ein kaiserliches Reskript anerkennt 445 die Jurisdiktion des römischen Bischofs über alle Provinzen des Westreiches. Im Osten bestellt L. 444 im Illyricum Anastasius von Thessalonike zum Apostolischen Vikar. 452 erwirkt er von Attila bei Mantua den Abzug der Hunnen aus Italien; bei der Plünderung Roms 455 durch die Vandalen unter Geiserich kann er Mord und Brand verhindern. 449 beginnt die christologische Auseinandersetzung mit Eutyches und dem Monophysitismus. L.s Position enthält der berühmte Brief vom 13.6. 449 an den Patriarchen Flavian von Konstantinopel *(Tomus ad Flavianum).* Auf der für August 449 durch Kaiser Theodosius II. nach Ephesus einberufenen Synode, von L. als »Räubersynode« (»latrocinium«) bezeichnet, vereitelt Dioskur von Alexandrien die Verlesung. Das durch Kaiser Marcian für Oktober 451 nach Chalcedon einberufene Konzil bringt mit dem entscheidenden Passus aus dem *Tomus* im Symbolum (DH 302) die geforderte Anerkennung. Die Zustimmung zum Konzil gab L. erst 453 wegen des c. 28 (gleicher Patriarchenstatus für Konstantinopel als Kaiserresidenz wie Rom), den er nicht anerkannte. Zur besseren Verfolgung der Vorgänge im Osten setzte er einen Geschäftsträger in Konstantinopel ein, zunächst Julian von Kios. Nach Chalcedon gab es 452/453 Tumulte von Mönchen in Palästina, 457 Unruhen in der alexandrinischen Kirche. In dieser kritischen Lage übernahm L. den in Alexandrien für das Jahr 454 berechneten Ostertermin. Von den Schreiben gegen den Monophysitismus sind der an die palästinischen Mönche (453) und der an Kaiser Leon I. (458) gerichtete sogenannte *Tomus II* hervorzuheben.

3. *Werke.* 97 Tractatus bzw. Sermones zu unterschiedlichen Anlässen des Kirchenjahres und 143 Briefe. L.s Anteil an liturgischen Texten ist umstritten. Das »Sacramentarium Leonianum« wurde fälschlich nach ihm benannt. L.s Werke (aus der Päpstlichen Kanzlei mit führender Rolle des Prosper von Aquitanien) sind in Kunstprosa verfasst (»cursus leoninus«).

4. *Bedeutung.* L. ist bei schwachen Kaisern die Führungspersönlichkeit, die sich für die Einheit der das Erbe des Imperium Romanum angetretenen Kirche verantwortlich weiß. Seinem Wesen nach ist L. kein Neuerer, sondern ein Bewahrer. In seinem pastoralen Denken ragen die Themen Petrusamt und Inkarnation heraus. Die Menschwerdung Gottes ist der Kern der neuen Weltordnung. Wer die Wahrheit der einen Per-

son Christi in zwei Naturen antastet, zerstört den christlichen Glauben. Hinter dem Sinn für das Geheimnis Gottes und für den Realismus von Mensch bzw. Welt steht fundamental das Anliegen der Erlösung. Aus dieser Sicht gewinnt L. auch sein Verständnis für die Kirche. Ihr hat der mit seinem Bekenntnis und mit seinem Auftrag im römischen Bischof fortlebende Petrus zu dienen. – In der römisch-katholischen Kirche hat L. zu allen Zeiten Hochschätzung erfahren. Die nach Chalcedon entstandene syrisch-antiochenische Kirche reiht ihn unter die Nestorianer ein.

HERBERT ARENS

Werke: PL 54–56. – *Predigten:* hg. v. A. CHAVASSE: CCL 138/138A, 1972. – *Briefe:* hg. v. E. SCHWARTZ: ACO 2, 1–4; hg. v. C. SILVA-TAROUCA: Textus et Documenta, Series theologica, Bd. 9 15 20 23, 1932–37; hg. v. O. GUENTHER: Corpus scriptorum ecclesiasticorum latinorum, Bd. 35, 1895; hg. v. W. GUNDLACH: MGH.Ep 3. – *Deutsche Übersetzung:* T. STEEGER: L.s des Großen sämtliche Sermonen, 2 Bde., 1927; L. der Große, Reden zu den Mysterien des Kirchenjahres, übersetzt von T. STEEGER, bearbeitet von P. STOCKMEIER, 1984; S. WENZLOWSKY: Die Briefe der Päpste, Bd. 4–5, 1878.

Literatur: DTHC 9, 218–301; LACL 447 ff.; LMA 5, 1876 f.; T. JALLAND: The Life and Times of Saint L. the Great, 1941; M. B. DE SOOS: Le mystère liturgique d'après Saint L. le Grand, 1958, Nachdruck 1972; H.-J. SIEBEN: L. der Große über Konzilien und Lehrprimat des römischen Stuhles: Theologie und Philosophie 47 (1972) 358–401; H. ARENS: Die christologische Sprache L.s des Großen, 1982.

Leo IX., Papst (12. 2. 1049–19. 4. 1054), heilig (RK g 19. April), vorher: Bruno, *21. 6. 1002 aus elsässischem Grafengeschlecht (Sitze: Egisheim und [später] Dagsburg); Domschüler und -kanoniker in Toul, Hofkaplan Konrads II., 1026–51 Bischof von Toul; förderte monastische Reformen und war zugleich den salischen Herrschern (seinen Verwandten) loyal verbunden. Im Dezember 1048 von Heinrich III. für den Apostolischen Stuhl nominiert, am 12. 2. 1049 inthronisiert. Der bedeutendste der fünf deutschen Päpste der Jahre 1046–58 machte das Papsttum zum Zentrum der Kirchenreform und steigerte dessen primatiale Geltung. Der Wandel zeigt sich weniger im Programm (Kampf gegen Simonie und Nikolaitismus, Forderung kanonischer Bischofswahl – angeblich schon im eigenen Fall 1048) als in der Regierungspraxis. Die Berufung nichtrömischer Mitarbeiter wie Friedrich (der spätere Stephan IX.), Hugo Candidus und Humbert von Silva Candida, zu denen Hildebrand (als Papst Gregor VII.) trat, bahnte die Entwicklung des städtischen Kardinalats zum Kardinalskollegium der Gesamtkirche an. L. verbrachte nur ein Drittel seiner Amtszeit in und um Rom, zwei Drittel auf langen Reisen (drei in transalpine Länder, vier nach Süditalien) und versammelte häufig Synoden: im Lateran (wohl jährlich nach Ostern) und in Pavia, Reims, Mainz (1049), Salerno, Siponto, Vercelli (Urteil gegen Berengar von Tours, 1050), Mantua (1053). Vom Anstieg des Schriftverkehrs zeugen über 170 überlieferte Urkunden (mit erheblichem Fälschungsanteil). Die Privilegien, die L. neu gestaltete und eigenhändig unterfertigte (Rota), waren vorwiegend für Klöster bestimmt, ohne eine konsequente Klosterpolitik zu belegen. So wurden auch Laienrechte anerkannt. Zwischen L. und Heinrich III. herrschte weithin Einvernehmen. Doch ohne kaiserliche Hilfe zog L. gegen die süditalischen Normannen und wurde am 18. 6. 1053 bei Civitate geschlagen. Während er neun Monate (gefangen?) in Benevent blieb, gingen seine Legaten nach Konstantinopel. Statt zu einer Entspannung zwischen lateinischer und griechischer Kirche kam es im Juli 1054 zum Bruch (Morgenländisches Schisma). L. war inzwischen krank nach Rom zurückgekehrt und verstorben. In St. Peter begraben und sogleich als Heiliger verehrt.

JOACHIM DAHLHAUS

Quellen: RPR(J) ² 1, 529–549; 2, 709 f. 749; Bibliotheca hagiographica latina antiquae et mediae aetatis, hg. v. den socii Bollandiani, 2 Bde. 1898–1901, 4818–29; La vie du pape L. IX (Brunon, évêque de Toul). Text hg. v. M. PARISSE, 1997.

Literatur: BBKL 4, 1443–1448; LMA 5, 1880 f.; Die Salier und das Reich, hg. v. S. WEINFURTER, Bd. 2 1991, 303–332; C. MUNIER: A propos du millénaire de la naissance du pape L. IX: Revue des sciences religieuses 76 (2002) 131–160.

Leonhard (Léonard, Lienhard) **von Noblac,** heilig (RK g 6. Nov.). Seine Existenz ist historisch nicht zu beweisen, aber wahrscheinlich und dann für das 6. Jh. anzunehmen. Die ausführliche (älteste) Vita stammt erst aus der Zeit um 1030, ist stark legendarisch und klar vom Motiv der Verbreitung eines bis dahin nur lokalen Kults geprägt. Durch liturgische Quellen werden die Angaben der Vita zum Wirkungskreis L.s – zunächst Mönch in Micy südwestlich von Orléans und dann Einsiedler in Noblac (heute St-L.-de-Noblat östlich von Limoges), wo er als Klostergründer auftritt – immerhin gestützt. Beide Einrichtungen stehen in ihrer Gründungstradition dem hauptsächlichen Legendenelement der L.-Vita nahe, der Anbindung an Chlodwig I. (Topos vornehmer fränkischer Herkunft). Im Anschluss an die Vita erlangte sein Kult rasch weite Verbreitung in Frankreich, England, Italien und besonders (noch heute) in Bayern und Österreich (Lienhard). – Die Grundlagen für die breite Volksverehrung und das verschiedenartige, ausgeprägte Brauchtum (z. B. L.-Fahrten, L.-Ritte; Umspannen von Kirchen mit Ketten; s. auch die Entsprechungen in den bildlichen Darstellungen) bereitete großenteils die Vita selbst: L.s Patronat der Gefangenen gründet hier und auch in der frommen Stiftung des Kreuzfahrers Bohemund, die dieser dem L. in Noblac nach seiner Freilassung 1103 machte, sodann das Patronat der Wöchnerinnen in der Episode, L. habe der fränkischen Königin bei einer überraschenden Niederkunft in der Nähe von Noblac Geburtshilfe geleistet. Nicht zuletzt den reichen Landschenkungen, die König Chlodwig vorgenommen haben soll, verdankt L. das Patronat von Bauernanliegen, besonders Vieh und Pferde betreffend.

THOMAS BAUER

Literatur: ACTASS nov. 3, 150–173 (Vita des 11. Jh.) 174–209 (weitere Viten); BIBLSS 7, 1198–1208; LMA5, 1894 f.; RÉAU 3/2, 799–802; F. ARBELLOT: Vie de St. L., 1883; J. A. AICH: L., der große Patron des Volkes, 1928.

Leopold (Liutpold) **(III.) von Österreich,** »der Heilige« (1485; RK g 15. Nov.), * um 1075 aus dem Geschlecht der Babenberger, † 15. 11. 1136 (wahrscheinlich Jagdunfall; bestattet in Klosterneuburg); 1095 Markgraf von Österreich, Nachfolger seines Vaters Leopold II., 1105/1106 verheiratet mit Agnes, der Schwester Kaiser Heinrichs V. und Witwe Herzog Friedrichs I. von Schwaben, nachdem er von Heinrich IV. zu Heinrich V. übergegangen war. Kinder aus dieser Ehe u. a.: Markgraf Leopold IV., Markgraf bzw. Herzog Heinrich II., Bischof Otto von Freising, Erzbischof Konrad II. von Salzburg. Seinen steigenden politischen Einfluss setzte er kontinuierlich zum Ausbau der Stellung Österreichs ein, legte wichtige Grundlagen für die Landesherrschaft und trat (wenn auch vergeblich) in der Königswahl von 1125 sogar als aussichtsreicher Kandidat einer kirchlichen Reformpartei auf. In kirchenpolitischen Belangen suchte er eine weitgehend eigenständige Organisation seines Machtbereichs in Auseinandersetzung bzw. Einvernehmen mit den Bischöfen von Passau herzustellen und nutzte dabei unter Berücksichtigung neuer Orden reformerische Anliegen zur Durchsetzung seiner Ziele und zur Abgrenzung gegenüber äußeren Einflüssen. Als Stifter errichtete er u. a. Klosterneuburg als babenbergische Eigenkirche (1113/14; seit 1133 Regularkanoniker), das er 1135 dem Papst übereignete und wo er auch eine »Pfalz« als Residenz erbauen ließ. Ferner gründete er die Zisterzienserabtei Heiligenkreuz (1133/1136) und das Benediktinerkloster Mariazell. Das Kloster Melk unterstellte er 1110 dem päpstlichen Schutz, behielt sich und seinen Nachfolgern die Hauptvogtei vor und förderte die Annahme der Hirsauer Reform. Nicht zuletzt diese Aktivitäten begründeten schon bald nach seinem Tod seinen Ruf als »pius marchio«. – Seit 1663 Patron von (Nieder-)Österreich.

LUDWIG VONES

Literatur: BBKL 4, 1507–10; LMA 5, 1899; NDB 14, 277–280; K. LECHNER: Die Babenberger, Markgrafen und Herzöge von Österreich 976–1246, ³1985, 118 ff.; F. RÖHRIG: Der heilige L., 1999.

Lidwina (Ludwina, Lidwigis, Lidia) **von Schiedam,** heilig (Kultapprobation 1890; 14. April), * 18. 3. 1380 Schiedam bei Rotterdam, † 14. 4. 1433 ebd. Die Tochter armer Eltern betete, von ihrer gefeierten Schönheit befreit zu werden. 1395 verlor sie durch einen Rippenbruch ihre Gesundheit, litt ständig große Schmerzen, lebte fast nur von der Kommunion und gewann hohes Ansehen als Mystikerin. Viten verfassten u. a. Hugo von Brielle, Johannes Brugman und ↗Thomas von Kempen. 1616 kamen Reliquien nach Mons und Brüssel, 1871 von Brüssel nach Schiedam zurück. – Patronin der Kranken und des Krankenapostolats; dargestellt mit Kreuz, Rosen im Haar und Rosenzweig in den Händen.

FRANZ STAAB

Quellen: ACTASS apr. 2, 267 f.; BHL 4923–27 mit NSUPPL S. 537; A. DE MEIJER: Iohannis Brugman O. F. M. Vita alme virginis Lijdwine, 1963, dazu ANBOLL 82 (1964) 270–273.

Literatur: BIBLSS 8, 45 f.; VSB 4, 343–353; H. VAN OERLE: Liedwy von Schiedam, Mystica oder Hysterica?: P. DINZELBACHER – D. R. BAUER (Hg.): Religiöse Frauenbewegung und mystische Frömmigkeit im Mittelalter 1988, 395–404.

Lioba (Leoba, Leobgytha) **von Schornsheim,** heilig (RK g 28. Sept.), OSB, Äbtissin, * aus hoch gestellter angelsächsischer Familie, † 28. 9. 782 Schornsheim bei Mainz; im Kloster Thanet von Äbtissin Edburga erzogen, Nonne im Doppelkloster Wimborne. Folgte wohl 732/35 dem Ruf ihres Verwandten ↗Bonifatius in die Mission auf den Kontinent. Zur Äbtissin in Tauberbischofsheim bestellt, förderte sie die christliche Bildung junger Mädchen. Von ↗Karl dem Großen und Hildegard hoch geschätzt, lebte L. im Alter auf dem ihr zum privaten Nutzung zugewiesenen Fiskalgut Schornsheim. Bestattet in Fulda, blühte ihre Verehrung seit der ab 836 von Rudolf von Fulda verfassten Vita (basierend auf mündlicher und schriftlicher Überlieferung) und der Translation ihrer Gebeine am 28. 9. 838 auf den Petersberg auf.

LUTZ E. VON PADBERG

Quellen: BHL 4845; MGH.SS 15/1, 118–131; deutsche Übersetzung: Geschichtsschreiber der deutschen Vorzeit, Bd. 133, 85–102; MGH.ES 1, nn. 29 67 96 100 (Briefwechsel mit Bonifatius und Lul).

Literatur: LMA 5, 2003; F. Lifshitz: Des femmes missionnaires: Revue d'histoire ecclésiastique 83 (1988) 5–33; P. Kehl: Die Verehrung der heiligen L.: Fuldaer Geschichtsblätter 67 (1991) 141–150; Berschin 3, 260 ff.; H.-W. Goetz: Frauen im frühen Mittelalter, 1995, 105–162; C. Wybourne: Seafarers and stay-at-homes. Anglo-Saxon nuns and mission: Downside Review 114 (1997) 246–266; Y. Hen: ›Milites Christi utriusque sexus‹. Gender and the politics of conversion in the circle of Boniface: Revue bénédictine 109 (1999) 17–31.

Lucia Filippini, heilig (1930; 25. März), Ordensgründerin, * 13. 1. 1672 Corneto (heute Tarquinia), † 25. 3. 1732 Montefiascone (Grab in der Kathedrale, dort Fest 25. März); errichtete zusammen mit der seligen Rosa Venerini zahlreiche Mädchenschulen, trennte sich aber von ihr und gründete 1717 die Kongregation der »Maestre Pie Filippini«, die seit 1727 aus einem auf die Diözese Montefiascone beschränkten Zweig diözesanen Rechts und einem weltweit tätigen Zweig päpstlichen Rechts besteht. Zu Unrecht wurde sie zeitweilig des Quietismus verdächtigt.

HEINZ-MEINOLF STAMM

Literatur: P. Recchia: Storia e teologia di un carisma, 1991.

Lucia von Syrakus, heilig (GK g 13. Dez.), Martyrin. Trotz fehlender geschichtlicher Nachrichten ist durch die Wiederentdeckung der L.-Katakombe mit Loculus in Syrakus sowie durch die 1894 gefundene Grabinschrift der Euskia in der dortigen Katakombe S. Giovanni (Anfang 5. Jh.) als frühestes Kultzeugnis die Historizität L.s gesichert (P. Orsi: Römische Quartalschrift 8 [1895] 229–308). Ihr Name wurde wahrscheinlich schon von Gregor dem Großen in den Messkanon aufgenommen (Aldhelm von Malmesbury, De laude virginitatis 42 [MGH.AA 15, 293]); dieser bezeugt in ep. 7, 36 und 11, 15 ein L.-Kloster um 600 in Rom und Syrakus. Zudem gehört L. zum Zyklus der Jungfrauen des Mosaiks von S. Apollinare Nuovo in Ravenna (6. Jh.). Honorius I. errichtete ihr in Rom die Kirche S. L. in Selce.
Nach der im 5./6. Jh. in griechischer und lateinischer Sprache verfassten legendarischen Passio lebte L. während der diokletianischen Verfolgung in Syrakus und weihte sich nach einer Vision der heiligen ↗Agathe, die ihr das Martyrium ankündigte, dem jungfräulichen Leben. Sie verzichtete auf ihren Besitz und ihre Ehe, worauf sie ihr Bräutigam als Christin anzeigte. Nach standhaftem Bekenntnis und vielerlei überstandenen Folterungen (Motiv der Martyrin vom unzerstörbaren Leben) wurde sie durch das Schwert getötet.
970 wurden vermeintliche L.-Reliquien nach Metz überführt (Sigebert von Gembloux: PL 160, 811–814), von dort breitete sich ihr Kult in Deutschland und im übrigen Europa aus, so dass sie zu einer der bedeutendsten Heiligen des Mittelalters wurde. Nach einer anderen Tradition (Leo von Ostia: MGH.SS 7, 675) fand 1038 eine Translation der Reliquien von Syrakus nach Konstantinopel statt, von wo sie 1204 nach Venedig gelangten.
Ihre Legende hat in Italien Volkslied und -dichtung, aber auch Dante Alighieri (AnBoll 68 [1950] 372 ff.) beeinflusst. Ihr Fest ist besonders in Nordeuropa mit reichem Brauchtum verbunden. Durch die Deutung ihres Namens auf lateinisch »lux« (Licht) zeigen dort mit Kerzenkränzen geschmückte Mädchen die Wiederkehr der hellen Tage und des Lichtes an. – L. ist Patronin der Augenleidenden, der

Messerschmiede, Glaser, Sattler, Weber und Schneider.

MARIA-BARBARA VON STRITZKY

Literatur: BHG 61; BHL 741 ff.; BIBLSS 8, 241–257; CATH 7, 1242 f.; DACL 9, 2616 ff.; DPAC 2, 2042; MARTHIERON 79 647; SYNAXCP 306; VSB 12, 401–411; Das L.-Fest mit Kindern feiern: Christenlehre, Religionsunterricht, Praxis 54 (2001) 23–27.

Lucius von Chur, heilig (3Dez., RK g *2. Dez.)*, Bekenner, wirkte im 5./6. Jh. in dem noch halbheidnischen nördlichen Churrätien (Luziensteig) für das Christentum. In karolingischer Zeit (Ende 8. Jh.) wurden seine Gebeine, Ziel einer wachsenden Wallfahrt, in die eigens dafür errichtete Ringkrypta von St. Luzi in Chur übertragen. Eine damals entstandene, als Festpredigt gestaltete Vita setzt L. mit einem legendären König gleichen Namens in Britannien gleich. Weite Verbreitung des Kultes vom 9. bis 12. Jh. – Vom 10. Jh. an ist L. Patron des Bistums Chur, aber erst im 14./15. Jh. gilt er auch als erster Bischof von Chur. – Die churrätische Jungfrau *Emerita,* deren Kult durch liturgische Quellen seit dem 12. Jh. bezeugt ist *(4. Dez.)*, erscheint vom ausgehenden 13. Jh. an als Schwester des Lucius.

ERNST TREMP

Quellen: Vita s. Lucii, hg. v. I. MÜLLER: Jahrbücher der historisch-antiquarischen Gesellschaft von Graubünden 85 (1955) 1–51.

Literatur: BIBLSS 8, 281 ff.; HELVSAC I/1, 467; I. MÜLLER: Die churrätische Wallfahrt im Mittelalter, 1964, 5–19; J. STRAUB: Die Heiligengräber der Schweiz, 1987.

Ludgard (Liutgard, Luitgard, Lutgart) **von Tongern,** heilig (16. Juni), * 1182 Tongern, † 16. 6. 1246 Aywières in der Diözese Namur; aufgrund der Erscheinung des Schmerzensmannes Eintritt bei den Benediktinerinnen in St-Trond. Als sie dort 1205 zur Priorin gewählt wird, wechselt sie zu den Zisterzienserinnen von Aywières, wo sie ihre mystische Berufung erfährt. Beherrschende Vorstellungen sind dabei die Mysterien des Blutes und des Herzens Jesu. 14 Jahre fastet sie zur Bekehrung der Albigenser; Erblindung elf Jahre vor ihrem Tod; Reliquien in der Pfarrkirche zu Bas-Ittre (Brabant). – L. ist eine der Schutzheiligen Belgiens.

JUSTIN LANG

Literatur: ACTASS iun. 4, 187–210; BIBLSS 8, 396–400; DSP 10, 1201–04; P. DINZELBACHER: Das Christusbild der heiligen L. von Tongern: Ons Geestelijk Erf 56 (1982) 217–277; M. CAWLEY: L. of Aywières: Vox Benedictina 1 (1984) 21–48; K. GLENTE: Mystikerinnenviten aus männlicher und weiblicher Sicht: Religiöse Frauenbewegung und mystische Frömmigkeit im Mittelalter, hg. v. P. DINZELBACHER – D. BAUER, 1988, 251–264.

Ludger (Liudger, Luitger, Luitgar) **von Münster,** heilig (RK g 26. März), erster Bischof von Münster, * um 742 Zwesen bei Utrecht aus einem westfriesischem Adelsgeschlecht, † 26. 3. 809 Billerbeck; in Utrecht von Gregor erzogen und 767–772 von Alkuin in York ausgebildet, einer der bedeutendsten Missionare angelsächsischer Prägung. 784 durch heidnischen Widerstand aus IJsselgebiet (Deventer) und Ostergau (Dokkum) vertrieben; hielt sich 784–787 als Pilger in Rom und Montecassino auf. Nach weiterem Wirken zwischen Ems und Lauwers und einem Versuch auf Helgoland betraute ihn ↗ Karl der Große 792 mit der Westsachsenmission. Errichtete in Münster 793 ein Monasterium, das zusammen mit dem 799 in Werden gegründeten Eigenkloster unter seinem Rektorat stand. Erst 805 zum Bischof geweiht, Haupt der Bischofssippe der »Liudgeriden«, die in Personalunion bis 849 Münster und bis 886 Werden und Halberstadt leiteten. Kult am Grabort Werden durch drei Viten (verfasst 840–875; die Erste von L.s Neffen und zweitem Nachfolger Altfrid), L.-Krypta und -Basilika sowie zahlreiche L.-Patrozinien im Missionsgebiet bezeugt.

LUTZ E. VON PADBERG

Werke: Vita s. Gregorii abbatis Traiectensis (790/791): MGH.SS 15/1, 63–79.

Quellen: BHL 4937–49; Die Vitae sancti L., hg. v. W. DIEKAMP, 1881, deutsch: L. in seiner Zeit, hg. v. B. SENGER, [6]1993; Kommentar-Bd. 1997; Vita secunda, vollständige Faksimileausgabe, hg. v. E. FREISE, 1993.

Literatur: BIBLSS 8, 290 ff.; LMA 5, 2038; NDB 14, 716; SERIES EPISC V/1, 113 ff.; VERFLEX[2] 5, 852 ff.; BERSCHIN 3, 41–56; WATTENBACH-LEVISON 824 ff.; A. SCHRÖER: Chronologische Untersuchung zum Leben L.s: Westfalia Sacra, Bd. 1 1948, 85–138; W. STÜWER: Die Verehrung des heiligen L.: ebd. 182–194; L. 742–809, 1984; E. FREISE: Vom vorchristlichen Mimigernaford zum honestum monasterium L.s: Geschichte der Stadt Münster, 1993, 1–51; L. E. VON PADBERG: Mission und Christianisierung, 1995; P. RAEDTS: Mission zwischen Anpassung und Konfrontation am Beispiel L.s: Nederlands archief voor kerkgeschiedenis 73 (1993) 139–154.

Ludwig (Louis) **(IX.) von Frankreich,** »der Heilige« (1297; GK g 25. Aug.), *25.4.1214 Poissy als Sohn Ludwigs VIII. und der Blanca von Kastilien, †25.8. 1270 Karthago (Grab in St-Denis); verheiratet mit Margarete von der Provence (1221–95), mit der er elf Kinder (u. a. Philipp III.) hatte. 1226 nach dem unerwarteten Tod seines Vaters in Reims gekrönt, ging er dank der geschickten Politik seiner Mutter gestärkt aus den folgenden Adelsaufständen hervor. Bevor er 1248 erstmals ins Heilige Land zog, hatte er die Stellung seines Reiches durch erfolgreiche Feldzüge gegen Heinrich III. von England (1240/41), den Grafen von Toulouse (1243) und die Albigenser (1244 Eroberung von Montségur) gefestigt und sein Ansehen durch seine vermittelnde Haltung im Streit zwischen Kaiser und Papst gesteigert (1245 Konzil von Lyon). Dem Erwerb der Dornenkrone Christi (1239) und dem Bau der Ste-Chapelle als kostbarem Reliquienschrein folgte der Kreuzzug nach Ägypten, der nach anfänglichen Erfolgen mit der Gefangennahme von König und Heer endete. Zwar konnte er nach der Zahlung eines hohen Lösegelds in Syrien die Verteidigung Jerusalems ausbauen, doch zwang ihn der Tod seiner Mutter (26.11.1252) zur vorzeitigen Rückkehr nach Frankreich (Juli 1254). Umgeben von einem neuen, vornehmlich Legisten umfassenden Beraterkreis, nahm er eine grundlegende Reform der Verfassungs- und Verwaltungsstruktur Frankreichs im Sinn einer Stärkung der Königsgewalt vor, verbunden mit der Festlegung einer einheitlichen Rechtsnorm, in die sowohl gewohnheitsrechtliche wie auch römisch-rechtliche Vorstellungen einflossen: Schaffung eines königlichen Hofgerichts, Abschaffung der Gottesurteile und Einführung der Inquisitionsgerichtsbarkeit, Ausdehnung des königlichen Münzregals auf das ganze Reich (Gold-Écu, Turnois, Verbot des englischen Sterlings), Einsetzung königlicher Baillis und Seneschalle, direkte Einziehung von Sondersteuern durch die königliche Kurie. Er verwirklichte die Idee einer Wiederherstellung Frankreichs in den Grenzen des ehemaligen Karolingerreiches durch geschickte Verträge mit Jakob I. von Aragón (Corbeil 1258) und Heinrich III. von England (Paris 1259), wodurch die südfranzösischen Besitzungen der Grafen von Barcelona (ohne Montpellier und das Roussillon) und die englischen Festlandsbesitzungen (Anjou, Normandie, Herzogtum Aquitanien ohne Guyenne) an Frankreich zurückfielen. In den großen Lehensfürstentümern Champagne, Flandern, Toulouse und Normandie konnte er durch konsequenten Ausbau der königlichen Rechte (Friedenswahrung, Rechtssicherung, Kirchenschutz) erstmals den Einfluss des Königtums geltend machen. Auf dem Höhepunkt seines Ansehens in Europa entschloss er sich 1267 zu einem weiteren Kreuzzug, dessen erstes Ziel die Bekehrung des Sultans in Tunis sein sollte; er erlag jedoch einer nach der Eroberung Karthagos im Lager ausbrechenden Seuche. L. erscheint in der Historiographie, die v. a. durch anlässlich des Kanonisationsprozesses verfasste Viten und die Darstellung des Johannes de Joinville geprägt ist, als ein zutiefst frommer, asketisch lebender Mensch, dem auch ritterliche Ideale wie Ehre und »mesure« nicht fremd sind und der zugleich der gerechte Herrscher, der Defensor fidei, der Wahrer des Friedens und Rex christianissimus ist.

URSULA VONES-LIEBENSTEIN

Quellen und Literatur: JEAN DE JOINVILLE: Vie de St. L., hg. v. J. MONFRIN, 1995. – J. LEGOFF: St. L. 1996; L. VONES: L. IX.: J. EHLERS U. A. (Hg.): Die französischen Könige des Mittelalters, 1996, 176–193; G. SIVÉRY: L. IX, le roi saint, 2002.

Ludwig (Luigi; auch Alois) **Orione,** selig (1980; 12. März, Ambrosianische Kirche von Mailand *26. Okt.)*, Ordensgründer, *23. 6. 1872 Pontecurone in Piemont, †12. 3. 1940 San Remo; 1885 in Voghera Aspirant der Franziskaner-Reformaten. Wegen Krankheit jedoch zur Aufgabe gezwungen, wurde er Diözesanpriester. Gründete, durch das Vorbild der heiligen ↗Johannes Bosco und ↗Josef-Benedikt Cottolegno angeregt, zum Dienst an den »am meisten Verlassenen und am weitesten von Gott Entfernten« die Kongregation der »Figli (offiziell: Piccola Opera) della Divina Provvidenza« (1903) und der »Piccole Suore Missionarie della Carità« (1915). Sein Grab ist in der Wallfahrtskirche Madonna della Guardia in Tortona, dem geistlichen Zentrum seines Werkes.

HEINZ-MEINOLF STAMM

Werke: Lettere, 2 Bde., 1969.

Literatur: DIP 6, 825 ff. 1579 ff. 1641 f.; G. PAPÁSOGLI: Vita di don O., [4]1994.

Ludwig (Lodovico) **Pavoni,** selig (2002; *28. Mai*), Ordensgründer, *11. 9. 1784 Brescia, †1. 4. 1849 ebd. (Grab in S. Immacolata); Domherr und Rektor der Pfarrei S. Barnaba in Brescia; erstrebte in seinem »Collegio d'arti« für die Jugend, speziell auch für die Taubstummen, eine ganzheitliche christlich-menschlich-berufliche Bildung. 1847 gründete er dazu die Kongregation der »Figli di Maria Immacolata« und wurde ihr erster Oberer.

Werke: Documenti e lettere, 3 Bde., 1958–1959.

HEINZ-MEINOLF STAMM

Literatur: DIP 3, 1507–13; 6, 1295 f.; G. FACCO: L. P., 1987; A. PALAZZINI: Figura, lo spirito, l'opera di L. P., 1993; G. ROSSI: L. P. visto da vicino, 1996.

Ludwig-Maria (Louis-Marie) **Grignion de Montfort,** heilig (1947; GK g 28. April), Volksmissionar, Ordensstifter, *31. 1. 1673 Montfort-sur-Meu im Département Ille-et-Vilaine, †28. 4. 1716 Saint-Laurent-sur-Sèvre; 1693–1700 Theologiestudium in Paris, 1701–03 Spitalseelsorger in Poitiers, gründete dort 1703 die Kongregation »Töchter der Weisheit« und um 1713 die Priesterkongregation »Missionare von der Gesellschaft Mariens« (Grignioniten, Montfortaner), ausgedehnte Missionstätigkeit im Nordwesten Frankreichs, erhielt 1706 den Titel »Apostolischer

Missionar« von Papst Clemens XI. Die betonte Marienverehrung steht im Kontext der dualistischen Sicht von Kirche und Welt: Für L.-M. kann nur über Maria die Weisheit Gottes den Menschen erreichen; in der Endzeit wird Maria den Kampf gegen schlechte Christen und Nicht-Christen anführen. L.-M. propagierte schriftliche Gelübde, in denen man sich über Maria mit Christus verbindet (Grignionsche Andacht), förderte die Feier der Erstkommunion, die eucharistischen Verehrung und das Rosenkranzgebet, wandte sich gegen die Jansenisten.

BARBARA HENZE

Werke: Gesammelte Werke, 4 Bde., hg. v. L. GOMMENGINGER, 1925–30; Œuvres complètes, hg. v. M. GENDROT U. A., 1966.

Literatur: BBKL 2, 352 f.; DBF 16, 1219 ff.; MARL 3, 28 f.; J. SÉGUY: Charisme, sacerdoce, fondation: autour de L. M. G. de M.: Social Compass 29 (1982) 5–24; L. PÉROUAS: G. de M. Un aventurier de l'Évangile, 1990; D. JULIA: Les ferveurs catholiques du XVIIIe siècle: Histoire de la France religieuse, hg. v. J. LEGOFF – R. RÉMOND, 1991, 407–415.

Luise von (Louise de) **Marillac** (Le Gras), heilig (1934; 15. März), Kongregationsgründerin, * 12. 8. 1591 bei Paris, † 15. 3. 1660 Paris; im Dominikanerinnenkloster in Poissy erzogen, nach dem Tod des Vaters Louis de M. (1604) Lehre in einem Armenhaus in Paris, 1613 Heirat mit Antoine Le Gras, nach dessen Tod (1625) als »dévote« und »dame de la charité« im Dienst an Armen und Kranken engagiert, nahm im November 1633 junge Mädchen in ihr Haus auf, womit die »Filles de la charité« (Barmherzige Schwestern, Vinzentinerinnen) gegründet waren. An deren Aufbau war sie zeitlebens beteiligt: L. verfasste die von ↗Vinzenz von Paul gebilligte Hausordnung, war Oberin des Mutterhauses in Paris und schrieb einen Katechismus.

BARBARA HENZE

Werke: Sainte L. de M. Écrits spirituels, 1983, englisch 1991; Vinzenz von Paul und L. von M. Briefwechsel, hg. v. P. COSTE, 1960.

Literatur: DIP 5, 764–768; DSp 9, 1081–84; P. THORER: Vinzenz von Paul und L. von M. – Gründer der Lazaristen und der Barmherzigen Schwestern: J. WEISMAYER (Hg.): Mönchsväter und Ordensgründer, 1991, 261–279; R. DARRICAU: L'union des esprits et des cœurs. L'enseignement de Vincent de Paul et de L. de M.: Nouvelle revue théologique 116 (1994) 530–544.

Lukas, Evangelist, heilig (GK F 18. Okt.).

1. *Neues Testament und spätere Bezeugung.* L. (Kurzform von Λούκιος) ist ein auch außerhalb der Bibel belegter Name. In Phlm 24 heißt so ein neben Markus, Aristarch und Demas angeführter »Mitarbeiter« des ↗Paulus. In Kol 4,14 steht »L., der geliebte Arzt«, neben Demas; anders 2 Tim 4,11: »L. ist allein bei mir.« (Verschieden davon ist Röm 16,21 Lukios sowie der »Lukios von Kyrene« Apg 13,1.) Die kirchliche Überlieferung sieht seit dem 2. Jh. in dem Mitarbeiter des Paulus den Verfasser von L.-Evangelium/Apostelgeschichte (Fragmentum Muratorianum; Irenäus, Adversus haereses III, 1, 1); dieser habe Paulus auf seinen Reisen begleitet, wie man aus den Wir-Berichten der Apostelgeschichte folgerte, und nach Kol 4,14; 2 Tim 4,11 sogar noch während der römischen Gefangenschaft bei ihm geweilt. Die Unterschiede in historischen und theologischen Aussagen zwischen L.-Evangelium/Apostelgeschichte und den Paulusbriefen sowie der pseudepigraphische Charakter von Kolosser- und 2. Timotheusbrief machen dies unwahrscheinlich. Mit Sicherheit

lässt sich nur vertreten, dass der Verfasser von L.-Evangelium/Apostelgeschichte ein mit der Sprache des Alten Testaments (Septuaginta) vertrauter Heidenchrist gewesen ist, der möglicherweise L. hieß. Seine Identifizierung mit dem Mitarbeiter des Paulus kann auf das Bestreben zurückgehen, das Evangelium als apostolisch auszuweisen. Spätere Legenden (vgl. Gregor Magnus, Moralia, praefatio 1, 3) behaupten, er sei einer der 70 Jünger Jesu, ja der namentlich nicht genannte zweite Jünger auf dem Weg nach Emmaus gewesen.

JACOB KREMER

Literatur: EWNT 2, 890 f.; J. ERNST: L. Ein theologisches Porträt, [2]1991, 8–18; J. W. WENHAM: The identification of L.: The Evangelical Quarterly 63 (1991) 3–44.

2. *Verehrung.* Bis zum Anfang des 4. Jh. überschreitet das Wissen um L. nicht die Basis der neutestamentlichen Nachrichten. Nach Eusebius (h. e. III, 4, 6) stammt er aus Antiochien, nach den sogenannten antimarkionitischen Evangelienprologen (Anfang bis Mitte 4. Jh.) war er unverheiratet, schrieb sein Evangelium in Achaia und starb mit 84 oder 89 Jahren in Bithynien bzw. Böotien. Von dort wurden aus Theben 357 seine Gebeine nach Konstantinopel in die Apostelkirche übertragen, wo sie zusammen mit denen ↗Andreas' und ↗Timotheus' die Hauptreliquien bildeten. Von einem Martyrium weiß dann Gregor von Nazianz (Orationes 4, 69: PG 35, 589B). Eine Passio ist bislang nur in orientalischen Sprachen bekannt (BHO 567 ff.). Die Legende, L. habe Maria gemalt (Acheiropoieta), ist mit diesen Traditionen ursprünglich nicht verknüpft. Ihr erster Zeuge ist Theodorus Lector (h. e. VI, 43). – Von daher das Patronat der Maler, im Anschluss an Kol 4,14 das der Ärzte (L.-Gilden) und der Brauch, L.-Zettel bei (Tier-)Krankheiten aufzulegen bzw. zu verfüttern. Wegen des Stierattributs auch Patron der Metzger und Buchbinder.

HANS REINHARD SEELIGER

Literatur: BIBLSS 8, 189–222.

Macarius von Ägypten, »der Ältere« bzw. »der Große«, heilig (19. Jan.), um 300–390, Mönch und Priester in der Sketischen Wüste. Quellen über sein Leben (Palladius, Historia Lausiaca 17; Rufinus, Historia monachorum in Aegypto 21) erwähnen keine literarische Tätigkeit. Die ihm neben Apophthegmata in Handschriftensammlungen mit äußerst komplizierter Überlieferungsgeschichte zugeschriebenen Abhandlungen, Briefe und Gebete, die wegen ihres mystisch-asketischen Inhalts hohes Ansehen und weite Verbreitung fanden und lange nachwirkten, stammen aus Kreisen der Messalianer, vielleicht von dem bei Theodoret (h. e. IV, 11, 2) erwähnten Simeon von Mesopotamien, einem gebildeten Griechen und Haupt einer Mönchsgemeinschaft, dessen Wirken um 370–430 am oberen Eufrat und im südlichen Kleinasien angenommen wird. M./Simeon hat inhaltliche Bezüge zu Origenes und ↗Basilius von Caesarea. Die *Epistola magna,* die asketisch-monastisches Leben ordnet, steht der Abhandlung »De instituto christiano« des ↗Gregor von Nyssa nahe. Sonderlehren der *Geistliche Homilien* stimmen mit dem auf einer Synode zu Konstantinopel 426 und dem Konzil von Ephesus 431 verurteilten messalianischen »Asketikon« überein. Insgesamt zeigt M./Simeon jedoch einen gemäßigten Messalianismus. Mit der messalianischen Lehre, dass die Seele in der Gewalt des Teufels ist, der nur durch beständiges Gebet ausgetrieben werden kann, ist ein größtenteils orthodoxer Aufriss des inneren Lebens verbunden, das über Gebet, Reue und Askese zur mystischen Vereinigung mit Gott führen soll, die als »tiefes, verborgenes Licht« geschildert wird.

WINFRID CRAMER

Quellen: CPG 2410–27. – *Sammlung I:* Logos 1 (= ep. magna): W. JAEGER: Two Rediscovered Works of Ancient Christian Literature: Gregory of Nyssa and M., 1954; R. STAATS: M.-Simeon. Epistola Magna, 1984; Logoi 2–64: H. BERTHOLD: M./Simeon. Reden und Briefe. Die Sammlung I des Vaticanus Graecus 694, 2 Bde., 1973. – *Sammlung II:* Geistliche Homilien 1–50: H. DÖRRIES U. A.: Die 50 Geistlichen Homilien des M., 1964; Geistliche Homilien 51–57: G. L. MARRIOTT: Macarii Anecdota. Seven Unpublished Homilies of M., 1918. – *Sammlung III:* Homilien 1–43: E. KLOSTERMANN – H. BERTHOLD: Neue Homilien des M./Simeon, 1961; V. DESPREZ: Pseudo-M. Œuvres Spirituelles, 1980. – *Sammlung IV:* 24 unveröffentlichte Logoi (Codex Parisiensis graecus 973; Codex Vaticanus arabicus 84) sind ganz in Sammlung I enthalten. – *Zur syrischen, arabischen und sonstigen Überlieferung:* CPG 2420–27. – *Teilübersetzungen:* BKV (M. Jocham); BKV² 10 (D. Stieffenhofer); W. STROTHMANN: Göttinger Orientforschung 1, 11, 1975; ebd. 1, 21, 1981.

Literatur: DSp 10, 20–43; LACL 467 f.; B. ALTANER: Patrologie, ⁹1980, 264 f. 601; J. QUASTEN: Patrology, Bd. 3 1960, 161–168; E. KLOSTERMANN: Simeon und M., 1944; E. A. DAVIDS: Das Bild vom neuen Menschen. Ein Beitrag zum Verständnis des Corpus Macarianum, 1968; H. DÖRRIES: Die Theologie des M./Simeon, 1978; T. SATOSHI: La vie de s. M. Égyptien: AnBoll 118 (2000) 267–290.

Magdalena-Sophia (Madeleine Sophie) **Barat,** heilig (1925; 25. Mai), Ordensgründerin, *12. 12. 1779 Joigny, Yonne, †25. 5. 1865 Paris. Ihre geistliche Ausbildung erhielt sie von ihrem älteren Bruder, der Geistlicher war. Unter dem Einfluss von Joseph-Désiré Varin gründete sie 1800 die »Gesellschaft der Ordensfrauen vom Heiligen Herzen Jesu« (»Sacré Cœur«). Ignatianische Spiritualität und Gleichförmigkeit mit dem Herzen Jesu sind die Grundlagen ihres Apostolats, das sich besonders auf erzieherische und schulische Tätigkeit erstreckt. Als Generaloberin (seit 1806) arbeitete sie unermüdlich für die Ausbreitung ihrer Kongregation, die bei ihrem Tod 3500 Schwestern zählte und weltweit verbreitet war.

KARL SUSO FRANK

Literatur: DIP 5, 799 ff.; J. DE CHARRY: Ste. M.-S., 1965; M. T. VIRNOT: Le charisme de Ste. M.-S., 2 Bde., 1975.

Magnus (Magnoald) **von Füssen,** heilig (6. Sept.), OSB, * um 700, † um 750. Wohl rätoromanischer oder alamannischer, nicht irischer Herkunft, missionierte der St. Galler Mönch mit seinem Gefährten Theodor im Allgäu im Auftrag von Bischof Wikterp von Augsburg. Während Theodor in Kempten blieb, baute M. eine Kirche in Waltenhofen und errichtete in Füssen eine Mönchszelle, wo er vermutlich auch bestattet wurde. Die Vita des M. wird im Umkreis von Ermenrich von Ellwangen, wohl auf Anregung des Augsburger Bischofs Lanto, durch Rückgriff auf verlorene Vorstufen des 8. Jh. entstanden sein. Der Bau einer Kirche zu Ehren des M. wurde erst von Bischof Nidker (vor 829/839?) begonnen und von Bischof Lanto (838–847?) vollendet; dorthin Translation der Gebeine. – Der volkstümliche Heilige (St. Mang) wurde zu den ↗Nothelfern gezählt (Segnung mit seinem angeblichen Reisestock gegen Ungeziefer, Mäuse usw.).

GEORG KREUZER

Quellen: Othloh de St. Emmeram, La vie de St. M. de Füssen, hg. v. M. COENS: AnBoll 81 (1963) 159–227; D. WALZ: Auf den Spuren der Meister. Die Vita des heiligen M. von Füssen, 1989.

Literatur: LMA 6, 96 f.; Wattenbach-Levison 6, 759 f.

Marcella von Rom, heilig (31. Jan.), * um 325, † 410. Über das Leben der früh verwitweten römischen Aristokratin unterrichten zahlreiche Briefe des ↗Hieronymus und die zwei Jahre nach ihrem Tod verfasste Vita (ep. 127 an Principia). Als Kind beeindruckt von Berichten des ↗Athanasius über das ägyptische Mönchtum, ist M. die Erste, die zwischen 355 und 373 (Begegnung mit Petrus von Alexandrien) beginnt, das Ideal asketischen Lebens in ihrem Palast auf dem Aventin zu verwirklichen. Zusammen mit ihrer Mutter Albina leitet sie einen Zirkel jungfräulich lebender, gebildeter Frauen aus der römischen Aristokratie, die sich mit Sprach- und Bibelstudien beschäftigen. Hieronymus stößt 382 zu dieser Gemeinschaft, er wird für die nächsten drei Jahre zu einem wichtigen Lehrer und geistlichen Begleiter. Seine umfangreiche Korrespondenz mit der intelligenten, einflussreichen und etwa 20 Jahre älteren M. dokumentiert ihre enge Verbindung, von der beide profitieren. M. stärkt die Position des Hieronymus in den origenistischen Streitigkeiten. Zugleich bewahrt sie ihre Selbständigkeit, indem sie weiter ihren Standespflichten nachkommt, weder den ganzen Besitz aufgibt noch übermäßig fastet oder mit nach Bethlehem kommt (ep. 43). 410 wird M. nach längerem Landaufenthalt bei der Plünderung Roms durch die Goten Alarichs verletzt und stirbt noch im selben Jahr.

HEIKE GRIESER

Quellen: Hieronymus: ep.: CSEL 54–56.

Literatur: BHL mit NSuppl 5222; BiblSS 8, 644 f.; Encyclopedia of the Early Church, Bd. 1 1992, 521; S. Rebenich: Hieronymus und sein Kreis, 1992; G. Clark: Women in late Antiquity, 1993; C. Krumeich: Hieronymus und die christlichen feminae clarissimae, 1993; G. Petersen-Szemerédy: Zwischen Weltstadt und Wüste, 1993; P. Laurence: M., Jérôme et Origène: Revue des études augustiniennes 42 (1996) 267–293.

Marcellinus (Marcellin-Joseph-Benoît) **Champagnat,** selig (1955; 6. Juni), Gründer der »Maristenschulbrüder«, * 20. 5. 1789 Marlhes, Loire, † 6. 6. 1840 Notre-Dame de l'Hermitage, Loire; 1816 Priester in Lyon; der Neupriester weihte sich (u. a. mit ↗Johannes-Baptist Vianney und Jean-Claude Colin) dem Dienst Marias. Als Vikar in La Valla/Mont Pilat (seit 1816) gründete er die Maristenschulbrüder innerhalb der Maristenkongregation, deren Aufbau und geistige Führung zur Lebensaufgabe des hervorragenden Pädagogen wurde. Zugang zu seiner Spiritualität: Avis, leçons, sentences du père Ch., [4]1927.

KARL SUSO FRANK

Literatur: AAS 92 (2000) 217 ff.; DIP 861–864; J. B. Furet: M. Ch., 1958; J. Thiry: Vie du B. M. Ch., 1968.

Marcellinus und Petrus, heilig (GK g 2. Juni), römische Martyrer; werden, zunächst wohl nur privat, seit der Mitte des 4. Jh. in der Katakombe »inter duos lauros« an der Via Labicana (heute Casilina) südöstlich vor Rom verehrt. Später werden sie deren Titelheilige. Frühestes schriftliches Zeugnis über sie ist das ihnen von Papst Damasus I. (366–384) gewidmete und über ihren Grabloculi angebrachte, freilich von legendarischen Zügen nicht freie Epigramm (ICUR 6, n. 16961), nach dem ihr Martyrium in die Zeit Diokletians zu datieren ist. Erst die Passio des 6. Jh. (BHL 5230) weiß, dass M. Priester und P. Exorzist war. Seit dem Ende des 6. Jh. gehören sie auch zu den Kanonheiligen des römischen Messformulars und existiert eine ihnen geweihte stadtrömische Titelkirche. Über ↗Beda Venerabilis († 735) gelangten M. und P. in die gallischen Martyrologien des 9. Jh. (Florus von Lyon, Ado von Vienne). Ihre herausragende Stellung in der Karolingerzeit verdanken sie jedoch ihrer Würde als Hauptheilige der Katakombe, wo sich über ihrem Grab das konstantinische Kaisermausoleum (Tor Pignattara: Bestattungsort ↗Helenas) mit daran anschließender Umgangsbasilika erhob. Von daher erklärt sich das Interesse Einhards an ihren Reliquien, ihr (vorgeblicher) Raub und ihre Translation nach Deutschland (Seligenstadt) im Jahre 827 als Schutzpatrone des Reiches (Translationsbericht BHL 5233: MGH.SS 15/1, 238–264). Unabhängig davon 828 Übertragung von Reliquien auch nach Soissons. Reliquienteile aus Seligenstadt wurden ins westliche Frankenreich verschenkt (z. B. St. Bavo in Gent, St. Servatius in Maastricht und in die Diözese Trier: Vallendar). In Cremona seit dem 11. Jh. Reliquien aus Rom (heute in der Kathedrale), deren Authentizität zu denen von Seligenstadt in Konkurrenz steht.

HANS REINHARD SEELIGER

Quellen: Die Übertragung und Wunder der heiligen M. und P., übersetzt von K. Esselborn, 1925, Nachdruck 1977; A. Ferrua: Epigrammata Damasiana, 1942, 160–163.

Literatur: E. Hosp: Die Heiligen des Canon Missae, 1926, 103–110; H. R. Seeliger: Die Geschichte der Katakombe ›inter duos lauros‹: J. G. Deckers u. a. (Hg.): Die Katakombe ›Santi M. e P.‹, 1987, 59–90.

Margareta von Antiochien, heilig (20. Juli), Jungfrau und Martyrin in Antiochien (Pisidien); sichere historische Nachrichten fehlen. Nach der von einem Theotimus verfassten, völlig legendarischen, mehrfach – auch lateinisch und volkssprachlich – überarbeiteten Passio war M. die Tochter eines heidnischen Priesters, der sie verstieß; in der diokletianischen Verfolgung wurde M. nach ihrem Kampf mit dem Teufel und wunderbar überstandenen Martern wegen ihrer Treue zum christlichen Glauben und zur Jungfräulichkeit enthauptet. In der griechischen Kirche wurde M. schon früh verehrt, im Westen erlangte der sich hier vom 7. Jh. an verbreitende Kult im späteren Mittelalter große Volkstümlichkeit. – M. zählt zu den Vierzehn ↗Nothelfern (besonders in Geburtsnöten), ihr Fest wurde ein wichtiger Termin im bäuerlichen Jahr (Erntebeginn, Wetterbeobachtung; Patronin des Nährstandes). Darstellung nach Motiven der in späterer Zeit weiter ausgeschmückten Legende, besonders als Siegerin über einen Drachen (= Teufel).

THOMAS BERGER

Literatur: BHG mit NAuct 1165–69d; BHL mit NSuppl 5303–13ab; AnBoll Inventaire hagiographique (1983), 264; BiblSS 8, 1150–65; EC 8, 66; HWDA 5, 1634–1638; LMA 6, 231 f. VerfLex² 5, 1239–47; VSB 7, 494 ff.; C. Pearce: The cult of St M. of Antioch: Feminist Theology (1997) 70–85.

Margareta (Marguerite) **Bourgeoys,** heilig (1982; 12. Jan.), Ordensgründerin, * 17. 4. 1620 Troyes, † 12. 1. 1700 Montréal; externes Mitglied des Konvents Notre Dame de Troyes. Begleitete 1653 den neuen Gouverneur Montréals in die Kolonie (Kanada), wo sie Schulen sowie die selbständige Schwesternkongregation »Notre Dame de Villemarie« mit französischen, frankokanadischen und irokesischen Mitschwestern gründete. Die Kongregation wurde 1671 vom König bestätigt, 1698 päpstlich anerkannt.

ANDREW F. WALLS

Quellen und Literatur: Les écrits de Mère B. Autobiographie et testament spirituel, 1964. – DHGE 10, 176 f.; K. BURTON: Valiant voyager: Blessed M. B. …, 1964.

Margareta von Schottland (von Ungarn), heilig (GK g 16. Nov.), * um 1044 Reska bei Nádasd in Ungarn (laut Überlieferung) oder Kiev (so Ronay), † 16. 11. 1093 Edinburgh; Tochter des aus England verbannten Eduard Ætheling und der ungarischen Prinzessin Agathe (vermutlich Halbnichte Kaiser Heinrichs III.; anders Ronay); 1057–66 am Hof Eduards des Bekenners; nach der Schlacht bei Hastings Flucht nach Schottland (1068) und um 1070 Heirat mit König Malcolm III. Canmore. Begünstigte kirchliche Reformen kontinentaler Observanz mit Unterstützung Erzbischof Lanfrancs von Canterbury und gründete das Benediktinerkloster Dunfermline (dort bestattet). Vor dem Hintergrund der schottischen Einigung unter König Alexander III. kurz vor 1250 kanonisiert; 1693 wurde wegen der katholischen schottischen Emigration das Fest auf die ganze Kirche ausgedehnt.

PETER JOHANEK

Quellen: ACTASS iun. 2, 320–340; BHL 5325–29; Symeonis Dunelmensis Opera …, hg. v. I. H. HINDE, 1868, 234–254 (Vita); The Gospel Book of Queen M., hg. v. W. F. LEITH, 1896; The Life of St. M. by Turgot, Bishop of St. Andrew's, ²1993.

Literatur: D. BAKER: ›A Nursery of Saints‹ – St. M. of Scotland reconsidered: Medieval Women, 1978, 119–141; L. L. HUNEYCUTT: The idea of the perfect princess: The life of St. M. in the reign of Matilda II (1100–18), 1990, 81–92; J. MACDONALD (Hg.): St. M., 1993.

Margareta-Maria (Marguerite-Marie) **Alacoque,** heilig (1920; Gk g 16. Okt.), Mystikerin, * 22. 7. 1647 Lauthecour in der Diözese Autun, † 17. 10. 1690 Paray-le-Monial; trat in das Kloster der Heimsuchung in Paray-le-Monial ein und legte 1672 ihre Profess ab. 1673 offenbarte ihr Jesus die Geheimnisse seines Herzens. 1675 forderte er sie auf, den Mangel an Achtung und die Sakrilegien, die ihm angetan wurden, wieder gutzumachen, und bat um die Einführung des Herz-Jesu-Festes am ersten Freitag nach der Oktav von Fronleichnam. Die Visionen setzten sich bis 1689 fort, immer mit Botschaften an die Herrschenden: Errichtung der Herrschaft des Herzens Jesu, Einfügung des Herzens in die Standarte des Königs … 1864 wurde sie seliggesprochen. Sie hat Aufzeichnungen zur Einkehr, kleinere geistliche Schriften und Briefe verfasst. Ihre Autobiographie ist ein wichtiger Beitrag zur Geschichte der Spiritualität (Einfluss der mittelalterlichen Mystik, ↗Franz von Sales, des Kardinals Pierre de Bérulle). Die zu M.-M.s Lebzeiten kaum übliche Herz-Jesu-Verehrung fand später große Verbreitung, wich aber stark von ihren Erfahrungen ab.

JACQUES LE BRUN

Literatur: DSP 10, 349–355; L. GAUTHEY (Hg.): M.-M. A. Vie et œuvres, 3 Bde., 1915; J.-J. LANGUET: La vie de la V. M. M.-M …, 1729, ²1890; P. BLANCHARD: S. M.-M. Expérience et doctrine, 1961; J. LE BRUN: Politique et spiritualité. La dévotion au Sacré Cœur à l'époque moderne: Concilium 69 (1971) 25–36; W. M. WRIGHT: A wide and fleshy love: Studies in Spirituality 10 (2000) 255–274.

Maria von Bethanien, heilig (29. Juli), die Schwester der ↗Martha und des ↗Lazarus (Joh 11 f.), ist in der johanneischen und lukanischen Gemeinde bekannt als hingebungsvolle Frau und bedeutende Jüngerin Jesu. Nach Joh 12,1–8 salbt sie Jesus mit kostbarem Öl und nimmt so prophetisch die Salbung seines Leichnams vorweg. In Lk 10,38–42 lauscht M. den Worten Jesu und vernachlässigt darüber ihre Hausfrauenrolle. Auf die Kritik Marthas hin bestätigt Jesus das Verhalten M.s. Indem sie den Anforderungen des Alltags entsagt, um sich ganz dem Evangelium zu widmen, erweist sie sich als dienstbereite Jüngerin. Bemerkenswert ist, wie selbstverständlich rechtes Jüngerverhalten hier anhand einer Frauenerzählung verdeutlicht wird. Möglicherweise reagiert Lukas damit auf Strömungen, die die Rolle der Frauen im frühchristlichen Gemeindeleben beschneiden wollten (so Petzke 113 f.; Brutschek, Anliegen 95). Die traditionelle typologische Deutung der Schwestern als Symbole der Vita activa und contemplativa (grundgelegt von Origenes) war nie Sententia communis der Exegeten und wird heute allgemein abgelehnt, da sie die lukanischen Anliegen blockiert (Brutschek, aaO. 85). Meister Eckehart weicht in ungewöhnlicher Weise von ihr ab (J. Quint: Werke, Bd. 3 1976, 481–492). Eine eigenständige Tradition über M. als ergebene Jüngerin Jesu fehlt weitgehend, da sie vom 6. Jh. an mit ↗Maria Magdalena (22. Juli) identifiziert wurde.

REGINA RADLBECK-OSSMANN

Literatur: D. A. Csányi: Die Auslegung von Lk 10,38–42 in Geschichte und Gegenwart, 1959; J. Brutschek: Die M.-Marta-Erzählung, 1986; dieselbe: Lukanisches Anliegen in der M.-Marta-Erzählung: Geist und Leben 62 (1989) 84–96; I. R. Kitzberger: M. of Bethany and Mary of Magdala: New Testament Studies 41 (1995) 564–586.

Maria Magdalena, heilig (GK G 22. Juli). Als österliche Erstzeugin und herausragende Frauengestalt des Neuen Testaments wird M. als allein lebende Frau durch ihren Herkunftsort Magdala identifiziert. Nach ihrer Heilung von schwerer Krankheit (Lk 8,2) folgt sie Jesus zusammen mit anderen Frauen von Galiläa aus nach. Dass neutestamentliche Frauenlisten sie stets an erster Stelle nennen, belegt ihre Bedeutung als Jüngerin. M. beobachtet Kreuzigung, Kreuzesabnahme und Grablegung (Mk 15,40 par.; Joh 19,25). Nach synoptischer Tradition (Mk 16,1–8; Mt 28,1–8; Lk 24,1–12) geht M. zusammen mit anderen Frauen zum Grab. Engel offenbaren, dass Jesus auferstanden ist, und beauftragen sie, dies den Jüngern mitzuteilen. Nach Markus unterdrücken die Frauen ihr Osterzeugnis aus Furcht, nach Matthäus und Lukas bleibt es wirkungslos, die Jünger zweifeln es an. Mt 28,9 f. und der sekundäre Markusschluss berichten zudem von einer Begegnung mit Jesus selbst, der M. M. und die Frauen erneut ausdrücklich mit der Osterbotschaft betraut. In der johanneischen Tradition (Joh 20,1–10) kommt M. alleine zum Grab, findet es leer und berichtet Petrus und dem Lieblingsjünger davon. Zum Grab zurückgekehrt, begegnet sie Jesus, den sie erst erkennt, als dieser sie anspricht. Dabei erfährt sie zugleich Jesu Nähe und Distanz: »Noli me tangere!« Das μή μου ἅπτου, zu übersetzen mit »Halt mich nicht fest!« betont, dass Jesus auf neue Weise lebt.

Für westliche (↗Augustinus, ↗Hippolyt von Rom) und östliche (↗Johannes Chrysostomus, ↗Cyrill von Alexandrien) Kirchenväter ist M. erste Osterbotin und neue Eva (vgl. A. Jensen: Bader 35–42). Hippolyt von Rom nennt sie »Apostelin der Apostel« (Commentarius in Canticum Canticorum, hg. v. N. Bonwetsch, 67). Die Magdalenenhomilien ↗Gregors des Großen verschmelzen M. gegen den biblischen Befund mit der namenlosen Büßerin aus Lk 7 und Maria von Betanien. Die Westkirche folgt Gregor darin. Dessen ungeachtet bleibt das Wissen um M. als erste Osterbotin lebendig. Als Frau, der in Anlehnung an Joh 20,17 die Osterbotschaft vor allen anderen Menschen anvertraut wurde, wird M.

im Mittelalter zum Bild für die Kirche (vgl. E. Gössmann: Bader 55f.). Zu dieser Zeit werden mit Maria von Ägypten und der Samariterin am Jakobsbrunnen (Joh 4) zwei weitere Frauen ins Magdalenenmotiv eingewoben. Die Legende macht M. zusammen mit ↗Martha und ↗Lazarus zur Missionarin Frankreichs. Bekannt ist die große Magdalenenwallfahrt von Vézelay in Burgund und von St-Maximin-la-Ste-Baume in der Provence.

Nach dem Zweiten Vaticanum wurde die authentische M. wieder entdeckt, ihr Bild setzt sich zögernd durch. Die Ostkirche ehrt die Frau aus Magdala neben der Apostelin Junia als apostelgleiche Frau (Liturgikon, hg. v. N. Edelby, 1042 bzw. 1040).

REGINA RADLBECK-OSSMANN

Literatur: DSp 10, 559–575; D. Bader (Hg.): M. Zu einem Bild der Frau in der christlichen Verkündigung, 1990; R. Atwood: M. in the New Testament Gospels and Early Tradition, 1993; I. Maisch: M., 1996; E. Mohri: M., 2000; K. L. Jansen: The making of the Magdalen, 2000; R. Nordsieck: M., die Frau an Jesu Seite, 2001; J. Schaberg: The resurrection of M., 2002; A. G. Brock: M., the first apostle, 2003.

Maria Magdalena
(Darstellung um 1500)

Maria, Mutter Jesu

1. Neues Testament · 2. Historisch-theologisch · 3. Marienfeste

1. *Neues Testament.* M.s Name erscheint in den Evangelien in der Form Μαριάμ; Μαρία nur Lk 2,19. In den Kindheitsgeschichten Jesu begegnet M. namentlich Mt 1,16. 18 (»seine Mutter M.«). 20 (»M., deine Frau«); 2,11 (»M., seine Mutter«); nicht namentlich Mt 1,24 (»Frau« des Josef); 2,13. 14 (»das Kind und seine Mutter«). Namentlich bei Lk 1,27 (»der Name der Jungfrau war M.«). 30 (»fürchte dich nicht, M.«). 34. 38. 39. 41. 46. 56 (»M.«); 2,5 (»M., seine Verlobte«). 16 (»M. und Josef und das Kind«). 19 (»M.«). 34 (»M., seine Mutter«); unter der Bez. »Mutter (Jesu)« Lk 1,43 (»die Mutter meines Herrn«); 2,33 (»sein Vater und seine Mutter«). 48 (»seine Mutter«). 51b (»seine Mutter«). Außerhalb der Kindheitsgeschichten begegnet M. namentlich Mk 6,3 (»der Sohn der M.«) par. Mt 13,55b (»seine Mutter M.«); unter der Bezeichnung »Mutter« (Jesu) Mk 3,31 parr. (»seine Mutter und seine Brüder«); Joh 2,1. 3 (»die Mutter Jesu«); 2,5 (»seine Mutter«). 12 (»seine Mutter und seine Brüder und seine Jünger«); 6,42 (»dessen Vater und Mutter wir kennen«); 19,25 (»seine Mutter und die Schwester seiner Mutter«). 26 (»die Mutter«). 27 (»da ist deine Mutter«).

M. ist Jüdin, vermutlich aus priesterlichem Geschlecht stammend, da ihre Verwandte Elisabet mit dem Priester Zacharias verheiratet ist. Sie ist Mutter des Messias in der Thronfolge Davids (Lk 1,32b. 33); Mutter Gottes, da das Leben ihres Kindes in der Überschattung durch den Heiligen Geist und die Kraft des Höchsten in ihrem Schoß geweckt wurde, weshalb ihr Kind »Sohn Gottes genannt werden wird« (Lk, 1,35; vgl. auch 1,43: »Mutter meines Herrn«). Sie ist Mutter der Glaubenden (»mater credentium«) als die exemplarisch Glaubende (1,45: »Heil der, die geglaubt hat ...«). Sie ist die unter allen Frauen Gepriesene (1,42b). Sie ist Glied der Kirche (Apg 1,14) und Mutter der Kirche (Joh 19,26 f.).

Lk 1,48b (Magnificat) sagt M. ihre Verehrung prophetisch an: »von jetzt an werden mich seligpreisen alle Geschlechter«. Diese Ansage M.s, auch wenn sie nicht wörtlich aus ihrem Mund stammen sollte, wäre vermutlich nicht in die frühe Überlieferung über die Lebensanfänge Jesu eingegangen und von Lukas in sein Evangelium aufgenommen worden, wenn man nicht in M. eine verehrungswürdige Gestalt gesehen hätte, so dass man sagen kann, dass sich bereits in der Urkirche Anfänge einer M.-Verehrung finden, die sich bei »allen Geschlechtern« fortsetzen wird.

FRANZ MUSSNER

LTHK³ 6, 1318–21 (ungekürzte Fassung).

Literatur: R. MAHONEY: Die Mutter Jesu im Neuen Testament: G. DAUTZENBERG U.A. (Hg.): Die Frau im Urchristentum, 1983, 92–116; F. MUSSNER: M., die Mutter Jesu im Neuen Testament, 1993; Handbuch der M.-Kunde, hg. v. W. BEINERT – H. PETRI, ²1996, 15–98; U. WILCKENS: M. im Neuen Testament: Theologische Revue 91 (1995) 215 ff.

2. *Historisch-theologisch.* Wie an keiner anderen Person der nachneutestamentlichen Heilsgeschichte zeigt sich an der Gestalt der Mutter Jesu eine schon biblisch angedeutete und legitimierte (Lk 1,46–55) Interaktion zwischen dogmatischer Reflexion und Frömmigkeit, die die Glaubenseinsicht umsetzt in nahezu alle Formen christlicher Lebensäußerung (Anrufung, Lobpreis, Feste, Askese, Ordensspiritualität, bildende Kunst, Literatur, Brauchtum). Die Zuwendung zu M. ist daher sehr oft auch emotional geprägt. Die Dogmatik ihrerseits erfährt nachhaltige Impulse für ihre Traktate (besonders Christologie, Ekklesiologie, Theologische Anthropologie, Gnadenlehre, Eschatologie), für welche M. zum Schnitt- und Interpretationspunkt wird. Auf beiden Gebieten (dogmatische Reflexion und Frömmigkeit) kamen zudem immer biblische, historische, geistliche, systematische und symbolische Perspektiven in Anwendung, die alle je nach Maßgabe ihres Gewichts zu berücksichtigen sind, die aber problematisch werden, wenn eine auf Kosten der anderen Vorrang bekommt. Das »Thema« M. hat daher in der Theologiegeschichte kritische Aufmerksamkeit gefunden und ist stets auch ökumenisch relevant gewesen. Als einzige hat die römisch-katholische Theologie anders als die Kirchen der Reformation und die Ostkirche eine eigene systematische Disziplin, die Mariologie, entwickelt.

Im Einzelnen lassen sich fünf Epochen unterscheiden: a) Bis Ephesus (431) ist M., vorgegeben durch das Neue Testament, ganz in die Christusverkündigung integriert. Ihr Name steht für die wahre Gottheit und die wahre Menschheit ihres Sohnes, hat also heilsgeschichtliche Bedeutung. Diese artikuliert sich in der Bezeichnung »neue Eva« (Justin) und »Gottesgebärerin« (θεοτόκος), die, erstmals 325 (Alexander von Alexandrien) bezeugt, in Ephesus dogmatischen Rang bekommt (DH 252). Neutestamentlich veranlasst ist auch das Nachdenken über die Jungfräulichkeit M.s, deren Totalität mit dem Terminus »Immerjungfrauschaft« (Konzil von Konstantinopel 553) verdeutlicht wird.

b) Von 431 bis ins 12. Jh. wird eine weitere theologische Linie ausgezogen: M. wird aufgrund ihrer Erwählung und de-

ren Annahme zum Typus der Kirche, zur Fürsprecherin und Schwester der Mitchristen (Andreas von Kreta nennt sie erstmals »Mittlerin«, ↗Athanasius »Schwester im Glauben«, ↗Augustinus »Mutter der Glieder«). Während im Osten diese Momente vornehmlich Gegenstand der spirituellen Meditation bleiben, wendet sich der Westen mehr der gedanklichen Erschließung zu, die soteriologisch präzisiert wird.
c) Vom 12. bis in die Mitte des 19. Jh. richtet sich das Interesse auf Person und Heilsaufgabe M.s, zum einen durch systematische Darstellungen, in der Hochscholastik innerhalb der Christologie (Petrus Lombardus, ↗Thomas von Aquin), seit dem Barock in eigenen Traktaten. Darin bekommt immer höheren Rang die Diskussion über M.s Anfang und Ende, die mit der Dogmatisierung der Unbefleckten Empfängnis 1854 bzw. der Aufnahme M.s in den Himmel 1950 beendet wird. Zum anderen erschließen sich aus den Konklusionen der Theologen die Privilegien oder »Herrlichkeiten« (↗Alfons Maria von Liguori) M.s, die zum Aufschwung der M.-Verehrung führen, welche ihrerseits durch die protestantische Kritik retardiert, dann aber unter gegenreformatorischen Vorzeichen intensiviert wird. Das 17. Jh. wird zum marianischen Goldenen Zeitalter, in dem die Lehre von der Miterlöserschaft und geistlichen Mutterschaft M.s ausgebaut wird.
d) »Das Marianische Jahrhundert« (1850–1950) führt zur Verselbständigung der Mariologie. Kennzeichnende Leitworte sind »De Maria numquam satis« und »Quod Deus (relate ad Mariam) potuit, quod decuit, et fecit«. Während sie in der sogenannten christotypischen Richtung mehr auf die Seite des göttlichen Sohnes rückt, unterstreicht die ekklesiotypische Mariologie die Einbindung in die Gemeinschaft der Glaubenden.
e) Seit dem Zweiten Vatikanischen Konzil (Einordnung M.s in die heilsgeschichtliche Kirchenlehre) versuchen die Theologen unter ekklesiologischer Perspektive eine personal-strukturelle Mariologie zu entwickeln: Die heilsgeschichtliche Tragweite des Glaubens M.s für die Kirche wird reflektiert. Lebhafte Impulse gehen von der feministischen Theologie, Befreiungs- und kontextuellen Theologien, aber auch von päpstlichen Dokumenten wie *Marialis cultus* Pauls VI. (1974) oder *Redemptoris Mater* Johannes Pauls II. (1984) aus.

WOLFGANG BEINERT

LThK³ 6, 1321 f. (ungekürzte Fassung).

Quellen: S. ÁLVAREZ CAMPO: Corpus marianum patristicum, 8 Bde., 1970–85; A. ACKERMANN: Ste. M., Textes du magistère catholique et des théologiens, 1987; F. COURTH: Mariologie, 1991.
Literatur: T. KOEHLER: La Storia della Mariologia, 5 Bde., 1971–76; S. DE FIORES: M. nella teologia contemporanea, ²1987; Handbuch der Dogmengeschichte, hg. v. M. SCHMAUS U. A., 1951 ff., Bd. 3/4; Handbuch der M.-Kunde, hg. v. W. BEINERT – H. PETRI, ²1996, 99–266; K.-H. MENKE: Fleisch geworden aus M., 1999.

3. *Marienfeste.* Bei der Feier der Mysterien Christi im liturgischen Jahr verehrt die Kirche »mit besonderer Liebe M., die selige Gottesgebärerin, die durch ein unzerreißbares Band mit dem Heilswerk ihres Sohnes verbunden ist« (*Sacrosanctum Concilium* 103). Diese Wertschätzung (vgl. *Lumen gentium* 52–69) spiegelt sich in den marianischen Hochfesten, Festen und Gedenktagen wider. Alle M.-Feste sind der Feier des Heilswerks Christi zu- bzw. nachgeordnet.
Die Zahl der M.-Feste ist in der Geschichte zwar einem ständigen Wandel unterworfen gewesen, zeigt aber bei den wichtigsten M.-Festen Konstanz in

Kontinuität. Nach der Neuordnung des liturgischen Kalenders (1969) kennt die römische Liturgie für die Gesamtkirche drei Hochfeste, zwei Feste und acht Gedenktage (je vier gebotene und nicht gebotene). Alle Gedenktage haben ursprünglich eher lokalen Charakter.

a) *Hochfeste* (H): 1) *Hochfest der Gottesmutter Maria* (1. Jan.). Dieses M.-Fest, Teil der Weihnachtsoktav und ältestes römisches M.-Gedächtnis im Anschluss an die Feier der Geburt des Herrn (25. Dez.), ist 1969 auf seinen ursprünglichen Platz zurückgekehrt. Als Begleitfest der Feier der Geburt Christi kennen der byzantinische, der ost- und westsyrische Ritus ein M.-Fest am 26. Dez., der koptische Ritus am 16. Jan. Das bei der 1500-Jahr-Feier des Konzils von Ephesus (431) durch Pius XI. 1931 eingeführte und auf den *11. Okt.* gelegte »Fest der Mutterschaft der allerseligsten Jungfrau M.« wurde 1969 wegen des M.-Fests vom 1. Jan. getilgt.

2) *Aufnahme Marias in den Himmel* (15. Aug.). Volkstümlich heißt dieses Fest Mariä Himmelfahrt, in Süddeutschland und Österreich auch Hoher oder Großer Frauentag. Nach der Dogmatisierung der leiblichen »Aufnahme M.s in den Himmel (1. 11. 1950; DH 3900–04) wurden die Texte in Messbuch und Tagzeitenliturgie erneuert. Mit diesem M.-Fest ist die »Kräuterweihe« verbunden. Am Beginn der Festgeschichte steht ein Gedächtnis der Gottesmutter, das gegen Ende des 4. Jh. in Syrien begangen wird, um die Mitte des 5. Jh. am 15. Aug. für Jerusalem bezeugt ist, sich dann im ganzen Osten ausbreitet und zu einem Fest des Heimgangs M.s (»pausatio«, »dormitio«) wandelt. In dieser Gestalt fand es um die Mitte des 7. Jh. Eingang in die römische Liturgie.

3) *Hochfest der ohne Erbsünde empfangenen Jungfrau und Gottesmutter Maria* (8. Dez.). Dieses M.-Fest feiert den Glauben der Kirche, dass M. vom ersten Augenblick ihres Daseins im Schoß ihrer Mutter an »von jeglichem Makel der Urschuld unversehrt bewahrt wurde« (DH 2803). Das um 700 entstandene byzantinische Fest »Empfängnis der heiligen Anna« vom 9. Dez. gelangte über Unteritalien nach England und Frankreich, wo es den Akzent wechselte und das unbefleckte Empfangenwerden M.s hervorhob. Sixtus IV. approbierte es 1476 für diese Regionen als Fest der »Empfängnis der unbefleckten M.«, Clemens XI. dehnte es 1708 auf die ganze römische Liturgie aus. Nach der Dogmatisierung von 1854 hat man die liturgischen Texte präziser gefasst.

b) *Feste* (F): 1) *Heimsuchung Marias* (Visitatio BMV, 31. Mai). Dieses Fest basiert auf dem biblischen Bericht vom Besuch M.s bei ihrer Verwandten ↗Elisabeth (Lk 1,39–56), der auch das Magnificat (Lk 1,46–55) enthält. Das im Franziskanerorden entstandene und 1263 von ↗Bonaventura eingeführte M.-Fest wurde am 2. Juli, am ersten Tag nach Abschluss der (1955 getilgten) Oktav des Festes der Geburt ↗Johannes' des Täufers (24. Juni), begangen und von Pius V. 1568 ins Brevier, 1570 ins Missale Romanum und somit in den allgemeinen Festkalender aufgenommen. Seit 1969 hat das M.-Fest im Generalkalender seinen sinnvolleren Platz vor der Feier der Geburt des heiligen Johannes, und zwar am 31. Mai. In den Bistümern des deutschen Sprachgebiets ist mit Rücksicht auf die Verwurzelung der Volksfrömmigkeit der alte Termin (2. Juli) beibehalten worden.

2) *Geburt Marias* (8. Sept.). Seit dem 7. Jh. in Rom nachweisbar, geht dieses Fest auf das Weihefest der Annakirche in Jerusalem zurück, die angeblich am Ort des Geburtshauses M.s errichtet worden ist. Aus den Hymnen ↗Romanus' des Meloden, um 500 Diakon in Konstantinopel, lässt sich erschließen,

dass dieses Fest schon zu seiner Zeit im Volk verwurzelt gewesen sein muss.
c) *Gebotene Gedenktage* (G): 1) *Maria Königin* (22. Aug.). Papst Pius XII. hat 1954 zum Abschluss des »Marianischen Jahres« dieses aus teilkirchlichen Feiern des 19. Jh. entstandene Fest mit der Enzyklika *Ad caeli reginam* vom 11.10. 1954 (AAS 46 [1954] 633–636) für die ganze Kirche des römischen Ritus vorgeschrieben und als Termin den *31. Mai,* den letzten Tag des M.-monats, bestimmt. 1969 erhielt das Fest seinen heutigen Platz am 22. Aug., dem ehemaligen Oktavtag der Aufnahme M.s in den Himmel [s. o. a) 2)].
2) *Gedächtnis der Schmerzen Marias* (15. Sept.). Das aus der mittelalterlichen Verehrung der Mater dolorosa hervorgegangene »Fest der sieben Schmerzen der seligen Jungfrau M.« wurde von Benedikt XIII. 1724 unter diesem Titel auf die ganze lateinische Kirche ausgedehnt. Begangen am Freitag vor dem Palmsonntag (»Schmerzensfreitag«). Ein ähnliches Fest des Servitenordens am dritten Sonntag im September, das Pius VII. 1814 allgemein eingeführt hatte, verlegte Pius X. 1913 wegen des Vorrangs der Sonntagsfeier auf den 15. Sept. (Tag nach Kreuzerhöhung). Das Fest am Freitag vor dem Palmsonntag wurde 1969 getilgt (Doppelung).
3) *U. L. F. vom Rosenkranz* (7. Okt.). Der Gedenktag verdankt seine Entstehung dem Rosenkranzgebet und den Rosenkranzbruderschaften des 15./16. Jh. Seine Wurzeln sind ein für 1547 nachgewiesenes Rosenkranzfest in Spanien, der Sieg über die Türken in der Seeschlacht von Lepanto am 7.10.1571 und ein von Pius V. gestattetes Fest (BMV de victoria) am Jahrestag dieser Schlacht. Gregor XIII. gewährte 1573 ein Fest des heiligen Rosenkranzes am ersten Sonntag im Oktober für alle jene Kirchen, die einen Rosenkranzaltar besaßen. Unter Pius X. kehrte die Feier zu ihrem ursprünglichen Termin (7. Okt.) zurück.
4) *U. L. F. in Jerusalem* (21. Nov.). Im Abendland kennt man ein Fest der Darstellung M.s (In Praesentatione BMV; Opferung M.s) seit dem 11. Jh.; 1472 wurde es von Sixtus IV. in Rom eingeführt. Pius V. verweigerte trotzdem seine Rezeption in den allgemeinen Festkalender, Sixtus V. hingegen schrieb sie 1585 vor. Den ersten Anstoß zu diesem M.-Fest lieferte offenbar die Weihe der Kirche S. M. Nova in Jerusalem am 21.11.543. Daraus entwickelte sich ein Gedächtnis der »Darstellung der seligen Jungfrau M.« (vgl. den Titel in der lateinischen Ausgabe des Missale Romanum 1970). Darin spiegelt sich die Übernahme eines Berichts aus dem apokryphen Jakobusevangelium (Kapitel 7) wider, nach welchem Maria im Alter von drei Jahren den »Tempeljungfrauen« zugesellt worden sei. Mit dieser Interpretation zeigt sich das M.-Fest im 8. Jh. in Konstantinopel. Im 12. Jh. kommt es in dieser Prägung nach England, im 14. Jh. nach Frankreich (Avignon 1371). Die im deutschen Sprachgebiet gewählte neutralisierende Bezeichnung zeugt angesichts des legendären Ursprungs dieses M.-Fests von weiser Zurückhaltung.
d) *Nichtgebotene Gedenktage* (g): 1) *U. L. F. in Lourdes* (11. Febr.). Aus dem »Fest der Erscheinung der unbefleckten Jungfrau M.«, das Pius X. zur 50-Jahr-Feier der M.-Erscheinungen von Lourdes (11.2.–16.7.1858) am 11.2.1908 eingesetzt hatte, ist bei der Neuordnung von 1969 unter Beibehaltung des Termins der »Gedenktag U. L. F. in Lourdes« geworden. Die heutige Bezeichnung wird dem Desiderat des nicht zu fordernden Glaubensgehorsams gegenüber Privatoffenbarungen gerecht.
2) *Unbeflecktes Herz Mariä* (Samstag nach dem zweiten Sonntag nach Pfingsten). Das von ↗ Johannes Eudes († 1680)

eingeführte und aus der Herz-Mariä-Verehrung erwachsene Ordensfest schrieb Pius XII. 1944 für die ganze Kirche vor. Damaliger Termin: 22. Aug. Seit 1969 nicht gebotener Gedenktag am Samstag nach dem Herz-Jesu-Fest.
3) *U. L. F. auf dem Berge Karmel* (16. Juli). Ursprünglich ein M.-Fest der Karmeliten und gegen Ende des 14. Jh. entstanden, wurde es 1726 von Benedikt - XIII. auf die ganze Kirche ausgedehnt. Schon im Codex rubricarum von 1960 wurde das Fest zurückgestuft.
4) *Mariä Namen (12. Sept.).* Nach der Befreiung Wiens von der Bedrohung durch die Türken am 12.9.1683 führte Innozenz XI. dieses M.-Fest, das im 16. Jh. in Spanien aufgekommen war, für die ganze Kirche ein. Im römischen Kalender ist es seit 1969 mit Rücksicht auf »Geburt M.s« [8. Sept.; s.o. b) 2)] entfallen, im Regionalkalender für das deutsche Sprachgebiet wurde es wegen des historischen Bezugs als Gedenktag beibehalten.
e) *Feste mit marianischer Dimension und weitere Marienfeste:* Die bis 1969 unter den Namen »Mariä Reinigung« und »Mariä Lichtmess« (In Purificatione BMV) und »Mariä Verkündigung« (In Annuntiatione BMV) bekannten Feste vom 2. Febr. bzw. 25. März haben neue Bezeichnungen erhalten: »Darstellung des Herrn« (2. Febr.) und »Verkündigung des Herrn« (25. März). Obwohl diese Tage dadurch eindeutig als Herren- oder Christusfeste ausgewiesen sind, bleiben marianische Motive untrennbar mit deren Festinhalten verbunden. Marianisch geprägt ist auch das Gedächtnis der Weihe der Basilika S. M. Maggiore in Rom (5. Aug.).
Das bis 1969 am *24. Sept.* begangene Ordensfest »M. vom Loskauf der Gefangenen« der Mercedarier findet man nicht mehr im liturgischen Kalender der Gesamtkirche, ein Beispiel, das auf die Existenz regionaler, ordenseigener und lokaler M.-Feste hinweist, die ihrerseits in allen Rangstufen auftreten können, wie in den Bistümern Bayerns das Hochfest »M., Schutzfrau Bayerns« (Patrona Bavariae) am 1. Mai bestätigt. Vor allem in der Feier der Liturgie geschieht nach Paul VI. (*Marialis cultus* 15) »die Fortsetzung und Bereicherung [...] jener Verehrung, welche die Kirche zu allen Zeiten der Gottesmutter erwiesen hat«. Die liturgische Tradition der M.-Verehrung stellt die »regula aurea christlicher Fömmigkeit« (ebd. 23) dar.

THEODOR MAAS-EWERD

Quellen: Calendarium Romanum Generale. Editio typica, 1969, 84–158; Der Römische Kalender: Nachkonziliare Dokumentation, Bd. 20 1969, 135–225; PAUL VI.: Apostolisches Schreiben ›Marialis cultus‹ von 2.2.1974: AAS 66 (1974) 113–168 = Enchiridion documentorum instaurationis liturgicae, hg. v. R. KACZYNSKI, Bd. 2 1988, nn. 3219–3280; Die Neuordnung der Eigenkalender für das deutsche Sprachgebiet (mit Kommentar von P. Harnoncourt): Nachkonziliare Dokumentation Bd. 29, 1975.

Literatur: MARL 6, 596–599; W. BEINERT (Hg.): M. heute ehren, 1977, 92–226; L. HEISER: M. in der Verkündigung des orthodoxen Kirchenjahres, 1981; A. ADAM – R. BERGER: Pastoralliturgisches Handlexikon, 1980, 333–337; Handbuch der Marienkunde, hg. v. W. BEINERT – H. PETRI, 1984, 413–439; G. VOSS: Dich als Mutter zeige. M. in der Feier des Kirchenjahres, 1991, 99–232.

Maria de Cervellón, heilig (Kultapprobation 1692; 19. Sept.), erste Mercedarierin, Gründerin des weiblichen Zweigs des OdeM, *10.12.1230 Barcelona, †19.(25.)9.1290 ebd.; trug seit 1260 den Habit der Mercedarier, stand unter deren geistlicher Leitung, lebte jedoch im Elternhaus. Ab 1265 gemeinsames Leben mit gleich gesinnten Frauen aus

Barcelona unter Führung der Mercedarier und ihnen in der Sorge der Sklavenbefreiung verbunden. Ihre Wohltätigkeit und Hilfe in Seenot trug ihr posthum den Namen »Maria von der Hilfe« (M. de Socos, de succursu) ein. Grab in der Mercedarierkirche in Barcelona.

KARL SUSO FRANK

Literatur: BIBLSS 8, 1044 f.; DIP 5, 945 f. 1232 ff.

Maria De Mattias, heilig (2003; 4. Febr.), Ordensgründerin, * 4. 2. 1805 Vallecorsa bei Frosinone, † 20. 8. 1866 Rom; 1822 Begegnung mit Gaspare del Bufalo, der mit ihr später (1834) in Acuto bei Frosinone die Kongregation der »Anbeterinnen des Kostbaren Blutes« gründete, die sie bis zu ihrem Tode leitete. Missionarische Spiritualität, die zu umfassender apostolischer Tätigkeit drängte: Erziehung und Schule, Verbesserung der Situation der Frau, Humanisierung der Gesellschaft. Etwa 2500 Briefe sind erhalten.

KARL SUSO FRANK

Literatur: DIP 3, 435 ff.; H. RITTER VON WURMB: Ein Frauenleben im Dienst des Höchsten, 1965; P. SCIADINI: In cammino verso Dio, 1973.

Maria Goretti, heilig (1950; GK g 6. Juli), * 16. 10. 1890 Corinaldo, † 6. 7. 1902 Nettuno. Nach dem Tod des Vaters 1900 übernahm sie fast alle häuslichen Aufgaben, damit die Mutter den Lebensunterhalt verdienen konnte. Mehrmals stellte ihr ein durch unsittliche Lektüre aufgereizter Zwanzigjähriger unter Drohungen nach. Da sie sich ihm widersetzte, brachte er ihr am 5. 7. 1902 14 schwere Stichwunden bei, an denen sie, ihrem Mörder verzeihend, starb.

HELMUT MOLL

Literatur: AAS 42 (1950) 579–582; A proposito di M. G. Santità e Canonizzazione, 1986; V. RUEF: Die wahre Geschichte von der heiligen M. G., [12]1993; E. STENZEL: M. G. oder wie Heilige gemacht werden: Concilium 30 (1994) 165–170.

Maria (Marie) **Poussepin,** selig (1994; 24. Jan.), Ordensgründerin, * 14. 10. 1653 Dourdan, Essonne, † 24. 1. 1744 Sainville, Eure-et-Loir. Nach Sanierung des elterlichen Betriebs wurde sie 1691 Dominikanerterziarin und widmete sich sozialen Aufgaben. 1696 gründete sie in Sainville eine Terziarinnengemeinschaft für Unterricht und Krankenpflege, die sich, 1738 bestätigt, zur Kongregation der »Sœurs de Charité dominicaines de la Présentation« (Tours) entwickelte. Zurzeit etwa 3500 Schwestern in rund 30 Ländern.

MEINOLF LOHRUM

Literatur: G. THÉRY: Recueil des Actes de la Vénérable M. P., 2 Bde., 1938. – AAS 86 (1994) 446 ff.; BIBLSS 10, 1076–82; CATH 11, 694 ff.; DIP 7, 194 f.; DSP 12, 2037–40; B. PRÉTESEILLE: M. P. ou l'Exercice de la Charité, 1989; M. SAINT-JEAN: L'itinéraire d'une fondatrice: Mémoire Dominicaine (1992) 17–40.

Maria Cruzifixa (Maria Crocifissa) **Di Rosa** (Taufname: Paola), heilig (1954; 15. Dez.), Ordensgründerin, * 6. 11. 1813 Brescia aus adliger Familie, † 15. 12. 1855 ebd.; widmete sich zusammen mit Gabriella Echenos Bornati während der Choleraepidemie 1836 in Brescia der Pflege der Kranken und gründete dort 1840 die Kongregation der »Ancelle della Carità«.

HEINZ MEINOLF STAMM

Literatur: AAS 47 (1955) 236–246; DIP 1, 552; 5, 947 f. EC 4, 1735; A. MONTICONE U. A.: Una intuizione di carità, 1991; P. FALCONI: Alle radici di un carisma, 1997.

Maria Dominika (Domenica) **Mazzarello,** heilig (1951; 14. Mai), * 9. 5. 1837 Mornese in Piemont, † 14. 5. 1881 Nizza

Monferrato. Seit 1864 in der Gefolgschaft ↗Johannes Boscos, wurde sie 1872 Mitgründerin und erste Oberin der von ihm zur religiösen und schulischen Unterweisung mittelloser Mädchen gegründeten Kongregation der »Figlie di Maria Ausiliatrice« (FMA), auch »Salesiane di Don Bosco« genannt (1997 mit 16350 Mitgliedern die größte weibliche Kongregation der katholischen Kirche). Ihr Grab ist in der Basilika S. Maria Ausiliatrice in Turin.

HEINZ-MEINOLF STAMM

Werke: La sapienza della vita. Lettere di M. D. M., ³1994.

Literatur: DIP 3, 1609–1613; 5, 949 ff.; D. Agasso: M. M., 1993; M. E. Posada: Alfonso de Liguori e la spiritualità cristocentrica di M. D. M.: ›In lui ci ha scelti‹. FS G. Gozzelino, 2001, 335–351.

Maria Elisabeth Hesselblad, selig (2000; 24. April), Ordensgründerin, * 14. 6. 1870 Faglavik, Schweden, † 24. 4. 1957 Rom; stammte aus lutherischer Familie, 1902 katholisch, kam 1904 nach Rom. Mit Erlaubnis Pius' X. nahm sie das Ordenskleid der Birgittinnen und legte Profess ab »als arme Tochter der heiligen Birgitta ganz allein in Rom«. Längere Reisen zu europäischen Birgittinnenklöstern. Rückkehr nach Rom und 1911 Gründung eines neuen Zweiges des Birgittenordens als reinen Nonnenordens (»Schwestern des Heiligsten Erlösers von der heiligen Birgitta«, OSsS). 1931 erhielt sie das Haus der heiligen ↗Birgitta in Rom (Piazza Farnese). 1935 kehrten Birgittinnen nach Vadstena (Schweden) zurück. Der Orden zählte 2001 etwa 500 Schwestern in 40 Klöstern u. a. in Italien, Schweden, der Schweiz, Indien, Mexiko, den USA, Finnland.

KARL SUSO FRANK

Literatur: AAS 92 (2000) 846 ff.; DHGE 24, 287 f.; DIP 4, 1530 f.; 8, 854 f.; MarL 3, 174; M. Tjader: Mother E. The resurgence of the Order of St. Bridget, 1972.

Maria Euthymia Üffing (Taufname: Emma), selig (2001; *9. Sept.*), * 8. 4. 1914 in Hopsten-Halverde in Westfalen, † 9. 9. 1955 Münster. 1931–33 Ausbildung zur Hauswirtschafterin. 1934 Eintritt in den Orden der Clemensschwestern in Münster; Ausbildung zur Krankenschwester, seit 1936 zuerst auf der Frauenstation, später auf der Isolierstation für ansteckende Krankheiten im St.-Vinzenz-Hospital in Dinslaken; 1940 ewige Gelübde. Während des Krieges pflegt sie die ansteckend kranken Kriegsgefangenen und Zwangsarbeiter. Diese nennen sie »Engel der Liebe«. 1945 übernimmt sie die Leitung der Wäscherei des St.-Vinzenz-Krankenhauses. 1948 kehrt sie nach Münster zurück und übernimmt die Leitung der Wäscherei des Mutterhauses und der Raphaelsklinik der Clemensschwestern. Gleich nach ihrem Tod einsetzende Verehrung.

MARTIN ÜFFING

Literatur: J. Loy u. a. (Hg.): Schwester E., 2002; H. Mussinghoff: Schwester M. E., 2002.

Maria Josefa (Maria Giuseppa) **Rossello** (Taufname: Benedetta), heilig (1949; 7. Dez.), OFS (vor 1830), Ordensgründerin, * 27. 5. 1811 Albisola Marina bei Savona, † 7. 12. 1880 Savona (bestattet in der Kapelle des Generalats). Bereits in jungen Jahren in den franziskanischen Dritten Orden aufgenommen. Griff zusammen mit Angela und Domenica Pescio sowie Paolina Barla einen Aufruf des Bischofs von Savona auf und gründete dort 1837 die Kongregation der »Figlie di Nostra Signora di Misericordia« zur christlichen Unterweisung der Jugend sowie zur Hilfe in Krankheit und leiblicher und seelischer Not.

HEINZ-MEINOLF STAMM

Literatur: AAS 30 (1938) 405–410, 41 (1949) 305–308; DIP 3, 1650 ff.; 5, 952 ff.; G. Papàsogli: M. G. R., 1987.

Maria Katharina Troiani (Ordensname: M. Caterina di S. Rosa da Viterbo; Taufname: Costanza), selig (1985; 6. Mai), Ordensgründerin, *9. oder 19.1.1813 Giuliano di Roma, †6.5.1887 Kairo. Nach dem Tod ihrer Mutter mit sechs Jahren dem Conservatorio di S. Chiara della Carità der Klarissen in Ferentino anvertraut, trat sie dort am 8.12.1829 ein. Seit 1835 von missionarischem Eifer erfasst, wurde sie 1859 mit vier Schwestern nach Kairo gesandt, wo sie in der Schule für arme Mädchen wirkte. 1862 Oberin der Gemeinschaft, 1865 Trennung von Ferentino, 1868 kanonische Anerkennung als Kongregation der »Suore Francescane Missionarie del Cuore Immacolato di Maria« (genannt »d'Egitto«) durch die Propagandakongregation. Ihre Gebeine wurden 1967 in die Kirche des Generalats in Rom überführt.

HEINZ-MEINOLF STAMM

Werke: Scritti, hg. v. T. TODARO, 5 Bde., 1992–96.

Literatur: AAS 78 (1986) 913–916; BIBLSS 12, 676 ff.; DIP 4, 337 f.; 9, 1387 ff.; G. LENTINI: C. T., 1986.

Maria Magdalena (Maddalena [de']) **Pazzi,** heilig (1669; 25. Mai), OCarm (1582), visionär begabte Mystikerin, *2.4.1566 Florenz, †25.5.1607 ebd.; als Novizenmeisterin (1598) und Subpriorin (1604) förderte M. M. die liturgische Bildung der Schwestern. Von körperlichen und seelischen Leiden begleitet, beeinflusst von Passionsmystik und Marienfrömmigkeit, reifte in M. M. das Bewusstsein einer charismatischen Sendung für die Kirche.

GABRIELE LAUTENSCHLÄGER

Werke: Tutte le opere, dai manoscritti originali, 7 Bde., 1960–1966.

Quellen: V. PUCCINI: Vita della Madre P., 1609.

Literatur: DSP 10, 576–588; G. POZZI: L'identico del diverso in P.: Freiburger Zeitschrift für Philosophie und Theologie 33 (1986) 517–551; Wörterbuch der Mystik, hg. v. P. DINZELBACHER, 1989, 343 f.

Maria Magdalena (Marie-Madeleine) **Postel** (Taufname: Julie Franziska Katharina), heilig (1925; 16. Juli), Ordensgründerin, *28.11.1756 Barfleur, Manche, †16.7.1846 St-Sauveur-le-Vicomte, Manche; Älteste von sieben Kindern, bei den Benediktinerinnen von Valognes erzogen, kehrte 18-jährig zurück und eröffnete eine Schule. Während der Revolutionswirren seelsorgerlich tätig, daher »virgo-sacerdos« genannt (ASS 41 [1908] 751). Seit 1804 in Cherbourg, wo sie 1807 die Kongregation »Pauvres Filles de Miséricorde« gründete, deren Mutterhaus seit 1832 die ehemalige Benediktinerabtei von St-Sauveur-le-Vicomte ist; 1837 Übernahme der Konstitutionen der Schulbrüder ↗Johannes-Baptist de La Salles und »Sœurs des écoles chrétiennes de la Miséricorde« genannt, heute »Sœurs de Ste-M.-M.-P. de St-Sauveur-le-Vicomte«; 1901 päpstlich bestätigt.

BARBARA HENZE

Literatur: BIBLSS 8, 1131–35; DIP 5, 963 f.; 8, 723 ff.; C. LANGLOIS: Le Catholicisme au feminin …, 1984; J. PUYO U. A.: Ein langer Weg unter Gottes Führung: Die heilige M.-M. P., 1986.

Maria Margareta (Marie-Marguerite Dufrost de Lajemmerais) **d'Youville,** heilig (1990; 23. Dez.), Ordensgründerin, *15.10.1701 Varennes, Québec, †23.12.1771 Montréal; Nichte des Erforschers Westkanadas, Pierre Gaultier de Lavérendrye; von Ursulinen erzogen, 1722 Heirat, Mutter dreier Kinder. Nach dem Tod ihres Mannes 1730 übernahm sie trotz schwieriger wirtschaftlicher Verhältnisse die Leitung eines 1694 gegründeten Hospizes, aus dem sich der Orden der »Grauen Schwestern« (Grey

Nuns, Sisters of Charity) entwickelte, 1755 bischöflich bestätigt. Seligsprechung 1890.

EVELYN NEBOR

Quellen: La beata M. d'Y. Cenni biografici. Scritti dal figlio della beata Carlo Maria d'Youville Dufrost, 1958.

Literatur: L.-M. TARD: M. d'Y. Au service des exclus, 1998; A. SATTIN: Life of Mother d'Y., foundress and first superior of the Sisters of Charity of Grey Nuns, 1999; A. FERLAND-ANGERS: Mother d'Y., first Canadian foundress, 2000.

Maria Michaela (María Miguela) **Desmaisières** (Gräfin Jorbalán), heilig (1934; 24. Aug.), Ordensgründerin, * 1. 1. 1809 Madrid, † 24. 8. 1865 Valencia. Von eucharistischer Frömmigkeit und sozialer Aktivität erfüllt, gründete sie 1845 in Madrid ein Haus zur Resozialisierung junger Frauen. Daraus entstand die Kongregation der »Anbeterinnen des heiligen Sakramentes und der Liebe« (DIP 1, 103–108). Sie hinterließ geistliches Schrifttum für ihre Kongregation, auch eine unveröffentlichte Autobiographie.

KARL SUSO FRANK

Literatur: DIP 5, 966–969.

Maria Theresia Haze (Ordensname: M. Th. vom heiligen Herzen Jesu; Taufname: Johanna), selig (1991; 7. Jan.), Ordensgründerin, * 27. 2. 1782 Lüttich, † 7. 1. 1876 ebd.; führte mit ihrer Schwester Ferdinande seit 1824 eine Schule in Lüttich, 1833 Gründung der Kongregation der »Töchter vom heiligen Kreuz« mit Unterstützung des Pfarrers Johann Wilhelm Habets' (DIP 4, 1505 f.).

KARL SUSO FRANK

Literatur: DIP 4, 1515; A. VÄTH: Unter dem Kreuzesbanner, [2]1929; M. E. PIETROMARCHI: M. Th. H., 1946.

Maria Theresia Ledóchowska (Pseudonym: Alexander Halka), selig (1975; 6. Juli), Kongregationsgründerin, * 29. 4. 1863 Loosdorf in Niederösterreich, † 6. 7. 1922 Rom; 1885 im Dienst der Großherzogin Alice von Toskana in Salzburg, von Kardinal Charles-Martial Lavigerie beeindruckt, besorgte sie 1889 das Erscheinen der Zeitung »Echo aus Afrika«, 1894 Gründung der »Petrus-Claver-Sodalität für die Afrikanischen Missionen«, die für Afrika materielle Hilfe aus Europa organisierte; mittels einer eigenen Druckerei Verbreitung von Nachrichten aus Afrika und von Katechismen und Gesangbüchern in afrikanischen Sprachen nach Afrika; 1905 Errichtung des Generalatshauses der Sodalität in Rom und erste Generaloberin; 1920 Stiftung »Werk der Afrikanischen Presse«.

BARBARA HENZE

Literatur: AAS 67 (1975) 214 ff. 594; DIP 5, 569 ff.; Österreichisches Biographisches Lexikon, Bd. 5 1972, 86 f.

Maria Theresia Scherer (Taufname: Anna Maria Katharina), selig (1995; 16. Juni), Mitgründerin der »Kreuzschwestern von Ingenbohl«, * 31. 10. 1825 Meggen bei Luzern, † 16. 6. 1888 Ingenbohl im Kanton Schwyz; 1845 Eintritt bei den Kreuzschwestern von Menzingen. An verschiedenen Orten als Lehrerin und Schulleiterin tätig, 1852 zur Oberin eines Krankenhauses in Chur berufen. Die neue caritativ-pflegerische Tätigkeit veranlasste Theodosius Florentini, den Gründer der Kongregation, 1856 eine zweite Kongregation zu errichten, deren erste Generaloberin M. Th. wurde (1857). Der Aufbau der Kongregation ist ihr Werk (1888: 400 Niederlassungen mit 1680 Schwestern), getragen von ihrer persönlichen Frömmigkeit, Güte und zielstrebigen Energie. Grab (seit 1975) in der Krypta der neuen Klosterkirche in Ingenbohl.

KARL SUSO FRANK

Literatur: BBKL 16, 1410 ff.; DIP 8, 1035; HelvSac VIII/2; C. Rutishauser: Liebe erobert die Welt, [2]1967; I. Sprenger Viol: Ein Leben gegen Elend und Unrecht, 1995.

Markus, Evangelist, heilig (GK F 25. April).

1. *Neues Testament und spätere Bezeugungen.* M. ist als Eigenname im lateinisch- und griechischsprachigen Altertum geläufig und auch im Judentum gebraucht; er wird inschriftlich und literarisch vielfach bezeugt. – Im Neuen Testament begegnet der Name M. viermal in der Apostelgeschichte (12,12. 25; 15,37. 39), zudem Phlm 24; Kol 4,10; 2 Tim 4,11 und 1 Petr 5,13. Schließlich wird einem Autor namens M. das zweite Evangelium zugeschrieben. Seine Identität mit dem Namensträger M. an den genannten Stellen wird in der altkirchlichen Überlieferung vorausgesetzt, ist damit aber noch nicht als historisch erwiesen.

In Apg 12,12 geht Petrus nach seiner wunderbaren Befreiung »zum Haus der Maria, der Mutter des Johannes mit dem Beinamen M., wo nicht wenige versammelt waren und beteten«. Dass Johannes M. hier eigens genannt wird, bereitet seine spätere Beteiligung an der ersten Missionsreise des Paulus und Barnabas (12,25; 13,5) vor, die er allerdings etwas unrühmlich abbricht (13,13; 15,37 f.). Seinetwegen kommt es vor Beginn der zweiten Missionsreise in Antiochien zum Streit zwischen Paulus und Barnabas (15,39; vgl. dagegen zum »antiochenischen Zwischenfall« Gal 2,11–14), so dass sich beide trennen und Barnabas allein mit M. reist. In Phlm 24 gehört M. zu den Mitarbeitern des Paulus – zusammen mit »Lukas«. An seiner Identität mit dem Johannes M. der Apostelgeschichte ist kaum zu zweifeln (P. Stuhlmacher: Der Brief an Philemon, [3]1989; J. Gnilka: Der Philemonbrief, 1982). Wie im Philemonbrief so wird M. auch im Postskript des Kolosserbriefs (4,10) genannt, hier als »Vetter des Barnabas« und mit der Empfehlung zu freundlicher Aufnahme. In 2 Tim 4,11 wird Timotheus gebeten, »M. mitzubringen«. Paulus schätzt ihn als »guten Helfer«. (Im gleichen Vers wird auch wieder Lukas genannt – wie schon in Kol 4,14.) Für eine historisch-kritische Beurteilung ist jedenfalls von Phlm 24 auszugehen: M. war ein (zeitweiliger) Mitarbeiter des Paulus. Auch 1 Petr 5,13 stellt diesen Befund nicht in Frage. Petrus nennt M. »meinen Sohn«, wohl um die besondere enge, geistliche Beziehung zu ihm zu kennzeichnen. Überlieferungsgeschichtlich gehört diese Notiz in den Bereich, dem auch ↗Papias von Hierapolis seine Auskunft über M. als Verfasser des zweiten Evangeliums verdankt, als dessen Garant er den Apostel Petrus nennt. Ein direkter Zusammenhang mit der paulinischen M.-Tradition ist dabei nicht zu erkennen.

Evangelist Markus
(Darstellung um 1454)

Die hohe Einschätzung des M. in der alten Kirche (und darüber hinaus) bezieht sich auf den Evangelisten M. Die Annahme, dass dieser mit dem M. der neutestamentlichen Textzeugnisse identisch sei, sichert ihm die Autorität eines Apostelschülers und Kontinuitätsträgers der apostolischer Überlieferung. Die weitere ausgestaltende Tradition hält ihn daher auch für würdig, der Gründer und erste Bischof der Kirche von Alexandrien gewesen zu sein (Eusebius, h. e. II, 16 und 24).

KARL KERTELGE

Literatur: U. H. J. Körtner: M., der Mitarbeiter des Petrus: Zeitschrift für die neutestamentliche Wissenschaft 71 (1980) 160–173; The Evangelist M.: Theology 100 (1997) 35–42.

2. *Verehrung.* Grundlage der Verehrung und Legendenbildung um M. ist, ausgehend von 1 Petr 5,13, sein Verhältnis zu ↗Petrus, nach dessen Martyrium er in Ägypten und Alexandrien als erster Kirchen gegründet haben soll. Ob diese Tradition in Alexandrien vor Eusebius von Caesarea (h. e. II, 15 f.) einen Zeugen hat, hängt wesentlich von der Authentizität des 1958 von Smith neu aufgefundenen Briefes Clemens' von Alexandrien ab. Obwohl in Rangstreitigkeiten ungünstig, haben sich jedenfalls die Patriarchen von Alexandrien zur Ableitung ihres apostolischen Ursprungs stets nur auf den Apostelschüler M. berufen. Verehrt wurde er in Alexandrien in der um 310 errichteten Baukalis-Kirche, doch erwähnt sein Martyrium erst die griechische Passio des 5. Jh. (BHG 1035 f.). In den vormetaphrastischen Akten (BHG 1036m: AnBoll 87 [1969] 343–371) erscheint M. zuerst als Schüler ↗Johannes' des Täufers, dann Jesu, er predigt in Antiochien, Seleucia, Caesarea, auf Zypern, in der Cyrenaika und der Pentapolis (Libyen) und tritt als Wundertäter auf. Nach der Abspaltung Neu-Aquileia-Grados vom Patriarchat Alt-Aquileia im 6. Jh. begegnet in Neu-Aquileia-Grado die Legende der Gründung durch M. im Auftrag des Petrus. In diesem Zusammenhang stehen die Schenkung der (aus Syrien stammenden?) so genannten M.-Kathedra in Neu-Aquileia-Grado durch Kaiser Hera clius von 630 und später die so genannten M.-Elfenbeintafeln (heute Mailand, Cas tello Sfor zesco). Lorcher Fälschungen des späten 13. Jh. leiten aus dem vorgeblichen apostolischen Ursprung von Neu-Aquileia-Grado auch den des Christentums im Bistums Passau ab. In Alt-Aquileia selbst hingegen spielte der M.-Kult nach neueren Forschung keine Rolle. In Konkurrenz zu Neu-Aquileia-Grado verschaffte sich Venedig im 9. Jh. M.-Reliquien aus Alexandrien. Die Translationsnachrichten von 828 weisen jedoch historische Inkongruenzen auf. Die koptische Kirche hielt jedenfalls daran fest, das Haupt des M. zu besitzen. 1968 gab Paul VI. im Rahmen ökumenischer Gesten Teile der venezianischen Reliquien an Cyrill VI. von Alexandrien zurück. – M. ist Patron von Venedig und der Reichenau (Reliquienübertragung nach Mittelzell: 830), der Schreiber und Notare, der Glaser, Glasmaler und Laternenmacher, der Korb- und Mattenflechter (wegen der Reliquientranslation im Korb).

HANS REINHARD SEELIGER

Literatur: BiblSS 8, 711–738; F. Halkin: S. M. dans l'hagiographie byzantine: Studi Veneziani 12 (1970) 29–34; A. Niero (Hg.): San M., aspetti storici e agiografici, Kongressakten, 1996; C. Fritsch: Der M.-Kult in Venedig, 2001.

Mart(h)a von Bethanien, heilig (GK G 29. Juli); der Name M. leitet sich von aramäisch Mārᵉtā', Herrin, ab. M. begegnet im Neuen Testament Lk 10,38–42; Joh 11,1–44; 12,1–8. Nach diesen Stellen ist sie die Schwester der ↗Maria von Bethanien (Lukas/Johannes) und des ↗Lazarus (Johannes). In Lk 10,38–42 weist Jesus die Kritik der geschäftigen M. an ihrer Schwester Maria zurück und betont so die Bedeutung des Hörens auf sein Wort. Die Szene ist lukanische Redaktion einer vorlukanischen Tradition, deren »Sitz im Leben« urchristliche (Haus-)Gemeinden waren; Erinnerung an eine Begebenheit aus dem Leben Jesu ist aber möglich. In Joh 11,1–44 spielt M. gegenüber Maria die wichtigere Rolle, was u.a. in ihrem Christusbekenntnis (V. 27) zum Ausdruck kommt. Die Erzählung ist Produkt einer längeren Entwicklung und stark theologisch geprägt; sie wird auf eine ältere, einfachere Wundergeschichte zurückgehen, in der M. noch hinter Maria zurückstand (vgl. VV. 1. 31. 45) und die beiden noch nicht als Schwestern des Lazarus galten (vgl. VV. 1. 3. 5), so dass Zweifel an dieser verwandtschaftlichen Beziehung begründet sind. In Joh 12, 1–8 sind in V. 2 M. und Lazarus wohl erst sekundär vom Evangelisten eingetragen, um die Perikope mit Kapitel 11 zu verklammern. – Nach einer legendären Überlieferung des Mittelalters kam M. zusammen mit Lazarus und den Marien nach einer wunderbar gefügten Seefahrt durch das Rhônetal in die Provence. Tarascon mit seiner Kirche der heiligen M. bewahrt die Überlieferung und das Grab der Heiligen.

ANTON DAUER

Literatur: EWNT 2, 950 f.; I. Brutscheck: Die Maria-M.-Erzählung, 1986; D. E. Peters: The life of M. of Betany by Pseudo-Marcilia: Theological Studies 58 (1997) 441–460.

Martin I., Papst (5.7.649–17.6.653 [Absetzung]), heilig (GK g 13. April), Martyrer, *591 Todi, Umbrien, †16.9.655 Cherson auf der Krim (dort begraben). Diakon und Apokrisiar Papst Theodors I. in Konstantinopel; geweiht mitten im Monotheletenstreit ohne kaiserliche Bestätigung der Wahl. Auf der (stark politisch bestimmten) Lateransynode (Oktober 649), auf der Gegner der kaiserlichen Religionspolitik aus dem Osten großen Einfluss ausübten (↗Maximus Confessor, Anastasius der Mönch), verurteilte er den Monotheletismus. Statt M. zu verhaften, machte sich der Exarch Olympius selbständig und behauptete sich bis 652 als Usurpator in Italien, während M. unbehelligt im Amt bleiben konnte. Erst der Exarch Theodor Kalliopa konnte den kranken M. am 17.6.653 in der Lateranbasilika ergreifen und dem Klerus die kaiserliche Verhaftung und Absetzung mitteilen. M. wurde nach Konstantinopel gebracht (Ankunft wohl am 17.9.653), in Haft gehalten, wegen Mitschuld am Aufstand des Olympius am 27.12.653 als Hochverräter zum Tod verurteilt, auf Bitten des Patriarchen Paulus II. begnadigt und am 26.3.654 nach Cherson verbannt. Der römische Klerus erhob unter kaiserlichem Druck im August 654 Eugen I. zum neuen Papst. M.s Briefe aus dem Exil spiegeln die tiefe Enttäuschung über seine früheren Gefährten wider.

GEORG SCHWAIGER

Quellen: LP 1, 336–340; RPR(J) 1, 230–234; 2, 699 740; PL 87, 105–212; 129, 591–604.

Literatur: BBKL 5, 907–910; LMA 6, 341; Caspar 2, 553–578 778 ff.; M. I (649–653) e il suo tempo. Atti del 28 congresso storico internazionale, Todi 1991, 1992.

Martin von Porres, erster farbiger Heiliger Amerikas (1962; GK g 3. Nov.), OP (1603), *9.12.1579 Lima in Peru als nichtehelicher Sohn des spanischen Kolonialbeamten Juan de Porres und der freigelassenen guatemaltekischen Mulattin Anna Velasquez, †3.11.1639 ebd.; als Heranwachsender Eintritt in den dominikanischen Rosenkranz-Konvent in Lima als Diener, 1603 Gelübde als Laienbruder des Dritten Ordens; u.a. als Krankenpfleger tätig; gründete ein Waisen- und ein Kinderkrankenhaus. Von tiefer persönlicher Frömmigkeit, Demut und Opferbereitschaft, bereits zu Lebzeiten populär. M. war ↗Rosa von Lima in Freundschaft verbunden. Bald nach seinem Tod setzte die lokale Verehrung ein; es bildete sich ein reicher Legendenkranz um M.s Leben und Wirken. 1837 seliggesprochen. – M. ist Patron u. a. für soziale Gerechtigkeit.

BRUNO STEIMER

Literatur: Zeitschrift: Saint M. [bis 10 (1990): de Porres] Magazine 1 (1981) ff. – BBKL 5, 921 ff.; E. BUDNOWSKI: Der heilige M. von Porres, 1979; C. J. DEGREGORI: Conquistadores de un nuevo mundo, 1986; S. VELASCO: S. M. de Porres, 91992; V. FORCADA: S. M. de Porres, 1992.

Martin von Tours, heilig (GK G 11. Nov.), Bischof, Mönch und Wundertäter, Gründer der ältesten Klöster des Abendlandes, *316/317 Sabaria in Pannonien als Sohn eines römischen Tribuns, †8.11.397 Candes in der Diözese Tours.

1. *Leben.* In Pavia erzogen, trat er mit 15 Jahren (331) in die römische Armee ein und diente in der Garde unter Constantius II., später unter Kaiser Julian. In diesen Jahren spielte in Amiens die berühmte Szene, wie M. seinen Mantel mit dem Bettler teilt. Mit 18 Jahren getauft, verließ er die Armee in der Nähe von Worms (356 bzw. 357 [Barnes]), wurde Schüler des ↗Hilarius von Poitiers (anders Barnes) und begab sich dann an die Donau, um seine Eltern zu bekehren, vielleicht auch mit dem Auftrag des Hilarius, im Illyricum zu missionieren. Von den Arianern schlecht behandelt, zog er sich – nach kurzem Aufenthalt in Mailand – als Einsiedler auf die Insel Gallinaria bei Genua zurück. Um 360 ging er wieder nach Poitiers zu dem aus dem Exil zurückgekehrten Hilarius. In Ligugé gründete er 361 das erste Kloster Galliens. Trotz der Opposition einiger Bischöfe wurde er 371 durch Volksgunst Bischof von Tours, in dessen Nähe er um 375 das Kloster Marmoutier stiftete, das zu einem Zentrum asketischer Kultur und zu einer Pflanzstätte für Bischöfe wurde. M. widmete sich der Mission der noch weitgehend heidnischen ländlichen Gebiete, wobei ihm seine Gaben als Wundertäter und Exorzist hilfreich waren. Seine Missionsreisen überschritten die Grenzen seiner Diözese und führten ihn v. a. in das Gebiet der mittleren Loire (Chartres, Amboise, Levroux) und zu den Senonen und Häduern. Er kam auch nach Paris (Heilung eines Leprakranken) und Vienne, wo er Victricius und ↗Paulinus von Nola traf. Ebenso suchte er weltliche Große auf, Tetradius und den Grafen Avitianus, die Kaiser Valentinian I. und v. a. Maximus. Vor und nach der Hinrichtung Priscillians i. J. 386 begab er sich zu Maximus nach Trier, wo er sich durch sein freimütiges Eintreten für Priscillian die Achtung des Herrscherpaares erwarb. Beim zweiten Besuch (zur Rettung einiger Verurteilter) musste er die kirchliche Gemeinschaft mit den Anhängern des spanischen Bischofs Ithacius, die sich für die staatliche Verfolgung der Priscillianisten einsetzten, aufnehmen, was er später bereute. Durch seine Berühmtheit als Wundertäter, seine asketische Strenge und seinen Gerechtigkeitssinn in der Angelegenheit der Priscillianisten zog er sich wachsende Feindschaft zu, bis hinein in seinen eigenen Klerus. M. starb auf einer Seelsorgereise. Seinem Begräbnis in Tours wohnten Tausende von Mönchen und Jungfrauen sowie eine große Volksmenge bei. – M.s Verbindung von asketischem Mönchsideal und Apostolat wurde vorbildlich für das ganze abendländische Mönchtum.

Das Grab, über dem sich im 5. Jh. zunächst eine Kapelle, dann eine prächtige Basilika mit klösterlicher Cella (die

Abtei St-M. entstand daraus) erhob, wurde zum von Pilgern bis ins späte Mittelalter besuchte fränkischen Nationalheiligtum. Chlodwig machte M. zum Schutzherrn der fränkischen Könige. M.s Mantel führte man in der Schlacht mit. Um sein Leben rankte sich eine reiche Literatur, viele Kirchen und Klöster wurden ihm geweiht (besonders beim Benediktinerorden), Städte und Burgen erhielten nach ihm ihren Namen. In der Kunst wurden Szenen aus dem Leben des heiligen M., besonders die Mantelteilung, immer wieder dargestellt.

Die Vita, unsere beste Quelle, ist apologetisch und erbaulich zugleich; geschrieben von Sulpicius Severus, einem gebildeten aquitanischen Aristokraten und Förderer des asketischen Lebens, ist sie geprägt von literarischen Einflüssen der antiken und christlichen Biographie, besonders der »Vita Antonii« des ↗Athanasius. Die Hyperkritik eines Babut (s. u.) ist jedoch nicht gerechtfertigt, doch s. jetzt Barnes.

JACQUES FONTAINE

Quellen: BHL mit NSuppl 5610–66. – Vita: Sulpicius Severus Vita s. Martini (mit 3 Briefen und 3 Büchern Dialogi), hg. v. G. Halm: CSEL 1, 107–216; J. Fontaine: SC 133–135 (Vita und die 3 Briefe mit französischer Übersetzung und Kommentar); Vite dei Santi, hg. v. C. Mohrmann, Bd. 4 ²1993, 1–67 245–290 (Vita mit italienischer Übersetzung und Kommentar); deutsche Übersetzung: BKV² 20, 17–147 (Vita, Briefe, Dialoge); K. S. Frank: Frühes Mönchtum im Abendland, Bd. 2 1975, 11–52 (Vita); W. Rüttenauer – J. Drumm, 1997; englische Übersetzung: Fathers of the Church, hg. v. L. Schopp, Bd. 7 1948, 77–254.

Literatur: BiblSS 8, 1248–91; DSp 10, 687–694; LMA 6, 344 f.; Prinz; St. M. et son temps, 1961; F. Ghizzoni: Sulpicio Severo, 1983; C. Stancliffe: St. M. and his Hagiographer. History and Miracle in Sulpicius Severus, 1983; D. von der Nahmer: M. von Tours, sein Mönchtum – seine Wirkung: Francia 15 (1987) 1–40; R. Pernoud: M. von Tours, 1997; A. Bernet: Saint M., l'apôtre des Gaules, 1997; C. Müller: Der untypische Bischof: Rottenburger Jahrbuch für Kirchengeschichte 18 (1999) 141–165 (hier noch weitere Beiträge über M.).

2. *Verehrung.* Der Kult des heiligen M. hat sich in Liturgie und Volksfrömmigkeit sehr schnell ausgebreitet. M. ist einer der ersten Bekenner (Nichtmartyrer), die mit offiziellem kirchlichen Kult gefeiert wurden.

Der M.-Tag, seit dem Mittelalter bis ins 19. Jh. Rechts- und Zinstermin (Abschluss des Wirtschaftsjahres, Wechsel des Gesindes, Regelung der Pacht, Abgabe von Zehnt und Naturalien), Markttag, Winteranfang und Beginn des Advents- oder M.-Fastens, mit M.-Schmaus (Gans und neuer Wein), M.-Feuer, Fackel- und Laternen umzügen, M.-Ritt (als Bischof oder Krieger), Heischegängen (mit Liedern, z. T. auf Martin Luther bezogen) der Kinder und Jugendlichen, M.-Gebäcken, Hirtensingen, Martinisegen, Wetterregeln. Bei sehr verschiedener Verbreitung der einzelnen Brauchformen Herausstellung bestimmter Elemente. In Deutschland nach dem Ersten und besonders dem Zweiten Weltkrieg Ausbreitung organisierter M.-Umzüge der Kinder mit St. M. zu Pferd, Laternen, Liedern (z. T. alten Heischeliedern), M.-Feuer, ökumenischen Wortgottesdienst, Kollekte für caritative Zwecke, Beschenkung mit Weckmännern und Ähnliches; in Bayern und Württemberg Zurücktreten des mit St. Nikolaus vermischten Pelzmärte.

MARIA LIOBA LECHNER

Literatur: J. van den Bosch: Capa, basilica, monasterium et le culte de s. M. de Tours, 1959; K. Meisen: St. M. im volkstümlichen Glauben und Brauch: Rheinisches Jahrbuch für Volkskunde 19 (1969) 41–91; D. SAUERMANN: M.-Lied: Handbuch des Volksliedes, Bd. 1 1973, 403–417; H. J. VOGT: M. von Tours als Patron des rechten Glaubens: Theologische Quartalschrift 178 (1998) 177–193; Rottenburger Jahrbuch für Kirchengeschichte 18 (1999) (mehrere Beiträge über M.)

Martyrer von Brasilien, zwei Gruppen von Bekennern um die Ordenspriester Andreas de Soveral und Ambrosius Franz Ferro.

• **Andreas de Soveral,** selig (2000; 16. Juli), zunächst SJ (1593), dann Weltpriester, * um 1572 bei Santos, † 16. 7. 1645 Cunhau, Rio Grande do Norte, wird während einer Messe von Söldnern im Auftrag der (calvinistischen) holländischen Kolonisatoren ermordet; von den zahlreichen Opfern nennt das MartRom außer ihm namentlich den Laien *Dominikus Carvalho.*

• **Ambrosius Franz Ferro,** selig (2000; 3. Okt.), Weltpriester, wird von der gleichen Söldnertruppe zusammen mit 27 Gefährten am 3. 10. 1645 am Ufer des Flusses Uruaçu bei Natal zusammengetrieben und getötet.

BRUNO STEIMER

Literatur: AAS 93 (2001) 340 ff.

Martyrer von Bulgarien, fünf Ordensleute, Opfer der Kirchenverfolgungen in der stalinistischen Ära des kommunistischen Regimes in Bulgarien; nach Denunziation als katholische Spione verhaftet, des Hochverrats angeklagt und am 11./12. 11. 1952 in Sofia ermordet; Johannes Paul II. sprach vier von ihnen 1998 bzw. 2002 selig:

• **Eugen** (Taufname: Vinzenz) **Bossilkov,** selig (1998; 11. Nov.), CP, * 16. 11. 1900 Belene; Studien in Belgien, Holland und Rom, zunächst in der Pastoral tätig, 1944 Bischof von Nicopolis (Ruščuk), einer Diasporadiözese von 35000 Katholiken im orthodoxen Bulgarien; nach der kommunistischen Machtübernahme 1946 verschärfte Verfolgungen, 1952 Verhaftung, Anklage und Ermordung.

Literatur: AAS 91 (1999) 94–97 158 ff.; G. RAFFO: Il beato E. B. martire della fede: Civiltà cattolica 151 (2000) 573–579.

• **Paulus** (Taufname: Josef) **Džidžov,** selig (2002; *11. Nov.*), AA (1938), * 19. 7. 1919 Plovdiv; 1945 Priester.

• **Petrus** (Ordensname: Kamen) **Vičev,** selig (2002; *11. Nov.*), AA (1910), * 23. 5. 1893 Strem; 1921 Priester, 1930 Doctor theologiae, Professor in Plovdiv.

• **Josafat** (Taufname: Robert Matthäus) **Šiškov,** selig (2002; *11. Nov.*), AA (1900), * 9. 2. 1884 Plovdiv; 1909 Priester, seit 1937 Provinzial der Asumptionistenprovinz Vărna.

BRUNO STEIMER

Literatur: AAS 95 (2003) 76 ff.; B. J. GROEN: The hardships of the Greek-Catholic church in Bulgaria after the Second World War: Journal of Eastern Christian Studies 54 (2002) 245–268.

Martyrer von China, bisher als Begriff für Martyrinnen und Martyrer der Zeit 1747–1862 und 1899–1901 (Boxeraufstand) verwendet, muss er im Kontext chinesischer Religionsgeschichte, besonders der sogenannten »Kulturrevolution« (1966–1976), erweitert werden.

1. *Geschichtlicher Überblick.* Bereits bei der ersten großen Verfolgung gegen die »Fremdreligionen« um 843–845 kam ein großer Teil der Priester und Nonnen des Nestorianismus und Manichäismus ums Leben. Die ersten katholischen Martyrer scheinen einige Missionare in Ili Baliq (Zentralasien), Khanbaliq (Peking) und Zaitun (Quanzhou in Fujian) im 14. Jh. (Mongolendynastie) gewesen zu sein, u. a. der Ungar Matthäus Escandel.

Dynastische Wechsel führten oft zu Verfolgungen; auch einzelne Kaiser waren den »Fremdreligionen« feindlich gesinnt. So wurde Andreas Wolfgang Koffler SJ (1603–51), Begleiter Michal Piotr Boyms (1612–1659), bei der Machtübernahme durch die Mandschus ermordet. In den vierziger und fünfziger Jahren des 17. Jh. wurden einige Dominikaner, u. a. *Franz Fernández de Capillas* (1607–48; heilig 2000; 9. Juli) und Domenico Coronado († 1665) im Gefängnis ermordet. Eine schwere Christenverfolgung ereignete sich in der Regierungszeit Kaiser Qianlongs, besonders 1746–48, deren Opfer fünf Dominikanermissionare (u. a. Bischof *Petrus Martyr Sans i Jordá* [s. u.]) wurden. Verfolgung und Martyrertod gab es 1748 auch in Jiangnan (Nanjing). In der Zeit des Kaisers Jiaqing (1796–1820) wurden mehrere Missionare zum Tode verurteilt und hingerichtet, u. a. der Bischof *Gabriel Taurinus Dufresse* (1750–1815; heilig 2000; 9. Juli), *Franz-Maria Lantura* (Ordensname: Johannes de Triora) OFM (1760–1816; heilig 2000, 9. Juli) und *Franz Regis Clet* CM (1748–1820; heilig 2000; 9. Juli). In der Regierungsperiode Daguang (1840) wurde *Johannes-Gabriel Perboyre* (1802–40; heilig 1996; 11. Sept.) ermordet. Auch in der neueren chinesischen Missionsgeschichte (nach 1840) kam es zu Verfolgung und Aburteilung von Missionaren, wobei die Zeit um den Boxeraufstand (1900/01) besonders grausam war (etwa 30000 christliche Frauen und Männer wurden ermordet). Nicht alle ermordeten Missionare und Christen starben ausdrücklich für den christlichen Glauben. Einige Verfolgungswellen und Gegenmaßnahmen der chinesischen Regierungen waren Folge der von Missionaren verursachten Brüskierungen (etwa die Zusammenarbeit mit den Kolonialmächten). Doch die Martyrer sensu stricto, Kleriker wie Laien, sind unzählbar. Fast unbekannt sind Martyrer unserer Zeit, chinesische Christinnen und Christen, die nach 1949, insbesondere während der Kulturrevolution (1966–76), ihr Leben für den Glauben eingesetzt haben. Zu ihnen gehört Beda Chang SJ (1905–51); auch Bischof Josef Fan Xueyuan von Baoding (1907–92) hat als Glaubenszeuge gelitten.

ROMAN MALEK

2. *Selig- und Heiligsprechungen.* Martyrinnen und Martyrer von China sprachen die Päpste Leo XIII. (1893 und 1900), Pius X. (1909) Pius XII. (1946, 1951, 1955) und Johannes Paul II. (1983) selig. Am 1. 10. 2000 sprach Johannes Paul II. aus diesen Gruppen insgesamt 120 Martyrinnen und Martyrer heilig (9. Juli). Die Gruppe der Heiligen umfasst Männer und Frauen jeden Alters, Chinesen und Europäer, darunter Bischöfe, Priester, Ordensleute und Laien. Sie repräsentieren die zahllosen Opfer in der Missionsepoche zwischen dem 17. Jh. und 1930. Das MartRom (2001) kommemoriert die Gruppe am 9. Juli und führt sie unter den Namen des chinesischen Priesters *Augustinus Zhao Rong* und des Bischofs *Petrus Martyr Sans i Jordá* an.

• **Augustinus Zhao Rong,** * Provinz Sichuan, † 27. 1. 1815 Chengdu, Yunnan; zunächst Soldat, eskortiert er christliche Gefangene nach Peking, bekehrt sich und lässt sich im Alter von 30 Jahren taufen; mit 35 Jahren Priester, fällt er der Verfolgung zur Zeit des Kaisers Jiaqing zum Opfer.

BRUNO STEIMER

• **Petrus Martyr** (Pedro Mártir) **Sans i Jordá,** OP (1698), * 3. 9. 1680 Ascó bei Tarragona, Spanien, † 26. 5. 1747 Fuzhou, Provinz Fukien (enthauptet); 1704 Priester, ging 1712 über Mexiko nach Manila; dort Missionar unter den Chinesen; seit 1715 Missionar in Fukien, 1730–47 Apostolischer Vikar und Titularbischof von Mauricastro; am 30. 6. 1746 mit seinen Ordensbrüdern *Franz Serrano Frías* (* 1695), *Joachim Royo Pérez* (* 1691), *Johannes Alcober Figuera* (* 1694) und *Franz Díaz del Rincón* (* 1713) am 28. 10. 1748 in Foochow (Fuzhou) verhaftet und zusammen mit ihnen als Martyrer gestorben (alle 1893 selig- und 2000 heiliggesprochen).

MARIANO DELGADO

Unter den 120 heiliggesprochenen Martyrinnen und Martyrern finden sich auch Opfer des Boxeraufstandes von 1900, u. a. *Andreas Bauer* (* 1866), *Gregor Grassi* (* 1833), *Franz Fogolla* (* 1839), *Antonius Fantosati* OFM (* 1842), *Anna Dierk* (* 1866) und *Modestus Andlauer* (* 1847).

BRUNO STEIMER

Literatur: LThK² 2, 1069 f. – Petrus Martyr Sans i Jordá: J. M. González: Misiones dominicanas en China, Bd. 2 1955 (Werke). – BBKL 8, 1344; VSB 10, 954–957; J. M. Planchet: Documents sur les martyrs de Pékin pendant la persécution des Boxers, 1922; Les 29 martyrs de Chine massacrés en juillet 1900, 1946; J. Monsterleet: Märtyrer sprechen …, 1955; A. Galter: Rotbuch der verfolgten Kirche, 1957, 419–445; A. Bürke: Chinesische Märtyrerakten: Neue Zeitschrift für Missionswissenschaft 34 (1978) 138–145; M. Lu: Christian marytrdom for truth and liberty in the People's Republic of China 1949–1996: Euntes docete 49 (1996) 287–420.

Martyrer von Damaskus, selig (1926; 10. Juli), † 9./10. 7. 1860; *Emmanuel Ruiz* (* 1804 Santander, OFM [1825]) *und Gefährten,* Gruppe von acht Franziskanern (sieben Spanier sowie der Tiroler *Engelbert Kolland,* * 1827 Ramsau, OFM [1841], 1851 Priester) und drei Maroniten, die zu den etwa 6000 christlichen Opfern des Drusenaufstands von 1860 zählen.

MICHEL VAN ESBROECK

Literatur: BiblSS 1, 336 1037; 4, 433; 10, 309 f.

Martyrer von England, Sammelbezeichnung für mehrere Gruppen oder Einzelpersonen katholischen Glaubens, die im 16. und 17. Jh. der Reformation und der anschließenden Katholikenverfolgung in England zum Opfer fielen. Seit 1886 sind katholische Glaubenszeugen von Päpsten selig- bzw. heiliggesprochen worden: 1886: Seligsprechung von 54 Martyrinnen und Martyrern durch Leo XIII.; 1895: Kultapprobation (»beatus«) von neun Martyrern durch den gleichen Pontifex; 1920: Seligsprechung von Oliver Plunkett durch Benedikt XIV.; 1929: Seligsprechung von 136 Martyrinnen und Martyrern durch Pius XI. sowie Seligsprechung von Johannes Ogilvie SJ (s. u.); 1935: Heiligsprechung von ↗ Johannes Fisher und ↗ Thomas More (beide 1886 selig) durch Pius XI.; unter Paul VI. 1970: Heiligsprechung von 40 englischen Martyrinnen und Martyrern – elf Selige von 1886 und 29 Selige von 1929, 1975 Heiligsprechung von Oliver Plunkett (s. u.), 1976: Heiligsprechung von Johannes Ogilvie; 1987: Seligsprechung von 85 Martyrinnen und Martyrern (*Georg Haydock* und Gefährten) durch Johannes Paul II. – Die Seligen und Heiligen werden an unterschiedlichen Tagen, in der Regel am Dies natalis (dem Tag ihres Martyriums), kommemoriert.

BRUNO STEIMER

Literatur: S. Usherwood: We die for the old religion, 1987; O. Wimmer u. a. (Hg.): Lexikon der Namen und Heiligen, 1988, 888–894; P. Marshall: The catholic priesthood and the English reformation, 1994; L. Wooding: Rethinking catholicism in reformation England, 2000.

Im Einzelnen seien erwähnt (in alphabetischer Reihenfolge):

• **Edmund Arrowsmith** (Taufname: Brian), heilig (1970; 28. Aug.), *1585 Haddock in Lancashire, †28.8./7.9.1628 Lancaster; einer streng katholischen Familie entstammend. Studium der Theologie in Douai, 1612 Priester. War seit 1613 in England tätig. Nach kurzer Haft in Lancaster 1622 aufgrund der spanienfreundlichen königlichen Politik wieder freigelassen. Trat 1623 als Edmund Bradshaw in London in die Gesellschaft Jesu ein. 1628 in Lancashire erneut verhaftet, wurde er, weil Geistlicher und Jesuit, des Hochverrats schuldig gesprochen und hingerichtet.

THOMAS MCCOOG

Literatur: DNB 1, 596; NCE 1, 851; H. FOLEY: Records of the English Province of the Society of Jesus, 7 Bde., 1875–83, Bd. 2, 24–74.

• **Edmund Campion,** heilig (1970; 1. Dez.), zusammen mit den heiligen Radulph (Ralph) Sherwin und Alexander Briant, SJ (1573), *25.1.1540 London, †1.12.1581 ebd. (Tyburn); Studium in Oxford, 1564 Magister artium. 1564 legte E. den Suprematseid ab und wurde anglikanischer Diakon. 1569 fand er durch patristische Studien den Weg zur römischen Kirche und ging nach Irland. Ab 1571 Studium der katholischen Theologie am Priesterseminar in Douai, 1573 Baccalaureus theologicus. Seit 1573 in Rom. 1574–80 lehrte E. Rhetorik und Philosophie am Jesuitenkolleg in Prag, 1579 Priester. Kehrte 1580 nach England zurück und war überwiegend in London tätig. Seine 1581 veröffentlichten *Decem rationes* … (lateinisch-englisch 1914) zur Verteidigung des römischen Glaubens erregten großes Aufsehen. 1581 verhaftet und als Hochverräter hingerichtet.

CHARLES H. LOHR

Literatur: POLGÁR 3/1, 420–423. – DHGE 11, 650–656; SOMMERVOGEL 2, 586–597; E. WAUGH: E. C., [2]1954.

• **Eduard** (Edward) **Barlow** (Ordensname: Ambrosius), heilig (1970; 10. Sept.), OSB, *30.11.1587 Manchester, †10.9.1641 Lancaster; aus altadeliger Familie; 1616 Profess im Gregoriuskloster zu Douai. Nach der Priesterweihe 1617 fast 24 Jahre eifriger Missionar in der Grafschaft Lancashire bei persönlicher Bescheidenheit. Ostern 1641 von religiösen Gegnern gefangen gesetzt, am 10. Sept. hingerichtet.

STEPHAN PETZOLT

Literatur: W. E. RHODES: The Life of Ambrose B., 1908; M. LUNN: Two other new Benedictine Saints: Ampleforth Journal 75 (1970) 390–394.

• **Hugo Faringdon** (eigentlich Cook), selig (Kultapprobation 1895; 15. Nov., zusammen mit Johannes Eynon und Johannes Rugg), OSB, letzter Abt von Reading (1520), * Faringdon, †1.11.1539 Reading. 1530 gehörte H. zu den Unterzeichnern eines Briefes an den Papst, in dem die Bitte Heinrichs VIII. um Annullierung seiner Ehe unterstützt wurde. 1536 befürwortete er die »Glaubensartikel«, die faktisch die königliche Oberhoheit über die englische Kirche anerkannten, doch 1539 weigerte er sich, dem König seine Abtei zu übergeben. Er wurde angeklagt, die päpstliche Autorität widerrechtlich aufrechterhalten zu haben, und vor den Toren seiner eigenen Abtei gehenkt, geschleift und gevierteilt.

DANIEL REES

Literatur: DHGE 16, 577; DNB 8, 206; M. D. KNOWLES: The Religious Orders in England, Bd. 3, 1959; J. E. PAUL: The Last Abbots of Reading and Colchester: Bulletin of the Institute of Historical Research, 1960, 115.

• **Johannes** (John) **Ogilvie** (Ogilbie), heilig (1976; 10. März), SJ (1601), *1579/80 Drum, Schottland, †10.3.1615 Glasgow; 1599 Konversion zum Katholizismus, Studien in Olmütz, Graz und Wien, 1610

Priester; 1613 Landung in Schottland, Erledigung verschiedener Geheimmissionen; Verrat, Verhaftung und Anklage wegen Hochverrats, Hinrichtung.

BRUNO STEIMER

Literatur: BBKL 6, 1158–62.

• **Margareta** (Margaret) **Pole,** selig (1886; 28. Mai), Gräfin von Salisbury, Tochter Herzog Georgs von Clarence, des Bruders Eduards IV., * 14. 8. 1473 Farley Castle bei Bath, † 27. 5. 1541 East Smithfield; vermählte sich 1490/91 mit Sir Richard P., einem Vetter Heinrichs VIII.; 1505 Witwe. Erzieherin Marias der Katholischen. Nach dem Fall Anna Boleyns 1536 Rückkehr an den Hof. Die Opposition ihres Sohns Kardinal Reginald Poles gegen Heinrich VIII. veranlasste diesen, M.s ältesten Sohn Henry Montague 1538 hinrichten zu lassen. Sie selbst wurde 1538 gefangen gesetzt, ohne Schuldnachweis und Verteidigung von Parlament verurteilt und 1541 hingerichtet.

KLAUS GANZER

Literatur: A literary and biographical history or bibliographical dictionary of the English catholics from the breach with Rome in 1534 to the present time, hg. v. J. GILLOW, Bd. 5, Nachdruck 1968, 535. – LTHK[2] 8, 582; DNB[2] 16, 28 f.; J. D. MACKIE: The Early Tudors, [2]1957, passim.

• **Markus** (Marc) **Backworth** (Barkworth), selig (1929; 27. Febr., zusammen mit Anna Line und Roger Filcock), OSB, * 1572 Lincolnshire; Protestant, 1594 Konversion zum Katholizismus in Douai; Theologiestudium im englischen Kolleg zu Valladolid, 1599 Priester und Benediktineroblate in Hirache. In England zusammen mit der heiligen (1970) *Anna Line* (* 1569) und dem seligen (1987) *Roger Filcock*, Jesuitenmissionar, am 27. 2. 1601 von religiösen Fanatikern in Tyburn gehängt.

STEPHAN PETZOLT

Literatur: BIBLSS 2, 785 f.; ZIMMERMANN 1, 259 ff.; B. CAMM: Nine Martyr Monks, 1931, 1–44.

• **Oliver Plunket(t),** heilig (1975; 1. Juli), * 1. 11. 1629 Loughcrew, Irland, † 1. 7. 1681 London; Theologiestudium in Rom, 1654 Priester, 1657–69 Professor in Rom, 1669 Bischof von Armagh und Primas von Irland; seit 1670 Verschärfung der antikatholischen Gesetze und Verschärfung der Repressionen, in deren Gefolge P. 1679 angeklagt, verhaftet, nach London überführt, abgeurteilt und hingerichtet wurde.

BRUNO STEIMER

Literatur: BBKL 7, 760 ff.

• **Thomas Abel** (Able, Abble, Abell), selig (1886; 30. Juli, zusammen mit Eduard Powell und Richard Featherstone), * um 1497, † 30. 7. 1540 Smithfield; Studium und Doctor theologiae in Oxford. Als Kaplan Katharinas von Aragón, der Frau Heinrichs VIII., setzte er sich in Predigt und Schrifttum gegen die Auflösung ihrer Ehe ein. 1530 Rektor von Bradwell in Essex, 1532 und 1533 verhaftet und wegen Hochverrats angeklagt; aufgrund seiner Weigerung, die Suprematie Heinrichs VIII. in kirchlichen Angelegenheiten anzuerkennen, verurteilt und enthauptet.

REINHOLD RIEGER

Werke: Invicta veritas. An Answer that by no Manner of Means it may be lawful for the King to be divorced from the Queens Grace, his lawful Wife (1532); Tractatus de non dissolvendo Henrici et Catharinae matrimonio (1534); Letters and Papers: Foreign and Domestic Henry VIII, hg. v. S. J. BREWER U. A., Bd. 4–6, 1860–1910.

Literatur: DNB 1, 34 f.; NCE 1, 18; Lives of the English Martyrs Declared Blessed by Pope Leo XIII in 1886 and 1895, hg. v. B. CAMM, Bd. 1, 1904; Dictionary of Catholic Biography, hg. v. J. J. DELANAY – J. E. TOBIN, 1962, 2; J. RIDLEY: Henry VIII, 1984.

Martyrer von Frankreich, Sammelbezeichnung für mehrere Gruppen oder Einzelpersonen katholischen Glaubens, die während der Französischen Revolution (1789–1801) ermordet worden sind. Die Grundlage für die meisten Todesurteile bildete die Verweigerung oder der Widerruf des Eides auf die Zivilkonstitution. Seit 1906 werden diese Glaubenszeugen von Päpsten seliggesprochen:
1906: 16 Martyrinnen von Compiègne durch Pius X.; 1920: Vier Vinzentinerinnen von Arras (26. Juni) und elf Ursulinen von Valenciennes durch Benedikt XV.; durch Pius XI. 1925: 32 Ordensschwestern von Orange, 1926: 191 Opfer der Septembermorde in Paris 1792 und Natalis Pinot, 1934: Petrus Renatus Rogue; 1955: 19 Martyrinnen und Martyrer von Laval durch Pius XII.; 1984: 99 Martyrer und Martyrinnen von Angers; 1995: 64 Martyrer von Rochefort. – Die Seligen werden zumeist an unterschiedlichen Tagen kommemoriert.

BRUNO STEIMER

Literatur: O. WIMMER U. A. (Hg.): Lexikon der Namen und Heiligen, 1988, 894–904; I. GOBRY: La Révolution française et l'Eglise, 1989; DERSELBE: Dictionnaire des martyrs de la Révolution, 1990; J. PEYRADE: Les guillotinés de la foi, 1991.

• **Apollinaris von Posat** (bürgerlich: Johann Jakob Morel), selig (1926; 2. Sept.), OFMCap (1762), *12.6.1739 Piez-vers-Noréaz, †2.9.1792 Paris; Seelsorger und Professor in Fribourg und Stans, wo er schwer verleumdet wurde. Als Missionskandidat 1788 nach Paris versetzt, wird er jedoch Seelsorger der Deutschen. Weil er den Eid auf die Zivilkonstitution verweigerte, wurde A. in der Karmelitenkirche eingekerkert und gemartert. Er verfasste u.a. *Le séducteur démasqué …* (1791) und Briefe (hg. v. B. Mayer: Miscellanea M. de Pobladura, Bd. 2 1964, 393–425).

OKTAVIAN SCHMUCKI

Literatur: BGF 13, n. 5561 ff. und 15, n. 6041 f. – Helvetia Franciscana 7 (1958) 105–132 (1. Leben).

• **Johannes Baptist Souzy und 63 Gefährten** (1995). Für die für die Deportation nach Guyana im Hafen von Rochefort zusammengetriebenen 829 Kleriker und Ordensleute war der Diözesanpriester J. B. (27. Aug.), *24.3.1732 La Rochelle, †27.8.1794 Rochefort, zum Generalvikar bestimmt worden. Die Verurteilten konnten wegen der englischen Blockade nicht aus dem Hafen auslaufen, so dass sie über ein Jahr unter unmenschlichen Bedingungen auf zu Pontons zusammengebundenen ausrangierten Lastkähnen in der Charentemündung ankerten, was 547 Personen nicht überlebten; von diesen wurden 64 seliggesprochen.

BRUNO STEIMER

Literatur: J. DUGUET: La Révolution française à Rochefort, 1989.

Martyrinnen von Compiègne (1906; 17. Juli), 16 Karmelitinnen, 1792 aus Compiègne vertrieben, 1794 während der Schreckensherrschaft in Paris verhaftet und hingerichtet. Das Martyrium der Karmelitinnen bildet den historischen Kern der Novelle von Gertrud von le Fort »Die Letzte am Schafott«.

BRUNO STEIMER

Literatur: W. BUSH: To quell the terror, 1999, französisch 2001; S.-M. MORGAIN: L'amour sera toujours vainqueur, 2000.

Martyrinnen von Orange, (1925), 16 Ursulinen, 13 Visitantinnen, zwei Zisterzienserinnen und eine Benediktinerin wurden am 22.4.1794 in Bollène verhaftet und am 2. Mai in Orange in Gefängnissen interniert, weil sie den von Pius VI. verurteilten Eid auf die Zivilkonstitution verweigert hatten; in Orange zum Tod verurteilt und zwischen dem 6. und 26. Juli hingerichtet (an diesen Tagen im MartRom kommemoriert).

HELMUT MOLL

Literatur: AAS 17 (1925) 234–238; BIBLSS 9, 1219–22; VSB 7, 209–215; H. LECLERCQ: Les martyrs, Bd. 12 1913, 115–128.

• **Natalis** (Noël) **Pinot,** (1926; 21. Febr.), *19.12.1747 Angers, †21.2.1794 ebd.; 1771 Priester, 1768 Pfarrer in Louroux; Eidverweigerer und Abtauchen in den Untergrund; 1794 während einer nächtlichen Messe verhaftet, anschließend verurteilt und guillotiniert.

Literatur: BBKL 14, 1243f.

• **Petrus-Renatus** (Pierre-René) **Rogue,** (1934; 3. März), CM (1786), *11.6.1758 Vannes, †3.3.1796 ebd. (guillotiniert); 1782 Priester, 1788 Professor am Seminar in Vannes, 1791 Verweigerung des Eides auf die Zivilkonstitution und Flucht, 1795 Verhaftung.

Literatur: J. GONTHIER: Un martyr de la fidélité, 1979; Archives municipales de Vannes: Les catholiques et la Révolution française, le b. P.-R. R., 1998.

• **Wilhelm** (Guillaume) **Repin und 98 Gefährten** (Martyrer von Angers), (1984), Opfer revolutionärer Exzesse in Angers 1793/94: zwölf Priester, drei Nonnen, 80 Frauen und Mädchen und vier Männer.

BRUNO STEIMER

Literatur: Y. DAOUDAL: G. R. et ses 98 compagnons, 1984.

Martyrer von Irland, Gruppe von 17 Glaubenszeugen, die unter der englischen Okkupation Irlands zwischen 1579 und 1654 Opfer verschiedener Katholikenverfolgungen wurden; Johannes Paul II. sprach die Martyrinnen und Martyrer um den Erzbischof von Cashel, *Dermitius* (Dermot) *O'Hurley* (1530–1584; 20. Juni), 1992 selig; das MartRom kommemoriert sie an verschiedenen Tagen.

BRUNO STEIMER

Literatur: B. MILLETT: The beatified martyrs of Ireland: Irish Theological Quarterly 64 (1999), 65 (2000), 66 (2001); C. LENNON: Le guerre di religione in Irlanda. Colonizzazioni protestanti e martiri della Chiesa cattolica: Storia religiosa dell'Irlanda, hg. v. L. VACCARO, 2001, 195–212.

Martyrer von Japan. 1. *Geschichtlicher Überblick.* a) Die *Anfänge der Japanmission* stehen im Zusammenhang mit der wirtschaftlichen Expansion der Portugiesen in Asien, die 1542 nach Japan kamen. ↗ Franz Xaver, damals Provinzial in Goa, entschloss sich nach einer Begegnung mit dem Japaner Yajirō in Malakka zur Japanmission und landete 1549 in Kagoshima auf der Südinsel Kyūshū. Er war bis 1551 in Japan tätig, gewann die Gunst von Landesfürsten in Südjapan und gründete dort vier christliche Gemeinden. Nach ihm wurde Cosme de Torres Superior von Japan, der Xavers Missionsmethode übernahm: Studium von Sprache und Religionen, Anpassung an Sitten und Gebräuche und Ausbildung japanischer Missionshelfer. 1560 begann Gaspar Villela die Missionstätigkeit in der Hauptstadt Kyōto. Als der christenfreundliche Landesfürst Oda Nobunaga 1568 faktisch Herrscher über ganz Japan geworden war, folgte eine Blütezeit der Mission. Unter dem Superior Francisco Cabral (ab 1570) kam es durch dessen Ablehnung der bisherigen Missionsmethode zu Konflikten, welche 1579 durch den Visitator Alessandro Valignano beigelegt wurden. Die Kirche Japans wurde zur Vizeprovinz erhoben. Unter dem ersten Vizeprovinzial, Gaspar Coelho, erreichte die Japanmission ihren Höhepunkt.

b) *Erste Verfolgunsgwelle:* Die Situation

änderte sich nach der Ermordung Nobunagas (1582). Sein Nachfolger Toyotomi Hideyoshi erließ 1587 ein Verbannungsedikt gegen die Missionare. Konflikte zwischen den portugiesischen Jesuiten und den spanischen Franziskanern, die 1593 nach Japan gekommen waren, und der Vorfall des spanischen Schiffs S. Felipe, das 1596 mit Waffen an Bord vor Japan strandete, veranlassten Hideyoshi zu einer Christenverfolgung, da die christliche Mission als Wegbereiter einer europäischen Invasion betrachtet wurde. 1597 wurden 26 Christen in Nagasaki hingerichtet.
c) *Zweite Verfolgungswelle und das Ende der Mission:* Mit Hideyoshis Nachfolger Tokugawa Ieyasu setzte die Zeit der systematisch durchgeführten Christenverfolgung ein: Nach dem Verfolgungsedikt von 1614 wurde die japanische Kirche in zwei Jahrzehnten praktisch ausgelöscht. Der blutig niedergeschlagene Aufstand der christlichen Bauern in Shimabara von 1637/38 führte zu einer radikalen Isolationspolitik: Bis 1854 durfte kein Japaner das Land verlassen, und mit Ausnahme der Holländer war es Europäern untersagt, Japan zu betreten. Obwohl nach 1640 keinerlei Möglichkeit bestand, öffentlich als Christ in Japan zu leben, hielten Christen, »Kirishitan« genannt, v. a. in Nagasaki im Verborgenen an ihrem Glauben fest und gaben ihn von Generation zu Generation weiter.

TOKIE TSUCHIMOTO-TROPPER

Literatur: J. Jennes: A History of the Catholic Church in Japan, 1973; C. R. Boxer: The Christian century in Japan, 1974; N. S. Fujita: Japan's encounter with christianity, 1994; A. C. Ross: A vision betrayed. The Jesuits in Japan and China, 1994.

2. *Selig- und Heiligsprechungen.* a) *Martyrer der ersten Verfolgungswelle:*
• **Paul Miki und 25 Gefährten,** heilig (1862; GK G 6. Febr.), † 5. 2. 1597 Nagasaki (gemeinsam gekreuzigt). Die Gruppe um den Japaner P., * um 1565, SJ (1589), umfasst zwei weitere indigene Jesuiten, sechs spanische Franziskaner (darunter *Petrus Baptista Blázquez* [s. u.]) und 17 Franziskaner-Terziaren.

BRUNO STEIMER

• **Petrus Baptista** (Pedro Bautista) **Blázquez,** OFM (1566), Gründer der Franziskanermission in Japan, * 24. 6. 1542 San Esteban, Spanien; nach seinem Ordenseintritt Prediger und Lehrer der Philosophie in Spanien, Oberer des Konvents von Mérida. 1581–83 Missionar in Mexiko; 1584–93 auf den Philippinen, 1588–91 Kustos, dann Oberer des Hauptklosters in Manila. 1593 als Gesandter und Missionar nach Japan, Kloster- und Hospitalgründungen.

KATJA HEIDEMANNS

b) Von den Tausenden Opfern der *zweiten Verfolgungswelle* wurden 1867 205 Martyrinnen und Martyrer, 1981 von Johannes Paul II. in Manila weitere 16 Martyrer seliggesprochen (erstmals außerhalb Roms), die er 1987 kanonisierte:
• **Laurentius Ruiz und 15 Gefährten,** heilig (GK g 28. Sept.). Die Gruppe um den in Manila geborenen Laien L. umfasst japanische und europäische Missionarinnen und Missionare (vorwiegend Dominikaner), die zwischen 1633 und 1637 ermordet wurden.

BRUNO STEIMER

Aus der Gruppe der 1867 seliggesprochenen 205 Martyrerinnen und Martyrer (sie werden nicht gemeinsam kommemoriert) seien genannt:
• **Alfons** (Alonso) **von Mena,** (10. Sept.), OP (1594), * 3. 2. 1568 Logroño, Spanien, † 10. 9. 1622 Nagasaki; A. ging 1598 als Missionar auf die Philippinen und wirkte seit 1602 erfolgreich in Japan, wo er beim »großen Martyrium« von Nagasaki den Feuertod erlitt.

KATJA HEIDEMANNS

Literatur: BiblMiss 5, 386 468; Reseña Biográfica, Bd. 1 1891, 200–204; Álvarez 2, 299–303.

• **Alfons** (Alonso) **von Navarrete,** (1. Juni, zusammen mit *Ferdinand vom heiligen Josef von Ayala* und *Leo Tanaka*), OP, *21.9.1571 Logroño, Spanien, †1.6.1617 auf Takushima enthauptet; wirkte als Missionar auf den Philippinen, später als Vikar des Provinzials in Japan.

KATJA HEIDEMANNS

Literatur: BiblMiss 5, 431; 30, 109; Álvarez 2, 277–281; Reseña Biográfica, Bd. 1 1891, 192–197; L. C. Profilet: Le Martyrologe de l'Église du Japon, Bd. 1 1897, 277ff.

• **Apollinaris** (Apolinar) **Franco,** (12. Sept., zusammen mit *Thomas Zumarraga und vier Gefährten*), Martyrer, *1570 Aquilar de Campos, Spanien, aus adeligem Geschlecht, †12.9.1622 Omura; 1602–1611 Missionar auf den Philippinen; 1611 nach Japan, wo er sich 1614 der allgemeinen Ausweisung entziehen kann und in Nagasaki, Osaka, Arina und Kuchinotsu wirkt. Ab 1616 Kommissar der Franziskanermission, predigt er 1617 in Omura, wird verhaftet und nach fünf Jahren mit acht Gefährten verbrannt.

JUSTIN LANG

Literatur: BiblMiss Bd. 5, passim, besonders 430; BiblSS 5, 1248; L. Pérez: Vida y escritos del Beato A. F., 1911.

• **Jakob** (Diego) **Carvalho,** (22. Febr.), SJ (1594), *1578 Coimbra, †22.2.1624 Sendai, Honshu. Über Macao (1601) kam J. 1609 als Missionar nach Japan (Amakusa). Während der Christenverfolgung unter Tokugawa Ieyasu 1614 ausgewiesen, ging J. nach Cochinchina. Unter dem Shogun Minamoto Hidetada kehrte er 1616 heimlich nach Japan zurück (Omura), wurde ergriffen und starb nach langer Folter.

CLAUDIA VON COLLANI

Literatur: BiblMiss 5, 464; EC 6, 375; Sommervogel 2, 787; L. Koch: Jesuitenlexikon, 1934, 304ff.; L. Pagés: Histoire de la religion chrétienne au Japon, 1869; H. Cieslik: Missionary Bulletin 9 (1955) 662–669 730–737; M. Cooper: They came to Japan ..., 1965.

• **Ludwig** (Luís) **Sotelo,** (25. Aug., zusammen mit Michael Carvalho, Petrus Vázquez, Ludwig Sasanda und Ludwig Baba), OFM (1593), *6.9.1574 Sevilla, †25.8.1624 Shi ma ba ra auf Kyūshū; reiste 1599 über Mexiko und die Philippinen nach Japan, das er 1603 erreichte; wirkte dort an mehreren Orten, besonders erfolgreich in Yonezawa, wo der mächtige Daimyō (Lehensfürst) Date Masamune sein Gönner wurde und mit dem Edikt vom 23.11.1611 die christliche Predigt erlaubte. L. führte auf Dates Veranlassung 1613 eine Gesandtschaft nach Madrid und Rom, die neben Missionsanliegen Handelsbeziehungen zwischen Japan und Spanien fördern sollte. In Rom zum Bischof von Ostjapan ernannt, konnte L. wegen Anfeindungen die Weihe nicht erhalten und erst im Oktober 1622 Japan wieder betreten. Bei der Landung vom Gouverneur von Nagasaki inhaftiert, seither im Gefängnis; erlitt mit seinen Mitbrüdern *Ludwig Sasanda* und *Ludwig Baba* sowie mit *Petrus Vázquez* OP und *Michael Carvalho* (s.u.) den Feuertod.

GEROLD FUSSENEGGER

Literatur: BBKL 10, 825ff. BiblMiss 5, 1009; L. Pérez: Apostolado y Martirio del beato L. S. en el Japón: Archivo ibero-americano 22 (1924) 327–383, 23 (1925) 59–83 145–220 289–348, 24 (1925) 5–64 145–185; L. Lemmens: Geschichte der Franziskanermissionen, 1929, 166–174; G. Huber: Der selige L. S., 1937.

• **Michael** (Miguel) **Carvalho,** (25. Aug., zusammen mit Ludwig Sotelo, Petrus

Vázquez, Ludwig Sasanda und Ludwig Baba) SJ (1597), *1577 Braga, Portugal, †25.8.1624 Shimabara auf Kyūshū; ging 1602 nach Indien, wo er in Goa Theologie lehrte, und kam 1621 in das seit 1614 dem Christentum versperrte Japan. 1623 wurde er ergriffen und nach 13 Monaten Kerker lebendig verbrannt.

KLAUS KOSCHORKE

Literatur: J. JENNES: A History of the Catholic Church in Japan, 1973, 138 ff.; C. R. BOXER: The Christian Century in Japan 1549–1650, 1974, 366 436 ff.

1989 sprach Johannes Paul II. zwei weitere Martyrer selig:

• **Martin Lumbrérez Peralta und Melchior Sánchez Pérez,** (11. Dez.), OAR, †11.12.1632 Nagasaki. – M. L., *1598 Saragossa, 1622 Priester; nach kurzem Aufenthalt in Mexiko seit 1623 Missionar auf den Philippinen (Novizenmeister im Konvent S. Nicola, Manila). M. L. meldete sich freiwillig zur Japanmission trotz dort herrschender massiver Christenverfolgung; kam im September 1632 zusammen mit M. S. (*1599) nach Japan; im November Gefangennahme; danach Folter und Martyrertod durch Feuer.

TOKIE TSUCHIMOTO-TROPPER

Literatur: AAS 20 (1928) 197–200; AAS 81 (1989) 1095 ff.; BIBLMISS 4, 577; 5, 1018; 30, 249; Osservatore Romano 129 (23.4.1989) 4; Archivo Historico Augustiniano Hispano 7 (1917) 10–29; B. WILLEKE: Biographical Data on early Franciscans in Japan (1582 to 1640): Archivum Franciscanum historicum (1990) 162–233, besonders 165 ff.

Martyrer von Kanada, heilig (1930; GK g 19. Okt.), Gruppe von acht französischen Jesuitenmissionaren (sechs Priester, zwei Laien), zusammen mit den von ihnen missionierten Huronen zwischen 1642 und 1649 von heidnischen Seneca ermordet, nach dem Ort des Martyriums unterschieden in a) eine kanadische Gruppe und b) eine US-amerikanische Gruppe:

a) *Johannes Brébeuf,* SJ (1917), *25.3.1593 Condé-sur-Vire, Normandie, †16.3.1649 St-Ignace; seit 1625 in Kanada, Gründer der Huronenmission am Huronsee, übersetzte den Katechismus ins Huronische, schuf Wörterbuch und Grammatik; *Antonius Daniel,* *27.5.1601 Dieppe, seit 1632 in Kanada, †4.7.1648 Huronia; *Karl Garnier,* getauft 25. oder 26.5.1605 oder 1606 Paris, ab 1636 in Kanada, †7.12.1649 St-Jean; *Gabriel Lallemant,* *3.10.1610 Paris, ab 1646 in Kanada, †17.3.1649 St-Louis; *Noël Chabanel,* *2.2.1613 Saugues, ab 1643 in Kanada, †8.12.1649 St-Jean.

b) *Isaak Jogues,* *10.1.1607 Orléans, ab 1636 in Kanada, †18.10.1646 Ossernenon, Auriesville, New York; *Renatus Goupil,* *13.5.1608 St-Martin, SJ-Laienbruder, ab 1640 in Kanada, †29.9.1642 Ossernenon; *Johannes de La Lande,* Laie, wahrscheinlich durch Arbeitsvertrag der SJ verbunden, * Dieppe, erste Erwähnung in Kanada 1642, †18. oder 19.10.1646 Ossernenon.

NORBERT M. BORENGÄSSER

Literatur: M. TANNER: Societas Jesu usque ad Sanguinis et vitae profusionem militans in Europa, Africa, Asia et America, 1675, 510 534 540 (Abbildungen); L. KOCH: Jesuitenlexikon, 1934, 255 f. 313 377 f. 642 719 932 f. 1062 1072; Dictionary of Canadian Biography, Bd. 1 (1000–1700), ²1979, 121–126 184 f. 246 f. 324 f. 343 f. 387–390 410–413; Monumenta Novae Franciae, hg. v. L. CAMPEAU, Bd. 2–7 (bis 1650), 1979–98 (mit Kurzbiographien); DERSELBE: La Mission des Jésuites chez les Hurons 1634–50, 1987; D. PEPIN: Les martyrs canadiens, 1999.

Martyrer von Korea, heilig (1984; GK G 20. Sept.), Gruppe von 103 Opfern der Christenverfolgungen in Korea zwischen 1839 und 1866.

Als Gründungsdatum der katholischen Kirche in Korea gilt das Jahr 1784, als der von Jesuiten in Peking getaufte Koreaner Ri Sung-Hun (Petrus Ri) in Korea missionierte. Schon bevor 1831 Gregor XVI. das Apostolische Vikariat Korea errichtete und es den Missions Étrangères de Paris übergab, wurden Christen immer wieder verfolgt (1801, 1815–1817, 1825 und 1827). Zu planmäßigen Verfolgungen, die auf christlicher Seite einen hohen Blutzoll forderten, kam es besonders 1838–46 und 1866–69.
1925 sprach Pius XI. 79 und 1968 Paul - VI. weitere 24 Martyrinnen und Martyrer von Korea selig; diese beiden Gruppen wurden 1984 von Johannes Paul II. unter den Namen *Andreas Kim Tae-gon, Paulus Chong Ha-sang* (1795–1839, Laie) *und Gefährten* in Seoul bei der ersten Kanonisation außerhalb Roms heiliggesprochen.

BRUNO STEIMER

• **Andreas Kim Tae-gon,** erster koreanischer Priester; *21.8.1821 Solmoe, Chungchoeng, †16.9.1846 Seoul; entstammte einer ursprünglich vornehmen, nach der Bekehrung zum vom Staat streng verbotenen katholischen Glauben jedoch verarmten Martyrerfamilie Koreas; 1836 von einem MEP-Missionar zum Seminaristen ausgewählt, 1837 mit zwei anderen Missionaren nach Macao geschickt, wo sich A. auf das Priestertum bei den Missions Étrangères de Paris vorbereitete; 1845 als erster Koreaner in Shanghai zum Priester geweiht, kehrte A. im selbenJahr mit zwei MEP-Missionaren heimlich in die Heimat zurück. Er widmete sich selbstlos dem pastoralen Dienst, bis er beim Versuch, weitere Missionare ins Land zu bringen, verhaftet und gemartert wurde. Ergebenheit Gott gegenüber, Liebe zu den Menschen und Dienst an der Kirche sind die Grundzüge seines kurzen Lebens. – Seit 1949 als Patron aller in Korea wirkenden Geistlichen verehrt.

JOHANNES SANG-TAI SHIM

Literatur: O. GRAF: Die Anfänge des Christentums in Korea: Der fünfarmige Leuchter, hg. v. F. RENNER, 1971, 369–386; KIM CHANG-SEOK THADDEUS: Lives of 103 Martyr Saints of Korea, 1984; S. LECLEIR: Heimliche Infiltration im Dienst einer Landeskirche. Korea 1784–1886: Im Gedächtnis der Kirche neu erwachen. FS G. Adriányi, 2000, 529–558; A. J. FINCH: A persecuted Church: Journal of Ecclesiastical History 51 (2000) 556–580.

Martyrer von Košice, heilig (1995; 7. Sept.), Gruppe von drei Martyrern, die zur Zeit der calvinistischen siebenbürgischen Fürsten Gábor Bethlén und Georg I. Rakoczy 1619 von Calvinisten im heute slowakischen Košice/Kassa/Kaschau ermordet wurden, da sie sich weigerten, dem katholischen Glauben abzuschwören. Ihre sterblichen Überreste überführte man bald in die SJ-(spätere Ursulinen-)Kirche in Trnava/Tyrnau. Der noch vom Zeitgenossen Kardinal Péter Pázmány eingeleitete Heiligsprechungsprozess wurde nach der Seligsprechung 1904 durch Johannes Paul II. 1995 abgeschlossen.

• **Markus** (Marek) **Križevčanin** (Križevci, Crisinus), *1588 Križevci, Slowenien, †7.9.1619 Košice; Ausbildung bei den Jesuiten in Wien und Graz (Doctor philosophiae), 1611–15 Studium an der Gregoriana in Rom, dort ordiniert; 1619 Administrator der Benediktinerabtei Krásna bei Košice.

• **Stefan Pongracz,** SJ, *1582 Schloss Alvincz, Siebenbürgen, †8.9.1619 Košice; Studium der Theologie und Philosophie u.a. am SJ-Kolleg in Cluj/Klausenburg, in Prag und Graz; ab 1602 Noviziat in Brno/Brünn; 1619 als Kaplan für die kaiserlichen ungarischen Truppen und die katholische ungarische Zivilbevölkerung nach Košice.

• **Melchior Grodziecki,** SJ, *1584 Teschen, Schlesien, †7.9.1619 Košice; Ausbildung am SJ-Kolleg in Wien, ab 1603 Noviziat in Brünn, Studium in Prag, 1614 Priester; 1618 als Kaplan für polnische und böhmische Truppen nach Hemenné bei Košice.

EVELYN NEBOR

Literatur: AAS 89 (1997) 5 ff.; Documentation catholique 1995, n. 15, 741–747 757 f.; J. Poplatek: Święty Melchior Grodziecki SJ – męczennik za wiare, 1995.

Martyrer von Lyon, heilig (2. Juni). Eusebius (h. e. V, 1–4) bringt umfangreiche wörtliche Auszüge und Nachrichten aus einem Schreiben der Christen von Vienne und Lyon nach Asien und Phrygien über die Verfolgung des Jahres 177 (vielleicht etwas früher oder später), das er vollständig in seine verloren gegangene Sammlung alter Martyrien aufgenommen hatte. Seine Kirchengeschichte überliefert zehn Namen von Opfern *(Vettius Epagathus, Sanctus, Maturus, Attalos, Blandina, Biblis, Potheinus, Alexander, Ponticus, Alkibiades)*, während das MartHieron 293 (auch MartRom) zum 2. Juni 48 Personen kennt, die vielleicht auf das vollständige Schreiben zurückgehen (z. B. auch Albina). Der Brief verbindet mit der Darstellung theologische Deutung: Martyrium als Sieg des in den Martyrern gegenwärtigen Christus über den Teufel, der sich der Gegner bedient. Unterscheidung: Martyrer und Bekenner.

THEOFRIED BAUMEISTER

Literatur: LACL 472 (s. v. Märtyrerakten, n. 5); Centre national de la recherche scientifique: Les martyrs de Lyon (177), 1978; T. Baumeister: Genese und Entfaltung der altkirchlichen Theologie des Martyriums, 1991, 86–93.

Martyrer von Massa Candida, heilige Martyrer (18. Aug.) aus einem Massa Candida genannten Ort bei Utica in Tunesien. Vermutlich kam es zum Martyrium wegen der Weigerung zahlreicher Christen, das zweite Supplikationsedikt Kaiser Valerians zu vollziehen. Ihr Bischof Quadratus wurde am 21. 8. 259 getötet, während der Kalender von Karthago, MartHieron (449 f.) und Florus von Lyon als Todestag für die Martyrer den 18. Aug. angeben. Ado und MartRom (1956) nennen den *24. Aug.* In Utica gab es eine »Basilica Massae Candidae«, in der Augustinus predigte. Weil Augustinus stets ohne konkrete Angaben (Enarrationes in Psalmos 49, 9; 144, 17; Sermones 306; 311, 10; In Iohannem 21, 11) von mehr als 153 Martyrern sprach, dürfte die Martyrergruppe in Nordafrika sehr bekannt gewesen sein. In Calama (Algerien) erinnerte eine Inschrift an die Martyrer. In der poetischen Vorstellungskraft des Prudentius (Peristephanon 13, 76–87) stürzten sich 300 Martyrer in eine brodelnde Kalkgrube, um der Supplikation zu entgehen. Möglicherweise verbirgt sich hinter der Bezeichnung Massa Candida eine Notbestattungsmaßnahme.

WILHELM M. GESSEL

Literatur: P. J. Healy: The Valerian Persecution, 1905, Nachdruck 1972, 200–204; P. Paschini: La Persecuzione di Valeriano: Studi Romani 6 (1958) 130–137, besonders 135; P. Maraval: Les Persécutions, 1992, 93.

Martyrer von Mexiko, heilig (2000; 21. Mai), Gruppe von 25 Opfern (22 Diözesanpriester und drei Laien) der antiklerikalen Politik der mexikanischen Präsidenten (vor allem Plutarco Elias Calles, 1924–28) in der Zeit zwischen 1915 und 1937 um den Priester *Christoph Magallanes* (1869–1927). Die staatlichen Repressionen gegen die Kirche (Verstaatlichung von Kirchengut, Aufhebung des Wahlrechts für Kleriker, Ausweisung der ausländischen Missionare, Restriktionen in der Pastoral) führten zu einem prokirchlichen bewaffneten Aufstand, in dem etwa 50000 sogenannte »Cristeros« für die kirchliche Sache kämpften. Insgesamt fielen der Verfolgung über 100 Priester und Laien zum Opfer. Der Seligsprechung von Magallanes und seinen Gefährten 1992 folgte im Jahr 2000 ihre Heiligsprechung durch Johannes Paul II.

Im weiteren Sinn gehören zu dieser Gruppe als mexikanische Martyrer jener Zeit auch zwei von Johannes Paul II. seliggesprochene mexikanische Priester:

• **Elias del Socorro Nieves** (bürgerlich: Mateo Elias Nieves del Castillo), (1997; 10. März), OSA (1904), Seelsorger, *1882 Yuriria, †10.3.1928 bei Cortazar (erschossen).

BRUNO STEIMER

• **Michael Augustinus** (Miguel Agustín) **Pró,** selig (1988; 23. Nov.), SJ (1911), Seelsorger, *13.1.1891 Guadalupe bei Zacatecas, †23.11.1927 Mexico City; 1914 Flucht vor der Verfolgung durch Venustiano Carranza; Studium in Spanien und Belgien; 1925 Priester. 1926 Rückkehr nach Mexiko, heimlich als Seelsorger in Mexico City tätig. Unter falscher Beschuldigung der Teilnahme an der Ermordung Präsident Álvaro Obregóns verhaftet und ohne Prozess erschossen.

JOHANNES WRBA

Literatur: J. A. MEYER: The cristero rebellion, 1976; A. AZKUE: Los cristeros mexicanos, 2000. – Christoph Magallanes: AAS 92 (2000) 69f. – Elias Nieves: AAS 90 (1998) 405–409, 91 (1999) 153–156. – Michael Augustinus Pró: F. X. WEISER: Pater M. P. und seine Gefährten, 1928; A. DRAGON: Vie intime de P. P., ^{3}1961; R. RAMÍREZ TORRES: M. A. P. Memorias biográficas, 1976; M. SIEVERNICH: Märtyrer im mexikanischen Kirchenkampf: Geist und Leben 61 (1988) 285–302.

Martyrer von Polen. Während seines Pontifikats sprach Johannes Paul II. drei Gruppen polnischer Martyrer selig:

• **Vinzenz** (Wincenty) **Lewoniuk und zwölf Gefährten,** (1996; 24. Jan.), *1849 Krzyczew, †24.1.1874 Pratulin, Diözese Chełm. V. und seine Gefährten waren Mitglieder der seit der Union von Brest (1596) mit Rom verbundenen ruthenischen Kirche, die zur Zeit der Teilung Polens (1772–1918) zumal im russischen Teil verfolgt wurde. 1874 sollte durch ein Dekret Zar Alexanders II. der byzantinische Ritus in die unierten Kirchen eingeführt werden. Dabei kam es in Pratulin (wie in anderen Orten der Diözese Chełm) zu Kämpfen mit russischen Soldaten, die die Anweisungen des Dekrets durchführen sollten.

EVELYN NEBOR

Literatur: Documentation catholique 1996, n. 20, 999; P. SYVIČ'KYJ: Blaženni Pidljas'ki mučenyky z Pratulyna, 1999.

108 polnische Martyrer (1939–45), (1999; an unterschiedlichen Tagen kommemoriert), inhomogene Gruppe polnischer Katholiken und Katholikinnen (9), die während der nationalsozialistischen Okkupation ihres Glaubens wegen zu Tode gekommen sind (drei Bischöfe, 52 Diözesanpriester, 26 Ordenspriester, drei Seminaristen, sieben Ordensbrüder, acht Ordensschwestern und neun Laien); darunter *Antonius Julian Nowowieski* (1858–1941; 28. Mai), Erzbischof von Płock, *Leo Wetmanski* (1886–1941; 10. Okt.), Weihbischof von Płock, *Ladislaus* (Władysław) *Goral* (1898–45; 26. April), Weihbischof von Lublin.

EVELYN NEBOR

Literatur: W. M. MOROZ (Hg.): Męczennicy za wiarę 1939–45. Duchowni i świeccy z ziemi polskich, którzy prześladowani przez nazizm hitlerowski dali Chrystusowi ofiarą życia świadectwo miłości, 1996; Documentation catholique 1999, n. 14, 683ff.

• **Maria Stella Mardosewicz** (Taufname: Adela) **und zehn Gefährtinnen,** (2000; 1. Aug.), 14.12.1888 Ciasnówka, † 1.8. 1943 bei Batorówka (heute Weißrussland); 1910 Ordenseintritt (wegen eines Herzfehlers gegen den Widerstand der Oberen) bei den Nazaretschwestern, Noviziat in Albano, Italien; 1936 nach Nowogródek, wo seit 1929 eine Gemeinschaft ihrer Kongregation bestand. Als 1943 der örtliche Priester Aleksander Zienkiewicz deportiert werden sollte, beschlossen M. S. und ihre Mitschwestern, lieber sich zu opfern als den unabkömmlichen Priester. In den frühen Morgenstunden des 1. Aug. wurden sie in einem Wald bei Batorówka erschossen.

EVELYN NEBOR

Literatur: BiblSS Appendix 2, 865–875; Documentation catholique 2000, n. 7, 348.

Martyrer von Salcete, selig (1893; 25. Juli), Gruppe von fünf Jesuiten – *Rudolf Aquaviva, Alfons Pacheco, Franz Aranha* (* 1551), *Petrus Berno* (* 1553), *Antonius Francisco* (* 1550) – sowie einiger christlicher Laien, † 15. [26.] 7. 1583 in Cuncolim auf der Halbinsel Salcete, Goa.

• **Rudolf** (Rodolfo) **Aquaviva,** SJ (1568), Missionar, * 2.10.1550 Atri, Abruzzen, Neffe des Ordensgenerals Claudius Aquaviva; Studium der Philosophie und Theologie am römischen Kolleg der SJ. Die Oberen bestimmten ihn für die indische Mission und sandten ihn nach Lissabon (1578 Priester). Reiste mit Matteo Ricci und anderen Missionaren in den Osten und gelangte am 13.9.1578 nach Goa (hier Professor der Philosophie an der Paulus-Universität). Zusammen mit François Henriques und Antonio Monserrate an den Hof Akbars in Fatehpur Sikri (nahe Agra) gesandt, wo sie Religionsgespräche mit muslimischen Gelehrten führten. Die drei Jesuiten schrieben eine Reihe von Briefen an ihren Provinzial. Der Kaiser zeigte starke Sympathie für das Christentum, jedoch stellten die Missionare enttäuscht fest, dass die Hoffnungen auf eine Bekehrung Akbars schwanden. Sie verließen schließlich Fatehpur Sikri und kehrten im Februar 1583 nach Goa zurück.

A. MATHIAS MUNDADAN

Quellen und Literatur: J. Wicki (Hg.): Documenta Indica, Bd. 12 (1580–83), 1972, n. 8 13 50 62 64; J. Correia-Afonso (Hg.): Letters from the Mughal Court, 1980, 7 42 f. 45 ff. 50 ff. 90 ff. – DBI 1; E. Maclagan: The Jesuits and the Great Mogul, 1932, 36 ff.; J. S. Narayan: Acquaviva and the Great Mogul, 1945; J. Thekkedath: History of Christianity in India, Bd. 2 1982, passim.

• **Alfons** (Alonso) **Pacheco,** SJ (1567), Missionar, * 1551 Minaya, Spanien; reiste 1574 mit Alessandro Valignano nach Indien, hier Priesterweihe; 1579 als Prokurator der portugiesisch-indischen Provinz nach Europa gesandt, führte er in Rom und am spanisch-portugiesischen Hof Verhandlungen über die indische Jesuitenmission; 1581 Rückkehr nach Goa.

KATJA HEIDEMANNS

Literatur: BiblMiss 4, 269; 8, 503; Archivum historicum Societatis Jesu Index Generalis (1952–61) 198, (1962–1981) 229.

Martyrer von Scil(l)ium (Scillitanische M.), heilig (17. Juli), eine Gruppe von Christen aus dem sonst unbekannten Ort Scil(l)ium in der römischen Provinz Africa Proconsularis, die unter dem Prokonsul Publius Vigellius Saturninus am 17.7.180 in Karthago wegen ihrer Gesinnung (»persuasio«) hingerichtet wurden. Die angeklagte Gruppe bestand ganz aus Laien: *Speratus* (Wortführer), *Nartzalus* und *Cittinus* (beides indigene Namen), *Donata*, *Vestia* und *Secunda*. Hingerichtet wurden am selben Tag noch weitere vier Christen und drei Christinnen. Die Passio ist das älteste christliche Dokument in lateinischer Sprache und lässt den Schluss zu, dass die Paulusbriefe ebenfalls schon in lateinischer Übersetzung den Angeklagten zur Verfügung standen. Als afrikanische Protomartyrer blieben sie im Gedächtnis (vgl. Tertullian, Ad Scapulam 3,4) und wurden früh verehrt. ↗Augustinus predigte mehrfach an ihrem Festtag und in ihrer karthagischen Basilika (PL 38, 840–849; PL 46, 869–874; PLS 2, 625–637 788–792; CCL41, 446–473). Ob eine mauretanische Inschrift (CIL 8, 20600; Abbildung: DACL 11, 302) sich auf Cittinus bezieht, ist unklar; die Speratus-Verehrung belegt im 6. Jh. eine Mosaikinschrift im sogenannten Stephanskloster von Karthago (P. Gauckler: Inventaire des mosaiques de la Gaule et de l'Afrique, Bd. 2 1910, n. 707; Abbildungen: BiblSS 11, 733 f.). Seine Verehrung scheint sich in späterer Zeit in den Vordergrund geschoben zu haben. Im 9. Jh. werden seine Gebeine zusammen mit denen ↗Cyprians und ↗Pantaleons nach Lyon übertragen. Erst von dort kam wohl der Kult nach SS. Giovanni e Paolo in Rom (BHL 7534), wo man später meinte, die Reliquien der ganzen Gruppe zu besitzen.

HANS REINHARD SEELIGER

Literatur: BHL 7527–7534; BHG 1645; Hagiographies, hg. v. G. Philippart, Bd. 1 1994, 29–33; LACL 470–477, besonders 472 (s. v. Märtyrerakten, n. 6); F. Ruggiero: Atti dei martiri scilitani: Atti dell Accademia nazionale dei Lincei. Memorie Ser. 9, 1/2 (1991); P. Franchi de'Cavalieri: Le reliquie dei martiri scillitani: Römische Quartalschrift 17 (1903) 209–221, wieder abgedruckt: Studi e Testi 222 (1962) 37–48.

Martyrer von Sebaste, heilig (9. März), in Wort (BHG 1201–08; BHO 712–717; BHL 7537–7542) und Bild (LCI 8, 550–553; Reallexikon zur deutschen Kunstgeschichte, Bd. 2 1948, 1059 ff.) berühmt wurden Christen aus der Legio fulminata im nicht weit entfernten Melitene, die in der Metropolis der Provinz ArmeniaI wohl unter Licinius (so Ephräm) nach 321 das Martyrium erlitten haben. Aufsehen erregte nicht nur die große Schar der getöteten Soldaten (40), sondern auch die Grausamkeit ihrer Hinrichtung durch Erfrierenlassen in einer Winternacht auf einem vereisten Platz oder einem gefrorenen Teich. Anders als die stark legendarisch geprägten Passiones und ihr Reflex in den Predigten bewahrt in der hagiographischen Überlieferung das »Testament« wohl gute historische Erinnerung an den Sklaven *Eunoicus* und die Soldaten. Deren Namen sind ebenso wie die der Grußliste wichtige Indizien für ein ländliches Christentum der Provinz, dessen Basis wohl z. T. in Soldatengütern bestand, die auch auf eine frühe christliche Missionierung der indigenen Landbevölkerung Einfluss gehabt haben dürften.

WOLFGANG WISCHMEYER

Literatur: LACL 473 (s. v. Märtyrerakten, n. 27); J. Noret: P. Karlin-Hayter: Les Quarante Martyrs de Sébaste (ou Sébastée). Quelques idées reçues: Byzantion 63 (1993) 425 ff.; P. Maraval: Les premiers développements du culte des XL martyrs de Sébaste: Vetera christianorum 36 (1999) 193–209.

Martyrer von Spanien, Sammelbezeichnung für verschiedene Gruppen oder Einzelpersonen katholischen Glaubens, die während des Spanischen Bürgerkriegs (1934–39) gewaltsam umkamen. Die Selig- und Heiligsprechungen von Martyrinnen und Martyrern dieser Epoche nahm sämtlich Johannes Paul II. vor. In den Übersichten der Selig- und Heiligsprechungen durch Johannes Paul II. im Anhang dieses Lexikons sind die Gruppen und Einzelpersonen aufgeführt.

BRUNO STEIMER

Literatur: M. Tedeschi: Chiesa cattolica e guerra civile in Spagna nel 1936, 1989; A. D. Martín Rubio: La persecutión religiosa en España: Hispania sacra 53 (2001) 63–89.

• **Emmanuel** (Manuel) **Canoura Arnau** (Innozenz von der Unbefleckten Empfängnis) **und acht Gefährten** (Martyrer von Turón), heilig (1999; 9. Okt), †9.10.1934 Turón, Asturien; Gruppe von acht Seminaristen der christlichen Schulbrüder um den Passionistenpiritual E., *10.3.1887 S. Cecilia del Valle de Oro, Galicien; 1920 Priester; die Gruppe wird gelegentlich auch unter dem Namen des ältesten Seminaristen, *Cyrill Bertrán* (*1888), angeführt.

• **Petrus** (Pedro) **Poveda Castroverde,** heilig (2003; 28. Juli), *3.12.1874 Linares, Jaén, †28.7.1936 Madrid; 1897 Priester, 1911 Gründung einer Lehrerausbildungsstätte in Oviedo, 1921 Kaplan des königlichen Palasts in Madrid; 1936 nach einer Messe erschossen.

BRUNO STEIMER

Literatur: F. P. Velázquez: Sal de tu tierra, 2002; M. Rodríguez Abancéns: P. P. mansedumbre y provocación, 2003.

• **Zephyrinus** (Ceferino) **Giménez Malla** (genannt »El Pelé«), selig (1997; 2. Aug.), *1861 Benavent de Segriá in Spanien, †2.8.1936 Barbastro. Seine Kindheit und Jugend verbrachte Z. als Nomade mit seinem Volk Caló (Roma) im Nordosten Spaniens und in Südfrankreich. Nach einem persönlichen Umkehrerlebnis gewann er durch mutiges Helfen viele Sympathien, auch unter führenden Persönlichkeiten. Z. starb als Martyrer während des Spanischen Bürgerkriegs. Er wurde als erster Caló seliggesprochen. Mit seiner starken Persönlichkeit wurde er zu einer führenden Gestalt in seiner Ethnie und darüber hinaus.

JOSEF G. CASCALES

Literatur: A. Fandos: ›El Pelé‹, 1973; M. Riboldi: Un vero Caló, 1993; G. Campo: C. G. El primer gitano mártir de la historia, 1997; J. G. Cascales: ›El Pelé‹ – Ein seliggesprochener Zigeuner, 1997.

Martyrer von Thailand, selig (1989), Gruppe von sechs Frauen (26. Dez.) und einem Mann (16. Dez.), die 1940 den staatlich gelenkten Christenverfolgungen in Thailand zum Opfer fielen. Nachdem 1940 die ausländischen Missionare des Landes verwiesen worden waren, sahen sich die christlichen Gemeinden auf sich allein gestellt. Im Grenzort zu Laos Mukdahan am Ufer des Mekong erschoss die Polizei am 16.12.1940 zur Abschreckung anderer Gemeindemitglieder den Gemeindeleiter *Philipp Siphong Onphitak* (*1907), einen Vater von fünf Kindern, und stellte ihnen ein Ultimatum, ihrem Glauben abzuschwören. Weil sie der Aufforderung nicht nachkamen, wurden am 26.12.1940 auf dem Friedhof des Ortes zwei Nonnen, *Agnes Phila* (*1909) und *Lucia Khambang* (*1917), sowie vier Laien, *Agatha Phutta* (*1881), *Caecilia Butsi* (*1924), *Bibiana Khamphai* (*1925) und *Maria Phong* (*1925), erschossen.

BRUNO STEIMER

Literatur: AAS 83 (1991) 125–128; Documentation catholique 1989, 1079.

Martyrer der Ukraine. Anlässlich seines Besuchs in der Ukraine im Juni 2001 sprach Johannes Paul II. 30 Menschen selig: den Erzbischof von L'viv Josef Bilczewski (1860–1923) und den Ordensgründer Sigmund (Zygmunt) Horazdowski (1845–1920) (beide römisch-katholisch), den Martyrer und Bischof der ruthenischen Kirche Theodor Romža (1911–47) sowie (sämtlich ukrainisch-katholisch) die Ordensgründerin Josepha Michaela (Josafata Mychailyna)

Hordaševska (1869–1919), den in Majdanek ermordeten Priester Emil (Omeljan) Kovč (1884–1944) sowie Nikolaus Čarnec'kyj (s. u.) mit 24 Gefährten, die auf unterschiedliche Weise den Verfolgungen des kommunistischen Regimes zum Opfer fielen.

• **Nikolaus** (Mykolay) **Čarnec'kyj** (Charnetsky und Ähnliches), selig (2001; 2. April), CSsR (1919), *17. 9. 1884 Semakivci, Galizien, †2. 4. 1959 L'viv; Seminarist in Stanislaviv (seit 1962 Ivano-Frankivs'k), 1903–09 Studium und Doktorgrad in Rom, 1909 griechisch-katholischer Priester, Spiritual und Professor am Seminar in Stanislaviv, 1926 Apostolischer Visitator der ukrainischen Katholiken in Wolhynien und Podlachien, 1931 Bischof; 1945 verhaftet und elf Jahre in 30 verschiedenen sowjetischen Arbeitslagern und Gefängnissen; vielfach verhört und gefoltert, setzte er seine Seelsorge im Geheimen fort; schwer krank entlassen kehrte er nach L'viv zurück, wo sich an seinem Grab ein reger Kult entwickelte; Reliquien 2002 in die St. Josafat-Kirche überführt, Bau einer St. N.-Kirche geplant.

EVELYN NEBOR

Literatur: Documentation catholique 2001, n. 15, 747 ff.; J. Sianchuk: Blessed Bishop Nicolas Charnetsky, C.Ss.R., and Companions, 2002. – *Zu einzelnen Personen:* S. J. Bachtalowski: Nicholas Charnetsky, CSSR. Bishop-confessor, o. J.; N. Tarnawski: Arcybiskup Józef Bilczewsk. Krótki rys życia i prac, 1991; P. Mel'ničuk: Vladyka Hryhorij Chomysyn. Patriot – misioner – mučenyk, 1997; L. Malyj: Ecclesiologia nelle opere di Giuseppe Bilczewski, 2000; L. Puskás: Kyr Teodor Romža: žyttja i smert' jepyskopa, 2001; C. Simon: Pioneers and witnesses of the struggle for Christian unity in Eastern Europe, Bd. 1: Leonid Feodorov, Vendelín Javorka, Theodore Romza, 2001.

Martyrer von Vietnam (auch Tonkinesische Martyrer, Annamitische Martyrer). Seit 1533 existierte eine sporadische Missionstätigkeit im Kaiserreich Annam, das Anfang des 17. Jh. in die zwei Herrschaftsgebiete Tonkin (Nordvietnam) und Cochinchina (Südvietnam) geteilt wurde. Aufgrund der Verquickung der Mission mit der expansiven europäischen Handelspolitik sowie interner Konflikte kam es während des 17. Jh. im gesamten Land zur Ausweisung der Missionare, dem Verbot des öffentlichen Bekenntnisses, zu massiven Verfolgungen und zahlreichen Hinrichtungen von Christen, besonders von Katechisten. Auch in den folgenden Jahrhunderten wiederholten sich Repressionen. 1988 wurden 117 Personen (darunter 96 Vietnamesen), die in Vietnam zwischen 1745 und 1862 ihres Glaubens wegen getötet worden sind, heiliggesprochen (GK G 24. Nov.).

KARL JOSEF RIVINIUS

Literatur: BiblMiss 52, 160 192–195; VSB 7, 261–265; Tran-Minh-Tiet: Histoire des persécutions au Viet-Nam, 1955; G.-M. Oury: Le Vietnam des martyrs et des saints, 1988; derselbe: Les martyrs du Vietnam: Esprit et Vie 98 (1988) 273–284.

Zu diesen Heiligen gehören u. a.: **Augustinus Schoeffler,** Missionar, *22. 11. 1822 Mittelbronn, Lothringen, †1. 5. 1851 Son-Tay, Xu-Doai; Studium in Pont-à-Mousson bei Nancy; 1846 Eintritt in die Société des Missions-Étrangères de Paris, begab sich 1848 nach Westtonking und wirkte dort erfolgreich als Missionar, im Gefolge einer zweiten Verfolgungswelle drei Monate inhaftiert; seines Glaubens wegen hingerichtet.

KARL JOSEF RIVINIUS

Werke: Briefe: Correspondance des Missions aux Archives des MEP, Bd. 1262.

Literatur: BiblMiss 11, 334 389 ff.; VSB 5, 30 f.; L. Finot: Un martyr Lorrain en

Extrême-Orient, [2]1900; E. MANGENOT: Le bienheureux A. Sch., 1900; H. WALTER: Leben, Wirken und Leiden der 77 seligen Märtyrer von Anam und China, Bd. 2 1903, 185–207; TRÂN-MINH-TIÊT: Histoire des persécutions au Viêt-Nam, 1955; G.-M. OURY: Le Vietnam des martyrs et des saints, 1988, 161.

• **Clemens Ignatius** (Clemente Ignacio) **Delgado y Cebrián,** OP (1781), Missionsbischof, *23.11.1761 Villafeliche bei Saragossa, †12.7.1838 Tonkin; 1785 Ausreise nach den Philippinen, 1790 Ankunft in Tonkin; 1794 Koadjutor, 1799 Apostolischer Vikar von Osttonkin; Evangelisierung unter äußerst schwierigen Bedingungen.

KARL JOSEF RIVINIUS

Werke: Zahlreiche Briefe und Hirtenbriefe.

Literatur: BIBLMISS 6, 522 523 527 529 f. 534; 11,12 45 50 f. 54 319 391 392 394 f. 397 398 ff. 677 723 u. ö.; VSB 7, 261–265; H. WALTER: Leben, Wirken und Leiden der 77 seligen Märtyrer von Anam und China, 1903.

• **Hieronymus Hermosilla,** OP (1823), Missionar und Apostolischer Vikar,*30.9.1800 S. Domingo de la Calzada, Spanien, †1.11.1861 Hai-Duong (nach Kerkerhaft Enthauptung); 1825 Ausreise nach den Philippinen, seit 1829 in Tonkin; 1836 Provinzvikar; 1840 Apostolischer Vikar von Osttonkin. Erfolgreiche Evangelisierung unter schwierigsten Bedingungen. Infolge halbherziger französisch-spanischer Militärintervention kam es zu einer äußerst grausamen Verfolgung, der Bischöfe, Priester und zahlreiche Christen und Taufbewerber zum Opfer fielen; Verwüstung der Mission und der Christendörfer.

KARL JOSEF RIVINIUS

Literatur: BIBLMISS 11, 60 89 f. u. ö.; VSB 11, 66; Die Katholischen Missionen 2 (1873/74) 113–116 205–211 255–262; A. M. BIANCONI: Vita e martirio dei beati domenicani, 1906; H. CASA – G. DE ANDINO: Vida del martir H. H., 1906; G. CLEMENTI: Gli otto martiri tonchinesi, 1906; P. GALLARETA: Vida del H. H., 1906; M. GISPERT: Historia de las misiones dominicanas en Tungkin, 1928.

• **Stephan Theodor** (Étienne Théodore) **Cuénot,** MEP (1827), Missionar, *8.2.1802 Bélieu, Doubs, †14.11.1861 Binh-Dinh, Annam. Nach Studium und Priesterweihe (1825) schloss er sich den Missions Étrangères de Paris an, reiste 1828 nach Macao, 1829 nach Indochina; 1835 Titularbischof von Metellopolis und Koadjutor von Cochinchina; 1840 Apostolischer Vikar ebd. und 1844 von Ostcochinchina (heute Haiphong). Trotz Verfolgung wirkte er äußerst erfolgreich. Im Oktober 1861 verhaftet, starb er drei Wochen später im Gefängnis.

KARL JOSEF RIVINIUS

Werke: Erbauungsschriften in annamitischer Sprache; Briefe: vgl. BIBLMISS 11, 199.

Literatur: AAS 1 (1909) 173 f. 452–458; BBKL 1, 1174 f.; BIBLSS 4, 389 f.; DBF 9, 1349 f.; EC 4, 1034; J. E. A. CHEVROTON: Vie de Mgr. C., 1870; C. SALOTTI: I nuovi martiri annamiti e cinesi, 1909; C. TISSOT: Vie du b. É. Th. C., 1950.

Mathilde (Mechtild), **Königin,** heilig (RK g 14. März), *894/897 aus der Nachkommenschaft des Sachsenherzogs Widukind, †14.3.968 Quedlinburg; 909 zweite Gemahlin des ostfränkisch-deutschen Königs Heinrichs I., dessen Einfluss im westlichen Sachsen durch die dort begüterte M. erheblich gesteigert wurde. M. war nach Heinrichs Tod 936 offensichtlich in den Streit ihrer Söhne Otto und Heinrich um die Nachfolge ihres Gatten in der Königswürde verwickelt. Ihre Lebensbeschreibungen, entstanden wohl 973/974 bzw. 1002/03 auf Wunsch Ottos II. bzw. ↗Heinrichs II., entziehen sich für die politische Geschichte indes einer schlüssigen Deutung. Erkennbar wird aber, dass M. als heiligmäßig verehrt wurde: sie gründete geistliche Gemeinschaften (Enger, Nordhausen, Pöhlde, Quedlinburg) und machte das von ihr selbst geleitete Quedlinburger Servatius-Stift (Grablege Heinrichs I.) zu einem Mittelpunkt der liudolfingischen Memoria. M. wurde neben ihrem Gatten bestattet.

BERND SCHÜTTE

Quellen: B. SCHÜTTE (Hg.): Die Lebensbeschreibungen der Königin M., 1994.

Literatur: B. SCHÜTTE: Untersuchungen zu den Lebensbeschreibungen der Königin M., 1994.

Matthäus, Apostel, heilig (GK F 21. Sept.).

1. *Neues Testament und spätere Bezeugung.* M. (vielleicht von Mattaj, Gabe Jahwes) steht in allen Apostellisten (Mk 3,18 parr.; Apg 1,13). Nach Mt 9,9 ruft ihn Jesus von der Zollstätte weg zur Nachfolge, weshalb er in 10,3 der Zöllner heißt. Die Parallelen nennen diesen Levi (Mk 2,14; Lk 5,27). M. könnte ein Beiname sein, der den ursprünglichen Namen verdrängt. Doch wären M. und Levi identisch, würde er wahrscheinlich als »Levi, der M. genannt wird« (Mt 4,18: Petrus), eingeführt. Zwei semitische Namen sind zudem ungewöhnlich. Vermutlich ist der Name wegen der Bedeutung des M. für die Gemeinden des ersten Evangeliums ausgewechselt worden. Dafür könnte Talmud Bavli Sanhedrin 43a sprechen, wo Mattaj als Erster unter fünf Jesusjüngern genannt wird. Der Namenswechsel führt zur Annahme, M. sei der erste Evangelist. Nach Papias schrieb M. »die Worte« auf hebräisch nieder, so dass sie jeder nach seinem Vermögen übersetzte (Eusebius, h. e. III, 39, 16). – Außer den kargen Nachrichten aus den Evangelien und der Apostelgeschichte wird uns weiterhin nur Legendäres über M. überliefert (M.-Akten, Martyrium Matthei). Nach Clemens von Alexandrien lebte er als Asket und Vegetarier (Paedagogus II, 16, 1). Apollonius zufolge soll er nach der Himmelfahrt Jesu bis 42 n C., also zwölf Jahre lang, in Jerusalem gewirkt haben (Eusebius V, 18, 16). Bevor er anderen Völkern gepredigt habe, habe er sein Evangelium den Hebräern in der Muttersprache hinterlassen (ebd. III, 24, 6). Er soll in Äthiopien (Rufinus, Eusebii h. e. a Rufino translata et continuata X, 9; Socrates, h. e. I, 19), in Parthien (Paulinus von Nola, Carmina 19, 81) und in Persien (Ambrosius, In Psalmos 45, 21) missioniert haben.

HEINZ GIESEN

Literatur: EWNT 2, 922 f.; R. PESCH: Levi-M. (Mc 2,14/Mt 9,9; 10,3): Zeitschrift für neutestamentliche Wissenschaft 59 (1968) 40–56.

2. *Verehrung.* Obwohl Clemens von Alexandrien (Stromata IV, 71, 3), ohne ihm zu widersprechen, den Gnostiker Herakleon mit der Angabe zitiert, M. sei eines natürlichen Todes gestorben, wurde M. später als Martyrer verehrt. Über die Todesart (Steinigung oder Verbrennung), den Ort des Martyriums und der Bestattung (in Hierapolis in Syrien) sowie die Stätten vorheriger Wirksamkeit in fernen Landen (Persien, Partherreich, Äthiopien) finden sich jedoch in der Spätantike höchst unterschiedliche Angaben. Ende des 5. Jh. will man auf Zypern das hebräische Manuskript des M.-Evangeliums gefunden haben (PO 6, 269). Theophylact von Achrida (PG 123, 140) berichtet Ende des 11. Jh., dass ein solcher Text in Caesarea aufbewahrt werde. 954 wurden Reliquien unweit von Pae stum aufgefunden und 1084 zur Zurückdrängung des byzantinischen Einflusses in Unteritalien nach Salerno übertragen, dessen Stadtpatron

M. ist. Darüber hinaus ist er auch Patron der Finanzbeamten, Zöllner, Buchhalter, Wechsler, aber auch der Trinker.

HANS REINHARD SEELIGER

Literatur: BHG 1224–1228d; BHL 5689–94; BHO 722–729; BIBLSS 9, 110–145; T. SCHERMANN: Propheten- und Apostellegenden, 1907, 276 ff.; B. DE GAIFFIER: Hagiographie salernitaine. La translation de S. M.: AnBoll 80 (1962) 82–115.

Matthias, Apostel, heilig (GK F 24. Febr.).

1. *Neues Testament und spätere Bezeugung.* M. ist Kurzform für den jüdischen Namen Mattathias. Im Neuen Testament kommt M. nur in Apg 1,23. 26 vor. Lukas hat in Apg 1,15–26 alte vorlukanische Traditionen von der Nachwahl des M. ins Zwölferkollegium anstelle des Judas Iskariot mit einer Überlieferung vom Tod des Judas verbunden. Der Zeugnisbegriff wird im Sinn der lukanischen Konzeption von den Zwölf als »Augenzeugen von Anfang an« (Lk 1,2) neu bestimmt. Die symbolische Zahlengröße von 120 anwesenden Personen bindet die vorpfingstliche Gemeinde an die zwölf Stämme Israels zurück und weist auf das endzeitliche Israel voraus, für das die Ergänzung des Zwölferkreises notwendig wird. Die Nachwahl soll auf Weisung des Heiligen Geistes und der Heiligen Schrift erfolgen. Die Gemeinde stellt zwei Kandidaten auf, M. und Josef Barsabbas, genannt Justus, betet um Entscheidung, dann wird die Wahl durch jüdischen Losentscheid getroffen. Durch die Rekonstitution des Zwölferkreises erneuert die Gemeinde Jesu Anspruch auf die Sammlung ganz Israels und leitet so die Wiederherstellung ganz Israels ein (Apokatastasis). Der Gottesentscheid durch Auslosung betont den charismatisch-pneumatischen Aspekt der Berufung in Dienst und Amt. Sonst wird im Neuen Testament nichts über M. berichtet. Divergierende Berichte über seine Missionstätigkeit und sein Martyrium in den Apokryphen enthalten nichts historisch Gesichertes. Eusebius (h. e. I, 12; II, 1) rechnet M. zu den 70 Jüngern Jesu (Lk 10,1).

PAUL GERHARD MÜLLER

Literatur: E. NELLESSEN: Zeugnis für Jesus und das Wort, 1976, 128–178; A. WEISER: Die Nachwahl des M. (Apg 1,15–26) (1979): Studien zu Christsein und Kirche, 1990, 161–173.

2. *Verehrung.* Die Gebeine des Apostels M. sollen nach der Legende im Auftrag der Kaiserin ↗Helena, der Mutter Kaiser Konstantins des Großen, durch den Trierer Bischof Acritius († um 330) nach Trier gebracht worden sein, wo sie um 1050 erstmals aufgefunden und in einem Altar der St. Eucharius-Kirche beigesetzt werden. Ein zweites Mal wurden sie am 1.9.1127 beim Abbruch der St. Eucharius-Kirche wieder aufgefunden. An dieser Stelle entstand die heutige St.-M.-Basilika in Trier, die von Papst Eugen III. am 13.1.1148 eingeweiht wurde. Von da ab lässt sich eine wachsende M.-Verehrung in Trier feststellen, so auch in Aachen, Goslar, im Ruhrgebiet und andernorts. Freilich wird ein Grab des M. auch in S. Maria Maggiore in Rom und in S. Giustina in Padua verehrt. Eine im Jahr 1186 von Lambertus de Legia bearbeitete lateinische metrische Vita berichtet von Visionen und Wundern bei der M.-Verehrung. Das einzige Apostelgrab nördlich der Alpen gewinnt im Mittelalter eine bedeutende Rolle als Ziel von Wallfahrten der M.-Bruderschaften, die bis heute dieses Brauchtum fortführen. Ikonographische Attribute des M. sind u. a. Buch, Beil und Hellebarde. Im religiösen Volksbrauchtum verbanden sich mit dem Gedenktag am 24. Febr. zahlreiche Riten und Praktiken, die mit dem Früh-

jahrsbeginn zusammenhingen. Die Übertragung der Reliquien des M. von Palästina nach Trier wurde im Mittelalter für das Erzstift Trier zum symbolischen Ausdruck seiner apostolischen Gründung und untermauerte seinen kirchenpolitischen Anspruch auf den Primat im deutschen Episkopat und als »Roma secunda«.

PAUL GERHARD MÜLLER

Literatur: LThK² 7, 179 f.; Lexikon der biblischen Personen, 1989, 366 ff.; H. H. Anton – A. Haverkamp (Hg.): Trier im Mittelalter. 2000 Jahre Trier, Bd. 2 1996, 450 ff.; H. Heinen: Frühchristliches Trier, 1996, 87 ff.

Mauritius Primicerius, heilig (RK g 22. Sept.), Martyrer, Primicerius der ↗Thebaischen Legion. Nach dem ältesten schriftlichen Bericht, der »Passio Acaunensium martyrum« des Bischofs Eucherius von Lyon († 449/450), sowie der eigenständigen, vielleicht auch schon im 5. Jh. entstandenen »Passio anonyma« kam M. als Führer der Thebaischen Legion im Lager bei Agaunum (Wallis) zusammen mit seinen Gefährten *Exuperius*, *Candidus* und *Victor* und der ganzen Legion gegen Ende des 3. Jh. um. Die Hinrichtung durch das Schwert soll auf Befehl des Kaisers Maximianus während der letzten allgemeinen Christenverfolgungen geschehen sein. Um 380 ließ der Walliser Bischof Theodor von Octodurus die Gebeine erheben und eine Kirche erbauen, die bald zu einem berühmten Wallfahrtsort und zur Keimzelle der 515 gegründeten Abtei St-Maurice wurde. Am Fuß des Passes über den Großen Sankt Bernhard gelegen, verbreitete sie durch die zahlreichen Pilger den Kult nach Frankreich, Italien, Deutschland, England und Spanien. Mit dem Legendenkreis der Thebäer wurden immer mehr Heilige verbunden, früh bereits ↗Ursus und Victor, später ↗Verena, Felix und Regula. M. wurde in das MartHieron aufgenommen, war als Militärheiliger schon unter den Merowingern und Karolingern beliebt, wurde 888 zum Patron des Königreichs Burgund und unter den Ottonen zum Reichspatron erhoben (Kloster und Bistum Magdeburg 937/967, Sieg auf dem Lechfeld 955, Heilige Lanze). Im 15. Jh. wurde M. Patron von Ritterorden (z. B. Orden vom Goldenen Vlies).

ERNST TREMP

Quellen: Eucherius: Passio Acaunensium martyrum, hg. v. B. Krusch: MGH.SRM 3, 20–41; La Passion anonyme de saint M. d'Agaune, hg. v. E. Chevalley: Vallesia 45 (1990) 37–120.

Literatur: LMA 6, 412; B. Widmer: St. M. und seine Verehrer in der großen Welt und in der Schweiz: Der Geschichtsfreund 148 (1995) 5–66.

Maurus und Placidus von Subiaco, heilig (5. Okt.). Die wenigen Angaben bei Gregor dem Großen (Dialogi 2 [3, 14; 4, 2; 6, 2; 7, 1 ff.]) weisen *Maurus* als Sohn des vornehmen Römers Euthicius aus. Wie sein Gefährte P. wurde M. als Puer oblatus ↗Benedikt von Nursia übergeben und trat durch exemplarischen Gehorsam hervor. Seine Gestalt bleibt in den »Dialogi« mit den Erzählungen um Subiaco verknüpft, woraus sich die Überlieferung von M. als Abt von Subiaco ergab. Die legendarische Vita Mauri des Odo von Glanfeuil (um 860), der sie unter dem Namen Faustus, des angeblichen Gefährten des M., verfasste, berichtet von der Sendung des M. nach Gallien durch Benedikt und gibt den sonst unbekannten Gründer von Glanfeuil namens M. als den Schüler Benedikts aus. Auf der Flucht vor den Normannen kamen um 860/870 die vermeintlichen Reliquien nach St-Maur-des-Fossés, das wichtigstes Zentrum der M.-Verehrung wurde, später nach St-Germain-des-Prés (Zentrum der Mauriner). Um 1033 gelangte durch

Vermittlung ↗Odilo von Clunys eine Armreliquie des M. nach Montecassino (Chronicon Casinense 2,54: MGH.SS 7,663), womit die liturgische Verehrung einsetzt.

MICHAELA PUZICHA

Placidus wurde nach Gregor dem Großen als Kind von seinem Vater, dem Patricius Tertullus, ↗Benedikt von Nursia in Subiaco zur Mönchswerdung übergeben. Seit dem 11. Jh. in Montecassino mit einem älteren sizilianischen Martyrer P. identifiziert. P. sei von Benedikt nach Sizilien geschickt worden. Ein Vitenensemble mit Bericht über das Martyrium des P. und seiner 33 Gefährten ist eine Fälschung des Petrus Diaconus (ab 1133).

PIUS ENGELBERT

Quellen: BHL mit NSuppl 6859–63; Gregor Magnus: Dialogi II, cc. 3–7, hg. v. A. de Vogüé, 1979; Chronica monasterii CasinensisI, 1, hg. v. H. Hoffmann: MGH.SS 34, 19; Petrus Diaconus: Ortus et vita iustorum cenobii Casinensis, hg. v. R. H. Rodgers, 1972, 6–16.

Literatur: Zu Maurus: CCMon 10, Lf.; DACL 6, 1283–1319; DHGE 21, 141–145; LMA 6, 416; P. Schmitz: Geschichte des Benediktinerordens, Bd. 1 1947, 39 (zur Echtheit der Vita); Wattenbach-Levison 5, 577 f. – Zu Placidus: E. Caspar: Petrus Diaconus und die Monte Cassineser Fälschungen, 1909, 47–72 (grundlegend); U. Berlière: Le culte de S. P.: Revue bénédictine 33 (1921) 19–45.

Maximilian Maria **Kolbe** (Taufname: Rajmund), Martyrer, heilig (1982; RK G 14. Aug.), OFMConv (1910), *8.1.1894 Zduńska Wola in Polen, †14.8.1941 im Konzentrationslager Auschwitz; ab 1912 Studium in Rom, 1915 Doktor der Philosophie, 1919 der Theologie; gründete in Rom zusammen mit sechs Mitbrüdern die marianische »Militia Immaculatae« (MI), deren Ausbreitung ein zentrales Anliegen M.s blieb. Nach der Priesterweihe (1918) Dozent für Kirchengeschichte in Krakau, dann Beginn eines rasch wachsenden Presseapostolates (verschiedene Zeitschriften, Rundfunk), 1927 Gründung von Niepokalanów (»Stadt der Unbefleckten«), eines Klosters mit zeitweilig über 700 Mitbrüdern (1939), 1930 Aufbruch mit vier Mitbrüdern nach Japan, wo ein zweites Niepokalanów entstand (»Mugenzai no Sono«, Garten der Unbefleckten), 1936 wieder Oberer in Niepokalanów, 1939 von der Gestapo verhaftet (Haft September bis Dezember), am 17.2.1941 erneut arrestiert, dann Verlegung nach Auschwitz. Dort geht er anstelle des zum Tod durch Verhungern verurteilten Familienvaters Franz Gajowniczek (†13.3.1995) freiwillig in den Hungerbunker.

ANDREAS-PAZIFIKUS ALKOFER

Werke: Pisma Oja M. M. Kolbego franciskanina, 1970, Gli scritti di M. K., 1975–78.

Literatur: S. Stoj: Bibliographia Kolbiana, 2 Bde, 1988–1989. – MarL 3, 600 f.; Praktisches Lexikon der Spiritualität, hg. v. C. Schütz, 1988, 719 f.; A. Kubiś: Selig- und Heiligsprechung von Pater M. M. K. im Hinblick auf den christlichen Märtyrerbegriff: Unterwegs zum einen Glauben. FS L. Ullrich, 1997, 524–532, G. Grieco: M. K., 2002.

Maximilian von Theveste (von Numidien), heilig (12. März), Martyrer. Die im 4. Jh. zusammengestellten Acta Maximiliani schildern einen selbstbewussten Christen, der im Alter von 21 Jahren, drei Monaten und acht Tagen mit seinem Vater Fabius Victor und seinem Anwalt Pompejanus vor dem Rekrutierungsbüro des Prokonsuls Dion auf dem Forum von Theveste (Tebessa, Algerien) erschien. Obwohl ihm Dion vorhielt, dass im Heer der Kaisers zahlreiche christliche Soldaten seien, verweigerte sich M. mit dem Argument: »Ich bin Christ.« M. wurde am 12.3.295 als Kriegsdienstverweigerer hingerichtet. Zuvor schenkte er seine neuen Kleider dem Henker. Pompejana lässt M. beim Grab Cyprians in Karthago beisetzen.

WILHELM M. GESSEL

Quellen und Literatur: Gli Acta S. M. Martyris. Introduzione, testo, traduzione, commento, hg. v. E. Di Lorenzo, 1975; Atti M. Testo critico, hg. v. A. A. R. Bastiaensen, übersetzt von G. Chiarini: Atti e Passioni dei Martiri, 1987, 234–245 490–497. – LACL 472 (s. v. Märtyrerakten, n. 16); P. Siniscalco: M.: Un obiettore di coscienza del Tardo Impero, 1974; P. Brock: Why did St M. refuse to serve in the Roman army?: Journal of Ecclesiastical History 45 (1994) 195–209.

Maximinus von Trier, heilig (29. Mai); aquitanische Herkunft umstritten, Amtszeit als Bischof von Trier laut Mart-Hieron und Vita von 330 bis 347, sicher bezeugt seit 341 bzw. 342. ↗Athanasius von Alexandrien galt er als Muster der Orthodoxie (ep. encyclica ad episcopos Aegypti et Libyae 8, 556f.). Diesen mehrfach verbannten Bischof nahm M. wahrscheinlich schon 336/337 bei dessen erstem Exil in Trier und wieder i.J. 343 auf. Im Urteil der Zeitgenossen ein aktiver Verteidiger des Nicaenums in der arianischen Auseinandersetzung, trat er als Erster in Gemeinschaft mit dem aus Konstantinopel vertriebenen Bischof Paulus, verweigerte dagegen 341/342 den Empfang einer orientalischen Bischofsdelegation; Letzteres sowie sein Eintreten für Paulus wurden ihm zur Last gelegt, als er mit anderen Athanasianern im Rahmen der Synode von Sardica (342 oder 343) von den Orientalen anathematisiert wurde (Hilarius, Collectanea antiariana Parisina A IV/1, 27, 65ff.). M. hatte mit Julius I. von Rom und Ossius von Córdoba die Einberufung dieses Konzils erreicht, nahm selbst aus unbekannten Gründen (Alter, Krankheit?) nicht teil, stimmte aber den Beschlüssen der abendländischen Seite nach träglich zu: sein Name führt eine Liste von Bischöfen an, die durch ihre Unterschrift in Gemeinschaft mit Athanasius traten; dies geschah wohl auf einem gallischen Konzil am 12.5.346 unter dem Vorsitz des M. Bei der Kölner Synode gleichen Datums, die unter seiner Leitung den dortigen Bischof Euphrates abgesetzt haben soll, handelt es sich offenbar um eine mittelalterliche Fälschung. Bereits Gregor von Tours bezeugt die Beisetzung des M. in der Kirche St. Johannes Evangelist (später St. Maximin) in der nördlichen Nekropole Triers und den Kult an seinem Grab. M. war ein herausragender Vertreter des gallischen Episkopats, der die besondere Stellung, die Trier im 4. Jh. in weltlicher Hinsicht innehatte, auch kirchenpolitisch zur Geltung brachte.

GISBRECHT ISSELSTEIN/
EKKART SAUSER

Quellen: Athanasius: ep. encyclica ad episcopos Aegypti et Libyae: PL 25, 537–594; Hilarius: Collectanea antiariana Parisina, A. Fragmenta historica: CSEL 65, 41–177. – Vita (8. Jh.): ActaSS mai. 7, 21–25, bearbeitet von Lupus von Ferrières (839): MGH.SRM 3, 74–82.

Literatur: N. Gauthier: L'Évangélisation des pays de la Moselle, 1980; M. Zender: Die Verehrung des heiligen M. von Trier, 1982; H. Heinen: Frühchristliches Trier. Von den Anfängen bis zur Völkerwanderung, 1996; H. A. Pohlsander: M. und Paulinus: Trierer Zeitschrift 59 (1996) 119–180.

Maximus Confessor, heilig (13. Aug.), *580, †13.8.662 Lazika, Colchis. Zur Biographie des M. gibt es zwei Rekonstruktionsversuche. Den Vorzug erhält gegenwärtig die »Syrische Vita« des Monotheleten Georg von Resh'aina, vor 680 verfasst. Danach wurde M. in Hesfin auf den Golanhöhen als Sohn eines Samaritaners und einer persischen Sklavin während einer Geschäftsreise nach Palästina geboren. Mit zehn Jahren verwaist, wurde er dem Abt Panthaleon vom Kloster St. Chariton übergeben; hier erhielt der Knabe den Namen M. Der Abt führte M. an das Studium des Origenes heran. Vermutlich um 613/614 zog sich M. ins Kloster von Chrysopolis bei Konstantinopel zurück; um 624/625 begab er sich ins Kloster St. Georg in Cyzicus. Wegen des Persersturms verließ M. 626 Cyzicus und reiste nach Nordafrika. 645 führte M. die berühmt gewordene Disputation mit dem Monotheleten Pyrrhus, deren Niederschrift erhalten ist. Vor 647 begab er sich nach Rom. 649 nahm er an der Lateransynode teil, die von Papst ↗Martin I. gegen den byzantinischen Kaiser Konstans II. einberufen worden war. 653 kam es zur Verhaftung Martins durch Konstans, zu Deportation nach Konstantinopel und Tod (655). Auch M. wurde der Prozess gemacht, in dessen Folge er nach Bizye in Thrakien verbannt wurde. 662 Vorführung in Konstantinopel und Folter, deren Folgen M. in Lazika am Schwarzen Meer erlag. Das dritte Konzil von Konstantinopel rehabilitierte M. 680 und kanonisierte seine Lehren über die zwei Willen in Christus; aufgrund seines Bekenntnisses und der Verteidigung der wahren Christologie erhielt M. den Beinamen Confessor (griechisch Homologetes), Bekenner.

M. ist der bedeutendste und scharfsinnigste Theologe des 7. Jh. In seiner Lehre finden Elemente der griechischen Philosophie (besonders Aristoteles und die Neuplatoniker) und wichtige patristische Strömungen zu einer ausgeglichenen Synthese. In seiner Theologie betont M. die Unerkennbarkeit Gottes an sich; erkennbar ist nur Gottes Existenz. Andere theologische Lehren beziehen sich auf die Trinität, die Ideen, den Logos, die Schöpfung. Sehr wichtig sind in seiner Kosmologie die Lehren über Ausgang und Rückkehr sowie die Einteilung der Natur (vgl. Eriugena). In seiner Anthropologie beweist M. die Unsterblichkeit und Unkörperlichkeit der Seele, er erklärt Natur und Fähigkeiten des Menschen als Mikrokosmos und Mittler und erörtert Probleme um Sünde, Erlösung, Askese und Liebe. M.' wichtigster Beitrag in christologischer Hinsicht besteht in der Verteidigung der wahren Menschheit Christi gegen Monotheletismus bzw. Monenergismus. In Christus gibt es einen vollständigen menschlichen Willen, der v.a. im Getsemanigebet aufscheint und in völligem Einklang mit dem göttlichen Willen steht. Mittelpunkt in M.' Denken ist Christus als Ursache der Rettung und Vergöttlichung des Menschen. Im Fleisch gewordenen Logos wird alles im Himmel und auf Erden rekapituliert. Wenngleich Byzantiner, verteidigt M. den Primat des Bischofs von Rom.

MARIA LUISA GATTI

LThK^3 7, 9f. (ungekürzte Fassung).

Literatur: CPG 3, 7688–7721; DThC 10, 448–459; DPAC 2, 2169–72; DSp 10, 836–847; LACL 495ff.; H. Drobner: Lehrbuch der Patrologie, 1994, 437–441. – P. Sherwood: An Annotated Date-List of the Works of M. the Confessor, 1952; H. U. von Balthasar: Kosmische Liturgie, ^{2}1961; W. Völker: M. Confessor als Meister des geistlichen Lebens, 1965; F. M. Léthel: Théologie de l'agonie du Christ, 1979; R. B. Bracke: Ad sancti Maximi Vitam, 1980; F. Heinzer – C. Schönborn (Hg.): M. Confessor. Actes du symposium sur M. le Confesseur, Fribourg 2–5 sept. 1980, 1982; M. L. Gatti: M. il Confessore, 1987.

Maximus (I.) von Turin, heilig (25. Juni), erster bekannter Bischof von Turin, † zwischen 408 und 423 (Gennadius, De viris illustribus 41). Von ihm sind über 100 Predigten erhalten. Darin versucht er, die noch junge Gemeinde von Turin zu festigen, indem er gegen Idololatrie auf dem Land, Scheinchristentum, Laxismus, korrupte Kleriker, Arianer, soziale Ungerechtigkeiten und Mutlosigkeit angesichts der Germaneneinfälle predigt. Seine Predigten stellen wichtige sozial- und liturgiegeschichtliche Quelle dar.

ANDREAS MERKT

Werke: Sermones, hg. v. A. MUTZENBECHER: CCL 23.

Literatur: A. MERKT: M. I. von Turin, 1997; L. PADOVESE: M. vescovo di Torino: Archivio teologico torinese 4 (1998) 85–98.

Mechtild von Hackeborn (von Helfta), heilig (19. Nov.), OCist (?), Mystikerin und Autorin, *1241 Thüringen, †1298/99 Kloster Helfta. Dem niederen Ortsadel entstammend, seit 1248 als Schülerin im Kloster Helfta, dem ihre Schwester Gertrud von Hackeborn als Äbtissin vorstand. Später Cantrix und Magistra; sorgfältige Ausbildung; hohe liturgische und biblische Kenntnisse. Ab 1292 mündliche Mitteilung über ihre mystischen Erfahrungen; schriftliche Fixierung der Visionsberichte durch zwei Ordensfrauen, eine davon vermutlich ↗Gertrud von Helfta. Spätere Autorisierung der Texte des *Liber gratiae specialis* durch M. Das Werk zeichnet sich durch vielfältige Allegorien mit hoher Komplexität und durch eine zarte, z.T. spielerische Metaphorik aus. Inhaltliche Schwerpunkte: Brautmystik, Herzensfrömmigkeit, Liturgie, Trinität und eine stark sublimierte Passionsdevotion. Hohes didaktisches und mystagogisches Interesse. M.s Werk wurde im Mittelalter und in der frühen Neuzeit intensiv rezipiert: im 19. Jh. verengende Romantisierung. Eine umfassende Darstellung fehlt.

MICHAEL BANGERT

Werke: Revelationes Gertrudianae ac Mechtildianae, Bd. 2, 1877, deutsche Übersetzung von J. MÜLLER, 1880; Übersetzung, Auswahl und Einleitung von H. U. VON BALTHASAR, [2]1986.

Literatur: G. J. LEWIS: Bibliographie zur deutschen Frauenmystik des Mittelalters, 1989. – DSP 9, 873–877; H. KEUL: Helfta – ein Ort weiblicher Freiheit und geistlicher Autorität: Um der Menschen willen, 1999, 159–175; W. REPGES: ›Den Himmel muss mann sich schenken lassen‹. Die Mystikerinnen von Helfta, 2001.

Meinhard (Meinardus) **von Livland,** heilig (Kultapprobation 1993; 11. Okt.), CanA in Segeberg in Holstein, † November oder Dezember 1196; begleitete, zwecks Mission, über mehrere Jahre deutsche Kaufleute nach Livland. Ließ wohl 1184 in Üxküll (Ikšķile) am Dünaufer eine Kirche mit Klerikerkonvent errichten. Erzbischof Hartwig II. von Bremen-Hamburg weihte ihn 1185/1186 zum Bischof, Clemens III. bestätigte 1188 den neuen Bistumssitz in Ruthenia als Suffragan von Bremen-Hamburg. Heidnische Reaktionen drohten bald das Missionswerk zu vernichten. Zunächst in Üxküll beigesetzt, Ende des 14. Jh. in den Dom von Riga überführt.

HELMUTH KLUGER

Quellen: Heinrici Chronica Livoniae: MGH.SRG NS 31, 1–7; Arnoldi abbatis Lubecensis Chronica: MGH.SS 21, 211.

Literatur: SERIES EPISC V/2, 87 ff.; H. BIEZAIS: Bischof M. zwischen Visby und der Bevölkerung Livlands: Kirche und Gesellschaft im Ostseeraum und im Norden vor der Mitte des 13. Jh., 1969, 77–98; M. HELLMANN (Hg.): Studien über die Anfänge der Mission in Livland, 1989.

Meinrad (Meginrad) **von Reichenau,** heilig (RK g 21. Jan., Translation *9. Okt.*), †21.1.861. Im Sülchgau am oberen Neckar aufgewachsen; Anfang des 9. Jh. dem Kloster Reichenau zur Erziehung übergeben; dort Diakonats- und Priesterweihe und, unter dem mit ihm verwandten Abt Erlebald, Mönchsprofess. Auf Erlebalds Geheiß übernahm M. um 824 die Leitung der Schule in einem der Reichenau unterstellten Kloster (vermutlich Benken südlich des Zürichsees). Von dort zog sich M. zunächst in eine Einsiedlerzelle und darauf vollends in die Wildnis zurück. Hier lebte er, unterstützt von der Äbtissin Heilwiga (von Säckingen?) und frommen Leuten, über 25 Jahre als Eremit. Nach seinem gewaltsamen Tod wurde M. in der Reichenau bestattet; als Martyrer mit einer wohl wenig später verfassten Vita geehrt. Aus der Einsiedelei entstand im frühen 10. Jh. das Kloster Einsiedeln, dorthin ließ der Reichenauer Abt Berno 1039 die Gebeine M.s übertragen.

THOMAS ZOTZ

Literatur: HELVSAC III/1, 1, 239 ff.; NDB 16, 620 f.; Vita s. Meginrati: Studien und Mitteilungen zur Geschichte des Benediktinerordens 111 (2000) 10–24; O. LANG: Die M.s-Liturgie: ebd. 65–96 (noch weitere Beiträge zu M.).

Michael (Michel) **Garicoïts,** heilig (1947; 14. Mai), Ordensgründer, *15.4.1797 Ibarre (Pyrenées Atlantiques), †14.5.1863 Bétharram bei Lourdes. 1823 Priester, Seelsorger, Seminarprofessor; förderte Früh- und häufige Kommunion, Herz-Jesu- und Marienverehrung. Leitete dann das Marienheiligtum von Bétharram, gründete hier 1832 die Gesellschaft der »Priester des Heiligen Herzens Jesu von Bétharram« für Unterricht und missionarische Aufgaben. Gehört zu den Pionieren des christlichen Schulwesens und der kirchlichen Erneuerung des südwestlichen Frankreich.

KARL SUSO FRANK

Literatur: BIBLSS 9, 460 ff.; DSP 9,1179 ff.; DIP 5, 1277 ff.; D. INNAMORATI: The life of St. M. G., 1997.

Michael de Sanctis (Miguel de los Santos), heilig (1862; 10. April), OSST (1602), *29.9.1591 Vich, †10.4.1625 Valladolid. Studierte in Baeza und Salamanca. Übte Führungsämter in verschiedenen Klösters seines Ordens aus. Führende Gestalt der spanischen Mystik. – Patron der Diözese Vic und angerufen bei Krebserkrankungen.

ALBERTO PACHO POLVORINOS

Literatur: DHEE 3, 1484; DSP 10, 1192 f.; L. DE SAN DIEGO: Compendio de la vida de san M. de los Santos, [3]1925.

Modestus von Kärnten, heilig *(24. Nov., 3. Dez.)*, »Apostel von Kärnten«, † um 763; wohl bayerisch-romanischer Abstammung; vor 757 von Bischof ↗Virgilius von Salzburg auf Bitten des Fürsten Cheitmar als Chorbischof zu den Slawen Karantaniens entsandt; weihte dort in Kontinuität zum antiken Virunum und zu Teurnia eine Marienkirche (zu Maria-Saal) und eine Kirche in der Burg Liburnia bei Spittal an der Drau, sowie eine »ad Undrimas« (wohl im oberen Murtal). Sein Hochgrab (Tischaltar) in Maria-Saal wurde Zentrum eines lokalen Kults.

REINHARD HÄRTEL

Literatur: K. AMON – M. LIEBMANN: Kirchengeschichte der Steiermark, 1993, 33 ff.

Monika (Monnica handschriftliche Mehrzahl gegenüber Monica) **von Tagaste,** heilig (GK G 27. Aug.), *331 Tagaste in Numidien aus christlicher Familie, † Herbst 387 Ostia. Sehr früh verheiratet mit dem heidnischen Beamten Patricius (†371 als Christ), hatte M.

mindestens drei Kinder (Possidius, Vita Augustini 26): Navigius, eine namentlich nicht bekannte Tochter und ↗Augustinus (wohl nicht der älteste), der ihr Portrait besonders in den »Confessiones« zeichnete. M. begleitete Augustinus' Entwicklung mit solchem Eifer, dass er sich ihrem Einfluss durch die Flucht nach Rom entzog (Confessiones V, 8, 14 f.). Trotz zeitweiliger Entfremdung während seiner Zeit als Manichäer (III, 11, 19 f.) folgte sie ihm nach Rom und Mailand, wo sie seine innere Wandlung, um derentwillen sie viel gelitten hatte, erlebte. Nach dem vergeblichen Versuch, Augustinus zu verheiraten, war M. bei seiner Taufe durch ↗Ambrosius in der Osternacht 387 anwesend. Sie starb im selben Jahr auf der Rückreise nach Afrika in Ostia (IX, 11, 27), wo 1945 ein Fragment ihres Epitaphs gefunden wurde. Nach der Translation ihrer Reliquien 1162 nach Arrouaise und 1430 nach Rom verbreitete sich ihre Verehrung in Europa.

MARIA-BARBARA VON STRITZKY

Quellen: AUGUSTINUS: Confessiones; De beata vita; De ordine.

Literatur: ACTASS mai. 1, 473–492; BHL 5999–6004; BIBLSS 9, 548–558; VSB 5, 87–93; A. TRAPÉ: Sant'Agostino: Mia Madre, 31983; E. A. CLARK: Rewriting early Christian history. Augustine's representation of M: Portraits of spiritual authority, 1999, 3–23.

Nereus und Achilleus, heilige Martyrer (GK g 12. Mai) in Rom, Grab und Verehrung in der Domitilla-Katakombe an der Via Ardeatina. Dort schuf man wohl noch vor der Mitte des 4. Jh. eine erste Kultstätte, die kurz darauf zu einer halb unterirdischen, dreischiffigen Basilika erweitert wurde. Dies geschah wahrscheinlich auf Anregung Damasus' I., auf den eine Inschrift zurückgeht, wonach die beiden Martyrer Soldaten waren, die nach ihrer Bekehrung desertierten und deshalb hingerichtet wurden (vielleicht zur Zeit der diokletianischen Verfolgung im Heer). Das Martyrium des Acilleus (sic!) ist als Relief auf einer Säule dargestellt, die wohl zu einem Ziborium über dem Martyrergrab gehörte. Die frühmittelalterlichen Itinerare und der Liber pontificalis erwähnen die Kultstätte bis zur Aufgabe in der ersten Hälfte des 9. Jh. Die erste bezeugte Translation führte unter Sixtus V. nach S. Adriano nel Foro; von dort wurden die Reliquien durch Kardinal Caesar Baronius in seine Titelkirche SS. Nereo e Achilleo bei den Caracalla-Thermen übertragen.

PHILIPPE PERGOLA

Literatur: BHL 6058–67 6067b; BHG 1327 BIBLSS 9, 813–820; DPAC 2, 2389; ICUR 3, n. 8132; MARTHIERON 59 249; AMORE 200; P. PERGOLA: N. et A. martyres: Saecularia Damasiana, 1986, 205–224.

Nikolaus (Niklaus) **von Flüe** (genannt Bruder Klaus), heilig (1947; 21. März, RK g *25. Sept.*), Mystiker, Einsiedler, Ratgeber, * 1417 auf dem Flüeli bei Sachseln im Kanton Obwalden, † 21. 3. 1487 im Ranft bei Sachseln, beigesetzt in der Pfarrkirche Sachseln.

N. war Bauer, seit 1445/46 verheiratet mit Dorothea Wyss, Vater von zehn Kindern. Er leistete in jungen Jahren Kriegsdienst und kam als Ratsherr und Richter des Standes Obwalden zu öffentlichem Ansehen. 1465 legte er alle politischen Ämter nieder. Nach längerem Reifungsprozess verließ er am 16. 10. 1467 Hof und Familie in der Absicht, als Pilger in die Fremde (»ins ellend«) zu ziehen. Bestimmt durch eine Vision bei Liestal im Kanton Baselland kehrte er bald zurück und lebte bis zu seinem Tod als Einsiedler im Ranft, unweit seines Hofes. Die Nachricht, dass er sich während 19 Jahren nur von der Eucharistie er nährte, bewirkte, dass er als Ratgeber und Fürbitter von einfachen Menschen wie von in- und ausländischen Gesandten aufgesucht wurde. Politisch bedeutsam erwies sich v.a. sein vermittelndes Eingreifen bei der Tagsatzung in Stans 1481, als er die Kompromissbereitschaft der zerstrittenen Kantone und damit das Zustandekommen des »Stanser Verkommnisses« (erster gemeinsamer Bündnisvertrag der damaligen achtörtigen Eidgenossenschaft) entscheidend förderte. Er wurde von den Zeitgenossen als »lebender Heiliger«, in der Schweiz schon früh als »Friedensstifter« und »Pater Patriae« verehrt. N. war einer der letzten spätmittelalterlichen Mystiker. Direkter Einfluss einer mystischen Tradition lässt sich nicht nachweisen, doch finden sich inhaltliche Übereinstimmungen besonders zur Mystik von ↗Heinrich Seuse. Im Zentrum seines Betens und Betrachtens standen das Leiden Jesu, die Eucharistie und die Dreifaltigkeit. Sein Meditationsbild, das sogenannte Radbild, das in der Radmitte das gekrönte Haupt Christi und davon ausgehend sechs alternierende Speichen und sechs Medaillons mit Szenen aus der Heilsgeschichte zeigt, fand weite Verbreitung.

FRANZ XAVER BISCHOF

Quellen: R. Durrer (Hg.): Bruder Klaus. Die ältesten Quellen über den seligen N. von Flüe, sein Leben und seinen Einfluss, 2 Bde., 1917–21, Nachdruck 1981; R. Amschwand: Bruder Klaus. Ergänzungs-Bd. zum Quellenwerk von R. Durrer, 1987.

Literatur: M.-L. von Franz: Die Visionen des N. von Flüe, ³1983; R. Gröbli: Die Sehnsucht nach dem ›einig Wesen‹. Leben und Lehre des Bruder Klaus von Flüe, 1990; H. Stirnimann: Der Gottesgelehrte N. von Flüe, ²2001; S. Raine: N. von Flüe. Wirklichkeit und Mythos, 2002.

Nikolaus Groß, selig (2001; *23. Jan.*), Walzwerkarbeiter und Bergmann, *30.9.1898 Niederwenigern, †23.1.1945 Berlin-Plötzensee (hingerichtet); früh aktiv im »Gewerkverein christlicher Bergleute«, ab 1926 beim »Verband katholischer Arbeitervereine« (später Katholische Arbeitnehmer-Bewegung, KAB) als Schriftleiter der »Westdeutschen Arbeiterzeitung«, später »Ketteler-Wacht«. Führender Mann in der KAB. Schon 1929 warnte er vor der NSDAP, lehnte sie 1930 als »Hauptgegner« scharf ab. Schrieb nach Hitlers Machtergreifung Kritisches »zwischen den Zeilen«. Im Zusammenhang mit dem 20.7.1944 verhaftet und vom Volksgerichtshof zum Tod verurteilt.

ALFONS MÜLLER

Literatur: AAS 95 (2003) 100 ff.; J. Aretz: Katholische Arbeiterbewegung und Nationalsozialismus, 1978; Verfolgung des Geistes – Aufstand des Gewissens, 1996; H. Görtz: ›Es kommt darauf an, nicht die Wahrheit zu vergewaltigen.‹ N. G. als Journalist – ein moderner Märtyrer: Communicatio socialis 34 (2001) 318–333.

Nikolaus von Myra, heilig (GK g 6. Dez., Translation *9. Mai*), Bischof von Myra in Lykien, wahrscheinlich in der ersten Hälfte des 4. Jh. Mit den frühen Mirakelberichten seiner Vita, über die gesicherte Fakten fehlen, vermischten sich durch spätere Verwechslung wegen Namensgleichheit Begebenheiten aus dem Leben des Abtes *Nikolaus von Sion* bei Myra und Bischofs von Pinora (†10.12.564). Die legendäre Heiligengestalt ist also eine Kompilation aus zwei historischen Personen. Als Konstrukt frommer Imaginationskraft wurde N. im griechischen Osten als »Hyperhagios« verehrt; über Italien fasste sein Kult auch im lateinischen Westen Fuß, wo er, vermutlich begünstigt durch Kaiserin Theophanu, im 10. und 11. Jh. einen

Nikolaus von Myra
(Darstellung d. 17. Jh.)

großen Aufschwung erlebte. Kernstück des griechischen Legendengrundstocks ist das sogenannte Stratelatenwunder, die Befreiung dreier zu Unrecht eingekerkerter Feldherren, wodurch N. zum Patron der Gefangenen wurde. Aus der legendären Rettung Schiffbrüchiger durch N. resultiert sein Patronat als ↗Nothelfer der Seefahrer, das 1087 zur Translation der Reliquien von Myra in die Hafenstadt Bari führte. Ebenfalls zum frühen Legendenbestand gehört die heimliche Beschenkung dreier Jungfrauen mit je einem Goldstück, um ihnen die Heirat zu ermöglichen. Daraus erwuchs nicht nur die Vorstellung von N. als Gabenspender, sondern auch seine überwiegende ikonographische Kennzeichnung durch drei Goldkugeln. Die in Frankreich und den Niederlanden gängige N.-Darstellung mit drei Knaben im Fass beruht auf einer nordfranzösischen Sekundärlegende des 12. Jh., wonach N. drei ermordete und bereits zu Pökelfleisch zerstückelte Scholaren wieder erweckt haben soll. Realer Anknüpfungspunkt hierfür dürfte das am N.-Tag übliche Vorratsschlachten und Pökeln gewesen sein. Eben die Schülerlegende wurde die eigentliche Grundlage der breit gefächerten N.-Bräuche.

Seit dem 14. Jh. feierten die Klosterzöglinge ihren Patron am 6. Dez. mit der Wahl eines Kinderbischofs. Aus ihren nächtlichen Umgängen mit der Bischofsfigur entwickelte sich ab dem 17. Jh. die Einkehr des N. in die Häuser zur Examinierung der Kinder mit Belohnung oder Bestrafung. Anregend für diese Form gegenreformatorischer Adventspädagogik dürfte das nach der alten Perikopenordnung für den N.-Tag vorgeschriebene Evangelium Mt 25,14–23 mit dem Gleichnis von den Talenten und der Rechenschaftslegung gewesen sein. Im Sinn eines einfachen Dualismus tritt N. als gütige Brauchgestalt in Begleitung verschiedener Schreckfiguren auf: Knecht Ruprecht, Krampus, Klaub auf u. a., deren Mummenschanz sich oft verselbständigt. Wohl auf jesuitische Einflüsse gehen die N.-Spiele des Alpenraums zurück. Bereits von Martin Luther als Bescherfigur der Weihnachtszeit abgelehnt und durch den »heiligen Christ« ersetzt, ist an die Stelle des Bischofs N. heute vielfach der Weihnachtsmann getreten.

WERNER MEZGER

Literatur: BHL 6104–6221 mit NSuppl S. 235 ff.; BHO 808 ff.; BiblSS 9, 941–948; HWDA 10, 249; SynaxCP 1141; Réau 3, 976–988; C. W. Jones: St. N. of Myra, Bari and Manhattan, 1978; W. Mezger: St. N. zwischen Kult und Klamauk, 1993; S. A. Koss: Wege und Irrwege der N.-Verehrung: Katholische Bildung 101 (2000) 460–464; A. Döring (Hg.): Faszination N., 2001; R. Mensing: N. von Myra, 2001.

Nikolaus I., Papst (24. 4. 858–13. 11. 867), heilig (13. Nov.), Sohn eines päpstlichen Beamten, im römischen Klerus seit Sergius II. aufgestiegen, enger Berater Benedikts III., nach dessen Tod in

Anwesenheit Kaiser Ludwigs II. zum Nachfolger erhoben. Entwickelte sich rasch zum selbstbewusstesten Papst seines Jahrhunderts, indem er, maßgeblich beraten von Anastasius Bibliothecarius (später Anastasius III., Gegenpapst), nicht bloß aus der kirchenrechtlichen Überlieferung der Spätantike prinzipielle Ansprüche auf Autonomie und Weisungsrecht der geistlichen Gewalt sowie auf den eigenen Primat in der Gesamtkirche ableitete, sondern daraus auch ungewohnt konkrete disziplinäre Konsequenzen zog. In zähen Konflikten wies er 861 Erzbischof Johannes VII. von Ravenna in die Schranken und setzte gegenüber Erzbischof Hinkmar von Reims im Fall des 862 amtsenthobenen Bischofs Rothad von Soissons wie auch bei der Restitution der vom früheren Reimser Erzbischof Ebo geweihten Kleriker (866) den Vorrang der päpstlichen Jurisdiktion vor jeder Metropolitan- und Synodalgewalt durch, wobei er erstmals von Pseudo-Isidor Gebrauch machte. Dem Streit um die Ehe König Lothars II. gab er die entscheidende Wende, als er 863 die Zustimmung seiner Legaten zur Metzer Synode kassierte und die besonders kompromittierten Erzbischöfe von Köln und Trier ohne Gerichtsverfahren absetzte; sein Plan einer gesamtfränkischen Synode in Rom scheiterte zwar, doch reichte seine Autorität hin, um Lothars Scheidung dauerhaft zu verhindern. Auch im Verhältnis zu Byzanz scheute er sich nicht, 863 entgegen dem Urteil seiner Legaten dem Patriarchen Photius wegen unkanonischer Erhebung die Anerkennung zu versagen und 866 dem eben getauften Bulgarenfürsten Boris mit seinem Volk den Weg in die lateinische Kirche zu ebnen, indem er Missionare entsandte und genaue Regeln zur Gestaltung des christlichen Lebens vorgab. Hiergegen richtete sich der Protest einer Synode des Photius in Konstantinopel, die 867 N. für abgesetzt erklärte, was in Rom erst nach dessen Tod bekannt wurde. Da die Nachfolger schon unter dem Druck äußerer Umstände nicht an der energischen Linie N.' festhielten, blieb sein Pontifikat als früher Höhepunkt primatialen Denkens und Handelns Episode, hat aber durch den kanonistischen Gehalt seiner zahlreichen Briefe anregend auf das Reformpapsttum des 11. Jh. und das hochmittelalterliche Kirchenrecht gewirkt.

RUDOLF SCHIEFFER

Quellen: LP 2, 151–172; RPR(J) 1, 341–368; 2, 703; MGH.Ep 6, 257–690.

Literatur: BBKL 6. 860–863; LMA 6, 1168 ff.; J. C. Bishop: Pope N. I and the first age of papal independence, 1984.

Nikolaus (Niels) **Stensen,** selig (1988; 5. Dez.), Naturwissenschaftler, Bischof, *1./11.1.1638 Kopenhagen, †25.11./5.12.1686 Schwerin (Grab in S. Lorenzo in Florenz); ab 1656 Studium der Anatomie und Medizin in Kopenhagen, Amsterdam und Leiden. Durch eine Reihe wichtiger Entdeckungen auf dem Gebiet der Anatomie, Geologie, Paläontologie und Kristallographie erwarb sich N. den Ruf eines bedeutenden Wissenschaftlers; seit 1666 Aufenthalt in Italien, meist Florenz; 1667 Konversion zum Katholizismus; 1672–74 Lehrauftrag am Theatrum anatomicum in Kopenhagen; 1674 Erzieher des Erbprinzen in Florenz; 1675 Priester; 21.8.1677 Ernennung zum Apostolischen Vikar der Nordischen Missionen, am 13. Sept. zum Titularbischof von Titiopolis, am 19. Sept. Bischofsweihe in Rom; danach wirkte N. vornehmlich an der Hofgemeinde in Hannover. Hier nahm er an Religionsgesprächen u.a. mit Gottfried Wilhelm Leibniz teil. Trotz Skepsis gegenüber Reunionsprojekten zeigte N. eine tolerante Grundhaltung. Im Sommer 1680 siedelte er als Weihbischof von Ferdinand von Fürstenberg nach Münster über. Nach dessen Tod verließ N. Münster aus Protest gegen die simonistische Wahl des Kölner Kurfürsten Maximilian Heinrich von Bayern und ließ sich 1683 in Hamburg nieder. 1685 Übersiedlung nach Schwerin und Gründung einer vom Hof unabhängigen Gemeinde. Hier starb N. in äußerster Dürftigkeit. Seine theologischen Schriften folgen weitgehend der traditionellen Darstellung der katholischen Glaubenslehre. Sein vorbildliches christliches und priesterliches Leben fand bereits bei seinen Zeitgenossen über die Konfessionsgrenzen hinweg Anerkennung. In seiner asketischen Lebensführung und seinem pastoralen Einsatz orientierte er sich am tridentinischen Bischofsideal. N. war ein herausragender Vertreter der kirchlichen Reform trotz häufiger pastoraler Misserfolge.

HANS-GEORG ASCHOFF

Literatur: BBKL 10, 1343–49; M. Bierbaum – A. Faller: N. S., Anatom, Geologe und Bischof, 1979; G. Scherz: N. S., 2 Bde., 1987–88.

Nikolaus von Tolentino, heilig (10. Sept.), OSA (1255), * 1245 S. Angelo in Pontano in der Mark Ancona, † 10. 9. 1305 Tolentino; ausgezeichnet durch strenge Askese, Gebetseifer und Nächstenliebe; unermüdlicher Volksseelsorger und besonderer Freund der Armen und Kranken. Schon zu Lebzeiten wurden von ihm Wunder berichtet; in vielen Ländern als »Nothelfer« verehrt, auch durch den frommen Gebrauch der an seinem Fest geweihten N.-Brötchen.

ADOLAR ZUMKELLER

Quellen und Literatur: Bibliographie historique de l'Ordre de Saint Augustin, hg. v. N. Teeuwen u. a.: Augustiniana 26 (1976), 28 (1978), 31 (1981), 35 (1985), 39 (1989), 43 (1993), v. a. nn. 7097–7101 7305–14 8853–56. – ActaSS sep. 3, 636–743; BBKL 6, 931 f.; BiblSS 9, 953–968; Cath 11, 1229 f.; LMA 6, 1188; MarL 4, 629; Biographien: E. Eberhard, 1952; A. Trapè, 1985; C. Bassini, 1989; P. Panetas, 1992.

Nilus (Neilos) **von Rossano** (auch N. der Jüngere), heilig (26. Sept.), Mönch und Klostergründer, * um 910 Rossano bei Cosenza, † 26. 9. 1004 Kloster S. Agata an der Via Latina. In seiner Jugend wohl verheiratet, schloss sich N. 940 den Basilianern von Mercurion an. Längere Zeit Einsiedler, dann Klostergründer bei Rossano. Verehrt als Helfer und Wundertäter. Die Sarazeneneinfälle veranlassten ihn, Kalabrien zu verlassen; von Montecassino erhielt er 979 das Klostter Vallelucio. 994 Gründung des Klosters Serperi bei Gaëta, empfing hier 999 Otto III. nach dessen Pilgerfahrt zum Monte Gargano. Sein Aufenthalt im griechischen Kloster S. Agata (Rom) ermöglichte ihm 1004 die Gründung von Grottaferrata. Repräsentative Gestalt des italogriechischen Mönchtums des 10. Jh.; bekannt als Hymnograph (Akoluthia auf Benedikt von Nursia, Kontakion auf Nilus den Älteren von Ancyra, Jamben auf den Apostel Paulus) und Kalligraph. Seine Vita wurde wohl von seinem Schüler Bartholomäus von Grottaferrata († um 1050) verfasst (hg. v. G. Giovanelli, 1972).

KARL SUSO FRANK

Werke: Hymnen: S. Gassisi: Innografi italo-greci, Bd. 1 1908, 60–71.

Literatur: BiblSS 9, 995–1008; Atti del Congresso internazionale su N. di Rossano, 1989; A. P. Via: Eastern monasticism in South Italy in the tenth and eleventh centuries: Nova doctrina vetusque. FS F. W. Schlatter, 1999, 259–280.

Norbert von Xanten (von Gennep, von Magdeburg), heilig (Kultapprobation 1582; RK g 6. Juni), Wanderprediger,

Stifter des Prämonstratenserordens, Erzbischof von Magdeburg,* 1080/85 am Nieder rhein als Sohn des Edelherrn Heribert von Gennep; † 6. 6. 1134 Magdeburg; Kanoniker in Xanten, Hofkapellan Erzbischof Friedrichs I. von Köln und Kaiser Heinrichs V., mit dem er 1110/11 nach Rom zog. Die Viten schildern seine Bekehrung wie die des heiligen ↗ Paulus. Seine geistlichen Ratgeber waren Abt Kuno von Siegburg (von Regensburg), der Eremit Liudolf und Abt Richer von Rolduc. 1115 Priesterweihe in Köln, Anhänger der Gregorianischen Reform, Büßer und Bußprediger im Raum Xanten. Auf der Synode von Fritzlar 1118 wegen unerlaubter Predigt angeklagt, erhielt N. vom Papst die Vollmacht zur Wanderpredigt. Gemäß dem Leitbild des Evangeliums (Mt 10,7 ff.) und der Apostel zog er barfuß, Frieden stiftend und Dämonen austreibend ohne bleibende Stätte umher. In hinreißender Predigt begeisterte N. die Volksmassen. Das Ideal der Urkirche (Apg 4,32 ff.) aufgreifend, initiierte er 1120/21 in Prémontré eine Güter- und Gebetsgemeinschaft für Kleriker, Männer und Frauen, woraus sich der Prämonstratenserorden entwickelte. N. blieb Wanderprediger. Ihm schlossen sich erneut Männer und Frauen an. Er führte sie in Klöstern zusammen, die er auf seinen Namen übertragen ließ (Weinfurter: Eigenkirchenherr). So entstand unter seiner charismatischen Leitung ein überdiözesaner Großkonvent, dessen Lebensweise Honorius II. 1126 anerkannte. Offen für jede kirchliche Aufgabe, ließ sich N. zum Erzbischof von Magdeburg wählen (Weihe: 25. 7. 1126), um von oben seine kirchliche Reform fortzusetzen. Den Verband von Prémontré, eine Reform von unten, gab er 1126/1128 aus der Hand, nachdem er ihn neu organisiert hatte: Jedes Einzelkloster bekam einen eigenen Oberen. Im Erzbistum Magdeburg legte N. den Grund für die spätere Mission östlich der Elbe: Er ordnete die Finanzen, was ihm Morddrohungen eintrug, reformierte und gründete Klöster als Multiplikatoren der kirchlichen Reform, darunter nach prämonstratensischem Vorbild die Klöster Unserer Lieben Frau (Magdeburg), Pöhlde und Gottesgnaden. N. erlangte das Vertrauen König Lothars III., in dessen Nähe er sich oft aufhielt. Nach strittiger Papstwahl (1130) gewann er König und Reichsfürsten für Innozenz II. Er nahm 1132/33 am Italienzug zur Kaiserkrönung Lothars und zur Inthronisation Innozenz' II. teil. Dabei fungierte N. südlich der Alpen als stellvertretender Kanzler des Reichs für Italien. Mit Privilegien für die Kirchenprovinz Magdeburg, der ganz Polen unterstellt wurde, kehrte N., von Krankheit gezeichnet, nach Magdeburg zurück, wo er bald starb und im Kloster U. L. F. begraben wurde. – 1627 überführte man seine Gebeine ins Prager Kloster Strahov. 1982 erhob ihn Johannes Paul II. zum Patron des Magdeburger Landes. N. ist einer der Patrone Böhmens und des neuen Bistums Magdeburg. Dargestellt wird er seit der Gegenreformation mit der Monstranz, zu seinen Füßen der Ketzer Tanchelm (Legende aus Antwerpen). Alle N. zugeschriebenen Schriften (u. a. PL 170, 1357 f.) sind aus späterer Zeit.

LUDGER HORSTKÖTTER

Quellen: Vita A (1145/64, Mitteldeutschland): MHG.SS 12, 663–704; Analecta Praemonstratensia 60 (1984) 153–162; H. KALLFELZ: Vitae quorundam episcoporum, 1973, 443–541 (mit Übersetzung); Vita B (1152/64, Nordfrankreich): ACTASS iun. 1, 807–845; PL 170, 1253–1344.

Literatur: BBKL 6, 1015 f.; BIBLSS 9, 1050–68; DIP 6, 332–335; DSP 9, 412–424; LMA 6, 1233 ff.; K. ELM: N. von Xanten, 1984; W. M. GRAUWEN: N. Erzbischof von Magdeburg, ²1986; K. ELM: N.:

Rheinische Lebensbilder, Bd. 15 1995, 7–21.

Nothelfer. Das Attribut »Nothelfer« wurde seit dem 12. Jh. neben Gott vielen Heiligen beigelegt, zuerst ↗Servatius (Dünninger). Wurzeln des Kultes liegen im Schutzbedürfnis des mittelalterlichen Menschen vor Seuchen (Pest), Krieg usw.; im Zeichen des Umbruchs zur gotischen Frömmigkeit werden Jesus Christus und die Heiligen als Mit-Leidende erfahren. Früheste N.-Kulte sind in den Diözesen Regensburg, Bamberg (mit Nürnberg) und Würzburg (Dünninger, Guth) ab dem 13./14. Jh. belegt. Es kam bald zu einer N.-Gruppenbildung (primär 14 N.) mit unterschiedlichen Wurzeln: Vorhandensein einer Vita bzw. Legende, sodann die Annahme einer göttlichen Zusage der Gebetserhörung, wenn Gott im Namen des betreffenden Heiligen angerufen wird, des Weiteren vorhandene Patronate, Reliquien u.a.; Hoffnung auf Schutz und Fürbitte vieler Heiliger; allgemein der Hang der Zeit zur Gruppenbildung (Zünfte, Gilden). Die N. werden zunächst in allgemeinen Nöten angerufen, später in besonderen Anliegen. Die Bitte um einen guten oder Bewahrung vor einem jähen Tod ist deutlich (Berührungen mit der Ars moriendi). Frühestes ikonographisches Zeugnis bildet ein Fragment in der Dominikanerkirche in Regensburg (frühes 14. Jh.). Die Sammelhandschrift Clm 23 435 (fol. 74v) der Bayerischen Staatsbibliothek (Ende 14. Jh.?) nennt die Normalreihe der N.: »Geor(g)ius Blasius Erasmus Pantaleonque Vitus Christophorus Dyonysius et Cyriakus, Achatius magnus Eustachius Egidiusque / Cum Margareta cum Barbara cum Katharina.« (↗Georg, Martyrer, ↗Blasius von Sebaste; ↗Erasmus von Antiochien; ↗Pantaleon von Nikomedien; ↗Vitus, Martyrer; ↗Christophorus, Martyrer; ↗Dionysius von Paris; ↗Cyriacus von Rom; ↗Achatius, Soldat; ↗Eustachius, Martyrer; ↗Aegidius von St-Gilles; ↗Margareta von Antiochien; ↗Barbara von Nikomedien; ↗Katharina von Alexandrien.) In Bayern wurde bis 1520 ↗Leonhard von Noblac statt Cyriacus als N. verehrt; ansonsten statt Dionysius, Achatius und Cyriacus oft ↗Sixtus II., ↗Nikolaus von Myra und Leonhard (vereinzelt ↗Wolfgang von Regensburg, ↗Rochus von Montpellier). ↗Magnus von Füssen wurde aus lokalen Gründen und wegen des missverstandenen Adjektivs »magnus« (Achatius, Pantaleon) zu den N. gezählt (Augsburg); so gibt es seit Anfang des 16. Jh. gelegentlich 15 (oder 16) N. Neben der »Reihung« der N. gibt es Gruppierungen: um Christophorus (Kind); als zwei mal sieben N. um das Kind (der N.-Kult hat einen starken christologischen Duktus) oder Maria (mit Kind). Die Zahl 14 ist wohl eine Doppelung der heiligen Zahl Sieben. Zu einem Zentrum der N.-Verehrung entwickelte sich ab der Mitte des 15. Jh. aufgrund der Visionen des Schäfers Hermann Leicht (1445/1446) das heutige Vierzehnheiligen. Die meisten Kulte der N. sind von dieser Mutterkirche abhängig.

HERMANN KIRCHOFF

Literatur: F. Kohlschein – B. Schwessinger: ›Ihr Vierzehn Heil'gen, groß bei Gott, o helfet uns in Not und Tod!‹, 1992; A. Bichler: Die 14 Nothelfer, 1998.

Odilia (Ot[t]ilia, Odile) **vom Elsass,** heilig (RK g 13. Dez.), * um 660, † nach 723, Tochter des elsässischen Herzogs Attich (Adalric, Chatic), der für O. auf den Resten einer Hochburg (ehemalige keltische Anlage; später Hauptsitz der Etichonen) ein Kloster errichten ließ (später Odilienberg). Am Fuß des Berges wurde als Erleichterung für die Pilger zudem das Kloster Niedermünster errichtet. Laut Vita (10. Jh.) wurde O. blind geboren und durch die Taufe durch Bischof Erhard von Regensburg sehend. – Als Patronin des Elsass v. a. gegen Augen-, Ohren- und Kopfleiden angerufen. Ihr Kult verbreitete sich rasch über das Elsass hinaus in die Schweiz und nach Süddeutschland. Ihr Grab und andere Kirchen mit ihrem Patrozinium, oft mit Heil bringenden Quellen, sind bedeutende Wallfahrtsorte.

GEORG GRESSER

Quellen: Vita Odiliae, hg. v. W. LEVISON: MGH.SRM 6, 24–50.

Literatur: BHL NSUPPL 6271 ff.; BIBLSS 9, 1110–16; LMA 6, 1350 f.; VSB 12, 413–417; C. RIFFENACH: O. d'Alsace, 1985; M. STÖCKLE: Das Leben der hl. O., 1991; A. COLÉNO: Sainte O., 1998; T. GROSSMANN: Die heilige O., 1999.

Odilo von Cluny, heilig (1. Jan.), OSB, fünfter Abt von Cluny, *961/962 aus der Adelsfamilie Mercœur in der Auvergne, †1. 1. 1049 Souvigny, Allier; Kanoniker am Stift St-Julien zu Brioude. Mit 29 Jahren Eintritt in Cluny, wohl auf Rat ↗Wilhelms von St-Bénigne; im Mai 993 Koadjutor von Abt Maiolus, zu dessen Nachfolger er am 11. 5. 994 gewählt wurde (Wahlurkunde: Bernard-Bruel n. 1957). Tätig in der Gottesfriedens-Bewegung und bei der Klerusreform in Frankreich (Synode von Anse 994). Führte die von Maiolus gepflegten Kontakte zum sächsischen Herrscherhaus fort: Kaiserin ↗Adelheid (deren Epitaphium er um 1000 schrieb), Otto III. bis einschließlich Heinrich III. O. unterhielt aber auch Beziehungen zu den Königen von Frankreich, Ungarn und Spanien (Navarra, León). Ende 997 unternahm er seine erste von insgesamt neun Italienreisen zur rechtlichen Absicherung Clunys und Verbreitung seiner Reform. Papst Gregor V. verlieh 998 auf Bitten O.s die Exemtion Clunys von der Diözese Mâcon. Damals waren 38 Klöster von Cluny abhängig (RPR(J) 3896). Durch O. und Wilhelm von St-Bénigne 999 Einführung der Bräuche Clunys in Farfa. Enge Beziehungen O.s zu Kaiser ↗Heinrich II., der nach seiner Krönung 1014 den von Papst Benedikt VIII. geschenkten Reichsapfel und vielleicht andere Insignien an Cluny weitergab. O. ließ sie in der Hungersnot von 1031/32 für die Versorgung der Armen einschmelzen. 1022 wurde Heinrich II. in die Gebetsverbrüderung von Cluny aufgenommen. Unter O.s Abbatiat Bau der Klosterkirche »Cluny II« und Neubauten in zahlreichen Cluniazenserprioraten. Vermehrung der abhängigen Häuser: beim Tod O.s etwa 70. O. war für das 11. Jh., was ↗Bernhard von Clairvaux für das 12. sein würde: geistliche Autorität und politischer Ratgeber für ganz Europa. Der Aufstieg Clunys zu einem zentralistischen Großverband von Klöstern und die Rolle O.s riefen auch Kritik hervor (Bischof Adalbero von Laon, Carmen ad Rotbertum regem, hg. v. C. Carozzi, 1979). Innerklösterlich verfestigte O. die sich v. a. wegen liturgischer Steigerungen von anderen benediktinischen Bräuchen unterscheidende Cluniazenser-Tradition in geschriebenen »Consuetudines«: *Consuetudines Antiquiores* (ab 995) und *Liber Tramitis* (zwischen 1024 und 1048). O. begann mit dem Anlegen von Nekrologien für cluniazensisches Totengedenken. Dem diente auch der von O. eingeführte Allerseelentag (2. Nov.).

PIUS ENGELBERT

Quellen: Schriften O.s: PL 142, 939–1038; G. MORIN: Medicina spiritualis: Revue bénédictine 16 (1889) 477 f. (Gebete); Epitaphium Adelheidis imperatricis, hg. v. H. PAULHART, 1962. – A. BERNARD – A. BRUEL: Recueil des chartes de l'abbaye de Cluny, Bd. 3 1884, 156–281; Bd. 4 1888, 1–171; CCMON 7/2, 3–233 und CCMON 10; Vita O.s von Jotsald von St-Claude (BHL 6281): PL 142, 897–940, deutsch hg. v. J. STAUB, 1999 (MGH.SRG 68).

Literatur: DSp 11, 608–613; LMA 6, 1351 f.; J. Hourlier: Saint O., 1964; J. Wollasch: Cluny, Licht der Welt, 1996, 101–138.

Olaf Haraldsson, heilig (29. Juli, RK g *10. Juli*), Martyrer, König von Norwegen (O. II.), *995 Oplandet im südlichen Norwegen, †29.7.1030 Stiklestad in Trøndelag. Von Wikingerzügen geformt (1007–09 Ostsee, 1009–11 Dänemark – Niederlande – England mit Eroberung Canterburys, 1011–13 unter König Ethelred in England und der Normandie), wurde O. im Winter 1013/14 in Rouen getauft, nutzte die Eroberung Englands durch Knut den Großen zur Rückkehr nach Norwegen. 1016 im Kampf gegen die Trönder zum König ausgerufen, mühte er sich 1017–1026, das schon mehrfach von christlichen Impulsen erfasste Norwegen zu christianisieren. Nach dem Sieg Knuts bei Helgeå (1027) im Exil in Novgorod, fiel er beim Versuch der Rückeroberung in der Schlacht von Stiklestad (1030). Bald als Heiliger verehrt (Königtum seines Sohnes Magnus des Guten 1035–47, zugleich König von Dänemark ab 1042, und dessen Sieg über die Wenden zu Lurskogshede bei Schleswig 1043). Der Dombau über seinem Grab in Trondheim, die Legende »Óláfs saga helga«, liturgische Offizien und Wallfahrten schufen hier nach angelsächsischen Vorbildern den Prototyp des nordischen Königsheiligen als Reichs- und Volksheiligen.

TORE NYBERG

Literatur: BiblSS 9, 1138–43; LMA 1185 ff.; Norsk Biografisk Leksikon, Bd. 10 1949, 374–390; E. Hoffmann: Die heiligen Könige bei den Angelsachsen und den skandinavischen Völkern, 1975; St. O., seine Zeit und sein Kult, 1981.

Oswald von York (von Worcester), heilig (29. [28.] Febr.), †29.2.992; Bischof von Worcester 960 und Erzbischof von York 972; Träger der englischen Klosterreform mit der Durchsetzung einer für alle Klöster verbindlichen Consuetudo. Laut Vita Oswaldi des Eadmer dänischer Herkunft und durch seine Oheime, Erzbischof Odo von Canterbury und Erzbischof Oskytel von York, zur Ausbildung nach Fleury geschickt. Seit 958 wieder in England, unterstützte O. zusammen mit Erzbischof ↗Dunstan von Canterbury und Bischof Ethelwold von Winchester den König Edgar bei der Umsetzung der Synodalbeschlüsse von Ravenna (967), die zu einer Erneuerung des monastischen Lebens führte.

GEORG GRESSER

Literatur: BHL NSuppl 6374–80; BiblSS 9, 1296 f.; LMA 6, 1550; VSB 2, 589–600; E. John: St. O. and the Tenth Century Reformation: Journal of Ecclesiastical History 9 (1958) 158–172.

Otmar (Audemar, Audomar) **von Sankt Gallen,** heilig (16. Nov.), erster Abt von St. Gallen, * um 689, †16.11.759 Werd bei Stein am Rhein; Alamanne, in Chur ausgebildet, 719 zum Vorsteher der von ↗Gallus gegründeten Einsiedelei von St. Gallen berufen. Erbauer des ersten Klosters. Führte 747 auf Druck der fränkischen Herrscher die Benediktregel ein. Unter ihm erhielt das Kloster reiche Güterschenkungen im alamannischen Raum. Zog sich damit die Missgunst des Bischofs von Konstanz und der fränkischen Herrscher zu. Wurde von Gegnern gefangen gesetzt und zum Hungertod in Bodman verurteilt, später zu lebenslanger Haft auf der Insel Werd begnadigt, wo er bald starb. 769 Translation nach St. Gallen. 864 Erhebung der Gebeine und Beisetzung 867 in der neuen O.-Kirche. – Abgebildet als Abt mit Weinfässchen (Weinwunder bei Translation über den Bodensee).

KARL SCHMUKI

Quellen: MGH.SS 2, 41–47 (Vita von Walahfrid Strabo) 47–54 (Miracula von Iso).

Literatur: HelvSac III/1, 2, 1266 ff.; J. Duft: Der Zönobit St. O.: Die Abtei St. Gallen, Bd. 2, 1991, 39–60; H. Feiss: Saint O., Model benedictine: The joy of learning and the love of God. FS J. Leclercq, 1995, 49–65.

Otto von Bamberg, heilig (1189; RK g 30. Juni), * um 1065, †30. 6. 1139 (Grab in St. Michael, Bamberg). O. entstammte einer edelfreien Familie Schwabens und war mütterlicherseits wohl staufischer Abkunft. Sein Aufstieg vollzog sich in Königsnähe: Kaiser Heinrich IV. gab ihn 1088 seiner Schwester Judith bei deren Vermählung mit dem Polenherzog Władisław-Hermann als Kaplan an den polnischen Hof mit. Nach seiner Rückkehr (wohl nicht vor 1093) war er als Mitglied der Hofkapelle mit der Aufsicht über den Speyerer Dombau betraut und wurde Weihnachten 1102 nach kurzzeitiger Kanzlerschaft Bischof von Bamberg. In den Auseinandersetzungen des Investiturstreits be mühte er sich um eine vermittelnde Linie, die ihm die päpstliche Gunst eintrug: 1106 Bischofsweihe durch Paschalis II. in Anagni, 1111 Verleihung des Palliums. 1121/22 an der endgültigen Beilegung des Investiturstreits beteiligt, gehörte er zu den Unterzeichnern des Wormser Konkordats. In der Reichspolitik bemühte sich O. um einen Ausgleich zwischen Kaiser Lothar III. und den Staufern. Durch Gütererwerbungen und eine gezielte Burgenpolitik im Frankenwald und in der Fränkischen Schweiz legte er die Grundlagen zu einem bischöflichen Territorium. Auf ihn geht auch die bischöfliche Kanzlei zurück, in deren Umkreis die Entstehung des Codex Udalrici gehört. Große Begabung bewies O. bei der Gründung, Organisation und Reform von rund 30 kirchlichen Institutionen (Klöster, Stifte, Zellen, Spitäler) zwischen Kärnten und Sachsen. Es handelte sich dabei teils um Bamberger Eigenklöster mit O. als Stifter (z. B. Aura an der Saale, Prüfening, Michelfeld), teils um die Ausführung fremder Stiftungen (z. B. Ensdorf, Gleink, Langheim, Windberg) so wie um Reformen älterer Institutionen (St. Jakob und Michelsberg in Bamberg, Banz). Seinen Bemühungen, seine Gründungen zu einem eigenen Klosterverband zusammenzufassen, war keine Dauer beschieden. O.s Wirken ist v. a. mit der Bekehrung von Teilen der westslawischen Pomoranen und Lutizen verbunden (Beiname Apostolus Pomeranorum bald nach 1139). Die erste Missionsreise (1124/25) führte als Teil des zwischen Polen, Bamberg und Rom vereinbarten Aufbaus der Kirchenorganisation in den von Herzog Bolesław III. von Polen eroberten pomoranischen Siedlungsgebieten zur Christianisierung Pommerns im Bereich zwischen Odermündung und Persante. Der zweite Missionszug (1128), nunmehr mit Unterstützung König Lothars III., bezog auch die unter der Hoheit des Pommernherzogs Wartislaw (Wratislaw) I. stehenden Gebiete westlich der Oder ein. Das von O. geplante Missionsbistum wurde erst nach seinem Tod errichtet (Kammin). Das Nachleben O.s in Geschichtsschreibung und Kult hat v. a. die Leistungen des Klosterstifters und Missionars hervorgehoben. Drei Viten entstanden in den vierziger und fünfziger Jahren des 12. Jh. in Prüfening und Michelsberg. O.s kultische Verehrung führte erst im Rahmen des politischen Ausgleichs zwischen Kaisertum und Kurie unter Clemens III. zur Heiligsprechung, die 1189 auf einem Hoftag König Heinrichs VI. in Würzburg in der Rechtsform einer delegierten Kanonisation vollzogen wurde. Kirchliche Verehrung genoss O. besonders in den Diözesen Bamberg und Kammin sowie in den von ihm errichteten Klöstern Süddeutschlands und Österreichs.

Jürgen Petersohn

Literatur: GermSac AF II, 1/1; LMA 6, 1580 f.; Bischof O. von Bamberg. Reformer – Apostel der Pommern – Heiliger, 1989.

Otto Neururer, selig (1996; 30. Mai), Martyrerpriester aus der Zeit des Nationalsozialismus, *25. 3. 1882 Piller in Tirol, †30. 5. 1940 Buchenwald; Studium in Brixen, 1903 Priester, 1932 Pfarrer in Götzens bei Innsbruck. Nachdem er einer jungen Frau von der Heirat mit einem geschiedenen SA-Mann abgeraten hatte, wurde O. 1938 verhaftet, 1939 zunächst in das Konzentrationslager Dachau und dann nach Buchenwald gebracht, wo er nach einer geplanten Konversion eines Mithäftlings mit dem Kopf nach unten aufgehängt wurde.

JOSEF GELMI

Literatur: AAS 90 (1998) 464 ff.; H. Tschol: O. N. Priester und Blutzeuge, 1983; Pfarrer O. N. Ein Seliger aus dem KZ, hg. v. der Diözese Innsbruck, 1996.

Pachomius von Tabennese, heilig (9. Mai), Begründer des Coenobitentums, * um 290 bei Latopolis in Oberägypten, †9. 5. 346 oder eher 347 Pbow. Der Name P. leitet sich von koptisch P-achom (Adler) ab. Als etwa zwanzigjähriger Bauernsohn für die römische Armee zwangsrekrutiert, beeindruckte P. in Theben die praktische Nächstenliebe der Christen, was ihn selbst Christ und sodann Mönch in der Schule des Anachoreten Palamon werden ließ. Im verlassenen Dorf Tabennese gründete er 320–325 nach einem Misserfolg das erste christliche Kloster, wobei das Idealbild der Jerusalemer Urgemeinde nach Apg 4,32–37 (ein Herz und eine Seele, Gütergemeinschaft) leitend war. Schließlich umfasste der pachomianische Klosterverband neun Männer- und zwei Frauenklöster (eines von Maria, der Schwester des P., geleitet); Hauptort war Pbow mit P. als Generalabt und den Nachfolger Petronius (†347), Horsiese und Theodor von Tabennese. Ende des 4. Jh. gründete man das Kloster Metanoia in Kanopos östlich von Alexandrien mit griechisch und lateinisch sprechenden Mönchen. Von dort angeregt, übersetzte ↗Hieronymus i. J. 404 ursprünglich koptische Texte der Frühzeit nach einer griechischen Fassung ins Lateinische (u. a. Regeln, Briefe des P.). In letzter Zeit wurden weitere koptische und griechische Texte bekannt. Das Verhältnis der Viten zueinander (koptisch, griechisch, lateinische Übersetzung des Dionysius Exiguus, arabisch) ist noch nicht endgültig geklärt, zumal die als wichtig angesehene arabische Fassung Codex arabicus 116 der Universitätsbibliothek Göttingen bisher nicht ediert ist.

THEOFRIED BAUMEISTER

Literatur: CPG 2353–58; CPL 3 619a 653 f.; BiblSS 10, 10–21; DIP 6, 1067–73; DSp 12, 7–16; LACL 540 f.; F. Ruppert: Das pachomianische Mönchtum und die Anfänge klösterlichen Gehorsams, 1971; A. Veilleux: Pachomian Koinonia, 3 Bde., 1980–82; B. Büchler: Die Armut der Armen, 1980; H. Bacht: Das Vermächtnis des Ursprungs, Bd. 2, 1983; P. Rousseau: P. The making of a community in 4th-century Egypt, 1985, 1999; C. Joest: ›Unsere Hände den Armen öffnen.‹ Das opus monasticum der Pachomianer: Vigiliae christianae 51 (1997) 1–9.

Palladius von Irland, heilig (6. Juli), Diakon der römischen Kirche; 431 von Coelestin I. als erster Bischof nach Irland gesandt, um dort die verstreuten Christen kirchlich zu organisieren und dem Eindringen pelagianischer Irrlehren entgegenzuwirken (Prosper von Aquitanien, Epitoma chronicorum 1307: MGH.AA 9, 473; Contra collatorem 21: PL 51, 271). Nach Prosper (Epitoma) wohl noch 433/434 in Irland tätig; doch lässt sich die Stelle auch verstehen, wenn P. damals schon einen Nachfolger hatte. Die Tätigkeit des P. ist schlecht bezeugt; wahrscheinlich war er der erfolgreichste Vorläufer des ↗Patrick, der etwa 30 Jahre lang in Irland missionierte. Im späten Mittelalter glaubte sich die angeblich von P. gegründete Kirche von Fordoun in Schottland im Besitz seiner Reliquien.

ANNEKATREIN WINKLER

Literatur: LThK² 8, 6; ActaSS iul. 2, 286–290; BHL6471; LMA 6, 1791 f.; N. K. Chadwick: The age of the Saints in the early Celtic Church, 1963, 16–22.

Pancratius von Rom, heilig (GK g 12. Mai), Martyrer. Aus vornehmer Familie Phrygiens, kam er nach der legendarischen Passio 14-jährig mit seinem Onkel Dionysius nach Rom und wurde Christ; unter Diokletian (Valerian [257–259] oder Decius [250/251]) am 12. Mai an der zweiten Meile der Via Aurelia enthauptet und dort in den nach ihm benannten Katakomben begraben. Papst Symmachus (498–514) errichtete darüber eine Basilika (LP 1, 46), der Honorius (625–638) ihre heutige Gestalt gab (LP 1, 327). Die ersten literarischen Quellen seines seit dem 6. Jh. in ganz Europa populären Kultes finden sich im MartHieron, Altgelasianum und Sacramentarium Gregorianum Hadrianum. – Patron des Eides (Gregor von Tours, Liber in gloria confessorum I, 38) und der Kinder, in Deutschland seit König Arnulf von Kärnten (896) der Ritter und des Adels, als ↗Eisheiliger der Saat und Blüten; einer der 14 ↗Nothelfer u. a. bei Ekzemen, Migräne und Krämpfen. Dargestellt als römischer Jüngling/Soldat und Ritter mit Schwert und Palme. Ein Panther als Attribut stammt aus Nicholas Wisemans »Fabiola« (1854).

HUBERTUS R. DROBNER

Quellen und Literatur: ActaSS mai. 3, 17–23; BHL 6420–6428 mit NSuppl; BHG 1408–09 mit NAuct; AnBoll 10 (1891) 53–56; H. R. Drobner: Der heilige P., 1988.

Pantaleon (Panteleemon) **von Nikomedien,** heilig (27. Juli), Megalomartyr, sichere Nachrichten fehlen. Sein Kult ist erstmals durch Theodoret von Cyrus (Graecarum affectionum curatio 8: PG 83, 1033) im zweiten Viertel des 5. Jh. belegt. Nach der ins 5./6. Jh. zu datierenden griechischen Passio erlitt er das Martyrium unter Kaiser Maximianus in Nikomedien, wo er Schüler des kaiserlichen Leibarztes Euphrosynus war. Sein Vater war Heide, seine Mutter Christin. Nach seiner Bekehrung durch den Presbyter *Hermolaus* (der später mit ihm das Martyrium erlitt) heilte er im Namen Christi einen Blinden, was den Neid der Ärztekollegen hervorrief, die ihn daraufhin denunzierten. Vor dem Kaiser fand nun zwischen diesen und ihm ein Wettstreit um die Heilung eines Lahmen statt, den P. für sich entscheiden konnte, was ihn aber nicht vor dem Martyrium bewahrte. Er hatte verschiedene Torturen zu erdulden, doch griff ihn der Löwe in der Arena nicht an, und das Schwert des Henkers, den er bekehrt hatte, blieb stumpf. Erst im zweiten Anlauf gelang die Enthauptung, nachdem ihm, an einen Ölbaum gefesselt, die Hände auf den Kopf genagelt worden waren (so später dargestellt) und er für seine Henker Barmherzigkeit erfleht hatte. Eine Stimme vom Himmel nannte ihn daraufhin »Allerbarmer« (παντελεήμων) und versprach, dass durch ihn viele Erbarmen finden würden. Nach seiner Enthauptung floss aus den Wunden Milch statt Blut. Von daher die Verehrung von P.-Ampullen, deren Inhalt sich zeitweise verflüssigt (z. B. in Ravello). Wegen seines Berufs zu den Anargyroi, im Westen, wo der Kult früh verbreitet war (MartHieron 400; Marmorkalender von Neapel: Bibliotheca Ephemerides Liturgicae, Subsidia, Bd. 18, 147 153), zu den 14 ↗Nothelfern gezählt. Älteste Darstellung in Nordafrika (Relief aus Kairouan im Bardo-Museum in Tunis), von wo aus 807 eine erste Translation nach Lyon stattfand (BHL 2045). Weitere Übertragungen aus Rom und Konstantinopel nach Köln und Verdun im 10. Jh. – Patron der Ärzte, Hebammen, bei Krankheiten von Vieh und Mensch, besonders gegen Kopfweh.

HANS REINHARD SEELIGER

Literatur: ACTASS iul. 6, 397–429; BHG 1412z–1418c; BHO 835 ff.; BHL 6429–48; BIBLSS 10, 108–118.

Papias von Hierapolis, heilig (22. Febr.), Bischof von Hierapolis in Phrygien, * um 60, † nach 120. ↗Irenäus von Lyon (Adversus haereses V, 33,4) nennt P. im Zuge des antiken Altersbeweises einen »Mann des Ursprungs« (ἀρχαῖος ἀνήρ) und rechnet ihn unter die Apostolischen Väter, um den »Hörer des ↗Johannes (Apostel) und Zeitgenossen des Polycarp« als Kronzeugen für seine eigene Orthodoxie anzuführen. Eusebius (h. e. III, 39, 13) hingegen tadelt P. wegen seines kleinasiatischen Chiliasmus als geistig beschränkten Theologen. Neben Irenäus zeigen sich auch ↗Hippolyt und Victorinus von Pettau durch P.' um 130 entstandenes Hauptwerk *Darstellung der Herrenworte* beeinflusst. In der bei Eusebius (h. e. III, 39, 15 f.) überlieferten Einleitung erwähnt P. als Tradenten der Herrenworte die Presbyter Aristion und Johannes Evangelist. Zu den Agrapha zählen ein Herrenlogion über den Tod des Judas und eine Weissagung über das Martyrium der Zebedaiden. Nur kleinere Fragmente des Werks sind erhalten, darunter eines über die Herkunft der Evangelien nach Matthäus und Markus (Eusebius, h. e. III, 39, 15 f.). Nichts Gewisses hingegen erfährt man über Lukas und das Corpus Paulinum. Letzteres Fragment ist in seiner Deutung sehr umstritten. Unter Berufung auf einen πρεσβύτερος als Traditionsträger schreibt P. das Markusevangelium ausdrücklich dem gleichnamigen Dolmetscher (ἑρμενεύς) des Petrus zu und rühmt dessen Treue zur apostolischen Autorität. In diesem Zusammenhang findet sich auch ein Hinweis auf die Entstehung des Matthäusevangeliums, wonach der Evangelist dieses Ἑβραΐδι διαλέκτῳ zusammengestellt habe. Unklar ist, ob P. mit dieser Bemerkung auf die semitisierende Redeweise und Kompositionsarbeit des Matthäus anspielt oder ob er tatsächlich ein hebräisch verfasstes Urevangelium im Auge hat, wie dies die spätere Tradition (Origenes, Eusebius) annahm. Die Tätigkeit der Evangelisten besteht nach P. vornehmlich im Sammeln und Tradieren von Herrenlogien. P. gehört zu den ersten Theologen, die die Apostolizität der Offenbarung (des Johannes) bezeugen. Einer späteren Legende zufolge stirbt P. den Martertod; im Mittelalter wird er häufig mit dem Lexikographen Papias verwechselt.

PETER BRUNS

LTHK³ 7, 1325 f. (ungekürzte Fassung).

Literatur: LACL 545 f.; U. H. J. KÖRTNER: P. von Hierapolis, 1983.

Patrick (Patricius) **von Irland,** heilig (GK g 17. März), Apostel Irlands, * Ende 4. Jh. oder im 5. Jh. Britannien, † Mitte/Ende 5. Jh. Irland (Lebensdaten und Vita sind umstritten). Nach seinem Selbstzeugnis in der *Confessio* war er der Sohn des Dekurionen und späteren Diakons Calpurnius. Im Alter von 15 Jahren wurde er vom Landgut seines Vaters in der Nähe des nicht näher lokalisierbaren Ortes Bannauem Taburniae (vielleicht im Mündungsbereich des Severn) von Piraten nach Irland verschleppt. Dort blieb er sechs Jahre. Nach Flucht und erneuter Gefangennahme kehrte er zunächst nach Britannien zurück. Im Traum erhielt er seine Berufung, den Iren das Evangelium zu verkünden. Die irischen Annalen schmücken den folgenden Lebensabschnitt mit einer Reise auf den Kontinent aus, die ihn u.a. nach Auxerre (zu Germanus), Lérins und Italien geführt haben soll. Wohl in fortgeschrittenem Alter zum Bischof geweiht, nahm er seine Missionstätigkeit bei heidnischen irischen Stämmen auf. Nach den Annalen von Ulster kam P. 432 nach Irland und gründete 444 die Kirche von Armagh, in der Nähe des Hauptortes der Ulaid, eines im Nordosten des Landes siedelnden Stammes. Er stand in Kontakt zu mehreren Stammeskönigen und scheint mit der Missionierung einigen Erfolg gehabt zu haben. In der von P. verfassten *Epistola ad milites Corotici* wird von einem Übergriff britannischer Krieger auf irische Christen berichtet, worauf P., mit Verdammnis drohend, den Anführer Coroticus zur Wiedergutmachung aufforderte. Als Todesdatum ist der 17. März – noch heute Gedenktag des P. – i. J. 461 oder 491 überliefert. Die Verehrung und Legendenbildung um P. setzte ab dem späten 6. Jh. zunächst in Irland, im 7. Jh. auch im Frankenreich ein. Vermutlich vom Bischofssitz Armagh ausgehend, der sich in der Nachfolge des Heiligen sieht, wurde P. zum eigentlichen Gründer der irischen Kirche stilisiert.

Die Forschung hat versucht, P.s Vita von späteren Zusätzen zu lösen. Übrig bleibt die schemenhafte Darstellung in der *Confessio*, neben der *Epistola ad milites Corotici* das einzige P. sicher zuzuschreibende Werk. Umstritten sind die in den späteren Quellen genannten Ereignisse und Daten in P.s Vita, zumal in Hinblick auf die Person des Galliers Palladius, der einer Nachricht Prospers von Aquitanien zufolge (die im Übrigen als einzig zuverlässiges Datum der irischen Geschichte des 5. Jh. gilt) 431 als erster Bischof nach Irland gesandt wurde. Neben der Vermutung, dass es zu einer Verschmelzung aufeinanderfolgender Lebensläufe in den Quellen kam (Ó'Rahilly, Ó'Cróinín), ist allerdings ebensogut eine zeitgleiche Koexistenz beider Missionare denkbar (vgl. Richter 53 f.). Problematischer sind Zweifel an der Authentizität einzelner Passagen in der *Confessio*, die die individuelle Kontur P.s deutlich einschränken würden (Weijenborg).

CHRISTOPH EGER

Werke: Liber Epistolarum Sancti Patricii Episcopi. The Book of Letters of Saint Patrick the Bishop, hg., übersetzt und kommentiert von D. R. HOWLETT, 1994; Das Bekenntnis des heiligen P. und ein Brief an die Gefolgsleute des Coroticus, eingeleitet und übersetzt von F. WOTKE, 1940.

Literatur: A. HARVEY: Annotated Bibliography of St. P., 1996. – BBKL 7, 9–12; LMA 6, 1791 f.; L. BIELER: The Life and Legend of St. P., 1949; M. DE PAOR: P. the pilgrim apostle of Ireland, 1998.

Paulina von Mallinckrodt, selig (1985; 30. April), Ordensgründerin, *3. 6. 1817 Minden, †30. 4. 1881 Paderborn; gründete in Paderborn eine Kindertagesstätte, eine Blindenanstalt und 1849 die Kongregation der »Schwestern von der Christlichen Liebe« (SCC). Zum Apostolat gehören Blinden- und Waisenbetreuung, Mädchenbildung, Lehrerinnenexerzitien. Im Kulturkampf widersetzte sich P. dem Unterrichtsverbot für Schwestern, Anfechtungen des Ordensvermögens und umging das Verbot von Neuaufnahmen durch Neugründungen, u. a. in Belgien, den USA und Chile.

CLAUDIA LÜCKING-MICHEL

Quellen: P. von M. Kurzer Lebensabriß, 1889; Gesammelte Schriften im Archiv der deutschen Provinz der SCC in Paderborn.

Literatur: K. SANDER-WIETFELD: P. von M., ²1992; A. METTE: Die Liebe zählt nicht – nur die Liebe zählt. P. von M., ³1999.

Paulinus (Meropius Pontius P.) **von Nola,** heilig (GK g 22. Juni), Mönch, Bischof, Schriftsteller; bedeutend für die Erforschung der christlichen Rezeption des literarischen Erbes der Antike, * um 355 bei Bordeaux, † 22. 6. 431 Nola. Aus vornehmer Familie stammend, erhielt P. seine Ausbildung durch Ausonius; 378 Consul suffectus; 381 Statthalter in Kampanien. Das Felix-Fest in Nola (14. 1. 381; Felix von Nola) wurde für ihn zu einem religiösen Schlüsselerlebnis, das seinen Bekehrungsweg einleitete. Um 385 Heirat; zwischen 385 und 389 Taufe. Sein geistlicher Lehrer wurde ↗ Ambrosius von Mailand. Ab 393 Verkauf des Besitzes. 394 Priesterweihe; 395 Aufnahme des monastischen Lebens am Grab des heiligen Felix in Nola, wo er eine rege Bautätigkeit entfaltete; seit etwa 404–415 Bischof von Nola. Unter seinen Werken sind besonders die Briefe (u. a. an Sulpicius Severus und ↗ Augustinus) und die Gedichte zu nennen, die unterschiedlichen literarischen Gattungen angehören. Ein Panegyricus auf Theodosius I. ist verloren. P.' Persönlichkeit ist von freundschaftlichem Austausch und integrierender Kraft geprägt. Die in der monastischen Conversio erfolgte Neuorientierung des Lebens auf Christus hin hat auch seine »Literaturtheorie« bestimmt, denn Christus soll im Sinn der »Rückerstattung« der Redegabe der eigentliche Inhalt literarischen Schaffens sein, das jetzt unter dem Anspruch der Vermittlung von Heil und (Heils-)Wahrheit steht. Diese »monastische« Literaturtheorie stellt P. in den größeren Kontext einer mit Hilfe der Commercium-Vorstellung entwickelten Theologie des Heilshandelns Christi, das die grundsätzliche Ausrichtung des ganzen Lebens auf Christus verlangt.

MATTHIAS SKEB

Ausgabe und Kommentar: PL 61; W. VON HARTEL: CSEL 29 f.; M. SKEB: FC, 3 Bde., 1998.

Literatur: H. JUNOD-AMMERBAUER: Le poète chrétien selon P. de Nole: Revue des Études Augustiniennes 21 (1975) 13–54; J. T. LIENHARD: P. of Nola and Early Western Monasticism, 1977; M. SKEB: Christo vivere, 1997.

Paulinus von Trier, heilig (RK g 31. Aug.), aquitanische Herkunft umstritten; als Nachfolger des ↗ Maximinus erstmals um 347 als Bischof von Trier belegt, als er ↗ Athanasius von Alexandrien ein wichtiges Schreiben übermittelte (Apologia secunda contra Arianos 58,1). Auf dem Konzil von Arles (353) weigerte sich P. als einziger der anwesenden Bischöfe, Athanasius zu verurteilen; daraufhin wurde er abgesetzt und nach Phrygien verbannt, wo er i. J. 358 starb (Hilarius, Collectanea antiariana Parisina, I,6; Liber in Constantium 11; Hieronymus, Chronicon ad 358). Die Leiche des P. wurde (von Bischof Felix?) nach Trier überführt und im ersten Vorgängerbau der heutigen Paulinskirche beigesetzt. Wie Maximinus stand P. in enger Verbindung mit den Kirchen von Rom und Alexandrien und gilt als herausragender Vertreter des gallischen Episkopats (Athanasius, ep. encyclica ad episcopos Aegypti et Libyae 8; Historia Arianorum 33, 6).

GISBRECHT ISSELSTEIN / EKKART SAUSER

Quellen: Vita (10. Jh.): ACTASS aug. 6, 676–679.

Literatur: H. H. ANTON: Trier im frühen Mittelalter, 1987; H. HEINEN: Frühchristliches Trier, 1996.

Paulus, Apostel, heilig (GK H 29. Juni, zusammen mit ↗Petrus).

1. Leben und Wirken · 2. Verehrung.

1. *Leben und Wirken.* a) *Quellen:* P. ist die am besten bezeugte urchristliche Gestalt im Neuen Testament; dennoch lassen die Quellen viele Fragen offen. Die der kritischen Forschung als echt geltenden paulinischen Briefe (Thessalonikerbrief beide Korintherbriefe, die Briefe an Galater und Philipper und Römer, der Philemonbrief) sind die Primärquelle. Umstritten ist der Quellenwert der Apostelgeschichte, da manche ihrer Angaben im Gegensatz zu den Selbstzeugnissen des P. stehen und seine Theologie ihre markanten Züge eingebüßt hat, doch sollten insbesondere die biographischen Kerndaten bis zum Beweis des Gegenteils Orientierungspunkte bleiben. Der Quellenwert der apokryphen Schriften (z. B. P.-Akten) ist mehr als begrenzt.

b) *Herkunft und Bildung:* In seinen Briefen stellt sich P. nur mit dem griechischen Namen Παῦλος vor, doch wird er als gebürtiger Jude auch den in der Apostelgeschichte bis 13,9 verwendeten jüdischen Namen שָׁאוּל (šā'ūl), Saulos, gehabt haben (7,58; 9,4 u. ö.). Sein Geburtsort ist Tarsus in Kilikien (Apg 9,11 u. a.); das römische Bürgerrecht hat er von seinem Vater geerbt (Apg 16,37 ff. u. a.). Der Diasporajude P. kann sagen: »Ich wurde am 8. Tag beschnitten, bin aus dem Volk Israel, vom Stamm Benjamin, ein Hebräer von den Hebräern, nach dem Gesetz ein Pharisäer« (Phil 3,5; vgl. 2 Kor 11,22; Röm 11,1). Er war gewiss der hebräischen bzw. aramäischen Sprache mächtig und hatte neben der Tora auch das Handwerk des Zeltmachers erlernt (Apg 18,3; vgl. 1 Kor 4,12). P. war wohl unverheiratet (vgl. 1 Kor 7,40), ein für Juden ungewöhnliches Datum apokalyptischer Prägung. In Gal 1,14 bekennt er: »und ich übertraf im Judentum viele Altersgenossen in meinem Volk, übermäßig als Eiferer (ζηλωτής) für meine väterlichen Überlieferungen«. Möglicherweise war er in Jerusalem Schüler Gamaliels (I.) (Apg 22,3) und hatte dort Verwandte (Apg 23,16). Eifer für das Gesetz und Verfolgung der Kirche gehören im Leben des P. zusammen (Phil 3,5 f.; vgl. Gal 1,13 f.). Nach Apg 7,58 ff. war er an der Steinigung des Stephanus beteiligt. P. war kein entwurzelter Diasporajude, im Gegenteil: Seine Briefe zeigen zwar einen Meister der griechischen Sprache – auch benutzte er die Septuaginta –, nicht aber einen Rezipienten der griechischen Philosophie. Von der jüdischen Diaspora her war ihm jedoch der Blick auf die Völker mitgegeben.

c) *Berufung zum Apostel für die Heiden:* Das Ereignis seines Lebens war für P. sein sogenanntes Damaskuserlebnis: Bei der Verfolgung der Jesusgläubigen erschien ihm vor Damaskus der Gekreuzigte als der Sohn Gottes und zur Rechten Gottes erhöhte Herr (Gal 1,15 f.; 1 Kor 9,1; 15,8; vgl. die narrative und theologische Entfaltung in Apg 9,1–9; 22,6 ff.; 26,12–28). In dieser »Offenbarung (ἀποκάλυψις) Jesu Christi« (Gal 1,12) war für ihn seine Berufung zum Apostel für die Heiden grundgelegt (Gal 1,16, vgl. Röm 1,5; 11,13; 15,16). Er wusste sich den Aposteln zugehörig (Gal 1,17; 1 Kor 9,1 ff.; 15,8) und neben ↗Petrus, dem Apostel »für die Beschneidung«, stehend (Gal 2,7 f.). Dagegen kann die Apostelgeschichte P. nicht in ihre Konzeption der zwölf Apostel einordnen, und er bleibt hier auch theologisch den Erstzeugen nachgeordnet (Apg 13,31 f.). Der Auftrag zur Heidenmission, die in gewisser Weise von Petrus eröffnet wurde (vgl. Apg 10; 15,7 ff.), geht hier auf eine spätere Vision im Jerusalemer Tempel zurück (Apg 22, 17–21). Nach der Apostelgeschichte wurde P. von Hananias getauft (9,10 ff.; 22,12 ff.), und ↗Barnabas vermittelte die Aufnahme des einstigen Verfolgers in die Kirche Jerusalems (9,27). P. selbst betont in Gal 1,17, dass er erst drei Jahre nach seiner Berufung nach Jerusalem gegangen sei. So wenig P. ein Leiden an der Gesetzeserfüllung vor Damaskus zu erkennen gibt – ob ein solches in seinem Unbewussten bestand, wie die psychologische Exegese mit Bezug auf Röm 7,7–25 erwägt, bleibt diskutabel –, so sehr artikuliert er, dass sich mit seiner Christuserkenntnis der Stellenwert der Tora radikal veränderte (Phil 3,7 ff.; vgl. Röm 10,4).

d) *Missionarisches Wirken:* Nach Gal 1,17 f. war P. nach seiner Berufung etwa drei Jahre in »Arabien«; 2 Kor 11,32 f. erwähnt seine Flucht aus dem vom Statthalter des Nabatäerkönigs Aretas (IV.) bewachten Damaskus. P. wird in dieser Zeit schon missionarisch tätig gewesen sein. Über die folgende Zeit – nach Gal 2,1 waren es 14 Jahre – sagt P. nur, dass er in »Syrien und Kilikien« war (Gal 1,21). Seine Verbindung mit der Gemeinde von Antiochien in Syrien bezeugt v. a. die Erwähnung des Barnabas in den Erzählungen über das sogenannte Apostelkonzil (Gal 2,1–19; Apg 15) und den Antiochenischen Streitfall (Gal 2,11 ff.). Die Apostelgeschichte datiert in diese Zeit die sogenannte Erste Missionsreise des »Barnabas und Saulus« von Antiochien aus (13,1–14,28). Höchst bedeutsam war dann, dass auf dem Jerusalemer Apostelkonvent der Widerspruch konservativer Judenchristen gegen die beschneidungsfreie Heidenmission zurückgewiesen und – so die Sicht des P. – sein Heidenapostolat durch »Jakobus, Kephas und Johannes« bestätigt wurde. Das Ergebnis lautete: »wir (P. und Barnabas) zu den Heiden, sie aber zu der Beschneidung«. Als Zeichen für die »Gemeinschaft« mit der Urgemeinde übernahm P. die Kollekte seiner Gemeinden für die Armen in Jerusalem. Da er betont, dass ihm keine Auflagen gemacht worden seien, dürften die in der Apg 15,19 ff. erwähnten sogenannten Jakobusklauseln zur Regelung des Zusammenlebens von Juden- und Heidenchristen aus späterer Zeit stammen, zumal sonst der von der Apostelgeschichte verschwiegene Antiochenische Streitfall (Gal 2,11 ff.) kaum verständlich wäre. Aufschlussreich ist, dass Kephas, Barnabas und die übrigen Judenchristen auf Vorhaltungen der Jakobusleute die Tischgemeinschaft mit den Heidenchristen aufgaben. P. sah das Evangelium verleugnet und »widerstand« Kephas »ins Angesicht«. Einen für ihn positiven Ausgang des Apostelstreits weiß er nicht zu vermelden. Die Trennung von Barnabas (vgl. auch Apg 15,36 ff.) und der Gemeinde von Antiochien scheint die Folge gewesen zu sein. P., der Außenseiter in der Kirche von Anfang an, musste sein Missionswerk nun allein verantworten, wobei er allerdings zahlreiche treue Mitarbeiter gewann. Sein Evangelium und Apostelamt wurden in seinen Gemeinden von anderen christlichen Missionaren z. T. mit Erfolg in Frage gestellt (vgl. den Galaterbrief, den 2. Korintherbrief und den Brief an die Philipper). Auf der sogenannten Zweiten Missionsreise (Apg 15,32–18,22), die von manchen Forschern schon vor das Apostelkonzil datiert wird, besuchte P. die kleinasiatischen Gemeinden; es kam zu weiteren Gemeindegründungen: bei den Galatern und dann – auf europäischem Boden – in Philippi, Thessalonike und v. a. (nach dem Misserfolg im traditionsbestimmten Athen: 1 Thess 3,1; Apg 17,16–34) im weltoffenen Korinth, wo der Apostel anderthalb Jahre wirkte. Der 1. Thessalonikerbrief dürfte hier als ältester erhaltener P.-Brief geschrieben worden sein. Die sogenannte Dritte Missionsreise des P. (Apg 18,23–21,17) umfasste im Wesentlichen das zweieinhalbjäh-

Apostel Paulus (Darstellung von 1746)

rige Wirken von Ephesus aus. Todesgefahren (1 Kor 15,31 f.; 2 Kor 1,8 f.) und die Nöte um seine Gemeinden – ein erfolgloser Besuch in Korinth eingeschlossen (vgl. 2 Kor 2,1 ff.; 21,21) – kennzeichnen auch diese Zeit, in der er gezwungen war, sein Evangelium im Hinblick auf die aktuellen Probleme weiter zu profilieren. Doch verweilte er nicht bei der Sicherung seines Missionswerks, vielmehr trieb es ihn, von der Erwartung der baldigen Parusie des Herrn bestimmt (vgl. 1 Thess 4,15; 1 Kor 7,29 ff.; Röm 13,11), als Herold des rettenden Evangeliums weiter in den Westen (Röm 15,23 f.). Zuvor wollte er in Jerusalem die Kollekte übergeben, wobei Röm 9 ff. zu erkennen gibt, dass er seine Heidenmission in den Horizont der Treue Gottes zu Israel einordnete. Der Annahme der Kollekte durch die Jerusalemer Gemeinde war er sich jedoch keineswegs sicher (Röm 15,31). Die Apostelgeschichte weiß davon nichts zu berichten, vielmehr bezeugt sie die Widerstände und die Verhaftung des P. in Jerusalem und seine nach zweijähriger Haft in Caesarea erfolgte Deportation nach Rom (Apg 21,18–18,31). Ob er hier frei kam und nach einer Wirksamkeit im äußersten Westen erst unter Nero den Martyrertod erlitt (so die altkirchlichliche Tradition), ist ungewiss.

e) *Die Chronologie von Leben und Wirken* des P. ist nur sehr bedingt zu ermitteln, wobei die Angaben seiner Briefe und der Apostelgeschichte relative Daten ermöglichen (s. o.). Wenn P., wie allerdings nur Apg 18,12 ff. berichtet, in Korinth vor Gallio, dem Prokonsul von Achaia, angeklagt worden war und dies bei seinem ersten Korinthaufenthalt stattgefunden hatte, dann könnte seine Anwesenheit zwischen Frühjahr 51 und Herbst 52 gelegen haben. Weitere Berechnungen mit hypothetischem Charakter datieren die Berufung des etwa dreißigjährigen P. auf das Jahr 34, den Apostelkonvent um 48/49 und die Jerusalemer Verhaftung des P. auf das Jahr 56 bzw. 57. Die Zeit der größten Schaffenskraft des Apostels – seine Briefe eingeschlossen – lag dann in den Jahren 50–55.

f) *Persönlichkeit:* P. war nicht nur ein »Eiferer« im Judentum, sondern auch im Christentum. An ihm schieden sich die Geister. Er war Visionär, Mystiker und Prophet, aber auch ein ins Prinzipielle vorstoßender Denker (vgl. seine zugespitzte und anti thetische Redeweise). Er war kämpferisch und tolerant, zeigte die große theologische Perspektive und scheute nicht die mühevolle seelsorgerliche Arbeit des Alltags, er war nur seinem Herrn verpflichteter Apostel und doch der Gesamtkirche und Israel verbunden. Er war kein leidensunfähiger Held (so Apg 14,19f.), vielmehr bekannte er sich zu seinen Leiden, die er mit der »Kraft Christi« zu ertragen vermochte (s. v. a. die Peristasenkataloge 2 Kor 4,7ff.; 6,3ff.; 11,23ff.).

JOST ECKERT

Literatur: H. Hübner: P.-Forschung seit 1945: ANRW II, 25/4 (1987), 2649–2840; O. Merk: P.-Forschung 1936–85: Theologische Rundschau 53 (1988) 1–81. – G. Bornkamm: P., 1969, 71993; O. Kuss: P., 1971; G. Lüdemann: P. als Heidenapostel, 2 Bde., 1980–83; K. H. Schelkle: P., 1981; J. Becker: P., 1989; K.-W. Niebuhr: Heidenapostel aus Israel, 1992; R. Riesner: Die Frühzeit des Apostels P., 1994; E. P. Sanders: P., 1995; J. Gnilka: P. von Tarsus, 1996; B. Heininger: P. als Visionär, 1996; E. Lohse: P., 1996.

2. *Verehrung.* a) *Brauchtum:* Eine auf P. beschränkte und Petrus nicht miteinbeziehende Verehrung ist nur schwach entwickelt. Der durch seine Briefe und Theologie im hellen Licht der Geschichte stehende Apostel hat das volksfromme Brauchtum kaum inspiriert. Er gilt als Patron der Zeltmacher, Weber, Korbmacher, Ritter und Theologen und wird angerufen bei Blitz, Hagel, Fieber und Schlangenbiss. Als Namenspatron ist er von Anfang an verbreitet. Interesse an Leben und (mirakulösem) Wirken des P. verraten bereits die Apostelgeschichte sowie die apokryphe P.-Literatur.

b) *Patrozinien:* P.-Kirchen sind im Vergleich mit anderen Dedikationen relativ selten. Selbst Ravenna und Konstantinopel haben in Konkurrenz zum Petruskult Roms keine besondere P.-Verehrung entwickelt. Die kleine konstantinische P.-Kirche an der Via Ostiense vor Rom wurde erst Ende des 4. Jh. zur heutigen P.-Basilika (S. Paolo fuori le mura) erweitert. Kaiser Mauritius (582–602) baute in Tarsus eine P.-Kirche. In Alexandrien ist keine Apostelkirche bezeugt. Eine P.-Kirche gab es um 535/536 in Oxy rhynchos. Eine deutliche Unterrepräsentation von P.-Patrozinien besteht ebenfalls in Nordafrika, Spanien und Gallien und bleibt in späterer Zeit auch in den merowingischen, fränkischen und angelsächsischen Gebieten sowie in den deutschen Diözesen erhalten. Unter den etwa 70 Domkirchen ist nur die in Münster (Westfalen) P. geweiht. In Frankreich stehen etwa 700 Martins-, 460 Petrus- und 440 Johanneskirchen nur 185 P.-Kirchen gegenüber; in England ist das Verhältnis noch ungünstiger trotz des in frühe Zeit zurückgehenden Patroziniums von St. Paul in London. Erst der Dominikanerorden hat vermehrt P.-Patrozinien gestiftet. Heute gibt es noch römisch-katholische P.-Kathedralen in Abidjan (Elfenbeinküste), Aversa (Itsöorm), Lüttich, Mdina (Malta) und anglikanische in Melbourne und Dunedin (Neuseeland).

c) *Archäologische Spuren:* Archäologische Erinnerungen an den Wirkungsstätten des P. sind selten, legendarisch und aus späterer Zeit. Die wichtigsten befinden sich in Philippi (P.-Gefängnis nahe der BasilikaA, Dedikationsschrift des Oktogons [zweite Hälfte 4. Jh.]), Ephesus (Wachturm-Gefängnis auf dem Astyagu Pagos und Höhlengang

am Bülbüldag mit P.-Inschriften aus dem 5. Jh.), Korinth (Kirche auf dem sogenannten Bema) und Malta (frühchristliches Oratorium unter San Pawl Milqui). Verehrungsstätten in Damaskus, Thessalonike oder Athen sind jüngeren Datums.
d) *Reliquien und Wallfahrten:* Wallfahrten zur Triclia an der Via Appia, zum Grab in der P.-Basilika und zum Ort der Hinrichtung in Tre Fontane sind seit frühchristlicher Zeit bezeugt. Sie verbanden sich meistens mit dem Besuch des Petrusgrabes und anderer christlicher Gedenkstätten in Rom. Die Kopfreliquie des P. soll sich seit dem 9. Jh. in der Laterankirche befinden. An wichtigen Sekundärreliquien gab es Ketten, die zuerst in Jerusalem, später (6. Jh.) in Rom verehrt wurden. Dem vielfachen Wunsch nach Körperreliquien wurde von den römischen Päpsten nicht entsprochen. Verbreitet waren Brandea, d.h. Tücher und Gegenstände, die mit dem P.-Grab in Berührung gebracht worden waren.
e) *Liturgie:* Ein gemeinsames Apostelfest für Petrus und P. wird bereits im Chronographen vom Jahre 354 für den 29.6.258 bezeugt. Die auffällige Reihenfolge P. vor Petrus sucht Prudentius (Peristephanon 12, [6]3) zu erklären. Das seit dem 8. Jh. bekannte Fest Bekehrung des Apostels P. (GK F 25. Jan.) geht (wahrscheinlich) auf eine Reliquientranslation zurück.

ERNST DASSMANN

Literatur: HWDA 10, 264 ff.; RAC 2, 83 f.; E. Kirschbaum: Die Gräber der Apostelfürsten, ³1974; F. A. Meinardus: Die Reisen des Apostels P., 1981; E. Dassmann: P. in der frühchristlichen Frömmigkeit und Kunst, 1982; derselbe: Aspekte frühchristlicher P.-Verehrung: Chartulae. FS W. Speyer, 1998; Pietro e P., 2001 (viele Beiträge zu P.).

Paul(us) vom Kreuz (Paolo Francesco Danei), heilig (GK g 19. Okt.), Ordensgründer, *3.1.1694 Ovada bei Alessandria, †18.10.1775 Rom (Grab in SS. Giovanni e Paolo). Aus bescheidenen Verhältnissen stammend und ohne weitergehende Schulbildung, erlebte er mit 19 Jahren seine persönliche Bekehrung, aus der eine Passionsfrömmigkeit und der Plan einer Ordensgründung erwuchsen. Gefördert von seinem geistlichen Begleiter Francesco Arborio di Gattinara, Bischof von Alessandria, begann er 1720 ein Leben der Buße und Einsamkeit. Sein leiblicher Bruder Giovanni Battista schloss sich ihm an; Krankenpflege in Rom, dann Eremitenleben auf dem Monte Argentario bei Orbetello. 1725 mündliche Anerkennung seiner Regel durch Benedikt XIII., der 1727 die beiden Brüder zu Priestern weihte. 1741 erneute Bestätigung seiner »Kongregation vom heiligsten Kreuz und Leiden unseres Herrn Jesus Christus« (Passionisten). Im gleichen Jahr legte P. die Profess ab und nahm den Namen »P. vom Kreuz« an. Weiterer Aufbau und Ausbau der Kongregation als Generaloberer; 1771 Gründung des ersten Klosters der Passionistinnen. Daneben eifriger Prediger in Italien, Volksmissionen und Exerzitien zur Verkündigung des »Evangeliums der Passion«. Geschätzt von den Päpsten seiner Zeit, seit 1769 ständig in Rom an der Basilika SS. Giovanni e Paolo, die 1773 von Cle mens XIV. den Passionisten überlassen wurde. Als Berater und Seelenführer angesehener Lehrer des geistlichen Lebens aufgrund eigener mystischer Erfahrung in seiner Begegnung mit dem leidenden und gekreuzigten Christus. Zugänglich in ausgedehnten geistlichen Schriften: Briefe, geistliches Tagebuch, Schriften für seine Ordensgemeinschaften (Regel und Konstitution u.a.). 1976 wurde der Traktat *Morte mistica* gefunden.

KARL SUSO FRANK

Werke: Scritti spirituali, hg. v. C. Chiari, 3 Bde., 1974–75. – Deutsche Übersetzung: M. Bialas: Das geistliche Tagebuch des heiligen P. vom Kreuz, 1976; derselbe: Im Kreuz ist Heil, 1979.

Literatur: BiblSS 10, 232–257; DIP 6, 1101–1105; DSp 12, 540–560. – E. Zoffoli: S. P. della Croce, 3 Bde., 1963–68; C. Chiari: Come visse S. P. della Croce, 1969; derselbe: Magistero spirituale di S. P. della Croce, 1973; M. Bialas: Das Leiden Christi beim heiligen P. vom Kreuz, 1978.

Paulus von Theben, heilig (10. Jan.), Einsiedler; nur bekannt aus der Vita Pauli des ↗Hieronymus, geschrieben 375/377. Die Vita erzählt nur von der Jugend, dem Anfang der Wüstenaskese und vom Lebensende des P. Danach wurde er um 228 als Sohn begüterter Eltern in der Thebais geboren, war literarisch gebildet und floh in der Verfolgung des Decius in die Wüste, wo er 90 Jahre als Anachoret lebte. Gegen Ende seines Lebens besuchte ihn ↗Antonius der Große, der schließlich den mit 113 Jahren Verstorbenen mit Hilfe zweier Löwen begrub (Lokaltradition des P.-Klosters). Die hieronymianische Vita setzt die athanasianische Vita Antonii voraus und propagiert P. als Urheber (»auctor«) des christlichen Eremitentums. Sie gehört zu den Erstlingsarbeiten des Hieronymus (De viris illustribus 135), zeigt sein literarisches Können und sein Erzähltalent. Die Historizität des P. ist höchst zweifelhaft; das erzählte Leben auch nicht deckungsgleich mit dem sonst bekannten ägyptischen Eremitentum. Trotzdem gelang es Hieronymus, seinen P. zu einer der Urgestalten eines idealisierten, heroisierten und romantischen Mönchtums zu machen. Die bildliche Umsetzung einzelner Szenen der Vita (besonders die Begegnung mit Antonius) ist ein beliebtes Sujet der monastischen Ikonographie. – Im Mittelalter wurde P. zum namengebenden Patron der Pauliner.

KARL SUSO FRANK

Vita: PL 23, 17–30 (kritische Edition in Vorbereitung); M. Fuhrmann: Christen in der Wüste, 1983 (deutsche Übersetzung).

Literatur: BiblSS 10, 269–280; S. Swidziński: Der heilige P. von Theben: Auf den Spuren des heiligen Antonius. FS A. Mischlewski, 1994, 201–214.

Perpetua und Felicitas, heilige Martyrinnen (GKG 7. März). Die Sklavin F., ihre Gefährten *Satyrus, Saturninus, Revocatus* und *Secundinus* (alle 7. März) sowie und Vibia P. aus vornehmer Familie bildeten eine Gruppe von Katechumenen, die nach ihrer Taufe im Gefängnis am 7.3.202/203 in der Arena von Karthago hingerichtet wurden, da Septimius Severus (192–211) den Beitritt zum Christentum unter strenge Strafe gestellt hatte (Historia Augusta, Septimius Severus 17, 1). F. gebar kurz vor der Hinrichtung eine Tochter; P. wurde von ihrem Vater zum Abfall gedrängt. Die Vermittlung der Ereignisse erfolgt durch die Passio: Kapitel 1–2 und 14–21 Zusätze des Redaktors, der nicht Tertullian war; Kapitel 3–10 eigenhändiger Bericht der P.; Kapitel 11–13 Vision des Satyrus; trotz einiger Anklänge handelt es sich um kein montanistisches Dokument, sondern eine Erbauungsschrift für die Verlesung im Gottesdienst. – Der lateinische Text war stets bekannt, eine frühe griechische Übersetzung wurde 1889 gefunden.

MARIA-BARBARA VON STRITZKY

Quellen und Literatur: BHL 6633–36; BHG 1482; BiblSS 10, 493–501;LACL 472 (s. v. Märtyrerakten, n. 8); SynaxCP 440 508 536; C. I. M. I. van Beek: Passio SS. Perpetuae et Felicitatis, 1936; V. Saxer: Atti dei martiri dei primi tre secoli, 1984, 106–134; P. Habermehl: P. und der Ägypter oder Bilder des Bösen im frühen afrikanischen Christentum, 1992; J. E. SALISBURY: P.'s Passion, 1997.

Petrus, Apostel, heilig (GK H 29. Juni, zusammen mit ↗Paulus).

1. Neues Testament · 2. Spätere Bezeugung · 3. Verehrung · 4. Liturgiegeschichtlich.

1. *Neues Testament.* a) *Name:* P. (griechisch Πέτρος, aramäisch כֵּיפָא [kēfā'], gräzisiert: Κηφᾶς, Kephas bzw. Kefas) ist ursprünglich nicht Name, sondern von Jesus verliehener Beiname des Simon (Mk 3,16 par. Lk 6,14; Joh 1,42; Mt 16,18; »Simon P.« steht Mt 16,16; Lk 5,8; Joh 1,40; 6,8. 68 u.ö.). Anlass, Grund und Sinn dieser Namensgebung sind nicht mehr zu erhellen, da die Deutung auf den Fels (πέτρα) der Kirche in Mt 16,18 wegen des nur im Griechischen sinnvollen Wortspiels und des ekklesiologischen Interesses dieser Stelle (»meine Kirche« setzt die Existenz einer Sondergemeinschaft neben Israel voraus, s. Luz 456) nachösterlich ist. Πέτρος und kēfā' bedeuten zunächst »Stein« und nicht »Fels« (Lampe). Möglicherweise hat Jesus den Simon wegen dessen Erstberufung als »Edelstein« seines Jüngerkreises (so Pesch, Simon-P.) bezeichnet. »Simon« ist eigentlich ein griechischer Name, der in hellenistischer Zeit im Judentum als Äquivalent für den jüdischen Patriarchennamen Simeon (vgl. Apg 15,14; 2 Petr 1,1 im griech. Text) angesehen wurde.

b) *Vorkommen im Neuen Testament:* Im Neuen Testament erfahren wir über P. so viel wie über keinen anderen Apostel neben ↗Paulus. Eine bedeutende Rolle spielt er in den Evangelien und der Apostelgeschichte. Auch Paulus erwähnt P./Kephas relativ häufig, allerdings nur im 1. Korinther- und im Galaterbrief. Die beiden P.-Briefe nehmen die – allerdings pseudepigraphische – Verfasserschaft des P. für sich in Anspruch (1 Petr 1,1; 2 Petr 1,1).

c) *Biographie:* Simon stammt aus dem hellenistisch geprägten Betsaida (Joh 1,44). Hellenistische Beeinflussung seines zweifellos jüdischen Elternhauses verrät der griechische Name seines Bruders Andreas. Der nur einmal im Neuen Testament begegnende Beiname »Barjona« (Mt 16,17) ist in seiner Bedeutung unklar (vielleicht »Sohn des Johannes« [Joh 1,42; 21,15 ff.]). Anlässlich seiner Heirat zieht P. nach Kafarnaum (Mk 1,29 f.; 2,1). Von Beruf ist er Fischer (Mk 1,16 ff.; Joh 21,3). Er gehört zu den ersten von Jesus berufenen Jüngern und wird später von Jesus in die Gruppe der Zwölf aufgenommen (Mk 3,16). Das in allen Evangelien reflektierte Versagen des P. in der »Passion dürfte historische Erinnerung aufbewahren. Der Kreuzestod Jesu bedeutet für P. wie für alle Jünger eine schwere Enttäuschung; P. kehrt nach Galiläa zu seiner Tätigkeit als Fischer zurück (Mk 16,7; Mt 28,10. 16; Joh 21,1–14). Nach der Auferstehung Jesu ist er der erstberufene Osterzeuge (1 Kor 15,5; Lk 24,34; vgl. auch Mk 16,7). Es ist wohl v.a. seiner Initiative zu verdanken, dass der Jüngerkreis sich bald wieder sammelt und die Botschaft von der Auferstehung verkündet. P. kehrt nach Jerusalem zurück (Gal 1,18; 2,1–10; Apg 1–12; 15,6–29). Infolge seiner aufgeschlossenen Haltung der Heidenmission gegenüber geht er bald nach Antiochien (Gal 2,11). Umstritten ist, ob die Existenz der Kephas-Partei in Korinth (1 Kor 1,12; vgl. 3,22) eine Anwesenheit des P. in dieser Stadt voraussetzt. Eher ist dem 1. P.-Brief der Aufenthalt des P. in Rom (5,13: Babylon = Rom) zu entnehmen. Dies belegt v.a. die schon früh einsetzende Verehrung des dortigen P.-Grabes, zu der es keine konkurrierende Überlieferung gibt. Dass P. den Kreuzestod in der »Nachfolge« Jesu erlitten hat, deutet Joh 21,18 f. an (vgl. auch Joh 13,36). Zwischen den verschiedenen theologischen Richtungen im

Urchristentum wirkte P. vermittelnd. Die radikale judenchristliche Position, die auch von Heidenchristen die Beachtung des Gesetzes und die Beschneidung forderte, hat P. auf dem Apostelkonvent (Gal 2,1–10; Apg 15,1–33) abgelehnt; er anerkannte die paulinische Heidenmission. Beim antiochenischen Konflikt (Gal 2,11–14) hat er wahrscheinlich auf einen die gemeindliche Einheit sichernden Kompromiss hingearbeitet, der von den Heidenchristen die Beachtung bestimmter Reinheitsgebote verlangte und der den sogenannten Jakobusklauseln (Apg 15,20. 29; 21,25) zugrunde liegt.

Insgesamt erscheint P. im Neuen Testament als Garant der Jesusüberlieferung, als Zeuge für die Wahrheit des Evangeliums und als Bewahrer der kirchlichen Einheit. Der besondere P.-Dienst, der seinen historischen Grund in der Erstberufung durch Jesus und in der Erstzeugenschaft für die Auferstehung des Herrn hat, erscheint dem Neuen Testament einerseits als ein historisch einmaliger, apostolischer, anderseits aber auch als ein fortzuführender und allezeit in der Kirche notwendiger. Für diesen Dienst setzt das Neue Testament Maßstäbe, lässt aber die genauere Ausgestaltung offen.

LOTHAR WEHR

LThK[3] 8, 90–94 (ungekürzte Fassung).

Literatur: AncBD 5, 251–263; EWNT 3, 193–201;. – O. Cullmann: P., 1952, [3]1985; F. Mussner: P. und Paulus– Pole der Einheit, 1976; R. E. Brown u. a. (Hg.): Der P. der Bibel, 1976; R. Pesch: Simon-P., 1980; P. Perkins: P., 1994; P. Dschulnigg: P. im Neuen Testament, 1996; L. Wehr: P. und Paulus – Kontrahenten und Partner, 1996.

2. *Spätere Bezeugung.* Die wichtigsten Stoffe der außerbiblischen P.-Überlieferungen sind: a) die Auseinandersetzungen zwischen Simon Magus und Simon P.; P. hat hier Philippus aus Apg 8 abgelöst und widerlegt Simon durch seine größere Wunderkraft; b) Offenbarungen des Auferstandenen an P. zwischen Auferstehung und Himmelfahrt. P. ist hier häufig der maßgebliche Offenbarungszeuge; c) Instruktionen des P. an seinen Schüler Clemens und damit das Konzept der pseudoclementinischen Literatur, die sich betont rechtgläubig-katholisch darstellt; d) die Verkündigung des P., v. a. in Rom. Die Predigten des P. sind wichtige Beispiele frühchristlicher Heidenpredigt überhaupt; e) das Martyrium des P. in Rom (vgl. 1. Clemensbrief 5 ff.) mit der »Quo vadis«-Legende und der Tradition von der Kreuzigung des P. mit dem Kopf nach unten. – In der Überlieferung sind bisweilen die »Taten«, noch öfter aber die Martyrien des P. und des Paulus gemeinschaftlich überliefert. Das hängt mit dem gemeinsamen Gedenktag am 29. Juni zusammen. – Die gnostischen P.-Texte sind daran gut zu erkennen, dass eine Rivalität zwischen P. und Jüngerinnen Jesu besteht. Dem entspricht anderseits, dass P. häufig mit dem Klerus der werdenden Großkirche in Beziehung gesetzt wird, teilweise sogar direkt als Lehrer des Klerus gedacht ist. Die Rivalität zu Jüngerinnen findet darin ihre Erklärung, denn die gnostischen Kreise bewahren noch das ältere Modell der Hauskirchen, in denen Frauen als Autoritäten wichtiger waren. Auch in der Wundertradition (Tochter des P.; Tochter des Gärtners usw.) erscheint P. als ausgesprochen misogyn.

Ferner wird P. häufig als – im Vergleich zu Paulus – judenfreundlich dargestellt (vgl. Gal 2,7. 9), besonders in der weitgehend unerforschten Literatur der Pseudo-Clementinen (Homiliae, Recognitiones), von denen bisher nur geringe Teile in moderne Sprachen übersetzt wurden (Vorarbeiten leistete Georg Strecker).

Die weit verbreiteten Offenbarungsschriften unter dem Namen des P. sind Antwort auf ein zentrales hermeneutisches Problem: Wie ist gegenwärtige Auslegung der christlichen Botschaft als verbindlich darzustellen? Die Antwort ist ähnlich dem, was sich William Wrede für das Markusevangelium als das Messiasgeheimnis dachte: P. selbst und er allein hat die Lehre bereits empfangen und sie als Schrift geheim und sicher jeweils an Auserwählte übermitteln lassen. P. hat einen Überschuss an Offenbarung empfangen, von dem nur ein Teil im neutestamentlichen Kanon bewahrt wurde, alles Übrige aber wurde geheim tradiert. Alle, die durch P. so erkennen wie P., sind »in ihm«. Der Unfehlbarkeitsanspruch des römischen Bischofs wird daher innerhalb des Kategoriensystems der Offenbarungsliteratur religionsgeschichtlich verständlich. – In den beiden Zentren Antiochien und Alexandrien ist die Rolle des P. in der Offenbarungsliteratur über viele Jahrhunderte sehr stabil. Antiochien ist durch Gal 2,11–14 bezeugt, Alexandrien gilt als der Wirkungsort des P.-Schülers Markus; die P.-Traditionen Ägyptens müssen ebenso alt sein wie die engen Beziehungen zwischen dem alten syrischen und dem alten ägyptischen Christentum. Auch spätere Offenbarungen an Schenute werden noch als P.-Offenbarungen ausgegeben.

KLAUS BERGER

Literatur: C. Grappe: Images de P. aux deux premiers siècles, 1995; P. e Paulo, 2001; J. Gnilka: P. und Rom, 2002.

3. *Verehrung.* Die Theologie diskutiert das P.-Amt v.a. in seinen dogmatischen und kirchenrechtlichen Aspekten. Dagegen umschreibt »P.-Verehrung« jene Frömmigkeit, welche P. immer als anwesend in bzw. an seinem Grab wusste und im päpstlichen Nachfolger wirken sah. Genau diese Auffassung ist Kern auch aller Papaltheorie: der Papst als »Erbe« oder »Stellvertreter« Petri. Tatsächlich ist »die gläubige Verehrung des Stellvertreters Petri … ein auch äußerlich faßbarer Ausdruck der Einheit der Kirche auf Erden wie nichts sonst« (Tellenbach). Von der römisch-petrinischen Sedes erfloss das Heil der Welt. Bischofssitze suchten ihr Ansehen zu erhöhen, indem sie sich als von P.-Schülern gegründet ausgaben, und verehrten den Apostelfürsten als speziellen Patron. Am schärfsten hat die P.-Hoheit Gregor VII. ausformuliert, der für dessen Verehrung und das Papstamt die älteren Traditionen petrinisch-römisch zuspitzte und zur Grundlage für die weitere Geschichte machte: Kirche ist römische Kirche, weil P. sie gegründet hat und im jeweiligen Papst leitet; dem Apostelfürsten werden dabei »Vollmachten zugeschrieben, die sonst nur Gott zukommen« (Ganzer), dass nämlich der Gehorsam gegenüber P. und seinem Stellvertreter über das Heil entscheide: Der im Papst handelnde P. verkündet den wahren Glauben, feiert die allein rechte Liturgie und entscheidet alle Streitfälle. Die Scholastik wusste theologisch zu differenzieren und die Kanonistik zu juridisieren, wodurch dann die ehemals tragende P.-Verehrung zum Reservat der Volksfrömmigkeit absank.

Verehrt wurde P. an seinem vatikanischen Grab, dem auch das vor 200 errichtete Tropaion und mehr noch die von Konstantin erbaute Basilika dienten, weiter noch an anderen Stellen Roms, früh schon im Gräberbereich »ad catacumbas«, wo Graffiti des 3. Jh. bezeugen: »Petre et Paule petite pro …« (P. und Paulus, bittet für …), ferner in S. Pietro in Vincoli (wo die Gefängnisketten aufbewahrt wurden), in Quo vadis (wo P. in einer Vision zum Bleiben in Rom ermahnt worden war), im Mamertinischen Kerker (seit dem 14. Jh. als vermeintlicher Gefängnisort gedeutet), in S. Pietro in Montorio (als vermeintliche Kreuzigungsstätte), endlich noch am Grab der angeblichen P.-Tochter ↗ Petronilla. Dominant bleibt das P.-Grab am Vatikan. Hierhin verlagerten sich wichtige päpstliche Amtshandlungen, so seit Gregor dem Großen die Weihe und Übernahme der Kathedra durch den neu gewählten Papst. Auch baute Gregor die Chorapside der Vatikanbasilika so um, dass der Altar direkt über dem P.-Grab zu stehen kam. Unterhalb des Altars befand sich in der Stirnwand des erhöhten Chors eine »fenestella«, eine Öffnung mit einem Katarakt zum Grab, wo hinein die Pilger Tücher hinab lie ßen, die sich mit heiliger Kraft aufluden und dann als Reliquien dienten. Unter dem erhöhten Chor führten unterirdische Gänge an das Grab heran. Dort fanden die besonderen Verpflichtungsakte statt; hier wurden Briefe, Beeidigungen, Schenkungen oder auch Verträge hinterlegt. ↗ Bonifatius wusste sich lebenslang durch seinen beim Leib des P. hinterlegten Bischofseid verpflichtet. Die seit dem 7. Jh. den Erzbischöfen vom Papst übersandten Pallien lagen in der Palliennische am P.-Grab und ließen das Erzbischofsamt als petrinisch-päpstliche Bevollmächtigung erscheinen. Angelsächsische Könige zogen im späten 7. und frühen 8. Jh. nach Rom, um dort getauft zu werden und ihr Grab zu erhalten (woran noch »Santo Spirito in Sassia« erinnert, während der »Campo Santo Teutonico« den fränkischen Friedhof fortsetzt). Das »Constitutum Constantini« bezeichnete die Konstantinische Schenkung als P. gewidmet und an seinem Grab niedergelegt. ↗ Karl der Große sah sich durch und für den heiligen P. in die Pflicht genommen, dem er an dessen Grab am Ostermittwoch 774 die Bestätigung der Pippinische Schenkung ausfertigte. Die im Karlsreich durchgesetzte römische Liturgie war die des heiligen P., wobei noch Einzelheiten wie die Tonsur als petrinisch galten. Verstärkend wirkte die realistische (nicht mehr bildhafte) Interpretation des P. als Himmelspförtner, der mit seinen Schlüsseln am Himmelstor stehe und nur Befreundeten aufschließe (in nordischen Gräbern fand man nach den Thors-Hämmern P.-Schlüssel). Reliquien, die als Berührungsreliquien vom P.-Grab oder als Reliquien von römischen Katakombenheiligen bis in die Neuzeit erbeten wurden, machten P. all über all präsent und stärkten die Bindung an den P.-Sitz als Stadt der Martyrer; oft genug war damit noch die Bitte um Aufnahme in die »Familia des heiligen P.« verbunden. Cluny mit seinen P.-Reliquien und seiner päpstlichen Exemtion ist dafür der auffälligste Zeuge. Immer zogen Pilger zum P.-Grab, um dessen Fürbitte und Sündenvergebung zu erhalten. Seitdem i. J. 1300 das Heilige Jahr erstmals gefeiert wurde, vermehrten sich die Gnadenerwartungen und zugleich die Ablässe.

ARNOLD ANGENENDT

Literatur: G. TELLENBACH: Die westliche Kirche vom 10. bis zum frühen 12. Jh., 1988, 65–72; A. ANGENENDT – R. SCHIEFFER: Roma – Caput et Fons. Zwei Vorträge über das päpstliche Rom zwischen Altertum und Mittelalter, 1989; K. SCHATZ: Der päpstliche Primat, 1990; H. G. THÜMMEL: Die Memoiren für P. und Paulus in Rom, 1999; La figura di San P. nelle fonti del medioevo, hg. v. L. LAZZARI, 2001.

4. *Liturgiegeschichtlich.* Das erste sichere Zeugnis für die Abhaltung von feierlichem Gottesdienst zu Ehren des heiligen Petrus in Rom am 29. Juni liegt in der Depositio martyrum des römischen Chronographen (354) vor, und zwar zusammen mit ↗ Paulus: III Kalendas Iulii Petri in Catacumbas et Pauli Ostense Tusco et Basso cons. (= 258). Die Eintragung im Urtext des MartHieron für den

gleichen Tag hat etwa gelautet: Romae Petri et Pauli apostolorum, Petri in Vaticano, Pauli via Ostiensi utriusque in Catacumbas (Tusco et Basso cons.?). Die von Duchesne, Lietzmann u. a. vertretene These, der 29. Juni sei der Tag, an dem in der Valerianischen Verfolgung die Gebeine der beiden Apostel von ihrer ursprünglichen Ruhestätte zeitweilig in die Katakomben (des ↗Sebastian) an der Via Appia übertragen wurden, scheitert an der Unwahrscheinlichkeit einer Translation im 3. Jh. Die Konsulardatierung dürfte mit der Einrichtung einer Festfeier zu Ehren der Apostel zusammenhängen. Da in der Mitte des 3. Jh. die Organisation des Martyrerkults begann, ist anzunehmen, dass 258 ein Festtag der Apostelfürsten, deren Todestag man nicht kannte, geschaffen worden ist. Die drei Ortsangaben des MartHieron für die Festfeier: der Vatikan für Petrus, die Via Ostiensis für Paulus und in Catacumbas für beide Apostel, stimmen mit der auch anderwärts bezeugten Festbegehung in den drei Heiligtümern am 29. Juni überein.

Zu Ehren des Petrus bringen die bereits von der altgallischen Liturgie beeinflussten Handschriften des MartHieron die beiden Feste Petri Stuhlfeier am *18. Jan.* und am 22. Febr. In der Depositio martyrum erscheint dagegen nur am 22. Febr. ein Fest der Cathedra Petri, das an eine bei den Römern an diesem Tage übliche Totenmahlfeier angeknüpft haben dürfte (Cathedra = Sesselmahl). Die kirchliche Ablehnung der Totenmahlfeiern im 4. Jh. führte zur Umdeutung des Festes in einen um 500 wieder außer Übung gekommenen Gedächtnistag der Stuhlbesteigung Petri zu Rom (Cathedra = Lehrstuhl, Lehramt). Seit dem 6./7. Jh. ist in Gallien ein meist am *18. Jan.* gefeiertes Fest zur Erinnerung an die Berufung Petri zum Schlüsselinhaber und Fundament der Kirche sicher nachweisbar. Im Verlauf des fränkisch-römischen Liturgieaustauschs fand dieses Fest auch in Rom Aufnahme, allerdings unter dem traditionellen Datum (22. Febr.). Aufgrund einer irrigen Deutung der beiden Daten erhielt das Fest des 22. Febr. allmählich den Charakter einer Feier des antiochenischen Amtsantritts Petri. Paul IV. bestimmte 1558 den *18. Jan.* als Gedächtnistag des römischen Amtsantritts Petri. Im heutigen liturgischen Kalender wird der 22. Febr. (GK F) als Kathedra Petri gefeiert.

Das Fest Petri Kettenfeier *(1. Aug.)* ist ursprünglich eine Kirchweihfeier.

WALTER DÜRIG

Literatur: LitWo 179–181; A. Adam: Das Kirchenjahr mitfeiern, [6]1991.

Petrus (Pedro) **von Alcántara** (eigentlich Juan de Sanabria), heilig (1669; 18. Okt.), OFM (1515), * 1499 Alcántara bei Cáceres in Spanien, † 18. 10. 1562 Arenas de San Pedro, Ávila. Nach Studium der Philosophie und des Rechts in Salamanca (1511–15), Eintritt in den Noviziatskonvent Majaretes bei Cáceres und Priesterweihe (1524) wird P. in mehreren Konventen Guardian, dreimal Provinzdefinitor und ist 1538–41 Provinzial seiner Ordensprovinz, die als die Mutterprovinz der Descalzos (»Unbeschuhten«) in Spanien gilt; während dieser Zeit Gründung dreier Konvente. Ab 1555 Rückzug in die Einsamkeit. Am 7. 2. 1557 wird P. Generalkommissar der reformierten Konventualen; 1559 am Generalkapitel in L'Aquila; 1560 Begegnung mit ↗Theresia von Ávila (s. ihren Bericht über ihn in »Leben« 27, 16–19). P. gilt als Erneuerer des Franziskanertums durch die »descalcez«, die für Spaniens Orden typische Reformbewegung; berühmter Prediger, Inbegriff von Bußeifer und Strenge (Theresia von Ávila: »Er schien wie aus Baumwurzeln zusammengeflochten.«). Weite Verbreitung fand sein *Tratado de la oración y* *meditación,* in dem er dem einfachen Volk das Gebet mit Hilfe von Anweisungen zur Meditation darlegt, mit Betonung auf Armut, Bußeifer und Demut.

ULRICH DOBHAN

Literatur: DSp 12, 1489–95; R. Sanz Valdivieso: Vida y escritos de S. P. de Alcántara, 1996; A. Barrado Manzano: San P. de Alacántara. Estudio documentado y crítico de su vida, ²1995; derselbe: San P. de Alcántara, 1997; J. Álvarez Alonso: San P. de Alcántara: Verdad y vida 57 (1999) 551–568 (noch weitere Beiträge über P.).

Petrus Canisius, SJ (1543), heilig (1925; 21. Dez., RK g *27. April*), 1925 Kirchenlehrer; *8.5.1521 Nijmegen, †21.12. 1597 Fribourg; studierte ab 1535 in Köln (1540 Magister artium, 1545 Baccalaureus biblicus), stand in Verbindung zur Kartause Köln und zum Kreis um Maria von Oisterwijk; machte im April 1543 in Mainz bei Petrus Faber die »geistlichen Übungen« und trat am 8. Mai in die Gesellschaft Jesu ein; finanzierte aus dem väterlichen Erbe die 1544 gegründete Kölner Jesuitenniederlassung; wandte sich 1545 im Auftrag des Klerus und der Universität von Köln gegen den protestantischen Erzbischof Hermann von Wied an Karl V.; 1546 Priester; nahm 1547 als Theologe des Kardinals Otto Truchsess von Waldburg an der Bologneser Tagung des Tridentinums teil; von ↗Ignatius nach Rom berufen und als Erzieher nach Messina gesandt; 1549 als achter Jesuit feierliche Profess in Rom und Doctor theologiae in Bologna; wirkte als Theologieprofessor und Prediger 1549–52 in Ingolstadt, 1552–56 in Wien (1554/55 zugleich Administrator der Diözese), gründete 1556 das Jesuitenkolleg in Prag; 1556–69 erster Jesuitenprovinzial von Süddeutschland; 1556/57 Teilnahme am Reichstag in Regensburg und am Wormser Religionsgespräch; 1558 zur Generalkongregation der Societas Jesu in Rom; anschließend mit dem päpstlichen Nuntius Camillo Mentuato in Polen (Reichstag zu Petrikau); 1559 Teilnahme am Augsburger Reichstag; 1559–66 Domprediger in Augsburg; 1562 kurzzeitig auf dem Tridentinum, danach in Innsbruck als Berater Kaiser Ferdinands an der Beilegung der Differenzen zwischen diesem und Konzilslegat Giovanni Morone beteiligt; 1565 erneut zu einer Generalkongregation in Rom, bereiste anschließend große Teile West- und Norddeutschlands, um den katholischen Fürsten und Bischöfen die Trienter Dekrete zu übermitteln und auf deren Annahme hinzuwirken; von 1580 bis zum Tod in Fribourg zwecks Aufbaus eines Jesuitenkolleges (Grab in St. Michael).

Seine kirchenpolitische Beratertätigkeit sowie seine Korrespondenz mit führenden Persönlichkeiten erweisen P. als zentrale Gestalt des kirchlichen Wiederaufbaus in Deutschland. In besonderer Weise trugen dazu auch seine schriftstellerischen Arbeiten, in erster Linie die Katechismen, bei: P., der zunächst patristische Texte ediert hatte (Werke Cyrills von Alexandrien und Leos I. 1546; Briefe des Hieronymus 1562), gab 1555 in Wien die *Summa doctrinae christianae* in Druck, die später als *Catechismus maior* bekannt wurde (1566 im Sinn der Trienter Dekrete überarbeitet); 1556 erschien in Ingolstadt der *Catechismus minimus;* 1558 kam in Köln der *Catechismus minor* heraus, der noch zu P.' Lebzeiten in viele Sprachen übersetzt wurde und im deutschen Sprachraum mehr als 200 Auflagen erreichte; 1568 wurde P. von Pius V. mit der Widerlegung der »Magdeburger Centurien« des Matthias Flacius Illyricus beauftragt; unter dem Obertitel *De corruptelis verbi Dei* erschien 1571 Band 1 über Johannes den Täufer zu Dillingen, 1577 Band 2 über Maria zu Ingolstadt (den dritten Band, über Pe-

trus, hat P. nicht fertiggestellt); außerdem verfasste er Schrifterklärungen und Heiligenlegenden.
P.' bleibende Bedeutung beruht auf der Gründung zahlreicher Kollegien, die entscheidend zur Erneuerung der Kirche beitrugen, sowie auf seinen Katechismen. Seine christologisch ausgerichtete Ekklesiologie sowie seine Loyalität gegenüber den kirchlichen Oberen bewirkten ein neues Kirchenbewusstsein.

ENGELBERT MAXIMILIAN BUXBAUM

Werke: Verzeichnis: SOMMERVOGEL 2, 617–688; 8, 1974–83; 12, 988. – Deutsche Auswahlausgaben: Briefe, hg. v. B. SCHNEIDER, 1959; Briefe, hg. v. S. SEIFERT, 1983.

Literatur: POLGÁR 3/1, 425–453. – BASA 1, 327–348; J. BRUHIN (Hg.): P. Kanisius, 1980; P. H. KOLVENBACH: P. C., un santo europeo: Civiltà cattolica 148 (1997) 543–552; R. BERNDT (Hg.): P. C., 2000; J. GELMI: Der hl. P. C.: Faszinierende Gestalten der Kirche Österreichs, hg. v. J. MIKRUT, 2002, 163–187.

Petrus (Pierre-Louis-Marie) **Chanel,** heilig (1954; GK g 28. April), Protomartyrer Ozeaniens, SM (1831), * 12. 7. 1803 Potière, Ain, † 28. 4. 1841 Futuna, Ozeanien. 1827 Priester, Ein tritt in den neu gegründeten Maristenorden seit 1837 unter schwierigen Bedingungen Missionar auf der Insel Futuna, dort im Auftrag des Königs ermordet.

BRUNO STEIMER

Literatur: BIBLSS 10, 814 ff.; J.-C. MARQUIS: St. P. Ch., de l'Ain au Pacifique, 1991.

Petrus Chrysologus, heilig (GK g 30. Juli), 1729 Kirchenlehrer; * Ende 4. Jh. Forum Cornelii (heute Imola) oder Ravenna, † um 450 Imola (hier beigesetzt). Sein Beiname »Chrysologus« (Goldwort) erscheint erstmals im LP des Agnellus (9. Jh.), wohl in Anlehnung an ↗Johannes Chrysostomus; seit der Neuzeit ständiger Namensteil. P. wurde von Bischof Cornelius von Imola getauft und zum Diakon geweiht, erhielt die Bischofsweihe entgegen den LP 424/429 von Coelestin I.; Metropolitan von Ravenna nach 431. Enge Verbindung zu Leo I. und zum weströmischen Kaiserhaus (Galla Placidia). Insgesamt gelten heute 183 Predigten als authentisch: 168 aus der Collectio Feliciana des Bischofs Felix von Ravenna (8. Jh.) und 15 weitere, andernorts tradierte Sermones. Die Predigten sind kurze, rhetorisch ausgefeilte, größtenteils exegetische Homilien zu neutestamentlichen Perikopen, Paulustexten und Psalmen; thematische Homilien zu den Festkreisen des Kirchenjahrs und zur Katechumenenunterweisung (Erklärung des Symbolums und des Paternosters unter Wahrung der Arkandisziplin), Gelegenheitshomilien (z. B. zu Bischofsweihen) sowie hagiographische Homilien. Theologisch folgt P. den Lehrsätzen von Nizäa und Ephesus, die er in Auseinandersetzung mit Juden, Häretikern (z. B. Donatisten, Arianern, Nestorianern, Eutychianern) und Heiden mit seelsorgerischem Engagement, Gedankentiefe und Originalität verkündigt. Seine Predigten, nicht so sehr dogmatische Unterweisung als vielmehr zuhörerbezogene Glaubensverkündigung und Anleitung zur christlichen Lebenspraxis, sind Spiegelbild für Predigt, Katechese, Liturgie und Gemeindepastoral Mitte des 5. Jh. in Ravenna. – Ferner ist ein Antwortschreiben (449) an Eutyches erhalten, das die positive Einstellung des P. zum Primat des Bischofs von Rom zeigt.

MARIANNE PIEKARSKI

Werke: Sermones: PL 52 (Collectio Feliciana: unecht 53; 107; 119; 129; 135; 138; 149; 159); CCL 24, 24A, 24B, hg. v. A. OLIVAR, 1975–82.

Quellen: Agnellus: Liber pontificalis: FC 21.
Literatur: LACL 570 f.; G. Böhmer: P. Ch., Erzbischof von Ravenna, als Prediger, 1919; A. Olivar: Los sermones de s. P. C., 1962.

Petrus Claver, heilig (1888; 9. Sept.), SJ (1602), Apostel der schwarzen Sklaven in Lateinamerika, *1580 Verdú in Katalonien, †8. 9. 1654 Cartagena in Kolumbien; 1602–04 Noviziat in Tarragona, 1605–08 Philosophiestudium im Kolleg Montesión auf Mallorca, dort spirituelle Prägung durch ↗Alfons Rodríguez SJ; 1610 auf eigenen Wunsch Überfahrt nach Südamerika, 1612–15 Theologiestudium in Santa Fe de Bogotá, 1616 Priesterweihe in Cartagena. Hier, im Hauptumschlaghafen für schwarze Sklaven in Spanisch-Amerika, widmete er sich, zunächst an der Seite von Alonso de Sandoval SJ, fast 40 Jahre lang in selbstloser und unermüdlicher Nächstenliebe der Linderung des Elends und der Bekehrung der Schwarzen, von denen er nach eigener Aussage über 300000 getauft hat. Er sah sich selbst als »Sklave der Sklaven«; seine besondere Sorge galt den Kranken, Aussätzigen, Gefangenen und Sterbenden. Nach ihm benannt ist die P.-C.-Sodalität, gegründet am 29. 4. 1894 von der 1975 seliggesprochenen ↗Maria Theresia Ledóchowska zur Befreiung der Sklaven in Afrika und zur Unterstützung der dort tätigen Missionare, 1947 umbenannt in Missionsschwestern vom heiligen P. C. (SSPC). Hauptanliegen des Instituts sind die Weckung und Vertiefung eines missionarischen Bewusstseins in Europa, u. a. durch die Zeitschrift »Echo aus Afrika« (seit 1889; 1993 in acht europäischen Sprachen), und das Presseapostolat in Afrika (bis 1991 Druck bzw. Finanzierung von 12371880 Büchern in 263 afrikanischen Ortssprachen). 1993: etwa 300 Mitglieder (inklusive Laienhelferinnen) in 34 Häusern weltweit; Zentralsitz in Rom. – Der »Apostel von Cartagena« wurde 1896 von Leo XIII. zum Patron der Mission unter den Schwarzen ernannt; Schutzheiliger Kolumbiens.

MICHAEL HAKENES

Literatur: A. Lunn: A Saint in the Slave Trade, 1935; A. Valtierra – R. M. de Hornedo: San P. C. esclavo de los esclavos, 1985; H. Multhaupt: Das schwarze Gesicht der Freiheit, 1992.

Petrus Damiani, OSB, heilig (GK g 21. Febr.), 1828 Kirchenlehrer; einer der geistigen Väter der Gregorianischen Reform, *1006/07 Ravenna, †22./23. 2. 1072 Faenza. Nach Artes-Studium, Priesterweihe und kurzer Lehrtätigkeit in Ravenna trat P. 1035/36 in Fonte Avellana ein, wo er 1041/42 die Vita Romualdi (↗Romuald von Camaldoli) schrieb, 1043 Prior wurde und 1045–50 bzw. 1057/65 eremitische Lebensregeln formulierte, die sich u. a. auf Camaldoli auswirkten. Daneben bemühte er sich frühzeitig um eine allgemeine Kirchenreform: Schon 1045 bat er Gregor VI. um Erneuerung des »goldenen Zeitalters der Apostel«; 1049 ersuchte er Leo IX. im *Liber Gomorrhianus*, gegen homosexuelle Praktiken des Klerus vorzugehen; 1052 verurteilte er im *Liber Gratissimus* die Simonie als häretischen Verstoß gegen die Norm der Urkirche, verteidigte aber die von Simonisten umsonst erteilten Weihen gegen Humbert von Silva Candida. Wohl 1057 Kardinalbischof von Ostia (1067 Resignation), übte P. auf die von Nikolaus II. geleitete Lateransynode von 1059 großen Einfluss aus (v. a. bei der Neuordnung der Papstwahl, der Korrektur der Aachener Chorherrenregel und der Propagierung eines neuen Priesterbilds). Anschließend vermittelte er als Legat zwischen Erzbischof Guido von Mailand und der Pataria und betonte den römischen Primat. Jedoch bleibt fraglich, ob P. damals für den späteren Papst Gregor VII. eine knappe Rechtssammlung anlegte, die im Dictatus Papae fortwirkte. 1061–64 unterstützte er Alexander II. gegen Cadalus von Parma und verfasste 1062 die *Disceptatio synodalis*, ein fiktives Streitgespräch über die Papstwahl, worin er für die Eigenständigkeit der kirchlichen Rechtssphäre plädierte. Ähnliche Sätze galten 1058–66 der Kritik an der Laieninvestitur und 1062 der Abgrenzung von Königs- und Priesteramt. 1063 ging P. als päpstlicher Legat nach Cluny, um das Kloster gegen Übergriffe des Bischofs von Mâcon zu schützen. 1064 und 1069 reiste er nach Montecassino und 1066/67 untersuchte den Streit zwischen Vallombrosa und dem Bischof von Florenz. 1069 begab er sich nach Mainz, um Heinrich IV. an der Annullierung seiner Ehe zu hindern, sorgte 1072 in Ravenna für die Rekonziliation Erzbischof Heinrichs und starb kurz darauf im Kloster S. Maria foris portam in Faenza. Sein Grab wurde später in den Dom der Stadt verlegt. P. wurde schon 1076–80 in der Vita des Johannes von Lodi (hg. v. Freund 203–262) als Heiliger verehrt, doch nie formell kanonisiert. Dante Alighieri besang ihn in der »Divina Commedia« (Paradiso XXI, 106–142); Francesco Petrarca und Giovanni Boccaccio schenkten ihm große Beachtung. P.' Œuvre ist in über 600 Handschriften überliefert und umfasst: 180 ganz oder teilweise erhaltene Briefe und Traktate, 54 Sermones zu kirchliche Festen (19 weitere unter seinem Namen gedruckte stammen von Nikolaus von Clairvaux), fünf Heiligenviten und etwa 240 Gedichte, Epigramme, Hymnen und Gebete. Sie alle zeugen von mystischer Frömmigkeit, asketischer Strenge und einem Reformeifer, der v.a. durch Fragen nach der Erlangung des ewigen Heils und der möglichen Gefährdung desselben ausgelöst wurde. Demgemäß war P. kein systematischer Theologe, sondern stets um Wiederherstellung der Kirchendisziplin, Aufruf zur Selbstheiligung und Klärung von Einzelfragen bemüht. Sein Spektrum reichte von z.T. mystischen Reflexionen über die eremitische Lebensform, die Kreuzes- und Marienverehrung, die Allmacht Gottes, das Filioque und die Vergänglichkeit irdischen Ruhms bis zu sarkastischen Versen über prominente Zeitgenossen. Zu seinen weiteren Themen gehören: Simonie und Nikolaitismus, die monastische und kanonikale Erneuerung aus dem Geist der Urkirche, der Wert von Bildung und »heiliger Einfalt«, die christlichen Tugenden und der moralisch-tropologische Sinn zentraler Bibelstellen. P. gilt als Meister der lateinischen Sprache. Methodisch stützte er sich v.a. auf die Heilige Schrift und die Kirchenväter, war aber auch mit der antiken Literatur und dem römischen Recht vertraut und einer der größten Kanonisten seiner Zeit. Dies befähigte ihn zur kritischen Sichtung der von Burkhard I. von Worms u.a. gesammelten Rechtstexte und zur Aufstellung neuer Auswahlprinzipien. Die Dialektik lehnte er nicht völlig ab, ließ sie aber nicht als Hauptweg theologischer Erkenntnis gelten. Seine »eremitische Ekklesiologie« besaß mystische Elemente, betonte aber auch die Autorität des Papsttums und der römischen Kirche, deren Lehr- und Rechtstradition er als Prüfstein von Häresie und Rechtgläubigkeit definierte.

JOHANNES LAUDAGE

Werke: PL 144, 145; Petri Damiani Vita beati Romualdi, hg. v. G. Tabacco, 1957; M. Lokrantz: L'opera poetica di S. P. D., 1964, 53–158; Sancti Petri Damiani Sermones, hg. v. G. Lucchesi, 1983; Die Briefe des P. D., hg. v. K. Reindel, 4 Bde.,1983–93.

Literatur: BBKL 7, 346–358; BiblSS 10, 554–574; DIP 6, 1686–90; DSp 12, 1551–73; EC 9, 1377–80; LMA 6, 1970 ff.; VerfLex² 7, 501–504; J. Leclercq: St. P. D.,

1960: J. LAUDAGE: Priesterbild und Reformpapsttum im 11. Jh., 1984, 185–242; C. LOHMER: ›Heremi conversatio‹. Studien zu den monastischen Vorschriften des P. D., 1991; DERSELBE: Vom Schweinehirt zum Kardinal: Bayern und Italien, hg. v. H. DOPSCH, 2001, 189–218; G. M. CANTARELLA: San P. D. agli inizi della riforma ecclesiastica del secolo XI: Vita monastica 56 (2002) 68–77.

Petrus (Peter) **Friedhofen,** selig (1985; 21. Dez.), Gründer der »Barmherzigen Brüder von Trier«, *25. 2. 1819 Weitersburg bei Vallendar, †21. 12. 1860 Koblenz; Grab in der Kapelle des Mutterhauses Maria Hilf in Trier. Der junge Kaminfegermeister nahm sich der heranwachsenden Jugend (Aloysius-Bruderschaft) an. Ab 1849 begann er seine Gemeinschaft aufzubauen, gefördert vom Bischof von Trier. Sein sozial-caritatives Engagement war von marianischer Frömmigkeit getragen.

KARL SUSO FRANK

Quellen und Literatur: Neues Feuer. P. F. Schriften und Briefwechsel, 1953; H. J. SPITAL: P. F., 1987.

Petrus Nolascus, heilig (1628; 25. Dez.), Gründer der »Mercedarier«, * um 1180 im Raum Carcassonne-Narbonne-Toulouse oder Barcelona, †25. 12. 1256 (traditionell), eher 13./14. 5. 1249 (?). Biographische Daten und Fakten sind nur ungenau rekonstruiert; die hagiographische Überlieferung setzt erst im 15. Jh. ein. Im frühen 13. Jh. in Barcelona, tätig im Loskauf christlicher Gefangener aus den Händen der Muslime. Daraus erwuchs eine organisierte Gemeinschaft, nach Ordenstradition ab 1218 (eine Erscheinung der Jungfrau Maria habe zur Gründung aufgefordert); eine andere Rekonstruktion setzt mit 1234 ein. Bestätigung der Gemeinschaft durch Gregor IX. am 17. 1. 1235, sie richtete sich an »den Magister und die Brüder des Hauses der heiligen Eulalia in Barcelona«. Die Gemeinschaft verfügte bereits über Besitzungen in Barcelona, Gerona und Palma de Mallorca. P. war am Aufbau des Ordens maßgeblich beteiligt (Gründung von Niederlassungen in Valencia [1238], Castellón de Ampurias [1238], Tortosa [1239]), ebenso an der materiellen und personellen Sicherung der Hauptaufgabe des Ordens. Die Ordensüberlieferung schreibt ihm auch persönliche Aktivitäten im Loskauf zu, der damals als bevorzugtes Werk der Barmherzigkeit propagiert und praktiziert wurde. – Ikonographie (besonders in Spanien): im weißen Ordenshabit; Szenen aus der Vita, bevorzugt der Loskauf Gefangener.

KARL SUSO FRANK

Quellen: G. VÁSQUEZ: Monumenta ad historiam Ord. B. Mariae de Mercede redemptionis captivorum, 1928 (Texte des 15. Jh.).

Literatur: BBKL 7, 372 f.; BIBLSS 10, 844–852; DIP 6, 1704–11; LMA 6, 1979; A. PRONZATO: Un mercante di libertà, 1986.

Petrus (Pierre) **(II.) von Tarentaise,** heilig (14. Sept.), OCist (1122), * um 1102 St-Maurice-de-l'Exil in der Dauphiné, †14. 9. 1174 Abtei Bellevaux in der Freigrafschaft Burgund; 1122 Profess in Bonnevaux, 1132 Abt von Tamié; 1141/42–74 Erzbischof von Tarentaise. In seiner Vita, verfasst von Gottfried von Clairvaux, verkörpert P. das Ideal des mönchischen Bischofs, der sich durch gute Werke (z. B. Bau eines Gästehauses beim Kleinen St. Bernhard-Pass), spirituelle Fürsorge (regelmäßige Visitationen), charismatische Predigt und Friedensmissionen auszeichnet. P. vermittelte zwischen Kaiser Friedrich I. und Alexander III. sowie König Heinrich II. von England und Ludwig VII. von Frankreich. Reliquien in Tamié, Cîteaux und Tarentaise.

JÖRG OBERSTE

Quellen: ActaSS mai. 2, 320–348 (Gottfried-Vita); Walter Map: De nugis curialium, hg. v. M. R. James, 1983, 134–140.
Literatur: A. Dimier: St. P. de Tarentaise, 1935; H. Brultey: St. P. de Tarentaise, [2]1945; M. G. Newman: The Boundaries of Charity. Cistercian Culture and Ecclesiastical Reform 1098–1180, 1996.

Petrus Venerabilis, selig (25. Dez.), OSB (1109), neunter Abt von Cluny, *1092/94 aus der Adelsfamilie de Montboissier in der Auvergne, †25.12.1156 Cluny; kam als Oblate ins Priorat Sauxillanges, vor Ostern 1109 Mönchsweihe durch Abt ↗Hugo I. von Cluny. Um 1115–20 Klaustralprior in Vézelay, 1120 Prior von Domène. Am 23.8.1122 zum Nachfolger Abt Hugos II. von Cluny gewählt. Seine ersten Amtsjahre waren überschattet vom »Pontianischen Schisma«: Pontius de Mergueil (1109–22 Abt von Cluny) versuchte 1126, die Abtei gewaltsam wieder zu gewinnen. Es gelang P. in der Folgezeit, die innere Spaltung des Konvents zu überwinden und das Verhältnis zum Burgus Cluny zu verbessern. Im Papstschisma von 1130 auf Seiten Innozenz' II., obwohl Anaklet II. Mönch von Cluny war. Reisen im Interesse des Klosters u.a. nach Italien, Spanien und England, doch war P. weniger politisch tätig als seine Vorgänger. 1132 erstmals Generalkapitel in Cluny. In den Reformstatuten von 1146 und 1147/48 Versuch einer Modernisierung Clunys ohne Verlust der Tradition. Gegenüber ↗Bernhard von Clairvaux verteidigte P. geschickt Abweichungen von der Regel Benedikts in Cluny (Briefe 28 und 111). 1140 nahm er Abaelard auf und besuchte nach 1142 Héloïse in Le Paraclet. Sein seelsorgerliches Verständnis und sein Sinn für Mäßigung erstreckten sich jedoch nicht auf Häretiker (Anhänger des Petrus von Bruys), Muslime und Juden, die er als Theologe heftig in Streitschriften angriff. 1142/43 veranlasste er die erste Übersetzung des Korans und anderer arabischer Werke ins Lateinische durch Robert von Ketton und Hermann von Kärnten. Sein Hauptwerk *De miraculis* ist u.a. eine Verherrlichung des cluniazensischen Mönchtums.

PIUS ENGELBERT

Quellen: The letters of P. the Venerable, hg. v. G. Constable, 2 Bde., 1967; Schriften zum Islam, lateinisch-deutsch von R. Glei, 1985. – Kurzvita aus dem verlorenen ›Chronicon cluniacense‹, hg. v. M. Marrier – A. Duchesne: Bibliotheca Cluniacensis, 1614, 590–593.
Literatur: DSp 12, 1669–76; J.-P. Torrell – D. Bouthillier: P. le Vénérable et sa vision du monde, 1986; J. Wollasch: Cluny – Licht der Welt, 1996; derselbe: Sterben und Tod im Leben des Abtes P. V. von Cluny: Vita religiosa im Mittelalter. FSK. Elm, 1999, 87–122; G. R. Knight: Politics and pastoral care: Revue bénédictine 109 (1999) 359–390.

Petrus, Andreas, Paulus und Dionysia, heilige Martyrer (15. Mai) in Lampsacus in der Provinz Asia unter Decius. Nach dem Bericht der in lateinischer Bearbeitung überlieferten, stellenweise legendarischen Passio verteidigte Petrus als junger Mann vor dem Prokonsul Optimus heroisch seinen Glauben und wurde daraufhin gerädert und enthauptet. Unmittelbar nach ihm wurden um ihres Glaubens willen seine Gefährten enthauptet.

OTTO VOLK

Literatur: ActaSS mai. 3, 452f.; BHL 6716f. mit NSuppl; SynaxCP 683 691; MartHieron 255f.; BiblSS 10, 823–826.

Petrus-Julian (Pierre-Julien) **Eymard,** heilig (1962; GK g 2. Aug.), Ordensgründer, *4.2.1811 La Mure d'Isère, †1.8.1868 ebd.; 1834 Priester, Seelsorgetätigkeit; 1839 Eintritt in die »Gesellschaft

Mariens«. Mit der Entscheidung für eine eucharistische Frömmigkeit verließ er diese und gründete 1856 die Kongregation der »Priester vom heiligen Sakrament« (Eucharistiner), 1858 die »Dienerinnen des Allerheiligsten Altarsakramentes«. P.-J. blieb sein Leben lang Förderer der eucharistischen Frömmigkeit: Ewige Anbetung, Vierzigstündiges Gebet, Kinderkommunion, Eucharistische Kongresse u. a.

KARL SUSO FRANK

Literatur: DIP 6, 1702 ff.; DSp 12, 1679–93; J. Wenger: Eucharistie – Licht und Leben. Der hl. P.-J. E. und sein Erbe, 1995; N. B. Pelletier: Tomorrow will be too late. The life of S. P. J. E., 2002.

Philippus, Apostel, heilig (GK F 3. Mai, zusammen mit ↗Jakobus). In den synoptischen Evangelien und in der Apostelgeschichte wird Ph. nur in den Apostelkatalogen erwähnt, und zwar jeweils an fünfter Stelle (Mk 3,18 parr. Mt 10,3/Lk 6,14; Apg 1,13). Im Johannesevangelium wird mehr über ihn gesagt: Ph. stammte danach zusammen mit ↗Petrus und Andreas aus Betsaida (1,44; 12,21), wurde von Jesus schon früh aus dem Kreis um ↗Johannes den Täufer in die Nachfolge berufen (1,43) und vermittelte die Begegnung Jesu mit Natanael (1,45 f.). Beim Speisungswunder (6,5 ff.) und in der Abschiedsrede (14,8 f.) erscheint er als Dialogpartner Jesu. Als »einige Griechen ... Jesus sehen« wollen, bitten sie Ph. um Vermittlung (12,20 ff.). Hier wie in Joh 6 und 14 wird er zusammen mit ↗Andreas genannt, dem einzigen der Zwölf, der wie Ph. einen griechischen Namen trägt.
Nach Eusebius (h. e. III, 31, 2 f.; V, 24, 2 f.) hat Polykrates von Ephesus berichtet, Ph., einer »der zwölf Apostel«, sei mit zwei jungfräulichen Töchtern in Hierapolis gestorben; eine dritte ruhe in Ephesus. Papias soll auf Wunder hingewiesen haben, die von Töchtern des Apostels Ph. in Hierapolis erwähnt worden seien (Eusebius, h. e. III, 39,8). Clemens von Alexandrien kennt eine Überlieferung, nach der der Apostel Ph. seine Töchter verheiratet habe (Stromata III, 6, 52, 3; Eusebius, h. e. III, 30,1). Bei all diesen und noch weiteren Überlieferungen sind Aussagen über den Apostel Ph. mit solchen über den »Evangelisten« (↗Philippus, Evangelist) vermischt worden; denn nur von Letzterem werden in Apg 21,8 f. Töchter erwähnt. Schon Eusebius erkannte die Verwechslung (vgl. h. e. III, 31,5).
Die Reliquien des Ph. werden u. a. in der Kirche SS. Apostoli in Rom verehrt. – Er gilt als Patron der Walker und Hutmacher. Meist wird er mit einem Kreuzstab, seltener mit einer Rolle dargestellt. Gemälde der Ph.-Legende zeigen außer seinem Martyrium wie er im Marstempel bei den Skythen einen Drachen beschwört und Götzenbilder stürzt.

ALFONS WEISER

Literatur: EWNT 3, 1021; H. J. U. Körtner: Papias von Hierapolis, 1983, 144 ff.

Philippus, Evangelist, heilig (11. Okt.). Die Apostelgeschichte berichtet, dass Ph. in der Jerusalemer Urgemeinde zum hellenistisch-judenchristlichen Kreis um Stephanus gehörte (6,5), dass er nach der Hinrichtung des Stephanus in Samaria missionarisch wirkte (8,5–25), dass er auf dem Weg nach Gaza einen äthiopischen Hofbeamten taufte (8,26–39), dass er sodann in der Küstenregion zwischen Aschdod und Caesarea das Evangelium verkündete (8,40) und in Caesarea ansässig wurde (21,8). Sein Haus, in dem er mit seinen vier jungfräulichen, prophetisch begabten Töchtern wohnte (21,8 f.), suchte ↗Paulus auf dem Weg nach Jerusalem als Herberge auf und erhielt dort durch den Propheten Hagabus Hinweise auf den bevorstehenden Leidensweg (21,10 f.). Den missionsgeschichtlichen und missions-

theologischen Aussagen der Apostelgeschichte über die charismatisch geprägte Wirksamkeit des Ph. liegen sehr wahrscheinlich historische Gegebenheiten zugrunde. Ihre Bedeutung besteht z.T. darin, dass die Verkündigung des Ph. über die Grenzen des Judentums hinausging.
Über Ph. berichtet Eusebius (h. e. III, 37). Im Jahr 385 wurde ↗Hieronymus das Haus des Ph. gezeigt (ep. 108,8). Nach Clemens von Alexandrien (Stromata III, 25, 3) war Ph. der Namenlose, zu dem Jesus das Nachfolgewort Mt 8,22 par. Lk 9,60 sprach. (Zur Verwechslung mit dem Apostel: ↗Philippus, Apostel.)

ALFONS WEISER

Literatur: Kommentare zur Apostelgeschichte; EWNT 3, 1020f.; B. KOLLMANN: Ph. der Evangelist und die Anfänge der Heidenmission: Biblica 81 (2000) 551–556.

Philipp(us) (Filippo) **Neri,** heilig (1622; GK G 26. Mai), Reformer und Ordensstifter, *21.7.1515 Florenz, †26.5.1595 Rom; aus florentinischer Notarsfamilie stammend, von der Stiefmutter erzogen; in der Jugend Kontakte zu den Dominikanern von S. Marco, hier erlebt er noch den Geist Girolamo Savonarolas; seit 1534 in Rom. 1534–37 besuchte Ph. philosophische und theologische Vorlesungen an der Sapienza und bei den Augustinern. In selbstverständlicher Bedürfnislosigkeit, »christlicher Narrheit« (Walter Nigg) und betender Gottverbundenheit pflegte Ph. Kranke, sorgte für verwahrloste Kinder und Jugendliche, stieß auf öffentlichen Plätzen als Laie religiöse Gespräche mit Kaufleuten und Handwerkern an, hielt Straßenpredigten für Kinder und besuchte die Katakomben sowie die sieben Stationskirchen Roms. 1548 gründete er mit seinem Beichtvater Persiano Rosa (†1558) die »Confraternità di SS. Trinità« zum Dienst an Kranken und armen Rompilgern. Die Organisation bewährte sich im Heiligen Jahr 1550 als Laiengemeinschaft: in der gelebten Einheit von (tridentinischer) Kirchenreform als Stadtpastoral und persönlicher Umkehr und Heiligung. Nach der Priesterweihe (1551) schloss sich Ph. der Gemeinschaft von S. Girolamo della Carità an. Dieser Freundeskreis wurde 1552 zur Wurzel des »Oratoriums«, einer Gemeinschaft, die sich mit wenigen Alltagsregeln zur Vita communis als ausdrücklichem »dritter Weg« (neben Laienstand und Mönchsorden) ohne Gelübde zusammenschloss. Gregor XIII. erkannte mit der Bulle *Copiosus in misericordia* am 15.7.1575 die Gemeinschaft als »Kongregation des Oratoriums« an. Ph. selbst nannte sie nur die »Herberge zur christlichen Frömmigkeit«. 1577 Umzug des Oratoriums an die neu errichtete Kirche S. Maria della Vallicella. Bereits zu Lebzeiten wurde Ph. im Volk als »Apostel Roms« verehrt. – Das Oratorium und seine katechetischen und pastoralen Reformen (Kinderpredigt, Kinderbeichte, Alltagsfrömmigkeit, Heilige Messe als Tageszentrum, geistliche Gespräche, Wallfahrten, Kirchenjahr als Jahresrhythmus, Idealbild der frühen Martyrerkirche) erregten zunächst lehramtliche Kritik (unter Paul IV. und Paul V.) und zogen zugleich Gefährten, Schüler und Freunde an: Caesar Baronius entwickelte aus den kirchengeschichtlichen Ansprachen im Oratorium seine späteren »Annales ecclesiastici« (1585–1607). ↗Karl Borromäus nahm aus der Reformpraxis Ph.s Impulse auf (Bußpastoral). ↗Ignatius von Loyola und Ph. verband ihr mystischer Impuls und apostolischer Reformeifer und trennte ihre menschliche Verschiedenheit. Clemens VIII. ließ sich in seinem Reformeifer von Ph. beraten, besonders in der Aussöhnung mit Frankreich unter Heinrich IV. – Obwohl Ph. keine gewichtigen theologischen Schriften hinterließ (seine wenigen Schriften hatte er vor seinem Tod verbrannt), gab er der Katholischen Reform an der Schwelle zwischen Renaissance und Barock entscheidende Impulse: ein christlicher Humanismus keimte auf, der im Respekt vor der Freiheit die Begabungen des Einzelnen förderte und darin auf die dialektische Einheit von Glauben und Alltag zielte; ein trinitarisch geprägtes Gottesverhältnis wurde in neuen katechetischen Formen gesucht, in denen Gottes geglaubte Nähe mit allen Kräften erspäht und gefeiert wird. Aus diesem Geist der Welt- und Gottesnähe entstand jene neue Einheit von außerliturgischem, volkssprachlichem Singen und Beten, Lesen und Predigen, aus der die spätere musikalische Form des Oratoriums erwuchs. Mit Ph. befreundete Musiker bereicherten mit einstimmigen und polyphonen Werken (Giovanni Animuccia, Giovanni Pierluigi da Palestrina, Luis de Victoria) diese neue Gebets- und Feierform. Eine stadtspezifische Pastoral suchte die Menschen in ihren Lebensräumen auf, spürte mit ihnen das nahe-verborgene Göttliche auf und rückte es in ihre Lebensmitte.

GOTTFRIED BITTER

Literatur: DSp 11, 853–862; A. Cistellini: S. F. N., L'Oratorio e la Congregazione oratoriana, storia e spiritualità, 3 Bde., 1989; E. Prause: Der hl. Ph. N. in der Kirche seiner Zeit: Internationale katholische Zeitschrift Communio 24 (1995) 557–572.

Pirmin (Pirminius), heilig (RK g 3. Nov.), † um 750 (Grab in Hornbach, Reliquien seit der Reformation in Innsbruck). Fassbar als Klosterbischof im zweiten Viertel des 8. Jh., kam P. wohl aus dem nördlichen Gallien, möglicherweise aus Meaux, und wirkte zunächst in Alamannien, wo er sich wahrscheinlich an der Klostergründung von Pfungen bei Winterthur und sicher auf der Reichenau beteiligte; dafür nahm ihn Karl Martell 724 in seinen Schutz und beauftragte den alamannischen Herzog Lantfrid mit der Einweisung. Doch wurde P. 727 vertrieben. Im Elsass konnte er mit Hilfe des Etichonengrafen Eberhard das Kloster Murbach gründen (727) und seine monastisch-spirituellen Ideale verwirklichen: einmal die Peregrinatio als »klösterliches Leben in der Fremde«, zum anderen die vom zuständigen Straßburger Diözesanbischof erwirkte »große Klosterfreiheit«, nämlich die Exemtion vom Diözesanbischof mit der Möglichkeit, einen eigenen Bischof im Kloster zu haben; die formalen Vorbilder dafür stammten aus der burgundischen Abtei Flavigny-sur-Ozerain und allgemein aus dem irofränkischen Mönchtum, wie ja auch P. selbst Bischof und Abt war. Eine weitere Gründung geschah mit Hilfe des Widonengrafen Warnharius zu Hornbach. Eine Tätigkeit in weiteren Klöstern dürfte nachträgliche Zuschreibung sein. P. hat die seinen Konventen vermittelte Prägung dadurch zu erhalten gesucht, dass bei Reformierung oder notwendiger Abtsberufung von außen nur Bezug auf von ihm gegründete Konvente genommen werden durfte; das bedeutete: pirminische Observanz, aber nicht Klosterverband mit Oberabt. Die Vita P.s ist um die Mitte des 9. Jh. wohl im Umkreis von Hornbach entstanden. Die Autorschaft für den »Scarapsus« (ein »Pastoralbüchlein«) ist nur in einer der sechs Handschriften bezeugt; inhaltlich zeigen sich Einwirkungen der karolingischen Kirchen- und Liturgiereform.

ARNOLD ANGENENDT

Quellen und Literatur: Vita Pirminii: MGH.SS 15, 17–31. – A. Angenendt: Monachi peregrini, 1972; Pirminius 753. Leben, Werk, Wirkung, 2002.

Pius V., Papst (7.1.1566–1.5.1572), heilig (1712; GK g 30. April), vorher Michele Ghislieri, OP (1518), *17.1.1504 Bosco bei Alessandria; Studium in Genua; 1528 Priester; Lektor der Philosophie und Theologie in Pavia. Erlangte als Inquisitor der Diözese Como die Wertschätzung Giampietro Carafas (später Paul IV.). Unter Julius III. wurde er Generalkommissar der Inquisition in Rom. 1556 zum Bischof von Sutri und Nepi, 1557 zum Kardinal, 1558 zum Großinquisitor der römischen Kirche, 1560 zum Bischof von Mondovì ernannt. Der entscheidende Einfluss auf seine Wahl zum Papst ging von ↗Karl Borromäus aus. Die wichtigsten kurialen Ämter übertrug P. v.a. Männern aus der Schule Pauls IV. Sein (25-jähriger) Großneffe, der Dominikaner Michele Bonelli, wurde Kardinalnepot. Das Konzil von Trient hatte dem Papst eine Reihe von Aufgaben hinterlassen: 1566 erschien der Catechismus Romanus, 1568 das Brevia rium Romanum, 1570 das römische Messbuch. Die Apostolische Pönitentiarie wurde neu organisiert und auf das Forum internum beschränkt. P. drang auf Einhaltung der Residenz der Geistlichen und förderte die Errichtung von Priesterseminaren. Sein besonderer Eifer galt der Inquisition. Alle Regungen von Glaubensabweichungen mussten mit strengsten Maßnahmen verfolgt werden. Zahlreiche Todesurteile wurden gefällt. P. beabsichtigte, den Inquisitionsprozess gegen Kardinal Giovanni Morone, den Pius IV. rehabilitiert hatte, wieder aufzugreifen. Im sogenannten Gnadenstreit verwarf P. 76 Sätze des Michael Bajus und seiner Schüler. In Frankreich, wo sich der Calvinismus ausbreitete, hatte P. die vollständige Vernichtung der Hugenotten zum Ziel, weshalb er gegen den Religionsfrieden von St-Germain (1570) Einspruch erhob. Auch bezüglich Englands war P. entschlossen, gegen Königin Elisabeth I. scharf vorzugehen. Am 25.2.1570 erließ er die Bulle *Regnans in excelsis*, in der Elisabeth der Häresie für schuldig erklärt, mit der Exkommunikation belegt und ihr das Recht auf die englische Krone abgesprochen wurde; die Untertanen wurden von ihrem Treueid entbunden. Es war dies das letzte Absetzungsurteil eines Papstes gegen einen Herrscher überhaupt. Diese Maßnahme, die ein Fehlgriff war, verschlimmerte die Lage der englischen Katholiken. Von einem förmlichen Protest, den P. gegen den Augsburger Religionsfrieden von 1555 vorbringen lassen wollte, konnte er abgehalten werden. Die Beziehungen zu Philipp II. von Spanien wurden durch das stark ausgebildete spanische Staatskirchentum getrübt. Doch gelang es P., die Heilige Liga zwischen Spanien und Venedig gegen die Türken zustande zu bringen. Nach dem Sieg der Armada unter Führung von Don Juan de Austria am 7.10.1571 im Golf von Lepanto führte Pius das Fest »Unserer Lieben Frau vom Siege« ein (heute Rosenkranzfest). – Die Kunst der Antike sagte P. nichts. Mit Mühe konnten ihn die Kardinäle davon abhalten, die antiken Kostbarkeiten, die sich in päpstlichem Besitz befanden, als »heidnische Götterbilder« zu verschleudern. Er unterstützte den Neudruck der Werke von ↗Bonaventura und ↗Thomas von Aquin. P. war von religiösem Eifer und asketischer Strenge erfüllt. Bei alldem lag ihm die Reform der Kirche vorrangig am Herzen. Er war jedoch von einer gewissen geistigen Enge und verkörperte in ausgeprägter Weise den intransigenten Typ des katholischen Reformers des 16. Jh., der für eine vom Humanismus inspirierte religiöse Geistigkeit, wie sie etwa Gasparo Contarini und Reginald Pole vertraten, keinen Sinn hatte.

KLAUS GANZER

Literatur: BBKL 7, 665 ff.; CATH 11, 255–258; DTHC 12, 1647–53; EC 9, 1498 ff.;

L. Browne-Oll: The Sword of St. Michael. S. P. V, 1943; G. Grente: Le pape des grands combats, S. P. V, [2]1956; N. Lemaître: Saint P. V, 1994.

Pius X., Papst (4. 8. 1903–20. 8. 1914), heilig (1954; GK G 21. Aug.), vorher Giuseppe Sarto, * 2. 6. 1835 Riese bei Treviso in bescheidenen Verhältnissen; 1858 Priester; 1875 Cancellarius in Treviso und Spiritual im dortigen Seminar; 1884 Bischof von Mantua, wo er eine Modelldiözese schuf; 1893 Kardinal und Patriarch von Venedig, wo er eine Allianz der Katholiken und Liberalen gegen die Sozialisten unterstützte. Mit organisatorischem Talent ausgestattet und von großer Willenskraft, misstraute P. Neuerungen und besaß darüber hinaus eine sehr autoritäre Auffassung von der Leitung seines Klerus und der Katholischen Aktion. 1903 im Konklave nach österreichischem Veto gegen Mariano Rampolla gewählt. P. war der Meinung, dass die von seinem Vorgänger Leo XIII. betriebene Politik der Öffnung gegenüber der modernen Welt mit zu wenig Vorsicht geführt worden sei, und hielt daher eine Neuorientierung für unumgänglich. Seine Haltung der »katholischen Verteidigung«, unterstützt von seinem Kardinalstaatssekretär Raffaele Merry del Val, zeigte sich hauptsächlich auf drei Feldern: Auf kirchenpolitischem Gebiet kehrte P. zur Intransigenz der Zeiten Pius' IX. zurück. Neue Spannungen entstanden mit Russland, Deutschland (Borromäusenzyklika, Missbilligung konfessionell gemischter Gewerkschaften) und mit den USA (der »liberale« Bischof John Ireland fiel in Ungnade; Weigerung P.', Präsident Theodore Roosevelt zu empfangen). 1910 wurden die diplomatischen Beziehungen zu Spanien abgebrochen. Mit Portugal kam es 1911 (Trennungsgesetz) zum offenen Konflikt, ebenso mit Frankreich, wo P. nach der Trennung von Kirche und Staat (1905) das neue Gesetz über die Kultusvereine verurteilte. Auf sozialem Gebiet, obwohl mit den Bemühungen, auf die »unverdiente Misere der Arbeiter« zu reagieren, sympathisierend, warf er den christlichen Demokraten vor, moralische und religiöse Aspekte des sozialen Problems in den Hintergrund zu drängen und dagegen den Akzent zu sehr auf die materiellen Ansprüche der Arbeiter zu legen, v. a. aber, sich eine gegenüber der kirchlichen Hierarchie zu autonome Haltung in ihren Aktionen anzumaßen. Die Maßnahmen gegen die Anhänger Romolo Murris und die Auflösung der »Opera dei Congressi« in Italien, die unterschiedliche Behandlung der Bewegung »Le Sillon« und der »Action française« in Frankreich, die Unterstützung der konfessionellen Gewerkschaften (Berliner Richtung) gegenüber der Kölner Richtung in Deutschland kennzeichnen die Ablehnung demokratischer Ideen im Vatikan zugunsten paternalistischer Lösungen (Enzyklika *Singulari quidam* von 1912; Projekt einer Verurteilung der christlichen Gewerkschaftsbewegung). Auf wissenschaftlichem Gebiet ging P. energisch gegen den Modernismus vor. Er glaubte, dass ungenügend ausgereifte Anpassungen der theologisch-kirchlichen Lehre an die moderne Wissenschaft unbedingt zu verhindern seien, da sie die Gefahr des Verlustes wesentlicher Werte mit sich brächten (wiederholte Indizierungen, Veröffentlichung des Dekrets *Lamentabili* vom 3. 7. 1907 und der Enzyklika *Pascendi dominici gregis* vom 8. 9. 1907). Aber die scharfe Überwachung der Theologie- und Philosophieprofessoren provozierte ungerechte Verdächtigungen eines doktrinären Integralismus gegen die Forscher. Der Papst ließ sich dabei von einem Teil seiner Umgebung leiten, dessen wenig einsichtsvoller Konservatismus den antimodernistischen Maßnahmen einen misslichen Anstrich gab und die Entwicklung der theologischen Studien, zumal der Exegese, Patrologie und alten Kirchengeschichte, hemmte. Jüngeren Forschungen zufolge (Bedeschi, Poulat, Snider) hat man zur Kenntnis zu nehmen, dass P. in mehr als einem Fall persönlich eine Art kirchliche Geheimpolizei gedeckt hat, was heute als kaum angemessen zu werten sein dürfte. Dennoch wäre es unzureichend, den Pontifikat P.' auf die beschriebenen negativen Seiten zu beschränken. Neben der Verbesserung der Beziehungen zu Österreich und besonders zu Italien (als Folge einer realistischeren Einschätzung der Römischen Frage und der Furcht vor weiteren Fortschritten des Sozialismus) ist v. a. seine Sorge für eine christliche Restauration der Gesellschaft (»Instaurare omnia in Christo«, vgl. Enzyklika vom 4. 10. 1903 und Motu Proprio vom 19. 3. 1904) zu nennen, welche, neben der Zurückweisung von Irrtümern, auch positive Maßnahmen mit wesentlich pastoralem Ziel umschloss. Seine vierzigjährige Erfahrung in der Seelsorge ausnutzend und von ergebenen Mitarbeitern unterstützt, setzte sich P. über alle bürokratische Routine hinweg und leitete Reformen ein, die schon seit Jahrhunderten gefordert worden waren: Verbesserung der aszetischen und wissenschaftlichen Ausbildung des Klerus (Pastoralschreiben vom 4. 8. 1908, Aufforderung zum Bibellesen und zum Studium, Zusammenlegung der Zwergseminare in Italien, Prüfungsordnung für Weihekandidaten, Seminarordnung für die italienischen Bistümer), Ermutigung der Katholischen Aktion, besonders in Italien (Enzyklika *Il firmo proposito* vom 11. 6. 1905, obwohl die Art ihrer Abfassung nur eine simple Verlängerung der Klerusaktion zu sein schien und sehr konservativ blieb [vgl. Enzyklika *Vehementer nos* von 1905]), Sorge für Katechismusunterricht und Predigt, Kommuniondekrete (häufigere und tägliche Kommunion, Herabsetzung des Erstkommunionalters), liturgische Reformen (Neuordnung des Breviers und des Missales, Wiederherstellung des gregorianischen Gesangs), Vereinfachung und Neukodifikation des lateinischen Kirchenrechts (was nicht nur juridisch, sondern auch moralisch zur Verbesserung der kirchlichen Disziplin beitrug), schließlich die Reorganisation der Kurie, deren Verwaltung und Arbeitsmethoden modernisiert wurden, um den durch die auch von P. geförderte Zentralisierung der Kirche immer schwieriger werdenden Aufgaben gerecht zu werden. Durch diese Maßnahmen war P., der seinen Zeitgenossen so wenig modern erscheinen musste, tatsächlich auch ein Reformpapst und war, wie auch andere dieser Zeit, gleichzeitig Neuerer und Traditionalist.

ROGER AUBERT

Quellen: ASS 36–41 (1903–08); AAS 1–6 (1909–14); Lettere, hg. v. N. VIAN, [2]1958, deutsch 1960; Scritti inediti (1858–84), hg. v. R. SARTORETTO – F. DA RIESE, 2 Bde., 1971–1974. – F. CRISPOLTI: Ricordi, 1932; R. MERRY DEL VAL: P. X. Impressioni e ricordi, 1949, deutsch 1951; L. VON PASTOR: Tagebücher, hg. v. W. WÜHR, 1950, 414–611; Positio super introductione causae, 1942; Positio super virtutibus, 1949; Disquisitio circa quasdam obiectiones, 1950.

Literatur: BBKL 7, 679 f.; CATH 11, 279–287; DSP 12, 1429–32; DTHC 12, 1716–40; EC 9, 1523–30; G. SCHWAIGER: Geschichte der Päpste im 20. Jh., 1968, 49–77; D. AGASSO: L'ultimo papa Santo P. X, 1985; G. ROMANATO: P. X, 1992; M. LAUNAY: La papauté à l'aube du XXe siécle. Léon XIII et P. X 1878–1914, 1997; E. CABELLO: San P. X y la renovación de la vita cristiana: Anuario de historia de la iglesia 6 (1997) 45–60; Y. CHIRON: Saint P. X, 1999.

Pius (Pio) **von Pietrelcina** (bürgerlich: Francesco Forgione, auch Pater P.), heilig (2002; 23. Sept.), OFMCap (1907), *25.5.1887 Pietrelcina in Benevent, †23.9.1968 San Giovanni Rotondo in Apulien. Seit 1916 im Konvent von S. Giovanni Rotondo. Dort erhielt P. am 20.9.1918 die Stigmata. Trotz durch kirchliche Autorität auferlegten Schweigens wurde der Stigmatisierte bald in Italien und weltweit bekannt. So begannen – noch während das Phänomen im Auftrag des Kapuzinerordens und der Suprema Sacra Congregatio S. Officii von Medizinern untersucht wurde – die Wallfahrten der Gläubigen nach S. Giovanni Rotondo aufgrund der zahlreichen P. zugeschriebenen Charismen: u.a. Bilokation, Prophetie, Herzensschau, Heilungen.

1940 initiierte P. ein Werk zur Pflege bedürftiger Kranker, die »Casa Sollievo della Sofferenza«, welche 1956 eingeweiht und dem Heiligen Stuhl geschenkt wurde. Zur Unterstützung dieser Initiative gründete er »Gebetsgruppen«, deren Statut 1986 vom Heiligen Stuhl approbiert wurde.

P. sowie die Aktivitäten seiner Anhänger waren Anlass zahlreicher Untersuchungen seitens der kirchlichen Autoritäten, auf die P. stets in Gehorsam reagierte. 1931–33 wurde ihm die öffentliche Zelebration verboten und eine Zeitlang die Beichterlaubnis entzogen. Sein Werk wurde mit Genehmigung Johannes' XXIII. einer Finanzprüfung unterzogen; erst 1964 wurde ihm von Paul VI. die freie Amtsausübung wieder gewährt. Seligsprechung 1999.

UGO DOVERE

Werke und Literatur: Epistolario, hg. v. Melchiorre da Pobladura – Alessandro da Ripabottoni, 4 Bde., 1971–78. – Alessandro da Ripabottoni: Molti hanno scritto di lui. Bibliografia su Padre P. da Pietrelcina, 2 Bde., 1986. – Fernando da Riese: Padre P. da Pietrelcina, crocifisso senza croce, ^{4}1991; Alessandro da Ripabottoni: Padre P. da Pietrelcina. Profilo biografico, ^{5}1992; G. Pasquale: Pater P.: Geist und Leben 73 (2000) 98–112; J. Bouflet: Padre P. Dès foudres du Saint-Office à la splendeur de la vérité, 2002.

Polykarp von Smyrna, heilig (23. Febr.), Martyrer. Die Vita eines Pseudo-Pionius (4. Jh.) ist ungeschichtlich. Bezeugt in den Briefen des ↗Ignatius von Antiochien und durch das »Martyrium Polycarpi«. ↗Irenäus von Lyon hat als Kind die Predigten des greisen P. gehört (Eusebius, h. e. V, 20,6). Nach Tertullian (De praescriptione haereticorum 32) ist P. durch den Apostel Johannes, nach Irenäus (Adversus haereses III, 3,4) von den »Aposteln« zum Bischof von Smyrna bestellt worden. P. besuchte Bischof Anicet (etwa 155–166) in Rom, der die abendländische Osterpraxis verteidigte, während P. die quartodezimanische vertrat (Osterfeststreit). Trotz nicht erreichter Einigung feierten sie gemeinsam Eucharistie und gingen in Frieden auseinander. In Rom soll P. Valentinianer und Marcioniten bekehrt haben (Irenäus, aaO. III, 3, 4). Wenig später (23.2.167?) hat er das Martyrium erlitten, nachdem er »86 Jahre als Christ gelebt hatte« (Martyrium Polycarpi 9, 3). P. rechnet wohl seine ganze Lebenszeit, nicht nur die von der Taufe an. Wie zutreffend die Nachrichten des Irenäus über die Vertrautheit des P. mit den Aposteln sind, und ob er mit Anicet wirklich über den Ostertermin verhandelt hat, ist umstritten.

JOHANNES B. BAUER

Literatur: ANRW II, 27/1, 272–358; DPAC 2, 2867f.; LACL 471 (s.v. Märtyrerakten, n. 2) und 585; PRE 21/1, 1662–93; J. B. Bauer: Die P.-Briefe, 1995; A. Stewart-Sykes: Vita Polycarpi: Augustinianum 40 (2000) 21–33; L. L. Thompson: The

Martyrdom of P.: Journal of Religion 82 (2002) 27–52.

Pontianus, Papst (21. 7. 230–28. 9. 235 [Verzicht]), heilig (GK g 13. Aug., zusammen mit ↗Hippolyt), als Martyrer gefeiert; nach dem Liber Pontificalis Römer. Eine römische Synode stimmte der auf Betreiben des Bischofs Demetrius von Alex andri en vollzogenen Absetzung des Origenes zu. Nach der religiösen Toleranz des Kaisers Alexander Severus ging Maximinus Thrax, seit März 235 Kaiser, hart gegen die Spitzen der römischen Kirche vor; das unter Calixtus I. entstandene Schisma wurde gewaltsam beendet (Eusebius, h. e. VI, 28); nach dem Chronographen von Jahre 354 (MGH.AA 9, 74 f.) wurden P. und der Gegenbischof Hippolyt von Rom nach Sardinien deportiert. P. verzichtete am 28. 9. 235 auf sein Amt (das erste gesicherte Datum der Papstgeschichte); Nachfolger wurde Anterus. P. und Hippolyt sind den Entbehrungen auf Sardinien bald erlegen. Beide wurden an einem 13. August unter Papst Fabianus in Rom beigesetzt, P. in der soeben fertiggestellten Papstgruft der Calixtuskatakombe (Grabinschrift 1909 aufgefunden).

GEORG SCHWAIGER

Quellen: LP 1, XCIVf. 4; 3, 74 354.

Literatur: BBKL7, 829 f.; LACL 586; – CASPAR 1, 43–46 48; R. MINNERATH: La position de l'église de Rome aux trois premiers siècles: M. MACCARRONE (Hg.): Il primato del vescovo di Roma nel primo millennio, 1991, 139–171.

Poppo von Stablo, heilig (1624; 25. Jan.), Abt von Stablo-Malmédy, lothringischer Klosterreformer, *978 Deinze, Flandern, als Sohn adliger Grundbesitzer, †25. 1. 1048 Marchiennes (bestattet in Stablo); führte bis zu seinen Wallfahrten nach Jerusalem (um 1000) und Rom (1005) ein adlig-weltliches Leben; durch ein Bekehrungserlebnis zum Eintritt in das Kloster St-Thierry in Reims veranlasst, wo er um 1008 seinem Lehrer ↗Richard von St-Vanne begegnete, der ihn in sein Kloster mitnahm. Dieser betraute P. früh mit wichtigen Missionen zur wirtschaftlichen Neuordnung (1012 in St-Vaast in Arras) und zum Wiederaufbau von Klöstern (1015/16 Abt von Beaulieu, Argonnen). Aus P.s vielseitigen Fähigkeiten wusste auch Kaiser ↗Heinrich II. Nutzen zu ziehen, als er ihn 1020 zum Abt von Stablo-Malmédy und 1024 von St. Maximin bei Trier berief. Unter Konrad II. erreichten P.s Ansehen und Wirkkraft ihren Zenit. Während der König P. zwischen 1028 und 1037 die Reichsabteien Echternach, St-Ghislain, St. Maximin, Hersfeld, Weißenburg und St. Gallen sowie das salische Hauskloster Limburg an der Haardt zur Einführung seiner monastischen Lebensform (Consuetudo) übertrug, vertrauten Episkopat und Adel Lothringens ihre Eigenklöster (Waulsort, St-Trond, Brauweiler) der Obhut P.s und seiner Schüler an. P.s monastisches Programm umfasste gleichermaßen eine religiös-disziplinäre Erneuerung (Änderungen in Tracht und Tonsur), die Reorganisation der Klosterwirtschaft sowie umfangreiche Baumaßnahmen. P. wird v. a. in der Diözese Lüttich verehrt.

HUBERTUS SEIBERT

Quellen und Literatur: Vita (vor 1064) (BHL 6898): MGH.SS 11, 291–316. – BIBLSS 10, 1029–34; LMA 7, 102; D. SCHÄFER: Studien zu P. von Stablo und den Klosterreformen im 11. Jh., 1991.

Quirinus von Neuss, heilig (30. April, Translation), Martyrer; nach der legendarischen Passio aus dem 6./7. Jh. Tribun unter Kaiser Hadrian (117–138), der gefangene Christen zu bewachen hatte. Unter dem Eindruck der von *Eventius, Alexander, Theodulus* (heilige

Martyrer, 3. Mai) und *Hermas* gewirkten Wunder, insbesondere der Heilung seiner Tochter Balbina, ließ er sich taufen und wurde zusammen mit jenen gemartert und in der Praetextatuskatakombe an der Via Appia bestattet. Nach der erst im 15./16. Jh. geschaffenen Ortslegende hat Gepa, Äbtissin des Benediktinerinnenklosters Neuss und angebliche Schwester Leos IX., die Gebeine des Heiligen i. J. 1050 vom Papst in Rom erhalten und nach Neuss überführt. Q.-Kult und ein Q.-Fest am 30. April sind in Neuss jedoch schon davor bezeugt, anfangs mit möglichem Bezug auf Quirinus von Siscia. Von Neuss ausgehend, verbreitete sich der Kult rasch besonders im rheinisch-maasländischen Raum (hier auch volkssprachliche Legendenversionen), vereinzelt darüber hinaus bis nach Skandinavien und Italien (Patron von Correggio), und erreichte seinen Höhepunkt nach der vergeblichen Belagerung von Neuss 1474/75 durch Karl den Kühnen von Burgund. – Seither gilt Q. als einer der vier heiligen Marschälle (neben ↗Antonius dem Einsiedler, Papst ↗Cornelius und ↗Hubert von Tongern). Q. wurde angerufen v. a. bei Geschwüren (Pest) und Gicht, als Soldaten- und Ritterheiliger zunächst bei Pferdekrankheiten, dann allgemein bei Viehseuchen. Er wird dargestellt mit Harnisch, Lanze und Schild, darauf neun Punkte (abgeleitet vom Namen der Stadt Neuss, lateinisch Novaesia).

ERICH WIMMER

Literatur: ActaSS mar. 3, 811–815; BBKL 7, 1130 f.; BHL 7026 ff. mit NSuppl; BiblSS 10, 1329–32; LMA 7, 375; VerfLex² 7, 937 ff.; M. Zender: Die Verehrung des heiligen Q. in Kirche und Volk, 1967.

Radegundis (Radegonde), **Frankenkönigin** (von Poitiers), heilig (13. Aug.), * um 520/525 als Tochter des thüringischen Königs Berthachar († um 529/531), † 13. 8. 587; gelangte nach der Niederlage der Thüringer 531 gegen die Franken in das Frankenreich und wurde nach ihrer wahrscheinlich erst zu diesem Zeitpunkt einsetzenden christlichen Erziehung in Athies in der Picardie nach 540 mit König Chlothar I. (511–561) vermählt. Nach der Trennung von ihrem Gemahl um 550 und einem Leben als Gottgeweihte in Saix bei Poitiers gründete sie um 555/560 mit königlicher Hilfe in Poitiers das Nonnenkloster Ste-Croix, in dem sie die Nonnenregel des Caesarius von Arles einführte, Agnes von Poitiers als Äbtissin einsetzte und für das sie um 570 von Kaiser Justinus II. Kreuzesreliquien aus Byzanz erwarb. Als faktische Leiterin dieses für Jahrzehnte bedeutendsten fränkischen Nonnenkonvents geriet sie in Konflikt mit dem zuständigen Bischof von Poitiers, stand aber in enger Verbindung mit Bischof Gregor von Tours. Nach ihrem Tod setzte, gefördert durch die unterschiedlich akzentuierten Viten des mit ihr befreundeten Dichters Venantius Fortunatus (kurz nach 587) und der Nonne Baudovinia (um 609/614) von Ste-Croix ihre Verehrung als in Askese, monastischer Lebensweise und caritativen Werken vorbildliche Königin ein. Ihr Kult mit Zentrum an ihrer Grabeskirche St-Marien (Ste-Radegonde) vor Poitiers konzentrierte sich auf Frankreich, wo er im 12.–15. Jh. seine Blüte erlebte, breitete sich aber vereinzelt bis nach England und v. a. in den südostdeutschen und österreichischen Raum aus.

MATTHIAS WERNER

Quellen: Venantius Fortunatus: Vita …: MGH.SRM 2, 364–377; Gregor von Tours: Historia Francorum III, 4, 7; VI, 29; IX, 39, 42; Liber in gloria confessorum 104. – BHL 7048–54, Supplement 263.

Literatur: LMA 7, 387; S. Gäbe: R.: Sancta, regina, ancilla: Francia 16 (1989) 1–30; R. Folz: Les saintes reines du moyen âge en Occident, 1992, 13–24; C. Nolte: Conversio und Christianitas, 1995; J. Lanczkowski: R. von Thüringen: Erbe und Auftrag 67 (1991) 85–109.

Raimund von Capua (de Vineis), selig (Kultapprobation 1899; 5. Okt.), OP (1345/1348), Ordensreformer und Hagiograph, * um 1330 Capua aus dem altadligen Geschlecht de Vineis (delle Vigne), † 5. 10. 1399 Nürnberg; Studium des Kirchenrechts in Bologna vor dem Ordenseintritt; ab 1374 geistlicher Mentor ↗ Katharinas von Siena, 1376 ihr Dolmetscher in Avignon. Bestärkt von ihr, setzte sich R. für die römische Obödienz und deren Päpste Urban VI. und Bonifatius IX. ein und wurde von ihnen z. B. mit Kreuzzugspredigten und verschiedenen Legationen beauftragt. Ab 1380 war R. auch Generalmagister der römischen Obödienz. Ab 1388 förderte er durch direkte Unterstellung der Reformkonvente unter den Generalmagister die Observanz, besonders in Italien, Böhmen und im Reich, wo er Konrad von Preußen unterstützte. R. verfasste 1366 die Legende der ↗ Agnes von Montepulciano und bis 1395 die der Katharina von Siena. Ebenso förderte er im Dominikanerorden die Laiengemeinschaften und führte das Fest Visitatio BMV im Orden ein.

KLAUS-BERNWARD SPRINGER

Werke: Opuscula et litterae, hg. v. H.-M. Cormier, ²1899; SOPMA 3, 288 ff.; 4, 249; VerfLex² 7, 983–986.

Literatur: BBKL 7, 1279 ff.; DSp 13, 167–171; A. W. van Ree: R. de Capua. Éléments biographiques: Archivum Fratrum Praedicatorum 33 (1963) 141–241.

Raimund(us) Lullus (Ramon Llull), selig (27. Nov.), genialer Laientheologe und Mystiker, »Doctor illuminatus«, * um 1232/33 Palma de Mallorca, † um 1315/16. Um 1263 hatte R. fünf Christusvisionen, bekehrte sich und beschloss, a) bei der Missionierung von Muslimen sein Leben zu geben, b) das beste Buch der Welt gegen die Irrlehren der Ungläubigen zu schreiben (»Ars magna«) und c) den Papst und weltliche Herrscher zur Gründung von Klöstern mit Sprachschulen zu bewegen. Diese drei Ziele verfolgte er sein Leben lang. Zwischen 1263–74 zog er sich zeitweise auf den Berg Randa zurück, studierte privat Philosophie, Theologie und Arabisch und verfasste auf arabisch den *Liber contemplationis* (um 1271–74). Es folgten zwischen 1274 und 1308 mehrere Fassungen seiner Ars – von der *Ars compendiosa inveniendi veritatem* (um 1274) bis zur *Ars generalis ultima* (1308) –, Vorlesungen in Montpellier (1275), die Gründung des auf Sprachstudien spezialisierten Klosters Miramar (1276 bis um 1292/95), die Romane *Blaquerna* (1283) und *Felix* (1288/89), Parisaufenthalte (1287/89, 1297/99, 1305, 1306), Missionsreisen nach Nordafrika (1281/1282, 1292, 1307), Rombesuche (1287, 1289, 1292, 1294, 1295) und teilweise sehr produktive Aufenthalte in Barcelona, Mallorca, Zypern, Kilikien, Genua, Pisa, Lyon (1299–1308). In der Spätzeit (1308 bis um 1315/16) Aktivitäten in Montpellier und bei Papst Clemens V. (1308/09), letzter, relativ erfolgreicher Parisaufenthalt mit energischer Bekämpfung der christlichen Averroisten (1309/11), Teilnahme am Konzil von Vienne (1311/12), Aufenthalte auf Mallorca (1312/13), Sizilien (1313/14) und im damals relativ toleranten Tunis (1314/15). Vermutlich ist er gegen Ende 1315 oder in den ersten Monaten von 1316 in Tunis oder auf dem Schiff oder auf Mallorca gestorben (Hochgrab in S. Francisco in Palma de Mallorca). Von der Bekehrung bis zum Tod war R. energisch bemüht, möglichst viele Menschen, v. a. Christen, aber auch Juden, Muslime und Heiden, von der Übereinstimmung der Kerninhalte der christlichen Theologie und der Gotteserkenntnis der natürlichen Vernunft zu überzeugen. – Patron von Mallorca.

HELMUT RIEDLINGER

Werke: Unter den wohl 265 Werken ragen (neben den schon genannten) besonders hervor: Libre del gentil e dels tres savis (1274/1276?), deutsch 1998; Ars inventiva veritatis (1290); Ars amativa (1290); Taula general (1293/94); Disputació de cinq savis (1294); Lo Desconhort (1295), katalanisch-deutsch 1998; Arbre de ciència (1295/96); Liber Apostrophe (1296); Declaratio Raimundi per modum dialogi edita (1298); Arbre de filosofia d'amor (1298); Cant de Ramon (1299); Liber de homine (1300); Rhetorica nova (1301); Logica nova (1303), lateinisch-deutsch 1985; Liber de praedicatione (1304); Liber de ascensu et descensu intellectus (1305); Liber de demonstratione per aequiparantiam (1305); Liber de fine (1305); Ars brevis (1308); Disputatio Raimundi christiani et Homeri saraceni (1308); Liber de acquisitione Terrae Sanctae (1309); Ars mystica theologiae et philosophiae (1309/10); Liber correlativorum innatorum (1310); Liber natalis pueri parvuli Christi Iesu (1311); Liber disputationis Petri et Raimundi sive Phantasticus (1311); Liber de virtutibus et peccatis (1313).

Quellen: Katalanische Gesamtausgabe: Obres de R. L., hg. v. M. OBRADOR Y BENNASSAR U. A., 21 Bde., 1906–50; Nova edició de les obres de R. L., hg. v. A. BONNER U. A., Bd. 1 ff., 1990 ff. – Lateinische Gesamtausgabe: Raimundi Lulli. Opera omnia, hg. v. I. SALZINGER, 8 Bde., 1721–42, Nachdruck 1965; Raimundi Lulli Opera latina, hg. v. F. STEGMÜLLER U. A., 1959 ff.

Literatur: A. BRUMMER: Bibliographia Lulliana (1870–1973), 1976; M. SALLERAS I CAROLÀ: Bibliografia lulliana (1974–1984): Randa 19 (1986) 155–198. – DSP 13, 171–187; M. D. JOHNSTON: The Spiritual Logic of R. L., 1987; A. BONNER – L. BADIA: R. L., 1988; W. A. EULER: Unitas et Pax, 1989; R. PRING-MILL: Der Mikrokosmos R. L.s, 2001.

Raimund von Peñafort, heilig (1601; GK g 7. Jan.), OP (1222), bedeutender Kanonist, * 1175/80 Villafranca bei Barcelona, † 6. 1. 1275 Barcelona; studierte zuerst in Barcelona, später in Bologna, wo er etwa 1218–21 lehrte und eine (unvollendete) *Summa iuris* verfasste. R. lehrte bis 1229 in Barcelona an der Ordenshochschule und schrieb dort seine *Summa de casibus* in drei Büchern. 1230 zum päpstlichen Kaplan und Pönitentiar ernannt, redigierte er im Auftrag Gregors IX. das gesamte Dekretalrecht (sein Hauptwerk), das dieser 1234 in Kraft setzte (Corpus Iuris Canonici). Der zweiten Rezension seiner Pönitentialsumme (um 1235) fügte er als viertes Buch die von ihm überarbeitete »Summa de matrimonio« Tankreds von Bologna an. In dieser Form fand sie weiteste Verbreitung (etwa 500 Handschriften), wurde durch Wilhelm von Rennes mit einem Apparat versehen und vielfach bearbeitet oder verkürzt. Als dritter Ordensgeneral (1238–40) fasste er die Konstitutionen des Dominikanerordens neu, die 1239 auf dem Generalkapitel in Kraft gesetzt wurden. Das Erzbistum Tarragona lehnte er ab, um weiter auf seine Weise seelsorglich zu wirken, u. a. als Beichtvater Jakobs I. von Aragón, als Rechtsberater und Organisator der Mission zur Bekehrung der Mauren und Juden.

RUDOLF WEIGAND

Literatur: DTHC 13, 1806–23; DSP 13, 190–194; S. PACIOLLA: Aspetti dell'opera giuridica di P. de Penyafort: FS P. J. Castaño, 2001, 145–161.

Regina Protmann, selig (1999; 18. Jan.), Gründerin der »Schwestern von der heiligen Katharina« (Katharinerinnen),

*1552 Braunsberg (Ermland/Warmja, Polen), †18. 1. 1613 ebd.; begann 1571 mit zwei Gleichaltrigen ein gemeinsames Leben der Armut und Kontemplation, angeregt von spätmittelalterlicher Mystik, besonders den Passionsbetrachtungen des Luis de Granada. Das Erlebnis der Pest 1571–72 führte sie zu tätiger Nächstenliebe (Krankenpflege); die wachsende Gemeinschaft nahm auch Erziehungsarbeit an. Niederschrift einer Regel unter jesuitischem Einfluss: 1583 erste Fassung (stark monastisch bestimmt), 1662 zweite Fassung (mehr aktives Apostolat berücksichtigend).

KARL SUSO FRANK

Quellen und Literatur: M. Wermter: Quellen zur Geschichte der ersten Katharinenschwestern und ihrer Gründerin R. P., 1975. – BBKL 7, 1007 ff.; A. Conrad: Zwischen Kloster und Welt, 1991; L. Groppe: ›… damit Christus, dem Herrn, sorgfältiger gedient werde‹. Zur Seligsprechung von R. P.: Geist und Leben 72 (1999) 306–310.

Richard von Chichester, heilig (1262; 3. April), *1197/98 Wych (heute Droitwich in Worcestershire) (daher auch R. of Wych), †3. 4. 1253 Dover. Nach Studium in Oxford und Paris wurde R. um 1235 Kanzler der Universität Oxford, kurz danach Kanzler der Erzdiözese Canterbury unter Erzbischof Edmund von Abingdon, den er gegen König Heinrich III. unterstützte und dessen Kult er förderte. 1244 Bischof von Chichester, 1245 von Innozenz IV. geweiht. R. setzte sich aber erst 1247 gegen einen königlichen Kandidaten durch. Als Bischof kümmerte er sich um die Verwaltung seiner Diözese und gewann schon zu Lebzeiten den Ruf der Heiligkeit. Sein Grab in der Kathedrale von Chichester wurde 1538 zerstört; eine Reliquie aus Frankreich wurde 1993 aus Avranches nach Chichester zurückgeführt.

TIMOTHY REUTER

Literatur: LMA 7, 817; E. F. Jacob: St. R. of Chichester: Journal of Ecclesiastical History 7 (1956) 174–188; D. J. Jones: St. R. of Chichester, 1995 (enthält Testament, Synodalstatuten, erste Vita von R.s Beichtvater Ralph Bocking um 1270).

Richard von Saint-Vanne, selig *(14. Juni)*, OSB (1002/03), Abt von St-Vanne in Verdun und bedeutender Vertreter der lothringischen Klosterreform, * um 970 Bantheville, †14. 6. 1046 St-Vanne; in der Kathedralschule von Reims unter Gerbert von Aurillac (als Papst Silvester II.) ausgebildet, später dort Kanoniker und Kantor. Auf Anraten Abt ↗Odilos von Cluny Übertritt zum klösterlichen Leben in St-Vanne, zu dessen Abt er bereits kurz danach (1004) gewählt wurde. Nach Wiederherstellung der Disziplin und Vergrößerung des eigenen Konvents führte R. die Reform in den folgenden Jahrzehnten in mehr als 20 Klöstern und Kanonikergemeinschaften ein. Schwerpunkte seiner Tätigkeit, die von weltlichen Großen (z. B. Kaiser ↗Heinrich II., König Robert II. von Frankreich) gefördert wurde und auch den Gottesfrieden einschloss, lagen in Niederlothringen, der Champagne, Flandern und der Normandie. R. vertrat ein von der weltlichen Gewalt unabhängiges, reformiertes Klosterleben durch persönliche Übernahme des Abtsamtes oder Einsetzung von Schülern (z. B. ↗Poppo von Stablo, Leduin von St-Vaast). Aus seiner Feder stammen zwei Heiligenviten, aus seiner Zeit zudem Consuetudines und ein Totenbuch von St-Vanne. Die Vita R.s entstand in St-Vanne zu Beginn des 12. Jahrhunderts.

JÖRG OBERSTE

Quellen: ActaSS iun. 2, 974–1006; Vita Richardi abbatis S. Vitoni Virdonis:

MGH.SS 11, 280–290; Hugo von Flavigny: Chronicon: MGH.SS 8, 368 ff.
Literatur: DIP 7, 1707; LMA 7, 819 f.; H. Dauphin: Le bienheureux ., 1946; Count Baldwin IV, R. of Saint-Vanne, and the inception of monastic reform in eleventh-century Flanders: Revue bénédictine 107 (1997) 130–148.

Rimbert (Rembert) **von Hamburg-Bremen,** heilig (11. Juni), OSB, Missionar und Hagiograph, * um 830 Westflandern, † 11. 6. 888 Bremen. R. wuchs im Kloster Thurholt auf, wo ihn ↗Ansgar zum Eintritt in den Klerikerstand bewegte und als Weggefährten erwählte. Dies führte nach Ansgars Tod (Februar 865) zur Wahl des damaligen Diakons R. zum Erzbischof von Hamburg-Bremen und dann zur Stabinvestitur durch Ludwig den Deutschen und Bischofsweihe durch Liutbert von Mainz. Danach leistete R. in Corvey seine monastische Profess und empfing im Dezember 865 von ↗Nikolaus I. das Pallium. Seine anschließende Missionstätigkeit in Dänemark und Schweden (866–876) scheiterte, doch gelang es R., den Kontakt zum Königtum zu pflegen und sein Erzbistum wirtschaftlich zu konsolidieren. Zwischen 865 und 876 verfasste er zusammen mit einem anonymen Schüler die *Vita Anskarii,* ein Meisterwerk der karolingischen Hagiographie, das sowohl für die Frühgeschichte von Hamburg-Bremen als auch für die Skandinavienmission des 9. Jh. besonderen Quellenwert besitzt.

JOHANNES LAUDAGE

Werke: Vita Anskarii auctore Rimberto, hg. v. G. Waitz (MGH.SRG 55) (mit Edition der um 900 entstandenen Vita Rimberti, 80–100).
Literatur: BiblSS 11, 99 ff.; LMA 7, 851 f.; Series episc V/2, 16 f.; G. G. Meersseman: R. von Torhout, 1943; Berschin 3, 341–351; A. Röpke: Pro memoria R.: Beiträge und Mitteilungen des Vereins für katholische Kirchengeschichte in Hamburg und Schleswig-Holstein 3 (1990) 3–29.

Rita von Cascia (eigentlich Margherita Lotti?), heilig (1900; 22. Mai), OESA, * um 1370 Cascia in Umbrien oder im benachbarten Roccaporena, † 22. 5. 1447 Cascia; gegen ihren Wunsch um 1385 mit dem ungestümen Ferdinand Mancini verheiratet, der um 1401 ermordet wurde. Nach dem Tod ihrer zwei Söhne (1402) wurde R. 1407 nach mehrmaliger Abweisung in das Frauenkloster der Augustiner-Eremiten von Cascia aufgenommen. Ausgezeichnet durch Bußstrenge, Liebe zum Gekreuzigten und mystische Gebetsgnaden, empfing sie 1432 das Stigma der Dornenwunde. Ihr Leib ruht heute in der 1937 erbauten R.-Basilika zu Cascia. – Wegen zahlreicher Wunder als Fürsprecherin und »Helferin in aussichtslosen Nöten« viel verehrt. An ihrem Fest Weihe der sogenannten R.-Rosen. Titularin einer 1904 gegründeten Bruderschaft in Rom. Zahlreiche Kirchen und Orte, besonders in Südamerika und auf den Philippinen, tragen ihren Namen. Dargestellt in Ordenstracht mit Dornenwunde an der Stirn und Kreuz und Rose in der Hand.

ADOLAR ZUMKELLER

Quellen: ActaSS mai. 5, 223–232; Documentazione Ritiana Antica, hg. v. D. Trapp, 4 Bde., 1968–70.
Bibliographie: C. Alonso: Saggio bibliografico su S. R., 1978; Bibliographie historique de l'Ordre de Saint Augustin 31 (1981), 35 (1985), 39 (1989), 43 (1993), 47 (1997).
Literatur: AAS 74 (1982) 548–551; BBKL 8, 395 f.; BiblSS 11, 212–221; EC 10, 994 f.; NCE 12, 514; VSB 5, 441–444; B. S. Schneider – H. Martin: Die heilige R. von Cascia, 1989; E. Eberhard – S. Back: R. Schicksal einer heiligen Frau, [5]1993; Santa R. da Cascia. Storia, devozione, sociologia, 2000.

Robert von Arbrissel, selig (25. Febr.), Wanderprediger, Ordensgründer, * um 1045 Arbrissel bei Rennes, † 1116 Priorat Orsan im Berry; Sohn des Pfarrers Damaliochus von Arbrissel und seiner Frau Orguende; Studium in Paris, als Kleriker im Dienst des Bischofs Silvester von Rennes. Nach dessen Absetzung 1078 muss R. Rennes verlassen. Erneutes Studium, dann Bekehrung zum asketischen Leben. Wenn R. verheiratet war (im Blick auf die erblichen Pfarrpfründe von Arbrissel anzunehmen), jetzt Auflösung der Ehe; deutliche Entscheidung für die Gregorianische Reform. 1095 Gründung eines Kollegiatstifts im Wald von Craon im Anjou. R. verlässt es, um als Wanderasket und Bußprediger zu wirken (Bernhard von Tiron). Offizielles Predigtmandat 1096 unter der Kontrolle Bischof Marbods von Rennes. R. gewinnt zahlreiche Anhänger, Frauen und Männer, die sein Wanderleben teilen. 1098 Gründung von Fontevrault: zwei Klöster, je eines für Frauen und für Männer, dazu Unterkünfte für Kranke und bekehrte Prostituierte. R. versteht sich als Magister, Leitung des Doppelklosters durch die Oberinnen des Frauenklosters. R. auch wieder als Wanderprediger tätig und Gründer weiterer Klöster nach dem Vorbild von Fontevrault. Von Zeitgenossen sowohl bewundert als auch abgelehnt.

Zwei Viten: Vita prima, von Erzbischof Balderich von Doles, geschrieben nach dem Tod R.s auf Bitten der Äbtissin Petronilla von Fontevrault; Vita altera, Andreas, Prior in Fontevrault, zugeschrieben, gleiche Auftraggeberin.

KARL SUSO FRANK

Quellen und Literatur: ActaSS feb. 3, 608–621; BBKL 8, 440–443; DSp 13, 704–713; J.-M. Bienvenu: L'étonnant fondateur de Fontevraud, 1985; J. Dalarun: R. d'Arbrissel, fondateur de Fontevraud, 1986, deutsch 1987; A. Cizek: Le saint comme martyr et psychagogue: Hagiographica 9 (2002) 45–72.

Robert (Roberto Francesco Romolo) **Bellarmin,** heilig (1930; GK g 17. Sept.), 1931 Kirchenlehrer, SJ (1560), Kontroverstheologe; * 4. 10. 1542 Montepulciano, † 17. 9. 1621 Rom (Grab in Rom, S. Ignazio).

Studium der Philosophie (1560–1563 Rom, 1563/64 Florenz, 1564–1567 Mondovì) und Theologie (1567–69 Padua, seit 1569 Löwen); 1570 Priesterweihe. 1570–76 kommentiert er als erster Theologe in Löwen die »Summa theologica« des ↗Thomas von Aquin; historische Studien (zur Schrift, zu den Vätern, zu Theologen, Scholastik, Zeitgenossen, protestantischen Theologen, zur Geschichte) werden in mehreren Schriften zusammengefasst und stetig erweitert (*De scriptoribus ecclesiasticis* mit »chronologia brevis«, 1613). Seine Zurückhaltung im Löwener Streit um Michael Bajus gibt R. erst in Rom auf (*Relatio* für Gregor XIII. 1579/80). 1576–88 Lehrstuhl für Kontroverstheologie am Collegium Romanum; aus den Vorlesungen geht R.s Hauptwerk hervor, an dem er bis zu seinem Tod arbeitet und in das er spätere Schriften einfügt (*Disputationes de controversiis christianae fidei adversus hujus temporis haereticos*, 3 Bde., 1586–93; 1596 4 Bde.); das Material des Summenkommentars, dessen Veröffentlichung R. streng verbietet, ist ins Hauptwerk eingearbeitet. Die *Disputationes* lösen eine Fülle von Gegenschriften und Streitigkeiten aus: kurze Zeit steht der erste Band auf dem (unveröffentlichten) Index Sixtus' V.

Wechselnde Aufgaben im Orden: 1587–89 Spiritual am Römischen Kolleg, 1589/90 theologischer Berater auf einer Legationsreise nach Frankreich, 1592/94 Rektor des Römischen Kollegs, 1594/97 Provinzial in Neapel; als Delegierter der fünften Generalkongregation der

Societas Jesu (1593) Mitarbeit an der »Ratio studiorum« (philosophische Bildung nach Aristoteles, theologische Orientierung an Thomas). 1597 nach Francisco de Toledos Tod dessen Nachfolger als theologischer Berater Clemens' VIII., 1599 Kardinal; Vorwort der Sixto-Clementina (Vulgata-Ausgabe) von R. inspiriert und verfasst; Konsultor und Richter der Suprema Sacra Congregatio S. Officii (1599 Verurteilung von Giordano Bruno); auf Wunsch des Papstes entstehen zwei Katechismen (*Dottrina cristiana breve*, 1597; *Dichiarazione più copiosa della dottrina cristiana*, 1598). Im Gnadenstreit steht R. Luis de Molina kritisch gegenüber, taktiert aber zugunsten der SJ; 1602 nach einer persönlichen Intervention bei Clemens VIII. Ernennung zum Erzbischof von Capua und Entfernung aus Rom. In Capua Umsetzung der Trienter Beschlüsse (*Dichiarazione del Simbolo*, 1604) und soziales Engagement. Seit 1605 (Wahl Pauls V.) wieder in Rom, Verzicht auf sein Bistum und enger Mitarbeiter des Papstes (»Faktotum der Kurie«); die theologische Arbeit dieser Zeit ist ganz von R.s kurialen Aufgaben bestimmt. Eine Fülle von Kleinschriften entsteht in der Auseinandersetzung des Papstes mit Venedig (Paolo Sarpi, Giovanni Marsiglio) sowie im Streit mit Jakob I. von England (zusammengefasst in *De potestate Summi Pontificis in rebus tem poralibus. Adversus Barclaium*, 1610). 1607–11 Administrator von Montepulciano. In den Streitigkeiten um Leonhard Lessius distanziert sich R. 1611 von diesem und unterstützt den Ordensgeneral Claudius Aquaviva. 1616 muss er Galileo Galilei die Verurteilung des kopernikanischen Systems mitteilen, versucht aber, einen Weg für weitere Forschungen offen zu halten. Gegen Ende seines Lebens konzentriert er sich auf geistliche Schriften (*In omnes psalmos dilucida explanatio*, 1611; *De septem verbis Christi in cruce prolatis*, 1618; *De arte bene moriendi*, 1620). 1627 Einleitung des Seligsprechungsprozesses; 1923 Seligsprechung.

In der theologischen Arbeit ist R. bemüht, jede Unklarheit oder Beliebigkeit zu vermeiden. Schrift und Kirche werden eng aneinandergebunden; einzig das Lehramt der Kirche sichert die rechte Schriftauslegung. Im Kirchenbegriff wird das Amt zur bestimmenden Größe. Das Konzil als Repräsentation der Gesamtkirche bedarf der ausdrücklichen Zustimmung des Papstes. Die im Amt bewahrte und ausgeübte Gewalt der Kirche wird als rein geistliche Größe verstanden, im weltlichen Bereich wirkt sie nur »indirekt« mit, insoweit das geistliche Wohl betroffen ist. Eine absolute Gewalt des Staates lehnt R. ab. In der Gnadenlehre besteht er auf der Priorität Gottes in allen Fragen, die das Heil betreffen; zurückhaltend zeigt er sich gegen alle Versuche, die den Eigenwert des Menschen zu stark betonen.

R.s Vermeiden jeder Zweideutigkeit wie das sorgfältige Sammeln von Argumenten und Positionen sind entscheidende Grundlagen für Erfolg und Wirkung seiner Schriften und Ideen, in denen Theologie und Apologetik sich wechselseitig durchdringen. R. hat die Kontroverstheologie maßgeblich geprägt.

THOMAS DIETRICH

Werke: Vgl. SOMMERVOGEL 1, 1151–1254.

Literatur: J. BRODRICK: R. B., 2 Bde., 1928; G. GALEOTA (Hg.): R. B. Arcivescovo di Capua, teologo e pastore della Riforma Cattolica, 1990; P. GODMAN: The saint as censor. R. B. between inquisition and index, 2000.

Robert von Molesme(s), heilig (17. April), OSB, erster Abt von Cîteaux, * um 1028 als Spross einer stiftungsfreudigen adligen Sippe der Champagne, † 1111 als Abt von Molesme. Um 1044 in Moutier-la-Celle in der Diözese Troyes, 1053 Prior, nach 1068 Abt bei den Cluniazensern in St-Michel-de-Tonnerre in der Diözese Langres, 1072–73 Prior in St-Ayoul in der Diözese Sens, 1073–74 Oberer von Einsiedlern in den Wäldern von Collan, mit denen er 1075 Molesme in der Diözese Langres gründete. Dieses wurde unter seiner Leitung mit seinen etwa 40 Tochterklöstern zu einem namhaften Mittelpunkt der gregorianischen Reformideale, der die Entwicklung der Reformorden des 12. Jh. direkt beeinflusste. ↗Bruno der Kartäuser z.B. lebte 1082 eine Zeitlang im Bann von Molesme. 1098 stand R. mit seinem Prior Alberich durch die Gründung von Cîteaux an der Wiege des Zisterzienserordens. Auf R. ging die Skepsis gegenüber Cluny und dem Feudalismus zurück, dazu die Berufung auf Benedikt und seine Regel. Weil R. auf Wunsch seiner Mitbrüder in Molesme und auf Intervention Urbans II. wieder in sein Stammkloster zurückkehrte, wurde er in den ältesten Abtlisten von Cîteaux nicht geführt.

GERHARD B. WINKLER

Quellen: ActaSSapr. 3, 662–678; K. Spahr: Das Leben des heiligen R. von Molesmes, 1944 (Edition und Interpretation der Vita).

Literatur: DSp 13, 736 f.; J.-A. Lefèvre: Saint R. de Molesme: AnBoll 74 (1956) 50–83; L. J. Lekai: The Cistercians, 1977, 11–20. 406 f.; T. Merton: Saint R., founder of Cîteaux: Cistercian Studies Quarterly 33 (1998) 5–12.

Rochus (Roch) **von Montpellier,** heilig (16. Aug.), historisch nicht nachweisbarer Pilger aus Montpellier, wohl um die Mitte des 14. Jh.; die von dem venezianischen Philosophen und Staatsmann Francesco Diedo 1478 verfasste Vita, nach der R. 1295 geboren und 1327 gestorben sein soll, sowie die anonym überlieferten älteren Acta breviora (nach 1430) besitzen kaum Glaubwürdigkeit. Danach soll R., früh elternlos geworden, sein großes Vermögen an Arme verschenkt haben und 1317 nach Rom gepilgert sein, unterwegs und in Rom Pestkranke pflegend und durch Kreuzzeichen heilend; auf der Rückreise sei er 1320 in Piacenza selbst von der Seuche befallen worden, aber wunderbarerweise wieder genesen. 1322 in seine Vaterstadt zurückgekehrt (nach den Acta breviora kam er nur bis Angera), habe man ihn als vermeintlichen Spion, weil er sich aus Demut nicht zu erkennen geben wollte, in den Kerker geworfen, wo er 1327 gestorben und von Gott selber durch eine Schrift an der Wand als Helfer in Pestnöten geoffenbart worden sein soll. Die Nachrichten über die Bestätigung seines Kults auf dem Konstanzer Konzil 1414 und eine Prozession zu seinen Ehren ist ungeschichtlich; immerhin zeigen sich bereits in der ersten Hälfte des 15. Jh. v.a. in Südfrankreich Anfänge einer Verehrung. Sie blüht mächtig auf nach der Jahrhundermitte, v.a. aber seit der Übertragung seiner angeblichen Reliquien nach Venedig (1485). R. wurde jetzt auf den Wegen des venezianischen Handels und der damaligen Pestzüge zu einem der volkstümlichsten, hilfemächtigsten Heiligen, vielfach den 14 ↗Nothelfern zugesellt, geehrt durch zahllose Bildwerke, Kirchen, Kapellen, Altäre und Spitäler, Prozessionen, Andachten und Bruderschaften, deren berühmteste auf deutschem Boden die 1754 an der Kapelle auf dem St.-R.-Berg in Bingen gegründete wurde. Dort findet noch heute alljährlich die von Johann Wolfgang von Goethe geschilderte Wallfahrt statt. Eifrige Förderer des R.-Kultes waren namentlich die Franziskaner, die ihn als Terziaren herausstellten. – Als Patron gegen Pest, Cholera und andere Seuchen tritt er fast überall an die Seite des ↗Sebastian, darüber hinaus wurde er auch der Schutzheiliger der Chirurgen, der Schreiner sowie im Vintschgau und in Schlesien auch des Viehs. Dargestellt zumeist als Pilger mit Pestbeule am entblößten Schenkel mit pflegendem Engel und einem Hund mit oder ohne Brot im Maul.

ERICH WIMMER/JOSEF OSWALD

Literatur: ActaSS aug. 3, 380–415; BHL 7273–80 mit NSuppl; BiblSS 11, 264–273; LMA 7, 926; M. Zeller: R. Die Pest und ihr Patron, 1989; W. Römer: Sankt R. Die Verehrung des Heiligen in Kunst und Geschichte, 2000.

Romanus der Melode, heilig (1. Okt.), einer der bedeutendsten byzantinischen Hymnendichter, * wohl um 485 Emesa, Syrien, † wahrscheinlich zwischen 555 und 562 Konstantinopel. Eine ausführliche Vita fehlt; aus Synaxarnotizen und spärlichen Indizien in seinen Werken lässt sich nur wenig über sein Leben entnehmen. Zunächst Diakon an der Auferstehungskirche in Berytus, kam er unter Kaiser Anastasius I. (491–518) nach Konstantinopel, wo er dem Klerus der Marienkirche in der Kyros-Stiftung (später vielleicht jenem der Hagia Sophia) angehörte. R. ist der überragende Vertreter des Kontakions, eines Hymnentyps, der, beeinflusst durch die Homiletik, aber auch durch syrische Vorbilder, aus mehreren rhythmisch gleich gebauten und durch Akrostichis miteinander verbundenen Strophen besteht. Die Kontakien des R. zeichnen sich durch große Lebendigkeit und Spontaneität, Liebe zum Detail, eine einfache, verständliche und bildreiche Sprache, vielfachen Einsatz des Dialogs sowie stark antithetische Formulierungen aus. Der Legende nach schuf er 1000 Hymnen; erhalten sind unter seinem Namen an die 90, von denen heute etwa 60 als echt gelten. Letztere beziehen sich vorwiegend auf Herrenfeste und Themen des Alten und Neuen Testaments, wogegen die Echtheit der Hymnen auf Heilige teilweise angezweifelt wird. Auch der Akathistos-Hymnus wurde wiederholt mit R. in Verbindung gebracht, während neuerdings mit guten Argumenten eine wesentlich frühere Datierung (kurz nach 431) vorgeschlagen wird.

WOLFRAM HÖRANDNER

Ausgabe: N. B. Tomadakes: Ῥωμανοῦ τοῦ Μελῳδοῦ ὕμνοι, 4 Bde., 1952–61; P. Maas – C. A. Trypanis: Sancti Romani Melodi cantica. Cantica genuina, 1963; Cantica dubia, 1970 (einzige vollständige Ausgabe); J. Grosdidier de Matons: R. le Mélode, Hymnes I–V, 1964–81. – Übersetzung: J. Koder: Mit der Seele Augen sah er deines Lichtes Zeichen, Herr, 1996.

Literatur: BBKL 8, 633–638; LMA 7, 1001; J. Grosdidier de Matons: R. le Mélode et les origines de la poésie religieuse à Byzance, 1977; H. Hunger: R. Melodos, Dichter, Prediger, Rhetor – und sein Publikum: Jahrbuch der österreichischen Byzantinistik 34 (1984) 15–42.

Romuald von Camaldoli, heilig (1032; GK g 19. Juni), Mönchsreformer, Vater der Kamaldulenser, * um 952 Ravenna, † 19. 6. 1027 Val di Castro bei Fabriano in der Mark Ancona. Nach 972 Mönch in S. Apollinare in Classe in Ravenna, dann Eremitenleben bei Venedig. Mit dem gestürzten Dogen Petrus Orseolo von Venedig 978 Flucht in die Pyrenäen; hier als Eremit der Abtei Cuxá angeschlossen. 987/988 Rückkehr nach Italien, Beginn reformerischer Aktivitäten in italienischen Klöstern und Neugründungen nach der Benediktregel unter Betonung des eremitischen Elements und mit beachtlichem Erfolg. Unter den Gründungen auch die Einsiedelei Camaldoli (1023–26), die zum Orden der Kamaldulenser führte, die dann R. als Gründer beanspruchten. Von Otto III. geschätzt, großer Einfluss auf dessen Hofkaplan ↗Brunos von Querfurt, auch auf ↗Petrus Damiani. Gebeine 1481 von Val di Castro nach Fabriano, SS. Biagio e R., übertragen.

KARL SUSO FRANK

Quellen: BRUNO VON QUERFURT: Vita quinque fratrum: MGH.SS 15, 716–738; Monumenta Poloniae Historiae, Bd. 6 1893, 383–428 (besser); PETRUS DAMIANI: Vita R., hg. v. G. TABACCO, 1957.

Literatur: BBKL 8, 641–645; BIBLSS 11, 365–375; DIP 7, 2017–20; DSP 13, 909; L. VIGILUCCI: Camaldoli, 1988, englisch 1995; C. SCHMIDTMANN: R. von Camaldoli: Studia monastica 39 (1997) 329–338.

Rosa von Lima, heilig (1671; GK g 23. Aug.), OSD, Mystikerin, *20.4.1586 Lima, †24.8.1617 ebd. Schon als Kind fromm und asketisch, führte sie im Elternhaus, seit 1614 im Haus der Familie de la Maza ein strenges, entsagungsvolles Leben. Von Krankheiten geprüft, pflegte sie selbst Kranke und Sterbende; äußerte sich kritisch zu den Folgen der spanischen Eroberung; starb im Ruf der Heiligkeit. – Patronin von Lima, Peru und Amerika.

JOHANNES MEIER

Literatur: ACTASS aug. 5, 808–1028; BBKL 8, 654 ff.; BIBL SS 11, 396–413; Wörterbuch der Mystik, hg. v. P. DINZELBACHER, 1989, 441 ff.; N. ZEVALLOS: R. de Lima: compromiso y contemplación, 1988; P. LETTER: Die vergessene Rose aus Amerika: R. von Lima, 1994; G. ANODAL: Una donna alla conquista dell'America: Santa R. da Lima, 1994.

Rosa-Virginia (Rose-Virginie) **Pelletier** (Ordensname: Maria von der heiligen Euphrasia), heilig (1940; 24. April), Ordensgründerin, *31.7.1796 Noirmoutier, Vendée, †24.4.1868 Angers. Trat 1814 in Tours in die von ↗Johannes Eudes gegründete Kongregation der Religieuses de Notre Dame de Charité ein. Dort schon 1825 zur Superiorin ernannt, konnte sie bald danach eine Niederlassung in Angers gründen. Hier 1831 Superiorin. Mit der Gründung von Filialen machte sie das Kloster in Angers zum Generalmutterhaus und errichtete dadurch eine zentralistische Kongregation, während die Gründung von Eudes aus autonomen Einzelhäusern bestand. Vom Bischof von Angers unterstützt, erhielt sie 1835 die päpstliche Bestätigung ihrer Kongregation der »Schwestern U. L. F. von der Liebe des Guten Hirten«. Bis zu ihrem Tod Generaloberin, gründete sie 110 Niederlassungen in allen fünf Erdteilen. Die begabte Erzieherin, eine beeindruckende Gestalt unter den ersten Generaloberinnen des 19. Jh., nahm in paulinischem Geist das Werk des guten Hirten auf.

KARL SUSO FRANK

Werke: Entretiens et instructions, 1907; Lettres et entretiens, 1965.

Literatur: BIBLSS 8, 1140–44; DSP 10, 531 ff.; DIP 5, 970 ff.; G. BARRA: Una donna per tutti i tempi, 1969; M.-D. POINSENET: Vor allem die Liebe, 1970; J. T. MACVEIGH: R. V. P.: the woman and her legacy, 1997.

Rupert Mayer, selig (1987; 1. Nov.), SJ (1900), Männerseelsorger, Widerstandskämpfer gegen den Nationalsozialismus, *23.1.1876 Stuttgart, †1.11.1945 München; 1899 Priester. Seit 1912 Männerseelsorger in München, Kriegspfarrer im Ersten Weltkrieg; 1921 Präses der Marianischen Männerkongregation; entwickelt sich zur »Stimme der Katholiken« in München. Scharfer Kritiker des Nationalsozialismus. Vom Sondergericht in München am 23.7.1937 zu sechs Monaten Haft verurteilt. Wegen konspirativer Kontakte im November 1939 verhaftet. Nach Haft im Konzentrationslager Sachsenhausen 1940–45 im Kloster Ettal unter strengen Bedingungen der Gestapo »konfiniert«. Nach Kriegsende wieder Seelsorger und

»15. Nothelfer« in München. Bei seinem zweiten Deutschlandbesuch im Münchener Olympiastadion von Johannes Paul II. seliggesprochen: »ein Priester standhaften Glaubens.«

ROMAN BLEISTEIN

Literatur: W. SANDFUCHS: Pater R. M., 1981; R. M., Leben im Widerspruch, hg. v. R. BLEISTEIN, 1991; DERSELBE: R. M. Der verstummte Prophet, 1993; A. KÖRBLING: Pater R. M., 71999.

Rupert (Hrodbert) **von Salzburg,** heilig (27. März, RK g *24. Sept.*, zusammen mit ↗Virgil), †27.3.716 (?); entstammte dem fränkischen Hochadelsgeschlecht der Rupertiner, folgte als Wormser Bischof – vielleicht als Gegner der karolingischen Hausmeier, da »Bekenner« (»confessor«) genannt – um 693 einer Einladung des Herzogs Theodo von Bayern, des Gatten seiner Verwandten Folchaid. Nach missionarischem Wirken in Regensburg, wo er angeblich Theodo taufte, erhielt R. um 696 die Vollmacht zur Mission in ganz Bayern. Über Lauriacum (Lorch an der Enns), wo er die Aussichtslosigkeit einer Awarenmission erkannte, gelangte er nach Seekirchen am Wallersee. Von dort aus verhandelte er mit Herzog Theodbert, dem Sohn und Mitregenten Theodos, der in der spätantiken Burg auf dem Festungs berg der Römerstadt Iuvavum (Salzburg) residierte. Nach ausreichenden Zusagen – Theodbert schenkte R. das Areal des ruinösen Iuvavum und reichen Besitz – begab er sich dorthin und errichtete das Kloster St. Peter und eine stattliche Kirche an der Stelle der späteren Dombauten. In engem Zusammenwirken mit Herzog Theodbert und der romanischen Adelssippe von Albina (Oberalm) gründete R. 710/711 die Maximilianszelle in Pongau (Bischofs hofen) als ersten Stützpunkt für die Slawenmission. Unterhalb der herzoglichen Burg auf dem Festungsberg entstand 713/715 das Frauenkloster Nonnberg als erstes bayerisches »Herzogskloster«, das v. a. der Versorgung von Witwen und Töchtern des Agilolfingerhauses und des bayerischen Hochadels diente. R. setzte dort seine Nichte Erentrud als erste Äbtissin ein. Nach dem Salz aus Reichenhall, wo Herzog Theodo den Großteil der Solequellen samt den Siedeanlagen R. geschenkt hatte, erhielt Iuvavum den Namen Salzburg. R.s vordringliche Aufgabe war es, in engem Zusammenwirken mit Herzog Theodbert von Salzburg aus die missionarische und damit auch die herrschaftliche Erfassung Noricums vorzubereiten, die unter Bischof Virgil und Herzog Tassilo III. mit der Karantanenmission durchgesetzt wurde. R. kehrte gegen Jahresende 715 an seinen angestammten Bischofssitz Worms zurück, um dort zu sterben. So wie er wurden auch seine fränkischen Gefährten und Schüler *Chuniald* und *Gislar* (zusammen kommemoriert am 28. Sept.) als lokale Heilige verehrt. Ein wirklicher Kult begann erst mit der Überführung seiner Reliquien von Worms nach Salzburg anlässlich der Domweihe 774 durch Bischof Virgilius, der auch eine erste Fassung der Vita R.s veranlasste. – Da das ursprüngliche Petruspatrozinium des Doms nach der Trennung des Klosters vom Erzbistum (987) auf die bald darauf erbaute Abteikirche überging, wurde R. zum alleinigen Schutzheiligen des Doms und zum Salzburger Landesheiligen. Ursprünglich nur als Bischof dargestellt, erhielt er seit dem Spätmittelalter die Halleiner Salzkufe (Fäss chen), mit der er nichts zu tun hatte, als Attribut. Während der Todestag als »R. in der Fasten« heute wieder im MartRom erwähnt wird, ist der Tag der Translation am 24. Sept. als Herbst ruperti der Salzburger Landesfeiertag.

HEINZ DOPSCH

Quellen: Vita s. Hrodberti episc., hg. v. W. LEVISON: MGH.SRM 6, 140–162.
Literatur: H. DOPSCH: Ausstellungskatalog ›Heiliger R. von Salzburg‹, Bd. 1 1996, 39–98; K. F. HERMANN: R. von Salzburg: Heiliger Dienst 50 (1996) 127–139.

Sabas von Mar Saba, heilig (5. Dez.), palästinischer Mönchsvater und Gründer von Mar Saba, *439 Mutalaska bei Caesarea in Kappadokien, †5.12.532 Mar Saba. Nach Ausweis der Vita des Cyrill von Skythopolis trat S. in ein Kloster seiner Heimat ein und ging 18-jährig nach Palästina. Dort lebte er unter dem geistlichen Lehrer ↗Euthymius dem Großen; seit 469 als Einsiedler am Toten Meer und Gründer verschiedener Lauren. Bei seiner Eremitenhöhle in der Felswand des Kidrontals südöstlich von Jerusalem entstand ab 483 das älteste, bis heute erhaltene Kloster Palästinas, die sogenannte Große Laura (Mar Saba). Als monastischer Lehrer propagierte S. zuerst die Bewährung im coenobitischen Leben als Vorstufe der Anachorese. 494 wurde er vom Jerusalemer Patriarchen zum Oberen der palästinischen Anachoretensiedlungen bestellt. In den christologischen Auseinandersetzungen seiner Zeit gehörte er zur chalcedontreuen Opposition. Als Gegner des Monophysitismus und der origenistischen Spiritualisierung Mitglied von Gesandtschaften zu den Kaisern Anastasius I. (511/512) und Justinian I. (531). Die in den Kreuzzügen geraubten und in Rom aufbewahrten Reliquien wurden seit 1965 wieder Mar Saba zurückgegeben.

STEPHAN CH. KESSLER

Quellen: CPG 7536; CYRILL VON SKYTHOPOLIS: Vita S. Sabae: BHG 1608; E. SCHWARTZ: TU 49/2, 1939, 85–200; R. M. PRICE – J. BINNS (Hg.): Lives of the Monks of Palestine by Cyril of Scythopolis, 1991, 93–219.
Literatur: J. BINNS: Ascetics and Ambassadors of Christ. The Monasteries of Palestine 314–631, 1994; J. PATRICH: S., Leader of Palestinian Monasticism, 1994; DERSELBE: Palestinian Desert Monasticism. The monastic systems of Chariton, Gerasimus and S.: Cristianesimo nella storia 16 (1995) 1–9; C. CAPIZZI: A proposito di San S. di Palestina: Civiltà cattolica 149 (1998) 152–162.

Scholastika, heilig (GK G 10. Febr.). Einzige Quelle ist ↗Gregor der Große (Dialogi 2, 33 f.), der Sch. als Schwester ↗Benedikts von Nursia einführt. Gregor bezeichnet Sch. als »dem Herrn geweiht« (»domino dicata«) und als »gottgeweihte Frau« (»sanctimonialis femina«) und kennzeichnet so ihre asketisch-monastische Lebensform ohne Hinweis auf ein bestimmtes Kloster oder eine Regel. Als Gestalt des Wunder wirkenden Gebets und der vollkommenen Gottesliebe hat Sch. die Parrhesia und ist geistliche Lehrerin Benedikts, worauf schon ihr Name hindeutet. Dieser sieht nach einer letzten Begegnung in einer Vision ihren Tod und lässt sie in seinem eigenen Grab bestatten. Aus diesem Doppelgrab auf dem Montecassino gelangen in der zweiten Hälfte des 7. Jh. (vermeintliche) Reliquien Sch.s nach Le Mans (von Benedikt nach Fleury) und 873 nach Juvigny. – Vor allem in der Barockzeit häufig als Äbtissin mit Regelbuch und Taube dargestellt.

MICHAELA PUZICHA

Literatur: BIBLSS 11, 742–750; DIP 8, 1115 f.; LMA 7, 1520; A. DE VOGÜÉ: La rencontre de Benoît et de Sch.: Revue d'histoire de la spiritualité 48 (1972) 257–273; H. SCHALLER: Benedikt und Sch.: Geist und Leben 69 (1996) 289–296.

Sebald von Nürnberg, heilig (1425; 19. Aug.), Herkunft unbekannt und legendär, † vor 1072. Wahrscheinlich lebte er als Einsiedler im Reichswald (heute Nürnberger Stadtgebiet), vermutlich Geistlicher, begeisternder Vertreter der religiösen Erneuerungsbewegung, wohl in einer Kapelle unweit der Nürnberger Burg beigesetzt. Bereits vor 1072 verbreitete sich die Kunde von Krankenheilungen. Da Nürnberg sein rasches städtisches Aufblühen ihm zu verdanken glaubte, wurde S. Stadtpatron und Garant Nürnberger Selbstverständnisses. Der Rat der Stadt förderte den Kult, errichtete im 13. Jh. die S. -Kirche und erreichte 1425 seine Kanonisation. Sein prächtiges Grabmal in dieser Kirche von Peter Vischer dem Älteren blieb Frömmigkeitszentrum auch des evangelischen Nürnberg.

WILHELM STÖRMER

Literatur: BaSa 3, 155–169; Der heilige S., seine Kirche und seine Stadt. Ausstellungskatalog des Landeskirchlichen Archivs in Nürnberg, Bd. 8 1979.

Sebastian von Rom, heilig (GK g 20. Jan.), Martyrer, dessen Verehrung von einem archäologisch gesicherten Loculusgrab in der später nach ihm benannten römischen Katakombe S. Sebastiano ausging und wohl aus der Zeit der diokletianischen Verfolgung stammt. Seine Nachbarschaft zur zeitweiligen Verehrungsstätte für Petrus und Paulus in dieser Katakombe mag es den Besuchern der Apostelmemoria interessant gemacht haben. Erstmals erwähnt wird S. im Heiligenkalender des Chronographen vom Jahre 354. Historisch dürftig ist die Angabe bei Ambrosius (In Psalmos 118 sermon 20, 44: CSEL 62, 466), dass S. aus Mailand nach Rom kam; einen Beruf nennt er nicht. Anfang des 5. Jh. belegt eine S. gewidmete Dedikationsschrift der römischen Titelpriester Proclinus und Ursus (ILCV 1776; CBCR 4, 143) Umbauarbeiten an seinem Grab, welche der besseren Zugänglichkeit für Pilger dienten. Die wahrscheinlich Mitte des 5. Jh. entstandene Passio (BHL7543) ist als Hauptwerk des römischen Legendenkreises anzusehen. Da so gut wie nichts über S. bekannt war, macht der romanhafte Text, wohl vom Namen ausgehend (Σεβαστεῖος, d.h. dem Σεβαστός, Kaiser, zugehörig), S. zu einem kaiserlichen Offizier, der einer Reihe anderer römischer Heiliger, die man aus dem Kalender kannte, über die man aber bis dahin ebenso wenig wusste, bei ihrem Martyrium beistand, sie bekehrte oder wunderbar heilte (u. a. Marcus und Marcellianus, Tiburtius, Vier Gekrönte, Zoe). Das Martyrium des S. ist als doppeltes im zweiten Teil der Passio gegenüber dem der anderen besonders hervorgehoben: Die Hinrichtung durch Bogenschützen überlebt er, um später im Zirkus durch Stockschläge getötet zu werden. Schon im 6. Jh. in Ravenna (Mosaikdarstellungen), in Nordafrika und Spanien (E. W. E. Hübner: Inscriptiones Hispaniae Christianae, 1871, Nachdruck 1975, nn. 57 90) verehrt, erfolgen (Teil-)Übertragungen 826 nach Saint-Médard (BHL7545), unter Gregor IV. in ein Oratorium bei St. Peter (LP 2, 74), unter Leo IV. nach Ss. Quattro Coronati (LP 2, 116; das Reliquiar erhalten: Bibliotheca Apostolica Vaticana, n. 864) und im 10. Jh. nach Ebersberg (Authentizität fraglich). – Das erste Martyrium (Pfeile), von dem S. gesundete, machte ihn im Mittelalter zum Pestheiligen (»anfliegende Krankheit«), zum Patron der Jäger, später der Büchsenmacher und Schützenbruderschaften. 1464 erhielt Bebenhausen von Pius II. einen spätmittelalterlichen Armbrustpfeil, der bald als einer der auf S. abgeschossenen Pfeile verehrt wurde (heute in Hirrlingen bei Tübingen, St. Martin). Die Darstellung des ersten Martyriums bot seit dem 15. Jh. Anlass für zahlreiche Akt- oder Halbaktdarstellungen (u. a. Albrecht Dürer, Perugino, El Greco, Guido Reni, Giovanni Lorenzo Bernini,

Peter Paul Rubens) und begründete in jüngster Zeit ein gewisses Interesse Homosexueller für S. (Rahm-Kölling 19ff. 37f.), welche die HIV-Infektion ähnlich wie die Pest interpretieren.

HANS REINHARD SEELIGER

Literatur: BIBLSS 11, 778–801; CBCR 4, 102–106; LMA 7, 1658f.; LACL 473 (s. v. Märtyrerakten, n. 19); MARTHIERON 50; A. MANDOUZE (Hg.): Histoire des saints, Bd. 2 1987, 250–255; O. RAHM-KÖLLING: S. oder der Pfeil fliegt noch immer, 1989; J. DARRIULAT: S. Le Renaissant, 1998.

Serapion von Thmuis, heilig (21. März), * um 300, † nach 370. Nach Erwerb klassischer Bildung wurde S. Asket, um 330 Vorsteher einer Asketengemeinschaft, vor 335 Bischof von Thmuis. Seit 337 kam es zu persönlichen Begegnungen mit ↗Antonius. 336/337 bekämpfte S. im Auftrag ↗Athanasius' des Großen die Melitianer, Anhänger des Melitius von Lykopolis, und betrieb die Durchsetzung der vierzigtägigen Fastenzeit (Quadragesima). Nach dem Konzil von Sardica beteiligte sich S. in den vierziger Jahren auf einer Regionalsynode an der Rehabilitierung des Athanasius, dessen Interessen er 353 am Mailänder Kaiserhof vertrat. Nach der Flucht des Athanasius 356 agierte S. als dessen Bevollmächtigter, besonders in der Abwehr der Arianer und der Bestreiter der Gottheit des Heiligen Geistes. 359 wurde der Arianer Ptolomäus als Gegenbischof eingesetzt. S.s Schicksal als Confessor, aber auch seine Bildung und rhetorische Fähigkeiten wurden später hervorgehoben (Hieronymus, De viris illustribus 18; ep. 70, 4, 4; Sozomenus, h. e. III, 14, 42).

S. verfasste um 330 den ersten Traktat gegen die Manichäer *(Adversus Manichaeos),* in dem er den anthropologischen und ontologischen Dualismus, die Ablehnung des Alten Testaments und den Doketismus auf biblischer Grundlage widerlegt; dem Determinismus wird die Willensfreiheit des Menschen entgegengesetzt. Nach dem Tod des Antonius verfasste S. einen Brief an dessen Schüler *(ep. ad Antonii discipulos)* und rief sie zum Kampf gegen die Arianer auf. Ein Trostbrief an den Bischof Eudoxius *(Ad Eudoxium)* könnte antiarianische Implikationen haben. Aus einer Sammlung von mindestens 55 Briefen sind sonst nur drei Fragmente erhalten, ferner drei syrische Fragmente aus einem Brief an Bekenner und einer Homilie *Über die Jungfräulichkeit,* auch ein Zitat bei Evagrius Ponticus. Die Zuschreibung von Katenenfragmenten zur Genesis an S. ist zweifelhaft. Von einem Werk über die Psalmenüberschriften ist nur noch der Titel bekannt. Aus der Korrespondenz mit Athanasius sind nur dessen Briefe erhalten; drei Fragmente aus einem Briefwechsel mit Apollinarius um 370 sind das letzte Lebenszeichen. Das sogenannte »Euchologium« kann S. allenfalls zu geringen Teilen zugeschrieben werden. Zu Athanasius' »Vita Antonii« könnte S. Informationen beigesteuert haben. Unecht sind die »ep. ad Monachos«, der Lehrbrief »Über Vater und Sohn«, die »Vita Macarii Scetensis« und die »Vita Iohannis Baptistae«, die S. aufgrund der hagiographischen Tradition der koptischen Kirche zugeschrieben wurden. In der westlichen Hagiographie wurde S. mit einem gleichnamigen Oberhaupt von Asketen identifiziert.

KLAUS FITSCHEN

Werke: CPG 2485–2504.

Literatur: BBKL 9, 1404f.; DSP 14, 643–652; LACL 631f. – K. FITSCHEN: S. von Thmuis, 1992.

Servatius (Servaas) **von Tongern,** heilig (13. Mai), erster bezeugter Bischof von Tongern (eigentlich der Tungri), * Anfang 4. Jh., Herkunft (legendarisch: Armenien) unbekannt, da der griechische Name Sarbatios in Gallien schon adaptiert war, † 13. 5. 384 (legendarisch). Das Bistums- und Missionsgebiet erstreckte sich auf die Civitas Tungrorum (GermaniaII). Belegt ist die Teilnahme am Konzil von Sardica 343; durch Zustimmung zu den Beschlüssen lehnte S. die Mehrhypostasentheologie ab. S. erscheint in den Akten des angeblichen Kölner Konzils 346. Auf seine kirchenpolitische Bedeutung weist die Sendung durch Magnentius zu Constantius II. (350) gemeinsam mit einem Maximus hin. Letztes gesichertes Datum ist 359, Teilnahme am Konzil von Rimini. Tod und Bestattung des S. vor den damaligen Mauern Maastrichts an der römischen Straße zwischen Bavai und Köln. Von einer Verehrung an seinem Grab vom 5. Jh. an zeugen christliche Bestattungen, eine Cella memoriae und spätere Kirchenbauten. Die heutige S. -Kirche war nicht die Bischofskirche von Maastricht. Die Translation des Bischofssitzes von Tongern dorthin vollzog ein Nachfolger des S. (Falco?). Die angebliche Verlegung des Bistums durch S., die Romreise mit Petrusvision und Schlüsselübergabe an dessen Grab sowie das Schneewunder am S. -Grab sind legendarische Erzählungen bei Gregor von Tours (550). Ausformung der Legende: Vita antiquissima (um 780), Gesta antiquiora (9. Jh.), Gesta episcoporum (Heriger [† 1007]), Actus Sancti S. (Jocundus, 1066–88), Gesta Sancti S. (um 1130), Sente Servas (Heinrichvon Veldeke, um 1170). Die Gebeine bewahrt der S. -Schrein in Maastricht; Kultübertragung nach Quedlinburg im 11. Jh. – Darstellung mit ikonographischen Beigaben: Krumm- bzw. Pilgerstab; Schlüssel; von S. bezwungener Drache als Symbol des Arianismus.

ANGELA REINDERS-BAUMANN

Quellen: ActaSS mai. 3, 208 ff.; BHL 7611–7641; Gregor von Tours: Historia Francorum II, 5; Herigeri gesta episcoporum Tungrensium, Traiectensium et Leodiensium, hg. v. B. Krusch: MGH.SS 7, 134–234.

Literatur: A. M. Koldeweij: Der gude Sente S., 1985; R. Kroos: Der Schrein des heiligen S. in Maastricht und die vier zugehörigen Reliquiare in Brüssel, 1985.

Severin vom Noricum, heilig (RK g 8. Jan.), † 8. 1. 482 Favianis (Mautern an der Donau). Nach dem Zusammenbruch des Hunnenreichs begann um 460 das Wirken S.s entlang der Donau in Noricum und über Passau hinaus bis Künzing in Rätien sowie die Salzach aufwärts bis Kuchl. Über S.s Herkunft sowie eine möglicherweise vorausgehende zivile Ämterlaufbahn ist nichts Sicheres bekannt. Vielleicht war er jener »vir illustrissimus Severinus«, den Ennodius, Bischof von Pavia, erwähnt. S.s herausragendes politisches, soziales und charismatisch-religiöses Wirken für die bedrängten Menschen im militärisch und verwaltungstechnisch von Rom längst aufgegebenen Grenzgebiet an der Donau sorgte für enormes Aufsehen. Wenn S. auch wusste, dass er staatspolitisch auf verlorenem Posten stand und die Provinz Noricum ripense nicht mehr lange zu halten war, setzte er doch unbeirrt seine Fähigkeiten zum Wohl der Bevölkerung, Germanen und Romanen, Katholiken und Arianer, erfolgreich ein. Ohne Auftrag seitens einer staatlichen oder kirchlichen Institution, leitete er seine Legitimierung einzig von Gott ab. Neben seinen »staatsmännischen« Aktivitäten legte er großen Wert auf Innerlichkeit und Gebet. Die von ihm gegründeten Klöster sollten als geistliche und organisatorische Stützpunkte dienen. S. war, obwohl Laie, in der noch vorhandenen Kirchenorganisation (Bischof Constantius in Lauriacum, Pfarr- und Klosterkirchen, zahlreiche Christen jeden Standes) die tonangebende Persönlichkeit. Sein Schüler Eugippius schrieb 511 die Vita Severini aus hagiographischer Perspektive, so dass viele andere Aspekte im Umfeld des Heiligen kaum Erwähnung finden. S.s ausdrücklichem Wunsch folgend, überführten die auf Anordnung Odoakers abziehenden Römer 488 seinen Leichnam nach Italien und begruben ihn in der Nähe von Neapel auf dem kaiserlichen Privatgut Castellum Lucullanum.

KARL REHBERGER

Quellen: EUGIPPIUS: Vita Severini, hg. v. T. MOMMSEN: MGH.SRG 26; Das Leben des heiligen S., Einführung, Übersetzung und Erläuterung, hg. v. R. NOLL. 1963, 1981 (lateinisch-deutsch); T. NÜSSLEIN: Eugippius. Vita Sancti Severini, 1985.

Literatur: R. PILLINGER: Bibliographie zur Vita Sancti Severini (1980–98): Mitteilungen zur christlichen Archäologie 5 (1999) 93–96. – BBKL9, 1504–07; F. LOTTER: S. von Noricum. Legende und historische Wirklichkeit, 1976; P. REGERAT: Vie de Saint S., 1991; K. KNAPP-MENZL: Mönchtum an Donau und Nil: S. von Noricum und Schenute von Atripe, zwei Mönchsväter des 5. Jh., 1997; R. ZINNHOBLER: S. von Noricum. Ein politischer und geistlicher Mensch. Festvortrag, 1999.

Siebenschläfer, heilig (27. Juli), der Legende nach sieben Jünglinge, die sich im Jahr 250 in Ephesus dem Befehl des Kaisers Decius widersetzten, den Göttern zu opfern. Als der Kaiser sie in einer Höhle vor der Stadt, in die sie sich geflüchtet hatten, einmauern ließ, versetzte Gott sie in einen Schlaf, aus dem sie erst 187 Jahre später unter Theodosius II. erwachten, als ein Landmann die Höhle öffnete. Kurz darauf entschliefen sie wieder.

Für das hohe Alter dieser Überlieferung spricht, dass sie sowohl den Nestorianern wie den Monophysiten bekannt war. Die ältesten literarischen Zeugnisse stammen von dem monophysitischen Bischof Jakob von Sarug (†521), dem Palästinapilger Theodosius Archidiaconus (um 530) und Gregor von Tours (†594). Die ephesinische Legende dürfte zunächst griechisch formuliert worden sein, der dann die Ausbreitung in zahlreiche anderen Sprachen folgte. Die Namensreihe variiert stark. Das Gedächtnis der S. taucht in den Kalendern an verschiedenen Tagen auf (byzantinisch *23. Okt.* und *4. Aug.* [zum Gedächtnis ihres Entschlafens und ihrer Wiedererweckung], im Westen *7. Juli*, nach der Kalenderreform durch Gregor XIII. *27. Juni*). Die Schaffung der ephesinischen S. -Überlieferung dürfte in Zusammenhang mit dem Bemühen des Bischofs von Ephesus um die Durchsetzung kirchenpolitischer Ansprüche stehen. Mit dem dort gezeigten leeren Grab des beim Tod leiblich entrückten ↗Johannes des Evangelisten, dem Grab der ↗Maria Magdalena, der ersten Zeugin der Auferstehung Christi, und mit dem Wunder der Erweckung der S., das – in welcher Gestalt auch immer – kurz vor der sogenannten »Räubersynode« (439) stattgefunden zu haben scheint, stellte sich Ephesus als Stadt des Glaubens an die allgemeine Auferstehung neben Jerusalem und zog zahlreiche Pilger an, die sich in der Hoffnung auf ihre Auferstehung bei der Höhle der S. zur letzten Ruhe betten ließen.

Die S. wurden v.a. bei Fieber und Schlaflosigkeit angerufen; verbreitet waren Amulette, die sie in der Höhle schlafend zeigen. In Westeuropa fand die S. -Verehrung schon im frühen Mittelalter Verbreitung, angeregt wohl auch durch die irrtümliche Deutung provinzialrömischer Grabreliefs als Darstellungen der S. Eine weitere Blüte erlebte ihre Verehrung im 17. und 18. Jahrhundert.

RAINER STICHEL

LThK³ 9, 564 f. (ungekürzte Fassung).

Literatur: P. PEETERS: Le texte original de la Passion des Sept Dormants: AnBoll 41 (1923) 369–385; L. MASSIGNON: Les Sept Dormants d'Éphèse (Ahl-Al-Kahf) en Islam et en Chrétienté (1954/55): Opera minora, Bd. 3 1969, 104–180; F. JOURDAN: Les sept dormants, au seuil du XXIe siècle: Chemins de dialogue (2001) 73–88.

Silvester (Silvestro) **Guzzolini,** heilig (26. Nov.), Gründer der »Silvestriner«, * um 1177 Osimo bei Ancona, †26. 11. 1267 Montefano (Grab und Reliquien in der dortigen Klosterkirche); nach Rechts- und Theologiestudium Kanonikus in Osimo, um 1227 Eremit bei Serra S. Quirico, 30km südlich von Osimo. Anschluss einiger Schüler. 1231 (?) Gründung des Klosters S. Benedetto Montefano bei Fabriano in den Marken. Die übernommene Benediktregel wird eremitorisch und pauperistisch (Bettel) interpretiert. Bei seinem Tod bestanden zwölf Klöster mit 120 Mönchen. Das Leben S.s (Vita sanctissimi Silvestri confessoris et mirifici eremitae) wurde 1274–82 von Andrea di Giacomo von Fabriano geschrieben. Vom gleichen Autor stammt die Vita zweier Schüler S.s: Vita Hugonis; Vita Joannis a Baculo. Die Texte sind normative Hagiographie für den Silvestrinerorden.

KARL SUSO FRANK

Literatur: BBKL 10, 344–348; BIBLSS 11, 1075 ff.; DIP 8, 1520–23; U. PAOLI (Hg.): Vita di S. S.: Alle fonti della spiritualità Silvestrina, Bd. 2, 1991; V. FATTORINI: L'uomo di Dio S., ²1995.

Silvester I., Papst (314–335), heilig (GK g 31. Dez.), Nachfolger des Miltiades. Von S. sind keine echten Schriften erhalten. Er blieb der Synode von Arles (314) fern, über die er von Optatus unterrichtet wurde. In Nizäa (325) ließ er sich durch die zwei Presbyter Victor und Vincentius vertreten. So blieb er nahezu ohne Bedeutung für die Politik Konstantins, obwohl dieser durch Schenkungen auch die römische Kirche förderte. Seit dem 5. Jh. bildete sich die Legende, S. sei unter Diokletian Confessor gewesen und habe Einfluss auf Bekehrung und Taufe Konstantins gehabt. Sie wurde zu einer der Grundlagen für die Konstantinische Schenkung, die ebenso gefälscht ist wie der »Canon Silvestri« (Constitutum Sylvestri).

THOMAS BÖHM

Literatur: BBKL 10, 338–341; LACL 641; R. J. LOENERTZ: ›Actus Sylvestri‹. Genèse d'une légende: Revue d'histoire ecclésiastique 70 (1975) 426–439; C. PIETRI: Roma christiana, Bd. 1 1976, 168–187.

Simeon von Jerusalem, heilig (3. Febr., zusammen mit ↗Anna). Im Neuen Testament begegnet S. (Συμεών) nur in der lukanischen Kindheitsgeschichte Jesu: Als die Eltern Jesu ihren Sohn gemäß dem »Gesetz des Mose« in den Jerusalemer Tempel bringen, um ihn »dem Herrn darzustellen« (Lk 2,22 ff.), wird S. »im Heiligen Geist« zu ihnen geführt. Lukas charakterisiert S. als »gerechten und gottesfürchtigen Menschen«, der auf den »Trost Israels«, das messianische Heil, wartet und auf dem der Heilige Geist ruht (2,25). S.s hohes Alter kann nur indirekt aus dem Text erschlossen werden. Mit dem Kind Jesus auf den Armen preist er Gott, dessen Verheißung, er werde noch vor seinem Tod den »Messias des Herrn« sehen, er jetzt erfüllt sieht. Das Loblied des S. (2,29–32; »Nunc dimittis) fügt sich in die Reihe urchristlicher Psalmen in Lk 1–2 (Magnificat, Benedictus), die programmatisch die Ankunft von Gottes endzeitlichem »Heil« in Jesus besingen. In neutestamentlichen Apokryphen wird S. als Priester und Nachfolger des Zacharias bzw. als Hoherpriester dargestellt. Seine Reliquien werden in Konstantinopel (ab 6. Jh.), seit 1243 in Zara in Dalmatien verehrt. Das »Nunc dimittis« in der Komplet des römischen Breviers, die Ikonographie und Kunst (Rembrandt) nehmen die lukanische Ausleuchtung und Deutung der exemplarischen Heilsbegegnung zwischen S. und dem »Messias des Herrn« auf.

KLAUS SCHOLTISSEK

Literatur: LThK² 9, 761; AncBD 6, 26 ff.; BBKL 10, 356–359; H. Schürmann: Das Lukasevangelium, ⁴1990, 119–131; J. Le Grand: Luke's portrait of S.: Common life in early church. FS G. F. Snyder, 1998, 175–185.

Simeon von Emesa, heilig (21. Juli), genannt ὁ σαλός (»der Narr«), * Edessa als Sohn wohlhabender Eltern, † um 550 Emesa. Nach der Vita des Leontius von Neapolis veranlasste ihn eine Palästinawallfahrt, 29 Jahre als Anachoret in der Wüste jenseits des Jordans zu leben; begründete danach mit *Andreas »Salos« von Konstantinopel* (880–946) die besonders in Russland nachwirkende Lebensform des »Narren um Christi willen« (Jurodivye), der Menschen durch die gelebte Torheit des Kreuzes für Christus gewinnt.

HUBERTUS R. DROBNER

Quellen und Literatur: PG 86, 2764–68; 93, 1669–1748. – ActaSS iul. 1, 129–169; BBKL 11, 351 ff.; BHO 1127; BiblSS 11, 115 f.; L. Rydén: Das Leben des heiligen Narren S., 1963; D. Krueger: S. the Holy Fool, 1996.

Simeon Stylites der Ältere, heilig (27. Juli), der bekannteste Säulensteher (Stylit), * wahrscheinlich 390 in einem kilikischen Dorf, † 25. 7. oder 2. 9. 459 Qal'at Sim'an in Syrien; trat um 403 in das Kloster von Eusebona bei Teleda ein, das er wegen seiner äußerst harten Askese verlassen musste. In der Nähe von Aleppo ließ er sich dann an einen Felsen (Qal'at Sim'an) ketten. Um den zahlreichen Pilgern, die seine Kleider als Eulogien auszupften, zu entgehen, stieg er auf eine Säule von zuletzt beträchtlicher Höhe. Hier verbrachte er etwa 30 Jahre bis zu seinem Tod. Er wurde zunächst am Fuß der Säule bestattet. S., der über keinerlei Schulbildung verfügte, sprach zweimal am Tag zu den Pilgern, danach hörte er ihre Bitten an. Frauen konnten ihre Anliegen durch Vermittler an ihn richten. Mitunter bediente er sich einer sehr derben Sprache. Entschieden trat er für die hypostatische Union von Chalcedon ein. Theodoret von Cyrus, der S. persönlich kannte und eine erste Vita verfasste (eine weitere von Antonius dem Einsiedler), berichtet: »Nicht nur die Bewohner unseres Landes drängten sich dort zusammen … Von Italien brauchen wir nicht zu sprechen. Denn so berühmt soll der Mann in dem großen Rom sein, daß man in allen Vorräumen von Werkstätten kleine Bilder von ihm aufgestellt hat als Phylakterien« (Historia religiosa XXVI, 11); damit ist der erste Hinweis auf ein Heiligenbild gegeben. Weitere Viten in Syrisch und (damit verwandt) Georgisch; eine griechische Vita stammt von Antonius Monachus (7. Jh.); ihr steht eine koptische nahe (vgl. Zeitschrift für die neutestamentliche Wissenschaft 26 [1927] 119–128).

WILHELM M. GESSEL

Literatur: ActaSS ian. 1, 261–286; BBKL 11, 353 ff.; LMA 8, 366; Reallexikon zur byzantinischen Kunst, Bd. 3 1978, 853–892; H. Lietzmann: Das Leben des heiligen S. S., 1908; H. Delehaye: Les saints stylites, 1923; R. Doran: The Lives of S. S., 1992.

Simeon Stylites der Jüngere, heilig (24. Mai), * 521 Antiochien, † 24. 5. 592; bereits seine Mutter *Martha* (5. Juli) galt als Heilige. S. hatte seinen Standort auf dem »Wunderberg«, heute Samandag bei Antakya in der Türkei, und ist als einigermaßen gebildeter Theologe ausgewiesen. Er verbrachte sein Leben in strengster Askese. Mit zwölf Jahren Diakon; mit 33 Jahren wurde er auf seiner Säule, auf der er 45 Jahre verbrachte, zum Presbyter ordiniert. Pilger aus aller Welt und jeden Standes kamen zu ihm, z. B. Prozessionen aus Georgien. Er betete um Sieg und Frieden. Erfolgreich betätigte er sich als Krankenheiler. Die Pilger nahmen Wasser und Darstellungen des Säulenstehers als Eulogien mit. Um seine Säule, die nach seinem Tod ein viel besuchtes Wallfahrtsziel blieb, wurde eine große Anlage errichtet mit einem Kloster, dem Qal'at Sim'an als Vorbild diente. Neben der gut konservierten, aus dem Felsen gearbeiteten Anlage haben sich auch Zeugnisse von S.s literarischem Schaffen erhalten: drei Troparien, mehrere Briefe und etwa 30 Predigten.

WILHELM M. GESSEL

Literatur: ACTASS mai. 5, 298–401; BBKL 11, 357 f.; BIBLSS 11, 1141–57; LMA 8, 366 f.; P. VAN DEN VEN: Les Écrits de S. S. S. le Jeune: Muséon 70 (1957) 1–57; DERSELBE: La vie ancienne de S. S., 2 Bde., 1962–70.

Simeon von Trier, heilig (1035; 1. Juni), griechischer Mönch, * um 980 vielleicht Syrakus, † 1. 6. 1035 Trier. Aufgewachsen in Konstantinopel, pilgerte S., beeinflusst von westlicher Religiosität, ins Heilige Land. Dort war er zunächst Pilgerführer, dann Einsiedler, später Mönch im Marienkloster zu Bethlehem sowie im Katharinenkloster am Sinai und Diakon. 1026 von seinem Abt zum jährlichen Almosenempfang zu Herzog Richard II. oder III. von der Normandie nach Rouen gesandt. Auf dem Weg machte er in Antiochien Bekanntschaft mit den Äbten ↗Richard von St-Vanne und Eberwin von St. Martin in Trier. In Angoulême wurde S. im Streit über die Apostolizität des heiligen Martialis um Rat gefragt. Nachdem er wegen des Todes Richards III. seinen Auftrag nicht ausführen konnte, begab sich S. nach Saint-Vanne und Trier und begleitete 1028/30 Erzbischof Poppo von Trier ins Heilige Land, kehrte nach Trier zurück und wurde Inkluse im Ostturm der Porta Nigra. Nach S.s Tod ereigneten sich Wunder an seinem Grab in der Porta Nigra. Ende 1035 auf Bitten Poppos von Benedikt IX. kanonisiert. 1041 wandelte Poppo die Porta Nigra in eine nach S. benannte Kirche nebst Kanonikerstift um (als erzbischöfliches »Hausstift« in Konkurrenz zu den Hausabteien des Adels?); lokaler Kult. Nach Auflösung des Stifts (1802) wurden die Gebeine S.s nach St. Gervasius in Trier umgebettet, 1971 nach St. S. in Trier-West. Im Trierer Domschatz befinden sich Reste aus S.s Besitz.

AXEL BAYER

Quellen und Literatur: Vita: ACTASS iun. 1, 89–95. – BBKL10, 366 ff.; BIBLSS 11, 1157–60; A. HEINTZ: Der heilige S. von Trier. Seine Kanonisation und Reliquien: FS A. Thomas, 1967, 163–173; F. J. HEYEN: S. und Burchard-Poppo. Aus den Anfängen des Stiftes St. S. in Trier: Institutionen, Kultur und Gesellschaft im Mittelalter. FS J. Fleckenstein, 1984, 195–205; A. BAYER: Griechen im Westen im 10. und 11. Jh.: Kaiserin Theophanu, Bd. 1, hg. v. A. VON EUW – P. SCHREINER, 1991, 335–339.

Simon der Zelot, heilig (GK F 28. Okt. zusammen mit ↗Judas Thaddäus, in der byzantinischen und koptischen Kirche 10. Mai), einer der zwölf Apostel Jesu trägt den Eigennamen S. (Σίμων) »der Zelot« (Lk 6,15; Apg 1,13) bzw. »der Kananäer« (Mk 3,18 par. Mt 10,4; καναναῖος von hebräisch/aramäisch קנא [qn'], Eiferer [Zeloten], varia lectio ὁ Καναvίτης, sekundär auf den Bräutigam in Joh 2,1–11 oder auf »Natanael [Joh 21,2] bezogen). Genauere Einzelheiten seiner Vita sind nicht bekannt (vgl. aber Apg 1,13). Er ist nicht identisch mit Simon Petrus (↗Petrus, Apostel) oder Simon, dem Bruder Jesu, und/oder Simeon von Jerusalem. – Patron der Holzfäller, wird dargestellt am Kreuz oder mit Säge.

KLAUS SCHOLTISSEK

Literatur: LThK² 9, 772 f.; BBKL10, 420 ff. – J. Blinzler: S. der Apostel, Simon der Herrenbruder und Bischof Simon von Jerusalem: Passauer Studien FS S. K. Landersdorfer, 1953, 25–55; C. Mézange: S. le Zélote était-il un révolutionnaire?: Biblica 81 (2000) 489–506.

Simplicianus von Mailand, heilig (15. Aug.), in der Nachfolge des ↗Ambrosius seit 397 Bischof von Mailand, * um 320, † 400. Obwohl keine Schriften von ihm überliefert sind, gilt S. als eine der bedeutendsten Persönlichkeiten des 4. Jh.: er hat erheblichen Anteil an der Konversion des Marius Victorinus; den als Katechumenen zum Bischof gewählten Ambrosius tauft er und bleibt ihm zeitlebens als Freund und »pater animae« verbunden (vgl. die Briefe des Ambrosius an S. [CSEL 82/1, 14–26 43–66 73–78]); ↗Augustinus fragt ihn vor seiner Bekehrung und Taufe um Rat (Confessiones VIII, 1–3 [CCL 27, 113 f.]) und widmet ihm später zwei exegetische Schriften (De diversis quaestionibus ad S.). Trotz kurzer Amtszeit und hohen Alters kann er als Bischof das durch Ambrosius begründete Ansehen Mailands erhalten, wie sein Vorsitz auf der Synode von Turin (398) und die von ihm vorgenommene Weihe des ersten Bischofs von Novara, Gaudentius, zeigen. – Beigesetzt in der Basilica Virginum (später S. Simpliciano), ist seine Verehrung früh bezeugt (die betreffende Präfation des Missale Ambrosianum geht wohl ins 5. Jh. zurück); die Vita dagegen ist erst im 11. Jh. entstanden.

ANSGAR FRANZ

Literatur: BBKL 10, 480 ff.; BHL7786; BiblSS 11, 1194–97; DPAC 2, 3210; J.-C. Picard: Le souvenir des évêques, 1988, 616–623; R. Corti: S. Maestro di Ambrogio e Agostino: Vita consacrata 38 (2002) 292–304.

Sixtus (Xystus) **II., Papst** (257–6. 8. 258), heilig (6. Aug.), vermutlich griechischer Abstammung, bei Ausbruch der Christenverfolgung unter Kaiser Valerianus (erstes Edikt vom August) 257 zum Bischof von Rom gewählt. Infolge des verschärften zweiten Edikts vom Sommer 258, das die Todesstrafe bei Opferverweigerung verhängte und sich v. a. gegen den Klerus richtete, wurde S. am 6. 8. 258 mit vier Diakonen in der Calixtuskatakombe nach verbotenem Gottesdienst verhaftet und wahrscheinlich sofort enthauptet (Cyprian, ep. 80,1; falsche Datierung Eusebius, h. e. VII, 27, 1), nicht gekreuzigt (so Prudentius, Peristephanon 2, 21–24). Er wurde in der Papstgruft der Calixtuskatakombe bestattet. S. setzte die ablehnende Haltung seines Vorgängers Stephanus in der Frage der Wiedertaufe konvertierter Häretiker fort. Er wusste sich darin gegen ↗Cyprian von Karthago, der die Wiedertaufe wünschte, mit ↗Dionysius von Alexandrien einig, der sich mehrfach in dieser pastoral schwierigen Frage Rat suchend an Rom wandte. S. nahm daneben den von Stephanus abgebrochenen Kontakt mit den nordafrikanischen und kleinasiatischen Bischöfen wieder auf. Cyprian lobte ihn als »bonus et pacificus sacerdos ac propterea beatissimus martyr« (Pontius von Karthago, Vita Cypriani 14). ↗Ambrosius von Mailand zitierte bereits seine Passio (De officiis ministrorum 1, 41, 204 ff.). Im Zuge der Restaurierung der Katakomben ehrte ihn Papst ↗Damasus durch zwei Inschriften am Richtplatz und über dem Grab. Person und Martyrium des ↗Laurentius sind mit S. eng verbunden. Beider Name ging in den römischen Messkanon ein. Von S.' Schriften ist nur ein Brieffragment an Dionysius erhalten, in dem er die erneute Taufe bei ungültiger, d. h. nicht trinitarisch gespendeter Taufe anordnet (Bienert 44). Fälschlich zugeschrieben werden ihm die sogenannten »Sextussprüche« (AnBoll 67 [1949] 247 f.; LP 1, 155: »Xystus philosophus«).

STEFAN HEID

Quellen: LP 1, 6 f. 11 68 f. 155 f.; ActaSS aug. 2, 124–142.

Literatur: DACL15, 1501–15; BiblSS 11, 1256–1261; BBKL 10, 578–582; LACL 645; LMA 7, 1942; G. N. Verrando: Alla base e intorno alla più antica Passio dei santi Abdon e Sennes, S., Lorenzo ed Ippolito: Augustinianum 30 (1990) 145–187; D. Mazzoleni: San S., il Santo e la sua Basilica: Studi e materiali di storia delle religioni 59 (1993) 151–190.

Sophia (Sophie-Thérèse-Augustine) **Soubiran** La Louvière (Ordensname: Marie-Thérèse), selig (1946; 7. Juni), Gründerin der »Sœurs de Marie-Auxiliatrice« (MA), * 16. 5. 1834 Castelnaudary, Aude, † 7. 6. 1889 Paris; gründete 1854 in ihrer Heimat eine freie Schwesterngemeinschaft. Unter Jesuiteneinfluss 1864 zur Kongregation geformt, von ihr als Generaloberin geleitet. 1874 aufgrund falscher Anklagen abgesetzt, zum Verlassen der Kongregation gezwungen. 1877 Aufnahme bei den Sœurs de N.-D. de la Charité in Paris (Ordensname: Marie du Sacré-Cœur). Lebte in und aus ihrer Spiritualität der Versöhnung (»réparation«) und der Aufopferung (»victime«).

KARL SUSO FRANK

Literatur: BiblSS 11, 1329 ff.; DIP 8, 1930 f.; DSp 10, 594 f.

Stanislaus (Stanisław) **Kostka,** heilig (1726; 15. Aug.), SJ-Novize (1567), * 28. 10. 1550 Schloss Rostkow, Masowien, † 15. 8. 1568 Rom; studierte 1564–67 mit seinem Bruder Paul bei den Jesuiten in Wien (sein Zimmer ist die heutige S. -Kapelle). Als er nach sechsmonatiger Überlegung den Wunsch äußerte, in die Gesellschaft Jesu einzutreten, versuchte sein Bruder dies zu verhindern. Auch der österreichische Provinzial, Repressalien der Verwandten gegen den Orden fürchtend, wagte nicht, ihn aufzunehmen. So beschloss er, im August 1567 geheim als Bettler verkleidet nach Augsburg und Dillingen zu fliehen, wo er ↗Petrus Canisius traf. Dieser sandte ihn nach Rom zu ↗Franz von Borja, der ihn als Novizen aufnahm. Seine fröhliche und bescheidene Art, seine Entschlossenheit und Frömmigkeit beeindruckten seine viel älteren Mitnovizen. Vielleicht durch die Strapazen der Flucht geschwächt, starb er nach zehn Monaten an einem heftigen Fieber. – Er ist der Patron Polens, der studierenden Jugend, der Novizen und der Sterbenden.

JOHANNES WRBA

Literatur: Polgár 3/2, 11392–546. – Sommervogel 4, 1203; 11, 1475–83; L. Koch: Jesuitenlexikon, 1934, 1687 f.; A.-G. Secchi: Alle gegen einen. Hl. S. K., 1994.

Stanislaus (Stanisław) **von Krakau,** heilig (1253; 11. April), * um 1030 Szczepanów (?), † 11. 4. 1079 Krakau; südpolnischer ritterlicher Herkunft. S. erhielt das Bistum Krakau nach dem Tod Bischof Lamberts Suła (um 1071) von Bolesław II. Śmiały, der 1076 zum König von Polen gekrönt wurde. Über seine bischöfliche Tätigkeit und die Ursachen seines schweren Konflikts mit dem König existieren keine sicheren Nachrichten. Wahrscheinlich bedrohte Bolesławs Bestreben, die Stellung Gnesens zu stärken und die polnische Kirche nach der schweren Krise der dreißiger Jahre des 11. Jh. zu reorganisieren, Besitz und Einfluss der Krakauer Kirche. S. wurde, wohl mit Billigung des Gnesener Erzbischofs, verurteilt und durch »truncatio membrorum« hingerichtet. Sein Kult entwickelte sich seit Mitte des 12. Jh. von Krakau aus. Die von Vincentius von Kielce (Kielcza) verfassten beiden Viten und Miracula (BHL7832–43) spielten im 13. und 14. Jh. eine wichtige Rolle für die Propagierung der Einheit Polens.

JERZY STRZELCZYK

Literatur: BBKL 10, 1161–65; LMA 8, 56. – G. RHODE: Kleine Geschichte Polens, 1965, 25 45 ff.; Hagiografia polska, Bd. 2 1972, 419–455; M. PLEZIA: Dookoła sprawy św. S.a: Analecta Cracoviensia, Bd. 11 1979, 251–413 (zahlreiche weitere Beiträge).

Stephan(us), Protomartyrer, heilig (GK F 26. Dez.).

1. *Neutestamentliches Zeugnis.* a) *Der Bericht der Apostelgeschichte:* Nur die Apostelgeschichte (6,1–8,2; 11,19; 22,20) erwähnt S. als bedeutende Gestalt der Urgemeinde und ersten christlichen Blutzeugen. Nach der z. T. redigierten Darstellung des Lukas entstand unter der angewachsenen Schar der Jünger in Jerusalem ein Konflikt zwischen »Hellenisten« und »Hebräern« um die Witwenversorgung. Auf Vorschlag der Zwölf wurden sieben Männer mit S. an der Spitze gewählt, um den Tischdienst, d. h. sozial-caritative Aufgaben zu übernehmen. S. trat anschließend jedoch nicht als Träger der Diakonia, sondern der Martyria auf: »S., voll Gnade und Kraft, tat Wunder und große Zeichen unter dem Volk« (6,8). Seine charismatische Predigt erregte Anstoß bei Mitgliedern hellenistisch-jüdischer Synagogen, die ihn durch falsche Zeugen vor dem Synedrium der Kritik an Tempel und Gesetz bezichtigten. Die Verteidigungsrede des S. (7) ist ein Überblick über die Geschichte Israels im Stil einer deuteronomistischen Umkehrpredigt (Vorwürfe: Prophetenmord, Nichteinhaltung der Tora). S.' Vision vom zur Rechten Gottes stehenden Menschensohn (7,56) provozierte die Steinigung, wahrscheinlich als tumultartige Lynchjustiz. Der »Diakon« (so in späterer Deutung) wurde so zum Prototyp des christlichen Martyrers. Folge der Steinigung ist die Vertreibung der Hellenisten aus Jerusalem.

b) *Theologiegeschichtliche Bedeutung:* Die Bedeutung des S. ist in seiner Rolle als Wortführer der Hellenisten in Jerusalem zu sehen. Seine Rede belegt eine frühe Kult- und damit verbunden auch Torakritik in der Urgemeinde. Die Hellenisten werden im syrischen Antiochien als erste Heidenmissionare zu Protagonisten der gesetzesfreien Verkündigung des ↗ Paulus.

GERHARD HOTZE

Literatur: Kommentare zur Apostelgeschichte. – EWNT 3, 657 ff.; J. JESKA: S., zentrale Gestalt oder Randfigur: Bibel und Kirche 55 (2000) 68–73; J. J. KILGALLEN: The uniqueness of S.: Mysterium regni ministerium verbi. FS F. Fusco, 2000, 481–496.

2. *Verehrung und Brauchtum.* Wo die christliche Botschaft verkündet wird, legt sie auch den Grund für die besondere Beachtung ihrer ersten Blutzeugen wie des S. und anderer Martyrer (↗ Unschuldige Kinder; ↗ Johannes der Täufer; ↗ Jakobus der Ältere; Makkabäische Brüder). Die erzählerische Gemeindemahnung Apg 6 f. preist im Martyrium des S. die Nähe des erhöhten Herrn durch typologische Annäherung. Diese neutestamentliche Parallelisierung von Jesus-Tod und S.-Martyrium erwähnten schon ↗ Irenäus von Lyon (Adversus haereses III, 12 f.) und Tertullian (De pa-

tientia 13f.). Die ekklesiale Tragweite der wachsenden S. -Verehrung charakterisierten v.a. die »Letzten Worte« Jesu (Lk 23,23. 46) und des S. (Apg 7,59f.), deren Vergebungskraft ↗Augustinus (Sermones 316, 4, 4; 279, 1,1) hervorhob. – Voraussetzung des S. -Festes wurden seit dem 3./4. Jh. die sich häufenden Anlässe des Martyrergedenkens (alexandrinische Markus-Anaphora, Canon Missae; Namengebung). Ende des 4. Jh. lässt sich das Fest für den *27./* 26. Dez. in Jerusalem nachweisen, die armenische Kirche übernahm es um 450; bezeugt ist es erstmals 411 im »Breviarium Syriacum«. Im Westen findet es sich seit dem 6. Jh. (Kalender von Karthago; stadtrömisches Sanktorale). – Beflügelt wurde die S. -Verehrung durch die 415 von Lucian berichtete Revelatio des S. -Grabes in Kafar-Gamala. Durch Paulus Orosius gelangten Revelatio und Reliquienteile nach Menorca und Nordafrika. Vor allem in Jerusalem, im Mittelmeerraum und in Gallien breitete sich die S. -Verehrung stark aus, so dass S. im 7. Jh. zum Universalheiligen wurde. – Das europäische S. -Brauchtum hängt mit dem Winterbrauchtum zusammen und wird schon bei ↗Karl dem Großen bezeugt (S. -Minne; S. -Wasser; Pferde- bzw. Hafer-Segnung u.a.).

HANS J. LIMBURG

Literatur: LMA 8, 127f.; H. J. LIMBURG: Die Wahrheit der Heiligen: Lebendiges Stundengebet. FS L. Brinkhoff, 1989, 301–315; M. MITTERAUER: Ahnen und Heilige, 1993, passim; H. AUF DER MAUR: Feiern im Rhythmus der Zeit II/ 1, 1994.

Stephan Harding, heilig (28. März), OCist, *um 1060 Merriot, Somerset, †28.3.1134 Cîteaux; Kind-Oblate im Kloster Sherborne in Wessex; musste offensichtlich aus der Heimat flüchten und kam nach Schottland, Irland (Lismore), dann nach Paris, Reims, Laon und Rom, wo er seiner religiösen Berufung innewurde. S. erwarb sich eine umfassende Bildung und lernte in Italien die wichtigsten Reformbewegungen seiner Zeit kennen: die Cluniazensische Reform, Camaldoli mit ↗Petrus Damiani, die Vallombrosaner mit den Konversen. 1085 trat er in Molesmes ein. Nach Teilnahme an der Gründung von Cîteaux (1098) folgte er den heiligen ↗*Robert von Molesme* und *Alberich von Molesme* (26. Jan.) als dritter Abt (1109–33). Seine durch Buchmalerei berühmte Schreibschule blühte. Er besorgte mit Hilfe jüdischer Gelehrter die Revision des Alkuin-Textes der Vulgata (1109). Er versuchte, die Patristik für Glauben, Leben und Liturgie fruchtbar zu machen und entwickelte Verfassungsprinzipien (*Charta Caritatis* 1119), die fester Bestandteil des allgemeinen Ordensrechts wurden.

GERHARD B. WINKLER

Quellen und Literatur: H. BREM – A. M. ALTERMATT (Hg.): Einmütig in der Liebe. Die frühesten Quellentexte von Cîteaux, 1998. – ACTASS apr. 2, 496–501; BBKL10, 1374ff.; DHGE 15, 1226–34; LMA 8, 119f.; P. ZAKAR: Die Anfänge des Zisterzienserordens: Analecta Cisterciensia 20 (1964) 101–138; H. E. J. COWDREY: S. H. and Cistercian monasticism: Cîteaux 49 (1998) 209–220; T. MERTON: Saint S. H.: Cistercian Studies Quarterly 33 (1998) 265–276.

Stephan (Étienne) **von Thiers** (von Muret), heilig (8. Febr.), Gründer der »Grammontenser«, *1050 Thiers, Puy-de-Dôme, †8.2.1124 Muret; nach Aufenthalt in Italien mit eremitischen Erfahrungen um 1076 Gründung einer Eremitage bei Ambazac nördlich von Limoges. Mit Anschluss von Gefährten entstand eine neue Ordensgemeinschaft, die sich vom nahen Grandmont aus verbreitete. Vita S.s und Regel des Ordens (unter seinem Namen) wurden von Stephan de Liciac, dem vierten Prior von Grandmont (1139–63), verfasst (CCM8).

KARL SUSO FRANK

Literatur: BIBLSS 11, 1406 ff.; DIP 9, 224 ff.

Stephan (István) **(I.) von Ungarn** (vor der Taufe: Vajk), heilig (GK g 16. Aug.), * um 969/975, † 15. 8. 1038 Székesfehérvár/Stuhlweißenburg.

Sohn des ungarischen Großfürsten Géza aus dem Geschlecht der Arpaden, wurde 973/974 auf den Namen S., den Patron des Bistums Passau, getauft; 995/996 Heirat mit Gisela, Schwester Kaiser ↗Heinrichs II. Nach seiner Erhebung zum König (nach 997) war S. in kriegerische Auseinandersetzungen mit seinem heidnischen Verwandten und Rivalen Koppány verwickelt, die er mit bayerischer Hilfe beenden konnte. Um 1010 eroberte er den Nordosten Ungarns von Polen zurück und bekämpfte anschließend die Bulgaren, um die Pilgerstraße nach Jerusalem zu öffnen. Den Lehnsanspruch Konrads II. auf Ungarn wehrte S. 1030 erfolgreich ab, so dass er nunmehr von Westen auf das Zentrum hin mit dem Aufbau einer kirchlichen Organisation beginnen konnte: Gründung der beiden Erzbistümer Esztergom/Gran und Kalocsa mit 6–8 Suffraganen und den Abteien Pannonhalma (Martinsberg), Zalavár, Bakonybél und Pécsvárad; Hauptorganisator war Bischof Gerhard von Csanád. Im gleichen Zug erfolgten die Gründung von königlich ausgestatteten Pfarreien und der Aufbau einer zivilen Verwaltung (Komitate, Grenzgespanschaften, Pfalzgrafen, Hofrichter, Schatzmeister, Dienstleute, königliche Münze, rudimentäre Hofhaltung). Wahrscheinlich trat S. auch als Gesetzgeber hervor, wovon zwei Sammlungen Decreta zeugen, die sich nach karolingischem Vorbild u. a. auf Monarchie, königliche Gerichtsbarkeit, Privateigentum und Kirchenzehnt beziehen. Ihm zugeschrieben wird auch *De institutione morum*, ein Fürstenspiegel für seinen Sohn Emerich, der aber schon 1031 starb. S.s Nachfolger wurde sein venezianischer Verwandter Peter Orseolo; seinen anderen Verwandten, den vielleicht byzanzfreundlichen Prätendenten Vazul (Basilius), ließ er blenden. Dessen Nachkommen Andreas, Béla und Levente flohen zunächst nach Polen, kehrten aber nach dem heidnischen Aufstand von 1046 zurück, um die Herrschaft der Arpaden wieder zu begründen. – Die Kanonisation S.s zusammen mit Emerich, Gerhard und den Eremiten Zoerard und Benedikt erfolgte 1083 auf Betreiben König ↗Ladislaus', der mit diesem Akt eine ideologische Bindung zum ersten christlichen König herzustellen suchte. In diesem Zusammenhang entstanden die »Legenda maior« (BHL 7918, kurz vor der Kanonisation), die »Legenda minor« (BHL7920, Ende 11. Jh.) und die Legende des Passauer Bischofs Hartwig (BHL 7921, um 1100, vereinigte und ergänzte die beiden anderen Legenden), die S. als »miles Christi«, als apostelgleichen Gründer des christlichen Reichs und Protektor der Kirche (u. a. Pilgerwesen, Gottesfrieden, Marienverehrung) feiern. – Der S.-Kult gehört zu den zentralen Grundlagen des ungarischen Selbstverständnisses.

GÁBOR KLANICZAY

Quellen und Literatur: T. BOGYAY U. A.: Die heiligen Könige, 1976, 29–60. – LMA 8, 112 ff.; R. FOLZ: Les saints rois du Moyen Age, 1984, 76–91; GY. GYÖRFFY: King St. S. of Hungary, 1994; G. KLANICZAY: ›Rex iustus‹. Le saint fondateur de la royauté chrétienne: Cahiers d'études hongroises 8 (1996) 102–160; DERSELBE: Königliche und dynastische Heiligkeit in Ungarn: J. PETERSOHN (Hg.): Politik und Heiligenverehrung im Mittelalter, 1994, 343–361; H. H. HENRIX (Hg.): Adalbert von Prag, 1997.

Sturmi von Fulda, heilig (1139; 17. Dez.), OSB, erster Abt von Fulda, * um 704 aus bayerischen Adel, † 10. [20.?] 12. 779 Fulda. Als Schüler des ↗Bonifatius im Kloster Fritzlar ausgebildet und um 734 (Chronologie bis 744 unsicher) Priester. An sein dreijähriges Wirken als Missionar schloss sich ein Einsiedlerdasein in Hersfeld an. Auf Initiative des Bonifatius begann die langwierige Suche nach einem geeigneten Ort für eine Klostergründung, die auf einer Schenkung Karlmanns 744 in Fulda gelang. Im Einvernehmen mit Bonifatius als eigentlichem Klosterherrn baute S. Fulda zu einem bedeutenden Zentrum aus. Auf Bitten der Mönche reiste er 747 nach Rom und Montecassino, um dort die benediktinischen Consuetudines zu studieren und Fulda danach zu gestalten. Diese Ausrichtung hat später in einer gewissen Spannung zu der aktiven Rolle gestanden, die die Karolinger von dem Kloster in der Sachsenmission erwarteten. 751 gewährte Papst Zacharias Fulda die Exemtion. Nach dem Tod des Bonifatius 754 setzte S. gegen Lullus von Mainz dessen Grablege in Fulda durch, danach Zunahme der Schenkungen und immenses Wachstum Fuldas. Im Konflikt mit Lullus fiel S. durch Verleumdung bei Pippin III. dem Jüngeren in Ungnade und wurde 763 in die Abtei Jumièges verbannt. 765 wurde S. jedoch als Abt rehabilitiert und Fulda unter Königsschutz gestellt. Mehrfach hielt sich S. am Königshof auf. ↗Karl der Große, der ihn mit einer Gesandtschaft zu Tassilo III. beauftragte, bestätigte dem Kloster 773 die Besitzrechte und gewährte 774 freie Abtswahl und Immunität. Früh in die Missionsplanung für Sachsen einbezogen, beorderte Karl S. 779 während eines Sachsenzuges auf die Eresburg; krank von dort zurückgekehrt, starb er in Fulda und wurde im Ostchor der Basilika beigesetzt. Eigil sorgte durch Anniversarfeiern, die Abfassung einer Vita (Datierung umstritten, für die Jahre 794–800 scheint mehr zu sprechen als für die Zeit um 820) und die Translation ins südliche Seitenschiff für die bleibende Memoria. S. wurde 1139 auf dem Lateranum II kanonisiert.

LUTZ E. VON PADBERG

Quellen: Vita Sturmi des Eigil von Fulda, hg. v. P. ENGELBERT, 1968, deutsch: Fuldaer Geschichtsblätter 56 (1980) 18–48.

Literatur: BIBLSS 4, 43 ff.; LMA 8, 269 f.; BERSCHIN 3, 27 ff.; WATTENBACH-LEVISON 691 ff.; K. SCHMID (Hg.): Die Klostergemeinschaft von Fulda im früheren Mittelalter, 1978; S. SCHIPPERGES: Bonifatius ac socii eius, 1996, 142 ff.

Thebaische Legion (ThL), Bezeichnung für eine Gruppe von Martyrern (22. Sept.), über die erstmals Bischof Eucherius von Lyon in seiner »Passio Acaunensium Martyrum« (BHL5740) um 450 berichtet, Bischof Theodor von Octodurus habe ihre Gebeine in Acaunum (St-Maurice) entdeckt und erhoben. Zeitlich und kultgeschichtlich gehört diese Erhebung in den Umkreis der von ↗Ambrosius praktizierten bzw. inspirierten Reliquienentdeckungen (↗Gervasius und Protasius 386; Vitalis und Agricola 393; Nazarius und Celsus 395). Grabungen in St-Maurice haben eine Grabkapelle des 4. Jh. zutage gefördert und die topographischen Angaben des Eucherius bestätigt. Dessen Auskünfte zur Herkunft und zum Geschick der Martyrer bereiten jedoch wegen zahlreicher Anachronismen große Probleme. Sie betreffen u. a. die Existenz einer ThL des römischen Heers im Westen zum Zeitpunkt des Martyriums unter Maximianus, die (späten) Bezeichnungen für die militärischen Ränge der Martyrer sowie die Dezimierung als (damals bereits abgeschaffte) Strafmaßnahme; sie vermehren sich noch, wenn man zusätzlich die von Eucherius in

Teilen unabhängige sogenannte »Passio X²« (Manuskript Einsiedeln 256) hinzuzieht, welche das Martyrium in die Zeit des Bagaudenaufstands (286), mithin in die Friedenszeit des 3. Jh. verlegt. Unter Würdigung beider Texte lässt sich jedoch vermuten, dass die von Theodor erhobenen Gebeine die von Opfern einer Säuberung im Heer in der Zeit ab 298 gewesen sind: Soldaten, die vor einer Alpenüberquerung das Götteropfer verweigerten. Eucherius nennt zunächst nur vier Martyrer mit Namen: ↗*Mauritius* (Primicerius), *Exuperius, Candidus* und *Victor,* fügt aber bereits mit *Ursus und Victor* weitere hinzu, die derselben Legion angehört haben sollen, jedoch bei Solothurn ihr Martyrium erlitten. Dieser Tendenz folgend und begünstigt durch die geographische Lage des Kultorts an einem Hauptweg über die Alpen, sind später im Zuge der Ausbreitung des Kults immer mehr Heilige nördlich und südlich der Alpen zur ThL gezählt worden. Gregor von Tours, zu dessen Zeit Mauritius Patron seiner Kathedrale wird, erwähnt um 590 das Gerücht, in Köln seien 50 Martyrer der ThL begraben. Im Frühmittelalter treten zunächst in Zürich *Felix und Regula* zum Kreis der ThL hinzu, die Mauritius-Verehrung steht aber im Vordergrund (durch den heiligen ↗Gallus, Patronate in Tholey und Niederaltaich). Großen Aufschwung erlebte sein Kult als Reichsheiliger ab 888 im Königreich Burgund und ab 937 unter den Ottonen (Translation des Innocentius von St-Maurice ins Moritzkloster von Magdeburg). Dies scheint ausschlaggebend dafür, dass nun *Gereon* in Köln, *Cassius und Florentius* in Bonn, *Victor* und *Mallosus* in Xanten und *Thyrsus (Bonifatius, Palmatius)* und Gefährten in Trier sowie ein durch ↗Anno von Köln von St-Maurice nach Siegburg übertragener *Vitalis* der ThL zugezählt werden. In Italien nennt das MartRom außerdem *Secundus von Ventimiglia* (BHL 7568 f.), *Alexander von Bergamo, Antoninus von Piacenza* sowie *Octavius, Solutor* und *Adventor von Turin* (20. Nov.: BHL 85 f.) als Angehörige der ThL. Daneben wird im Mittelalter in Ivrea *Bessus* der ThL zugerechnet.

HANS REINHARD SEELIGER

Literatur: BBKL 11, 784–791; A. J. Herzberg: Der heilige Mauritius, 1936, Nachdruck 1981; J. Helgeland: Christians in the Roman Army: ANRW II, 23/1, 774–777; M. Zufferey: Der Mauritius-Kult im Früh- und Hochmittelalter: Historisches Jahrbuch 106 (1986) 23–58; D. Woods: The Origin of the Legend of Mauritius and the Theban Legion: Journal of Ecclesiastical History 45 (1994) 385–395.

Thekla von Iconium, heilig *(23. Sept.).* Th. wurde in der Frühzeit des Christentums als die Erstmartyrin der Frauen verehrt so wie ↗Stephanus als der Erstmartyrer der Männer. Der historische Kern der Th.-Überlieferung muss aus den romanhaft bearbeiteten Paulusakten erschlossen werden. Viele Indizien sprechen dafür, dass die Th.-Akten (auch Acta Pauli et Theclae) ursprünglich ein eigenes Traditionsstück waren, das erst nachträglich mit den Paulusakten verknüpft wurde. In den Paulusakten finden sich zwei Martyriumsberichte: Einer spielt in Iconium, der Heimatstadt Th.s, ein zweiter in Antiochien, einem Ort ihrer apostolischen Tätigkeit. Dieser zweite Bericht enthält viele Parallelen zu historisch einwandfrei bezeugten Fakten aus authentischen Martyriumsakten. Der erste Bericht dagegen entspricht dem typischen Romanmotiv der außerkanonischer Apostelakten, in denen die Predigt von der Enthaltsamkeit als der Inbegriff der christlichen Botschaft dargestellt wird. Entsprechend erscheint hier Th. passiv als Jungfrau, in Antiochien ist sie dagegen eine aktive Verkünderin der Auferstehungsbotschaft. Th. überlebt dort den Tierkampf und ist danach weiterhin apostolisch tätig, insbesondere in Seleucia, wo auch ihre Grabstätte verehrt wird. Gegen Ende des 2. Jh. berufen sich Frauen auf Th., um ihr Recht, in der Kirche zu lehren, zu untermauern (vgl. Tertullian, De baptismo 17). In der späteren Rezeption ihrer Gestalt findet eine deutliche Verschiebung statt: Zunächst war sie als Apostolin und Martyrin verehrt, dann wird sie zunehmend als Modell asketischer Jungfrauen wahrgenommen. Doch auch als solche war sie die bedeutendste Frauengestalt im frühen Christentum, deren Verehrung schließlich durch den Marienkult verdrängt wurde. Bedauerlicherweise wurde das Fest der heiligen Th. nach dem Zweiten Vatikanischen Konzil aus dem Martyrologium gestrichen.

ANNE JENSEN

Quellen und Literatur: Th. – die Apostolin, Übersetzung und Kommentar von A. Jensen, 1993. – BiblSS 12, 176–179; LMA 8, 615 RAC 15, 1003 ff.; Reallexikon zur byzantinischen Kunst, Bd. 4 1990, 228–239 324 ff.; R. Albrecht: Das Leben der heiligen Makrina auf dem Hintergrund der Th.-Traditionen. Studien zu den Ursprüngen des weiblichen Mönchtums im 4. Jh. in Kleinasien, 1986; S. Hackel (Hg.): The Byzantine Saint, 1981, 196–226; C. Nauert – R. Warns: Th. Ihre Bilder in der frühchristlichen Kunst, 1981; S. Matthews: Thinking of Th.: Journal of Feminist Studies in Religion 17 (2001) 39–55.

Theodor von Canterbury, heilig (19. Sept.), *602 Tarsus in Kilikien, † 19. 9. 690 Canterbury (?). Nach der Synode von Whitby sandten die Könige von Kent und Nordhumbrien den »mit Wahl und Zustimmung der heiligen Kirche des Volkes der Angeln« (Beda, h. e. III, 38) zum Erzbischof von Canterbury bestimmten Priester Wigheard nach Rom zur Bischofsweihe. Da dieser dort starb, weihte Papst Vitalian an seiner Statt den bereits 66 Jahre alten, im römischen Exil lebenden griechischen Mönch Th. von Tarsus, der »der erste Erzbischof war, den die ganze Kirche der Angelsachsen anerkannte« (IV,2). Th. gilt neben dem ebenfalls von Rom entsandten Angelsachsenmissionar ↗Augustinus als der zweite Gründer der angelsächsischen Kirche. Er nutzte nicht nur seine romgestützte Autorität, um für die vielen vakanten Bischofsstühle unbestreitbar orthodoxe, d.h. nicht im Verdacht irischer Amtstraditionen stehende Männer zu Bischöfen zu weihen, sondern auch, um die die angelsächsischen Kleinkönigreiche überwölbende gesamtangelsächsische Kirche institutionell zu festigen. Sichtbarster Ausdruck dafür waren die Durchsetzung der eigenen Amtsautorität als Erzbischof von Canterbury in ganz England und die beiden von ihm einberufenen gesamtangelsächsischen Synoden von Hertford (672) und Hatfield (679).

HANNA VOLLRATH

Literatur: BBKL 11, 869–874; H. Mayr-Harting: The Coming of Christianity to Anglo-Saxon England, 1972; S. Brock: St Th. of Canterbury: Heythrop Journal 36 (1995) 431–438.

Theodor (Theodul, St. Joder) **von Octodurus,** heilig (16. Aug.), Landespatron des Wallis, wahrscheinlich erster Bischof von Octodurus (heute Martinach, französisch Martigny) (um 370/380), † um 400. Im Umkreis des ↗Ambrosius von Mailand unterzeichnete Th. die Akten des Konzils von Aquileia (381) und der Synode von Mailand (393). Nach der Passio Acaunensium martyrum des Bischofs Eucherius von Lyon erhob Th. die Gebeine der Martyrer der ↗Thebaischen Legion in Agaunum (St-Maurice) und stiftete am Kultort eine Basilika. Bei der Verlegung des Bischofssitzes nach Sitten im 6. Jh. wurden die Reliquien Th.s dorthin überführt und vielleicht auf dem Friedhof »extra muros« bestattet. Am Kultort entstand eine Kirche mit Wallfahrtskrypta (8./9. Jh.), die im Mittelalter ein rege besuchter Wallfahrtsort war; die Krypta wurde bei der Erneuerung der Kirche unter Kardinal Matthäus Schiner ab 1514 verschüttet. Als Bistumspatron ist Th. neben Maria seit etwa 1100 bezeugt. Die legendenhaften Acta eines Mönchs Ruodpertus (11./12. Jh.) machen Th. zu einem Zeitgenossen ↗Karls des Großen. – Sein Kult verbreitete sich im Wallis, von Savoyen über Norditalien bis Vorarlberg (Walsersiedlungen) und über Engelberg (12. Jh.) in die deutsche Schweiz. St. Joder gehört im mittleren Alpenraum zu den beliebtesten Schutz- und Kirchenpatronen; er wurde gegen Unwetter, Viehkrankheiten und dämonische Anfechtungen angerufen, ist Winzer- und Glockenpatron (Hauptattribut ein glockentragender Teufel, der nach der Legende den Heiligen samt der vom Papst geschenkten Glocke von Rom über den Theodulpass nach Sitten tragen musste). Im Wallis wurde Th. auch als politische Legitimationsfigur verehrt, da die Bischöfe von Sitten von ihm ihre weltliche Herrschaft (Schwertübergabe und Verleihung der Grafschaft durch Karl den Großen) ableiteten.

ERNST TREMP

Literatur: BBKL 11, 881–884; BHL 8088 mit NSuppl 8088a; BiblSS 12, 257 f.; LMA 8, 630; L. Lathion: Au temps de saint Ambroise. Th. d'Octodure et les origines chrétiennes du Valais, 1961; J. Straub: Die Heiligengräber der Schweiz, 1987.

Theodor Studites, heilig (11. Nov.), *759 Konstantinopel, †11.11.826 auf der Insel Prinkipo bei Konstantinopel. Th. trat 780 in das von seinem Onkel Plato geleitete Kloster Symbolon in Bithynien ein und lebte seit 782 mit diesem zusammen im neu gegründeten Kloster Sakkudion, wo er 787/788 Priester und 794 Abt wurde. Beim sogenannten Moichianischen Streit wurde er wegen seines Widerstands gegen die kirchenrechtlich unzulässige zweite Ehe Konstantins VI. 795/796 nach Thessalonike verbannt, kehrte aber nach dessen Sturz 797 wieder nach Sakkudion zurück. 798 ging er, angeblich wegen eines Einfalls der Araber, nach Konstantinopel, wo er Abt des Studiosklosters wurde. Als führender Exponent des bilderfreundlichen Mönchtums gewann er schnell politischen Einfluss. 806 geriet er in Streit mit Patriarch Nicephorus I. wegen dessen Versuch, durch einen Kompromiss den Moichianischen Streit beizulegen, wurde 809 verhaftet und auf die Insel Chalce bei Konstantinopel verbannt. Unter Kaiser Michael I. wurde er 811 wieder Abt des Studiosklosters, nach dem erneuten Ausbruch des Bilderstreits 815 aber von Leon V. wiederum verbannt, diesmal an verschiedene Orte in Kleinasien, zuletzt seit 819 nach Smyrna. 821 durch Michael II. freigelassen, lebte er in den Klöstern von Bithynien und starb 826 auf der Insel Prinkipo. Sein Leichnam wurde 844 nach der endgültigen Beilegung des Bilderstreits in das Studiokloster überführt.

Der Name des Th. ist untrennbar mit seinem Kampf für die Bilderverehrung und mit seinen Bemühungen um die Wiederbelebung des asketisch-coenobitischen Ideals verbunden, die als »studitische Reform« (bzw. Regel) fast das ganze byzantinische Mönchtum erfasste.

In seinen zahlreichen Briefen, die als Quellen für die Zeit von 797 bis 826 von großer Bedeutung sind, den Predigten, theologischen Schriften und Gedichten pflegte er eine eigenwillige Sprache mit volkssprachlichen Anklängen und Neologismen.

ALBRECHT BERGER

Ausgabe: PG 99; Jamben auf verschiedene Gegenstände, hg. v. P. SPECK, 1968; Theodori Studitae ep., hg. v. G. FATOUROS, 2 Bde., 1992 (darin Werkliste mit Verzeichnis der Ausgaben [Bd. 1, 21*–38*]).

Literatur: BBKL 11, 978–981; DSp 15, 401–414; I. HAUSHERR: St. Th. S., 1926; B. HERMANN: Der Abt Th., der asketische Meister von Studium und die Studitenmönche: Zeitschrift für Aszese und Mystik4 (1929) 289–312, 5 (1930) 121–147; J. LEROY: La vie quotidienne du moine studite: Irénikon 27 (1954) 21–50; DERSELBE: La réforme Studite: I. HAUSHERR (Hg.): Il monachesimo orientale, 1958, 181–214; T. PRATSCH: Th. S., 1998.

Theodor Tiro (Teron, von griechisch Τήρων, lateinisch »tiro«, Rekrut; auch Th. von Euchaïta [bei Amasia im Pontus, heute Avkat]), heilig (17. Febr.), Martyrer, †306 im Orient; einfacher Soldat im Heer Kaiser Maximians, wurde bei Ausbruch der Christenverfolgung (303) verhört, äscherte den Magna-Mater-Tempel in Amasia ein und wurde deswegen nach Folter verbrannt. Die ältesten Berichte sind eine panegyrische Homilie des Gregor von Nyssa (BHG 1760; CPG3183) und ein Enkomion des Chrysippus von Jerusalem (BHG 1765c; CPG 6706). In weiteren Legendengruppen werden Begleitumstände und Person des Heiligen weiter ausgeschmückt (Drachenkampf: Vorbild für Georgslegende). Seit dem 9. Jh. erscheint im Kult von Euchaïta der heilige *Theodor Stratelates* (Στρατηλάτης, Heerführer, General) *(7.* und *8. Febr., 8. Juni),* in Euchaïta oder Heraclia unter Licinius gemartert und enthauptet; Augenzeuge und Verfasser der Passio (BHG 1750) ist ein Tachygraph Augarus. Diese Akten sind jedoch nur eine Um- und Weiterbildung der Passio des Th. An der Identität des Theodor Stratelates mit Th. und der legalen Priorität und Kultberechtigung des Th. ist nicht zu zweifeln. Zentren seiner Verehrung waren die zu Euchaïta über seinem Grab wohl schon um 400 existierende Wallfahrtskirche und andere Kirchen, besonders im Orient (Amasia, Edessa, Nisibis, Jerusalem, Neirab bei Damaskus u. a.), in Konstantinopel (etwa 15), Serrai, Athen, Venedig, Rom sowie Wemding (Kreis Donau-Ries). Theodor Stratelates dagegen genoss hauptsächlich in der erstmals im 10. Jh. erwähnten Stadt Euchaneia (auch Euchaina) Verehrung, die zu Unrecht oft mit Euchaïta gleichgesetzt wird; sie wurde ihm zu Ehren 971 nach dem byzantinischen Sieg bei Dorostolon über Svjatoslav von Kiev in Theodorupolis umbenannt. – Die beiden populären Soldatenheiligen, derer auch am ersten Fastensamstag gedacht wurde und deren Fest seit 1166 im byzantinischen Reich als Halbfeiertag galt (CGU 1466), erscheinen in der Kunst meist im Kriegsgewand mit Panzer, Schild und Lanze, seltener in ziviler höfischer Kleidung. Ihre Darstellung ist praktisch identisch und nur durch die jeweilige Beischrift zu unterscheiden, ihre Haltung kann die eines Betenden oder eines angreifenden Kriegers sein. Als Reiterheilige werden sie oft gemeinsam dargestellt oder in Verbindung mit dem heiligen ↗Georg. Es wurde versucht, Th. als Kulterben des phrygisch-pontischen Gottes Men-Pharmacus zu interpretieren; im slawischen Volksglauben besteht die Identifizierung mit dem »Thrakischen Reiter«.

OTTO VOLK

Literatur: BBKL11, 875–881; BHG 1750–1753n 1760–1773; BHL 8077–82; BHO 1165–1173; LMA 8, 638; H. STARCK: Th. Teron, 1912; T. BAUMEISTER: Martyr invictus. Der Märtyrer als Sinnbild der

Erlösung in der Legende und im Kult der frühen koptischen Kirche, 1972, 135 ff. u. ö. (ägyptischer Kult, dort auch Th. Anatolios/Orientalis).

Theodosius Coenobiarches, heilig (11. Jan.), * um 424 Mogari(a)ssus (Kappadokien), † 11. 1. 529 Theodosiuskloster. Als jugendlicher Lektor besuchte er ↗ Simeon Stylites den Älteren, lebte unter Leitung des Asketen Longinus im Kloster am Davidsturm in Jerusalem, dann im Kathisma- und Metopakloster schließlich als Einsiedler in einer Höhle, bei der sich bald ein blühendes, nach ihm benanntes Kloster entwickelte, dem er Heime für Alte, körperlich und psychisch Kranke und Fremde angliederte. Patriarch Salustius bestellte ihn um 494 zum Oberabt über alle Zoenobiten im Bereich von Jerusalem. Zusammen mit ↗ Sabas von Mar Saba wirkte Th. in der Leitung der Klöster, in der Verteidigung des Glaubens gegen die Monophysiten und in der Sorge um das bedrängte Land (518 gemeinsame Bittschrift an Kaiser Anastasius I.). Seine Biographen, sein Schüler Theodor von Petra, Cyrill von Skythopolis und Simeon Metaphrastes, rühmen seine strenge Askese, seine überlegte Verteidigung des Glaubens, seine unparteiische Wohltätigkeit gegen Fremde und Arme und sein fast ununterbrochenes Gebet.

WINFRID CRAMER

Literatur: PG 114, 469–553. – ActaSS ian. 1, 680–701; BHG[3] 1776–1778b; CPG 3, 7533 7539; DPAC 2, 3394 f.; SynaxCP 383 ff.; H. Usener: Der heilige Th., 1890; M. van Esbroeck: La vie arabe de saint Th. le Cénobiarque: Parole de l'Orient 18 (1993) 45–73.

Theresia (Teresa) **von Ávila** (eigentlich T. Sánchez de Ahumada, auch Th. von Jesus, Th. die Große oder die Große Th. oder Th. von Spanien), heilig (GKG 15. Okt.), 1970 Kirchenlehrerin, OCarm (1535), Ordensgründerin OCD (ab 24. 8. 1562 für Frauen, ab 28. 11. 1568 für Männer), * 28. 3. 1515 Ávila, † 4. 10. 1582 Alba de Tormes, Salamanca.

1. *Leben.* Väterlicherseits aus einer jüdischen (Vater 1480 als Jude geboren, 1485 mit seiner Familie Christ geworden), mütterlicherseits aus einer altchristlichen Familie stammend; drittes von insgesamt zwölf Kindern. Durch die Mutter zum Beten und zur Frömmigkeit angehalten, auf Veranlassung des Vaters ins Lesen und Schreiben eingeführt, richtete sich das Interesse Th.s schon bald auf Bücher (Ritterromane, Heiligenlegenden); diese (z. B. die Briefe des heiligen Hieronymus) halfen ihr bei der Berufsfindung. Am 2. 11. 1535 trat sie nach einer dreijährigen innerlichen Auseinandersetzung ins Karmelitinnenkloster ihrer Heimatstadt ein, und zwar aus Angst vor der Ehe und der damit verbundenen Diskriminierung der Frau (Leben 3,2) und aus Angst vor der Hölle (3,6). Die nach einer schweren Krankheit (1539) mit langsamer dreijähriger Genesung einsetzende innerliche Krise endete 1554 mit ihrer sogenannten endgültigen Bekehrung, was für sie nichts anderes als ein Freiwerden von schlechten Gewohnheiten war (9,1). Ihr Bekehrungserlebnis vor einem Schmerzensmann wird für sie zum existentiell erfahrenen Glauben, von Gott so geliebt zu sein, wie sie ist. Das Verlangen, auch anderen Menschen diese Erfahrung zu ermöglichen, drängt sie zur Gründung ihres ersten Klosters (24. 8. 1562) und ab 1567 noch weiterer (insgesamt 15) Frauenklöster, damit dort nicht nur für die in Europa schwer bedrängte Kirche (Protestantismus), sondern auch für die Indios, ja alle Menschen gebetet, anstatt mit Waffen gegen sie gekämpft wird (Weg 3,1). Ab 1568 wird sie mit ↗ Johannes vom Kreuz auch zur Gründerin von Männerklöstern (bis zu ihrem Tod 16 und die erste Missionsexpedi-

Theresia von Ávila

tion); diese bilden ab 1581 eine eigene Provinz, ab 1593 einen eigenen Orden und werden, der damaligen Terminologie in Spanien folgend, »Descalzos – Unbeschuhte« (besser: »Teresianische«) Karmeliten genannt. Da sie sich bis zu ihrem Tod als »Tochter der Kirche« bezeichnete, sprach sie damit auch ihre Genugtuung darüber aus, trotz Verdächtigungen und Verfolgungen (der Nuntius Felipe Sega nennt sie »herumvagabundierendes und unruhiges Weib«) nicht als »Häretikerin« außerhalb der Kirche zu sterben.

2. *Werke.* Obwohl 1559 der Besitz von geistlichen Büchern in der Muttersprache strengstens verboten wurde (Index von Fernando de Valdés), schreibt Th. einige Jahre später geistliche Bücher von hohem Rang, beauftragt von ihren Beichtvätern und Oberen. Im ersten, dem *Buch meines Lebens* (Libro de la Vida) (1562–65), beschreibt sie in den ersten zehn Kapiteln ihr Leben bis zu ihrer endgültigen Bekehrung 1554, in den Kapiteln 11–21 den Weg des inneren Betens, das sie mit vier Bewässerungsarten vergleicht, in Kapitel 22 die Bedeutung der Verehrung des Menschen Jesus, in Kapitel 23–32 ihr weiteres Leben mit ihren zahlreichen außerordentlichen mystischen Erfahrungen, wie Auditionen (Kapitel 19), Verzückungen (24), Visionen (27), Transverberation (29), Höllenvision (32); in den Kapiteln 33–36 die Gründung ihres ersten Klosters und in den letzten Kapiteln 37–40 die Auswirkungen ihrer mystischen Erfahrungen. Die Vida ist eines der ersten Zeugnisse einer intensiven Selbstbeobachtung und Analyse des eigenen Ich und hat immer wieder Menschen beeindruckt. ↗Edith Stein hat durch sie ihre »Wahrheit« gefunden. 1566/67 schrieb Th. den *Weg der Vollkommenheit* (Camino de Perfección), erhalten in zwei Autographen: Codex von Escorial (CE) und Codex von Valladolid (CV), das Handbuch für das Leben in ihren Klöstern. Den damals üblichen Reformbewegungen setzte sie ihr Ideal entgegen: gegenseitige Liebe, innere Freiheit und die Demut (Wahrheit) (CV 4,4). Mit Hilfe des Vaterunsers legt sie in der zweiten Hälfte des Buches ihre Gebetslehre dar. Da sie in der ersten Fassung sogar die Inquisition kritisiert und in der von Männern beherrschten Gesellschaft und Kirche gegen die Unterdrückung der Frau protestiert (CE 4,1), musste sie einen neuen Text schreiben, doch bleibt diese Schrift ein Beweis ihres Freimuts und ihres Vertrauens auf den Herrn. Im *Buch der Gründungen* (Libro de los Fundaciones), zwischen 1573 und 1582 entstanden, weithin autobiographisch, erzählt sie von den Klostergründungen, doch kommt sie mitunter auch auf das Beten zu sprechen (Kapitel 5). In den 1577 entstandenen *Wohnungen der Inneren Burg* (Castillo Interior), auch *Seelenburg* genannt, mit der Th. zu den Klassikern der Weltliteratur gehört, bietet sie eine systematische Darstellung des geistlichen Wegs mit Hilfe des Bildes der sieben Wohnungen einer Burg. Hier kommt der Mensch zu seiner größtmöglichen Vollendung,

da Gott der Haupthandelnde geworden ist.
Weitere Werke: *Geistliche Berichte* (Relaciones), *Poesien, Kommentar auf das Hohelied* (Meditaciones sobre los Cantares), *Rufe der Seele zu Gott* (Exclamaciones), *Konstitutionen* (Constituciones), *Anweisungen* (Avisos), *Desafío* (geistlicher Wettkampf), *Vejamen* (satirische Antwort auf eine Umfrage bei Theologen über das Schriftwort »Suche dich in mir«), 400 von geschätzten 16000 Briefen.

3. *Lehre.* Am besten eröffnet das Wort »Freundschaft« einen Zugang zu Th.s geistlicher Erfahrung und Lehre. Der Veranlagung zur Freundschaft (Leben 2,8) mit den Menschen entsprach auch ihre Art des Umgangs mit Gott. Darin zeigt sich ein Hauptpunkt ihrer Lehre: Gott ist für sie nicht eine höhere Macht, sondern der Mensch Jesus von Nazaret, den sie mit Du anreden kann (37,6). Das von den Theologen verdächtigte innere Beten ist deshalb ein »Verweilen bei einem Freund, mit dem wir oft allein zusammen sind, weil wir wissen, dass er uns liebt« (8,5). In dieser Freundschaft gründet auch Th.s apostolisch-kirchliche Sorge, so dass die Anliegen ihres Freundes, Gott – das Heil aller Menschen –, zu den ihren werden. Weil sie aber erlebte, dass sie dieser göttlichen Freundschaft nicht entsprach, verfiel sie dem Irrtum, sich mit den mündlichen Gebeten zu begnügen, das innere Gebet aber nicht zu pflegen (7,1). Dagegen rät sie: »Wer mit dem inneren Beten begonnen hat, soll es nicht mehr aufgeben, mag er noch soviel Schlechtes tun, denn das Beten ist das Heilmittel, mit dem er sich retten kann, während ohne es alles viel schwerer wird« (8,5). Letztlich geht es um die Frage: Erwartet der Mensch seine Vervollkommnung aus eigener Kraft, dann folgen bei Nichtgelingen neue Ängste (ekklesiogene Neurosen), bei Gelingen wird er stolz (Pharisäismus, Fundamentalismus), oder traut er seine Vervollkommnung Gott zu, dann geht er ein in die lebendige, vertraute Beziehung zu ihm, seine Vergegenwärtigung im inneren Beten. Dieses Beten ist durchaus mystisches Gebet (10,1: »mystische Theologie«). Zu denen, die das am besten verstanden haben, gehören Johannes vom Kreuz, der in den traditionellen Darstellungen aus ordenspolitischen Gründen mehr als Asket und lebensfremd dargestellt wurde, und der erste Provinzial des entstehenden Teresianischen Karmels, Jerónimo Gracián (Hieronymus a Matre Dei), sowie viele Schwestern um Th. Sie fielen allerdings den schon bald nach Th.s Tod auftretenden Eiferern mit Nicolás Doria an der Spitze zum Opfer, denen es, wie den damals in Spanien üblichen Reformbewegungen, v. a. auf Rigorismus ankam. Erst in den letzten 20 bis 30 Jahren kommt das ursprüngliche Charisma Th.s wieder mehr zum Vorschein.

ULRICH DOBHAN

Werke: Gesamtausgabe, hg. v. L. DE LEÓN, 1588; erste kritische Gesamtausgabe von S. DE S. TERESA, 9 Bde., 1915–24; A. BARRIENTOS, 2 Bde., [4]1994; T. ÁLVAREZ, 2 Bde., Bd. 1 [7]1994, Bd. 2 [4]1997; E. DE LA MADRE DE DIOS – O. STEGGINK, 3 Bde., [9]1997; M. HERRÁIZ, 1997. – Deutsche Gesamtausgabe: A. AB IMMACULATA CONCEPTIONE, 6 Bde., 1933–41 ff.; Die Innere Burg, 1966 u. ö.; Weg der Vollkommenheit, [2]1993; Klostergründungen, 1998.

Literatur: *Biographien:* F. DE RIBERA, 1590 u. ö.; S. DE S. TERESA, 5 Bde., 1935–37; M. AUCLAIR, 1953; G. PAPASOGLI, 1958 (deutsch); E. LORENZ: T. von Ávila. Eine Biographie mit Bildern von H. N. Loose, 1994; E. DE LA MADRE DE DIOS – O. STEGGINK: Tiempo y vida de S. T., [3]1996. – *Abhandlungen:* DSp 15, 611–658; H. HATZFELD: Estudios literarios sobre mística española, [3]1976; U. DOBHAN: Gott – Mensch – Welt in der Sicht T.s von Ávila, 1978; Introducción a la lectura de S. T., 1978; J. BURGGRAF: T. von Ávila. Humanität und Glaubensleben, 1996; M. DELGADO: Mystik in harten Zeiten: Zeitschrift für Kirchengeschichte 111 (2000) 56–69; E. LORENZ: Weg in die Weite. Die drei Leben der T. von Ávila, 2003.

Theresia Gonxha, Mutter Teresa (eigentlich Agnes Gonxha Bojaxhiu), selig (2003; *5. Sept.*), Ordensgründerin, * 27.8. 1910 Skopje in Makedonien, von albanischen Eltern, † 5.9.1997 Kalkutta (Staatsbegräbnis). Unter jesuitischem Einfluss für die Indienmission begeistert, trat sie 1928 bei den Loretoschwestern in Rathfarnham in Irland ein; Noviziat in Darjeeling. Als Lehrerin und Schulleiterin in Kalkutta tätig. 1946 Aufnahme sozial-caritativer Arbeit unter den Armen von Kalkutta. 1948 Austritt aus dem Orden, Gründung der »Missionarinnen der Nächstenliebe« (Missionaries of Charity), Generaloberin bis kurz vor ihrem Tod. Weitere Gründungen zur Unterstützung ihres Werks. Durch ihren Dienst an Kranken, Sterbenden, sozial Deklassierten ist Th. weltberühmt geworden; zahlreiche Ehrungen, u. a. 1979 Friedensnobelpreis.

KARL SUSO FRANK

Literatur: N. CHAWLA: Mutter T., die autorisierte Biographie, 1993; S. UND L. LAMMERHUBER: Mutter T. Mit vier Essays von A. Smoltczyk, 1995; L. VARDEY (Hg.): Der einfache Weg. Mutter T., 1995; C. FELDMANN: Die Liebe bleibt. Das Leben der Mutter T., [3]1997; Mutter T. Die Sprache des Herzens, 1997; C. FELDMANN: Mutter T., die Heilige von Kalkutta, 2000; M. SAMMER: Mutter T. begegnen, 2003.

Theresia von Jesus (Teresa de Jesús »de los Andes«; bürgerlich: Juana Enriqueta Fernández Solar), heilig (1993; 12. April), OCD (1919), * 13.7.1900 Santiago de Chile, † 12.4.1920 Los Andes. Bei Sacre Cœur-Schwestern erzogen, mystische Erfahrungen seit ihrer Erstkommunion als Zehnjährige, mit 14 Jahren entschied sie sich für den Karmel, 1919 Eintritt in das Kloster Los Andes, Typhuserkrankung, vorzeitige Profess am 7.4.1920. Th. zeichnete sich durch ein großes seelisches und spirituelles Gleichgewicht aus, geschult durch Askese und Gebet. Unmittelbar nach dem Tod in ihrer Gemeinschaft verehrt, 1987 seliggesprochen; erste chilenische Heilige.

EVELYN NEBOR

Quellen: Escritos espirituales, 1971; T. de Los Andes, dal diario e dalle lettere, 1986; Journal, 1994; Correspondance, 1995.

Literatur: S. T. de los Andes, 1992; T. di Los Andes. La ›Santina americana‹, 1993; F. MÁLAX: S. T. de los Andes. Vivencia y pensamiento, 1997.

Theresia (Teresa) **Jornet y Ibars** (Ordensname: Th. von Jesus), heilig (1974; 26. Aug.), Ordensgründerin, * 9.1.1843 Aytona in Katalonien, † 26.8.1897 Liria bei Valencia. Nach vergeblichem Versuch des Eintritts in einen Orden gründete sie 1872 eine Kongregation zur Pflege verlassener alter Menschen (»Hermanitas de los ancianos desamparados«), unterstützt von Saturnino López Novoa (1830–1905; DIP 5, 732); sie leitete die Kongregation als Generaloberin bis zu ihrem Tod; die Kongregation päpstlichen Rechts ist weit über Spanien hinaus besonders in Lateinamerika verbreitet.

KARL SUSO FRANK

Literatur: BIBLSS 7, 1027 ff.; DIP 6, 1628 ff.

Theresia von Lisieux (bürgerlich: Thérèse Martin, im Orden: Th. de l'Enfant-Jésus et de la Sainte-Face, Th. vom Kinde Jesu und von heiligen Antlitz), heilig

(1925; GKG 1. Okt.), 1997 Kirchenlehrerin, OCD (1888), Heilige des »Kleinen Weges«, Patronin der Weltmission und Frankreichs; *2.1.1873 Alençon in der Normandie, †30.9.1897 Lisieux.

1. *Leben.* Nach einer zunächst glücklichen Kindheit im Schoß der Familie wurde Th. bereits im Alter von viereinhalb Jahren durch den Tod der Mutter aus ihrer Idealwelt herausgerissen. Dadurch veränderte sich schlagartig ihr kindliches Gemüt, sie wurde über die Maßen empfindlich. Zu ihrem inneren Gleichgewicht fand sie knapp zehn Jahre später in der Weihnacht 1886 zurück. Am 9.4.1888 trat sie nach Überwindung vielfacher Hindernisse in den Karmel von Lisieux ein. Dort stieß sie von Anfang an auf Schwierigkeiten: In den ersten Jahren wurde sie von der Priorin Mère Marie de Gonzague mit größter Strenge behandelt. Dazu kam, dass sie bei ihren Gebeten in völliger »Trockenheit«, d.h. in »geistiger Dürre«, blieb. Den größten Schmerz bedeutete für sie jedoch die Krankheit ihres Vaters. Nach dessen Tod im Juli 1894 erlebte Th. wenige Monate ungetrübten Glücks. Am Karfreitag 1896 machten sich die ersten Anzeichen von Tuberkulose bemerkbar, an der sie 18 Monate später starb. Unter dieser Krankheit litt Th. jedoch weniger als unter der Prüfung ihres Glaubens, die an Ostern 1896 einsetzte und bis zu ihrem Lebensende fortdauern sollte.

2. *Werke.* Th. ist keine Schriftstellerin im üblichen Sinn. Die meisten ihrer Schriften verfasst sie aus Gehorsam, nicht aus eigenem Antrieb. Ihr Hauptwerk ist die Autobiographie, die in einer veränderten und verkürzten Form zunächst unter dem Titel *Geschichte einer Seele* bekannt wurde. Die authentische Faksimileausgabe der Autobiographie wurde 1956 ediert. Der damit veröffentlichte Originaltext erhielt den Titel *Selbstbiographische Schriften.* Dieser umfasst drei Manuskripte: A, B, C. Im Manuskript A erzählt Th. ihr Leben von der frühesten Kindheit bis 1894. Im Manuskript B legt sie den »Kleinen Weg« dar. Im Manuskript C berichtet sie von ihrer Krankheit und der Glaubensprüfung. Spirituell geht es darin v.a. um die Themen »Nächstenliebe« und »Mission«. Zudem fügt sie einen kleinen Kommentar zum Hohenlied an. Neben der Autobiographie schreibt sie 266 Briefe von z.T. hoher spiritueller Qualität, 54 Gedichte, in denen sie spontan ihre spirituellen Hauptthemen zur Sprache bringt, 21 Gebete, von denen das bekannteste der *Weiheakt an die Barmherzige Liebe* ist, sowie acht Theaterstücke, die bislang am wenigsten erforscht sind. Die sogenannten *Letzten Gespräche* bilden ein Problem. Die Grundfrage: Sind die *Letzten Gespräche* Teil des Corpus theresianum oder nicht? wird von Six (1997) verneint.

3. *Lehre.* Die geistliche Lehre Th.s, der sogenannte »Kleine Weg«, lässt sich mit den Begriffen »Kleinsein« und »Barmherzigkeit« umschreiben. »Kleinsein« meint eigentlich »geistliche Armut«: Der Mensch ist vor Gott primär Empfangender und nicht Gebender, er steht vor ihm mit leeren Händen. In diesem Sinn versteht sich Th. als die »Kleine«, die »Arme«. Selbst die Tugenden sind Geschenke Gottes an den Menschen – die leeren Hände werden dadurch nicht voller. Die eigentliche Schwierigkeit des »Kleinen Weges«, der der Weg des Evangeliums ist, besteht darin, vor Gott immer »klein«, d.h. immer empfangend zu bleiben. Die »Barmherzigkeit« ist für Th. die Eigenschaft Gottes, die der menschlichen Armut entspricht: diese wird von der Armut wie ein Magnet angezogen und mit Liebe überhäuft. Th.s Wunsch, »im Herzen der Kirche« die Liebe zu sein (Selbstbiographische Schriften 200f.) und damit alle Menschen, selbst die »Sünder« (was für ihre Zeit revolutionär war), zu lieben, wird

auf diese Weise von Gott erfüllt: sie liebt diese nicht mehr nur mit menschlicher, sondern mit göttlicher Liebe. Die Liebe soll von jedem Menschen geliebt werden, dazu fühlt sich Th. gesandt, auch über den Tod hinaus.

MICHAEL JAKEL

Werke: Nouvelle Édition du Centenaire, Édition critique des Œuvres complètes de Sainte Th. de l'Enfant-Jésus et de la Sainte-Face, 8 Bde., 1992; Les Mots de Sainte Th. de l'Enfant-Jésus et de la Sainte-Face. Concordance générale, 1996. – *Deutsche Übersetzung:* Therese Martin: Briefe, [3]1983; M. Breig (Hg.): Th. von Lisieux. Gedichte, 1990; Therese Martin: Ich gehe ins Leben ein. Letzte Gespräche der Heiligen von Lisieux, [3]1992; Therese vom Kinde Jesus: Selbstbiographische Schriften, [14]1998.

Literatur: U. Dobhan: Bibliographie zu Th. von Lisieux, 1900–95: Archivum Bibliographicum Carmeli Teresiani, Bd. 36, 1999, 7–129; Bibliographia annualis zu Th.: Carmelus 1 (1954) ff. – E. Gutting: Nur die Liebe zählt, [5]1981; V. de la Vierge: Th. von Lisieux. Lehrmeisterin des geistlichen Lebens, [4]1983; H. U. von Balthasar: Schwestern im Geist, Th. von Lisieux. und Elisabeth von Dijon, [4]1990; M.-E. Grialou: Meine Berufung ist die Liebe. Die Botschaft der heiligen Th. von Lisieux., [2]1993; G. Gaucher: Der Leidensweg der heiligen Th. von Lisieux, [3]1993; A. Wollbold: Th. von Lisieux: eine mystagogische Deutung ihrer Biographie, 1994; G. Gaucher: Chronik eines Lebens, [3]1995; C. de Meester: Mit leeren Händen. Die Botschaft der Th. von Lisieux, 1995; I. F. Görres: Th. von Lisieux. Ein Lebensbild, 1998; J.-F. Six: Th. de Lisieux, 1998; A. Schmid: Th. von Lisieux begegnen, 1999; L'apport théologique de sainte Th. de L'Enfant-Jésus, docteur de l'èglise, hg. v. D. Chardonnens, 2000; R. Stertenbrink: Die große Liebe des kleinen Senfkorns, 2000.

Theresia Wüllenweber (eigentlich Maria Th. von W.; Ordensname: Maria von den Aposteln), selig (1968; 25. Dez.), Ordensgründerin, *19.2.1833 Schloss Myllendonk bei Mönchengladbach, †25.12.1907 Rom (Grab in der Mutterhauskapelle ebd.); missionsbegeisterte, sozial-caritative Frau; schloss sich 1882 nach drei missglückten Ordenseintritten Johannes Baptist Jordan an und wurde in seine Apostolische Lehrgesellschaft aufgenommen. 1888 mit Jordan Gründung der »Salvatorianerinnen« (Zweiter Orden innerhalb Jordans Werk); Aufbau der Gemeinschaft in Rom unter Schwierigkeiten. Nach deren endgültiger Anerkennung 1905 wurde Th. erste Generaloberin bis zu ihrem Tod.

KARL SUSO FRANK

Literatur: B. Meisterjahn: Maria von den Aposteln, 1988.

Thomas, Apostel, heilig (GK F 3. Juli).

1. *Neues Testament und spätere Bezeugung.* a) Th. wird in den synoptischen Evangelien und der Apostelgeschichte nur in den Zwölfer- bzw. Elferlisten genannt (Mk 3,18; Mt 10,3; Lk 6,15; Apg 1,13). Er findet sich dort in der mittleren Vierergruppe (Philippus, Bartholomäus, Matthäus, Th.) an vierter (so Markus bzw. Lukas), dritter (vor Matthäus, so im Matthäusevangelium) oder zweiter (nach Philippus, so Apostelgeschichte) Stelle. Der Wechsel hängt sowohl mit verschiedenen Traditionen (Markus bzw. Apostelgeschichte) als auch mit der Redaktion der Evangelisten zusammen: Lukas ist im Evangelium der Markusvorlage gefolgt, während Matthäus Th. und »den Zöllner Matthäus« austauschte; die Apostelgeschichte spiegelt eine eigenständige Tradition. Die Listen geben darüber Auskunft, dass Th. von Jesus aus dem größeren Jünger- in den Zwölferkreis berufen wurde.

b) Im Johannesevangelium wird Th. siebenmal genannt: 11,16; 14,5; 20,24. 26. 27. 28; 21,2; in einer Lesart in 20,29 (statt Personalpronomen). Dreimal (11,16; 20,24; 21,2) trägt Th. den Beinamen »Didymus« (Zwilling), der die griechische Übersetzung des aramäischen Namens ist. In 14,5. 8 f. begegnet Th. zusammen mit ↗Philippus, der sonst mit ↗Andreas ein Jüngerpaar bildet. In 20,24 wird Th. als »einer aus den Zwölf« identifiziert (wie sonst nur der Verräter Judas Iskariot; vgl. Mt 26,14 par.; Joh 6,71), weil er bei der ersten nachösterlichen Zusammenkunft der »Elf« nicht anwesend war. In 21,2 wird Th. in der Jüngerliste die zweite Position nach Simon ↗Petrus eingeräumt.

c) Das Th.-Bild, das im Johannesevangelium entworfen ist, macht den Jünger und Zwölfermann zum Typus dessen, der aus Unverständnis und Zweifel zum Glauben geführt werden muss. In 11,16 äußert Th. als Wortführer der »Mitjünger« die Bereitschaft, in Jerusalem mit Jesus zu sterben (so neben Petrus rückend; vgl. 14,37 f.). In 14,5 ist Th. erneut Wortführer der Jünger, die »nicht wissen«, wohin Jesus geht – und entsprechend nicht »den Weg«. Eine ganze Ostererzählung ist dem »ungläubigen Th.« gewidmet (20,24–29), der für alle nachösterlichen Generationen den Zuspruch des Auferstandenen zum Glauben empfängt.

RUDOLF PESCH

Literatur: LThK[2] 10, 118 f.; EWNT 2, 487 ff. – R. Pesch: Die Apostelgeschichte, Bd. 1 1986, 78 ff.

2. *Verehrung.* Während der Gnostiker Heraclion (Fragment 50: Clemens von Alexandrien, Stromata IV, 71,3) Mitte des 2. Jh. Th. unwidersprochen noch zu denen zählt, die kein Martyrium erlitten haben, wissen die ursprünglich syrischen Th.-Akten (BHO 1186–1204; BHG 1800) vom Anfang des 3. Jh. von einem solchen. Der episodenhafte, mirakulöse und von stark enkratitischen Tendenzen gekennzeichnete Text stellt Th. als Zwillingsbruder Jesu vor. Nach dem Willen des Auferstandenen wird er als Sklave nach Indien verkauft. Dort dient er zunächst als Zimmermann bzw. Baumeister dem König Gundaphorus und missioniert später den Hof des Königs Misdai, der ihn deswegen hinrichten lässt. Ein postmortales Wunder gibt Anlass für den Hinweis, dass man dort jedoch keine Gebeine habe. Diese seien von einem Glaubensbruder »in die Gegend des Westens« (Th.-Akten 170) gebracht worden; deshalb enthält das indische Grab nur Staub. Falls historisch zutreffend und nicht nur kultätiologische Fiktion, wäre dies die erste Translation von Martyrerreliquien in der Kirchengeschichte (noch vor Babylas). Die Textgeschichte des auch unabhängig überlieferten Martyriums (BHO 1215; BHG 1825z 1826–1831a; BHL 8136–8139) ist jedoch verwickelt und nicht hinreichend untersucht. Die Tradition, welche das Christentum in Indien auf Th. zurückführt (Th.-Christen), kann sich im Wesentlichen nur auf diese Texte stützen. Nach Origenes (vgl. Eusebius, h. e. IV, 1, 1–3) war Th. Apostel der Parther Mesopotamiens, von wo aus freilich Beziehungen nach Indien bestanden (»Seidenstraße«). In Edessa, im mesopotamischen Grenzbereich, ist der sich schnell ausbreitende Kult seit dem 4. Jh. belegt. ↗Ephräm der Syrer weiß vom Martyrium in Indien, der Translation der Gebeine »durch einen Kaufmann« und erwähnt einen »Schatzkasten (mit Gebeinen) des Th.« (Carmina Nisibena 42, 1 f.: CSCO.S 102, 37; 103, 28 f.). Das Grab sah auch die Pilgerin Egeria (Peregrinatio Aetheriae 17,1; 19, 2). In Konstantinopel *(6. Okt.)* waren Th. mehrere Kirchen geweiht. Reliquien bereits früh in Mailand (Basilica Apostolorum = S. Nazaro; Translationsfest *9. Mai:* MartHieron 241 f.), seit 1258

auch in Ortona, wohin sie von der Insel Chios kamen, aber auch im indischen Madras-Mylapore. Der Zimmermannsberuf prädestinierte Th. zum Patron der Bauleute, Architekten und Geometer (häufig mit Winkelmaß dargestellt), sein Zweifeln (»Selig sind, die nicht sehen und doch glauben«: Joh 21,29) zum Patron der Theologen und bei Augenleiden.

Mit dem älteren westlichen Festtag (*21. Dez.* bis 1969) als kürzestem Tag des Jahres verband sich viel nichtchristliches, mittwinterliches Brauchtum. Er galt als Schicksalstag mit mancherlei Orakelbräuchen, besonders Liebes- und Eheorakeln. In der Nacht, der ersten der sogenannten Rauchnächte, befürchtete man das Umhergehen von Dämonen und Schreckgestalten, darunter mancherorts auch eines bösen Gegenspielers des Th., des blutigen Thomerl, oder Ähnliches.

HANS REINHARD SEELIGER

Literatur: BIBLSS 12, 536–539; HWDA 8, 764–768; VSB 12, 592–596; G. SORGE: Le traslazioni delle reliquie dell'Apostolo T.: Rivisata di studi bizantini e slavi 2/2 (1982) 147–157; N. HENRICHS: Kult und Brauchtum im Kirchenjahr, 1967, 199 f.

Thomas von Aquin, heilig (1323; GK G 28. Jan.), 1567 Kirchenlehrer, OP (1244); * 1225 Schloss Roccasecca nördlich von Neapel aus der lombardischen Familie der Herren von Aquino (Vater Landulf, Mutter Theodora, geborene Carraciolo), † 7. 3. 1274 Fossanova bei Terracina.

Als jüngster Sohn für die geistliche Laufbahn bestimmt, gaben ihn die Eltern als Fünfjährigen ins benachbarte Benediktinerkloster Montecassino. Mit ihrem Einverständnis wurde er 1239 an die Universität Neapel geschickt, wo er Grammatik und Logik, ferner die Naturalia unter Petrus de Hibernia studierte. Hier trat er im April 1244 dem Dominikanerorden bei, aber auf der Reise nach Norden ließ ihn seine Mutter durch seine Brüder festnehmen und auf Roccasecca in Haft halten, um ihn von diesem Entschluss abzubringen. Erst im Herbst 1245 ließ ihn die Familie frei, und der Ordensmagister Johannes Teutonicus schickte ihn sogleich nach Paris, wo ↗Albert der Große lehrte, mit dem Th. 1248 nach Köln an das neu eingerichtete Studium generale zog. Dort war er bald dessen Assistent, begann vermutlich auch mit Vorlesungen als Baccalarius biblicus: *Super Isaiam und Super Ieremiam et Threnos.* 1252 schickte ihn der Orden auf Empfehlung Alberts nach Paris, wo er sogleich als Sententiarius die obligate Sentenzenvorlesung begann. Neben dem umfangreichen *Scriptum super Sententiis* entstanden die Opuscula *De ente et essentia* sowie *De principiis naturae.* 1256 wurde Th. Magister der Theologie, jedoch wegen des Widerstands der weltgeistlichen Magister gegen die Ordensleute im Mendikantenstreit – in den Th. mit der Schrift *Contra impugnantes Dei cultum et religionem* eingriff – erst am 15. 8. 1257, zugleich mit ↗Bonaventura, in das Consortium magistrorum aufgenommen. Dieser Magisterzeit entstammen die großen *Quaestiones disputatae, De veritate* sowie *Quodlibet* VII–XI, die kleinere Schrift *Super Boetium de trinitate* sowie zu dessen »De hebdomadibus«. Im Herbst 1259 kehrte Th. nach Italien zurück, vielleicht nach Neapel. Jedenfalls begann er die *Summa contra gentiles.* Abgeschlossen wurde sie erst in Orvieto, wo Th. 1261 Lektor im Dominkanerkonvent wurde (also nicht an der päpstlichen Kurie) und »einfache« Brüder zu unterrichten hatte. Hier entstand der Kommentar *Super Iob,* aber auch die Schrift *Contra errores Graecorum.* Ferner begann Th. gemäß einem Auftrag Urbans IV. die *Catena aurea,* eine Sammlung von Vätertexten zu den Evangelien, die später große Verbreitung fand. Abgeschlossen wurde sie in Rom, und das gilt vermutlich auch für die *Expositio super librum Dionysii de divinis nominibus.* 1265 erhielt Th. den Auftrag, in Rom ein Studium für begabte Studenten der römischen Provinz einzurichten. Er nahm sich dazu das Scriptum nochmals vor, verzichtete aber auf eine Überarbeitung und begann stattdessen die *Summa theologiae,* deren *Prima pars* er in Rom fertigstellte. Dazu kamen die Quaestiones disputatae *De potentia, De anima, De spiritualibus creaturis* sowie der Kommentar zu Aristoteles' »De anima«. Von kleineren Schriften verdienen das (unvollendete) *Compendium theologiae* sowie *De regno* (ebenfalls unvollendet) Erwähnung. 1268 wurde Th. wieder nach Paris gesandt, um zum zweiten Mal einen dominikanischen Lehrstuhl zu übernehmen. Hier wurde er in aktuelle Streitigkeiten verwickelt, gegen konservative, dem »neuen« Aristotelismus feindlichen Theologen (u.a. *De aeternitate mundi*), gegen die bei den Artisten vertretene Lehre von der Einheit des Intellekts *(De unitate intellectus contra Averroistas),* gegen die universitären Gegner der Mendikanten *(De perfectione spiritualis vitae; Contra doctrinam retrahentium a religione).* Als Magister hielt er Vorlesungen *(Super Matthaeum* und *Super Ioannem)* und Disputationen, wobei die *Quodlibeta* (I–VI und XII) aktuelle Bezüge zeigen, die Quaestiones disputatae *De malo, De virtutibus, De unione verbi incarnati* in Zusammenhang mit seiner Hauptarbeit stehen: sie galt der *Secunda Pars* der *Summa theologiae,* die er in Paris abschloss. Zugleich entstand die Serie seiner *Aristoteleskommentare,* so zu Perihermeneias, den Posteriora Analytica, zu Physik, Metaphysik und Ethik sowie weitere, die unvollendet geblieben sind (Meteora, De caelo, Politik). Diesen hinzuzurechnen ist der Kommentar *Super Librum*

Thomas von Aquin
(Darstellung 1481–82)

de causis, dessen Abhängigkeit von Proclus Th. erkannt hat. 1272 kehrte Th. nach Italien zurück mit dem Auftrag, ein Studium generale in Neapel einzurichten. Dort schrieb er die *Tertia Pars* der *Summa theologiae,* die unvollendet blieb. Er hielt Vorlesungen über die Paulusbriefe und die Psalmen, und vermutlich hat er auch an noch unfertigen Kommentaren weitergearbeitet. Jedoch brach er am 6.12.1273 alle Arbeit ab, offenbar erschöpft von der ungeheuren Belastung, die er sich zugemutet hatte. Als er im folgenden Jahr zum Konzil nach Lyon reisen wollte, erkrankte er unterwegs und starb im Zisterzienserkloster Fossanova.

WOLFGANG KLUXEN

LThK[3] 9, 1509–17 (ungekürzte Fassung).

Literatur: DSp 15, 718–773; A. ZIMMERMANN: Th. von Aquin, 1988; J. PIEPER: Th. von Aquin, 1990; I. TAURISANO: La vita e l'epocha di San T. d'Aquino, 1991; J. P. TORRELL: Magister Thomas, 1995; M. DE PAILLERETS: Th. von Aquin. Skizze eines Lebens, 1995; M.-D. CHENU: Th. von Aquin, 2001; A. NICHOLS: Discovering Aquinas, 2002; D. BERGER: Th. von Aquin begegnen, 2002.

Thomas Becket, heilig (1173; GK g 29. Dez.), Erzbischof von Canterbury, * um 1120 London aus wohlhabender Kaufmannsfamilie, † 29. 12. 1170 Canterbury; um 1146 Kleriker im Haus des Erzbischofs Theobald von Canterbury, der ihn König Heinrich II. bald nach dessen Krönung (Ende 1154) als Kanzler empfahl. Th. wurde zum engsten politischen Berater und Vertrauten des Königs und trat auch außerhalb der angevinischen Besitzungen mit extravagantem Pomp als dessen alter Ego auf. Th. gilt als treibende Kraft beim Krieg um Toulouse 1159, den Heinrich wegen umstrittener Besitzansprüche seiner Frau Eleonore von Aquitanien führte. Einzelne Auseinandersetzungen mit Erzbischof Theobald um die Abgrenzung königlichen und kirchlichen Zuständigkeiten scheinen den König in der Absicht bestärkt zu haben, Th. im Mai 1162 als Nachfolger Theobalds durchzusetzen. Mit dem Rücktritt vom Kanzleramt bald nach seiner Inthronisation als Erzbischof zeigte Th. allerdings, dass er – entgegen den Erwartungen des Königs – Königsdienst und Kirchendienst als sich ausschließende Verpflichtungen ansah. Entsprechend bekämpfte er kompromisslos alles, was er als Beeinträchtigung der Libertas Ecclesiae Anglicanae durch den König hielt. Schon im Oktober 1163 kam es auf einem Hoftag zu Westminster zum Streit um die Abgrenzung von weltlichem (königlichem) und kanonischem Recht. Er eskalierte, als Heinrich im Januar 1164 dem Episkopat die Zustimmung zu 16 als Verschriftung alter Gewohnheiten bezeichneten Sätzen über königliche Rechte gegenüber Kirche und Klerus (»Constitutions of Clarendon«) abverlangte. Darin ging es nicht nur um die Bestrafung der von Klerikern begangenen Kapitalverbrechen, für die der König auf der Letztzuständigkeit des Königsgerichts bestand (§ 3), sondern auch um den Anspruch, den Episkopat in anderen Fragen (z. B. Kontakte mit dem Papst, Bischofswahl) königlicher Kontrolle zu unterwerfen. Den Zorn des Königs und den Verdruss der Bischöfe erregte Th.' mehrmaliger Wechsel seiner Position. Der dramatisch verlaufende Hoftag zu Northampton (Oktober 1164) besiegelte den Bruch, der Erzbischof wurde wegen Meineids und Hochverrats verurteilt. Th. floh zuerst nach Sens in den unmittelbaren Schutz des französischen, wo er mit Alexander III. zusammentraf, und im Dezember in die Abtei Pontigny. Nach Drohungen Heinrichs gegen den Zisterzienserorden kehrte Th. 1166 nach Sens zurück. Die englischen Bischöfe, v. a. Bischof Gilbert Foliot, hielten Kompromisse in der Sache für möglich und beschuldigten Th. eines unangemessen provozierenden Verhaltens. Vom Exil aus schürte Th. den Streit durch wiederholte Verhängung von Kirchenstrafen über bischöfliche und andere Gegner, ohne allerdings bei Alexander III. für dieses prinzipiell polarisierende Verhalten uneingeschränkte Unterstützung zu finden. Eine halbherzige Versöhnung mit dem König öffnete den Weg zurück nach England. In der Kathedrale von Canterbury wurde Th. schließlich von Rittern des Königs ermordet. Die spektakulären Umstände des Todes und die spontan einsetzende Verehrung als Martyrer veranlassten Augenzeugen und nahe Vertraute wie Johannes von Salisbury zur Abfassung von Heiligenviten, die später mehrfach ausgeschrieben wurden.

HANNA VOLLRATH

Quellen und Literatur: Materials for the History of Th. B., hg. v. J. C. ROBERTSON – J. B. SHEPPARD, 7 Bde., 1875–85,

Nachdruck 1965. – LMA 8, 702 ff.; M. D. Knowles: Archbishop Th. B. A Character Study, 1949; F. Barlow: Th. B., 1986; K. B. Slocum: The making, re-making and un-making of the cult of Saint Th. B.: Hagiographica 7 (2000) 3–16; C. Lines: ›Secret violence‹. B., More, and the scripting of martyrdom: Religion and Literature 32 (2000) 11–28.

Thomas Hemerken **von Kempen,** selig *(25. Juli),* CRV, * zwischen dem 29.9. 1379 und dem 24.7.1380 Kempen am Niederrhein, † 1.5. oder 25.7.1471 St. Agnetenberg bei Zwolle. Th. kam 1392 zu Florentius Radewijns in Deventer, wo er im Konvikt der Brüder vom gemeinsamen Leben lebte und Schüler an der Kapitelschule war. Hier erlebte er die Frühentwicklung der Devotio moderna. Zuerst als Donat eingetreten in St. Agnetenberg (1398 gegründet, Mitglied des Windesheimer Kapitels) und 1407 zur Profess zugelassen; 1413/14 Priester; ein Jahr Prokurator und zweimal Subprior (1425–31 und ab 1448); mit diesem Amt war das Amt eines Novizenmeisters verbunden. Th. hatte auch pastorale Kontakte nach außen (u. a. mit Johannes Gansfort Wessel). Er verblieb während des Utrechter Schismas mit dem Konvent im Exil in Ludingakerk (Juni 1429 bis August 1432). Nach dem Tod seines Bruders in Arnhem lebte er in St. Agnetenberg, wo er Handschriften kopierte, Novizen erzog und zahlreiche geistliche Werke verfasste. – 1672 Translation seiner Gebeine nach Zwolle, seit 1965 befinden sich diese in der St.-Michaels-Kirche. Das Leben Th.' wurde bald nach seinem Tod dreimal beschrieben (Anonymus, 1488; Jodocus Badius Ascensius, erste Hälfte 16. Jh.; Franciscus Tolensis, 16. Jh.).

Th. verfasste, fast ausschließlich lateinisch, an die 40 aszetisch-spirituelle Schriften: Sermones, Epistulae, Orationes, Meditationes, Cantica und Tractatus. Er war auch Autor der Chronik des Agnetenbergs, die v. a. als Übermittlung des devoten (Windesheimer) Charismas an die Ordensjugend gemeint war. Die *Dialogi noviciorum,* die kleineren Schriften und die Predigten zeugen von seiner Tätigkeit als Novizenmeister. Einige Werke fanden als Erbauungsschriften weite Verbreitung, wie *Hortulus rosarum* und *Vallis liliorum,* in denen Offenheit für die mystische Perspektive erkennbar wird. Obwohl seine Verfasserschaft der *Imitatio Christi* lange umstritten war (besonders zwischen den beiden Weltkriegen), wird er zzt. fast allgemein als der Redaktor der vier Bücher von der Nachfolge Christi angesehen, die er aus eigenen Schriften und aus dem Erbe des frühen Devotentums zusammengestellt hat.

Durch das übermäßige Interesse an der Imitatio blieb sein übriges Schrifttum wenig beachtet, so dass eine Synthese seiner Lehre noch fehlt. Th. bevorzugte die praktische geistliche Führung in der Ablehnung der Welt und der Hinwendung zu Gott. Die spirituelle Umformung geht aus der liebevollen Gottessehnsucht des Menschen hervor. In der Lebensführung ist Christus das Vorbild, nach dem sich der Christ innerlich ausrichtet und sich äußerlich als »gemeiner Mensch« erweist.

Das gesamte Schrifttum des Th. wurde noch im 15. Jh. gedruckt. Die von Henricus Sommalius SJ besorgte Gesamtausgabe fand zwischen 1601 und 1759 neun Drucke.

Rudolf Th. van Dijk

Werke: M. Pohl (Hg.): Opera omnia, 7 Bde., 1902–22, Nachdruck 1985; P. Chandler – CETEDOC: Thesaurus Thomae a Kempis, 1994.

Literatur: Cath 14, 1214; DSp 15, 817–826; LMA 8, 720; Literaturlexikon. Autoren und Werke deutscher Sprache, hg. v. W. Killy, Bd. 11 1991, 343 ff.; J. Sud-

Thomas Morus
(Darstellung 1573)

BRACK: Existentielles Christentum: Geist und Leben 37 (1964) 38–63; Th. von Kempen, 1971; A. AMPE: L'Imitation de Jésus Christ et son auteur, 1973; E. ISERLOH: Th. von Kempen und die Devotio Moderna, 1976; P. VAN GEEST: Th. a Kempis, 1996; R. VAN DIJK: De spiritualiteit van de devote regulier: Ons Geestelijk Erf 72 (1998) 54–104.

Thomas Morus (More), heilig (1935; GKg 22. Juni, zusammen mit ↗Johannes Fisher), englischer Humanist, Richter, Staatsmann, Martyrer, *1477/78 London, †6.7.1535 ebd.; erzogen im Haushalt Erzbischof John Mortons, durch den Th. nach Oxford gelangte. Studium der Rechte am Londoner Lincoln's Inn; lebte in der Kartause, sich prüfend, ob zum Priester berufen; entschied sich für ein Leben in der Welt. Eingehende Studien der Antike; enger Freund des Erasmus von Rotterdam und Mittelpunkt europäischer Humanisten; fürsorglicher Familienvater; Untersheriff und gesuchter Anwalt; Rechtsattaché auf diplomatischen Missionen. Im Dienst König Heinrichs VIII. steile Hofkarriere bis zum Lordkanzler, Rücktritt nach der »Unterwerfung des Klerus«, wegen Eidesverweigerung der königlichen Suprematie (wie Bischof ↗Johannes Fisher) im Tower eingekerkert und aufgrund offenkundigen Meineids als »Hochverräter« verurteilt und enthauptet. Sein Haupt, von seiner Tochter Margaret bewahrt, ruht in St. Dunstan in Canterbury.

Die religiöse und theologische Bedeutung Th.' liegt zum einen in seinem unbedingt dem Gewissen folgenden Lebenszeugnis der Pflichterfüllung in Familie und Staat wie Glaubenstreue selbst dann, als Freunde und englischer Gesamtepiskopat (außer Fisher) sich beugten, bis hin zu einem geduldig und, wie seine Towerbriefe zeigen, freudig ertragenen Martyrium; zum andern in seinen zahlreichen meditativen und kontroverstheologischen Schriften, die ihn, den Laien, als führenden englischen Apologeten der Reformationszeit zeigen, so u.a. gegen Martin Luther (*Responsio ad Lutherum,* 1523), Johannes Bugenhagen (*Epistolae,* 1526), und William Tyndale (*Dialogue concerning Heresies,* 1529; *Confutation of Tyndale's Answer,* 1532–33). Seine Briefe aus dem Tower ebenso wie seine meditativen Schriften geben Einblick in die seinen Mut begründende tiefe Spiritualität. Von seinen humanistischen Schriften brachte ihm die vieldeutige *Utopia* (1516) Weltruhm; der Sozialkritik seiner Zeit stellt sie die Utopie eines auf »Kardinaltugenden gründenden »kommunistischen« Inselstaats im Lande Nirgendwo (!) gegenüber. Die lateinisch/englische *Historia Richardi Tertii* (um 1515) zeigt einen machiavellistischen Usurpator auf dem englischen Thron. Seine Epigramme sind teils eigene Schöpfungen, teils Übersetzungen aus der Anthologie des Maximus Planudes.

HUBERTUS SCHULTE HERBRÜGGEN

LThK[3] 7, 469 f. (ungekürzte Fassung).

Quellen: Biographien aus der Tudorzeit: von seinem Schwiegersohn W. ROPER, von N. HARPSFIELD, von ›RO. BA.‹ (Pseudonym, Verfasser unbekannt) und von T. STAPLETON, kritische Ausgabe: Early English Text Society, Bd. 186 1932, Bd. 197 1935; Bd. 222 1950; Letters and Papers (Henry VIII), hg. v. J. S. BREWER – J. GAIRDNER, 23 Bde., 1862–1932.

Literatur: *Zeitschrift:* Moreana, hg. v. G. MARC'HADOUR, 1 (1963) ff. – R. S. SYLVESTER – G. MARC'HADOUR: Essential Articles for the Study of Th. M., 1977. – DSp 15, 849–865; J. B. TRAPP – H. SCHULTE HERBRÜGGEN: The King's Good Servant: Sir Th. M., 1977; A. FOX: Th. M.: History and Providence, 1982; R. C. MARIUS: Th. M., 1984; J. GUY: Th. M., 2000.

Timotheus, Apostelschüler, heilig (GK G 26. Jan., zusammen mit ↗Titus), war Begleiter des Apostels ↗Paulus auf fast allen seinen Missionsreisen und sein von ihm am meisten geschätzter Mitarbeiter. Nach Apg 16,1 stammt T. aus Lystra. Er ist Sohn einer Jüdin, die Christin geworden war, und eines Heiden. Dass er für die Judenmission auf Anweisung des Paulus beschnitten wurde (Apg 16,3), dürfte wohl kaum historisch (vgl. Ollrog 21 mit Anmerkung 72; Weiser u. a.; anders allerdings Pesch, Lüdemann u. a.), sondern vom Verfasser der Apostelgeschichte eingetragen sein, der – seiner heilsgeschichtlichen Konzeption entsprechend – die Gesetzestreue des Paulus herausstellen will. Die Beschneidung eines bereits getauften Christen wäre mit 1 Kor 7,18; Gal 2,3; 5,2. 11 nicht vereinbar. Die paulinische Bezeichnung des T. als »mein Kind« (1 Kor 4,17; vgl. 1 Kor 4,14; Phlm 10) zeigt, dass der Apostel ihn für den christlichen Glauben gewonnen hat (anders Apg 16,1 f.). In Phil 2,20 ff. zollt Paulus dem T. höchstes Lob (vgl. auch 1 Kor 16,10: »denn er tut das Werk des Herrn wie ich«). Mehrfach sendet er ihn als seinen Beauftragten und Stellvertreter in die Gemeinden (1 Thess 3,1–6; 1 Kor 4,17; 16,10 f.; 2 Kor 1,19). T. ist Mitabsender von vier echten Paulusbriefen (1 Thess 1,1; 2 Kor 1,1; Phil 1,1; Phlm 1; vgl. außerdem Kol 1,1; 2 Thess 1,1). Schließlich begleitet er Paulus auch auf dessen Kollektenreise nach Jerusalem (Apg 20,4; vgl. Röm 16,21). Zwei der deuteropaulinischen Pastoralbriefe sind an T. gerichtet (1. und 2. Brief an T.). Hebr 13,23 erwähnt eine Freilassung des T. (»unser Bruder« wie in 1 Thess 3,2) aus dem Gefängnis. Diese Bemerkung soll dem Hebräerbrief offenbar paulinisches Kolorit verleihen. Nach Eusebius (h. e. III, 4,5) soll T. erster Bischof von Ephesus gewesen sein. Der Aufenthalt des T. in Ephesus ist gut bezeugt (1 Tim 1,3), die förmliche Übernahme des Bischofsamts ist aber als Rückprojektion späterer kirchlicher Verhältnisse in das 1. Jh. anzusehen.

LOTHAR WEHR

Literatur: ANCBD 6, 558 ff.; W.-H. OLLROG: Paulus und seine Mitarbeiter, 1979, 20–24 u. ö.; G. LÜDEMANN: Das frühe Christentum nach den Traditionen der Apostelgeschichte, 1987, 179–183; C. R. HUTSON: Was T. timid?: Biblical Research 42 (1997) 58–73.

Titus, Apostelschüler, heilig (GK G 26. Jan., zusammen mit ↗Timotheus). Mit ↗Paulus und ↗Barnabas hat T. beim sogenannten Apostelkonzil, wohl im Auftrag der Gemeinde von Antiochien, die Freiheit der Heidenchristen von Beschneidung und jüdischem Ritualgesetz durchgesetzt. In dem Hinweis des Paulus, dass nicht einmal der Grieche T. zur Beschneidung gezwungen wurde (Gal 2,3), erscheint T. gleichsam als lebendes Zeugnis für die Anerkennung des gesetzesfreien Evangeliums durch die Repräsentanten der judenchristlichen Gemeinde in Jerusalem. In der durch persönliche Konflikte und Auseinandersetzungen um die apostolische Vollmacht belasteten Beziehung des Paulus zur Gemeinde von Korinth kann T. vermitteln (2 Kor 2,12 f.; 7,5–15) und die Sammlung für die Jerusalemer Christen entscheidend voranbringen (2 Kor 8,6–24). Die Vorstellung des T. als »Gefährte und Mitarbeiter« (2 Kor 8,23: κοινωνὸς καὶ συνεργός) ist Zeichen der Anerkennung, aber auch des Anspruchs des Paulus auf Überordnung seiner Autorität. Da die Apostelgeschichte sowohl über die Kollekte für Jerusalem als auch die Differenzen zwischen Paulus und der Gemeinde von Korinth schweigt, wird T. darin nicht erwähnt.

In den deuteropaulinischen Pastoralbriefen erscheint T. als Missionar in Dalmatien (2 Tim 4,10), als von Paulus eingesetzter Gemeindeleiter auf Kreta und Adressat eines Briefes (Tit 1,1–5); die Tradition machte ihn daraufhin zum ersten Bischof von Kreta (Eusebius, h. e. III, 4,5). Als Begleiter des Paulus ist T. genannt in den apokryphen Paulusakten (Neutestamentliche Apokryphen in deutscher Übersetzung, hg. v. W. Schneemelcher, Bd. 2 [5]1989, 193–243) und in den davon abhängigen T.-Akten (AnBoll 79 [1961] 241–256). Eine lateinische Schrift zum Ideal der Ehelosigkeit (5. Jh.?) nennt als Verfasser den »Paulusschüler« T. (Neutestamentliche Apokryphen in deutscher Übersetzung, aaO. 50–70).

LORENZ OBERLINNER

Literatur: AncBD 6, 581 f.; EWNT 3, 870 f.; U. Borse: Der Brief an die Galater, 1984, 80–85; L. Oberlinner: Pastoralbriefe 1: Kommentar zum 1. Timotheus-Brief, 1994, XXIX–XXXIII; C. K. Barrett: T.: Neotestamentica et Semitica. FS M. Black, 1969, 1–14.

Titus Brandsma, selig (1985; 26. Juli), OCarm, * 23. 2. 1881 Bolsward in den Niederlanden, † 26. 7. 1942 Dachau; Professor für Philosophie und Geschichte der Mystik an der katholischen Universität Nijmegen; veröffentlichte Quellenwerke mystisch-theologischer Schriftsteller; während der deutschen Besetzung der Niederlande Verbindungsmann der niederländischen Bischöfe mit der katholischen Presse; am 19. 1. 1942 verhaftet und schließlich ins Konzentrationslager Dachau gebracht. Als erster Häftling des Konzentrationslagers Dachau seliggesprochen.

MATTHIAS HÖSLER

Literatur: T. B., eine Botschaft der Hoffnung, hg. v. der Ober- und Niederdeutschen Karmelitenprovinz, 1986; G. Geisbauer: T. B. Mystiker des Karmel, Martyrer in Dachau, 1987; E. Hense: Engagierte Mystik, 1991.

Turibius von Mogrovejo (Toribio Alfonso de M.), heilig (GK g 23. März), zweiter Erzbischof von Lima, * 16. 11. 1538 Mayorga, León, Spanien, † 23. 3. 1606 Saña, Peru; nach dem Studium beider Rechte in Valladolid und Salamanca 1574 Präsident der Inquisition in Granada; 1578 noch als Laie zum Erzbischof von Lima ernannt; 1580 Empfang der Weihen und Überfahrt. Nach ersten Besuchen im Süden Perus 1582/83 führte T. das dritte Provinzialkonzil von Lima durch, dessen Beschlüsse auf die Christianisierung der südamerikanischen Völker (Herausgabe von Katechismen in Quechua und Aymara) nachhaltig einwirkten und Normen für den pastoralen Aufbau der Diözesen verankerten. Weitere Provinzialkonzilien 1591 und 1601; 1591 Gründung des heute nach ihm benannten Priesterseminars von Lima. T. verstand sich vornehmlich als Indiomissionar und erst in zweiter Linie als Seelsorger der spanischen Bevölkerung und brachte Übergriffe von Siedlern und Behörden gegen die Indios bei der Krone zur Anzeige. 17 seiner 25 Bischofsjahre verbrachte er auf beschwerlichen Visitationsreisen außerhalb Limas. Er starb in einem indianischen Dorf. – 1983 erklärte ihn Johannes Paul II. zum Patron des lateinamerikanischen Episkopats.

JOHANNES MEIER

Literatur: BBKL 12, 715–718. – V. Rodríguez Valencia: S. T. de Mogrovejo, Organizador y apóstol de Sur-America, 2 Bde., 1956–57; J. Villegas: Anwalt der Indios: T. de Mogrovejo (1538–1606), 1989; M. McGlone: T. de Mogrovejo, Shepherd amidst butchers: Journal of Hispanic/Latino Theology 1 (1993/94) 64–79; A. O. Fernández: Der heilige T. A. de Mogrovejo ...: Internationale katholische Zeitschrift Communio 20 (1991) 220–224.

Ulrich (U[o]dalrich) **von Augsburg,** heilig (993; RK g 4. Juli), * um 890 aus dem alamannischen Geschlecht der Hupaldinger (Eltern [Graf?] Hupald und Dietpirch), † 4. 7. 973 Augsburg.

1. *Leben.* Laut Vita, vom Augsburger Dompropst Gerhard vor 993 verfasst, neben ↗Bruno von Köln Prototyp des ottonischen Reichsbischofs. Um 900–908 in St. Gallen ausgebildet, begab sich U. zunächst als Kämmerer in den Dienst Bischof Adalberos von Augsburg, zog sich aber nach dessen Tod auf die elterlichen Besitzungen zurück, weil Adalberos Nachfolger Hiltine (909–923) ihm nicht von angemessen adligem Stand schien. Bei einem Besuch in St. Gallen habe ihm die Reklusin Wiberat seine Erhebung zum Bischof »in einer östlichen Gegend« geweissagt. 923 verlieh ihm König Heinrich I. auf Empfehlung Herzog Burchards von Schwaben das Bistum Augsburg (Weihe am 28. 12. 923). U. verteidigte im Aufstand des schwäbischen Herzogs Liudolf 953/954 fast als Einziger der schwäbischen Großen mit Waffengewalt die Rechte des Königs und vermittelte einen Waffenstillstand. Am 8./9. 8. 955 leitete er vor dem Eintreffen des königlichen Heers persönlich die Verteidigung Augsburgs gegen die Ungarn (vor der Schlacht auf dem Lechfeld). Zum Dank verlieh ihm Otto I. das Münzrecht und trug so zum von U. unternommenen Wiederaufbau des hochstiftischen Territoriums bei. – U. war auch ein reformeifriger Oberhirte. Alle vier Jahre hielt er an den Hauptorten seines Bistums Sendgericht und spendete die Firmung; regelmäßig visitierte er den Klerus, den er zweimal jährlich zur Diözesansynode nach Augsburg berief. Er sorgte für die Ausstattung der Gotteshäuser und für eine ausreichende Bepfründung der Geistlichen, wobei es ihm im Rahmen des herrschenden Eigenkirchenwesens gelang, die bischöfliche Rechtsstellung zugunsten einer geordneten Seelsorge zu stärken. Er half beim Wiederaufbau des 955 zerstörten Klosters Benediktbeuern, gründete 968 (in Augsburg) das Kanonissenstift St. Stephan und visitierte jedes Jahr eines der bischöflichen Eigenklöster (Feuchtwangen, Füssen, Habach, Staffelsee und Wiesensteig). Den königlichen Abteien Kempten und Ottobeuren, die er sich hatte übertragen lassen, vermittelte er das Privileg freier Abtswahl. Mit Nachdruck weist die Vita auf U.s mönchisches Frömmigkeitsleben hin. – Seinem Ansinnen allerdings, zugunsten seines Neffen Adalbero, der mit kaiserlicher Billigung bereits seit 971 den weltlichen Besitz der Augsburger Kirche verwaltete, auf sein Bistum zu verzichten und sich in ein Kloster zurückzuziehen, widersetzte sich 972 die Synode von Ingelheim. Auch U.s Plan, dem Neffen auf anderem Weg die Nachfolge zu sichern, scheiterte, da Adalbero frühzeitig starb. U. wurde am 7. 7. 973 vom Regensburger Bischof ↗Wolfgang bei St. Afra bestattet. Seine

Nachfolge wurde durch Eingriff der hohen Politik entschieden. Auf Bitten Bischof Liutolds von Augsburg (989–996) sprach die Lateransynode vom 31.1.993 U. unter dem Vorsitz Papst Johannes' XV. heilig; es war (soweit nachweisbar) die erste förmliche, durch einen Papst legitimierte Heiligsprechung.

2. *Verehrung.* U.s Grablege wurde bald eine viel besuchte, durch Wunderheilungen »bestätigte« Wallfahrtsstätte, über der Bischof Liutold eine Kapelle errichtete. Noch im 10. Jh. wird U.s Tod in den Nekrologen von Reichenau und Merseburg sowie in den Annales Sangallenses maiores erwähnt und das U.-Fest in drei Kalendaren (St. Gallen, Kempten, Regensburger Wolfgangssakramentar) zum 4. Juli verzeichnet. Am 16.10.992 wurde anlässlich der Weihe des Halberstädter Doms der dortige nördliche Seitenaltar durch Liutold zu Ehren U.s als Mitpatron konsekriert. Die der Vita beigegebenen Miracula zeigen die räumliche Verbreitung der Verehrung über die Grenzen des Reichs hinaus. Die Umwandlung des Kanonikerstifts St. Afra in eine Benediktinerabtei (um 1012/13) und der Neubau der Klosterkirche (1064–71) führten zum (1061 erstmals urkundlich greifbaren) Doppelpatrozinium St. U. und Afra, nachdem die auf der Synode von Tribur 1036 beschlossene solenne Feier der »Missa sancti Udalrici confessoris« die Verbreitung des liturgischen U.-Kults entscheidend gefördert hatte. Erst anlässlich der Einweihung der nach dem Brand von 1183 wieder aufgebauten Klosterkirche St. U. und Afra am 6.4.1187 wurden U.s Gebeine in diese übertragen. U. wurde Patron des Bistums und der Stadt Augsburg, Mitpatron des Bistums Paderborn, Patron zahlreicher Bruderschaften und einer Vielzahl von Kirchen (besonders in Süddeutschland). In Offizien (Berno von Reichenau vor 1048; Udalschalk von Augsburg um 1125, Mailand 1282), Hymnen, Litaneien, Liedern, in Legende (Umarbeitungen der Vita) und Sage, im jesuitischen Schultheater des 17./18. Jh., in der darstellenden Kunst aller Epochen (erstmals im Krönungsbild des Bamberger Sakramentars ↗Heinrichs II. 1002/14 [Clm 4456]) und im religiösen Volksbrauchtum lebte sein Andenken fort; auch als Winzer-, Fischer-, Wetter-, Wasser- und Reisepatron wird er angerufen. Die U.-Kreuze, nach dem Vorbild der legendären »crux victorialis« der Lechfeldschlacht wohl seit dem späten 16. Jh. angefertigt, werden bis heute als Wallfahrtsandenken gegen Unheil aller Art ausgegeben. U.-Brünnlein, angeblich auf Fürbitte U.s entsprungen, dienten der Heilung bei Augenleiden. Bei dem auf U. zurückgehenden Brauch der U.-Minne wurde aus dem (angeblichen) U.-Kelch gesegneter Wein gereicht. Infolge des Rückgangs des U.-Kults im 17./18. Jh. und Zweifeln an der Echtheit des Grabes wurden die Gebeine 1762 exhumiert und 1764 nach ärztlicher Prüfung in einen Barockschrein umgebettet (Neubau der Gruft 1962/63; erneute Untersuchung der Gebeine 1971). Unter Bischof Joseph Freundorfer starke Wiederbelebung der Wallfahrt; Darstellung des Heiligen mit den Attributen Evangelienbuch und Fisch (Hinweis auf Wasser- und Quellenpatronat).

MANFRED WEITLAUFF

Quellen: GERHARD VON AUGSBURG: Vita Sancti Uodalrici (einschließlich der Kanonisationsurkunde), hg. v. W. BERSCHIN – A. HÄSE, 1993 (mit deutscher Übersetzung); hg. v. G. WAITZ: MGH.SS 4, 377–425; H. KALLFELZ (Hg.): Lebensbeschreibungen einiger Bischöfe des 10.–12. Jh., [2]1986, 35–167 (lateinisch-deutsch).

Literatur: LMA 8, 1173 f.; VERFLEX[2] 2, 1225–29; 9, 1240–1245; Bischof U. von Augsburg und seine Verehrung. Festgabe zur 1000. Wiederkehr des Todestages, 1973; P. Rummel: U. von Augsburg. Bischof, Reichsfürst, Heiliger, ²1993; M. Weitlauff (Hg.): Bischof U. von Augsburg. Seine Zeit – sein Leben – seine Verehrung. FS aus Anlaß des tausendjährigen Jubiläums seiner Kanonisation, 1993; W. Goez: Lebensbilder aus dem Mittelalter, 1998, 28–40; B. Schimmelpfennig: Afra und U. Oder: Wie wird man heilig?: Zeitschrift des historischen Vereins für Schwaben 86 (1993) 23–44.

Ulrika Nisch (Taufname: Franziska), selig (1987; 8. Mai), *18.9.1882 Mittelbiberach-Oberdorf in Oberschwaben, †8.5.1913 Hegne am Bodensee. Aus armen Verhältnissen stammend, trat sie 1904 bei den Kreuzschwestern in Hegne ein (1906 Einkleidung, 24.4.1907 Profess) und arbeitete in ihren Häusern in Zell-Weierbach bei Offenburg, Bühl und Baden-Baden in der Küche. An Tuberkulose erkrankt, kehrte sie im Herbst 1912 nach Hegne zurück. Mit ihrer Seligsprechung wird ihr Wirken im Kleinen, gepaart mit »kindlicher Dankbarkeit«, gewürdigt.

BARBARA HENZE

Literatur: AAS 80 (1988) 702–707; W. Bühlmann: Er hat auf meine Niedrigkeit geschaut. Der Weg von Schwester U. N. ..., 1987; K. Hemmerle: Die leise Stimme. U. N., ihr Weg und ihre Botschaft, 1987; P. Rothert: ›Ich will eine Liebe, die allen alles ist‹. Schwester U. N. ..., 1987.

Unschuldige Kinder (UK), heilig (GK F 28. Dez.), die ermordeten Kinder (Mt 2,16ff., ohne den Zusatz »unschuldig«) werden seit Irenäus als Martyrer (bald »flores martyrum«) verehrt und in der Peregrinatio Aetheriae am *18. Mai* gefeiert, im Osten auch am *8. Jan.* als Beifest zu Epiphanie. In den ältesten westlichen Belegen folgt es auf Johannes den Evangelisten (Sacramentarium Veronense, Ende 5. Jh.) bzw. am 28. Dez. (Kalendar von Karthago, 505). Die mittelalterliche Volksfrömmigkeit greift das Martyrium in Mysterienspielen (»Rachelklagen«) auf. Nach dem Zweiten Vatikanischen Konzil blieb das Fest in der Weihnachtsoktav, mit weithin neuen liturgischen Texten. Es erweist den Zusammenhang von Geburt des Herrn und Teilhabe am Paschamysterium Christi im Martyrium. Im deutschen Sprachgebiet finden vielerorts Kindersegnungen statt (vgl. Benediktionale 34).

ARNAUD JOIN-LAMBERT

Literatur: J. Hennig: Zur liturgischen Lehre von den UK: Archiv für Liturgiewissenschaft 9 (1965) 72–85; H. Auf der Maur: Feste und Gedenktage der Heiligen: Gottesdienst der Kirchen, Bd. 6/1, 1994.

Ursula von Köln, heilig (RK g 21. Okt.), Martyrin, Anführerin der »11000 Mägde« (Jungfrauen). Ausgangspunkt der Legende ist der in der Clematius-Inschrift (4./5. Jh.) bezeugte Kult von Martyrinnen aus dem Orient. Im 9. Jh. werden *Pinnosa, Brittola, Martha, Saula, Sambatia, Gregoria, Saturnina, Palladia* genannt. Aus einem missverstandenen Zahlzeichen kam die Schar der 11000 zustande, aus der Inschrift einer »innocis virgo U.« rückte diese statt Pinnosa an die Spitze. Im 12. Jh. bezog man Grabfunde von römischen Friedhöfen Kölns auf die Jungfrauen, die »Revelationes« der Elisabeth von Schönau gaben ihnen Namen. Bekanntere Gefährtinnen wurden so *Aurelia, Cordula, Kunera, Kunigunde.* In der voll ausgebildeten Legende umwirbt der englische Prinz Etherius die britische Königstochter U. Aus Liebe zur Jungfräulichkeit stellte sie die vermeintlich unlösbare Bedingung, dass Etherius binnen drei Jahren Christ wird, sie und zehn Hofdamen je 999 Begleiterinnen erhalten. Doch all dies wird mit Zuzug aus ganz

Europa erfüllt; die Schar findet sich zu einer Romwallfahrt zusammen. Bei der Rückkehr zu Schiff auf dem Rhein erleiden sie (auch ein legendärer Papst *Cyriacus* und mehrere geistliche Würdenträger) das Martyrium durch die Hunnen vor Köln. Für die Verbreitung und reiche Gestaltung des Kults von York bis Venedig sorgten ein St.-U.-Stift (922–1802), besonders aber die alle Stände der Kirche umgreifende, poetische Legende und die Unerschöpflichkeit der Reliquien. Daraus erwuchs die Anregung für zahlreiche Dichtungen, Zyklen der Tafelmalerei, Reliquienbüsten, »U.-Schifflein« genannte Bruderschaften, die Stiftung der Ursulinen durch ↗Angela Merici. In der Moderne nahm der Kult ab, wurde 1969 aus dem römischen Kalender gestrichen. Doch blieb er lokal gestattet und wirkt in der Namengebung für Mädchen intensiv weiter.

FRANZ STAAB

Quellen: BHL8426–51 mit NSuppl; ActaSS oct. 9, 73–303; AnBoll 3 (1884) 5–20 (Historia ss. Ursulae et sociarum eius), 88 (1970) 308–311 (Vers-Vita, 13. Jh.); W. Levison: Das Werden der U.-Legende, 1928, 140–157.

Literatur: BiblSS 9, 1252–71; LMA 8, 1331 f.; VerfLex² 10, 131–140; VSB 10, 674–688; K. Künstle: Ikonographie der christlichen Kunst, Bd. 2 1928, 566–573; M. Coens: AnBoll 47 (1929) 89–110, 80 (1962) 162–166; G. de Tervarent: La légende de S. U. dans la littérature et l'art du moyen-âge, 2 Bde.,1931; F. G. Zehnder: St. U., Legende, Verehrung, Bilderwelt, ²1987; C. M. Cusack: Hagiography and history. The legend of Saint U.: This immense panorama. FS E. J. Sharpe, 1999, 89–104.

Ursula (Julia Maria) **Ledóchowska,** heilig (2003; 29. Mai), Kongregationsgründerin, *17.4.1865 Loosdorf in Niederösterreich, †29.5.1939 Rom; 1886 Eintritt bei den Ursulinen in Krakau, 1904–07 Oberin, errichtete 1906 ein Pensionat für Studentinnen. U. ging 1907 als Leiterin der Tochtergründung nach St. Petersburg; diese wurde 1908 selbständig und die Keimzelle der Kongregation der »Ursulinen vom Heiligsten Herzen Jesu in der Todesangst«. Während des Ersten Weltkriegs gründete sie Schulen in Finnland, Schweden und Dänemark und engagierte sich in der Ökumene. Nach der Rückkehr 1920 Gründung der Kongregation (1930 anerkannt), deren erste Generaloberin sie wurde, ab 1931 in Rom.

BARBARA HENZE

Literatur: AAS 79 (1987) 1264–68; DIP 5, 567 ff.; NDB 14, 47 f.

Ursus und Victor, heilige Martyrer (30. Sept.); gehören in den Legendenkreis der ↗Thebaischen Legion und sollen Ende des 3. Jh. in Solothurn enthauptet worden sein. Ihre Verehrung ist bereits in der Passio der Thebaischen Legion von Eucherius von Lyon (443/450) bezeugt. Um 500 Translation des V. nach Genf, wo um das spätere Priorat (1534 aufgehoben) ein Kult entstand. Die Passiones des U. aus dem 7. und 9./10. Jh., wovon die jüngere stark von jener von Felix und Regula inspiriert ist, sind Zeugnisse des Auflebens des U.-Kults in Solothurn, wo im 8. Jh. eine klösterliche Niederlassung entstand (Stift 1874 aufgehoben). Den Höhepunkt der spätmittelalterlichen U.-Verehrung in Solothurn bildete die Reliquienauffindung von 5.3.1473.

ERNST TREMP

Literatur: BBKL 12, 963; BHL 8584–88; HelvSac II/2, 493–535; III/2, 239–324; LMA 8, 1334; J. Straub: Die Heiligengräber der Schweiz, 1987.

Valentin von Rätien, heilig (RK g 7. Jan., Translation *4. Aug.),* †7. Jan.; in der »Vita Severini« des Eugippius als Bischof von Rätien bezeugt (Kapitel 41); Wirksamkeit, über die nichts weiter bekannt ist, für die erste Hälfte des 5. Jh. anzunehmen. Eine V.-Kirche im Oberinntal bzw. auf dem Brenner (?) ist in der »Vita s. Martini« des Venantius Fortunatus belegt (MGH.AA 4, 368); ferner wird in der »Vita Corbiniani« des Arbeo von Freising berichtet, dass ein V. (»beatus confessor«) in Mais bei Meran bestattet gewesen und dessen Leib nach Trient, schließlich durch Herzog Tassilo III. – wohl um 764 – nach Passau überführt worden sei. Die Frage nach der Identität des V. von Mais mit dem »episcopus Raetiarum« ist umstritten, aber dass er Bischof von Passau gewesen sei, negativ zu beantworten. Seit der Translation wurde V. in der Passauer Kirche neben ↗Stephan als weiterer Bistumpatron verehrt. Eine wohl um 1200 verfasste Vita und Übertragungsgeschichte, die im Zusammenhang mit der angeblichen Auffindung des Grabes im Domvorhof die auf einer beigegebenen Bleitafel überlieferte Vita von der erfolgreichen Missionstätigkeit V.' in Passau wiedergibt, ist historisch ohne Wert.

EGON BOSHOF

Literatur: ActaSS ian. 1, 368–372; BBKL 12, 1084 f.; Bauerreiss 1, 14 f.; A. Leidl – H. W. Wurster: Der heilige V. und der heilige Maximilian: A. Leidl: Bistumspatrone in Deutschland, 1984, 149–153 156; S. Kronacker: Hl. V.: Ihr Freunde Gottes allzugleich, hg. v. P. Pfister, 2003, 36–39.

Valentin von Rom, heilig (14. Febr.), als Martyrer in Rom und Bischof von Terni verehrt. Zu Person und Frühgeschichte seiner Verehrung gibt es keine gesicherten Nachrichten. Älteste Quelle ist die Liberianische Bischofsliste des Chronographen vom Jahre 354, welche den Bau einer Basilika »quae appellatur Valentini« am zweiten Meilenstein der Via Flaminia unter Papst Julius I. (337–352) verzeichnet. Deren archäologisch greifbare Gestalt mit einfacher Memoria, dort gefundene Reste eines Epigramms des Papstes Damasus (366–384) sowie Grabinschriften des 4. und 5. Jh. aus dem dortigen Coemeterium (ICUR 10, 27276 ff. 27288 27390) machen insgesamt eine sehr alte Kultstätte wahrscheinlich. Hagiographisch erscheint V. in Rom erst im 6. Jh., verbunden mit der Passio von Marius und Martha (BHL5543 8463–66), ist Presbyter und wurde unter Kaiser Claudius Gothicus (268–270) an einem 14. Februar an der Via Flaminia enthauptet. Die Pilgerführer des Frühmittelalters lokalisieren sein Grab in der genannten Basilika. Die unter dem Einfluss des römischen Kults entstandene Passio BHL 8460 präsentiert V. als Bischof von Interamna (Terni in Umbrien an der Via Flaminia), der zur Heilung eines spastisch Gelähmten nach Rom gerufen und dort wegen seiner Bekehrungserfolge nach Verweigerung eines Götteropfers enthauptet wurde. Drei von ihm Bekehrte brachten seinen Leichnam bei Nacht zurück nach Terni, wurden selbst dafür zum Tod verurteilt und als Martyrer in seiner Nähe beigesetzt. Das MartHieron 92 stützt diese Tradition, da es V. als Martyrer von Terni nennt, wo auch Mitte des 8. Jh. auf einem Friedhof des 4. Jh. eine V. geweihte Basilika nachweisbar ist (LP 1, 427, 16 f.). Die schlecht harmonisierbare Quellenlage hat zu Erörterungen der Frage geführt, ob es sich um zwei Martyrer gleichen Namens handele, der Kult sich früh entlang der Via Flaminia von Terni, wo man später V. als Bischof ansah, nach Rom verbreitet habe bzw. umgekehrt oder ob er von Anfang an an beiden Orten verehrt wurde, wobei unklar ist, wo die leiblichen Überreste und wo Kontaktreliquien (Brandeum) verehrt wurden. Der Bericht des 12. Jh. von der Translation des Hauptes nach Jumièges in der Normandie (BHL8461) ist die Geschichte eines suspekten Reliquiendiebstahls, in der V. als Priester von Terni bezeichnet wird. Wohl anknüpfend an den Festtermin, der als Tag der jährlichen »Vogelhochzeit« galt, ist in Frankreich, Belgien und England, von wo aus die Verbreitung im gesamten angloamerikanischen Raum erfolgte, der V.-Tag zum Tag der Liebenden geworden (greifbar bereits bei Geoffrey Chaucer im 14. Jh.), an dem sich diese kleine Geschenke (»Valentine Greetings«) senden. Trotz der Bemühungen der Floristen und neuerdings auch der Zeitungsverleger (Grußannoncen am V.-Tag) hat sich dieser Brauch in Deutschland bisher nicht allgemein einbürgern lassen. Hier spielte früher die vom Namen inspirierte Verehrung als »Krankenpatron gegen die Epilepsie (»fallende Krankheit«) eine große Rolle. Dabei wurde V. oft mit ↗Valentin von Rätien verwechselt.

HANS REINHARD SEELIGER

Literatur: ACTASS feb. 2, 752–763; EC 12, 976–979; HWDA 8, 501 ff.; LMA 8, 1386 f.; Wörterbuch der deutschen Volkskunde, hg. v. K. BEITL, ^{3}1974, 848 f.; RÉAU 3/3, 1303 f.; J. AELLIG: Wie ein neuer Brauch entstehen kann: Der V.-Tag: Schweizerische Volkskunde 40 (1950) 7 ff.; V. SCHAUBER – H. M. SCHINDLER: Heilige und Namenspatrone im Jahreslauf, 1998, 68.

Verena Bütler (Ordensname: Maria Bernarda), selig (1995; 19. Mai), OSClCap (1869), Ordengründerin, *28.5.1848 Auw im Aargau, †19.5.1924 Cartagena in Kolumbien; 1867 Eintritt in das Kloster der Kapuziner-Klarissen Maria Hilf in Altstätten (St. Gallen); seit 1880 Oberin und Reform des Konvents; 1888 Ausreise nach Ecuador zur Mission, 1895 weiter nach Cartagena in Kolumbien, wo sie die »Kongregation der Franziskaner Missionsschwestern von Maria Hilf« gründete.

BRUNO STEIMER

Literatur: BBKL 16, 249; A. JUEN: Mein Leitstern ist das Evangelium, 1992; DIESELBE: Von Gottes Nähe ergriffen, 1996.

Veronika (griechisch Βερονίκη), Name einer legendären Heiligen *(4. Febr.)*, die in einer reichen und verworrenen Legendenentwicklung vom 4. bis zum 16. Jh. immer neue, konkretere Züge erhält und zu einer der populärsten Heiligengestalten des Spätmittelalters und des Barock avanciert; Hauptfigur der sechsten Station des Kreuzwegs.
Neben der westlichen Legende, in deren Mittelpunkt V. und ihr Schweißtuch stehen (s. u.), existiert auch ein byzantinisches Gegenstück zur westlichen Tuchreliquie: Jesus soll zu seinen Lebzeiten einst Abgar, dem König von Edessa, u. a. eine wundertätige Tuchikone mit seinem Antlitz (griechisch μανδύλιον) zugesandt haben, das dieser am Stadttor anbringen ließ, wo es sich zugleich als Ziegelabdruck (»keramidion«) vervielfältigte (Evagrius Ponticus, h. e. IV, 26 f.). Nach jüngeren Traditionen der Legende wird die Tuchikone nicht Abgar, sondern dessen Tochter Berenike übergeben. Konstantin VII. Porphyrogennetos ließ 944 das Mandylion in seine Palastkapelle überführen. Nach der Eroberung Konstantinopels durch die Lateiner 1204 verlieren sich die Spuren des Mandylions. – Das römische Acheiropoieton verdankt seine Herkunft der legendarischen Gestalt einer V., die mit der blutflüssigen Frau (der αἱμορροοῦσα [Hämorissa] aus Mt 9,20 par.; Acta Pilati 7) oder, nach anderer Legendenfassung, mit einer der Frauen am Kreuzweg Christi (Lk 23,27 f.) identifiziert wurde. Diese habe dem leidenden Jesus ein Schweißtuch (lateinisch »sudarium«) ins Antlitz gedrückt, wobei sich die wahren Gesichtszüge des Gemarterten (lateinisch »vera icon«, daher V.) darin abgebildet haben (Vindicta Salvatoris 22–36; Legenda aurea 51).

Das Tuchbild der V. tritt erst zum Ende des 12. Jh. in den Blickpunkt stadtrömischer Reliquien- und Bilderverehrung. Das neue Schauverlangen, das im 13. Jh. zunächst der Eucharistie selbst gilt, spricht auch der Bildaussetzung des wahren Christusbildes sakramentalen Segen zu, die die Gottesschau von Angesicht zu Angesicht vorwegnimmt. Sein steter Bedeutungszuwachs korrespondiert mit der Eroberung Konstantinopels 1204 und den sich verlierenden Spuren des Mandylions. Das V.-Bild findet damit Aufnahme unter die Passionsreliquien, in einigen Fällen auch um die Dornenkrone ergänzt. Als Andachtsbild, in Buch- und Tafelmalerei erfährt es bis ins 16. Jh. größte Verbreitung. Es stellt das Christusbild des Spätmittelalters schlechthin dar. Als beliebtes Bildmotiv über spätgotischen Kirchenportalen vermittelt es Schutz und Fürsprache. – In St. Peter in Rom wird noch heute in der Fastenzeit auf dem Reliquienbalkon des V.-Vierungspfeilers, in der Nachfolger des hochmittelalterlichen Reliquientabernakels von Alt-St. Peter, das V.-Bild Christi gezeigt.

RAINER WARLAND

Literatur: LMA 8, 1569; H. BELTING: Bild und Kult, ²1991, 233–252; Ausstellungskatalog ›Glaube, Hoffnung, Liebe, Tod‹, hg. v. C. GEISMAR-BRANDI – E. LONIS, 1995, 430–437.

Veronika (Veronica) **Giuliani** (Taufname: Orsola), heilig (9. Juli), OSClCap (1677), Mystikerin, *27. 12. 1660 Mercatello im Herzogtum Urbino, †9. 7. 1727 Città di Castello in Umbrien. Von der sterbenden Mutter der Seitenwunde Jesu anempfohlen, zeigten sich an V. bald nach Eintritt ins Kloster der Kapuzinerinnen in Città di Castello mystische Phänomene. Ab Karfreitag 1697 trug sie die Stigmata, wurde denunziert und von der Suprema Sancta Congregatio S. Officii examiniert. Ab 1688 Novizenmeisterin und ab 1716 wiederholt Äbtissin, vereinte sie Mystik und Lebenspraxis. Nahezu Analphabetin, lernte sie schreiben im Schreiben. Auf Veranlassung ihrer Beichtväter (insgesamt 39) und ihres Ortsbischofs Alessandro Codebò schrieb sie von April 1693 bis März 1727 nachts ihre Erfahrungen nieder: Blätter, die sie anderntags abgeben musste, posthum als *Diario* (Tagebuch) bezeichnet. Sie hinterließ fast 22000 handschriftliche Seiten und 443 Briefe. Ihre Einfühlung in das und ihre körperliche Teilnahme am Leiden Christi waren so eigen, dass 1978 ein Kongress sie als Kirchenlehrerin vorschlug. – Patronin der Fotografen.

Werke: Diario, 4 Bde., 1969–74, Bd. 5: Relazioni, 1986, Bd. 6: Lettere, 1989; Bd. 7: Index, Bibliographie, 1991.

LEONHARD LEHMANN

Literatur: DSP 16, 473–483; MARL 2, 645; D'ALATRI 3, 467–482; S. V. G.: Esperienza e dottrina mistica, hg. v. L. IRIARTE, 1981; L. LEHMANN: ›Wer die Liebe will, suche das Leiden‹. Zur Mystik der heiligen V. G.: Mystik in den franziskanischen Orden, hg. v. J.-B. FREYER, 1993, 117–156; G. MANGANI: Luce nel tempo. S. V. G., 1996; M. BORCHIELLI: La fiamma dell'Amore, 1999.

Victor, Martyrer. Da die Martyrologien eine Fülle von Martyrern mit Namen V. kennen (das MartHicron z. B. 130), ging die ältere Forschung davon aus, dass es sich hierbei ursprünglich häufig um den Beinamen oder Ehrentitel eines Martyrers gehandelt habe, der sich dann im Lauf der Geschichte als (unhistorischer) Individualname verselbständigt hat. Demgegenüber ist in der jüngeren Forschung darauf hingewiesen worden, dass durch die antike Epigraphik V. sehr häufig als paganer Name belegt ist und auch unter Christen nicht selten war. Auffallend oft wurde der Name in den legendarischen Traditionen als der eines Soldaten gedeutet, doch seine allgemeine Häufigkeit und die Beobachtung, dass die griechischen Synonyme Nicephorus, Nicetas und Callinicus nicht gleich zahlreich erscheinen, verbieten es, Martyrer namens V. allein aufgrund des Namens für unhistorisch zu halten. Seit der nachkonziliaren Reform des Festkalenders sind Martyrer mit Namen V. jedoch nurmehr in Regionalkalendern verzeichnet.

HANS REINHARD SEELIGER

Literatur: F. RÜTTEN: Die V.-Verehrung im christlichen Altertum, 1936, Nachdruck 1968; V. SAXER: V. titre d'honneur ou nom propre?: Rivista di archeologia cristiana 44 (1968) 209–218.

Vinzenz (Vicent) **Ferrer,** heilig (1458; GK g 5. April), OP (1367), Bußprediger, *23. 1. 1350 Valencia, †5. 4. 1419 Vannes in der Bretagne; Ordenseintritt in Valencia, Studium der Logik dort und in Barcelona, später der Philosophie in Lérida, wo er selbst bereits Logik lehrte. 1372–74 Studium der Theologie, der Exegese und der hebräischen Sprache in Barcelona. Aus dieser Zeit stammen Schriften, die sich mit dem Nominalismus Wilhelms von Ockham auseinandersetzen, und Schriften zum Abendländischen Schisma *(Tractatus de moderno schismate)*. 1376 bis um 1384 Studium der Theologie in Toulouse, 1384–89 Lektor der Theologie in Valencia, 1389 Generalprediger; in dieser Zeit schrieb er das die Tradition dominikanischer Spiritualität zusammenfassende Werk *Tractatus de vita spirituali* mit weiter Verbreitung (wörtliche Entlehnungen aus der »Vita Christi« des Ludolf von Sachsen). Vorübergehend wieder Prior des Konvents von Valencia und Lektor an der dortigen Domschule. Seit 1394 Magister Sacri Palatii in Avignon, päpstlicher Beichtvater und Almosenier. Verließ 1399 Avignon, um eine fruchtbare Predigttätigkeit in ganz Europa aufzunehmen. Seine von Bußeifer und apokalyptischem Ernst erfüllte Predigt hat Tausende bekehrt, darunter Juden und Mauren. Ihre Bekehrung als Hinweis auf die unmittelbar bevorstehende Endzeit trug zur Verschärfung der Judenpolitik in Spanien bei, wobei V. selbst anlässlich der Pogrome (etwa 1391) als Verteidiger der Juden auftrat. Anschließend erheblicher Einfluss auf die Geschicke des Königreichs Aragón als Beichtvater des königlichen Hauses und als Teilnehmer am Schiedsspruch von Caspe (1412, Wahl Ferdinands I. von Aragón). Im Abendländischen Schisma zunächst bedingungsloser Parteigänger der Avignoner Obödienz, wandte sich jedoch, enttäuscht über den mangelnden Unionswillen Benedikts XIII., zusammen mit den spanischen Königreichen, 1416 von diesem ab und widmete sich bis zu seinem Tod nur noch der Predigt.

JOHANNES GROHE

Werke und Quellen: H. FAGES (Hg.): Œuvres de St. V. F., 2 Bde., 1909; Opuscula ascetica, hg. v. P. ROUSSET, 1901; Tractatus de vita spirituali, 1591, zuletzt 1956 (zahlreiche Übersetzungen, deutsch 1922); Sermons, hg. v. J. SANCHIS SIVERA – G. SCHIB, 5 Bde., 1932–83; Sermons de Quaresma, hg. v. M. SANCHIS GUARNER, 2 Bde. 1973.

Literatur: BBKL 2, 20 f.; BIBLSS 12, 1168–76; DTHC 15, 3033–45; DHEE 2, 927 f.; LMA 4, 395 ff.; V. GADULF: Vida de San V. F., 1950; M. CATHERINE: Angel of Judgement: Life of V. F., 1954; J. M. DE GARGANTA – V. FORCADA: Biografía y escritos de San V. F., 1956.

Vinzenz von Lérins, heilig (24. Mai), Priestermönch im südgallischen Inselkloster Lerinum vor Castrum Marcellinum (heute St-Honorat vor Cannes), † vor 450 (435?) ebd. (Gennadius, De viris illustribus 65 [64], Eucherius: Instructiones I,1); zunächst Militär. V. verfasste 434 unter dem Pseudonym Peregrinus zwei Abhandlungen zugunsten des Alters und der Universalität des katholischen Glaubens gegen die profanen Neuerungen aller Häretiker (v. a. Donatismus, Arianismus, Photin, Apolinarius, Nestorius), inspiriert von Tertullian (De praescriptione haereticorum) und allgemein *Commonitorium* (Denkschrift) genannt. Buch 2 war schon zur Zeit des Gennadius verloren (Exzerpte: Commonitorium 29–33). Buch 1 legt bis heute die Grundlagen katholisch-theologischen Methodik von Orthodoxie- und Traditionsverständnis. Kapitel 2 definiert als »wahr und eigentlich katholisch, was überall, immer und von allen geglaubt wurde«. Diese Kriterien »universitas, antiquitas, consensus« gelten nicht kumulativ, sondern konsekutiv; bei Mangel an Universalität entscheidet das Alter. Zeugen sind die »magistri probabiles« (Väterbeweis), die »in der Gemeinschaft der einen Kirche und des einen Glaubens verharrten, und was nicht nur einer oder zwei, sondern alle gleichermaßen in ein und derselben Übereinstimmung gelehrt haben, das ist ohne Zweifel zu glauben« (Kapitel 3). Kapitel 23 beschreibt dogmenhistorische Entwicklung im Bild organischen Wachstums: »Erkenntnis, Wissen und Verständnis sollen wachsen, ja kräftig voranschreiten, sowohl der Einzelnen als auch der ganzen Kirche, aber nur auf die ihr eigene Weise, d. h. in derselben Lehre, demselben Sinn, derselben Auffassung«, zitiert in der Konstitution *Dei Filius* des Ersten Vatikanischen Konzils (DH 3020). Nach 1 Tim 6,20 sei es erlaubt, das »depositum fidei« neu zu formulieren, nicht aber, Neues hinzuzufügen (Kapitel 22). Gegen den aufgrund Prospers von Aquitanien »Pro Augustino responsiones ad capitula obiectionum Vincentianarum« (CPL³ 521) vermuteten Antiaugustianismus des V. sprechen die von Madoz im spanischen Kloster Ripoll gefundenen *Excerpta e S. Augustino* (CPL³ 511; vgl. Commonitorium16).

HUBERTUS R. DROBNER

Quellen: CPL³ 510 f.; CCL64, 125–231; BKV² 20, 149–228 (deutsche Übersetzung von G. Rauschen).

Literatur: BBKL 12, 1432–36; BiblSS 12, 1142–46; J. Quasten: Patrologia, Bd. 3 1978, 517–521; Encyclopedia of the Early Church, Bd. 2 1992, 870 f.; W. O'Connor: St. V. and St. Augustine: Doctor Communis 16 (1963) 123–257.

Vinzenz (Vincenzo) **Pallotti,** heilig (22. Jan.), *21. 4. 1795 Rom, †22. 1. 1850 ebd. (Grab in S. Salvatore in Onda); römischer Priester, Mystiker und Apostel; auf fast allen Gebieten der außerordentlichen Seelsorge tätig. 1835 gründete er, zusammen mit Weltpriestern und Laien, eine Bewegung zur Verbreitung und Vertiefung des Glaubens. Die Erfahrung der grenzenlosen Liebe Gottes sollte über die Grenzen aller Stände und Klassen hinweg die apostolische Gesinnung und Mitarbeit aller Christen wecken. V. dachte an ein weltumspannendes Netz kleiner Zentren, die der Evangelisation dienen. Unverständnis gegenüber seiner Vision und sein bald nach der Gründung erfolgter Tod verhinderten den weiteren Ausbau. Es gelang ihm, zwei Gemeinschaften (Pallottiner, Pallottinerinnen) zu gründen. Pius XI. bezeichnete V. als »Vorläufer der Katholischen Aktion«. Aber erst im neuen Kirchenbild des Zweiten Vaticanums *(Apostolicam actuositatem* und *Lumen gentium)* kam seine Ausweitung des christlichen Apostolats auf alle Christen zum Durchbruch. Johannes Paul II. hat in seiner Botschaft vom 21. 4. 1995 die neu sich formierende Gesamtgründung V.s ermuntert, ihr Urcharisma wieder zu entdecken und zu verwirklichen.

OTMAR RIEG

Werke: Opere complete, 13 Bde., 1964–97; Ausgewählte Schriften, 1985.

Literatur: DSp 16, 834–841; J. Frank: V. P., 2 Bde., 1952–62; M. Probst – H. Socha (Hg.): Die Vereinigung des Katholischen Apostolats V. P.s, 1993; H. Socha: Das weltweite Apostolatsnetz der Gründung V. P.s: Trierer theologische Zeitschrift 111 (2002) 321–334, 112 (2003) 134–150.

Vinzenz von Paul (Vincent Depaul, de Paul), heilig (1737; GK G 27. Sept.), *24.4.1581 Pouy bei Dax, Landes, †27.9.1660 Paris; Sohn des Bauern Jean Depaul und seiner Frau Bertrande de Moras, fünf Geschwister. Als Kind Mitarbeit in der Landwirtschaft des Vaters. Mit 15 Jahren Beginn der Gymnasialausbildung zur Vorbereitung auf das Priestertum, 1600 Priester. Nach kurzer Tätigkeit als Gemeindeseelsorger Studienaufenthalt in Rom und Toulouse. Entführung als Sklave nach Tunis historisch nicht gesichert. Seit 1610 geistlicher Berater der Königin Margarete von Valois. 1612 seelsorgerisch tätig in der Pfarrei Clichy bei Paris; 1613 auf Vermittlung von Pierre de Bérulle (Gründer des Oratoriums) Hauslehrer in der Adelsfamilie de Gondi. 1617 Pfarrer in Châtillon-les-Dombes, dort 1617 Gründung der ersten Confrérie de la Charité zur Gewährleistung der diakonischen Grundfunktion der Gemeinde durch Frauen (1621 auch Männer). Daraus Entstehung von Caritas-Konferenzen insbesondere der Frauen (Association Internationale des Charités de St. Vincent de Paul [AIC]). 1617 Rückkehr an den Hof der Madame de Gondi, Seelsorger auf den Ländereien der Familie. 1619 oberster Seelsorger für die Galeerensklaven Frankreichs. Aus diesem Erfahrungsbereich Entschluss, sich der Armenpastoral zu widmen. 1618 Begegnung mit ↗Franz von Sales, Bischof von Genf, Entstehung einer tiefen Freundschaft. Geistlicher Begleiter ↗Johanna-Franziska Chantals, Superior der von Franz von Sales gegründeten Sœurs salésiennes de la Visitation. 1625 Gründung der »Congrégation de la Mission« (CM), der »Lazaristen«, zur Unterstützung der Seelsorge für die Armen. Engagement in der Reform der Priesterausbildung, regelmäßige Konferenzen und Predigtübungen nach den Vorstellungen des Franz von Sales. Daneben Studium der Rechtswissenschaft an der Sorbonne in Paris, Abschluss mit Diplom. 1633 gemeinsam mit ↗Luise von Marillac Gründung der »Filles de la Charité«, der späteren Vinzentinerinnen. Aufbau eines Hilfesystems für Menschen in Not in enger Zusammenarbeit mit de Marillac, z.B. 1636 Hilfswerk für Lothringen, 1638 Hilfswerk für die Findelkinder. – 1885 Erklärung zum »Patron der Nächstenliebe« durch Leo XIII. – 1833 Gründung der »Vinzenz-Konferenzen« durch ↗Antonius-Friedrich Ozanam, basierend auf der Spiritualität und den Lebenserfahrungen des V. von Paul.

László Könczöl/Bernhard Krabbe

Werke: P. Coste (Hg.): Correspondence, Entretiens, Documents, 15 Bde., 1920–70.

Literatur: BBKL12, 1436–39; DSp 16, 841–863; A. Dodin: Saint V. et la Charité, 1960; H. Daniel-Rops: V. von P. Das Leben des Heiligen, 1960; B. Krabbe: Die theologische Begründung der Diakonie bei V. von P. auf dem Hintergrund seines Wirkens, 1971; M. Auclair: V. von P. – Genie der Nächstenliebe, 1978; J. F. Six u. a.: V. von P., 1980; O. Schnelle: V. von P., [2]1988; P. Miquel: V. de P., 1996; A. Bugelli: V. de P., 1997; B. Pujo: V. de P., 1998.

Vinzenz von Saragossa (von Valencia), heilig (GK g 22. Jan.), Martyrer, * Huesca als Sohn des Eutychius, der aus einer Konsulsfamilie stammte, und der Enola, †304 Valencia. Schüler des Valerus, Bischof von Saragossa, der ihn zum Diakon weihte. Da Valerus nicht redegewandt war, überließ er V. das Predigen. Als Archidiakon zeichnete er sich durch eine gute Verwaltung der Güter zugunsten der Armen aus. Als die Verfolgung Diokletians ausbrach, ließ der Statthalter Datianus Valerus und V. festnehmen und nach Valencia bringen, wo sie verurteilt und gefoltert wurden und das Martyrium erlitten. V. ist vom 4. Jh. an einer der meistverehrten Martyrer Spaniens. ↗Paulinus von Nola, Prudentius und ↗Augustinus erwähnen ihn in ihren Werken. Er erscheint auch in den Kalendern des Polemius Silvius, von Karthago und Carmona. Sein Name wird von Venantius Fortunatus, ↗Leo I. dem Großen, Gregor von Tours, dem MartHieron und im Liber Mozarabicus erwähnt; zahlreiche Kirchenpatrozinien. Seine Reliquien werden in Saragossa, Paris, Bessay und Orbigny verehrt. – In einigen Gegenden wird ihm das Weinpatronat zugeschrieben: Frankreich, Elsass, Süddeutschland und Österreich. Im bayerisch österreichischen Alpengebiet gilt er auch als Patron der Holzarbeiter.

DOMINGO RAMOS-LISSÓN

Quellen: ACTASS ian. 2, 393–414; BHL 8627–55; PL 54, 501–504.

Literatur: LTHK² 10, 802 f.; BIBLSS 12, 1149–55; DHEE 4, 2750; EC 12, 1435–38; LMA 8, 1704; G. DUCHET-SUCHAUX: Iconographie médiévale, 1993, 139–154; V. SAXER: Saint V., diacre et martyr, 2002.

Vinzenza (Vincenza) **Gerosa,** heilig (1950; 28. Juni), Ordensgründerin, *29. 10. 1784 Lovere bei Bergamo, †28. 6. 1847 ebd. Zusammen mit der heiligen Bartholomäa Capitanio gründete sie 1832 die »Schwestern der Liebe vom Kinde Maria« und wurde nach deren frühem Tod 1833 die zweite Oberin der Kongregation.

HEINZ-MEINOLF STAMM

Literatur: DIP2, 386–389; EC 12, 1436.

Vinzenza (Vicentia María) **López y Vicuña,** heilig (1975; 26. Dez.), Ordensgründerin, *22. 3. 1847 Cascante in Navarra aus aristokratischer Familie, †26. 12. 1890 Madrid; mit 19 Jahren sozial-caritatives Apostolat, besonders unter weiblichen Hausangestellten. Dafür 1876 Kongregation der »Schwestern von der unbefleckten Empfängnis« gegründet. Gefördert vom späteren Kardinal Ciriaco María Sancha y Hervás (1833–1909; DIP 8, 419 f.), wurde die Kongregation 1888 päpstlich anerkannt; weitere Ausbreitung. Heute etwa 900 Schwestern, international verbreitet.

KARL SUSO FRANK

Literatur: BIBLSS 8, 107; DIP 7, 1679 f.; DSP 16, 867 f.

Virgil(ius) von Salzburg, heilig (1233; 27. Nov., heute als Landespatron zusammen mit ↗Rupert RK g *24. Sept.),* * nach 700, †27. 11. 784 Salzburg. Als Fergil in Irland geboren, vielleicht aus dem königlichen Geschlecht von Loegaire; erhielt seine Ausbildung im Kloster Iona. Seine Identität mit Abt Feirgil von Aghaboe (Achad Bó) ist umstritten. Pippin der Jüngere, bei dem sich V. in Quierzy aufhielt, sandte ihn zu seinem Schwager Herzog Odilo nach Bayern, der dem Iren das nächste vakante Bistum verleihen sollte. V. leitete das Bistum Salzburg seit 746/747 zwei Jahre lang als Abt und empfing am 15. 6. 749 die Bischofsweihe. Zuvor war er in zwei Auseinandersetzungen mit dem päpstlichen Legaten ↗Bonifatius verstrickt, der bei Zacharias I. Klage führte. Es ging dabei um die Gültigkeit einer mit falschen Worten gespendeten Taufe und um die Lehre von der Kugelgestalt der Erde und die von der Existenz von Antipoden. In Salzburg setzte sich V. energisch für die bischöflichen Rechte ein, besonders im Streit um die Maximilianszelle in Bischofshofen und um das Kloster Otting. Er organisierte ab etwa 755 die Slawenmission in Karantanien, an der unter Leitung des Chorbischofs ↗Modestus auch romanische und irische Missionare beteiligt waren. Nach mehrfachen Rückschlägen sicherte erst der Sieg Herzog Tassilos III. über die Karantanen 772 den Erfolg der Mission. In Salzburg errichtete V. anstelle der rupertinischen Peterskirche einen mächtigen Dom und ließ bei der Weihe 774 die Reliquien Ruperts aus Worms dorthin überführen. Die Mönche von St. Peter und die 749 erstmals genannten Kanoniker wirkten gemeinsam am Dom, für den wohl auch das imposante Rupertuskreuz aus Northumbrien (um 700) angeschafft wurde. In Salzburg blühten unter V. die Architektur und das Kunsthandwerk (Tassilokelch von Kremsmünster, Evangeliar des Angelsachsen Cutbercht). V. galt als bedeutender Literat und verfasste selbst eine Streitschrift *(Libellus Virgilii)*, vielleicht auch die Urfassung der Vita Ruperti, und ließ 784 das Verbrüderungsbuch von St. Peter als »Liber Vitae« anlegen. Arbeo von Freising widmete ihm die »Vita Corbiniani«; V.' Autorschaft an der Kosmographie des Aethicus Ister ist hingegen umstritten. Bald nach seinem Tod vergessen, stieß man beim Dombau 1181 auf V.' »Grab in der Mauer«; am 18.6.1233 von Gregor IX. heiliggesprochen.

HEINZ DOPSCH

Literatur: BBKL 12, 1441 f.; LMA 8, 1711 f.; PRINZ 404–433; V. von Salzburg – Missionar und Gelehrter, hg. v. H. DOPSCH – R. JUFFINGER, 1985.

Vitus (Veit, Guy) **von Lukanien,** heilig (15. Juni), Martyrer der diokletianischen Verfolgung. Nach der legendarischen Passio des 7. Jh. aus reicher heidnischer Familie Siziliens stammend, wirkte er bereits siebenjährig Wunder, so dass ihn der Präfekt Valerianus und sein Vater Hylas durch Gefängnis und Folter zum Glaubensabfall zwingen wollten. Mit Hilfe eines Engels floh er zusammen mit seinem Erzieher *Modestus* und seiner Amme *Crescentia* nach Lukanien. Da er auch dort Wunder wirkte, u. a. den Sohn Kaiser Diokletians von Besessenheit heilte, ließ dieser sie nach Rom rufen und, weil sie das Götteropfer verweigerten, foltern (in siedendes Öl werfen). Wieder rettete sie ein Engel und brachte sie nach Lukanien an den Fluss Sele zurück, wo sie bald starben. An V.' Existenz wird aufgrund seiner sehr alten Verehrung nicht gezweifelt. Papst Gelasius I. (492–496) weihte ihm eine Kirche, im 6. Jh. tragen Klöster in Sizilien und Sardinien seinen Namen (Gregor Magnus, ep. I, 46, 4; XIV, 16, 2 und 17,4), und die gallische Rezension des Mart-Hieron bezeugt um 600 seinen Kult. Nach einer niederdeutschen Legende wurden seine Gebeine 583 von Sizilien nach Unteritalien übertragen, Abt Fulrad erwarb sie 756 für das Kloster St-Denis, Abt Hilduin schenkte sie 836 dem Kloster Corvey. Herzog ↗Wenzel erhielt von dort einen Arm V.', dem er in Prag eine Vorgängerkirche des heutigen Veitsdoms baute. Kaiser Karl IV. erwarb dazu 1355 in Pavia weitere (wohl unechte) V.-Reliquien. Während des Dreißigjährigen Krieges wurden die V.-Reliquien Corveys geraubt und wohl ebenfalls nach Prag gebracht. 150 Orte besitzen (angeblich) V.-Reliquien, über 1300 verehren ihn als Patron. V. zählt zu den 14 ↗Nothelfern, u. a. als Schutzheiliger der Apotheker, Bergleute, Bierbrauer und Gastwirte, Küfer und Kesselschmiede, Landsknechte, Schauspieler, Winzer, Stummen und Gehörlosen, bei Epilepsie (Veitstanz), Toll- und Tanzwut, Hysterie, Besessenheit, Schlangenbiss, Blitz und Unwetter, Feuersgefahr, Augenkrankheiten, Unfruchtbarkeit, Bettnässen, Aussaat und Ernte und Bewahrung der Keuschheit. Viele Länder haben ihn zum Patron. Er wird gemäß der Legende als Jüngling oder Knabe, oft zusammen mit Modestus und Crescentia, in einem Ölkessel stehend mit Martyrerpalme, Schwert, Buch, Rabe, Adler oder Löwe dargestellt; mit Hahn, weil er den slawischen Lichtgott Svantevit verdrängte, dem Hähne bzw. Hühner geopfert wurden; als Schutzherr der sächsischen Kaiser und böhmischen Könige mit Hermelin, Krone und Reichsapfel.

HUBERTUS R. DROBNER

Quellen: ActaSS iun. 2, 1013–42; BHL 8711–23 mit NSuppl; BHG 1876–1876c; I. Schmale-Ott: Translatio S. Viti martyris, 1979 (mit deutscher Übersetzung); Annales Corbeiensium, 1989.

Literatur: BBKL 12, 1530–33; BiblSS 12, 1243–48; HWDA 8, 1540–44; LMA 8, 1781 f.; Braun 728–738; H. Königs: Der heilige V. und seine Verehrung, 1939; H. Wiesemeyer: Die Gründung der Abtei Corvey im Lichte der Translation S. V.': Westfälische Zeitschrift 112 (1962) 245–274.

Vizelin (Vicelinus) **von Neumünster,** heilig (12. Dez.), Bischof von Oldenburg 1149–54, * um 1090 Hameln, † 12. 12. 1154 Neumünster (Grab ebd.); 1332 Reliquien mit dem Stift nach Bordesholm transferiert, dort seit 1614 verschollen. In Hameln und Paderborn ausgebildet, spätestens 1118 Scholasticus in Bremen, setzte er um 1122/23 seine Studien in Laon fort. Besonders berührte ihn die Begegnung im Stift Prémontré mit ↗Norbert von Xanten, der, Erzbischof von Magdeburg geworden, V. am 25. 7. 1126 zum Priester weihte. Erzbischof Adalbero von Bremen-Hamburg entsandte ihn als Pfarrer nach Wippenthorp, wo er das Augustiner-Chorherrenstift Neumünster gründete und 1141 dessen Propst wurde. Der Tod des Fürsten Heinrich von Lübeck 1127 hinderte ihn zunächst daran, die Mission bei den Wenden in Wagrien (Ostholstein) aufzunehmen, bis Kaiser Lothar 1137 in Segeberg Burg und Chorherrenstift errichtete, dessen Propst V. ebenfalls wurde. Die Lebensweise beider Institute folgte den Monita V.' und der mit »ordo monasterii« bezeichneten, also strengeren Richtung der Augustinerregel. Am 25. 9. 1149 weihte Erzbischof Hartwig I. von Bremen-Hamburg V. zum Bischof des seit 1066 unbesetzten Bistums Oldenburg ohne Mitwirkung Herzog Heinrichs des Löwen, der das Recht der Investitur angeblich nach päpstlicher und kaiserlicher Konzession beanspruchte. Darauf sperrte der Herzog die Einkünfte, bis V. Ende 1150 um die Investitur nachsuchte. Dieser Konflikt, die Rückschläge in der Buß- und Glaubenspredigt, zwei Jahre Lähmung durch Schlaganfall und mehrere Wunder prägten sein Andenken.

WOLFGANG SEEGRÜN

Quellen und Literatur: RPR.GP 6, 75 n. 130,142 n. 3; Series episc V/2, 63 f.; LMA 8, 1622 f.; U. Hoppe: V. Gottesmann jenseits von Ruhm und Macht: Verein für Katholische Kirche in Hamburg und Schleswig-Holstein. Beiträge und Mitteilungen 6 (1999) 7–126.

Vladimir (I.) von Kiev, »der Heilige« (15. Juli), Fürst von Kiev (980–1015), * um 960, † 15. 7. 1015 Berestovo; Enkel der Großfürstin Ol'ga, die schon 955/957 in Konstantinopel die Taufe empfangen hatte. V. wurde 987 vom byzantinischen Kaiser Basilius II. um militärische Hilfe in einem Bürgerkrieg gebeten, für die er zum Lohn die Schwester des Kaisers, Anna, zur Frau erhielt. Vorbedingung war allerdings seine Taufe, welche ihm am 6. 1. 988 (Taufname: Vasilij, nach dem kaiserlichen Paten) gespendet wurde (während Teile des Volkes ihm an Ostern und Pfingsten desselben Jahres folgten). Von daher erhielt er die Titel »apostelgleich« bzw. »neuer Konstantin«; die Kirche der Rus' war damit von Anfang an als Metropolie dem Patriarchat von Konstantinopel unterstellt. Die altrussische »Nestorchronik« berichtet von einer vorausgehenden Gesandtschaft zu den damals bekannten Konfessionen (bzw. Riten): Lateiner, Juden, Mohammedaner, Griechen, um den besten Weg der Christianisierung herauszufinden. Verschiedene hymnisch-liturgische Texte verherrlichen den Täuferfürsten, der nach traditioneller Ansicht erst in der zweiten Hälfte des 13. Jh. kanonisiert wurde, nach einem neuerlichen Birkenrindenfund aber schon im 11. Jh. Eine ihm zugeschriebene Kirchenordnung dürfte erst nach der Tatareninvasion entstanden sein.

GERHARD PODSKALSKY

Literatur: LMA 8, 1792 ff.; L. MÜLLER: Die Taufe Rußlands, 1987.

Walburga (Waldpurga, Walpurgis), heilig (RK g 25. Febr.), Neben-, seit 1968 mit ↗Willibald gleichberechtigte Patronin des Bistums Eichstätt, * um 710 Südengland, † vermutlich 25.2.779 (Pontificale Gundecarianum, 1072); Vater: Richard; Brüder: Willibald und ↗Wunibald; kaum gesicherte Nachrichten: eventuell erzogen im Kloster Wimborne in Wessex (zusammen mit ↗Lioba?); nicht vor 732 als Missionshelferin des ↗Bonifatius auf dem Kontinent; der Ort ihres Klosteraufenthalts bleibt unklar, vielleicht Tauberbischofsheim. Eindeutig ist, dass sie sofort nach dem Tod Wunibalds (761) die Leitung des benediktinischen Klosters Heidenheim übernahm, das kurzfristig zu einem Doppelkloster wurde; sie war 777 bei der Erhebung der Gebeine Wunibalds anwesend. Bischof Otgar (847–880) ließ ihre Gebeine nach Eichstätt bringen.

Trotz der im Vergleich zu Willibald und Wunibald spärlichen Daten – ihr Name wurde nicht in den Viten ihrer Brüder, sondern erst 100 Jahre nach ihrem Tod von Wolfhard von Herrieden bezeugt – erstreckt sich ihre Verehrung über ganz Mitteleuropa (besonders Süddeutschland, Österreich, Schweiz, Flandern, Nordfrankreich); Patronin vieler Kirchen, Städte, Bruderschaften. Den Ausgangspunkt dieser Entwicklung bildete das Benediktinerinnenkloster Monheim, dem 893 Bischof Erchanbald Reliquien übergeben hatte; Wolfhard von Herrieden verfasste dazu eine Vita mit Wunderberichten (Lichtwunder, Heilung eines todkranken Mädchens), spätere Überarbeitungen (10.–14. Jh.) vorhanden; die Bischofsgesta des Anonymus von Herrieden (1078) rühmen bereits die weite Kultverehrung; 1035 gründeten Bischof Heribert und Graf Liudgar von Lechsgemünd das heute noch existierende Benediktinerinnenkloster St. Walburg in Eichstätt (Verehrung am Grab, Walburgisöl). Die sogenannte Walburgisnacht zum 1. Mai hat keinerlei Beziehung zur Heiligen.

HELMUT FLACHENECKER

Quellen und Literatur: ACTASS feb. 3, 516–577. – LMA 8, 1939 f.; H. HOLZBAUER: Mittelalterliche Heiligenverehrung. Heilige W., 1972; A. BAUCH: W., Äbtissin von Heidenheim: Fränkische Lebensbilder, Bd. 9 1980, 1–10.

Wenzel (Venceslaus, Václav) **von Böhmen,** heilig (GK g 28. Sept., Translation 4.3.938 [eventuell 932]), Fürst von Prag und Böhmen aus der Dynastie der Přemysliden, * um 907 als Sohn Vratislavs I. und seiner aus dem Havelland stammenden Frau Drahomira, † 28.9.935 (eventuell 929) Stará Boleslav/Altbunzlau.

Nachrichten zu W.s Jugend kommen aus der hagiographischen Überlieferung, z. B. der »Vita et passio s. Venceslai et s. Ludmile ave eius« des sogenannten Christian. Größte Zuverlässigkeit besitzen die in altkirchenslawischer Sprache überlieferten W.-Legenden; zeitlich genau einzuordnen ist nur die von Bischof Gumpold von Mantua im Auftrag Ottos II. um 980 verfasste Legende. W. soll auf dem Hof seiner Großmutter, der heiligen Ludmilla, in Tetín aufgewachsen sein, die Schule in Budeč besucht und um 915 durch einen Bischof (Nother II. von Verona?) die Haarschur erhalten haben. Insgesamt bezeugen Inhalt und Form der Überlieferung die unsichere frühe Periode der böhmischen Kirche: ein Schwanken zwischen der großmährischen kirchenslawischen Tradition und der von Bayern repräsentierten lateinischen Kirche bei gleichzeitiger Fortdauer heidnisch-slawischer Praktiken. Die heidnische Reaktion gewann an Kraft, als nach dem Tod Vratislavs (921) W. zwar als sein Nachfolger anerkannt wurde, aber wegen Unmündigkeit zunächst seine Mutter Drahomira regierte. Den dabei aufkommenden Auseinandersetzungen fiel Ludmilla zum Opfer; deshalb tritt Drahomira in einigen Legenden als Verfechterin des Heidentums auf, der W. als Förderer des Christentums gegenübersteht. Nach der baldigen Herrschaftsübernahme soll W. Priester und Reliquien ins Land geholt und in den Burgen Kirchen erbaut haben. Ebenso wie im Inneren war Böhmen zu W.s Zeit auch nach außen noch wenig gefestigt, so dass W. im Konkurrenzkampf zwischen Arnulf von Bayern (922 in Böhmen) und Heinrich I. (929 vor Prag) um die Vorherrschaft in Böhmen kaum Eigenständigkeit beweisen konnte. Schließlich musste W. die sächsische Dominanz anerkennen, wohl auch in kirchlichen Dingen (Patrozinium des heiligen ↗Vitus für den späteren Dom). W.s Todesjahr bleibt umstritten; wegen des historischen Zusammenhangs ist 935 wahrscheinlich. W. wurde an einem 28. Sept. in Stará Boleslav ermordet, von seinem jüngeren Bruder Boleslav (I.) dorthin eingeladen. Es folgte die Vertreibung von W.s Anhängern.

Drei Jahre später (4.3.938?) wurden seine Gebeine jedoch in die Prager Veitskirche überführt; als Heiliger war W. von nachhaltiger Bedeutung; schon kurz nach Tod und Translation sollen Verehrung und Wunderberichte eingesetzt haben. Gegen eine frühe Propagierung des W.-Kults spricht die Position des von den Legenden als Mörder bezeichneten Boleslav, der seinem Bruder auf den Thron folgte und bis 970 regierte. Spätestens dann, wohl im Zusammenhang mit Plänen für ein Bistum in Prag, verbreitete sich der W.-Kult auch außerhalb Böhmens (W.-Legende Bischof Gumpolds, Eintrag von W.s Todestag im Sakramentar des heiligen ↗Wolfgang, Niederlegung einer W.-Reliquie in einem Altar des Halberstädter Doms, Gründung einer W.-Kirche in Krakau), während er im Land selbst auf der Prager Burg und am Veitsdom sein Zentrum hatte und eine wichtige Rolle bei der Ausbildung des böhmischen Identitätsbewusstseins spielte. Zwar stand dem W.-Kult nach dem Raub der Reliquien des heiligen ↗Adalbert (1039) aus Gnesen zeitweise dessen Verehrung zur Seite, erreichte aber insgesamt nie die Bedeutung W.s. Dessen Darstellung (auf Münzen) wandelte sich im 11. Jh. von der des Fürbitte leistenden und segnenden Heiligen zum ritterlichen Fürsten, Beschützer und Befreier. W. stieg nicht nur zum Schutzpatron der »primates Bohemienses«, der gesamten »familia sancti Wenceslai« und des ganzen Landes auf, sondern auch zum »ewigen Herrscher«, so dass die realen Herrscher Böhmens schließlich nur als die zeitweiligen Repräsentanten dieses wahren »Erben« des Landes galten. Die in Böhmen bereits zum Staatskult entwickelte W.-Verehrung wollte Karl IV., der eine »Hystoria nova de sancto Wenceslao« selbst verfasste, im ganzen Reich ausbreiten (W.-Altar im Aachener Dom 1362). Die »corona regni Bohemiae«, ein Symbol der heiligen Monarchie, stiftete er in ihrer materialisierten Gestalt der Reliquienbüste W.s im Veitsdom, den er mit der W.-Kapelle (darin Statue W.s von Heinrich Parler, 1373) ausstattete. W.s Ansehen und Popularität blieb auch zur Zeit der Hussiten bei allen Parteien ungebrochen. Neue Symbolkraft gewann W. mit dem Erwachen des neuzeitlichen tschechischen Nationalbewusstseins (1848 W.-Platz, 1912/13 W.-Denkmal – Schauplatz von Demonstrationen 1968 und 1989).

CHRISTIAN LÜBKE

Literatur: LMA 8, 218 ff.; H. Jilek: Die W.- und Ludmila-Legenden des 10. und 11. Jh. Neue Forschungsergebnisse: Zeitschrift für Ostforschung 24 (1975) 79–148; K. Bosl: Herzog, König und Bischof im 10. Jh.: Böhmen und seine Nachbarn, 1976, 88–124; D. Třeštík: Počatky Přemyslovců. Prag 1997.

Wiborada (Wiberat), heilig (1047; 2. Mai), †1.5.926. W. wuchs auf einer Burg im Bistum Konstanz auf, lernte mit ihrem Bruder Hitto, der in St. Gallen zur Schule ging, den Psalter auswendig, unternahm mit ihm eine Romwallfahrt und pflegte die Eltern. Begann zuhause ein asketisches Leben, lebte dann 912–916 zur Probe in einer Zelle in St. Georgen ob St. Gallen und ließ sich von Salomon III. 916 bei der Kirche St. Mangen rekludieren. Sie blieb als einzige am Ort, als am 1.5.926 die Ungarn in St. Gallen einfielen und wurde in ihrer Reklusenzelle erschlagen. Schon der erste Jahrestag wurde gefeiert; wohl mit Rücksicht auf das ↗Walburga-Fest am 1. Mai legte man als Gedenktag den 2. Mai fest. Zwischen 960 und 970 wurde ihre Vita verfasst, wohl von Ekkehart I. Clemens II. sprach sie 1047 als erste Frau in einem offiziellen römischen Verfahren heilig. Die zweite W.-Vita von Herimannus von St. Gallen (um 1075) zeigt ein gebrochenes Verhältnis zum Reklusentum; daraus entnahm Joseph Victor von Scheffel Elemente für sein Zerrbild W.s im Roman »Ekkehard« (1855).

Ausgabe: W. Berschin: Vitae Sanctae Wiboradae, 1983.

WALTER BERSCHIN

Literatur: Berschin 4, 118–128; J. Duft: Die Abtei St. Gallen, Bd. 2 1991, 175–187.

Wilhelm von Hirsau, selig *(5. Juli)*, OSB, *1026, †5.7.1091 Hirsau; in früher Jugend als Puer oblatus dem Kloster St Emmeram in Regensburg übergeben. Ausbildung unter Othloh. Eigene Schriften aus dem Bereich des Quadriviums – *De astronomia* (nur Prolog erhalten), *De musica* – weisen ihn als Kenner der Überlieferung aus, aber auch als zur Auseinandersetzung mit der zeitgenössischen Theorie bereit. 1069 nach Hirsau als Abt berufen (Weihe 1071), dort Reformtätigkeit im Sinn seines Heimatklosters. Sicherung der klösterlichen Freiheit (»Hirsauer Formular« 1075): Der Klosterstifter verzichtet auf alle eigenkirchlichen Rechte und Ansprüche dem Kloster gegenüber, gewährt freie Abts- und Vogtswahl. 1075 Romaufenthalt, Begegnung mit Gregor VII. und Entscheidung für dessen Kirchenpolitik zu Beginn des Investiturstreits. Nach der Exkommunikation und Absetzung Heinrichs IV. (1076) wurde W. entschlossener Parteigänger Gregors VII.: Unterstützung des Gegenkönigs Rudolf von Rheinfelden (1077–80), der Wahl Hermanns von Salm (Luxemburg) 1081 zum Gegenkönig; auch die Mitwirkung an der Wahl seines Mönchs Gebhard (III.) zum Bischof von Konstanz 1084 gehört in diese kirchenpolitische Aktivität. Dieser Einsatz war verbunden mit innerklösterlichen Orientierung am monastischen Reformprogramm von

Cluny, dabei beeinflusst vom päpstlichen Legaten Bernhard von Marseille (1077–76 in Hirsau) und von Ulrich von Zell (wie W. aus St. Emmeram gekommen). Ulrich legte für W. die »Consuetudines von Cluny« schriftlich fest. Außerdem schickte W. dreimal Hirsauer Mönche nach Cluny, um unmittelbare Erfahrung in der Lebensform Clunys zu gewinnen. Schriftliche Vorlage (W. nahm auch Einsicht in die von Bernhard von Cluny niedergeschriebenen cluniazensischen Gewohnheiten), vermittelte Erfahrung und die Praxis im eigenen Kloster führten zur Publikation der Hirsauer Konstitutionen durch W. (*Consuetudines Hirsaugienses;* abgeschlossen 1090/91). Ausführliche und detaillierte Ordnung des Klosteralltags, auch der Liturgie (im Liber Ordinarius, dem Lauf des Kirchenjahrs folgend, geordnet), in Bindung an Cluny, aber auch eigener und freier Gestaltungswille. Die Hirsauer Lebensform wurde in zahlreichen Klöstern aufgenommen. W. ist dadurch zum »Vater vieler Klöster« geworden, auch wenn kein einheitlicher Hirsauer Klosterverband entstand. In Hirsau baute W. ab 1082 ein neues Kloster mit der Petrus-und-Paulus-Kirche (Weihe 1091). – Haimo von Hirsau verfasste die »Vita Wilhelmi Abbatis Hirsaugiensis« (MGH.SS 12, 209–225).

KARL SUSO FRANK

Werke: PL150, 1147 ff.; De musica, hg. v. D. HARBINSON: Corpus Scriptorum de Musica, Bd. 23, 1975.

Literatur: BBKL 13, 1240 f.; LMA 9, 155 f.; VERFLEX² 4, 977–981; J. KÖHLER: Politik und Spiritualität. Das Kloster Hirsau im Zentrum mittelalterlicher Reformbewegungen, 1991; W. URBAN: W. von Hirsau, 1991.

Wilhelm von Saint Bénigne (von Volpiano, von Dijon), heilig (1. Jan.), OSB, * Juni/Juli 962 S. Giulio d'Orta als Sohn des alamannischen Grafen Robert und der mit dem langobardischen Königshaus verwandten Perinza, † 1. 1. 1031 Fécamp. Taufpate W.s war Kaiser Otto I.; mit sieben Jahren Oblate im Kloster S. Michele di Locedio im Bistum Vercelli, wo er nach Studium der Grammatik in Vercelli und Pavia das Amt eines Scholasters übernahm. Nach Streitigkeiten mit seinem Diözesanbischof folgte er 987 Abt Maiolus (948/954–994) nach Cluny und wurde 988 zum Prior von St-Saturnin (Pont-St-Esprit, Bistum Nîmes) bestellt. 989 auf Bitten Bischof Bruns von Langres (980–1016) zur Reform des bischöflichen Eigenklosters St-Bénigne in Dijon entsandt. Dort, nach Auszug des alten Konvents und Neubesiedlung mit Mönchen aus Cluny, wurde er 990 Abt und führte eine überarbeitete Fassung der cluniazensischen Consuetudines ein. Während seines Abbatiats erlebte St-Bénigne eine wirtschaftliche (Erwerb oder Ausbau von zwölf Zellen) und kulturelle (Skriptorium, Bau der Klosterkirche) Blüte. Dank seiner Einbindung in den italienisch-burgundischen Hochadel und einer konsequent befolgten Wahrung der Rechte des jeweiligen Eigenkirchenherrn wurden ihm zahlreiche Klöster in Burgund (St-Pierre-de-Bèze, Réome, St-Michel-de-Tonnerre, St-Pierre-de-Molosme, St-Vivant-de-Vergy), Lothringen (St Arnulf in Metz, Gorze, St-Evre und St Mansuy in Toul, Moyenmoutier) und der Normandie (Fécamp, St-Ouen in Rouen, Jumièges, Mont-Saint-Michel) wie auch St-Germain-des-Prés zur Reform übertragen. Der so entstehende Klosterverband war ganz auf seine Person ausgerichtet. Er übernahm selbst das Abbatiat in den einzelnen Klöstern, in denen er nach Einführung der Consuetudines Mönche aus St-Bénigne als Prioren einsetzte und die Durchsetzung der Reform auf Visitationsreisen kontrollierte. Dennoch waren diese Abteien ebensowenig rechtlich an St-Bénigne angebunden wie die einzige von ihm selbst gegründete Abtei Fruttuaria im Bistum Ivrea. Deren unabhängigen Rechtsstand sicherte er 1006 durch die Unterstellung unter den Königsschutz und die päpstliche Garantie von Exemtion und freier Abtswahl. Dem Verfasser seiner Vita, Radulf Glaber, diente die Vita von Abt Maiolus von Cluny als Vorbild zur Darstellung seiner Persönlichkeit. Wegen der Strenge seiner persönlichen Lebensführung wurde er als »Abt supra regulam« bezeichnet. Der um seine Person zentrierte Verband zerfiel nach seinem Tod, obwohl das Band der Gebetsverbrüderung noch für gewisse Zeit fortbestand.

URSULA VONES-LIEBENSTEIN

Literatur: BIBLSS 7, 482 ff.; LMA 9, 159 f.; N. BULST: Untersuchungen zu den Klosterreformen W.s von Dijon (962–1031), 1973.

Wilhelm (Guillaume) **von Saint-Thierry,** selig *(8. Sept.)*, OSB (1113), OCist (1135).

1. *Leben.* * um 1075 bei Lüttich, † 8.9.1148 Signy; Studium in Lüttich und Reims, wurde Benediktiner in der Abtei St-Nicaise (Reims); 1121 Abt von St-Thierry (ebd.). 1118 erste Begegnung mit ↗ Bernhard von Clairvaux; etwa 1127 erkrankt, längerer Aufenthalt zusammen mit dem ebenfalls pflegebedürftigen Bernhard im Krankensaal von Clairvaux. Erleuchtende Gespräche offenbarten ihnen durch mystische Lektüre den Sinn des Hohenlieds; diese »Entdeckung« bestimmte fortan ihr Leben und ihre Lehre. 1135 wurde W. einfacher Mönch in der Zisterzienserabtei Signy in den Ardennen. Ab 1140 trieb er Bernhard in die theologische Auseinandersetzung mit Abaelard. Die Kartäuser lernte W. durch einen Besuch 1143/44 in ihrer neuen Gründung Mont-Dieu kennen.

2. *Werke.* W.s authentische Werke umfassen 18 Schriften, die zwischen 1121 und 1148 verfasst worden sind. Eine Standardedition fehlt. a) Schriften zur Spiritualität: *De contemplando Deo* (Die Gottesschau, 1981); *Meditativae orationes* (Meditative Gebete, ^{2}1993); *De natura et dignitate amoris* (Über die Natur und die Würde der Liebe, 1981). – b) Monastische Schriften: *Epistola ad fratres de Monte Dei* (Brief an die Brüder vom Berge Gottes [Goldener Brief], 1992); *Vita Bernardi* (Leben des heiligen Bernhard von Clairvaux, hg. v. P. Sinz, 1962). – c) Dogmatische Schriften: *De sacramento altaris* (PL 180, 341–366); *Expositio super epistolam ad Romanos* (CCM86); *Speculum fidei* (Der Spiegel des Glaubens, 1981); *Aenigma fidei* (Rätsel des Glaubens, 1992); *De natura corporis et animae* (hg. v. M. Lemoine, 1988, 695–726); *Disputatio adversus Petrum Abaelardum* (PL 180, 249–282). –d) Schriften zur Mystik: *Excerpta de libris beati Ambrosii super Cantica canticorum* (CCM87, 207–384); *Excerpta ex libris beati Gregorii super Cantica canticorum* (CCM 87, 395–444); *Expositio super Cantica canticorum* (CCM87; Auslegung des Hohenliedes, 1990); *Brevis commentatio in Canticum* (CCM 87, 155–196).

3. *Lehre.* Die mystische Theologie W.s ist der Lehre Bernhards von Clairvaux verwandt; beide sind Urheber der Minnemystik. Die Erfahrung Gottes beschreibt W. als Weg zur mystischen Einigung; dabei konzentriert er sich auf die liebende Einigung von Gott und Mensch; dafür steht sinnbildlich die erotische Vereinigung der Liebenden im Hohenlied. W. erforschte sehr subtil die trinitarischen Dimensionen dieser Einigung und betonte dabei die Rolle des Heiligen Geistes als der einigenden Liebe innerhalb der Trinität wie im Leben des Mystikers; damit war W. der erste spirituelle Autor, der die dialektischen Aspekte des innertrinitarischen Lebens entwickelte. So

gibt es eine Begegnung Gottes mit dem Menschen nur analog dem Modell der Beziehungen zwischen den göttlichen Personen (Dreifaltigkeitsmystik; Analogia fidei). Solche liebevolle Begegnung bietet eine einzigartige Erkenntnis Gottes (amor ipse intellectus est).

W. gehört zu den bedeutenden Mystikern des Mönchtums. Seine Ansichten haben besonders die Beginen des 13. und 14. Jh. beeinflusst; auch ↗Johannes von Ruusbroec ist ihm sehr verpflichtet.

PAUL VERDEYEN

Literatur: CCM 86, XXXII–LI (Bibliographie). – BBKL 15, 1506ff.; DSp 6, 1241–63; LMA 9, 186f.; J. M. Déchanet: G. de St-Thierry, l'homme et son œuvre, 1942; Y. A. Baudelet: L'expérience spirituelle selon G. de St-Thierry,1985; K. Ruh: Amor Deficiens und Amor desiderii in der Hohelied-Auslegung des W. von Saint Thierry: Ons Geestelijk Erf 63/64 (1989/90) 70–88; P. Verdeyen: La théologie mystique de G. de St-Thierry,1990; K. Ruh: Geschichte der abendländischen Mystik, Bd. 1 1990, 276–319; J. M. de la Torre: G. de St-Thierry, 1993; B. McGinn: Die Mystik im Abendland, Bd. 2 1996, 341–417; K. G. Sander: ›Glaube als Gehen‹. Ganzheitliche Gottesbegegnung nach W. von St. Thierry: Cistercienser-Chronik 105 (1998) 413–420; I. Gobry: G. de St-Thierry, 1998; M. Rougé: Doctrine et expérience de l'eucharistie chez G. de St-Thierry, 1999; T. Merton: Blessed W. of St-Thierry. Monk of Signy: Cistercian Studies Quaterly 35 (2000) 3–12.

Wilhelm-Josef (Guillaume-Joseph) **Chaminade,** selig (2000; 22. Jan.), Ordensgründer, *8.4.1761 Périgueux, †22.1.1850 Bordeaux. Sein frühes priesterliches Wirken war geprägt von der Erfahrung der Französischen Revolution (1797–1800 im spanischen Exil). Seit 1800 wirkte er in Bordeaux in vielfältiger pastoraler Aktivität. Für eine geistliche Erneuerung gründete er eine marianische Kongregation; aus ihr gingen 1816 die Kongregationen der Marianistinnen und 1817 die der Marianisten hervor, deren Generaloberer er bis 1841 war. Er veröffentlichte 1801 ein *Manuel du serviteur de Marie* (bis 1850 sechs Auflagen); Briefe wurden in fünf Bänden herausgegeben (1929–30); sein übriges geistliches Schrifttum ist teilweise publiziert.

KARL SUSO FRANK

Literatur: AAS 93 (2001) 823ff.; DIP 2, 857–861; G. Goyau: Ch., Fondateur des Marianistes, 1946; P. Hoffer: La vie spirituelle d'après les écrits du père Ch., 1968.

Willehad von Bremen, heilig (8. Nov.), angelsächsischer Missionar, erster Bischof von Bremen, * um 740 Northumbrien, †8.11.789 Blexen an der Niederweser. Wohl als Puer oblatus einem Kloster übergeben und vermutlich an der von Alkuin seit 766 geleiteten Yorker Domschule ausgebildet, ist W. ein Beispiel für den schon vor ↗Bonifatius bezeugten Willen der Angelsachsen, den Altsachsen das Evangelium zu bringen. Denn laut seiner erst um 845 entstandenen Vita ließ er sich nach 765 bewusst durch eine von König Alhred von Northumbrien (765–774) einberufene Synode zur Mission bei Friesen und Sachsen entsenden. Auf den Spuren des Bonifatius begann W. seine Tätigkeit in Dokkum und wurde 780 von ↗Karl dem Großen mit der Mission in Wigmodien (Unterweser) beauftragt. Während des Sachsenaufstands unter Widukind pilgerte W. 782–785 zunächst nach Rom und hielt sich dann zwei Jahre in Echternach auf, mit dessen Abt Beornrad (und somit auch mit ↗Willibrord und Alkuin) er verwandt war. Danach konnte W. die Mission im Gebiet zwischen den Unterläufen von Elbe, Weser und Ems planvoll fortsetzen. Am 13.7.787

in Worms zum Missionsbischof geweiht, baute W. Bremen zum Bischofssitz aus. Nur eine Woche nach der Weihe der Domkirche starb W., dessen Frömmigkeit und missionarische Kompetenz beeindruckten. Im Zusammenhang mit der Translation der Gebeine in den neuen Dom 860 hat ↗Ansgar die Wunder W.s aufgezeichnet. Die Vita, von der älteren Forschung Echternach zugewiesen, wird eher in Bremen von einem unbekannten Kleriker verfasst worden sein. Die Verehrung W.s hat sich von Nordjütland bis ins südliche Niedersachsen ausgebreitet.

LUTZ E. VON PADBERG

Quellen: BHL 8898f. mit SUPPL 8999b; Vita Willehadi und Miracula Willehadi: ACTASS nov. 3, 835–851 (überholte Ausgabe: MGH.SS 2, 378–390); deutsche Übersetzung: A. RÖPCKE: W., 1982, 51–73.

Literatur: LMA 9, 207f.; SERIES EPISC V/2, 9ff.; BERSCHIN 3, 61f.; WATTENBACH-LEVISON 837ff.; ZIMMERMANN 3, 276ff.; A. RÖPCKE: Leben und Nachleben W.s, 1987.

Willibald von Eichstätt, heilig (RK g 7. Juli), erster Bischof von Eichstätt, * um 700 Wessex, † 7. 7. 787/789 (Grab im Eichstätter Dom). Vom fünften Lebensjahr an im Kloster Bishop's Waltham bei Southampton, übernahm W. die von den irisch-angelsächsischen Mönchen gelebte Idee der asketischen Heimatlosigkeit (»peregrinatio religiosa«) und begab sich 721 nach Rom, wo er sich in klösterlicher Zucht (»monasterialis disciplina«) übte. 723 Pilgerreise ins Heilige Land, besuchte dort viermal Jerusalem. Die Rückreise führte ihn im Winter 726/727 nach Konstantinopel, wo er als Inkluse in einer Zelle an der Apostelkirche lebte. Im Frühsommer 729 nach Italien zurückgekehrt, trat er ins Kloster Montecassino ein und wirkte dort als Dekan und Pförtner (»portarius«). Im Herbst 739 folgte er dem Auftrag Gregors III., ↗Bonifatius bei der Missionsarbeit im Frankenreich zu unterstützen. Diesen traf er im Frühjahr 740 zusammen mit Herzog Odilo von Bayern und erhielt vom bayerischen Adligen Swidger Besitzungen in Eichstätt. In der dortigen Marienkirche wurde er am 22./23. 7. 740 von Bonifatius zum Priester, am 21./22. 10. 741 in Sülzenbrücken zum Bischof von Erfurt (?) geweiht. Infolge veränderter politischer Bedingungen kehrte W. jedoch nach Eichstätt zurück, gründete eine Kirche mit Kloster und baute als »Klosterbischof« – wahrscheinlich seit 744/45, spätestens seit 749/750 – unter karolingischem Schutz im bayerischen Nordgau und im fränkischen Sualafeldgau ein Bistum (aus wilder Wurzel?) auf. Auf der Synode von Attigny 762 erscheint er als »episcopus de monasterio Achistadi«. Das von seinen Geschwistern ↗Wunibald und später (761) ↗Walburga geleitete Kloster Heidenheim bildete für ihn einen wichtigen Stützpunkt. Dort verfasste die Nonne Hugeburc 778/779 nach W.s eigenen Erzählungen seine Vita (Endfassung erst 787/788?). Sein Kult setzte kurz nach seinem Tod ein. Translationen seiner Gebeine erfolgten 989, 1256, 1269 und 1745.

STEFAN WEINFURTER

Quellen und Literatur: Vita Willibaldi von Hugeburc, hg. v. O. HOLDER-EGGER: MGH.SS 15/1, 80–117; A. BAUCH: Quellen zur Geschichte der Diözese Eichstätt, ²1984. – LMA 9, 211f.; A. BAUCH: W., Bischof von Eichstätt: Fränkische Lebensbilder, Bd. 1 1967, 10–32; Heiliger W. 787–1987. Künder des Glaubens, 1987; Der heilige W. – Klosterbischof oder Bistumsgründer?, hg. v. H. DICKERHOF U.A., 1990.

Willibrord von Utrecht, heilig (RK g 7. Nov.), »Apostel der Friesen«, Erzbischof von Utrecht, *658 Northumbrien, †7.11.739 wahrscheinlich Echternach (Grab ebd.). Als Kind ins Kloster Ripon gegeben, wurde W. Schüler Wilfrids von York und ging 678 ins irische Kloster Rathmelsigi in der Grafschaft Carlow, dessen Abt Egbert im irisch-angelsächsischen Kirchenstreit vermittelte und Mission auf dem Kontinent propagierte. Nach kurzfristigen Missionsversuchen Wilfrids und Wigberts (wohl aus Rathmelsigi) landete W. 690 im Rheinmündungsgebiet mit einer von ihm angeführten Zwölferschar, darunter Suitbert und die beiden ↗Ewalde. W. schloss sich Pippin dem Mittleren an, der die Friesen, die über Rhein und Waal vorrückten und Utrecht zu ihrem Königssitz gemacht hatten, zurückdrängte, wurde sogar Pippins Gefolgsmann, so dass er Mission im Gefolge der fränkischen Expansion betrieb. 692 ersuchte W. in Rom um Erlaubnis und Segen für seine Mission, erhielt dort 695 (bei Annahme des Namens Clemens) von Papst Sergius I. die Weihe zum Erzbischof der Friesen, womit er das während der angelsächsischen Mission vom (kollegialen) Metropoliten zum (päpstlich autorisierten) Erzbischof umgewandelte Amt auf den Kontinent übertrug. Nach Pippins Tod brach 714 das Missionswerk zusammen, konnte unter Karl Martell aber in ganz Friesland fortgesetzt werden. Früh schon bekehrten sich einzelne Adelsfamilien wie die des Wursing, des Vorfahren ↗Ludgers. Darüber hinaus war W. bei den in Würzburg amtierenden Hedenen und im thüringischen Arnstadt tätig, was möglicherweise daraus zu erklären ist, dass Pippin W. als »Oberbischof« in seinem ganzen Einflussbereich einsetzte. Zudem blieb W. Abt in mehreren Klöster, etwa Susteren an der Maas, v.a. im 698 gegründeten und 706 an Pippin übertragenen Echternach, wohin er die ihm von fränkischen Großen übereigneten Besitzungen vermachte und wo sich im 8. Jh. ein Skriptorium mit bedeutender Text- und Glossenüberlieferung entfaltete; es blieb unter der Leitung von Nachfahren aus W.s nordhumbrischer Familie, wie auch Alkuin ein solcher Nachfahre war. Kirchengeschichtlich war W. in mehrfacher Hinsicht »der erste« (Levison): der erste bedeutende angelsächsische Missionar auf dem Kontinent, der erste Kirchenmann in unbedingter Zusammenarbeit mit den Pippiniden bzw. Karolingern, der erste »römische« Erzbischof und erste Propagator angelsächsischer Schreibkunst und Gelehrsamkeit auf dem Kontinent. W. hat wohl nicht die strikte römische Kirchenordnung befolgt wie ↗Bonifatius, zu dem das Verhältnis unklar bleibt. Ob sich W. mehr als Bischof, Missionar oder Abt verstanden hat, ist nicht zu klären; sicher war er kein Benediktiner, möglicherweise Verfechter eines Mittelwegs von Mönch- und Klerikertum wie später Alkuin. Von Echternach und Utrecht aus haben Schüler und Verwandte die »Schule« W.s fortgesetzt, die in Liudger, ↗Willehad von Bremen und Alkuin gipfelte.

ARNOLD ANGENENDT

Quellen: BEDA: h. e. V, 10; The Calendar of St. W., hg. v. H. A. WILSON, 1918, Nachdruck 1998; Vita s. Willibrordi archiepiscopi Traiectensis auctoris Alcuini: MGH.SRM 7, 81–141; C. WAMPACH: Geschichte der Grundherrschaft Echternach im Frühmittelalter Bd. 1/2, 1930.

Quellen und Literatur: W. LEVISON: Die Quellen zur Geschichte des heiligen W.: Aus rheinischer und fränkischer Frühzeit, 1948, 304–313. – LMA 9, 213; SERIES EPISC V/1, 167–205; P. BANGE – A. G. WEILER (Hg.): W., zijn wereld en zijn werk, 1990; G. KIESEL – J. SCHROEDER (Hg.): W. Apostel der Niederlande, Gründer der Abtei Echternach, 1989; L'évangélisation des régions entre Meuse et Moselle et la fondation de l'abbaye d'Echternach (V^e^– IXe siècles), 2000 (mehrere Beiträge über W.).

Wolfgang von Regensburg, heilig (1052; RK g 31. Okt.), OSB, * um 920 Schwaben (Pfullingen?) aus freier, nichtadliger Familie, †31.10.994 Pupping in Oberösterreich (Grab in St. Emmeram in Regensburg); siebenjährig in der Klosterschule Reichenau, sodann in der Domschule Würzburg; 956 in Trier bischöflicher Kapellan, Domscholaster, Decanus clericorum, 964 Mönch und Scholaster in Einsiedeln, 968 Priesterweihe durch ↗Ulrich von Augsburg, 971 Missionar in Ungarn, 972 auf Empfehlung Pilgrims von Passau Bischof von Regensburg. W. betrieb als Bischof eine reformfreundliche Klosterpolitik (Gründung des Benediktinerinnenklosters Mittelmünster, suchte ebenfalls in Regensburg die Kanonissen von Ober- und Neumünster in Benediktinerinnenkonvente umzuwandeln, trennte besitzrechtlich St. Emmeram vom Domstift). 973 stimmte er der Gründung der Diözese Prag zu. Während der Auseinandersetzungen Ottos II. mit Herzog Heinrich dem Zänker zog er sich nach Wieselburg in Niederösterreich zurück (wohl nicht nach Mondsee, das er reformierte). W. war Erzieher der Kinder des bayerischen Herzogs. – Die zeitgenössische Vita eines »Anonymus francus« (10. Jh.) ist verschollen. Sie wurde zur Vorlage für die Viten Arnolds von St. Emmeram (vor 1030) und Othlos (vor 1062). W.s Kult setzte schon bald nach Erhebung der Gebeine am 7.10.1052 durch Leo IX. ein, v.a. im Reich und in Ungarn. Die W.-Legende nahm ihren Ausgang wahrscheinlich von Mondsee: W. habe sich viele Jahre am Abersee (W.-See) aufgehalten. Älteste Handschrift aus dem Katharinenkloster in Nürnberg (14. Jh.), von dort Verbreitung in Süddeutschland und im Oberrheingebiet; 1515 erstmals auch in lateinischer Vita. Wallfahrtszentren: St. W. (seit Anfang 14. Jh.), Nürnberg und vornehmlich Kartäuserklöster. – Als Patron der Holzhauer, Zimmerleute, Hirten und Schiffer verehrt. Mit Kirche oder Beil als Attribut dargestellt.

ULRIKE BAUSEWEIN

Quellen: ActaSS nov. 2, 558–583; MGH.SS 4, 525–542 (Othloh) 543–574.

Literatur: LMA 9, 306 ff.; VerfLex² 10, 1346 ff.; Ausstellungskatalog ›St. W. 1000 Jahre Bischof von Regensburg‹, ²1972; P. und W. Pfarl – R. Zinnhobler: Der heilige W. Leben, Legende, Kult, 1975; F. Hiltl – P. Mai: Du Wundermann Deutschlands. St. W., eine Leuchte Gottes in dunkler Zeit, 1989; G. Schwaiger: Der heilige W., 1989, 93–107; U. Bausewein – R. Leyh: Studien zum W.-Kult: Zeitschrift für bayerische Kirchengeschichte 61 (1992) 1–26.

Wunibald (Wynnebald) **von Heidenheim,** heilig (18. Dez.), Mönch, †18.2. 761 Heidenheim (Bestattung). Sein Bruder ↗Willibald veranlasste 720 ihn und ihren Vater zur gemeinsamen Peregrinatio nach Rom; lebte dort in asketisch-klerikaler Lebensordnung. Während Willibald 723 ins Heilige Land weiterreiste, kehrte W. 727 vorübergehend in die englische Heimat zwecks Anwerbung weiterer Familienmitglieder für die Pilgerfahrt zurück. 738 von ↗Bonifatius nach Deutschland gerufen, Priester und Seelsorger im thüringischen Sulzenbrücken, 744–747 Seelsorge an der oberen Vils im bayerischen Nordgau, 747–751 in Mainz wahrscheinlich im Dienst des Bonifatius, gründete sodann das Kloster Heidenheim. Trotz starker Gicht kurz vor seinem Tod Reise nach Fulda; vom Wechsel in den Konvent von Montecassino hielt ihn Willibald ab. Starb als Abt in Heidenheim. Wegen Zunahme besonders angelsächsischer Wallfahrer 776 Neubau der Klosterkirche, 777 Translation der Gebeine durch

Willibald, 778 Kirchweihe. – Die Nonne Hugeburc verfasste eine W.-Vita und eine Willibald-Vita, textlich beide als eine Einheit verstanden. Erste Fassung: zeitlich wurde zuerst nach Diktat des Bischofs den Bericht der Orientreise (bis einschließlich Bischofsweihe) Willibalds niedergeschrieben. Anlässlich der Translation von 777 verfasste Hugeburc die W.-Vita und schloss ihr ergänzend den Willibald-Text an, wohl mit der Absicht, die Gemeinsamkeit des monastischen Weges beider als verbindende Grundlage sichtbar zu machen. Zweite Fassung: Damit das Kloster nach W.s Tod nicht in fremde Hände überging, berief Willibald als nächster Verwandter und Ortsbischof seine Schwester ↗Walburga, damit sie Heidenheim nunmehr als Doppelkloster leite. Gemäß ihren Informationen erweiterte Hugeburc den Willibald-Text einleitend und abschließend mit einer Würdigung seiner bischöflichen Tätigkeit und ließ dieser Vita die W.-Vita folgen; die darstellerische Finalität war damit deutlich verschoben. Der bischöfliche Nachfolger im Bistum Eichstätt wandelte (nach 790?) Heidenheim in ein von der Domkirche abhängiges Kanonikerstift um. Die wohl nach Bayern vertriebenen Nonnen tradierten die zweite Fassung, setzten aber die W.-Vita wieder an die erste Stelle, wohl um das Andenken an den monastischen Klostergründer demonstrativ herauszustellen.

ODILO ENGELS

Quellen: O. HOLDER-EGGER: MGH.SS 15, 1, 86–106 (Willibaldsvita) 106–117 (W.-Vita); A. BAUCH: Biographien der Gründungszeit, Bd. 1 1962, 22–122 (kommentierte deutsche Übersetzung der beiden Viten).

Literatur: LMA 9, 368; H. DICKERHOF U. A. (Hg.): Der heilige Willibald – Klosterbischof oder Bistumsgründer?, 1990; F. VITRONE: Hugeburc di Heidenheim e le ›Vitae Willibaldi et Wynnebaldi‹: Hagiographica 1 (1994) 43–79.

Sachteil

Allerheiligen. Sammelfeste aller heiligen Martyrer, aller Heiligen, aber auch der Heiligen einer bestimmten Region begegnen vom Ende des christlichen Altertums ab zunächst im Umkreis der jährlichen Paschafeier. Das älteste Beispiel ist der bei Johannes Chrysostomus für das Antiochien des 4. Jh. bezeugte »Herrentag aller Heiligen« am Oktavtag von Pfingsten. Im Nachgang zur Feier des Pascha Domini feiert man den Nachvollzug dieses Pascha durch die Heiligen. Die lateinische Kirche hat dieses Datum zunächst übernommen: im Würzburger Lektionar des 8. Jh. heißt dieser Sonntag »Dominica in Natali Sanctorum«. Ein römisches A.-Fest entsteht im 7. Jh. durch die jährliche Begehung der Kirchweihe des Pantheons in Rom zu Ehren der Jungfrau Maria und aller Martyrer; es dürfte kein Zufall sein, dass das Datum dieser Kirchweihe, der 13.5.610, fast immer in die österliche Zeit fällt. Ähnliches gilt vom irischen Fest aller Heiligen Europas, das am 20. April begangen wird.

In Irland hat man sich um die Wende vom 8. zum 9. Jh. in der Frage nach dem Ansatz eines A.-Festes unter Verzicht auf den (verblassenden?) österlichen Zusammenhang auf einen markanten Termin im Ablauf des keltischen Jahres, auf seinen Anfang – der zugleich als Winter anfang gilt –, auf den 1. Nov. umgestellt. Der Vorabend (31. Okt.) trägt heute noch bei den stark irisch geprägten Katholiken der USA in teils makabren Bräuchen genuin heidnische Züge. Er heißt Halloween (d. i. Vorabend des den Heiligen [»hallows«] geweihten Tages); die christliche Benennung kann nicht darüber hinwegtäuschen, dass hier ungetauftes heidnisches Brauchtum weiterlebt. Der neue Termin des A.-Festes ist von Irland nach Northumbrien gewandert und hat von dort aus, durch Päpste (Gregor IV.) und Fürsten gefördert, im Kalender des lateinischen Westens Alleingeltung bekommen und bis heute behalten. Im Hintergrund steht nicht mehr Ostern, sondern die vergehende Natur, über der die unvergängliche Welt der Heiligen sichtbar wird.

Die für das Missale Romanum von 1970 neu geschaffene bedeutsame A.-Präfation hat in ihrer deutschen Übersetzung eine nahe liegende Ausweitung des Festthemas vorgenommen. A. wird als Fest aller in Christus Vollendeten (einschließlich der noch nicht kanonisierten Heiligen) gesehen: »Dort (im Himmlischen Jerusalem) loben dich auf ewig die verherrlichten Glieder der Kirche, unsere Brüder und Schwestern, die schon zur Vollendung gelangt sind.« So verstanden, würde A. zu einer wichtigen Brücke zu den Grundgedanken der Ahnenverehrung.

BALTHASAR FISCHER

Literatur: DACL 15/2, 2677–82; J. Hennig: The meaning of all the saints: Studia monastica 10 (1948) 147–161; A. Adam: Das Kirchenjahr mitfeiern, 1979, 188 f.; A. Hollaardt: La Toussaint. Son histoire, sa liturgie: Questions liturgiques 80 (1999) 91–105. – Zu Halloween: Zeitschrift für Volkskunde 97 (2000) (Themenheft); S. Orth: Kürbiskult. Halloween fordert die christliche Festkultur heraus: Herder-Korrespondenz 56 (2002) 491–492.

Bekenner. Mitte des 2. Jh. unterscheidet der römische Hirt des Hermas erstmals zwischen verfolgten Christen, die gelitten haben, auf deren Tod man also zurückschaut, und anderen, die bedrängt wurden, ohne dass sie sterben mussten. Entsprechend einer kleinasiatischen Terminologie, die bis um 200 in der gesamten Kirche rezipiert wurde, nannte man Erstere ↗ Martyrer (μάρτυς, Zeuge, der in Wort und Tat den hohen Wert seiner christlichen Überzeugung unter Beweis gestellt hat; lateinisch das

Lehnwort »martyr«), während für die anderen Verfolgten die Bezeichnung B. üblich wurde (die Gefangenen der Lyoner Verfolgung des Jahres 177 gestatten nicht die Anrede »Martyrer« und verstehen sich vor ihrem Tod als ὁμόλογοι; später spricht man von ὁμολογητής und »confessor«). Allerdings war die Terminologie nicht immer präzise, weil man in Gefangenen sehr wohl die künftigen Martyrer sehen konnte. Eindeutig war der Fall derer, die nach einem Gefängnisaufenthalt wieder freigelassen wurden. Solche B. galten als Charismatiker, die man nach der Traditio apostolica (Anfang 3. Jh.) ohne Handauflegung als Presbyter oder Diakone in den Klerus aufnahm. Gefangene B. spielten eine Rolle im Bußgeschehen, sei es, dass sie selbst kirchliche Gemeinschaft gewährten oder dass sie Empfehlungen an den Bischof richteten. – In der Sprache der Heiligenverehrung und Liturgie werden männliche Heilige, die nicht als Martyrer verehrt werden, unter der Bezeichnung B. zusammengefasst.

THEOFRIED BAUMEISTER

Literatur: SIEGER 24–29; B. KÖTTING: Jahrbuch für Antike und Christentum 19 (1976) 7–23; P. BROWN: Die Heiligenverehrung. Ihre Entstehung und Funktion in der lateinischen Christenheit, 1991.

Commune Sanctorum (CS), Bezeichnung für jenen Abschnitt im Missale (auch Graduale) Romanum und im Breviarium (auch Antiphonale) Romanum, der sämtliche Stücke des Proprium Missae bzw. des Proprium Officii enthält, die für Gruppen von Heiligenfesten, die keine oder zu wenige Eigentexte haben, gemeinsam sind. Seit dem 5. Jh. wurden für Heiligenfeste in allen lateinischen Liturgien vollständige Formulare geschaffen, mit deren starker Zunahme immer häufiger Texte aus vorhandenen Formularen genommen, schließlich oft nur noch auf solche verwiesen. Das Sacramentarium Veronense (Anfang 7. Jh.) enthält ein CS mit etwa 40 Formularen. Die Differenzierung der Gruppen nahm bis ins 20. Jh. ständig zu. Das CS der römischen Bücher vor der Liturgiereform des Vaticanum II umfasste Formulare für Apostel (und Evangelisten), Martyrer, Jungfrauen, Bischöfe, Kirchenlehrer, Äbte, Bekenner, Frauen (»nec virgo nec martyr«) und Maria. Deutsches Messbuch (1975) und Deutsches Stundenbuch (1978) enthalten CS-Formulare für Marienfeste, Apostel, Martyrer, Hirten der Kirche (mit Hinweisen auf Papst, Kirchengründer, Bischof, Priester, Seelsorger, Glaubensboten), Kirchenlehrer, Jungfrauen, heilige Männer und Frauen (mit Hinweisen auf Ordensleute, Heilige der Nächstenliebe, Erzieher). Ähnliche CS-Formulare gibt es auch für Kirchweihe und Gedächtnis der Verstorbenen.

PHILIPP HARNONCOURT

Literatur: H. B. MEYER: Eucharistie, 1989; M. BARBA: I comuni nell›Editio typica tertia‹ del ›Missale Romanum‹: Ephemerides liturgicae 116 (2002) 385–403.

Gedenktag. Wenn auch alle christlichen Feste G.e der Heilstaten Gottes in Christus sind, so wird doch der Terminus G. (»memoria«) im Römischen Generalkalender vom 21.3.1969 (↗Kalender) als dritte Form einer liturgischen Gedächtnisfeier (neben ↗Hochfesten und ↗Festen) bestimmt (Kapitel I, 10). Die G.e, die durchweg dem Heiligenkalender zugehören, sind gebotene (*Memoriae obligatoriae*, G) oder nicht gebotene (*Memoriae ad libitum*, g). Der Römische Generalkalender von 1969 kennt 63 gebotene und 95 nicht gebotene G.e. Hinzu kommen noch zahlreiche G.e der Regional-, Diözesan- und Ordenskalender; ihre Zahl wächst durch neue Heilig- und Seligsprechungen.

ADOLF ADAM

Literatur: Nachkonziliare Dokumentation, Bd. 20 und 29, 1970 und 1975; P. HARNONCOURT: Gesamtkirchliche und teilkirchliche Liturgie, 1974; A. ADAM: Das Kirchenjahr mitfeiern, [6]1991, 162–221; P. HARNONCOURT: Der Kalender: Gottesdienst der Kirche, Bd. 6/1 1994, 43–55.

Gemeinschaft der Heiligen (G.). 1. Der *Begriff* G. (DH 19) ist bei Nicetas von Remesiana (†414) und im gallischen Raum als Zusatz des Apostolischen Symbols nachweisbar. Drei Bedeutungsebenen werden darin umfasst: a) Gemeinschaft aller in den Heilsgütern; b) die Einheit der Gläubigen in Glaube, Hoffnung und Liebe; c) die Einheit der pilgernden (streitenden) und der vollendeten (triumphierenden) Kirche (zu letzterer gehören besonders Maria, die Patriarchen, Propheten, Apostel, Johannes der Täufer, die Martyrer, Bekenner, alle Gerechten und Engel) und auch der leidenden Kirche, deren Glieder nach dem Tod noch dem Läuterungsgericht unterstellt sind und auf dem Weg zur vollkommenen Liebe durch das Gebet der Heiligen im Himmel und der Gläubigen auf Erden unterstützt werden können.

2. Im *biblischen Zeugnis* finden sich einzelne begriffsbildende Elemente. Gnade ist Teilgabe am Leben des dreifaltigen Gottes und Anteilhabe an der Gemeinschaft von Vater, Sohn und Geist (vgl. 1 Joh 1,1 ff.; 4,8–16; Joh 16,14; 1 Kor 1,9; Phil 2,1; 4,17; 2 Kor 13,13; 2 Petr 1,4 u. ö.). Die Kirche ist wirksames Zeichen dieser Gemeinschaft mit Gott. Die kirchliche Gestalt der Heilsvergegenwärtigung entspricht der Selbstmitteilung Gottes durch die Menschheit Jesu Christi (Joh 1,14; 1 Tim 2,5). Die Kirche vollzieht sich als Koinonia mit dem eucharistischen Leib und Blut Christi (1 Kor 19,26); sie ist Gemeinschaft im Leiden und im Trost (1 Kor 1,7; 2 Kor 1,5. 7), Gemeinschaft des künftigen Heils (1 Petr 5,1) sowie in der Sorge um die Not leidenden Brüder (Röm 16,12; 2 Kor 8,4. 19; Hebr 13,16). In den spätneutestamentlichen Gemeinden wächst das Bewusstsein von der pilgernden Kirche, die unterwegs ist zur Vollendung im himmlischen Jerusalem (vgl. Gal 4,26; Hebr 12,22; 13,14; Offb 3,12; 21,2. 10). In der Hoffnung, nach dem Tod beim »Herrn daheim zu sein« (2 Kor 5,1. 8; Phil 1,23; 1 Petr 1,13 f.; 1 Thess 5,10), und im Blick auf die »große Wolke der Zeugen« (Hebr 12,1) gründet zugleich der Glaube an die heilsgeschichtliche und eschatologische Einheit des Gottesvolks. Ausdruck findet die antizipierte endzeitliche Gemeinschaft aller Heiligen in der aktuellen Einheit der himmlischen und irdischen Liturgie (Offb 4,9; 5,13; 8,3 u. ö.).

In ihrer Gesamtheit heißen die Gläubigen »die berufenen Heiligen« (Röm 1,7; Kol 3,12), Versammlung der Heiligen (1 Kor 1,2; Hebr 2,17) oder Tempel des Heiligen Geistes (1 Kor 3,17; Eph 2,21 f.); sie sind Gottes heiliges Volk, eine königliche Priesterschaft (1 Petr 2,5. 9; Röm 15,16). Sie dienen einander kraft der empfangenen Heilsgabe (1 Petr 4,10) und fördern so den Aufbau der Kirche. Sie sind berufen zur Heiligung (1 Thess 4,7).

3. In *Patristik und Scholastik* wächst aus den Einzelelementen ein Gesamtverständnis für die G. Im Osten dominiert der Aspekt der Koinonia in den Heilsgaben. Der eucharistische Bezug macht die universale Eucharistiegemeinschaft der Kirche deutlich. Nach dem Sprachgebrauch der westlichen Theologie bezeichnet G. eher die himmlischen Heiligen als die vollendeten Glieder des einen Leibes Christi. Dieser Aspekt wird vorherrschend und bezieht sich auf die eigentliche Heiligenverehrung. G. bedeutet aber ebenso die Versammlung der allumfassenden Kirche der Gerette-

ten beim Vater, »vom gerechten Abel bis zum letzten Erwählten«. Eine sachliche Nähe besteht in der paulinisch-augustinischen Formel: »Haupt und Leib – der eine und ganze Christus«.

4. In der *reformatorischen Theologie* spielt weniger die vertikale Sicht als die geschichtlich-horizontale Einheit der Kirche mit Christus und das Zusammenwirken aller in Glaube und Hoffnung, in der Gemeinschaft von Taufe und Abendmahl eine wichtige Rolle. Kirche wird definiert als »communio sanctorum oder congregatio fidelium«. Außer der Anrufung der himmlischen Heiligen um ihre Fürbitte ist hier die Basis für eine evangelisch-reformatorische Verehrung der himmlischen Heiligen gegeben.

5. In der *gegenwärtigen systematischen und ökumenischen Theologie* vollzieht sich die Erneuerung der Ekklesiologie weitgehend unter dem neutestamentlichen Paradigma der Koinonia bzw. G. Das Zweite Vatikanische Konzil überwindet die isolierte Sicht der Kirche als äußere Heilsanstalt und die kontroverstheologisch umstrittenen Begriffe »Gebetsmittlerschaft der himmlischen Heiligen«, »Schatz der Verdienste« bzw. »Kirchenschatz«, »Ablass« u. a., versteht die Kirche insgesamt als G. und entfaltet daher die Verehrung der himmlischen Heiligen und Marias im Gesamtkontext der Kirchenkonstitution (Lumen Gentium 7; 8).

GERHARD LUDWIG MÜLLER

Literatur: P. ALTHAUS: Communio Sanctorum, 1929; D. BONHOEFFER: Sanctorum Communio (1927), 1986; G. L. MÜLLER: Gemeinschaft und Verehrung der Heiligen, 1986; M. GARIJO -GUEMBE: G., 1988.

Hagiographie ist die Gesamtheit der Literatur, deren »Sitz im Leben« die christliche ↗ Heiligenverehrung ist, auch Bezeichnung der erzählkundlichen, historischen und theologischen Wissenschaft, die Heiligen und ihre Verehrung in allen unterschiedlichen Aspekten untersucht (zur Unterscheidung auch Hagiologie genannt).

Erstes Dokument der beginnenden Martyrerverehrung und der schriftfüllenden Darstellung christlicher Martyrien (Martyrerakten) ist das *Martyrium Polycarpi*, der Form nach ein Schreiben der Gemeinde von Smyrna nach Philomelion zur Weitergabe mit der Intention, Normen des Verhaltens in der Verfolgung zu propagieren (keine Selbstanzeige; Flucht ist statthaft; ist man festgenommen, muss man standhaft sein). Bericht und theologische Interpretation sind ineinander verschränkt: Bezug zur Passion Jesu, Martyrium als Vollendung zum Leben bei Gott und moralischer Sieg (jüdisch-christliche Tradition, Einwirkung der griechischen Gestalt des θεῖος ἀνήρ, des göttlichen Menschen, mit Andeutungen des Wunderbaren). Ebenfalls ein Brief (nach Kleinasien) ist der bei Eusebius von Caesarea (h. e. V, 1–4) auszugsweise überlieferte Bericht der Gemeinden von Vienne und Lyon über die Martyrien des Jahres 177, der wiederum mit der Erzählung eine theologische Interpretation verbindet: Kreuzesnachfolge, Gegenwart Christi, Kampf mit dem Teufel, Sieg, Tod als Beginn der Unvergänglichkeit. Zu gleicher Zeit entstehen die ersten Martyrerakten nach dem Vorbild amtlicher Gerichtsprotokolle, wohl meist Gedächtnisprotokolle anwesender Christen (an Akten in den Archiven gelangte man wohl erst seit Konstantin nach den Verfolgungen): älteste Fassung des *Martyrium Iustini* um 165, *Martyrium Scillitanorum marytrum* mit der Gerichtsverhandlung vom 17. 7. 180. Nach christlicher Auffassung waren die Martyrer Charismatiker, aus denen vor Gericht der Gottesgeist sprach (vgl. Mk 13,9 ff. parr.). Die Passio als Martyriumserzählung kann verstanden werden als Fortführung der schriftstellerischer Praxis der genannten Schreiben bei gleichzeitigem Verzicht auf die Briefelemente. Das *Martyrium Perpetuae et Felicitatis* mit dem Ich-Bericht der Perpetua und der Vision des Saturus wurde bald nach dem 7.3.203 in Karthago für die öffentliche Lesung im Gottesdienst verfasst. Die Visionen waren prägend für eine ganze Reihe nordafrikanischer Passiones. Das *Martyrium Cypriani* († 14.9.258) enthält die zwei Verhöre des karthagischen Bischofs mit erzählenden Teilen. Sein Diakon Pontius fühlte sich in der Konkurrenz zum Martyrium Perpetuae et Felicitatis herausgefordert, zusätzliche Züge des Martyriums und Cyprians Taten als Bischof zum Gesamtbild der ersten christlichen Vita zusammenzufassen. Zur Zeit Cyprians hat man die Todestage der Martyrer zum Zweck der Gedächtnisfeier festgehalten. Der älteste überlieferte ↗Kalender dieser Art mit Angabe des Grabes ist die römische *Depositio martyrum* im Chronographen von 354. Eusebius hat eine Sammlung alter Martyrien zusammengestellt, die jedoch als ganze verloren ging, und für seine Kirchengeschichte benutzt. In *De martyribus Palaestinae* beschreibt er die Verfolgung von 303–311 in seiner Region (kürzere griechische Fassung, längere ganz syrisch erhalten). Die Rhetorik mancher Martyrerpredigten des 4. Jh. öffnete den Weg zur Legende. Wichtig wurde die Rezeption des 4. Makkabäerbuchs (Steigerung der Grausamkeiten, griechische Topik der mutigen Rede vor dem Tyrannen) und der Einfluss der Rettungsszenen aus dem Buch Daniel. Leitend war die theologische Absicht, das Martyrium als Sieg erscheinen zu lassen. Einzelmotive übernahm man aus der paganen Umwelt und aus den älteren Apostelromanen. Seit dem 4. Jh. waren die Martyrer die christlichen Heroen, mit denen man die alten überbot. Texte der Verfolgungszeit wurden dem Zeitgeschmack gemäß auch überarbeitet.

Die Ausweitung der Heiligenverehrung auf einzelne Personen der monastischen Welt und sodann auch auf einzelne Bischöfe führte dazu, dass man nun ein heiliges Leben insgesamt darstellte, wie es zuvor schon Pontius in der Vita Cypriani praktiziert hatte. Großen Erfolg hatte die Vita des ägyptischen Mönchsvaters Antonius († 356), die Athanasius kurz nach dessen Tod verfasste (zwei alte lateinische Übersetzungen, auch in die Sprachen des christlichen Ostens). Hieronymus bezieht sich in den Viten des Paulus von Theben und des Hilarion von Gaza ausdrücklich auf Antonius; die literarische Konkurrenzsituation ist offensichtlich. Athanasius zeichnet Antonius als Martyrer dem Verlangen nach; sein Mönchsleben gilt als tägliches Martyrium. Dementsprechend sind die vielen Dämonenkämpfe wohl Fortführung und Variation des traditionellen Themas: Martyrium als Kampf mit dem Teufel. Die Viten des Pachomius, des Gründers des Coenobitentums († 346), liegen in verschiedenen Sprachen vor (besonders koptisch, griechisch, arabisch). Die Verhältnisbestimmung der unterschiedlichen Fassungen ist bis heute schwierig. In den *Apophthegmata Patrum* sind auch kleine Mönchsgeschichten anekdotenhafter Art überliefert. Solche Geschichten sammelte eine Reisegruppe, die 394/395 von Jerusalem her eine Wallfahrt zu ägyptischen Mönchen unternahm. In Gallien hat Sulpicius Severus ein ganzes Corpus geschaffen, um Martin von Tours († 397) zu verherrlichen: Vita, drei Briefe, Dialoge. Die Vita zeichnet den Mönch, der auch als Bischof sich treu bleibt, den energischen Missionar und den Wundertäter. Nach ep. 2 steht er auf der Stufe der Martyrer und ist ihnen im Tod zugesellt. Die Dialoge erheben ihn über die ägyptischen Mönche. In den Viten des Ambrosius von Paulinus von Mailand (wohl 412/413) und des Augustinus von seinem Schüler und Freund Possidius (nach dem Tod des Augustinus am 28.8.430, mit angefügtem Schriftenverzeichnis) steht jeweils die Bischofstätigkeit im Vordergrund. Viten heiliger Frauen haben Gregor von Nyssa über seine Schwester Macrina (†379) und Gerontius über seine geistliche Mutter Melania die Jüngere (†439; griechisch, lateinische Übersetzung) geschaffen. Wohl angeregt durch die lateinische Übersetzung der Apophthegmata Patrum beschrieb Papst Gregor I. in seinen *Dialogen* (um 594 abgeschlossen) Tugend und Wunder italischer Heiliger des 5. und 6. Jh. (das zweite Buch ist ganz Benedikt von Nursia gewidmet). Damit vergleichbar ist der *Liber vitae patrum* des Gregor von Tours (†594) zu den Heiligen Galliens vom 4. bis zum 6. Jh. Aus seinem umfangreichen hagiographischen Schrifttum seien die vier Bücher *De virtutibus s. Martini episcopi* hervorgehoben, in denen der Amtsnachfolger Martins alte Wunder bis zu seiner Bischofsweihe und neue, während seiner Amtszeit geschehene zusammenstellte.

Die christliche Vita wurzelt in der biographischen Literatur der Antike; in Einzelfällen lassen sich genauere Beziehungen ausmachen. Doch insgesamt hat man eine neue Tradition begründet, deren Zentrum die Auffassung der Gnade Gottes ist, die heiliges Leben und Wunderkraft ermöglicht (zuvor schon entsprechende theologische Interpretation des Martyriums). Die gefundene Form war offen für alle Wandlungen des Heiligenideals im Mittelalter: Adelsheilige, Königinnen und Könige (Königsheilige), Gründer von Klöstern und Orden, heilige Narren im Osten, die neuen Heilige der Mendikanten. War der historische Abstand zum Heiligen zu groß und besaß man nur ein Minimum an Nachrichten, hat man auch mit Versatzstücken fiktive Viten verfasst. Neben Viten schuf man die schon genannten Wundersammlungen, Berichte über Fund (»inventio«) und ↗Translation von Reliquien, Pilgerführer und Pilgerberichte, ↗Martyrologien. Bestimmender Text war das fälschlich Hieronymus zugeschriebene *Martyrologium Hieronymianum*, Mitte des 5. Jh. in Oberitalien (Aquileia) redigiert (Quellen u.a. römische und afrikanische Kalender, griechisches Martyrologium wohl von Nikomedien, im *Martyrologium Syriacum* von 411/412 erhalten) und Ende 6. Jh. in Auxerre überarbeitet: ein kalendermäßig geordnetes Verzeichnis der Gedächtnistage der Heiligen (nicht nur der Martyrer) mit knapper Angabe von Name und Ort. Die ausführlicheren sogenannten historischen Martyrologien (mit zusätzlichen Auszügen aus Viten und Martyrien) des 8. und 9. Jh. (Traditionslinie: Beda Venerabilis; anonymes Martyrologium von Lyon; Florus von Lyon; Ado von Vienne; Usuard von St-Germain-des-Prés, Grundlage des *Martyrologium Romanum* von 1583, 1584 für verbindlich erklärt) haben ihre Entsprechung in den östlichen Synaxarien. Im lateinischen Westen fand die Sammlung der *Legenda Aurea* des Jakob von Varazze (†1298) die größte Verbreitung (zahlreiche Handschriften, Übersetzung in die europäischen Volkssprachen, Drucke seit 1470). Der Humanist Boninus Mombritius (†1500) veröffentlichte um 1480 ein *Sanctuarium sive Vitae Sanctorum* in zwei Bänden.

Die Kirchen der Reformation, die die Anrufung von Heiligen oder die Heiligenverehrung insgesamt ablehnten, entwickelten trotzdem ihre eigene H. (gereinigte Ausgaben von *exempla fidei* für die Predigt, Berichte über die Blutzeugen der Reformation, im Pietismus). Auf katholischer Seite legten Luigi Lippomani (†1559) und Laurentius Surius (†1578) in apologetischer Absicht neue Sammlungen vor. Den Weg zur wissenschaftlichen H. beschritten sodann die Mauriner und besonders die Bollandisten (Acta SS). In der Gegenwart lässt sich steigendes Interesse an hagiographischen Fragen in unterschiedlichen Wissenschaften feststellen.

THEOFRIED BAUMEISTER

Literatur: Zeitschrift: Hagiographica 1 (1994) ff. – BHG mit NAUCT; BHL mit NSUPPL; BHO; BIBLSS; DEMA 1, 707f.; DHGE 23, 40–56; HISTSAINTS; LMA 4, 1840–1862; RAC 14, 150–183; SMHM; VITESS; VSB; Theologische Realenzyklopädie, Bd. 14 1985, 641–672; AIGRAIN 448–480; BERSCHIN; H. DELEHAYE: Cinq leçons sur la méthode hagiographique, 1934, Nachdruck 1981; A. EHRHARD: Überlieferung und Bestand der hagiographischen und homiletischen Literatur der griechischen Kirche ..., 3 Bde., 1937–52; S. BOESCH GAJANO: Agiografia Altomedievale, 1976; R. GRÉGOIRE: Manuale di agiologia, 1987; D. VON DER NAHMER: Die lateinische Heiligenvita. Eine Einführung in die lateinische Hagiographie, 1994; G. PHILIPPART: Hagiographes et hagiographie, hagiologes et hagiologie: Hagiographica 1 (1994) 1–16; S. BOESCH GAJANO (Hg.), Santità, culti, agiografia. Temi i prospettive, 1997; T. HEAD (Hg.): Medieval Hagiography. An Anthology, 2000, XIII–XXXVIII; F. PRINZ: H. und Welthaltigkeit. Überlegungen zur Vielfalt des hagiographischen Genus im Frühmittelalter: Hagiographica 9 (2002) 1–17; K. HERBERS: H.: Aufriss der historischen Wissenschaften, Bd. 4, hg. v. M. MAURER, 2002, 190–214.

Heiligenattribute. In der antiken Bildkunst war die attributive Kennzeichnung von Einzelfiguren geläufig. Durch die Beigabe von Tieren, Pflanzen oder Gegenständen wurden Götter, Heroen oder Personifikationen in den Kontext ihres Wirkens rückbezogen (z.B. Taten des Herkules). Die christliche Bildkunst knüpft seit Mitte des 4. Jh. zunehmend an dieses Bildprinzip an. In der römischen Grabeskunst erhält Petrus aufgrund der Verleugnungsszene einen Hahn beigegeben. Agnes wird von einem Lamm (lateinisch »agnus«) begleitet als lateinische etymologische Namensdeutung. Die Monumentalkunst verleiht Petrus und Paulus als Ersten idealtypische Physiognomien. Der Nimbus, in der Spätantike zur sakralen Überhöhung des Herrschers verwandt, wird ihnen als auszeichnendes Attribut beigegeben. Vom immateriellen Lichtkreis verfestigt sich dieser bald zur goldenen Scheibe und steigt als »Heiligenschein« zum bekanntesten Attribut der Heiligenikonographie auf. Martyrer verweisen durch Schwert, Flammen, wilde Tiere, Wasser oder Gift auf die Art ihres Martyriums; die Martyrerkrone, die im Mittelalter zunehmend durch den Palmenzweig ersetzt wird, zeigt ihren himmlischen Status an. Diese Verflechtung individueller und allgemeiner Attribute wird unter dem Einfluss von liturgischem Gedächtnis und Heiligenviten ständig erweitert. Neue Formen der Predigthilfen und Sammlungen wie die in volkssprachlichen Varianten überlieferte Legenda Aurea (Legende) sorgen dort für eine breite Kenntnis der Heiligen in Frömmigkeit und Brauchtum, wo sie differenzierten Schutz und individuelle Fürsprache gewährten. Nötigenfalls stifteten Worterklärungen neue »redende« Attribute: z.B. das Horn (»cornu«) als Attribut des heiligen Cornelius. Metaphorische Attribute spielen auf Tugenden und Eigenschaften an. So wird in der nachmittelalterlichen Ikonographie der heilige Ambrosius mit einem Bienenkorb dargestellt, Bezug nehmend auf das Bienengleichnis, das schon in der Kindheit den großen Redner ankündigt. Das Herz des Augustinus verweist nach den »Confessiones« (9, 2) auf die innere Unruhe des Gottessuchers. Im Barock verselbständigen sich derartige Attribute zu einem Auszeichnungssystem des Kirchenraums, das die Wiedergabe der zugehörigen Personen verzichtbar macht: z.B. die Attribute der vier lateinischen Kirchenväter als Kanzeldekor, die Attribute der zwölf Apostel als Leuchterschmuck oder die Davidsharfe als Orgelemblem.

RAINER WARLAND

Literatur: LCI Bd. 5–8 (grundlegend). – K. KÜNSTLE: Ikonographie der Heiligen, 1926; J. BRAUN: Tracht und Attribute der Heiligen in der deutschen Kunst, 1943; Die Legenda Aurea des Jacobus de Voragine, aus dem Lateinischen übersetzt von R. BENZ, 1917–1921.

Heiligenbilder. Die Darstellung von Heiligen ist oft mit der Verehrung ihrer Reliquien verbunden und dient deren Inszenierung: Bildwerke können als Reliquiare gestaltet sein, indem sie Reliquien in Körperteilreliquiaren (seit dem 9. Jh., z.B. Kopf, Büste, Arm) bzw. in plastischen Ganzfiguren der Heiligen (Fides in Conques, 9./10. Jh.) aufnehmen. Reliquien von Heiligen können auch in eine Holzfigur Marias oder den Kruzifixus eingelassen oder auf ein Tafelbild appliziert werden. H. in allen Gattungen der Kleinplastik (Gold, Elfenbein, Email und Malerei) schmücken Reliquiare, die nochmals mit einem Schrein umgeben sein können, der hinter dem Altar aufgestellt wurde (12.–15. Jh.). Bilder von Heiligen können aber auch unabhängig von Reliquien deren Gegenwart herstellen. Der von frühchristlicher Zeit bis ins Barock wichtigste, aus dem antiken Totenporträt entwickelte Bildtyp in allen Medien (Malerei, Plastik, Pilgerandenken, Kleines Andachtsbild) zeigt den Heiligen frontal stehend als unmittelbaren Ansprechpartner des Betrachters, zwischen dem und Gott er vermitteln soll. Oft erscheint der an Nimbus, Attribut (↗Heiligenattribute) und manchmal am Gesichtstyp (Petrus und Paulus) erkennbare Heilige gleichzeitig als Auferstandener im Himmel, als historische Person der Vergangenheit und als in der Gegenwart des Betrachters anwesend. Gegenüber dieser Form des niemals nur beschreibend, sondern immer auch symbolisch verstandenen Heiligenbildes haben erzählerische Zyklen zur Vita ergänzende Bedeutung, indem sie den Charakter der Heiligen veranschaulichen und ihr Leben als Vorbild vor Augen stellen, was besonders im Zusammenhang der Nachfolge Christi bedeutsam ist, so etwa bei Franz von Assisi. Als kleinformatige Szenen um eine zentrale Heiligenfigur finden sie sich auf Ikonen vom Sinai und italienischen Tafelbildern des 13. Jh., ebenso in der Glas-, Wand- und Tafelmalerei seit dem Hochmittelalter. Gruppen von skulptierten Heiligenfiguren treten im Gewände gotischer Portale auf. Große Verbreitung fanden H. im Spätmittelalter, wobei seit dem 15. Jh. die Druckgraphik den Bedarf für die private Andacht deckt, sowie seit der Gegenreformation. Am spätgotischen Flügelaltar des Nordens bleiben die Heiligen den zentralen Darstellungen von Christus oder Maria untergeordnet. Im 14. Jh. entsteht in Italien – in Weiterbildung der Anordnung von Heiligen auf byzantinischen Ikonostasen – der Bildtyp der »Sacra conversazione«, der himmlischen Zusammenkunft verschiedener Heiliger, deren Auswahl vom Auftraggeber des Bildes abhängt, um Maria im Zentrum gruppiert. Varianten der Sacra conversazione sind Darstellungen Marias im Kreis ihrer heiligen Verwandten oder von Jungfrauen (Heilige Sippe, Virgo inter virgines; Paradiesgärtlein) sowie der Kreuzigung, flankiert von Aposteln und

Heiligen. Die Zusammenstellung des Heiligen mit in Proskynese vor ihm Betenden reicht bis ins frühe 5. Jh. zurück (Rom, Unterkirche vonm SS. Giovanni e Paolo), diejenige mit Stifterfigur ins 8. Jh. (Fresko, Rom, S. Maria Antiqua, Theodotuskapelle); seit dem 13. Jh. empfehlen Heilige an Grabmälern, Votiv- und Altarbildern oft den Toten bzw. Stifter der Madonna oder Christus. Seit dem Spätmittelalter gibt es im profanen Bereich zahlreiche Darstellungen Heiliger als Patrone von Städten, Zünften und Einzelpersonen. In Renaissance und Gegenreformation rücken Bilder von Heiligen ins Zentrum von Altarbildern, die im Unterschied zu den mittelalterlichen Festtagsbildern nicht nur am Fest des Heiligen auf den Altar gestellt wurden, sondern das ganze Jahr sichtbar blieben. Die wichtigste Einzeldarstellung neben dem frontalen Bild des Heiligen ist in der Regel das Martyrium. Bei aller Vielfalt der Heiligen sind bestimmte Typen vorherrschend: Jungfrauen, Kleriker (Mönche, Diakone, Bischöfe) und heldenhafte Krieger bzw. Reiter. Die neben dem Martyrium aus der Vita hervorgehobenen Szenen betreffen besonders die Standfestigkeit im Glauben, caritative Tätigkeiten, Wunderheilungen, Predigt und visionäre Begabung – mit nach Epochen und regional unterschiedlicher Akzentuierung. Zusammenstellungen von Heiligen in Gruppen sind z. B. die Martyrer in Prozession mit Palmen oder Kränzen (Ravenna, S. Apollinare Nuovo, 6. Jh.) bzw. das Lamm oder die Dreifaltigkeit verehrend im Allerheiligenbild (van Eyck, Genter Altar, 1428–32; Dürer, Landauer Altar, Wien, 1511), die Kirchenväter, seit dem Frühmittelalter oft zusammen mit den Evangelisten; im Spätmittelalter die 14 ↗Nothelfer und regional verehrte Gruppen wie die Heiligen Marschälle.

MORITZ WOELK

LThK³ 4, 1289–93 (ungekürzte Fassung).

Literatur: LCI Bd. 5–8 (grundlegend); RAC 14, 66–96; ANGENENDT; BRAUN; S. BEISSEL: Die Verehrung der Heiligen und ihrer Reliquien in Deutschland im Mittelalter, 1890–92, Nachdruck 1991; S. KÜNSTLE: Die Ikonographie der christlichen Kunst, Bd. 2, 1928; G. KAFTAL: Iconography of the Saints in Italian Art, 4 Bde., 1952–85; A. LEGNER (Hg.): Ornamenta Ecclesiae, Bd. 3 1985, 18–184; H. BELTING: Bild und Kult, ²1991; G. KERSCHER (Hg.): Hagiographie und Kunst, 1993; H. KELLER: Reclams Lexikon der Heiligen und biblischen Gestalten, ⁹2001; F. RÖHRIG: Das Bild der Heiligen in der Kunst: Heiligkeit als Herausforderung, hg. v. J. MIKRUT, 1999, 77–98; C. HAHN: Portrayed on the heart, 2001; R. GIORGI: Santi, 2002.

Heiligenfeste sind die Manifestation der liturgischer ↗Heiligenverehrung in den christlichen Kirchen. An durch Tradition oder kirchenamtlich bestimmten Tagen im Jahreslauf (Heiligenkalender) ist die Liturgie von Messe und Stundengebet dem Gedächtnis von Heiligen gewidmet. Seit dem Zweiten Vatikanischen Konzil sind die meisten H. durch einfache Gedenktage ersetzt. Die Gesamtheit der H. und Gedenktage einer Kirche bildet das sogenannte Heiligenjahr. Als Feste der Kirche sind alle H. auf die Herrenfeste hingeordnet und feiern wie diese das Heilsmysterium Christi in vergegenwärtigendem Gedächtnis. »Denn die Feste der Heiligen künden die Wunder Christi in seinen Knechten« (*Sacrosanctum Concilium* 111).

Feste von Martyrern sind seit dem 2. Jh. bezeugt; in ihrem Blutzeugnis ereignet sich das Heil bringende Sterben Christi in den Gliedern seines Leibes, der Kirche. Martyrer und Asketen (Mönche, Jungfrauen, Witwen, Bekenner) als »unblutige« Martyrer verkündigen das »mysterium paschale«. Nach dem Konzil von Ephesus (431) tritt daneben die Betonung des »mysterium incarnationis«, das in den Festen der Gottesmutter und aller ↗Bekenner gefeiert und verkündigt wird. Wie die Heiligenverehrung im antiken Totenkult ihre Wurzeln hat, so die H. im jährlichen Totengedächtnis. Termin für die H. sind in der Regel die Todestage der Heiligen (jedoch »dies natalis« genannt, weil sterbend hineingeboren in die Vollendung); später auch Elevations- und ↗Translations-Tage, Jahrtage von Kirchweihen (besonders bei Marienfesten), sowie Begleittermine (z. B. neutestamentliche Heilige: Stephanus, Johannes Evangelist, Unschuldige Kinder nach Weihnachten). H. sind lokalen Ursprungs. Jede Ortskirche hat ihr eigenes Verzeichnis der Tage und Grabstätten für die Sicherstellung der Festfeier (für Karthago schon um 250 bei Cyprian bezeugt). Aus Rom ist der sogenannte Chronograph von 354 erhalten mit zwei Listen: Depositio Martyrum und Depositio Episcoporum. Diese Kalender entsprechen den alten römischen Natales-Listen bzw. den Fasti (offizielle Kalender). Die schon im 4. Jh. einsetzende Verbreitung der H. über ihre Ortskirche hinaus und die dadurch bedingte Vermehrung von H. hat mehrere Gründe: Ausbreitung der Verehrung einzelner Heiliger, Vermehrung der Gräber durch Übertragung von Reliquien (seit dem 4. Jh. im Osten, seit dem 6. Jh. auch im Westen sehr beliebt), Austausch von einzelnen Festen und ganzen Kalendern von Kirche zu Kirche als Ausdruck gegenseitiger Communio; bei Gründung von Tochterkirchen wurde der Kalender der Mutterkirche mitgenommen; im Abendland führte die Übernahme des römischen Ritus durch die karolingische Reform zur Verbreitung des stadtrömischen Festkalenders. Die Übernahme der ↗Heiligsprechung durch die römische Kurie hatte die Einführung vieler neuer Feste für die gesamte römische Kirche zur Folge. Die Feier der Heiligen beginnt das Gedächtnis des Herrn an den Sonntagen und im Temporale zu überwuchern, zumal in der Volksfrömmigkeit die Heiligen zunehmend als Heilsmittler gesehen werden. Weitere Gründe für die Verdrängung des Herrenjahres durch H. waren deren Vorrang gegenüber einfachen Sonntagen und die Kürze von Festoffizien gegenüber den langen Ferialoffizien mit ihren Annexen (z. B. Allerheiligenlitanei, Buß- und Gradualpsalmen, Marien- und Totenoffizium usw.).

Versuche der Reduzierung der H. hatten wenig Erfolg. Der Heiligenkalender des Breviarium Romanum 1568 und des Missale Romanum 1570 von Pius V. war durch Rückgriff auf den stadtrömischen Kalender des 11. Jh. zwar bescheiden, aber die damit erfolgte Einführung eines »calendarium universale« der römischen Kirche bewirkte bald die Aufnahme vieler neuer H. in diesen Kalender. Orden und Landesfürsten intervenierten mit Erfolg in Rom.

Um 1910 zählte der römische Universalkalender 280 H., dazu kamen viele H. der National-, Diözesan- und Ordenskalender. Das Fest, ursprünglich etwas Besonderes, das den Alltag unterbrechen sollte, ist alltäglich geworden. Wegen des Arbeitsverbots an allen Festen brachte deren Vermehrung schwerwiegende soziale Probleme mit sich. Seit Urban VIII. (Bulle *Universa per orbem* vom 13. 9. 1642) wird zwischen gebotenen *(festa fori)* und nicht gebotenen *(festa chori)* Feiertagen unterschieden. Die 32 ersteren werden bis 1983 (Codex Iuris Canonici) bis auf sechs reduziert. Erst Pius X. (Apostolische Konstitution *Divino afflatu* vom 1. 11. 1911) gelang es, den Vorrang des Herrenjahres zu sichern, indem er, ohne die Zahl der H. zu verringern, allen Sonntagen Vorrang vor den Duplex- (= gehobenen) Festen eingeräumt und deren Offizium durch Ersetzen der Festpsalmen durch die Wochentagspsalmen ferialisiert hat. Der Rubriken-Kodex von 1960 vereinfachte die kompliziert gewordene Rangordnung der H. durch Einführung von drei Klassen. Das Zweite Vatikanische Konzil verlangt: »Das Herrenjahr soll den ihm zukommenden Platz vor den H. erhalten, damit der volle Kreis der Heilsmysterien in gebührender Weise gefeiert wird« (*Sacrosanctum Concilium* 108). Die geforderte Zuweisung der liturgischen Heiligenverehrung in die Kalender der Ortskirchen (ebd. 111) wurde im Römischen Generalkalender (↗Kalender) von 1969 nur halbherzig vorgenommen, aber die darin verbliebenen H. sind fast alle zu Gedenktagen *(memoriae)* herabgestuft, die die Feier des Herrenjahres nicht mehr beeinträchtigen.

PHILIPP HARNONCOURT

Literatur: P. HARNONCOURT: Der liturgische Heiligenkalender unter besonderer Berücksichtigung der Eigenfeste und Partikularkalender: Gesamtkirchliche und teilkirchliche Liturgie, 1974, 63–245; A. ADAM: Das Kirchenjahr mitfeiern, 1979; P. JOUNEL: L'Année (IV. Le culte des saints, V. Le culte de Marie): L'Église en prière, hg. v. A.-G. MARTIMORT U.A., Bd. 4 1983, 124–262; K. H. BIERITZ: Das Kirchenjahr. Feste, Gedenk- und Feiertage in Geschichte und Gegenwart, ³1991; Theologische Realenzyklopädie, Bd. 11 1983, 115–132; H. AUF DER MAUR: Feste und Gedenktage der Heiligen: Gottesdienst der Kirche, Bd. 6/1 1994, 65–357.

Heiligenverehrung

1. Historisch · 2. Kultur- und sozialgeschichtlich · 3. Systematisch-theologisch · 4. Liturgisch · 5. Kirchen der Reformation.

1. *Historisch.* Die Geschichte der christlichen H. beginnt mit der Martyrerverehrung, deren frühestes Zeugnis das Martyrium Polycarpi um 160 ist. Dieses Schreiben der Gemeinde von Smyrna bedient sich erstmals der martyrologischen Zeugnisterminologie (griechisch μάρτυς, Blutzeuge), die als bekannt vorausgesetzt wird, und markiert den Punkt, an dem die Theologie des Martyriums in ihrer Entwicklung den Anstoß zu einer neuen Praxis eines gesteigerten antiken Totenkultes gab. Die christliche Gemeinde (nicht wie sonst eine Familie) will sich am Grab Polykarps in Jubel und Freude versammeln, um das Gedächtnis seines Martyriums und auch das der anderen elf Martyrer Smyrnas zu feiern und die noch Lebenden darauf vorzubereiten (18, 3). Die Form war vielleicht das antike Totenmahl (»refrigerium«), das meist zum Geburtstag Verstorbener, aber auch zu deren Todestag begangen wurde. Das Martyrium galt als Vollendung zum Leben bei Gott, den der Martyrer dort mit allen Gerechten preist. Das Gedächtnis auf Erden kann deshalb auch den Charakter einer Siegesfeier erhalten. Für die weitere Geschichte wurde Origenes wichtig, der Philos Vorstellung einer beständigen Fürsprache der Väter Israels auf die Martyrer bezog, die als Freunde Gottes das Vorrecht der Redefreiheit (παῤῥησία) bei Gott haben, was den Lebenden Segen bringt (Diakonie der Martyrer). Erste Invokationen von Ende des 3. Jh. wurden als Graffiti unter der römischen Kirche S. Sebastiano an einem Ort gefunden, an dem man zu Ehren von Petrus und Paulus Refrigerien abgehalten hat (z. B. »Paule Petre petite pro Erote rogate«). Die Apostel galten meist außer Johannes als Martyrer; später übertraf ihre Verehrung die anderer, u. a. weil apostolische Gründung und Gräber kirchlichen Vorrang begründeten. Seit 160 breitete sich in allen Regionen der Kirche die Gewohnheit aus, Martyrer von anderen Toten

zu unterscheiden (Nordafrika: Martyrium Perpetuae für die öffentliche Lesung im Gottesdienst, Liste der Todestage zur Zeit Cyprians; Rom: Apostelfeste; Salona: Bestattung apud sanctum, Anfang 4. Jh.). Mit der Friedenszeit erweiterte man den Kreis der kultisch Verehrten um einzelne Personen der monastischen Welt (Askese als unblutiges Martyrium, charismatische Autorität schon zu Lebzeiten), hervorragende Bischöfe, Adelsheilige im Übergang zum Mittelalter, Königinnen und Könige (Königsheilige), religiöse Erneuerer usw. Es wurde üblich, die kultisch Verehrten als ἅγιοι, »sancti«, Heilige zusammenzufassen. Grunddaten der Verehrung waren die Hervorhebung des Grabes und der jährliche Feiertag mit der Konzentration auf die Eucharistie (Ambrosius, Augustinus gegen die Refrigerien). Einzelne Formen des antiken Heroenkultes und der Götterverehrung wurden rezipiert (z.B. Schlafen an heiliger Stätte zur Erlangung von Heilungen [Inkubation], Wallfahrtswesen). Die in der Antike grundgelegte Reliquienfrömmigkeit mit der Inventio auch durch Eingebungen, Überführungen in Stadtkirchen, Deposition vor und in Altären, Teilungen und sodann Kumulationen im Spätmittelalter erhielt schließlich ein solches Eigengewicht, dass sie die Kritik der Reformatoren an einzelnen Formen und der H. insgesamt herausforderte. Die katholische Seite bemühte sich seit dem Tridentinum um Maß und Ordnung (Bollandisten). Nach Barock, Kritik der Aufklärung und erneuter Blüte seit der Romantik sind heute unterschiedliche Haltungen von Selbstverständlichkeit bis zu Distanz zu beobachten. Das Vaticanum II betonte die ekklesiologische Dimension der H. als Gemeinschaft der pilgernden Kirche mit den bereits Vollendeten (↗Gemeinschaft der Heiligen).

THEOFRIED BAUMEISTER

Literatur: LMA 4, 2014–20; RAC 14, 1–63 96–150; ANGENENDT; DELEHAYE; H. DELEHAYE: Sanctus, 1927; P. BROWN: The cult of the saints, 1981, deutsch 1991; M. GOODICH: Vita perfecta. The Ideal of Sainthood in the Thirteenth Century, 1982; P. BROWN: The Rise and Function of the Holy Man: SHLA 103–152; A. VAUCHEZ: La sainteté en Occident aux derniers siècles du moyen âge d'après les procès de canonisation et les documents hagiographiques, ²1988; G. MARTINA: La santità oggi: DivSan 83–95; R. RUSCONI: La santità nell'età contemporanea tra agiografia e biografia: Rivista di storia e letteratura religiosa 35 (1999) 567–586; C. THIELLET: Quelques aspects de la sainteté féminine d'après des vitae mérovingiennes et carolingiennes: Mélanges de science religieuse 56 (1999) 5–32.

2. *Kultur- und sozialgeschichtlich.* Wie gottgefälliges Leben auf Erden bereits als »ein Wandel im Himmel« galt (Phil 3,20), so blieben umgekehrt die zur Herrlichkeit Gottes eingegangenen Heiligenseelen, wegen ihrer bleibenden Verbundenheit mit dem Leib, weiterhin auf Erden präsent: Sie bildeten eine Verbindung zwischen Himmel und Erde (Bilokation). Das urreligiöse Bedürfnis, Ort und Zeit zu sakralisieren, fiel den Heiligen zu; statt kosmisch-sakraler Orte waren es die »loca sanctorum« und statt Gestirnkonstellationen und kosmische Zeiten neben den Christusfesten (wie Weihnachten als neuer »sol invictus«) die der Heiligen: zum Frühjahrsbeginn Mariä Verkündigung, zur Sommersonnenwende Johannes der Täufer (vgl. Joh 3,30: »er muss wachsen, ich aber abnehmen«). Was am Ort oder zur Zeit der Heiligen geschah, gehörte ihnen zu und wurde von ihnen geprägt; wohl 90% der mittelalterlichen Staatsakte wurden an heiligen Tagen und möglichst auch an heiligen Orten getä-

tigt; Termine richteten sich nach Heiligen, und Kinder erhielten bei der Taufe oft den Namen des Tagesheiligen. Die Betitelung als Patron (ein solcher hatte sich nach dem antiken Recht für seine Anempfohlenen einzusetzen) meinte zunächst mehr die geistliche Fürbitte bei Gott, wurde aber im Mittelalter mit allen Rechtsfolgen des irdischen Patronates gedeutet: Schutz des Grabortes, der dortigen Verehrer und Bewohner, Verpflichtung der Heiligen zur Bewahrung vor Krankheit und Gebrechen, Wunder, besonders zugunsten der Armen und Frauen. Der Heiligenpatronat repräsentierte das bessere Gegenbild der irdischen Herrschaft und schuf, weil Herrschaft irdische Stellvertretung des Himmelsheiligen sein sollte (z. B. der Papst als »vicarius Sancti Petri«), vorbildliche und heilsame Verhältnisse. Einem Heiligenpatron anzugehören, Mitglied seiner »familia«, sein »Höriger« zu sein, vermittelte oft auch einen vorteilhafteren Rechts- und Sozialstatus, besonders bei den praktisch freien »Wachszinsern«. Die Bistums-, Kloster-, Stadt-, Landes-, Adels- und Standespatrone fungierten nicht nur als Schützer und Vorbilder, sondern zugleich als lebendige »juristische« Personen, die ihre Korporationen formierten, aber auch Gefolgschaft und Verehrung verlangten. War eine solche Klientel zunächst vom Ort der Heiligen her »objektiv« vorgegeben, so konnten später Patrone auch erwählt werden: für bestimmte Stände, Berufe oder Situationen. Figuren und Bilder machten die Heiligen, zumeist aufgrund eingefügter Reliquien, gegenwärtig, waren also keine bloßen Hinweis- oder Erinnerungsbilder, sondern solche lebendiger Begegnung. Aus der leibhaftigen Gegenwart der Heiligen in Grab, Reliquien und Bildern resultierten die ↗Heiligenfeste, die Wallfahrten, überhaupt ihre Verehrung. Immens sind die Auswirkungen auf Literatur und Kunst. Die Zahl der hagiographischen Texte des lateinischen Mittelalters geht über 10000. Die ersten nachantiken figürlichen Darstellungen waren Vergegenwärtigungen der Heiligen. Die Heiligen- und Reliquienverehrung als nur »niederen« Kult dem »einfachen« bzw. »ungebildeten« Volk zuordnen zu wollen, verkennt, dass gerade auch die »gehobenen« Schichten, der Adel, Könige, Gelehrte und Fromme, Heilige verehrten und Reliquien sammelten. In der spätmittelalterlichen Frömmigkeit war »der Blick auf die Bilder stets die Brücke zu einem Blick ›nach innen‹« (Belting). Erst Humanisten wie Erasmus kritisierten die damit verbundene »unethische« Frömmigkeit. Nach der Reformation steigerte sich auf katholischer Seite die H. zu höchster künstlerischer Gestalt: der barocke Kirchbau als Ort der Himmelsglorie mitsamt den sich herabneigenden Heiligen. Beträchtlich ist wiederum die Heiligenliteratur, die Lebensbeschreibungen (Vita) sowie die Pilger- und Mirakelberichte, aber ebenso Andachtstexte und Gebetbücher oder beispielsweise auch Theateraufführungen. Das 19. Jh. konnte gegen die (natur-)wissenschaftliche und historische Kritik der Aufklärung von neuem Plausibilität für die Heiligen gewinnen und damit ihrer Verehrung neuen Auftrieb geben: die weit über den Katholizismus hinausgehende literarische Verehrung Marias, die romantische »Kunstlegende«, aber auch das Sozialengagement der neuen Ordenskongregationen und von Laien unter den Leitbildern etwa des heiligen Franz von Assisi und der heiligen Elisabeth. Insofern vermittelten die Heiligen Trost und Hoffnung und schufen einen »asketischen Vorrat« zur Lebens- und Weltbewältigung; sie blieben und bleiben Leben stiftende Realbilder.

ARNOLD ANGENENDT

Literatur: S. WILSON: Annotated bibliography: Saints and their Cults. Studies in Religious Sociology, Folklore and History, hg. v. DEMSELBEN, 1983, 309–417. – ANGENENDT; BERSCHIN; S. BOESCH-GAJANO: Il culto dei santi: Filologia, antropologia e storia: Studi Storici 23 (1982) 119–136; H. BELTING: Bild und Kult, [2]1991; P. BROWN: Die H., 1991; W. FREITAG: Volks- und Elitenfrömmigkeit in der frühen Neuzeit, 1991; M. MITTERAUER: Ahnen und Heilige, 1993; Europa sacra. Raccolte agiografiche e identita politiche in Europa fra Medioevo ed Eta moderna, hg. v. S. BOESCH GAJAN – R. MICHETTI, 2002.

3. *Systematisch-theologisch.* Die im Glauben erfasste Verbindung der schon vollendeten Glieder der Kirche, die seit dem 4. und 5. Jh. »die Heiligen und Seligen« der himmlischen Kirche genannt werden, und der durch die Gnade Christi geheiligten Glieder der pilgernden Kirche – eine Verehrung, die sich in der gedenkenden Verehrung der Heiligen, in der Nachahmung ihres Beispiels und im Gebet um ihre Fürbitte realisiert – hat ihre Wurzel in der ekklesialen Dimension der Beziehung jedes einzelnen Christen zu Gott. Die persönliche Gottesgemeinschaft in Christus ist nicht möglich ohne wechselseitige Teilhabe an den Leiden und Freuden der übrigen Gläubigen (↗Gemeinschaft der Heiligen). In der betenden und helfenden Solidarität dienen alle mit dem je eigenen Charisma dem Aufbau des Leibes Christi (1 Kor 12,7. 26 f.; Röm 12,4, Eph 4,16; Kol 3,14). Das Mittleramt Christi (Röm 8,3; 1 Tim 2,5; 1 Kor 2,1) bzw. seine heilskonstitutive Fürbitte als Hoherpriester des Neuen Bundes (Hebr 7,25; 9,24; 10,19) erfährt in der Fürbitte und im Füreinanderdasein der Gläubigen keine Einschränkung, sondern erweist sich gerade als Prinzip ihrer Solidarität. Diese bestimmt die im Herrn Verstorbenen und jetzt in ihm ewig Lebenden genauso wie die Glieder der »irdischen« Gemeinde (1 Thess 4,13–17; Röm 14,7 ff.). Kirche ist so der Ort der Einheit des einen, Himmel und Erde umgreifenden Gottesvolkes (vgl. Hebr 12,22 ff.; Offb 5,9; 6,9; 8,3). Im Licht dieser Perspektiven arbeitete man die ekklesiologische Bedeutung der großen Gestalten des alttestamentlichen Gottesvolks (Sir 44–50; Hebr 11), der »heiligen Apostel und Propheten« der Urkirche (Eph 3,5), der Blutzeugen (Offb 6,9) und der großen Gestalten christlicher Spiritualität heraus: Sie gehören zu den vollendeten Gliedern des Leibes Christi, die man um ihr Gebet bitten kann. So wurden sie im Glauben an die Macht ihrer Fürbitte (vgl. schon 2 Makk 15,12–16) als Patrone, als Mittler des Gebetes, in geistigen, geistlichen und körperlichen Anliegen und als wundertätige heilige »Richter der Welt« (vgl. Mt 19,28; Offb 20,4 u. ö.) »angerufen«. Dabei ist die irreführende Vorstellung, bei der H. handele es sich um eine Art Instanzenweg oder es gehe um eine indirekte Beeinflussung Gottes oder Umstimmung des »strengen Richters Christus« durch die Milde der Mutter Maria und der Heiligen, unbedingt fernzuhalten. Die Fürbitte ist im Rahmen des paulinisch-augustinischen Kirchenbildes zu verstehen: »Haupt und Leib – der eine und ganze Christus« (vgl. Martyrium Polycarpi 17, 3; Hippolyt, In Danielem 2, 30).

Das Tridentinum stellt 1563 im Rückgriff auf das Nicaenum II 787 (DH 600; vgl. auch Florenz: DH 1304) und angesichts der reformatorischen Einwände fest: Es ist »gut und nutzbringend«, die Heiligen, die im Himmel mit Christus herrschen, um ihre Fürsprache anzurufen, »um von Gott [!] durch [!] seinen Sohn Jesus Christus«, »der allein unser Erlöser und Erretter ist, Wohltaten zu erlangen« (DH 1821). In diesem Sinn sind die Heiligen, ihre Reliquien und Bilder zu verehren. Mit Abgötterei hat H. nichts zu tun (DH

1821–25). Das Vaticanum II integriert die theologischen Elemente der Heiligen- und Marienverehrung in den Gesamtkontext einer trinitätstheologisch-christologisch begründeten und eschatologisch dynamisierten Communio-Ekklesiologie und schafft damit den Ausgangspunkt für eine ökumenische Verständigung (vgl. *Lumen Gentium* 48–69). Die Fürbitte der himmlischen Heiligen ist nicht heilskonstitutiv wie die Erlösungsmittlerschaft Christi. Ihre Bedeutung hängt von der subjektiven Empfänglichkeit des Betenden ab (»ex opere operantis«). Die H. zielt auf Gott selbst, der die Heiligen und sich in ihnen ehrt (vgl. Joh 12,26). Die den himmlischen Heiligen geltende gedenkende Verehrung (»cultus duliae«) steht nicht isoliert und konkurrierend neben der allein Gott zustehenden anbetenden Verehrung (»cultus latriae«), sondern kommt letztlich Gott selber zu.

GERHARD LUDWIG MÜLLER

Literatur: G. L. MÜLLER: Gemeinschaft und Verehrung der Heiligen, 1986; M. LIENHARD: La sainteté et les saints: Études théologiques et religieuses 72 (1997) 375–387; G. CHOLVY (Hg.): La sainteté, 1999; S. BOESCH GAJANO: La santità, 1999.

4. *Liturgisch.* Die Aufnahme der H. in die Liturgie der Kirche erweist ihre offizielle Anerkennung, ihre theologische Hinordnung auf das Mysterium Christi, denn nur dieses wird feiernd vergegenwärtigt, sowie ihren Stellenwert im Leben der Kirche und in der christlichen Spiritualität. In der alten Kirche ist die spontan entstehende liturgische H. die Regel, nachfolgende ↗Kultapprobation möglich, aber nicht erforderlich. Seit 1234 ist die formelle Kanonisierung (↗Heiligsprechung durch den Papst in Rom) Voraussetzung für liturgische Formen der H. Allgemeine Merkmale der liturgischen H. sind:

a) *Temporale Ordnung:* Feste bzw. ↗Gedenktage sind im ↗Kalender jeder Kirche für die liturgische Feier der Heiligen normativ angegeben. Auch die zum Vorlesen (in der Liturgie) bestimmten ↗Martyrologien als übergreifende offizielle Heiligenverzeichnisse sind kalendarisch geordnet. An Tagen, die im je eigenen Kalender frei sind, können alle Heiligen, die an diesem Tag im Martyrologium erwähnt sind, liturgisch gefeiert werden.

b) *Lokale Bestimmung:* Ursprünglicher Ort der liturgischen H. ist die Grabstätte, an bzw. über der ein Altar, eine Kapelle bzw. Kirche errichtet und diesem bzw. dieser Heiligen geweiht (»dedicatio«) wird. Durch Erhebung (»elevatio«), Übertragung (»translatio«; ↗Translation) und Bestattung (»depositio«) von Reliquien an andere Orte wird ein Heiligengrab vervielfacht und so die Ortsbezogenheit der H. trotz Verbreitung gewahrt. Bis heute ist die Beziehung von Heiligen zu bestimmten Orten (Herkunft, Wirksamkeit, starke Verehrung) maßgebend für die Aufnahme von Heiligen in Kalender.

c) *Formen liturgischer Heiligenverehrung:* An Hochfesten, Festen und Gedenktagen wird der Heiligen in entsprechend abgestufter Weise in Messe und Stundengebet gedacht. Proprium Sanctorum und ↗Commune Sanctorum bieten die liturgischen Texte. Orationen werden ausschließlich an Gott gerichtet, dessen Gnadengaben in den Heiligen aufleuchten. Nur in Hymnen und Akklamationen (Litanei) werden Heilige direkt angeredet; Preisung und Anrufung um Fürsprache bei Gott (»ora pro nobis«, bitte für uns) sind Grundtypen dafür. In der Lesehore des Stundengebets wird aus Schriften des bzw. der Heiligen oder, wenn solche fehlen, über sie gelesen (»lectio hagiographica«). Die Dedikation von Kirchen und Altären an Heilige (Dedikationsbericht) begründet deren Kirchenpatrozinium. Die feierliche Kanonisierung ist ein liturgischer Akt. Im Zusammenhang der Liturgie stehen Aufstellen bzw. Aussetzen (»expositio«) und Mittragen in Prozessionen der Reliquien, Bilder und Statuen von Heiligen zu deren Verehrung. Spezielle Wallfahrten und andere Sonderformen von lokaler Verbreitung sind eher zur Volksfrömmigkeit zu zählen.

PHILIPP HARNONCOURT

Literatur: H. AUF DER MAUR: Feste und Gedenktage der Heiligen: Gottesdienst der Kirche, Bd. 6/1 1994, 65–357; H. J. LIMBURG: Heilige in der Liturgie: Archiv für Liturgiewissenschaft 40 (1998) 182–256.

5. *Kirchen der Reformation.* Bis zum Beginn der Ökumenischen Bewegung im 20. Jh. galt die H. als einer der augenfälligsten Unterschiede zwischen dem katholischen (bzw. orthodoxen) und dem reformatorischen Christentum. Nicht nur einzelne Missstände der Volksfrömmigkeit, sondern speziell die lehramtlich vorgetragene Möglichkeit einer Anrufung der himmlischen Heiligen um ihre Fürbitte und die Vermittlung von (helfender, nicht rechtfertigender oder heilig machender) Gnade galten als diametraler Widerspruch zu den religiösen Grundprinzipien der Reformation. Danach kann allein Gott angebetet (= verehrt) werden, ist Christus allein der Mittler zwischen Gott und den Menschen; auf Christus allein darf der Glaubende sein Vertrauen auf Sündenvergebung und Rechtfertigung setzen. Da es überdies kein Beispiel einer Anrufung verstorbener Heiliger in der Schrift gebe, verstoße die Praxis der H. auch gegen das Sola-Scriptura-Prinzip. Mit der H. hängen auch andere kritisierte katholische Lehren vom Verdienstschatz der Heiligen (Kirchenschatz), Ablass, Gebet für die Verstorbenen und von der Messe zu Ehren der Heiligen zusammen. Darum gehört die Anrufung der Heiligen zu den »endchristischen Mißbräuche(n)« (Martin Luther, Schmalkaldische Artikel II/2): Man fliehe vor Christus als dem (vorgeblichen) strengen Richter weg und wende sich den ihn be sänftigenden Heiligen als Mittler zu (Weimarer Ausgabe, Bd. 30/III, 312; Confessio Augustana 21). H. sei darum »grausame Abgötterei« (Philipp Melanchthon: Confessio Saxonica: Corpus Reformatorum, Bd. 23, LXXXIX) und widerspreche, nach Jean Calvin, der allein Gott gebührenden Ehre (Christianae Religionis Institutio I, 12, 1; III, 20, 24–27). Dennoch ist damit die H. nicht völlig abgelegt. Sie hat ihren Ort in der umfassenden ekklesialen Gemeinschaft in Christus (Luther: Weimarer Ausgabe, Bd. 2, 745 und 748). Die Confessio Augustana und ihre Apologie (21) kennen eine dreifache Ehre, die den Heiligen gebührt: Gedächtnis und Danksagung an Gott, dass er sie der Christenheit als Beispiel seiner Gnadengaben und als Lehrer geschenkt hat. Darum sind sie selbst zu loben, weil auch Christus seine treuen Verwalter lobte und belohnte. Die Heiligen werden geehrt, indem man sich an ihrem Beispiel aufrichtet und so Trost und Gewissheit der Sündenvergebung und Stärkung im Glauben erfährt. Jedoch dürfen die Heiligen nicht um ihre Fürbitte in dem Sinn angerufen werden, dass man dabei sein Heilsvertrauen auf sie setzt. Bemerkenswert ist die Tradition evangelischer Lebensbeschreibungen vorbildlicher Christen.

GERHARD LUDWIG MÜLLER

Literatur: RGG[3] 4, 664 ff.; T. FUCHS: Protestantische Heiligen-memoria im 16. Jh.: Historische Zeitschrift 267 (1998) 587–614; P. ZIMMERLING: Die Heiligen in evangelischer Sicht. Ein ökumenischer Versuch: Una Sancta 54 (1999) 346–359.

Heiligsprechung

1. Begriff · 2. Geschichte · 3. Rechtsgrundlagen · 4. Verfahren · 5. Der theologische Sinn der Heiligsprechung · 6. Liturgie.

1. *Begriff.* H. bedeutet das feierliche Urteil des Papstes über das geglückte Leben von Dienern und Dienerinnen Gottes, »die dem Vorbild Christi besonders gefolgt sind und durch das Vergießen ihres Blutes (Martyrer) oder durch heroische Tugendübung (Bekenner) ein hervorragendes Zeugnis für das Himmelreich« abgelegt haben (AAS 75 [1983] 349). Indem die Kirche durch H. einigen Gläubigen amtlich bestätigt, dass sie »die Tugenden heldenhaft geübt und in Treue zur Gnade Gottes gelebt haben«, anerkennt sie zugleich »die Macht des Geistes der Heiligkeit, der in ihr ist. Sie stärkt die Hoffnung der Gläubigen, indem sie ihnen die Heiligen als Vorbilder und Fürsprecher gibt« (Katechismus der katholischen Kirche, 1993, n. 828). Diese amtliche Gewissheit rechtfertigt den öffentlichen Kult der Heiligen.

2. *Geschichte.* Ausgehend von der frühchristlichen Verehrung der Martyrer, wurde besonders seit der zweiten Hälfte des 4. Jh. der öffentliche Kult auf solche Persönlichkeiten ausgedehnt, deren Ruf der Heiligkeit feststand, weil er durch nach ihrem Tod gewirkte außerordentliche Zeichen bestätigt worden war, die als Wunder gewertet wurden. So konnte man auch ohne Blutvergießen durch heroische Tugendübung die Verdienste des Martyriums erlangen. In der Folgezeit wurden auch diejenigen großen Bischöfe und Lehrer als »confessores« verehrt, die gegen Irrlehren gekämpft und sich zum wahren Glauben bekannt hatten. Diesen ↗Bekennern im eigentlichen Sinn wurden bald auch bedeutende Einsiedler, Koinobiten, Asketen, Mönche und Missionare hinzugezählt, denen eines gemeinsam ist: sie wurden vom gläubigen Volk besonders verehrt. Äußeres Zeichen der Anerkennung dieser Verehrung war die Erhebung ihrer Gebeine im Beisein des zuständigen Ortsbischofs und deren Wiederbeisetzung in einem Altar (↗Translation). Die H. eines Martyrers bzw. eines Bekenners bestand außer in der »elevatio« bzw. »translatio corporis« in der ↗Kultapprobation seitens des Ortsbischofs, wobei der Lebenslauf (»vita«), die erlittenen Torturen bzw. die Großtaten des H.-Kandidaten dem gläubigen Volk vorgelesen wurden. Eine solche Erhebung »zur Ehre der Altäre« geschah nicht selten anlässlich einer Synode, wobei die hier versammelten Bischöfe feierlich ihre Zustimmung zum öffentlichen Kult gaben. Zwischen »Seligen« und »Heiligen« wurde nicht unterschieden. Wegen aufkommender Missbräuche und um der bischöflichen ↗Kultapprobation größeres Gewicht zu verleihen, wandte man sich zunächst in Einzelfällen an den Bischof von Rom. Die erste vom Papst vorgenommene H. war am 11.6.993 die des Bischofs Ulrich von Augsburg durch Johannes XV. Auf die Dekretale *Audivimus* Alexanders III. (1159–81) geht die allgemeine päpstliche Reservation zurück. Verbindlichkeit erlangte sie erst seit 1234 durch ihre Aufnahme in die Dekretalen Gregors IX. (X3,45,1). Dessen ungeachtet approbierten die Bischöfe weiterhin den öffentlichen Kult von Dienern Gottes. So bildete sich allmählich auf der Grundlage der Attribute »beatus« und »sanctus« die Unterscheidung von bischöflicher Seligsprechung und päpstlicher H. heraus. Erst mit der Errichtung der ↗Kongregation für die Selig- und Heiligsprechungsprozesse durch Sixtus V. 1588 und mit entsprechender Kompetenzübertragung war ein Instrument geschaffen, das päpstliche Vorbehaltsrecht in die Praxis umzusetzen. Auf Urban VIII. und Benedikt XIV. geht das H.-Verfahren zurück, wie es in den Codex

Iuris Canonici von 1917 Eingang gefunden hat. Dabei hat Urban VIII. das bisherige Verfahren insofern umgekehrt, als es ab sofort nicht mehr um die rechtmäßige Bestätigung eines vorhandenen Kultes durch die kirchliche Autorität ging, sondern ein Diener Gottes durfte erst dann amtlich verehrt werden, nachdem sein heroisches Tugendstreben und sein Vorbildcharakter prozessual erwiesen waren. Das setzte eine noch bis heute erforderliche Untersuchung in einem »processus super non cultu« voraus, der in einem erkennbaren Widerspruch zur ebenfalls unabdingbaren Verehrung durch das gläubige Volk steht. Paul VI. hat mit dem Motu Proprio *Sanctitas clarior* vom 19.3.1969 den Bitten des Weltepiskopats auf dem Zweiten Vatikanischen Konzil zu entsprechen versucht, der unverhältnismäßigen Prozesslänge durch Straffung des Verfahrens zu begegnen.

3. *Rechtsgrundlagen.* Mit der Apostolischen Konstitution *Divinus perfectionis Magister* vom 25.1.1983 hat Johannes Paul II. das H.-Verfahren nach Maßgabe der Verweisungsnorm des c. 1403 § 1 Codex Iuris Canonici neu geordnet. Die Kongregation für die Selig- und H.-Prozesse hat daraufhin am 7.2.1983 besondere Richtlinien für die Bischöfe bei den Erhebungen in H.-Verfahren zusammen mit einem Überleitungsdekret vom selben Tag in Bezug auf die Behandlung bereits anhängiger Prozesse erlassen. Eine am 21.3.1983 päpstlich approbierte Geschäftsordnung regelte das interne Vorgehen dieses Dikasteriums.

4. *Verfahren.* Nach formeller Seligsprechung (Beatifikation), die nur eine begrenzte päpstliche Kultgenehmigung, z.B. für eine Ortskirche, für eine Ordensgemeinschaft oder für ein bestimmtes Land zum Gegenstand hat, bezieht sich H. auf die Aufnahme in das Verzeichnis der Heiligen, »Kanon« genannt; daher auch die Bezeichnung »Kanonisation«. Das H.-Verfahren folgt im Wesentlichen den Regeln des Seligsprechungsprozesses. Außer einer hinreichenden Verehrung ist ein zeitlich nach der Seligsprechung auf die Fürsprache des Seligen bewirktes, in einem getrennten Verfahren zu belegendes Wunder erforderlich. Danach liegt es im alleinigen Ermessen des Papstes, zu entscheiden, ob er die Kanonisation vornehmen will. Einen Rechtsanspruch darauf nach erfolgreich abgeschlossenem Verfahren gibt es nicht. Im Unterschied zu allen sonstigen kanonischen Prozessen, die auf einen durchsetzbaren Rechtsakt in Form eines vollstreckbaren Urteils abzielen, besteht die Besonderheit des Seligsprechungsverfahrens bzw. des H.-Prozesses darin, dass sie nur eine Schlussfolgerung darstellen, die auf ein mögliches Urteil des Papstes gerichtet ist, das dieser in Würdigung des Prozessergebnisses frei fällt, d.h. das er bestätigen, aber auch ablehnen kann. Beides kommt vor.

5. *Der theologische Sinn der Heiligsprechung.* Durch H. anerkennt die Kirche nicht primär das Streben nach persönlicher Vollkommenheit in der Nachfolge Christi, wenngleich dies auch mit gemeint ist; auch ist H. in einer nicht nur auf das individuelle Heil der Menschen ausgerichteten Theologie mehr als die Erlangung des heroischen Tugendgrades im Sinne eines Ansporns zu vorbildhafter Nachahmung; H. ist ekklesiologisch Selbsterkenntnis der Kirche, vom Vaticanum II an der Nahtstelle des endzeitlichen Charakters der pilgernden Kirche und ihrer Einheit mit der himmlischen Kirche behandelt (*Lumen Gentium* 48–51). Jede H. ist somit eine Aussage der Kirche über sich selbst, worin ihr eschatologisches Bewusstsein zum Ausdruck kommt, das sie befugt, bereits jetzt konkrete Personen als Heilige namhaft zu machen. Die Heiligen sind demzufolge keine »Glückstreffer« einer

abstrakten Heilsanstalt Kirche, deren heroisch geübter Tugendgrad sie als Vorbilder aus dem sündigen Alltag der »normalen« Gläubigen abhebt und denen man deshalb die schuldige Heldenverehrung entgegenzubringen hat; Heilige sind viel mehr die Verwirklichung der konkreten Heilszusage Christi an seine Kirche. Indem sich die Kirche für sie verbürgt, bekennt sie sich zu sich selbst als »unzerstörbar heilig« (ebd. 48) und zugleich zu ihrer Geschichte (↗Heiligenverehrung). Heiligkeit vollzieht sich deshalb nicht als abstraktes Ideal eines übernatürlich begründeten Sollensauftrags, der als solcher einem immer gleichen Schema zu folgen hätte, z. B. einem fixen Kriterienkatalog für die Feststellung des heroischen Tugendgrades, dem das stark schematisierte Vorgehen im bisherigen H.-Verfahren Vorschub leisten konnte; Heiligkeit gewinnt vielmehr stets neue, konkrete und damit geschichtlich einmalige Gestalt, die sich in kein vorgefertigtes Schema pressen lässt. Die großen Heiligengestalten der Kirche bestätigen diese Auffassung.

6. *Liturgie.* Ein diesbezüglich verbindlicher Ritus ist bis zur Stunde nicht promulgiert worden. Die H.en folgen derzeit einer pro casu geschaffenen Liturgie.

WINFRIED SCHULZ

Quellen: BENEDIKT XIV.: De servorum Dei beatificatione et beatorum Canonizatione, 4 Bde., 1839–42.

Literatur: DMoyA 211 f.; EC 3, 569–607; E. W. KEMP: Canonization and Authority in the Western Church, 1948; K. RAHNER: Schriften zur Theologie, Bd. 3 1956, 111–126; A. AMORE: Culto e canonizzazione dei santi nell'antichità cristiana: Antonianum 52 (1977) 38–80; W. SCHULZ: Das neue Selig- und H.-Verfahren, 1988; A. ESZER: Il concetto della virtù eroica nella storia: Sacramenti, Liturgia, Cause dei Santi. FS Kardinal G. Casoria, 1992, 605–636; M. SIEGER: Die H. Geschichte und heutige Rechtslage, 1995; G. DALLA TORRE: Santità e diritto. Sondaggi nella storia del diritto canonico, 1999; A. VAUCHEZ: Les origines et le développement du procès de canonisation (XIIe–XIIIe siècles): Vita Religiosa im Mittelalter. FS. K. Elm, 1999, 845–856; W. BEINERT: Wie wird man ein Heiliger und was ist man dann?: Stimmen der Zeit 220 (2002) 671–684.

Kalender

1. Geschichte · 2. Römischer Generalkalender · 3. Regionalkalender · 4. Diözesankalender · 5. Heiligenkalender · 6. Ordenskalender · 7. Namenstagskalender.

1. *Geschichte.* Christliche K. (lateinisch »calendarium«, das in späterer Bedeutung Jahresübersichten von Merktagen und Festen meint) haben erste Anfänge in den Verzeichnissen der Gedenktage von Martyrern (Mitte 3. Jh.). Weil deren Verehrung ursprünglich an ihr Grab gebunden war, hatten diese Verzeichnisse lokalen Charakter. Aus den K. der frühen Christenheit gingen auch die Martyrologien hervor, die die örtlichen K. beeinflussten. Älteste K. sind die »Depositio episcoporum et martyrum« des römischen Chronographen (354), des Polemius Silvius (448) und außerdem die in Marmor gehauenen K. von Carmona (um 480) und Neapel (7./8. Jh.).

Mit der Ausbreitung der römischen Liturgie durch die Sakramentarien und andere liturgische Bücher wurde der stadtrömische K. Grundstock für die K. der einzelnen Länder, Diözesen, Ortskirchen und Orden. Diese zentralisierende Tendenz kam zu einem gewissen Abschluss durch das Tridentinum, indem die in seinem Auftrag herausgegebenen liturgischen Bücher (Brevier 1568; Missale 1570) mit dem darin integrierten römischen K. (mit Ausnahmen) verpflichtend wurden.

Ursprünglich enthielten die K. nur die

unbeweglichen Feste und Gedenktage. Seit dem 7. Jh. enthalten sie auch die zur Berechnung des Osterdatums notwendigen Angaben, wie Neumonde des 19-jährigen Mondzyklus, die Epakten, die Goldene Zahl und den Sonntagsbuchstaben. Mit Erfindung des Buchdrucks wurden die K. als Jahres-K. mit beweglichen und unbeweglichen Festen gedruckt und erlangten große Verbreitung. Allmählich nahmen sie auch lebenskundliche Beiträge auf. In diese Zeit fällt auch der »Hundertjährige K.« des Abtes Mauriz Knauer von Langheim (1665). Die Aufklärung reduzierte die Zahl der gebotenen ↗Heiligenfeste erheblich.

2. *Römischer Generalkalender* (Calendarium Romanum generale). Zu einer Neuordnung des römischen K. kam es im Auftrag des Vaticanum II durch die »Grundordnung des liturgischen Jahres« und die »Neuordnung des allgemeinen römischen K.« (Dekret der Ritenkongregation vom 21.3.1969). Am 16.6.1970 folgte die »Instruktion über die Neuordnung der Eigen-K. und Eigentexte von Stundengebet und Messe« (Eigenfeste). Eine Arbeitsgruppe der Liturgischen Kommissionen des deutschen Sprachgebiets erarbeitete einen gemeinsamen Regional-K. (s.u. 3.), der 1971 von den Bischofskonferenzen bzw. Bischöfen approbiert, 1972 von Rom konfirmiert und in das deutsche Messbuch (1975) und Stundenbuch (1978) integriert wurde. Von praktischer Bedeutung für jede Diözese und Pfarrei sind die alljährlich erscheinenden Direktorien für die tägliche Messfeier und die Tagzeitenliturgie.

ADOLF ADAM

LThK³ 5, 1145 ff. (ungekürzte Fassung).

Literatur: Der römische K., 1969; A. ADAM: Das Kirchenjahr mitfeiern. Seine Geschichte und seine Bedeutung nach der Liturgieerneuerung, ⁶1991; P. HARNONCOURT: Der K., 1994, 9–64; H. AUF DER MAUR: Feste und Gedenktage der Heiligen, 1994, 65–359.

3. *Regionalkalender* entstehen durch Einfügen der Eigenfeiern einer Nation oder Region (Haupt- und Nebenpatron, Heilige und Selige mit besonderem Bezug zum entsprechenden Gebiet) in den Römischen General-K. Sie sind von den je zuständigen Bischofskonferenzen oder Bischöfen zu approbieren und in Rom zu konfirmieren.

Bis zum Tridentinum gab es de iure nur K. einzelner Kirchen (Diözese, Kirchenprovinz) und Orden, de facto war aber der K. der Stadt Rom in der römischen Kirche fast ausnahmslos in Gebrauch. Nach den Trienter Reformen wurde ein römisches Calendarium universale vorgeschrieben, in das einzelne Eigenfeiern von Kirchen, Orten und Orden einzutragen waren. Dennoch sind Diözesan-K. (s.u. 4.) entstanden, und die Ritenkongregation hat Anträgen auf ganze Reihen von Eigenfeiern für größere Gebiete zugestimmt (z.B. Philippinen, Spanien, habsburgische Erblande, Frankreich, Ungarn), so dass Regional-K. entstanden sind. Neuregelungen 1961 sehen erstmals K. für Provinzen, Nationen oder Regionen vor zur Ergänzung oder anstelle von Diözesankalendern, ebenso die Reformbestimmungen nach dem Vaticanum II (1969).

Der Regional-K. für das deutsche Sprachgebiet, 1966–71 erarbeitet, von den Bischofskonferenzen approbiert und in Rom 1972 konfirmiert, empfiehlt das Gedächtnis der Heiligen mit besonderer Beziehung (Geschichte oder Verehrung) zu dieser Region und ist hier Grundlage für alle Diözesankalender.

PHILIPP HARNONCOURT

Literatur: P. HARNONCOURT: Gesamtkirchliche und teilkirchliche Liturgie. Studien zum liturgischen Heiligen-K., 1974; Die Neuordnung der Eigen-K. für das deutsche Sprachgebiet, 1975; A. T. Es-

TERBAUER: Der Regional-K. für das deutsche Sprachgebiet: Heiliger Dienst 55 (2001) 95–108.

4. *Diözesankalender.* Der Diözesan-K. ist ein Eigen-K. (»calendarium particulare«), der durch Einfügen der Eigenfeiern eines Bistums in den Römischen General-K. (s. o. 2.) bzw. in einen Regional-K. (s. o. 3.) entsteht. Ursprünglich hatte jede Kirche ihren eigenen K. Die K. der Kathedralen waren für alle Kirchen im Bistum maßgebend, also faktisch D. Mit der Verbreitung, dann verbindlichen Einführung der römischen Liturgie im Abendland wird der K. der Stadt Rom zum Allgemeinen K. (Calendarium universale), Eigen-K. bleiben Ausnahmen. Regelungen erfolgten 1913, 1961 und 1970. D. werden im Auftrag des Bischofs erstellt, nach Anhören von Klerus und Volk von ihm approbiert und vom Apostolischen Stuhl konfirmiert.

PHILIPP HARNONCOURT

Literatur: Die Neuordnung der Eigen-K., 1975; A. ADAM – R. BERGER: Pastoralliturgisches Handlexikon, 1980, 109 f.

5. *Heiligenkalender* (Sanktorale). Bezeichnung (im Unterschied zum Temporale) für die Feste und Gedenktage der Heiligen (↗Heiligenfeste). Diese Feiern sind grundsätzlich datumgebunden (unbeweglich). Der H. umfasst Eigentexte der Heiligen (Proprium de sanctis; Eigenfeiern) und gemeinsame Texte (Communia; ↗Commune Sanctorum). Das Vaticanum II bestimmte als Reformgrundsätze für Heiligenfeste: Unterordnung unter das Heilsmysterium Christi (*Sacrosanctum Concilium* 103 104) und Dezentralisierung (ebd. 111). Der Römische General-K. (s. o. 2.) erfüllt diese Maßgaben nur bedingt (bleibende Eurozentrik; wenig selbständiger Partikularkalender).

ECKHARD JASCHINSKI

Literatur: SMHM 135–160; P. HARNONCOURT – H. AUF DER MAUR: Feiern im Rhythmus der Zeit, Bd. 2/1, 1994.

6. *Ordenskalender,* d. h. K. ganzer Ordensgemeinschaften und einzelner Ordensprovinzen, sind Eigenkalender, die durch Einfügen der Eigenfeiern einer Ordensgemeinschaft in den Römischen General-K. bzw. in einen Regional-K. entstehen. Die alten Orden hatten ursprünglich ihre eigenen K. Mit der Verbreitung bzw. verbindlichen Einführung der römischen Liturgie im Abendland wird der K. der Stadt Rom zum Allgemeinen K. (Calendarium universale), Eigen-K. bleiben Ausnahmen. Regelungen erfolgten 1913, 1961 und 1970. Ordens-K. werden im Auftrag der Ordensleitung nach Befragen der Ordensangehörigen erstellt, approbiert und vom Apostolischen Stuhl konfirmiert. In Ordenskirchen sollen der Jahrestag der Weihe der Kathedrale sowie das Fest des Regionalpatrons mitgefeiert werden.

PHILIPP HARNONCOURT

Literatur: P. HARNONCOURT: Der K.: Gottesdienst der Kirche, Bd. 6/1 1994, 9–63.

7. *Namenstagskalender* sind kalendarisch geordnete Verzeichnisse von Heiligen und anderen für die Namengebung relevanten Personen, in der Regel mit kurzen biographischen Angaben, den ↗Martyrologien vergleichbar. Je nach Herausgeber haben sie offiziösen kirchlichen, ökumenischen oder privaten Charakter. Auszüge daraus täglich oder wöchentlich in vielen Zeitungen. Der im Auftrag aller deutschsprachigen Bischöfe 1974 herausgegebene Namenstags-K. (von Jakob Torsy) enthält alle im Regional-K. und in deutschen Diözesan-K. enthaltenen Heiligen sowie die Patrone der statistisch erhobenen häufigsten Namen. Namenstags-K. bieten

Hilfe bei der Wahl des Vornamens und Bestimmung von Namenspatron bzw. Namenstag.

PHILIPP HARNONCOURT

Literatur: Lutherische Liturgische Konferenz Deutschlands (Hg.): Der evangelische Namen-K. 1984; J. TORSY: Der große Namenstags-K., [17]1997.

Kongregation für die Selig- und Heiligsprechungsprozesse. Um die u.a. durch die Reformation in Misskredit geratene Verehrung von Heiligen und Seligen zukünftig in geordnete Bahnen zu lenken, wurde nach dem Tridentinum durch die Apostolische Konstitution *Immensa Aeterni Dei* 1588 von Papst Sixtus V. eine »Heilige Ritenkongregation« eingesetzt. Ihr sollte es u.a. obliegen, Heiligsprechungsprozesse durchzuführen. – Nach dem Zweiten Vatikanischen Konzil strebte auch Paul VI. Neuregelungen des Heiligsprechungsprozesses an (Motu Proprio *Sanctitas clarior* vom 19.3.1969) und teilte am 8.5.1969 mit der Apostolischen Konstitution *Sacra Rituum Congregatio* die bisherige Ritenkongregation in zwei eigenständige Kongregationen, von denen eine für die Heilig- und Seligsprechungen zuständig ist. Das genannte Dokument gliederte die neu geschaffene »Kongregation für die Heiligsprechungsprozesse« (Sacra Congregatio pro Causis Sanctorum) in drei verschiedene Abteilungen: die juridische Abteilung, die Abteilung des Glaubensanwalts (Promotor [Generalis] Fidei) und die historisch-hagiographische Abteilung.

Eine weitere umfassende Reform des Procederes der Heiligsprechung sowie der Struktur der Kongregation nahm am 25.1.1983 Johannes Paul II. mit der Apostolischen Konstitution *Divinus Perfectionis Magister* und den damit zusammenhängenden »Normae servandae in inquisitionibus ab episcopis faciendis in causis sanctorum« vom 7. Febr. vor. Damit sollte einmal den wissenschaftlichen Anforderungen Genüge getan, anderseits auch dem Wunsch der Bischöfe nach größerer Flexibilität des Verfahrens entsprochen werden. Unter anderem wurde das bischöfliche Erhebungsverfahren festgeschrieben und es entstand ein Kollegium sogenannter »Relatoren« mit der Aufgabe, die »Positio super Martyrio« oder »super Vita et Virtutibus« der Diener bzw. Dienerinnen Gottes vorzubereiten.

Mit der Apostolischen Konstitution *Pastor Bonus* von 1988 wurde die »Sacra Congregatio pro Causis Sanctorum« in »Congregatio de Causis Sanctorum« umbenannt.

Ihr Kardinalpräfekt, sein Sekretär und dessen Untersekretär bilden zusammen mit fünf Relatoren, dem Glaubensanwalt sowie weiteren Mitarbeitern den aktiven Teil der Kongregation. Kardinäle, Erzbischöfe und Bischöfe gehören ihr als Mitglieder an und geben als solche im Verfahren über die einzelnen Fälle ihr Votum ab. Theologen und Historiker unterstützen als Konsultoren die Urteilsfindung in den Selig- und Heiligsprechungsverfahren.

Das Ergebnis der Untersuchungen der Kongregation ist nicht bindend und begründet keinerlei Rechtsansprüche; nach den vom kanonischen Recht geforderten Vorarbeiten im Verfahren steht es dem Papst frei, deren Ergebnisse durch eine Selig- oder Heiligsprechung für eine Orts- bzw. die Gesamtkirche zu bestätigen und neue herausragende Beispiele christlicher Heiligkeit vorzustellen.

BRUNO STEIMER/EVELYN NEBOR

Quellen: AAS 22 (1930) 87f., 31 (1939) 174f., 61 (1969) 149–153 297–305, 75 (1983), 396–403.

Literatur: SIEGER 83–95 334–416; Congregazione per le cause dei santi (Hg.): Miscellanea in occasione del IV Centenario della Congregazione per le cause dei santi (1588–1988), 1988; G. DALLE TORRE: La nascita della Congregazione dei Santi: DivSan 59–64; F. VERAJA: Heiligsprechung. Kommentar zur Gesetzgebung und Anleitung für die Praxis, 1998.

Kultapprobation. 1. *Päpstliche Kultapprobation.* Nachdem die Päpste seit der Reformation und verstärkt seit den ersten Jahrzehnten des 17. Jh. begannen, die formell mit der Aufnahme der Dekretale *Audivimus* (X 3,45,1) in den Liber Extra (1234) postulierte Aufsichtspflicht über die gesamte Heiligenverehrung der lateinischen Christenheit auszuüben, stellte sich die Frage, wie mit bereits bestehenden Kulten zu verfahren sei, die niemals Gegenstand einer päpstlichen Überprüfung oder Kanonisation waren. Da schon das klassische Kirchenrecht ein Rückwirkungsverbot enthielt (X 1,2,13), betraf diese Frage lediglich jene Kulte, die erst nach dem Erlass von *Audivimus* unter Alexander III. (1159–81) entstanden waren (ausdrücklich: Codex Iuris Canonici von 1917, c. 2125 § 1).

Ganz in Übereinstimmung mit den bereits von Clemens VIII. im Jahre 1602 geäußerten Reformideen traf Urban VIII. (1623–55) im Rahmen seiner großen Neuordnung des Heiligenkults (↗Heiligsprechung) die Regelung, dass über 100 Jahre und damit vor 1534 existierende Kulte als »seit unvordenklicher Zeit« (ab immemorabili tempore) bestehend zu gelten hätten und als Ausnahmen zu tolerieren seien (casus excepti). Allerdings ordnete Urban VIII. auch zur Feststellung eines »casus exceptus« die vorherige Durchführung eines eigenen Prozesses an, die bald der damaligen Ritenkongregation übertragen wurde (↗Kongregation für die Selig- und Heiligsprechungsprozesse). Da Urban VIII. überdies bestimmt hatte, dass bei unerlaubter Verehrung keine Heiligsprechung erfolgen könne, setzte diese bei bestehenden Kulten zunächst die Anerkennung eines »casus exceptus« voraus. Bald wurde damit auch die Gewährung eines räumlich beschränkten liturgischen Kultes (Messe und Offizium) verbunden, falls eine derartige Verehrung nicht ohnehin bereits bestand. Im monumentalen Werk Benedikts XIV. über die Heiligsprechung lässt sich für diesen Vorgang erstmals die Bezeichnung der »gleichwertigen Seligsprechung« (beatificatio aequipollens) finden. Besonders seit dem 19. Jh. wurden damit Dekrete über einen »casus exceptus« als Seligsprechungen interpretiert. Sie wurden bis zum Beginn des 20. Jh. von der Kurie in großer Zahl durchgeführt und brachten für die Antragsteller den Vorteil, ohne Durchführung eines eigenen Prozesses und nur nach Vorlage entsprechender Dokumente das Ergebnis einer formellen Seligsprechung zu erzielen. Erst ein in den Codex Iuris Canonici von 1917 eingegangenes Dekret der Ritenkongregation aus dem Jahre 1912 (cc. 2125–35) stellte mit der Einführung eines eigenen Prozesses zur Seligsprechung aufgrund eines bestehenden Kultes (beatificatio per viam cultus) das Vorgehen bei »casus excepti« auf eine neue Grundlage und beendete die Gleichsetzung der Feststellung eines »casus exceptus« mit einer Seligsprechung.

Analog zur Gestattung einer beschränkten liturgischen Verehrung durch den Papst kannte die päpstliche Rechtspraxis vor der Kodexreform von 1917 auch eine »gleichwertige Heiligsprechung« (canonizatio aequipollens), bei welcher der Papst auf der Basis eines bereits bestehenden und als legitim erachteten Kultes eine universale Verehrung mit Messe und Offizium auch ohne die Durchführung eines Prozesses anordnen konnte.

Der an Kandidaten einer Heiligsprechung verliehene Titel »ehrwürdig« (venerabilis) ist demgegenüber nicht als K. zu werten, da mit der Verleihung keine Kultgenehmigung verbunden ist. Als »ehrwürdig« wurden bis 1913 jene Personen bezeichnet, deren Selig- oder Heiligsprechung bei der Ritenkongregation eingeleitet war. Heute ist die Gewährung des Titels in Übernahme der Bestimmungen des Codex von 1917 (c. 2115 §2) als letzte Stufe des Verfahrens vor einer Selig- oder Heiligsprechung an ein Dekret der Kongregation für die Selig- und Heiligsprechungsprozesse über das Vorliegen des heroischen Tugendgrades, der Wunder oder des ↗Martyriums gebunden. Auch die Verleihung des Titels »Kirchenlehrer« fällt heute unter Hinzuziehung der Glaubenskongregation in die Kompetenz der Kongregation für die Selig- und Heiligsprechungsprozesse.
2. *Nichtpäpstliche K.* ↗Heiligsprechung.

THOMAS WETZSTEIN

Literatur: SIEGER; F. VERAJA: La beatificazione. Storia, problemi, prospettive, 1983; G. PAPA: Le forme di canonizzazione: Santità e agiografia, hg. v. G. D. Gordini, 1991, 75–88.

Martyrologien. 1. *Frühchristliche Martyrologien.* Der Brauch, den Todestag der Martyrer schriftlich festzuhalten, ist schon von Cyprian (ep. 12,2) bezeugt und veranlasste die Zusammenstellung von Kalendarien für Lokalkirchen (Rom, Karthago, Tours, Carmona, Oxyrhynchus, Neapel), aus denen für größere Gebiete bestimmte M. hervorgingen. Das älteste Martyrologium scheint das sogenannte Breviarium bzw. *Martyrologium Syriacum* (MartSyr) zu sein, eine 411 in Edessa vorgenommene syrische Übersetzung einer griechischen, um 362 in Nikomedien entstandenen Vorlage. Das MartSyr, die römischen Depositiones sowie der karthagische Kalender gingen mit anderen, unbestimmten Quellen in das sogenannte *Martyrologium Hieronymitanum* (MartHieron) ein, das um die Mitte des 5. Jh. in Oberitalien entstanden ist. Es wird, in einem dem Text vorangehenden Briefwechsel, fälschlicherweise Hieronymus zugeschrieben und beginnt mit dem 25. Dez. Nach Kalenderordnung enthält es die Namen der Heiligen mit Angabe der Stadt, in der sie begraben sind und ihr Kult blüht. Daneben gibt es Notizen über Translationen von Reliquien, Bischofs- und Kirchweihen. Die ursprüngliche Textform ist nicht erhalten; alle erhaltenen Handschriften weisen die sogenannte gallische Rezension auf.
2. *Die »historischen« Martyrologien.* Während in den frühchristlichen M. allein Namen und Ort des Todes bzw. des Kultes verzeichnet sind, wurden seit dem 8. Jh. »historische« M. verfasst, in denen zwar nur eine Auswahl von Heiligen stand (bei Beda Venerabilis sind es 272; im anonymen *Lyoner Martyrologium* [erstes Drittel des 9. Jh.] 405), aber jedem Eintrag waren »historische«, d.h. biographische Daten hinzugefügt, die man aus Legenden, den Schriften Eusebius' von Cäsarea und anderen Quellen schöpfte.
Ihre Blütezeit erlebten die historischen M. bald nach der Mitte des 9. Jh., in der sich Florus von Lyon, Ado von Vienne und Usuard von St-Germain wechselseitig beeinflussten. Ado redigierte sein Martyrologium um 855 sehr eigenwillig, indem er nämlich Daten aufs Geratewohl fixierte, Einzelheiten erfand, Homonyme verwechselte und willkürlich Behauptungen aufstellte. Da er aber den Benutzern ein vollständiges Martyrologium ohne »leere« Tage lieferte, hatte er großen Erfolg, und nur wenige Fachleute erhoben Einwände. Diese veranlassten ihn jedoch dazu, eine zweite Rezension, der er das *Vernerabile perantiquum Martyrologium* voraus-

schickte, anzufertigen. Doch hat Quentin bewiesen, dass auch diese Schrift Fälschungen Ados enthält. Eine dritte Rezension entstand nach seinem Tod, als ein anonymer Schreiber aus Auxerre das Martyrologium mit einem *Libellus apostolorum* und Notizen aus Usuard verschmolz. Auch Usuard hat die M. seiner Vorgänger vermehrt, und zwar mit 324 neuen Notizen; 206 andere hat er verändert und 478 gekürzt; die eigenhändig vorgenommenen Korrekturen stammen aus der Zeit um 858–860. Mehr als alle übrigen ist das Martyrologium Usuards im Mittelalter kopiert worden und hat deswegen auf die späteren Abschriften anderer M., selbst auf die des MartHieron, einen großen Einfluss ausgeübt.

Von den anderen historischen M. seien als weniger wichtige u. a. noch erwähnt: Hrabanus Maurus, entstanden zwischen 843 und 854, Wandalbert von Prüm, in Versen, aus dem Jahr 848, Erchempert von Montecassino, Notker der Stammler, Wolfhard von Herrieden, Hermann der Lahme.

3. *Das Martyrologium Romanum* (MartRom). a) Gregor XIII. beauftragte Kardinal Guglielmo Sirleto, ein Martyrologium zu verfassen, das dann Caesar Baronius bearbeitete und herausgab (1583); am 14. 1. 1584 wurde es als offizielles Martyrologium der römischen Kirche vorgeschrieben. Es erlebte viele Auflagen und Verbesserungen (besonders durch Benedikt XIV. 1748). Die Ausgabe des Jahres 1922 wurde stark kritisiert; deswegen publizierten es die Bollandisten mit historischen und kritischen Anmerkungen. Kanon 1187 des Codex Iuris Canonici erwähnt es als *Album Sanctorum vel Beatorum* (Verzeichnis der Heiligen und Seligen).

VICTOR SAXER

LThK³ 6, 1445 ff. (ungekürzte Fassung).

Literatur: DACL 10, 2523–2619; EC 8, 244–258; LThK² 7, 138 ff.; SMHM 103–134; Aigrain 13–106; Quentin; B. de Gaiffier: De l'usage et de la lecture de Martyrologe: AnBoll 79 (1961) 40–59; J. Dubois: Du Martyrologe d'Usuard au Martyrologe Romain, 1990; V. Saxer: Santi e culto dei santi nei martirologi, 2001.

b) *Die Neuausgabe von 2001:* Im Jahr 2001 veröffentlichte der Heilige Stuhl die neue *Editio typica* des MartRom als letztes liturgisches Werk im Gefolge der Liturgiereform des Vaticanum II. Seine Erstellung war notwendig geworden, weil seit der letzten verbindlichen Ausgabe von 1956 etwa 2000 Selige und Heilige hinzugekommen sind; auch wurden Namen aus dem Verzeichnis entfernt, wenn eine alte Verehrungstradition durch die historische Forschung nicht bestätigt werden konnte. Die Neuausgabe enthält 6538 Einträge.

BRUNO STEIMER

Literatur: Martyrologium Romanum, ex decreto Sacrosancti Oecumenici Concilii Vaticani II instauratum auctoritate Ioannis Pauli II promulgatum, 2001; R. Fusco: Il nuovo ›Martyrologium Romanum‹: Ephemerides liturgicae 116 (2002) 72–95; Phase. Revista de pastoral litúrgica 42 (2002) (Themenheft zum MartRom 2001); J. Évenou: D'un martyrologe à l'autre: La Maison-Dieu (2003) 109–135.

Namenstag ist der kalendarisch bestimmte jährlich gefeierte Gedenktag des Namenspatrons einer Person. Die entsprechenden Heiligen sollen Vorbild und Fürsprecher sein. Leibfeindlichkeit und die Lehre von der Erbsünde forderten die Feier des N. statt des Geburtstags.

Seit dem 4. Jh. ist es in den Ostkirchen üblich, setzt sich aber im Westen erst im Hochmittelalter allgemein durch, Kindern biblische oder christliche Namen zu geben. Der Catechismus Roma-

nus (1566) und das Rituale Romanum (1614) fordern dies. In den Reformationskirchen ist nur bei den Anglikanern und in Skandinavien die N.-Feier bekannt; in den lutherischen Kirchen nimmt sie derzeit zu.
Namensänderung ist bei bedeutenden Einschnitten (z.B. Ordenseintritt, Religionswechsel oder Konversion, Papstwahl, Amtsantritt) üblich und begründet eine N.-Feier.
Das Patronatsfest bzw. Titelfest einer Kirche ist deren N. (Kirchenpatrozinium). Manche Ostkirchen feiern Heilige als Haus- oder Familienpatrone mit Namenstag.

PHILIPP HARNONCOURT

Literatur: E. Nied: Heiligenverehrung und Namengebung, 1924; W. Dürig: Geburtstag und N., 1954; J. Torsy: Der große N.-Kalender, [17]1997; F. Steffensky: Der Name – Schlüssel zur Freiheit: Pastoraltheologie 81 (1992) 210–223; A. Höfler: Vornamen laden zum Fest: Zeitschrift für Religion und Lebenskunde 31 (2002) 25–29.

Standes- und Berufspatrone. Die Patronatsfunktion von Heiligen wurzelt in der Sozialstruktur v.a. der mittelalterlichen Gesellschaft: Wie Untergebene in der Obhut der Mächtigen als deren Eigenleute Schutz und Sicherheit suchen, wählen Einzelne oder Gruppen mächtige, dem eigenen Stand und Beruf nahe stehende besondere Schutzheilige als himmlische Anwälte und Garanten der Abwehr von Schaden und der Sicherung und Förderung von Wohlergehen und Erfolg. Insbesondere in der Blütezeit der Zünfte und Gilden im Spätmittelalter pflegten diese ein besonderes Vertrauensverhältnis zu den von ihnen erkorenen Patronen, deren Bild oder Zeichen ihre Insignien zierte, deren Altäre sie unterhielten und deren Feste sie durch Gottesdienststiftungen auszeichneten. Auch die (Standes-)Bruderschaften nach dem Tridentinum hatten ihre speziellen Patrone. Die Wahl von Heiligen zu Patronen bestimmter Berufe erklärt sich nicht nur aus deren Biographie oder Legende, insofern diese von einer besonderen Nähe des Patrons zur Tätigkeit seiner Schutzbefohlenen wissen, sondern gründet z.T. auch in rein äußerlichen Aspekten, etwa wenn das einem Martyrer als Attribut beigegebene eigentümliche Folterinstrument (↗Heiligenattribute) ihn zum Patron jener Handwerker macht, die mit einem solchen oder ähnlichen Werkzeug arbeiten. Auch der bloße Klang des Namens kann ein spezielles Patronat begründen (Valentin gegen Fallsucht; Donatus gegen Donner). In der Neuzeit erklärten die Päpste bestimmte Heilige zu universellen Standespatronen, z.B. Alois von Gonzaga für die studierende Jugend, Kamillus von Lellis für Krankenpflegepersonal, den Pfarrer von Ars (Johannes Maria Vianney) für Pfarrer, Theresia von Lisieux für die in der Missionsarbeit Tätigen.

ANDREAS HEINZ

Literatur: LThK[2] 8, 190f.; J. A. Jungmann: Vom Patron zum Weiheakt: Liturgisches Jahrbuch 4 (1954) 130–148; Saints and their Cults, hg. v. S. Wilson, 1983; H. Auf der Maur: Feste und Gedenktage der Heiligen: Gottesdienst der Kirche, Bd. 6/1 1994, 252–255.

Translation (lateinisch *translatio*) bezeichnet die Übertragungen von Heiligen, ihrer Überreste und sonstiger Reliquien, im weiteren Sinn alle rituell-liturgischen Vorgänge im Zusammenhang der Auffindung *(inventio, revelatio)*, Erhebung *(elevatio)*, Überführung *(translatio, advectio, illatio, processio)*, vom Empfang *(receptio, adventus)* und Niederlegung *(depositio)* solcher Reliquien. Die genannten Begriffe werden auch als Gattungstitel der literarischen Beschreibung der erwähnten Vorgänge verwendet (T.-Berichte). Im engen Zusammenhang mit T.en stehen die rituellen und liturgischen Formen, die beim Empfangsritual *(adventus)* von Herrschern und Bischöfen, bei Prozessionen und insbesondere bei der Kirchweihe zur Anwendung kamen.

Die historische Entwicklung von T.en hängt ab vom Martyrerkult, dessen Abweichung vom ursprünglichen römischen Sakralrecht (Schutz der Gräber) in Verbindung mit theologischen Entwicklungen des 4. Jh. (Nizäa, Wesen Christi), die seit etwa 350 eine zunehmende Verlegungen von Heiligenleibern ermöglichte, oft unter Anteilnahme der Kaiser. Die Inventio der Martyrer Gervasius und Protasius 386 in Mailand durch Ambrosius lässt den seither durchgehenden systematischen Zusammenhang von T. mit Kirchweihe und eucharistischem Kult (Zuordnung von Martyrerreliquien zu Altären aufgrund Offb 6,9) deutlich werden. In der Folge spielen T.en beim Ausbau der Christianisierung auf dem Land und bei der bischöflichen Kanonisation (↗Heiligsprechung) zeitgenössischer Heiliger eine erhebliche Rolle; T.-Feste erscheinen im gallischen MartHieron vom Ende des 6. Jh. Politisch besonders bedeutend sind T.en im 8./9. Jh. von Rom, wo sich ein Wandel bezüglich der Akzeptanz der Entnahme von Reliquien vollzog, nach Germanien und Gallien; gleichzeitig setzte sich eine standardisierte Prozessionsliturgie durch, die in die monastischen Ordines der Zeit einfloss. Seit dem 9. Jh. erscheinen selbständige T.-Berichte, unter denen der des Einhard vom *furtum sacrum* (frommen Diebstahl) der Martyrer Marcellinus und Petrus in Rom und T. nach Michelstadt (827) sowie der verbreitete Text des Adrevald von Fleury über die T. Benedikts von Nursia von Montecassino nach Fleury-sur-Loire besonderen Einfluss hatten. Aufgrund der Vermehrung der Heiligenfeste wurden Reliquien immer häufiger ausgestellt und in Prozessionen herumgeführt; dazu traten seit dem 11. Jh. zusätzliche Ostensionsfeste sowie Reliquienprozessionen bei verschiedenen Gelegenheiten *(quêtes itinérantes)*. Seit dem 12./13. Jh. übernahm der Heilige Stuhl zunehmend die Kontrolle über das Abhalten von Translationen.

MARTIN HEINZELMANN

Literatur: LMA 8, 947 ff.; AIGRAIN 432 ff.; ANGENENDT; SMHM 280–292; M. HEINZELMANN: T.-Berichte und andere Quellen des Reliquienkultes, 1979; H. FROS: Liste des translations et inventions de l'époque carolingienne: AnBoll 104 (1986) 427 ff.

Heiligsprechungen durch Johannes Paul II. und Benedikt XVI. (bis 2010)

1982
Crispinus von Viterbo OFMCap, 1668–1750
Maximilian Maria Kolbe, 1894–1941
Margareta Bourgeoys, 1620–1700
Johanna Delanoue, 1666–1736

1983
Leopold von Castelnuovo, 1866–1942
Paula Frassinetti, 1809–82

1984
Andreas Kim Tae-gon, 1821–46, Paulus Chong Ha-sang, 1795–1839, und Gefährten, † zwischen 1839–66 ↗ Martyrer von Korea
Michael Febres Cordero FSC, 1854–1910

1986
Franz Anton Fasani OFMConv, 1681–1742
Josef Maria Tomasi CR, 1649–1713

1987
Laurentius Ruiz 1600/10–37 und Gefährten, † ab 1614 ↗ Martyrer von Japan
Josef Moscati, 1880–1927

1988
Rochus González de Santa Cruz, 1576–1628, und Alfons Rodríguez, 1598–1628
Eustochia Smeraldo Calafato, 1434–85
117 ↗ Martyrer von Vietnam, † 18.–19. Jahrhundert
Simon de Rojas OSST, 1552–1624
Rosa-Philippina Duchesne SC, 1769–1852
Magdalena von Canossa, 1774–1835
Maria Rosa Molas y Vallvé, 1815–76

1989
Clelia Barbieri, 1847–70
Kaspar Bertoni, 1777–1853
Richard Pampuri, 1897–1930
Agnes von Böhmen, 1205–82
Albert Chmielowski, 1845–1916
Mutianus Maria Wiaux FSC, 1841–1917

1990
Maria Margareta d'Youville, 1701–71

1991
Josef Kalinowski OCD, 1835–1907

1992
Claudius La Colombière SJ, 1641–82
Ezechiel Moreno y Díaz, 1848–1906

1993
Claudia Thévenet, 1774–1837
Theresia von Jesus, 1900–20
Heinrich de Ossó y Cervelló, 1840–96
Meinhard von Livland (Kultapprobation), 1130/40–96

1995
Johannes Sarkander, 1576–1620
Zdislava von Lemberk, 1215–52
Markus Stefan Körösi, 1589–1619, Stefan Pongracz, um 1583–1619, Melchior Grodziecki, um 1584–1619 ↗ Martyrer von Košice
Eugen von Mazenod, 1782–1861

1996
Johannes-Gabriel Perboyre, 1802–40 ↗ Martyrer von China
Aegidius Maria vom heiligen Josef, 1729–1812
Antonius Postillo OFM, 1729–1812
Johannes Grande Román OH, 1546–1600

1997
Hedwig von Polen, 1374–99
Johannes von Dukla, ca. 1414–84

1998
Edith Stein OCD, 1891–1942

1999
Marcellinus Josef Benedikt Champagnat, 1789–1840
Johannes Calabria, 1873–1954
Augustina Livia Pietrantoni, 1864–94
Kunigunde (Kinga) von Polen, 1234–92
Cyrill Bertrán, 1888–1934, und acht Gefährten, † 1934 ↗ Martyrer von Spanien
Benedikt Menni OH, 1841–1914
Thomas von Cori OFM, 1655–1729

2000
Maria Faustina Kowalska, 1905–38
Christoph Magallanes, 1869–1927, und 24 Gefährten, † zwischen 1915–37 ↗ Martyrer von Mexiko
Josef Maria de Yermo y Parres, 1851–1904
Maria de Jesus Sacramentado Vene gas de la Torre, 1868–1959
Augustinus Zhao Rong, 1746–1815, Petrus Martyr Sans i Jordá, 1680–1747, und 118 Gefährten, † 1746 u. 1900 ↗ Martyrer von China
Maria Josefa Sancho de Guerra, 1842–1912
Katharina Drexel, 1858–1955
Josefina Bakhita FdCC, 1869–1947

2001
Ludwig Scrosoppi Or, 1804–84
Agustinus Roscelli, 1818–1902
Bernhard von Corleone, 1605–67
Theresia Eustochium Verzeri, 1801–52
Rafqa Petra Ar-Rayès OLM, 1832–1914
Josef Marello, 1844–95
Paula Montal Fornés de San José de Calasanz, 1799–1889
Leonie Aviat, 1844–1914
Crescentia Höß, 1682–1744

2002
Alfons von Orozco OESA, 1500–91
Ignatius von Santhià OFMCap, 1686–1770
Humilis von Bisignano OFM, 1582–1637
Paulina vom Herzen Jesu, 1865–1942
Benedikta Cambiagio Frassinello, 1791–1858
Pius von Pietrelcina (Pater Pio) OFMCap, 1887–1968
Hermann Petrus von S. José Betancurt, 1887–1968
Johannes Diego Cuauhtlatoatzin, 1474–1548
Josef-Maria Escrivá de Balaguer y Albas, 1902–75

2003
Petrus Poveda, 1874–1936 ↗ Martyrer von Spanien
Josef Maria Rubio y Peralta SJ, 1864–1929
Genovefa Torres Morales, 1870–1956
Angela de la Cruz Guerrero y González, 1846–1932
Maria Maravillas Pidal y Chico de Guzmán OCD, 1891–1974
Ursula Ledóchowska, 1865–1939
Virginia Centurione Bracelli, 1587–1651
Maria De Mattias, 1805–66
Josef Sebastian Pelczar, 1842–1924
Daniel Comboni, 1831–81
Josef Freinademetz SVD, 1852–1908
Arnold Janssen SVD, 1837–1909

2004
Luigi Orione, 1872–1940
Annibale Maria di Francia, 1851–1927
Josep Manyanet y Vives, 1833–1901
Nimattullah Kassab Al-Hardini, 1808–58
Paola Elisabetta Cerioli, 1816–65
Gianna Beretta Molla, 1922–62

2005
Józef Bilczewski, 1860–1923
Gaetano Catanoso, 1879–1963
Zygmunt Gorazdowski, 1845–1920
Alberto Hurtado Cruchaga, 1901–52
Felice da Nicosia, 1715–87

2006
Rafael Guízar Valencia, 1878–1938
Filippo Smaldone, 1848–1923
Rosa Venerini, 1656–1728
Theodore Guérin, 1798–1856

2007
Giorgio Preca, 1880–1962
Szymon z Lipnicy, 1435/40–82
Karel Van Sint Andries Houben, 1821–93
Marie Eugénie de Jésus Milleret, 1817–98
Antonio di Sant'Anna Galvão, 1739–1822

2008
Gaetano Errico, 1791–1860
Maria Bernarda (Verena) Bütler, 1848–1924
Alfonsa von der Unbefleckten Empfängnis, 1910–46
Narcisa de Jesús Martillo Morán, 1832–69

2009
Zygmunt Szczęsny Feliński, 1822–95
Francisco Coll y Guitart, 1812–75
Damian de Veuster, 1840–89
Rafael Arnáiz Barón, 1911–38
Marie de la Croix (Jeanne) Jugan, 1792–1879
Arcangelo Tadini, 1846–1912
Bernardo Tolomei, 1272–1348
Nuno de Santa Maria Álvares Pereira, 1360–1431
Geltrude Comensoli, 1847–1903
Caterina Volpicelli, 1839–94

2010
Candida Cipitria, 1845–1912
Giulia Salzano, 1846–1929
Battista Varano, 1458–1524
Stanislaus Soltys, 1433–89
Mary MacKillop, 1842–1909
Andreas Besette, 1845–1937

Seligsprechungen durch Johannes Paul II. und Benedikt XVI. (bis 2010)

1979

Margareta Ebner (Kultapprobation), 1291–1351
Franz Coll y Guitart, 1812–75
Jakob Laval CSSp, 1803–64
Heinrich de Ossó y Cervelló, 1840–96 (heilig 1993)

1980

Katharina (Kateri) Tekakwitha, um 1656–80
Franz de Montmorency-Laval, 1623–1708
Josef von Anchieta SJ, 1534–97
Maria Guyart, 1599–1672
Petrus vom heiligen Josef von Betancur, 1619–67
Ludwig Orione, 1872–1940
Bartholomäus Longo, 1841–1926
Maria Anna Sala, 1829–91

1981

Laurentius Ruiz, 1600/10–37, und Gefährten, † 1633–37 ↗ Martyrer von Japan (heilig 1987)
Alanus de Slominihac, 1593–1659
Aloisius Scrosoppi, 1804–84
Maria Repetto, 1807–90
Claudia Thévenet, 1774–1837 (heilig 1993)
Richard Pampuri, 1897–1930 (heilig 1989)

1982

Alfred Bessette CSC, 1845–1937
Angela Maria Astorch OSClCap, 1592–1665
Maria Anna Rivier 1768–1838
Melanie Durocher, 1811–49
Petrus Donders CSsR, 1809–87
Salvator Lilli OFM, 1853–95, und sieben Gefährten, † 1895
Johanna Jugan, 1792–1879
Angelicus (Fra Angelico) OP, 1395/1400–1455
Angela de la Cruz Guerrero y González, 1846–1932 (heilig 2003)

1983

Maria Gabriela Sagheddu, 1914–39
Alois Versiglia, 1873–1930
Callistus Caravario, 1903–30, SDB (heilig 2000) ↗ Martyrer von China
Ursula Ledóchowska, 1865–1939 (heilig 2003)
Albert Chmielowski, 1845–1916 (heilig 1989)
Josef Kalinowski, 1835–1907 (heilig 1991)
Dominikus Iturrate Zubero OSST, 1901–27
Jakob Cusmano, 1834–88
Jeremias von der Walachei OFMCap, 1556–1625
Maria Baouardy, 1846–78

1984

Wilhelm Repin, 1709–94, und 98 Gefährten, † 1793–94 ↗ Martyrer von Frankreich
Johannes Baptist Mazzucconi PIME, 1826–55
Alodia Virginia Paradis, 1840–1912
Clemens Marchisio, 1833–1903
Friedrich Albert, 1820–76
Isidor von Loor CP, 1881–1916
Raphaela Ybarra, 1843–76
Daniel Brottier CSSp, 1876–1936
Elisabeth von der heiligsten Dreifaltigkeit, 1880–1906
Josef Manyanet y Vives, 1883–1901

1985

Mercedes Molina, 1828–83
Anna Monteagudo OP, 1602–86
Maria Katharina Troiani, 1813–87
Paulina von Mallinckrodt, 1817–81

Benedikt Menni OH, 1841–1914 (heilig 1999)
Petrus Friedhofen, 1819–60
Anwarita Nangapeta CSF, 1939–64
Virginia Centurione, 1587–1651
Didacus Alois von San Vitores SJ, 1627–72
Franz Gárate Aranguen SJ, 1857–1929
Josef Maria Rubio y Peralta SJ, 1864–1929 (heilig 2003)
Titus Brandsma OCarm, 1881–1942
Karolina Gerhardinger, 1797–1879
Alois Campidelli CP, 1868–89
Rafqa Petra Ar-Rayès OLM, 1832–1914 (heilig 2001)

1986

Anna Muttathupandathu OSCl, 1910–46
Cyriacus Elias Chavara, 1805–71
Antonius Chevrier, 1825–79
Theresia Manetti, 1846–1910

1987

Emmanuel Domingo y Sol, 1836–1909
Marcellus Spínola y Maestre, 1835–1905
Jakobina Martínez García, 1877–1936, und zwei Gefährtinnen, † 1936 ↗ Martyrer von Spanien
Theresia von Jesus »de los Andes«, 1900–20 (heilig 1993)
Edith Stein OCD, 1891–1942 (heilig 1998)
Rupert Mayer SJ, 1876–1945
Andreas Karl Ferrari, 1850–1921
Benedikta Cambiagio Frassinello, 1791–1858 (heilig 2002)
Ludwig Zephyrin Moreau, 1824–1901
Petrus Franz Jamet, 1762–1845
Karolina Kózka, 1898–1914
Michael Kozal, 1893–1943
Georg Matulaitis MIC, 1871–1927
Antonia Mesina, 1919–35
Marcellus Callo, 1921–45
Petrina Morosini, 1931–57
Arnold Rèche FSC, 1838–90
Blandine Merten, 1883–1918
Ulrika Nisch, 1882–1913
Georg Haydock, 1774–1849, und 84 Gefährten ↗ Martyrer von England

1988

Josef Nascimbeni, 1851–1922
Johannes Calabria, 1873–1954 (heilig 1999)
Franz Palau y Quer OCD, 1811–72
Kaspar Stanggassinger CSsR, 1871–99
Petrus Bonilli, 1841–1935
Sabina Petrilli, 1851–1923
Laura Vicuña, 1891–1904
Josef Gérard OMI, 1831–1914
Franz Faà di Bruno, 1825–88
Friedrich Janssoone OFM, 1838–1916
Josefa Naval Girbes, 1820–93
Josef Benedikt Dusmet OSB, 1818–94
Junípero Serra OFM, 1713–84
Michael Augustinus Pró SJ, 1891–1927 ↗ Martyrer von Mexiko
Caesar Silvestrelli CP, 1831–1911
Johannes Andreas Houben CP, 1821–93
Honoratus Koźmiński OFMCap, 1829–1916
Nikolaus Stensen, 1638–86
Liberatus Weiß, 1675–1716, und Gefährten, † 1716
Katharina Drexel, 1858–1955 (heilig 2000)

1989

Katharina Symon de Longprey, 1632–68
Franziska Josefa Siedliska, 1842–1902
Maria Margarete Caiani, 1863–1921
Martin Lumbréres Peralta, 1598–1632, und Melchior Sánchez Pérez, 1599–1632 ↗ Martyrer von Japan
Victoria Rasoamanarivo, 1848–94
Johannes Bernhard Rousseau FSC, 1797–1867
Antonius Lucci OFMConv, 1681–1725
Elisabeth Renzi, 1786–1859
Franziska Anna Cirer Carbonell, 1781–1855
Gertrud Comensoli, 1847–1903
Laurentius Salvi CP, 1782–1856

Vinzenz Díez Tejerina, 1893–1936, und 25 Gefährten CP, † 1936 ↗ Martyrer von Spanien
Agnes Phila, 1909–40, Lucia Khambang, 1917–40, und vier Gefährtinnen, † 1940, und Philipp Siphong Onphitak, 1907–40 ↗ Martyrer von Thailand
Maria Deluil Martiny, 1841–84
Josef Baldo, 1843–1915

1990
Cyrill Bertrán, 1888–1934, und acht Gefährten ↗ Martyrer von Spanien (heilig 1999)
Mercedes Prat y Prat, 1890–1936 ↗ Martyrer von Spanien
Philipp Rinaldi SDB, 1856–1931
Christoph, Antonius und Johannes, † um 1516 und 1527–29
Josef Maria de Yermo y Parres, 1851–1904
Johannes Diego, 1474–1548
Petrus Georg Frassati, 1901–25
Hannibal Maria Di Francia, 1851–1927
Josef Allamano, 1851–1926
Elisabeth Vendramini, 1790–1860
Ludovica Theresia Montaignac de Chauvance, 1820–85
Maria Schinina, 1844–1910
Martha Anna Le Bouteiller, 1816–83

1991
Johannes Duns Scotus OFM (Kultapprobation), 1265/66–1308
Annuntiata Cocchetti, 1800–82
Klara Bosatta de Pianello, 1858–87
Maria Theresia Haze, 1782–1876
Josef Sebastian Pelczar, 1842–1924 (heilig 2003)
Boleslava Lament, 1862–1946
Raphael Chyliński OFMConv, 1694–1741
Eduard Josef Rosaz, 1830–1903
Angela Salawa OSF, 1881–1922
Paulina Visenteiner, 1865–1942
Adolph Kolping, 1813–65

1992
Josef Maria Escrivá de Balaguer y Albas, 1902–75 (heilig 2002)
Josefina Bakhita FdCC, 1869–1947 (heilig 2000)
Franz Spinelli, 1854–1913
Dermitius O'Hurley, 1519–84, und 16 Gefährten, † zwischen 1579–1654 ↗ Martyrer von Irland
Leonie Aviat, 1844–1914 (heilig 2001)
Maria Josefa Sancho de Guerra, 1842–1912 (heilig 2000)
Nazaria Ignatia March Mesa, 1889–1943
Raphael Arnáiz Barón OCist, 1911–38
Braulius Maria Corres Díaz de Cerio, 1897–1936, Friedrich Rubio Alvarez, 1862–1936, und 69 Gefährten, † 1936 ↗ Martyrer von Spanien
Narcissa Martillo Morán, 1833–69
Philipp Munárriz Azcona, 1875–1936, und 50 Gefährten, † 1936 ↗ Martyrer von Spanien
Christoph Magallanes, 1869–1927, und 24 Gefährten, † 1915–37, (heilig 2000) ↗ Martyrer von Mexiko
Maria Venegas de la Torre, 1868–1959
Stanislaus Kazimierczyk CRL (Kultapprobation), 1433–89

1993
Johannes Duns Scotus OFM (Kultapprobation), 1265/66–1308
Dina Belanger CJM, 1897–1929
Angela Maria Turszkowska OSF, 1825–99
Ludwig von Casoria, 1814–85
Maria Faustina Kowalska, 1905–38 (heilig 2000)
Paula Montal Fornés, 1799–1889
Columba Gabriel, 1858–1926
Florida Cevoli, 1685–1767
Maria Luise Trichet, 1684–1759
Mauritius Tornay CRSA, 1910–49
Josef Marello, 1844–95
Didacus Ventaja Milán, 1880–1936, Emmanuel Medina Olmos, 1869–

1936, und sieben Gefährten FSC, † 1936 ↗ Martyrer von Spanien
Maria Crucifixa Satellico OSCl, 1706–45
Anna Maria Rubatto, 1844–1904
Petrus Poveda Castroverde, 1874–1936 ↗ Martyrer von Spanien (heilig 2003)
Victoria Díez y Bustos de Molina, 1903–36 ↗ Martyrer von Spanien

1994
Elisabeth Canori Mora, 1774–1825
Johanna Beretta Molla, 1922–62
Isidor Bakanja, 1880/1890–1909
Albert Hurtado Cruchaga SJ, 1901–52
Josefine Vannini, 1859–1911
Maria Rafols Bruna, 1781–1853
Nikolaus Roland, 1642–78
Petra vom heiligen Josef, 1845–1906
Magdalena Katharina Morano, 1847–1908
Agnes Galand de Langeac OP, 1602–34
Claudius Granzotto OFM, 1900–47
Eugenia Joubert, 1876–1904
Hyazinth Maria Cormier OP, 1832–1916
Maria Poussepin, 1653–1744

1995
Petrus ToRot, 1912–45
Maria McKillop, 1842–1909
Josef Vaz Or, 1651–1711
Genovefa Torres Morales, 1870–1956 (heilig 2003)
Ferdinand Santamaria CP, 1883–1902
Dominius Mazzarella OFM, 1802–54
Raphael Guízar Valencia, 1878–1938
Johannes Nepomuk von Tschiderer zu Gleifheim, 1777–1860
Augustinus Roscelli, 1818–1902
Josefine Gabriela Bonino, 1843–1906
Maria Dominika Brun Barbantini, 1789–1868
Maria Helene Stollenwerk, 1852–1900
Maria Alvorado Cardozo, 1875–1967
Damian de Veuster, 1840–89
Anselm Polanco, 1881–1939, und Philipp Ripoll Morata, 1878–1939 ↗ Martyrer von Spanien
Karl Eraña Guruceta, 1884–1936, und zwei Gefährten SM, † 1936 ↗ Martyrer von Spanien
Dionysius Pamplona Polo, 1868–1936, und zwölf Gefährten SP, † 1936 ↗ Martyrer von Spanien
Johannes Baptist Souzy, 1734–94, und 63 Gefährten, † 1794 ↗ Martyrer von Frankreich
Petrus Casani SP, 1570–1647
Petrus Ruiz de los Paños y Angel, 1881–1936, und acht Gefährten, † 1936 ↗ Martyrer von Spanien
Francisca Lloret Martí, 1875–1936, und 16 Gefährtinnen, † 1936 ↗ Martyrer von Spanien
Vinzenz Vilar David, 1889–1937 ↗ Martyrer von Spanien
Margareta Bays OSF, 1815–79
Verena Bütler, 1848–1924
Maria Theresia Scherer, 1825–88

1996
Daniel Comboni (heilig 2003), 1831–81
Guido Maria Conforti, 1865–1931
Ildefons Schuster OSB, 1880–1954
Candida Maria Cipitria y Barriola, 1845–1912
Januarius Maria Sarnelli, 1702–52
Maria Antonia Bandrés y Elósegui, 1898–1919
Maria Raphaela, Sanctina Cimatti, 1861–1945
Philipp Smaldone, 1848–1923
Bernhard Lichtenberg, 1875–1943
Karl Leisner, 1915–45
Edmund Ignatius Rice, 1762–1844
Maria Anna Fontcuberta, 1827–86
Maria Marcellina Darowska, 1827–1911
Vinzenz Lewoniuk, 1849–74 und zwölf Gefährten † 1874 ↗ Martyrer von Polen
Katharina Jarrige, 1754–1836
Jakob Gapp, 1897–1943
Otto Neururer, 1882–1940

1997

Kajetan Catanoso, 1879–1953
Florentius Asensio Barroso, 1877–1936 ↗ Martyrer von Spanien
Heinrich Rebuschini MI, 1860–1938
Maria Vinzenzia Rosal, 1820–86
Zephyrinus Giménez Malla, 1860/61–1936 ↗ Martyrer von Spanien
Bernhardina Jablonska, 1878–1940
Maria Karlowska, 1878–1940
Friedrich Ozanam, 1813–53
Bartholomäus Maria Dal Monte, 1726–78
Dominikus Lentini, 1770–1828
Elias del Soccoro Nieves OSA, 1882–1928 ↗ Martyrer von Mexiko
Johannes Piamarta, 1841–1913
Emilie d'Oultremont, 1818–78
Maria Theresia Fasce OSA, 1881–1947
Wilhelm Apor, 1892–1945
Johannes-Baptist Scalabrini, 1839–1905
Vinzenzia Chávez Orozco, 1867–1949

1998

Eugen Bossilkov CP, 1900–52 ↗ Martyrer von Bulgarien
Birgitte Morello, 1610–79
Maria Carmela Sallés Barangueras, 1848–1911
Cyprian Tansi OCR, 1903–64
Maria Gabriela Hinojosa, 1872–1936, und sechs Gefährtinnen, † 1936 ↗ Martyrer von Spanien
Maria Maravillas Pidal y Chico de Guzmán OCD, 1891–1974 (heilig 2003)
Elvira Moragas Cantarero OCD, 1881–1936 ↗ Martyrer von Spanien
Josef Kassab OLM, 1808–58
Rita Dolores Pujalte Sánchez, 1853–1936, und Franziska Aldea Araujo, 1881–1936 ↗ Martyrer von Spanien
Secundus Pollo, 1908–41
Johannes Maria Boccardo, 1848–1913
Theresia Bracco, 1924–44
Theresia Grillo, 1855–1944
Antonius Maria Schwartz, 1852–1929
Jakob Kern OPraem, 1897–1924
Helena Kafka, 1894–1943
Josef Tovini, 1841–97
Aloisius Stepinac, 1898–1960
Zephyrinus Agostini, 1813–96
Antonius Galvão de França OFMDisc, 1739–1822
Faustinus Míguez SP, 1831–1925
Anna Theresia Guérin, 1798–1856

1999

Anna Schäffer, 1882–1925
Nikolaus Barré OM, 1621–86
Vinzenz Soler OAR, 1864–1936, Emmanuel Martín Sierra, 1892–1936, und sechs Gefährten OAR, † 1936 ↗ Martyrer von Spanien
Pius von Pietrelcina (Pater Pio), 1887–1968 (heilig 2002)
Stefan Vinzenz Frelichowski, 1913–1945
Antonius Julian Nowowieski, 1858–1941, und 107 Gefährten, † 1941–45 ↗ Martyrer von Polen
Regina Protmann, 1552–1613
Edmund Bojanowski, 1814–71
Antonius Martin Slomšek, 1800–62
Didacus Oddi OFM, 1839–1919
Eduard Johannes Poppe, 1890–1924
Ferdinand Maria Baccilieri, 1821–93
Dominikus Di Nicolantonio OFM, 1778–1866
Archangelus Tadini, 1846–1912

2000

Andreas de Soveral, Ambrosius Franz Ferro und Gefährten, † 1645 ↗ Martyrer von Brasilien
Nikolaus Bunkerd Kitbanrung, 1895–1944
Andreas Da Phu Yen, 1625–44
Petrus Calungsod, um 1654–72
Maria Stella Mardosewicz, 1888–1943, und zehn Gefährtinnen, † 1943 ↗ Martyrer von Polen
Pius IX., Papst, 1792–1878
Johannes XXIII., Papst, 1881–1963
Thomas Reggio, 1818–1901

Wilhelm-Josef Chaminade, 1761–1850
Columba Marmion, 1858–1923
Hyazintha Marto, 1910–20
Franz Marto, 1908–19
Marianus de Jesús Euse Hoyos, 1845–1926
Franz-Xaver Seelos, 1819–67
Anna Rosa Gattorno, 1831–1900
Elisabeth Hesselblad, 1870–1957
Maria Theresia Chiramel Mankidiyan, 1876–1926

2001
Paulus Peter Gojdič, 1888–1960
Methodius Dominikus Trčka, 1886–1959
Johannes Antonius Farina, 1803–88
Bartolomäus Fernandes, 1514–90
Ludwig Tezza, 1841–1923
Paulus Manna, 1872–1952
Gaetana Sterni, 1827–89
Maria del Pilar Izquierdo Albero, 1906–45
Ludwig Beltrame Quattrocchi, 1880–1951
Maria Beltrame Quattrocchi, 1884–1965
Ignatius Maloyan, 1869–1915
Nikolaus Groß, 1898–1945
Alfons Maria Fusco, 1839–1910
Thomas Maria Fusco, 1831–91
Emilie Tavernier Gamelin, 1800–51
Eugenie Picco, 1867–1921
Maria Euthymia Üffing, 1914–55
Georg Preca, 1880–1962
Ignatius Falzon, 1813–65
Maria Adeodata Pisani, 1806–55
Manuel González García, 1877–1940
Marie-Anne Blondin, 1809–90
Katharina Volpicelli, 1839–94
Katharina Cittadini, 1801–57
Karl Emmanuel Caecilius Rodríguez Santiago, 1918–63
Josef Aparitius Sanz und 232 Gefährten, † 1936–39 ↗ Martyrer von Spanien
Josef Bilczewski, 1860–1923, Sigmund Horazdowski, 1845–1920, Nikolaus Charnetsky, 1884–1959, und 24 Gefährten, Theodor Romzsa, 1911–47, Emil Kovch, 1884–1944, Josepha Michaela Hordashevska, 1869–1919 ↗ Martyrer der Ukraine

2002
Daudi Okelo, um 1902–18, und Gildo Irwa, um 1906–18
Hyazinth Longhin, 1863–1936
Markantonius Durando, 1801–80
Helena Chappotin, 1839–1904
Ludwina Meneguzzi, 1901–41
Sigismund Felix Felinski, 1822–95
Johannes Balicki, 1869–1948
Johannes Beyzym, 1850–1912
Santia Szymkowiak, 1910–42
Johannes Baptist und Hyazinth von Los Angeles, 1660–1700
Petrus Vičev AA, Paulus Džidžov AA, 1919–56, und Josaphat Šiškov AA, 1884–1956 ↗ Martyrer von Bulgarien
Kajetan Errico, 1791–1860
Ludwig Pavoni, 1784–1849
Ludwig Variara SDB, 1875–1923
María Eugenie Cabanillas, 1821–85
Artemide Zatti, 1880–1951
Maria Romero Meneses, 1902–77

2003
Petrus Bonhomme, 1803–61
Maria Dolores Rodríguez Sopeña, 1848–1918
Caritas Brader, 1860–1943
Johanna Maria Condesa Lluch, 1862–1916
Ladislaus Batthyány-Strattmann, 1870–1931
Jakob Alberione, 1884–1971
Markus von Aviano, 1631–99
Maria Christina Brando, 1856–1906
Eugenia Ravasco, 1845–1900
Maria Domenica Mantovani, 1862–1934
Julia Salzano, 1846–1929
Maria Petković, 1892–1966
Ivan Merz, 1896–1928
Basilius Hopko, 1904–76
Cecilia Schelingova, 1916–55

Theresia Gonxha (Mutter Teresa), 1910–97

2004

Pietro Vigne, 1670–1740
Joseph-Marie Cassant, 1878–1903
Anna Katharina Emmerick, 1774–1824
Maria Ludovica De Angelis, 1880–1962
Karl aus dem Hause Österreich, 1887–1922
Pere Tarrés i Claret, 1905–50
Alberto Marvelli, 1918–46
Pina Suriano, 1915–50
Augusto Czartoryski, 1858–93
Laura Montoya, 1874–1949
María Guadalupe García Zavala, 1878–1963
Giulia Nemesia Valle, 1847–1916
Eusebia Palomino Yenes, 1899–1935
Alexandrina Maria da Costa, 1904–55
Luigi Talamoni, 1848–1926
Matilde del Sagrado Corazón Téllez Robles, 1841–1902
Piedad de la Cruz Ortiz Real, 1842–1916
Maria Candida dell'Eucaristia, 1884–1949

2005

Anacleto González Flores, 1888–1927, und 8 Gefährten
José Trinidad Rangel, 1887–1927
Andrés Solá Molist, 1895–1927
Leonardo Pérez, 1883–1927
Darío Acosta Zurita, 1908–31
Charles de Foucauld, 1858–1916
Maria Pia Mastena, 1881–1951
Maria Crocifissa Curcio, 1877–1957
Eurosia Fabris, 1866–1932
María De Los Ángeles Ginard Martí, 1894–1936
Josep Tàpies, 1869–1936, und sechs Gefährten, † 1936
Clemens August Graf von Galen, 1878–1946
Ignatius Kłopotowski, 1866–1931
Ladislaus Findysz, 1907–64
Bronislaus Markiewicz, 1842–1912
Ascensión del Corazón de Jesús, 1868–1940
Marianne Cope, 1838–1918

2006

Euphrasia vom Hl. Herzen Jesu Eluvathingal, 1877–1952
Mariano de la Mata Aparicio, 1905–83
Margarita María López de Maturana, 1884–1934
Paul Josef Nardini, 1821–62
Maria Teresa di Gesù (Maria Scrilli), 1825–89
Mosè Tovini, 1877–1930
Sára Salkaházi, 1899–1944
Eustáquio von Lieshout, 1890–1943
Rita Amada de Jesús, 1848–1913
Maria della Passione, 1866–1912
Maria Teresa di San Giuseppe, 1855–1938
Luigi Biraghi, 1801–79
Luigi Monza, 1898–1954
Agostino Thevarparampil »Kunjachan«, 1891–1973

2007

Lindalva Justo de Oliveira, 1953–93
Antonio Rosmini, 1797–1855
Ceferino Namuncurá, 1886–1905
Celina Chludzińska von Borzęcka, 1833–1913
Franz Jägerstätter, 1907–43
Manuel Gómez González, 1877–1924
Adílio Daronch, 1908–24
Albertina Berkenbrock, 1919–31
Maria Louise Merkert, 1817–72
Marie-Céline de la Présentation (Jeanne Germaine Castang), 1878–97
Pater Stanisław Papczyński, 1631–1701
Carlos Liviero, 1866–1932
Carmen del Niño Jesús González Ramos García Prieto, 1834–99
Maria Rosa Pellesi, 1917–72
Francesco Spoto, 1924–64
Maria Maddalena della Passione (Costanza Starace), 1845–1921
Luigi Boccardo, 1861–1936

2008

José Olallo Valdés, 1820–89
Peter Kibe Kasui und 187 Märtyrer-Gefährten, 1603–39
Luís Martin, 1823–94
Zélia Guérin, 1831–77
Michał Sopoćko, 1888–1975
Vincenza Maria Poloni, 1802–55
Josepha Hendrina Stenmanns, 1852–1903
Jacques Ghazir Haddad, 1875–1954
Maria Giuseppina di Gesù Crocifisso (Giuseppina Catanea), 1894–1948
Marta Wiecka, 1874–1904
Margaret Flesch, 1826–1906
Maria Magdalena von der Inkarnation, 1770–1824
Candelaria de San José Paz Castillo Ramírez, 1863–1940
Celestina della Madre di Dio (Maria Anna Donati), 1848–1925
Giuseppina Nicoli, 1863–1924

2009

Alfonsina Danil Ghattas, 1843–1927
Zoltan Lajos Meszlényi, 1892–1953
Carlo Gnocchi, 1902–56
Ciriaco Sancha y Hervás, 1833–1909
Eustachius Kugler, 1867–1946
Émilie de Villeneuve, 1811–59
Rafael-Luis Rafiringa, 1856–1919
Eustachius Kugler, 1867–1946

2010

Barbara Maix, 1818–73
Szilárd Ignác Bogdánffy, 1911–53
Alfonsa Clerici, 1860–1930
Anna Maria Adorni, 1805–93
Chiara Badano, 1971–90
John Henry Newman, 1801–90
Gerhard Hirschfelder, 1907–42
Alois Grozde, 1923–43
Manuel Lozano Garrido, 1920–71
Jerzy Popiełuszko, 1947–84
Bernardo Francisco de Hoyos Seña, 1711–35
Francesco Paoli, 1642–1720
Jose Samso i Elias, 1887–1936

Mitarbeiterverzeichnis

Lexikon-Redaktion Verlag Herder
Nebor, Evelyn, Mag. art.
Steimer, Dr. Bruno
Weitzel, Johannes, Dipl-Theol.

Autorinnen und Autoren
Acklin-Zimmermann, Dr. Béatrice
Adam, Dr. Adolf, Prof.
Alberigo, Dr. Giuseppe, Prof.
Alkofer, Dr. Andreas-Pazifikus OFMConv
Altermatt, Alberich Martin OCist
Angenendt, Dr. Arnold, Prof.
Arens, Dr. Herbert
Armellada, Dr. Bernardino de OFMCap, Prof.
Arx, Dr. Walter von, Prof.
Aschoff, Dr. Hans-Georg, Prof.
Aubert, Dr. Roger, Prof.
Bangert, Dr. Michael
Bartelink, Dr. Gerhardus J. M., Prof.
Bauer, Dr. Johannes B., Prof.
Bauer, Dr. Thomas
Baumeister, Dr. Theofried OFM, Prof.
Baur, Dr. John, Prof.
Bausewein, Ulrike, Mag. art.
Bayer, Dr. Axel
Becht, Michael
Becker, Dr. Alfons, Prof.
Beckmann, Dr. Beate
Beinert, Dr. Wolfgang, Prof.
Belting-Ihm, Dr. Christa
Berg, Dr. Dieter, Prof.
Berger, Dr. Albrecht, Prof.
Berschin, Dr. Walter, Prof.
Beutler, Dr. Johannes SJ, Prof.
Bischof, Dr. Franz Xaver, Prof.
Bitter, Dr. Gottfried CSSp, Prof.
Bleistein, Dr. Roman SJ, Prof.
Böhm, Dr. Dr. Thomas, Privatdozent
Bopp, Dr. Karl, Prof.
Borengässer, Norbert M.
Borromeo, Dr. Agostino, Prof.
Boshof, Dr. Egon, Prof.
Brennecke, Dr. Hanns Christof, Prof.
Breuer-Winkler, Christoph
Brockhusen, Dr. Gerda von
Broer, Dr. Ingo, Prof.
Blinzler, Dr. Josef, Prof.
Brückner, Dr. Annemarie
Brunhölz, Dr. Franz, Prof.
Bullough, Dr. Donald A., Prof.
Bulst, Dr. Neithard, Prof.
Buxbaum, Dr. Engelbert Maximilian
Casanova i Martorell, Dr. Josep
Cascales, Josef G. CMF
Conzemius, Dr. Victor, Prof.
Coulie, Dr. Bernard, Prof.
Cramer, Dr. Winfrid OSB, Prof.
Crouzel, Dr. Henri, Prof.
Dassmann, Dr. Ernst, Prof.
Dauer, Dr. Anton, Prof.
Delgado, Mariano
Diederich, Dr. Toni, Prof.
Dietrich, Thomas
Dijk, Rudolf Th. van
Dinzelbacher, Dr. Peter, Prof.
Dobhan, Dr. Ulrich OCD
Domínguez, Dr. Fernando
Dopsch, Dr. Heinz, Prof.
Dovere, Dr. Ugo, Prof.
Drobner, Dr. Dr. Dr. Hubertus R., Prof.
Dünzl, Dr. Franz, Prof.
Dürig, Dr. Walter, Prof.
Durst, Dr. Michael, Prof.
Eberhard, Dr. Winfried, Prof.
Eckert, Dr. Jost, Prof.
Eickels, Klaus van
Elm, Dr. Dr. Kaspar, Prof.
Engelbert, Dr. Pius OSB, Prof.
Engels, Dr. Odilo, Prof.
Ernst, Dr. Josef, Prof.
Esbroeck, Michel van
Eßer, Dr. Günter, Prof.
Fábrega-Grau, Dr. Angel
Feldkamp, Dr. Michael F.
Feldmann, Christian, Dipl. Theol.
Festing, Heinrich
Fiedrowicz, Dr. Michael, Prof.
Fischer, Dr. Balthasar, Prof.
Fitschen, Dr. Klaus, Prof.
Flachenecker, Dr. Helmut, Prof.

Fontaine, Dr. Jacques, Prof.
Forster, Dr. Wilhelm OFM
Frank, Dr. Isnard Wilhelm OP, Prof.
Frank, Dr. Karl Suso OFM, Prof.
Franz, Dr. Ansgar, Prof.
Frings, Dr. Christian OSC
Fussenegger, Gerold OFM
Ganzer, Dr. Klaus, Prof.
Gatti, Dr. Maria Luisa
Gauthier, Dr. Nancy
Geerlings, Dr. Wilhelm, Prof.
Gelmi, Dr. Josef, Prof.
Gessel, Dr. Wilhelm M., Prof.
Giesen, Dr. Dr. Heinz CSsR, Prof.
Gieysztor, Dr. Aleksander, Prof.
Gonzálvez, Dr. Ramón
Greshake, Dr. Gisbert, Prof.
Gresser, Dr. Georg
Grieser, Dr. Heike
Grünbeck, Dr. Elisabeth
Haas, Dr. Alois M., Prof.
Hakenes, Michael, Dipl.-Theol.
Häring, Dr. Bernhard CSsR, Prof.
Härtel, Dr. Reinhard, Prof.
Harnoncourt, Dr. Philipp, Prof.
Haubrichs, Dr. Wolfgang, Prof.
Hauschild, Dr. Wolf-Dieter, Prof.
Heid, Dr. Stefan
Heidemanns, Katja, Dipl.-Theol.
Heider, Dr. Placidus OSB
Heinz, Dr. Andreas, Prof.
Heinzelmann, Dr. Martin
Helmrath, Dr. Johannes, Prof.
Hentschel, Georg
Henze, Dr. Barbara
Hertel, Peter
Hollerweger, Hans
Honnefelder, Dr. Ludger, Prof.
Hörandner, Wolfram
Horn, Dr. Jürgen
Horstkötter, Dr. Ludger OPraem
Hösler, Matthias OCarm
Hotze, Dr. Gerhard
Jacob, Dr. Christoph
Jahrstorfer, Dr. Elisabeth
Jaschinski, Dr. Eckhard, SVD, Prof.
Hlawitschka, Dr. Eduard, Prof.
Isselstein, Gisbrecht
Jenal, Dr. Georg, Prof.
Joassart, Dr. Bernard SJ
Joest, Dr. Christoph
Johanek, Dr. Peter, Prof.
Join-Lambert, Dr. Arnaud
Kannengiesser, Dr. Charles, Prof.
Kaut, Dr. Thomas
Keller, Dr. Adalbert, Prof.
Kertelge, Dr. Karl, Prof.
Kessler, Dr. Stephan Ch. SJ
Kirchhoff, Dr. Hermann, Prof.
Klaniczay, Dr. Gábor, Prof.
Klasvogt, Dr. Peter
Klein, Dr. Gotthard
Kluger, Dr. Helmuth
Kluxen, Dr. Dr. Wolfgang, Prof.
Könczöl, Dr. László
Köpf, Dr. Ulrich, Prof.
Koschorke, Dr. Klaus, Prof.
Kottje, Dr. Dr. Raymund, Prof.
Krabbe, Bernhard, Dipl.-Theol.
Kremer, Dr. Jacob, Prof.
Kreuzer, Dr. Georg, Prof.
Kronthaler, Dr. Michaela
Kunzler, Dr. Michael, Prof.
Lang, Dr. Justin OFM
Laudage, Dr. Johannes, Prof.
Lautenschläger, Dr. habil. Gabriele
Le Brun, Dr. Jacques, Prof.
Lechner, Dr. Maria Lioba
Leclercq, Jean OSB
Lehmann, Dr. Leonhard OFMCap
Limburg, Hans J. MSC
Lohr, Dr. Charles H. SJ, Prof.
Lohrum, Dr. Meinolf OP
Lubos, Christiane
Lücking-Michel, Dr. Claudia
Lutterbach, Dr. Hubertus Prof.
Maas-Ewerd, Dr. Theodor, Prof.
Malek, Dr. Roman SVD, Prof.
Marschall, Dr. Werner, Prof.
Maurer, Dr. Helmut, Prof.
McCoog, Dr. Thomas SJ, Prof.
Meier, Dr. Johannes, Prof.
Mellinghoff-Bourgerie, Dr. habil. Viviane
Melquiades, Dr. Andrés Martín, Prof.
Merkt, Dr. Andreas, Prof.

Mezger, Dr. Werner, Prof.
Moll, Dr. Helmut
Müller, Alfons
Müller, Dr. Gerhard Ludwig, Bischof
Müller, Dr. Heribert, Prof.
Müller, Dr. Paul Gerhard, Prof.
Mundadan, Dr. A. Mathias CMI, Prof.
Mussner, Dr. Franz, Prof.
Nebor, Evelyn, Mag. art.
Neddermeyer, Dr. Uwe, Privatdozent
Nitz, Dr. Genoveva
Nonn, Dr. Ulrich, Prof.
Nürnberg, Dr. Rosemarie
Nyberg, Dr. Tore, Prof.
Oberlinner, Dr. Lorenz, Prof.
Oberste, Dr. habil. Jörg
Oswald, Josef
Padberg, Dr. Lutz E. von, Prof.
Pergola, Dr. Philippe, Prof.
Pesch, Dr. Rudolf, Prof.
Petersohn, Dr. Jürgen, Prof.
Petzolt, Dr. Stephan OSB
Piekarski, Marianne
Plötz, Dr. Robert
Oberlinner, Dr. Lorenz, Prof.
Podskalsky, Dr. Gerhard SJ, Prof.
Polvorinos, Alberto Pacho
Prinzing, Dr. Günter, Prof.
Prostmeier, Dr. Ferdinand Rupert, Prof.
Puzicha, Dr. Michaela, Prof.
Radlbeck-Ossmann, Dr. Regina
Ramos-Lissón, Dr. Domingo, Prof.
Rees, Dr. Daniel OSB
Rehberger, DDr. Karl CanR, Prof.
Reinders-Baumann, Angela
Reuter, Dr. Timothy, Prof.
Richter, Dr. Michael, Prof.
Riedlinger, Dr. Helmut, Prof.
Rieg, Dr. Otmar SAC
Rieger, Dr. Reinhold
Rivinius, Dr. Karl Josef SVD, Prof.
Roegele, Dr. Dr. Otto B., Prof.
Rotzetter, Dr. Anton OFMCap
Sauser, DDr. Ekkart, Prof.
Sang-Tai Shim, Dr. Johannes, Prof.
Saxer, Dr. Victor, Prof.
Schatz, Dr. Klaus SJ, Prof.
Schieffer, Dr. Rudolf, Prof.
Schiffer, Dr. Peter
Schilson, Dr. Arno, Prof.
Schmalfeldt, Dr. Kristiane
Schmid, Dr. Alois, Prof.
Schmid, Dr. Karl, Prof.
Schmidt, Dr. Margot
Schmucki, Dr. Oktavian OFMCap
Schmuki, Dr. Karl
Schneider, Dr. Burkhart SJ, Prof.
Scholten, Dr. Clemens, Prof.
Scholtissek, Dr. Klaus, Prof.
Schulte Herbrüggen, Dr. Hubertus, Prof.
Schulz, Dr. Dr. Winfried, Prof.
Schütte, Dr. Bernd
Schwaiger, Dr. Georg, Prof.
Seegrün, Dr. Wolfgang
Seeliger, Dr. Hans Reinhard, Prof.
Seibert, Dr. Hubertus
Semmler, Dr. Josef, Prof.
Skeb, Dr. Matthias OSB
Speigl, Dr. Jakob, Prof.
Spinelli, Dr. Mario, Prof.
Springer, Dr. Klaus-Bernward
Staab, Dr. Franz, Prof.
Stamm, Dr. Heinz-Meinolf OFM, Prof.
Stehkämper, Dr. Hugo, Prof.
Steimer, Dr. Bruno
Stichel, Dr. Rainer, Prof.
Störmer, Dr. Wilhelm, Prof.
Stritzky, Dr. Dr. Maria-Barbara von
Strzelczyk, Dr. Jerzy, Prof.
Switek, Dr. Günter SJ, Prof.
Torsy, Dr. Jakob
Tremp, Dr. Ernst, Prof.
Tsuchimoto-Tropper, Tokie, Dipl.-Theol.
Üffing, Dr. Martin SVD
Verdeyen, Dr. Paul SJ, Prof.
Vogt, Dr. Hermann Josef, Prof.
Volk, Dr. Otto
Vollrath, Dr. Hanna, Prof.
Vones, Dr. Ludwig, Prof.
Vones-Liebenstein, Dr. Ursula
Walls, Dr. Andrew F., Prof.
Walter, Dr. Peter, Prof.
Warland, Dr. Rainer, Prof.

Wehr, Dr. Lothar, Prof.
Weigand, Dr. Rudolf, Prof.
Weiland, Dr. Albrecht
Weinfurter, Dr. Stefan, Prof.
Weismayer, Dr. Josef, Prof.
Weitlauff, Dr. Manfred, Prof.
Wendehorst, Dr. Alfred, Prof.
Werner, Dr. Matthias, Prof.
Wieland, Dr. Georg
Wimmer, Dr. Erich
Winkler, Annekatrein
Winkler, DDr. Gerhard B. OCist, Prof.
Winzer, Dr. Ulrich
Wischmeyer, Dr. Wolfgang, Prof.
Woelk, Dr. Moritz
Wolter, Dr. Heinz, Prof.
Wrba, Dr. Johannes SJ
Zielinski, Dr. Herbert, Prof.
Zinnhobler, Dr. Rudolf, Prof.
Zotz, Dr. Thomas, Prof.
Zumkeller, Dr. Dr. Adolar OSAa

Abbildungsverzeichnis